Christian Zentner

Illustrierte Geschichte der Ära Adenauer

Südwest Verlag München

BILDQUELLENNACHWEIS
AFP, Andres, AP, Baumann, Blachian, Burda, dpa,
E.C.P.A., Friedrich-Naumann-Stiftung – Archiv des
Deutschen Liberalismus, Gummersbach, »Heute«, Hubmann,
Pabel, »Quick«, Rübelt, »Stern«, Ullstein – Blume, UPI,
USIS, »Weltbild«, Wundshammer, Archiv des Verfassers.

Vorsatz vorn:	Palais Schaumburg,
	Amtssitz des Bundeskanzlers
Vorsatz hinten:	Villa Hammerschmidt,
	Residenz des Bundespräsidenten

Mitarbeiter:
Dr. Reinhard Barth (Bild)
Dr. Harald Steffahn (Text)
Bildbeschaffung:
Dieter Mumminger, Peter Buschan
Umschlag:
Manfred Metzger

© 1984 Südwest Verlag GmbH & Co. KG, München
Alle Rechte vorbehalten. Printed in Germany
Satz, Reproduktion und Druck: Wenschow-Franzis-Druck GmbH, München
Bindearbeit: Conzella, München
ISBN: 3-517-00845-1

Inhalt

Dokumente · Reportagen · Exkurse

Vorwort

Die Geschichte kennt keine Stunde Null. Selbst die größte Katastrophe der deutschen Geschichte beendete nicht das staatlich organisierte Gemeinschaftsleben der Deutschen. Unter veränderten Bedingungen setzte es sich fort. Zuerst war es, unter der Vormundschaft der Sieger, von Hunger und Zerstörung gekennzeichnet, von Flüchtlingselend und Vertriebenennot – und von Verachtung. Kollektiv büßte das Volk auf niedrigstem Zivilisationsniveau für die Folgen des von Hitler in Gang gesetzten Krieges, für die Verbrechen des NS-Regimes. Und speziell büßten die Hauptverantwortlichen, soweit sie sich nicht durch den Freitod aus der Verantwortung gestohlen hatten. Nun gibt es das Geschichtsgesetz, daß Zweckbündnisse weltanschaulicher Gegner nie länger halten, als bis der vorrangige Feind erledigt ist. So auch hier. Die demokratisch-kapitalistischen Westmächte und das kommunistische Zwangssystem der Sowjetunion regierten mit zu unterschiedlichen Methoden und Absichten in den deutschen Besatzungszonen, als daß ihr gemeinsames Herrschaftsorgan, der Kontrollrat, lange funktionstüchtig bleiben konnte. Schrittweise ging die anfängliche Siegereintracht verloren, und im gleichen Maße wurde die Zonengrenze zu einer Scheidelinie der Systeme.

Der kalte Krieg zeugte zwei Sprößlinge, die westlich-demokratische Bundesrepublik Deutschland und die kommunistische Deutsche Demokratische Republik. Jeder der beiden Staaten wurde ein weltanschauliches Vorfeld der Blocksysteme, mit der Zeit auch – im Osten später – ein Verbündeter der jeweiligen Vormacht. Eher als sonst wohl zu erwarten gewesen wäre, konnte die Bundesrepublik auf diese Weise wieder ein eigenes staatliches und gesellschaftliches Gepräge gewinnen, die Folgen der Katastrophe überwinden. Sie besann sich auf die demokratischen Werte der ersten deutschen Republik, ohne ihre Schwächen zu übernehmen, und gelangte mit dem mutigen und geglückten Experiment der Marktwirtschaft – unter hilfreichem Einfluß des Marshallplans – in den fünfziger Jahren zu raschem wirtschaftlichem Aufstieg.

Unter dem schönen Schein der Errungenschaften brütete die Sehnsucht nach der Wiedervereinigung. In den fünfziger Jahren, in der Ära Adenauer, war sie das politische Leitthema Nr. 1. Leidenschaftliche Auseinandersetzungen um Weg und Methode trennten die politischen Lager: die regierende Union und die opponierende SPD. Die Liberalen waren in dieser Schicksalsfrage uneins. Adenauer und die Seinen setzten auf die forcierte Westintegration und das Bündnis, kamen indes auf diesem Wege dem propagierten Ziel nicht näher. Schließlich fiel eine Entscheidung von unerwarteter Seite. Die Verzweiflungsmaßnahme der SED, mit Hilfe von Mauern und Minen die Massenflucht aus der DDR aufzuhalten, machte allen Demokraten klar, daß die Wiedervereinigung am Gegensatz der Systeme gescheitert war. Von diesem Tiefpunkt des Jahres 1961 aus konnte die Verhärtung auf dem innerdeutschen Felde nicht mehr schlimmer werden. Im Gegenteil wurden zwischen den nun unbezweifelbaren »zwei Staaten einer Nation« Anzeichen von Entspannung und Annäherung sichtbar. Doch diese Entwicklung führt schon über die Grenze unseres Berichtzeitraumes hinaus. Sie setzte erst richtig ein, nachdem die Ära Adenauer, zu welcher auch die Kanzlerschaften Erhards und Kiesingers zu rechnen sind, abgeschlossen war.

Wir wollen uns innerhalb der Grenzen dieser »Ära« aufhalten, ihre freudlosen Voraussetzungen in Erinnerung rufen, den mühseligen und hoffnungsvollen Anfängen der frühen fünfziger Jahre folgen, die erbitterten Kontroversen nacherleben, Triumphe und Niederlagen wieder vor Augen führen und die prägenden Gestalten jenes Zeitraumes in Deutschland in Porträts beleuchten. Unversehens bemerken wir dann, daß neue Forderungen und Orientierungen, vor allem von seiten der Jungen, Nachgewachsenen, die Sorgen und Probleme der Gründerväter nicht mehr wahrhaben wollen und sie tatsächlich veralten lassen. Insgesamt umschließt das Buch eine Zeitspanne, die der Gegenwart so weit entrückt ist, daß wir uns in der Lage sehen, sie schon historisch zu betrachten.

Buchstäblich »bis alles in Scherben fällt«, hatte das Dritte Reich gekämpft. Die Deutschen standen 1945 vor dem Nichts. Wiederaufbau schien ein absurder Gedanke.

Der erste eigene Herd. Irgendwo fanden sich in den Trümmern alte Töpfe, Brennholz und Steine. Unzählige lebten auf der Straße, unter freiem Himmel.

Menschentrauben hängen am »Kartoffel-Expreß«. In überfüllten Zügen fuhren die Städter aufs Land, um bei den Bauern Eßbares zu ergattern. »Hamstern« nannte man das.

Aus dem Osten wanderten Millionen von Vertriebenen in das zerstörte, ausgeblutete Rest-Deutschland ein, bei sich ihre Kinder und was irgend transportabel war.

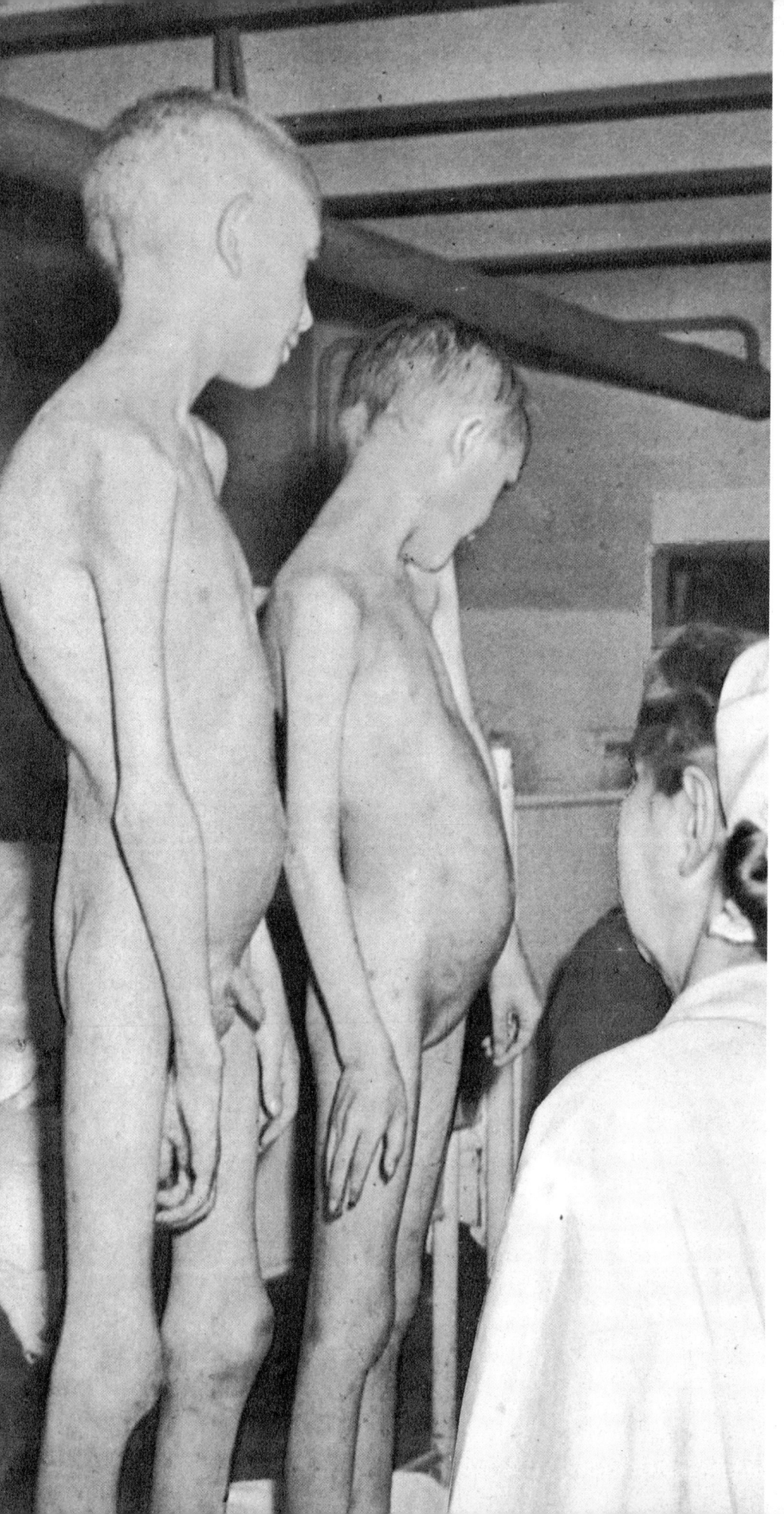

Der Krieg der Erwachsenen machte vor Kindern nicht halt. Rachitis und Tuberkulose, die schlimmen Schwestern von Vitaminmangel und Unterernährung, griffen erschreckend um sich. Nur irgend etwas Eßbares finden, war der Wunsch der Hungrigen, ließ sie wie Tiere die Müllberge durchwühlen. »Es hat mir das Herz zerrissen«, heißt es in einer Schweizer Reportage aus dem Nachkriegsdeutschland, »ich sah in die Augen dieser Kinder, in die eingefallenen Gesichter. Es waren keine Bettelkinder. Sie hatten wirklich Hunger. Bitterste Not trieb sie auf die Straße ... wird der Hunger den Krieg gewinnen?«

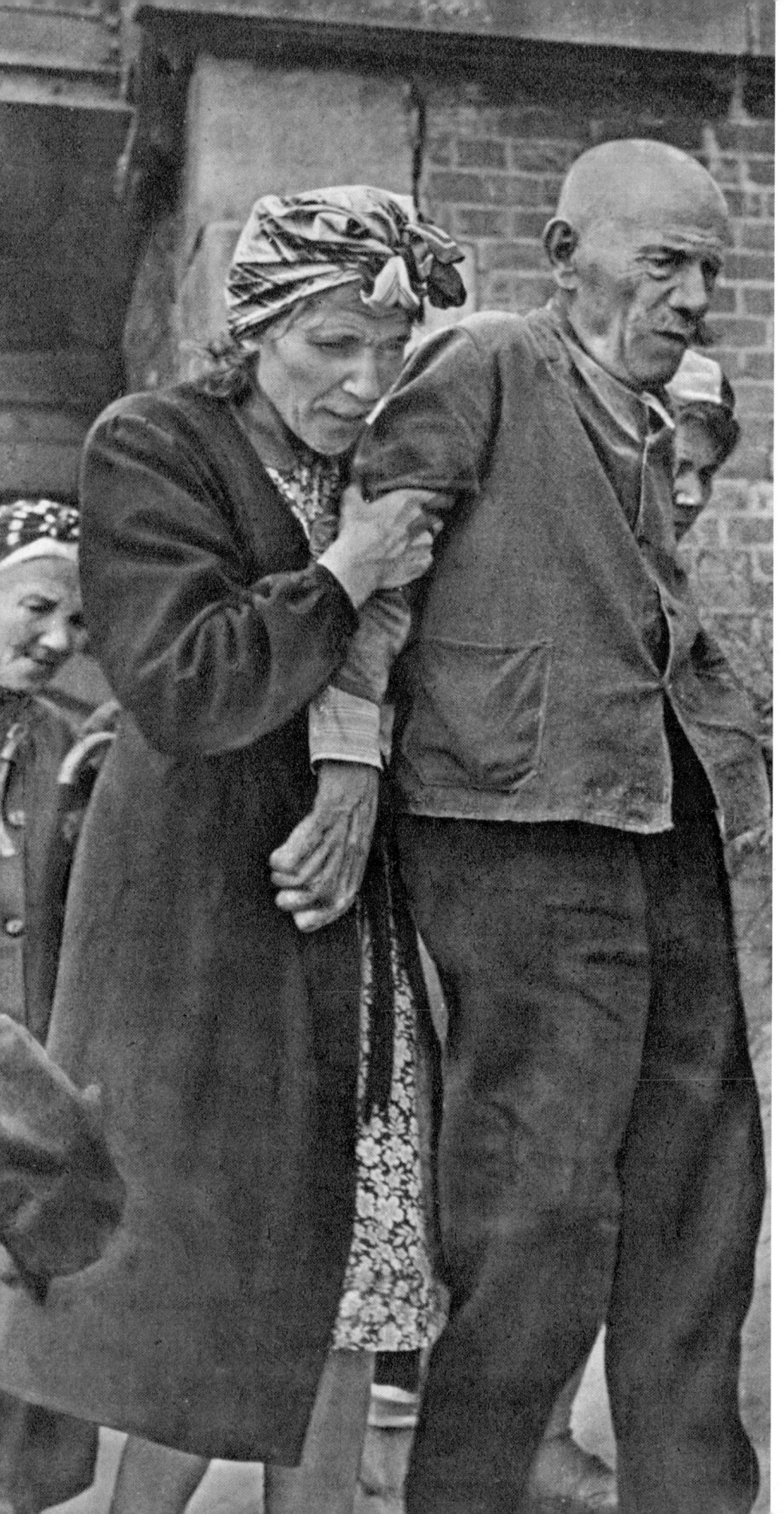

»Rückkehr ins Licht« nannte ein zeitgenössischer Fotograf das Bild dieser beiden Alten, die nach den Nächten des Grauens den Bunker verlassen. Für sie bedeuteten die Jahre nach 1945 eine Wiederholung unheilvoll bekannter Erfahrungen. Hungersnot, Brennstoffknappheit, Verfall der Staatsautorität, Inflation, Verlust ihres mühsam ersparten Geldes – das alles hatten sie während und nach dem Ersten Weltkrieg bereits erlebt. – Der Jugend dagegen bot sich im allgemeinen Zusammenbruch die Chance zu einem wenn auch fragwürdigen Aufbruch in bisher unbekannte Freiräume. Die Eltern entweder nicht mehr am Leben oder vom Kampf ums Dasein vollständig in Anspruch genommen, die Schulen geschlossen, Lehrer und Erzieher verschwunden, die Vorbilder der Hitlerzeit vom Sockel gestoßen, die alten Tugenden total diskreditiert – so schufen sich die Kinder in den zerbombten Städten eigene Reiche, gründeten Banden und lebten nach eigenem Recht.

Auf den Heimkehrer wartete oft völlig Neues: Er kam in eine Welt, in der die Frauen inzwischen allein Ordnung geschaffen hatten, und mit dem Größenwahn des Dritten Reiches war auch ein Gutteil alter Männerherrlichkeit zusammengebrochen.

16

Frauen und Kinder räumten den Schutt der Kriegszerstörungen weg – eine Herkulesaufgabe. Statistiker haben errechnet, daß der Bombenschutt in den heimgesuchten deutschen Städten zusammengenommen das Ausmaß des Montblanc-Massivs hatte.

Zwischen Potsdam
und Bonn

Das Grundgesetz

Vier Jahre auf den Tag waren seit der bedingungslosen Kapitulation Deutschlands vergangen, als der Parlamentarische Rat – eine aus Mitgliedern der elf Landtage der westlichen Besatzungszonen gebildete Versammlung – am 8. Mai 1949 zur dritten Lesung des Grundgesetzes zusammentrat. Acht Monate hatte das Gremium in Bonn über das Verfassungsdokument beraten, nun mußten die 65 Abgeordneten sich entscheiden. Die Spannung war nicht allzu groß, weil die Fronten zwischen Für und Wider sich schon geklärt hatten.

53 Parlamentarier stimmten mit Ja (26 von der SPD, 21 von der CDU/CSU, fünf von der FDP und ein Parteiloser), zwölf sagten Nein (sechs von der CSU, zwei vom Zentrum, zwei von der Deutschen Partei und zwei von der KPD). Die fünf weiteren, nicht stimmberechtigten Berliner Mitglieder des Rates bekannten sich in einer eigenen Erklärung zum Grundgesetz. Nach der Annahme erhob sich der Vorsitzende Konrad Adenauer, würdigte die geleistete Arbeit, bat um Gottes Segen und schloß die Sitzung.

Das war noch nicht die Staatsgründung, aber der entscheidende Schritt dazu. Nun mußten noch die elf Länderparlamente das Grundgesetz ratifizieren. Das geschah vom 16. bis 22. Mai 1949.

Konrad Adenauer im Jahr 1945, als er, von den Amerikanern zum Oberbürgermeister von Köln ernannt, zum zweitenmal ins politische Leben eintrat.

Schwierigkeiten gab es nur in Bayern. Mit der Annahme war dort nicht zu rechnen, weil sich die entschiedenen süddeutschen Föderalisten daran stießen, daß das Grundgesetz zu zentralistisch sei. Deshalb erfolgte schon die Teilablehnung im Parlamentarischen Rat. Nach tumultartigen Auseinandersetzungen im Bayerischen Landtag entschied die Mehrheit sich für die flexible Formel des Ministerpräsidenten Hans Ehard: »Nein zum Grundgesetz. Ja zu Deutschland.« Bayern werde sich, wenn die Mehrheit der Länder zustimme, loyal verhalten. Die staatstreue Protesthaltung erinnert an die Ablehnung der Weimarer Verfassung durch Stresemanns rechtsliberale Deutsche Volkspartei; dennoch wurde Stresemann einer der entschiedensten Weimarer Demokraten.

Am 23. Mai wurde das von den Ländern mit 10:1 ratifizierte Grundgesetz (zwei Drittel hätten genügt) in einer festlichen Sitzung des Parlamentarischen Rates verabschiedet. Die Urschrift des Grundgesetzes enthält den Satz, alle Mitglieder hätten eigenhändig unterschrieben. Das stimmt nicht: Die zwei KPD-Vertreter verweigerten ihre Signatur. »Ich unterschreibe nicht die Spaltung Deutschlands«, erklärte der Abgeordnete Heinz Renner und mit ihm der Parteivorsitzende Max Reimann.

Am Ende erklärte Ratspräsident Konrad Adenauer: »Heute wird ... die Bundesrepublik Deutschland eintreten in die Geschichte. Wir sind uns der Bedeutung dieses Tages bewußt. Wer die Jahre nach 1933, wer den völligen Zusammenbruch staatlicher Ordnung 1945, die Übernahme aller staatlichen Gewalt durch die Siegermächte seit 1945 bewußt erlebt hat, ist im tiefsten Innern dadurch bewegt, was heute sich ereignet. Der Anfang dieses Geschehens beruht auf den Beschlüssen der Londoner Konferenz des Jahres 1948 . . . Durch Kräfte, die stärker sind als der Wille des deutschen Volkes, ist es auch unmöglich gemacht worden, daß dieses Grundgesetz schon jetzt für das gesamte deutsche Volk Geltung erhält . . .«

Viele Jahre harter Wirklichkeit haben die Hoffnung begraben, daß das Grundgesetz überhaupt noch jemals für das gesamte deutsche Volk Geltung erhalten könnte. Eine gemeinsame Verfassung müßte mit einbeziehen, was auch im anderen Teil Deutschlands gewachsener Besitz geworden ist, einfach durch das unerbittliche Gesetz der Zeit. Es verändert die Lebensformen und das Bewußtsein, ob wir wollen oder nicht.

Im übrigen wußte Adenauer natürlich, daß das Grundgesetz nicht einfach übertragen werden kann – in keinem Fall; allenfalls in seinem Wesensgehalt, und so hat er es vermutlich auch gemeint. Denn der letzte Artikel des eben verabschiedeten Verfassungsdokuments sagt ja ausdrücklich: »Dieses Grundgesetz verliert seine Gültigkeit an dem Tage, an dem eine Verfassung in Kraft tritt, die von dem deutschen Volke in freier Entscheidung beschlossen worden ist.«

Die Verfassungsväter hatten sich also ausdrücklich zu einem Provisorium bekannt, schon in der Präambel. Sie wollten dem staatlichen Leben »für eine Übergangszeit eine neue Ordnung . . . geben«. Heute glaubt hierzulande keiner mehr, daß das Grundgesetz gewissermaßen auf Abruf stehe. Über der Bauhütte hat sich längst ein stabiler Bau erhoben; die meisten Architekten leben nicht mehr. Die großen parlamentarischen Schlachten, in denen es darum ging, ob die Türen zu einem Gesamtdeutschland durch die jeweiligen politischen Schritte zugeschlagen würden oder offengehalten werden könnten, sind schon (west)-deutsche Geschichte geworden.

Von historischer Patina überlagert sind gleichfalls die Ereignisse und Entwicklungslinien der unmittelbaren Nachkriegszeit, nicht minder ihre damals geläufigen Begriffsbildungen. »Parlamentarischer Rat«, »Londoner Empfehlungen« (Adenauer formulierte: »Londoner Konferenz«): was ist das? Und »Bizone«, »Berliner Blockade«? Die meisten Nachgewachsenen, die zu jener Zeit noch nicht geboren waren, wissen wenig von den Umständen, aus denen die Bundesrepublik Deutschland entstanden ist.

Im Grunde haben ihnen die meisten Älteren darin nicht viel voraus. Aus einem einfachen Grund: Die Geschehnisse gingen zum Teil unbeachtet an ihnen vorüber. Das mag seltsam erscheinen und ist doch ganz plausibel. Nach dem Energiewirbel von zwölf Jahren Hitlerzeit, davon sechs Jahren Krieg, waren sie so ausgepreßt, geschichtsmüde und distanziert, daß sie sich nur noch um ihre privaten Dinge kümmerten. Die erforderten außerdem die ganze Kraft, weil Millionen Flüchtlinge, Vertriebene, Ausgebombte am Nullpunkt hatten wieder anfangen müssen. Und dann: Neben dem Rundfunk gab es erst wieder wenige Zeitungen, Fernsehen noch gar nicht; der Informationsfluß bestand nur aus einem Bruchteil des heutigen.

Wichtig aber auch und gerade im Zusammenhang mit der Gründung der Bundesrepublik: Das Volk hatte keinen direkten Anteil daran. Der Parlamentarische Rat war überwiegend aus Abgeordneten der Landtage zusammengesetzt, repräsentierte das Volk also nur indirekt. Ebenso wurde das geistige Erzeugnis der Ratstagungen, das Grundgesetz, nicht dem Volk direkt zur Abstimmung unterbreitet, sondern den Landtagen.

So ist der 23. Mai 1949 »im Bewußtsein des Staatsvolks . . . spurlos vorübergegangen« (Heinrich Jaenecke). Manche Daten, ja, die haben sich den Älteren unvergeßlich eingegraben, der 8. Mai 1945 (Kriegsende), der 20. Juni 1948 (Währungsreform). Aber eine Umfrage auf der Straße nach der Bedeutung des 23. Mai würde wohl nur wenige Treffer unter eine Fülle von Nieten mischen. Das mag symbolhaft sein für die zwiespältigen Gefühle, die sich mit der westdeutschen Sonderstaatlichkeit verbunden hatten. Es war eben ein so ganz anderer Anfang und ein weit schwächeres Identifizierungserlebnis als bei anderen Völkern, die ihre Verfassungstage alljährlich feiern: Frankreich (Bastille-Sturm), Vereinigte Staaten (Unabhängigkeits-Erklärung).

Die Großen Drei in Potsdam: Englands Premierminister Attlee, US-Präsident Truman und Rußlands Marschall Stalin. Nur der Sowjetdiktator war von Hitlers Gegnern noch übrig, Trumans Vorgänger Roosevelt war gestorben, Englands Kriegspremier Churchill abgewählt worden.

Man kann einwenden, das sind ja auch »Nationen«. Wer wagte zu sagen, wir seien eine westdeutsche Nation? Und die entsprechenden, staatlich forcierten Bemühungen in Mitteldeutschland, eine »DDR-Nation« bewußt zu machen, stoßen sogar unter Zwang nur auf geringe Resonanz. Luther, Bach, Goethe und Schiller lassen sich nicht so leicht zweiteilen wie das dazugehörige Land, sie bleiben Kulturbesitz und Gemeineigentum beider Seiten, trotz getrennter Flaggen, Hymnen, Uniformen, Währungen, Gesetze, Parlamente und allem sonstigen. So muß der Satz, das Grundgesetz stehe nicht mehr auf Abruf, sondern sei Ausdruck der Eigenstaatlichkeit geworden, ergänzt werden: Wohl ist die Teilung unabsehbar, aber die Kultur bleibt ein gemeinsames Erbe, nährt sich aus dem gleichen Quellgrund und ist unentwirrbar verschränkt im Erinnerungsvermögen von Ost und West.

In dieser Darstellung freilich haben wir es mehr mit dem Trennenden als mit dem Gemeinsamen zu tun. Die Geschichte der Bundesrepublik ist die Geschichte eines staatlichen Auseinanderlebens. Wo fing das an? Bestimmt nicht erst mit der Staatsgründung. Da waren eben entscheidende Weichen schon gestellt. Die Gründung der Bundesrepublik ist ja gerade erst die Folge von auseinanderlaufenden Entwicklungslinien, später dann zum Teil auch wieder ihre Ursache. Aber wo begann das alles? Wer den Geschichtsgang der deutschen Zweistaatlichkeit verstehen will, muß bis ins Jahr 1945 zurück.

Die Teilung war nicht geplant

Im Zentrum Preußens wurde über Deutschlands Schicksal verhandelt. Der Tagungsort konnte wie ein Sinnbild erscheinen, etwa, wie Hitler dem geschlagenen Frankreich die Bedingungen im historischen Salonwagen von Compiègne diktiert hatte. Doch die Briefwechsel zur Vorbereitung der Dreierkonferenz geben keinen Hinweis auf eine Ortswahl unter symbolischem Aspekt. Das Treffen der Sieger – Frankreich nahm nicht teil – trug den Codenamen »Terminal« (Endstation), womit natürlich das Ende des Krieges gemeint war. Den Namen hätte die Apollopriesterin in Delphi erfinden können mit ihren berühmten doppelsinnigen Orakelsprüchen. Die Potsdamer Konferenz war gleichzeitig das Ende der Kriegsallianz. Hier begannen schon die Vorgeplänkel des Kalten Krieges. Hier wurde getäuscht, überrumpelt, vor vollendete Tatsachen gestellt, und Stalin zeigte sich dabei überlegen. Wenn also nach Symbolen gesucht wird, dann ist noch eher im Namen Terminal als im Namen Potsdam ein besonderer Sinngehalt zu finden.

Hier soll nicht das vierzehntägige Pokern im Kronprinzenpalais Cecilienhof nacherzählt werden. Wichtig ist aber die Frage der Einheit oder Teilung Deutschlands. Noch in Jalta, im Februar 1945, hatte der gemeinsame Wille auf Zerstückelung Deutschlands gezielt. Entsprechend brachte Präsident Truman, politischer Erbverwalter Roosevelts, sogar einen abenteuerlichen Teilungsplan mit nach Potsam. Doch der Kremlherr war inzwischen umgeschwenkt. Er vertrat nun das Ziel, die Einheit des besiegten Landes zu wahren.

Die Ursachen mögen darin gesehen werden, daß die Sowjets mit der Einverleibung des nördlichen Ostpreußens und der polnischen Ostgebiete (die mit ihrer überwiegend weißrussisch-ukrainischen Bevölkerung von der Sowjetunion seit ihrem Entstehen nach dem Ersten Weltkrieg beansprucht wurden) territorial befriedigt waren. Die Polen verloren dadurch 46 Prozent ihres bisherigen Staatsgebietes. Rund zweieinhalb Millionen Bewohner zogen nach Westen. »Westen«, das waren vor allem die alten preußischen Provinzen, mit denen die Polen sich für ihre Abtretungen, aber auch für alle Kriegsleiden entschädigen sollten.

Die Repräsentanten der Besatzungsmächte noch einträchtig beim Flaggengruß vor dem Hauptquartier des Alliierten Kontrollrats in Berlin. Von links nach rechts: Montgomery (Groß-

britannien), Schukow (UdSSR), Eisenhower (USA) und Koenig (Frankreich). Der Kontrollrat, am 8. August 1945 gebildet, sollte oberstes Regierungsorgan im besetzten Deutschland sein. Seine Arbeit wurde aber im bald sich herausbildenden Ost-West-Gegensatz immer mehr behindert. Im März 1948 trat er zum letztenmal zusammen.

Das taten sie auch rigoros, trotz des Rechtsvorbehaltes der Potsdamer Konferenz. Allenthalben richteten sie sofort eigene Verwaltungen ein. Damit hatte der schlaue Georgier sich ganz nebenbei einen Sicherheitsgürtel im Westen geschaffen und konnte nun ungeniert als Vorkämpfer der deutschen Einheit Stimmung für sich machen. Sein Augenmerk galt jetzt hauptsächlich den Reparationen. Bei einer planmäßigen Zerstückelung Deutschlands wäre mit Sicherheit weniger zu holen.

Die Amerikaner und Engländer konnten nicht gut weiterhin für die Teilung plädieren, nachdem Stalin aus der Einheitsfront von Jalta ausgeschert war. So kam es zu dem bedeutsamen Paragraphen 9 Abschnitt IV des Potsdamer Abkommens, wonach gesamtdeutsche Staatssekretäre auf den Gebieten Finanzen, Transport und Verkehr, Industrie und Außenhandel unter Leitung des Kontrollrates, des obersten Besatzungsgremiums in Deutschland, tätig werden sollten. Damit waren Ansätze für eine Zentralverwaltung geschaffen. Verwirklicht wurden sie nie.

Bei uns wird gern gesagt, an der Spaltung Deutschlands seien vor allem die Sowjets schuld. Die Behauptung trifft auf offene Ohren, weil der Augenschein sie zu bestätigen scheint. Wer trennt denn das Land durch Mauern und Minen, hat jahrzehntelang zäh an der internationalen Aufwertung der östlichen deutschen Republik gearbeitet und schützt sich ängstlich gegen jede geistige Ansteckungsgefahr? War das nicht ein von Anfang an starrer, zielgerichteter Kurs zur Zweistaatlichkeit?

Wir haben schon gesehen, daß die Ausgangslage verwickelter ist und solch bequemes Schwarz-Weiß nicht ohne weiteres zuläßt. Dazu kommt, daß als erster nicht Stalin, sondern de Gaulle die Potsdamer Beschlüsse boykottierte.

Formaljuristisch war das Abkommen für ihn nicht verbindlich, denn er war als Chef der provisorischen französischen Regierung nicht eingeladen worden – eine schwere Unterlassungssünde, wenn man andererseits Frankreich eine Besatzungszone gab, außerdem unverzeihlich im Hinblick auf de Gaulles Selbstbewußtsein und Empfindlichkeit.

Zu den juristischen und den Gefühlsmomenten kam das historisch verwurzelte französische Mißtrauen gegen einen starken östlichen Nachbarn.

Auch ohne die frische Erinnerung an begangenes deutsches Unrecht orientierte dieses Mißtrauen sich an Leitlinien, die Richelieu, Ludwig XIV., Napoleon verfochten hatten und in deren Tradition der geschichtsbewußte Charles de Gaulle unzweifelhaft stand. Vor solchem Hintergrund verwundert nicht, daß er am 9. September 1945 in der britischen »Times« erklärte, das gesamte linke Rheinufer sollte »ein für allemal« von Deutschland in der Weise abgetrennt werden, »daß ihre Bewohner wissen, daß ihre Zukunft nicht in Deutschland liegt«. Zu dem Plan, Staatssekretäre zu berufen, sagte de Gaulle rigoros Nein. Das Instrument, seinen Widerspruch durchzusetzen, hatte ihm zuvor der Kontrollrat mit der Einrichtung der Vetomöglichkeit eigens in die Hand gelegt.

So wurde die Chance eines gesamtstaatlichen Neuaufbaus in Deutschland zuallererst von westlicher Seite sabotiert. Unbewiesen bleibt, ob Stalin wiederum den französischen Boykott als willkommenes Alibi für ähnliche Absichten wertete. De facto war er bald derjenige, dessen Politik der deutschen Einheit nicht weniger abträglich war als die französische. Das lag an seiner rücksichtslosen Ausplünderung der Sowjetzone und an der Bolschewisierung ihrer Lebensformen. Da er aus den Westzonen Deutschlands nicht viele Reparationen bekam – jede Besatzungsmacht sollte sich im wesentlichen aus ihrem eigenen Machtbereich entschädigen –, wurde von der Ostsee bis zum Erzgebirge alles Brauchbare abtransportiert.

Der deutsche Arzt Hans Graf Lehndorff, der noch bis 1947 im südlichen Ostpreußen praktizierte, berichtet in seinem »Ostpreußischen Tagebuch« von fünfzehn bis zwanzig Güterzügen täglich(!), die über die dort verlaufende Hauptstrecke vollgestopft mit demontierten Gütern nach Rußland dampften. Das meiste verrottete dort ungenutzt, sei es wegen fehlender Ersatzteile oder einfach aufgrund von Desorganisation.

So erbärmlich es den Deutschen in allen Teilen des Landes ging: In der Sowjetzone vegetierten sie am dürftigsten, erschien die Zukunft am dunkelsten. Gehungert wurde hier wie dort, aber im Westen wenigstens auf demokratische Art. Besaß die westliche »Reeducation« als Demokratieunterricht mit dem Holzhammer ihre ausgeprägten Schwächen, so war die Sowjetisierung mit dem

Brecheisen fast unerträglich, zumal sie unfreundlicher vorging und auf deutschem Boden überhaupt keine geistige und gefühlsmäßige Tradition hatte. Daher wanderten immer mehr Bewohner aus Mitteldeutschland in den Westen ab. Vom letzten Viertel 1945 bis zum ersten Halbjahr 1946 waren es 1,6 Millionen – eine Massenflucht! Die neuen Machthaber mochten erleichtert sein, daß ihnen so viele ideologische Gegner den Rücken kehrten, hungrige noch dazu. Allerdings bedeutete gleichzeitig der Wegzug von Fachkräften einen solchen Aderlaß, daß er den vermeintlichen Vorteil schnell aufwog. Und das war der Punkt, weshalb das ostzonale Regime schließlich um Hilfe schrie. Es beantragte bei der Besatzungsmacht, daß die Zonengrenze geschlossen werde.

Die westlichen Vertreter im Kontrollrat stimmten dem sowjetischen Antrag zu, weil der Zustrom so vieler Menschen die Ernährungslage in ihren eigenen Gebieten noch weiter verschlechterte. Am 30. Juni 1946 wurde die Grenze zwischen der Sowjetzone und der britischen und amerikanischen Besatzungszone geschlossen. Besser gesagt, die Grenze war nun nicht mehr ohne weiteres zu überqueren; unüberwindlich war sie deshalb noch lange nicht. Die Kontrollrats-Direktive Nr. 42 vom 29. Oktober 1946 verfügte, daß ein Grenzübertritt künftig nur noch mit einem Interzonenpaß möglich sci.

Hat die Schließung der Grenze die Spaltung Deutschlands vorangetrieben? Eher läßt sich folgern, sie habe nur einen bestehenden Zustand legalisiert. Schon im Mai 1946 hatte General Clay, der oberste Amerikaner in Deutschland, dem US-Außenminister Byrnes mitgeteilt, daß das besetzte Land entgegen den Vereinbarungen ein vierfach geteiltes Territorium sei: »Nach einem Jahr Besatzung bilden die Zonen hermetisch abgeschlossene Gebiete, mit fast keinerlei freiem Austausch an Gütern, Personen und Ideen... Der nächste Winter wird auf alle Fälle kritisch werden, und wenn es nicht gelingt, die wirtschaftliche Einigung vor seinem Anbruch durchzusetzen, wird er fast unerträglich werden.«

Unter »hermetisch abgeschlossen«, wie Clay formuliert, versteht man allerdings eher einen Zustand, wie er heute zwischen beiden deutschen Staaten herrscht; damals konnten immerhin Millionen »mit den Füßen abstimmen«, wo sie leben

wollten. Aber er legte die Betonung auf den »freien Austausch«, und der bestand nun in der Tat nicht. Wichtiger ist sein Brief in anderer Hinsicht, dort, wo er von der wirtschaftlichen Einigung spricht. Der Gedanke wird noch näher ausgeführt: »Die britische und die amerikanische Zone würden vereint binnen weniger Jahre dazu gelangen, sich selbst zu erhalten. In klarer Erkenntnis der politischen Folgen einer solchen Verschmelzung glauben wir, daß sie weniger schlimm wären als das Weiterbestehen der jetzigen hermetisch abgeschlossenen Zonen.«

Die Anregungen des späteren Militärgouverneurs fielen in Washington auf fruchtbaren Boden. Nicht lange danach, im Juli 1946, erklärte Außenminister Byrnes auf der Pariser Außenminister-Konferenz, die sich vergeblich mit dem Deutschlandproblem befaßt hatte, die USA würden »mit jeder anderen Besatzungsmacht zusammengehen, um jeweils wenigstens die betreffenden Zonen als Wirtschaftseinheit zu behandeln«.

Der Appell richtete sich an den einzig möglichen Partner, die Engländer. Washington war sich bewußt, daß hier der Keim zu einer westdeutschen Sonderentwicklung lag. Der Zeugungsakt für die Bundesrepublik Deutschland datiert somit vom Sommer 1946.

Fassen wir zusammen. In Potsdam war die Teilung nicht geplant gewesen. Aber die Franzosen waren weiterhin für strenge Trennung der Zonen und ließen Ansätze zu einer deutschen Zentralverwaltung gar nicht erst zu. Jede Besatzungszone entwickelte ihr Eigenleben. Die Fluchtbewegung aus dem deutschen Herrschaftsraum der Sowjets zeigt allerdings, daß es sogar auf dem äußerst niedrigen Existenzniveau noch Qualitätsunterschiede gab.

So folgte dem ersten Teilungsschritt der zweite: die Schließung der Zonengrenze im Osten auf Antrag der Sowjets; eine Abwehrreaktion der Militärgouverneure, um die Abwanderung und die Zuwanderung im Wortsinn »in Grenzen« zu halten. Und daraus folgte der dritte Schritt: Weil jede einzelne Zone ein wirtschaftlicher Torso bleiben würde, wollten die Amerikaner wenigstens ihren Teil Deutschlands lebensfähig gestalten.

Außenminister Byrnes ging im September 1946 noch einen Schritt weiter mit einer aufsehenerregenden Rede im Stuttgarter Staatstheater. Nachdem er den geladenen Gästen erst einmal die

Linke Seite: Mit Hilfe von Marshallplan-Geldern wurden die ersten Wohnblocks errichtet.

Unten: Geschäftsleute putzten mit ihrer gesamten Belegschaft Ziegelsteine und bauten erhalten gebliebene Kellerräume aus.

Oben: Zu Hotels umgestaltete Luftschutzbunker konnten den müden Reisenden zwar nur harte Holzbetten hinter Stahltüren und Glasblenden bieten, aber sie waren der erste Ansatz der beginnenden Normalisierung.

Mülltonnen der Alliierten waren Fundgruben, es fehlte ja an allem; jede Büchse war eine Kostbarkeit, Papier stand hoch im Kurs. Wer ein Buch kaufen wollte, mußte das Gegengewicht in Altpapier mitbringen. Zigarettenkippen galten als die kostbarsten Funde und wurden »neu verarbeitet« für eine oder zwei Reichsmark das Stück verkauft.

Brennstoff war knapp. Was die mühsam in Betrieb gehaltenen deutschen Kohlegruben hergaben, mußte zu einem Teil auch noch den Siegermächten abgeliefert werden. Für die Bevölkerung blieben in den harten Nachkriegswintern nur 3 Zentner Kohlenzuteilung pro Person. Fuhr ein Lastwagen mit dem kostbaren Gut vorbei, stürzten Männer, Frauen und Kinder auf die Straße und sammelten heruntergefallene Stücke ein.

Sünden Deutschlands vor Augen geführt, ihnen ins Gewissen geredet hatte, hob er sie gleichsam aus dem Staub mit dem Satz: »Das amerikanische Volk wünscht, dem deutschen Volk die Regierung Deutschlands zurückzugeben. Das amerikanische Volk will dem deutschen Volk helfen, seinen Weg zurückzufinden zu einem ehrenvollen Platz unter den freien und friedliebenden Nationen der Welt.«

Der bayerische Wirtschaftsminister Ludwig Erhard, von dem bald mehr zu hören sein sollte, schrieb in der von der US-Militärregierung herausgegebenen »Neuen Zeitung«: »Seit dem Zusammenbruch wurde keine Tat so befreiend empfunden als der durch die Rede... proklamierte Wille, dem deutschen Volk die Möglichkeit zu eröffnen, sein eigenes Schicksal zu gestalten.«

Der größte Strafprozeß der Geschichte

Das »eigene Schicksal«: Wie weit Deutschland davon noch entfernt war, ein solches zu gestalten, bewies gerade um diese Zeit der Nürnberger Prozeß gegen die als Hauptkriegsverbrecher angeklagten Größen des »Dritten Reiches«. Ankläger und Richter waren ausschließlich Angehörige der Siegermächte. Hier zeigte sich auch noch eine gewisse Einmütigkeit der Sieger untereinander, jedenfalls nach außen. Während politische Entscheidungen in den Lebensfragen Deutschlands im Kontrollrat so ziemlich von Anbeginn blockiert wurden, der Kalte Krieg unerbittlich das oberste Viermächte-Organ im besetzten Land außer Kraft setzte, waren die Großen Vier willens, in der Frage der Bestrafung der Kriegsverbrecher allen Streit zurückzustellen. Da überließ man den Deutschen keineswegs, ihre Vergangenheit in eigene Hände zu nehmen, ihr »eigenes Schicksal zu gestalten«.

Vielleicht war der Standpunkt richtig, daß Deutsche zu jener Zeit über Taten und Untaten von Deutschen überhaupt nicht angemessen hätten urteilen können. Vermutlich wären deutsche Richter kurz nach dem Kriegsende ganz einfach überfordert gewesen, die eigene jüngste Geschichte juristisch aufzuarbeiten; waren doch fast alle Deutschen auf der Flucht aus ihrer Vergangenheit: betäubt oder gewillt, zu vergessen –

froh, überlebt zu haben, vor allem bestrebt, die augenblickliche minimale Existenz zu sichern. Jedenfalls stellte sich bei den Alliierten die Frage gar nicht, ob Deutsche in diesem Fall urteilsfähig seien. Zu richten sollte Sache der Sieger sein, gemäß dem Satz im Potsdamer Abkommen: »Kriegsverbrecher und alle diejenigen, die an der Planung oder Verwirklichung nazistischer Maßnahmen, die Greuel oder Kriegsverbrechen nach sich zogen oder als Ergebnis hatten, teilgenommen haben, sind zu verhaften und dem Gericht zu übergeben.« Selbstredend war damit ein alliiertes Gericht gemeint.

Als Stalin, Truman und Churchills Nachfolger Attlee auf der Potsdamer Konferenz, im Hochsommer 1945 diese Willenserklärung abgegeben hatten, waren schon die Vorbereitungen für den größten Strafprozeß der Geschichte im Gang. Inszeniert werden sollte er symbolhaft an dem Ort der prunkvollsten nationalsozialistischen Selbstdarstellung, in der Stadt der »Reichsparteitage«, Nürnberg. In der schwer zerstörten Stadt mit dem zuvor schönsten mittelalterlichen Gepräge war ausgerechnet der Justizpalast heil geblieben. Anklage und Urteil sollten als Rechtsgrundlage das Statut des Gerichtshofs haben, das Kriegsverbrechen, Verbrechen gegen den Frieden und Menschlichkeitsverbrechen unter Strafe stellte. Neben führenden Angehörigen der NSDAP, des Staates und der Wehrmacht sollten auch als verbrecherisch bezeichnete Organisationen unter Anklage stehen. Wer würde auf der Anklagebank sitzen? Von den vier Männern, bei denen darüber am allerwenigsten Zweifel bestanden, waren drei nicht mehr am Leben. Hitler und Goebbels hatten im letzten Stadium der Eroberung Berlins Selbstmord begangen. Bald darauf hatte sich auch Himmler umgebracht, der oberste Bevollmächtigte der Todesmaschinerie im Dritten Reich, als er bei einer britischen Kontrolle nahe Bremervörde aufgefallen war und für ein Untertauchen keine Chance mehr gesehen hatte. Göring als Vierter hatte sich den Westmächten in Bayern ergeben. Etliche andere aus der Führungselite des NS-Staates waren als letzte Reichsregierung von den Engländern gefangengenommen worden, andere waren unter teilweise kuriosen Umständen ihren Jägern ins Netz gegangen oder wurden in Verstecken aufgespürt.

Oben: Verhandlungspause im Nürnberger Prozeß gegen die Hauptkriegsverbrecher. Links, im hellen Anzug Hermann Göring, links daneben Dönitz mit v. Papen sprechend. Rechts neben Göring Rudolf Hess, Ribbentrop und Rosenberg. In der Mitte mit Brille Seyß-Inquart, mit Sonnenbrille ihm gegenüber Frank, rechts daneben Wilhelm Frick. Ganz rechts Walter Funk und Dr. Schacht. Eine Reihe höher Hans Fritzsche, v. Neurath und (vorgebeugt) Albert Speer.

Rechts: Bilder aus den sogenannten Nürnberger Nachfolgeprozessen gegen Militärs, Wirtschaftsführer, Diplomaten, Ärzte und andere. Karl Brandt, Leibarzt Hitlers, beschuldigt als Initiator des berüchtigten Euthanasie-Programms, und Herta Oberheuser, verantwortlich für Sulfonamid-Experimente im Frauen-KZ Ravensbrück.

Als am 20. November 1945 der Prozeß begann, saßen 21 NS-Prominente auf der Anklagebank. Der 22., Robert Ley, hatte in seiner Zelle Selbstmord verübt. Die Akte war geschlossen. Dafür wurde gegen den unauffindbaren und später für tot erklärten Martin Bormann in Abwesenheit verhandelt. Der klobige Schatten des Parteisekretärs und Heß-Nachfolgers saß auf der Anklagebank neben den Lebenden. Zählen wir sie auf, der Einfachheit halber nach dem Alphabet.

Karl Dönitz (Oberbefehlshaber der Kriegsmarine, Nachfolger Hitlers als Staatsoberhaupt und Oberbefehlshaber), Hans Frank (Generalgouverneur von Polen), Wilhelm Frick (Reichsinnenminister), Hans Fritzsche (Propagandist und Rundfunkkommentator), Walther Funk (Reichs-Wirtschaftsminister), Hermann Göring (Oberbefehlshaber der Luftwaffe; Oberster Chef der Gestapo und designierter Nachfolger Hitlers), Rudolf Heß (bis 1941 Stellvertreter Hitlers in der Parteileitung, Minister), Alfred Jodl (als Chef des Wehrmacht-Führungsstabes einer der engsten Hitler-Mitarbeiter), Ernst Kaltenbrunner (SS-Funktionär, Chef des Reichssicherheitshauptamtes), Wilhelm Keitel (Chef des Oberkommandos der Wehrmacht), Konstantin von Neurath (Reichsaußenminister bis 1938, Reichsprotektor von Böhmen und Mähren), Franz von Papen (Vizekanzler bis 1934, Botschafter in Wien und Ankara), Erich Raeder (Oberbefehlshaber der Kriegsmarine bis 1943), Joachim von Ribbentrop (Reichsaußenminister seit 1938), Alfred Rosenberg (Parteiideologe, Reichsminister für die besetzten Ostgebiete), Fritz Sauckel (Generalbevollmächtigter für den Einsatz von Zwangsarbeitern), Hjalmar Schacht (Reichsbankpräsident bis 1939, Reichswirtschaftsminister bis 1937), Baldur von Schirach (Reichsjugendführer und Gauleiter von Wien), Arthur Seyß-Inquart (Reichskommissar der Niederlande), Albert Speer (Chefarchitekt, Rüstungsminister), Julius Streicher (Gauleiter von Franken, Herausgeber des Hetzblattes »Der Stürmer«).

Nach langen Monaten der Einzelhaft und zahllosen Verhören begann das Verfahren. Noch schien unter den Angeklagten einige Zuversicht zu herrschen. Ein Beobachter von damals: »Göring, dünner als sonst und etwas zerknittert, plauderte breit grinsend mit den anderen oder sah sich interessiert im Gerichtssaal um.«

Das oft überhebliche Selbstbewußtsein, das die Nummer eins unter den Angeklagten zur Schau trug und das andere teilten, schwand allerdings zeitweise, als die Beweisaufnahme im einzelnen aufrollte, was alles in den zwölf Jahren seit der »Machtergreifung« geschehen war. Dies konnte anhand einer ungeheuren Dokumentenflut geschehen, da mit deutscher Gründlichkeit über viele Verbrechen genauestens Buch geführt worden war. Sehr viel belastendes Material war den Siegern in die Hände gefallen. In 403 Gerichtssitzungen wurden 5330 Aktenstücke vorgelegt, verlesen, verhandelt. Viele hundert Zeugen marschierten auf — entlastende natürlich, wie auch nicht jedes schriftliche Beweisstück gegen die Angeklagten sprach. Aber die Flut der Beweise verbrecherischer Taten wurde im Verlauf des Mammutprozesses geradezu erdrückend. Das anfänglich so trotzige »Nicht schuldig!« wich immerhin bei einigen über ein »Nicht-davon-gewußt« zur allmählichen Anerkenntnis zumindest einer Mitschuld.

Es gab 12 Todesurteile, von denen 10 vollstreckt werden konnten. Göring beging nach dem Urteil Selbstmord, Bormann wurde in Abwesenheit zum Strang verurteilt. Die übrigen erhielten Freiheitsstrafen.

Indem der Gerichtshof drei Angeklagte freisprach — Fritzsche, von Papen und Schacht —, lieferte er ein bemerkenswertes, heute gar nicht mehr so recht nachfühlbares Zeichen der Souveränität inmitten einer von Empörung gegen die Untaten des Regimes geradezu überschäumenden Weltmeinung. Der Prozeß ist damit in seiner Wertung weitgehend dem gefährlichen Vorwurf enthoben, der einem Gericht von Siegern über Besiegte nur allzu leicht gemacht werden könnte: es sei eine bloße Abrechnung gegenüber Unterlegenen gewesen, ein Racheakt mit den Mitteln der Justiz, zumal es die Straftatbestände, nach denen verurteilt wurde — Verschwörung gegen den Weltfrieden, Entfesselung eines Angriffskriegs u. a. — noch gar nicht gab.

Der Gerichtshof hatte zudem noch einen Kampf in seinen eigenen Reihen auszutragen, weil die Rechtsauffassungen von West und Ost heftig aufeinanderprallten. Für die sowjetischen Ankläger und Richter, geschult an stalinistischen Schauprozessen, konnte es nur noch darum gehen, die als

Nach mehr als zehn Monaten Dauer des Nürnberger Prozesses wurden am 1. Oktober 1946 die Urteile verkündet. Von den zwölf Todesurteilen, die das Extrablatt der »Nürnberger Nachrichten« *(rechts)* nennt, konnten zwei nicht vollstreckt werden: Ein Todeskandidat (Bormann) war nach wie vor unauffindbar, der andere (Göring) beging Selbstmord. Von den übrigen zehn Angeklagten wurden drei freigesprochen, sieben wanderten zur Verbüßung mehr oder weniger langer Freiheitsstrafen ins Spandauer Kriegsverbrechergefängnis, das von den vier Besatzungsmächten gemeinsam verwaltet wird. Das dort gepflegte Wachablösungsritual *(oben:* Sowjets und Amerikaner) gilt mittlerweile – in den achtziger Jahren – nur noch einem einzigen Insassen: Hitlers Stellvertreter Rudolf Hess.

erwiesen geltende Schuld der Täter möglichst spektakulär und möglichst schnell mit der Höchststrafe zu sühnen; das sowjetische Abschluß-Plädoyer hat die Todesstrafe ja auch summarisch gefordert, ohne Umschweife und Differenzierung. Demgegenüber siegte das korrekte angelsächsische Rechtsempfinden, mit dem der britische Vorsitzende Lordrichter Lawrence die gesamte Verhandlung über mehr als zehn Monate leitete.

Keimzelle der Bundesrepublik Deutschland

Zurück ins Jahr 1946: Der amerikanische Außenminister Byrnes hatte bei seiner Stuttgarter Rede den deutschen Zuhörern die Rückführung in die Völkergemeinschaft in Aussicht gestellt. Davor war bereits aus London ein positives Echo auf seine Anregungen zu einer wirtschaftlichen Vereinigung wenigstens der amerikanischen und der britischen Besatzungszone gekommen. Aber es dauerte vier Monate, ehe die beiden Regierungen ein Abkommen über den Zusammenschluß der amerikanischen und britischen Besatzungszone schließen konnten. Am 2. Dezember 1946 war die »Bizone« geboren. Das Abkommen bestimmte, daß beide Zonen vom 1. Januar 1947 an eine Wirtschaftseinheit darstellen würden.

Nur in dieser kleineren Hälfte des ehemaligen Deutschen Reiches also wurde nun die Absichtserklärung des Potsdamer Abkommens in die Wirklichkeit umgesetzt. Deutsche Zentralbehörden sollten die Vorbereitungen zur wirtschaftlichen Vereinigung koordinieren. Die Besatzungsmächte holten sich aus den Fachministerien der Länder – Landesregierungen bestanden ja schon – ein Kollegium von »Verwaltungsräten« für die Bereiche Wirtschaft, Ernährung/Landwirtschaft, Finanzen, Verkehr, Post, Justiz. An vier Orten dezentralisiert, mit umständlichem Instanzenweg und Kompetenzgerangel, arbeiteten diese Verwaltungsämter nicht sonderlich effektiv.

Die nächste Entwicklungsstufe – Juni 47 – war eine Art überregionales Parlament, der Zweizonen-Wirtschaftsrat in Frankfurt. Die Landtage der Bizonen-Länder entsandten zusammen 52 Abgeordnete (die Zahl wurde im Frühjahr 1948 verdoppelt). Das Gesetzgebungsorgan hatte außer wirtschaftlichen Befugnissen noch die Zuständigkeit

für Verkehr, Post, Finanzen, Elektrizität, Gas, Wasser.

Dem Wirtschaftsrat, dem Parlament also, gesellte sich eine »Regierung« hinzu, der Verwaltungsrat. Er wurde gebildet aus dem schon vorher existierenden Gremium von Verwaltungsräten, die nun als »Minister« die Bezeichnung Direktoren erhielten. Also: Wirtschaftsrat und Verwaltungsrat mit Direktoren: aus diesen zurückhaltenden, betont herunterspielenden Begriffen bestand die Keimzelle der Bundesrepublik.

Zunächst brachte diese Entwicklung keinerlei Verbesserung. Im Gegenteil. Die Währung wurde aus Mangel an ausreichender Deckung durch Werte immer schwächer; wertvollere Nahrungsmittel und Sachgüter wurden als Schwarzmarkt-Tauschware zurückgehalten. Die »Ami-Zigarette« wurde zur Leitwährung. Wer so einfallsreich war wie etwa der Schwarzhändler Lehmann (aus »Lehmanns Erzählungen«) von Siegfried Lenz, wer die »schöpferischen Möglichkeiten des Mangels« so begabt nutzte, konnte in dieser Grenzsituation, bei dieser Umwertung aller Werte, zu gefährdetem Wohlstand kommen. Otto Normalverbraucher hingegen lebte von dem, was es auf Zuteilung gab.

In der 100. Zuteilungsperiode beispielsweise im April 1947 – man hatte vom Kriege her einfach weitergezählt –, bewilligten die Behörden in der britischen Zone folgende Rationen pro Woche: 2,4 kg Brot, 45 g Fett, 100 g Fleisch, 40 g Käse, 580 g Nährmittel. Kartoffeln kamen in dem Vierwochen-Zeitraum der 100. Zuteilungsperiode nicht auf den Tisch, wenn man sie sich nicht »hintenherum« beschaffen konnte. Das war für Städter äußerst schwierig in einer Zeit, in der die landwirtschaftliche Erzeugung auf zwei Drittel der Vorkriegszeit gesunken war. Allein in Hamburg litten rund zehntausend Menschen an Hungerödemen.

Westdeutschland konnte sich nur noch zu fünfzig Prozent aus eigener Produktion ernähren. Für die britische Besatzungsmacht war das noch folgenschwerer als für die anderen Westalliierten, weil Großbritannien selber zu einem erheblichen Prozentsatz von Einfuhren lebte, wofür außerdem Devisen fehlten. Die Labourregierung unter Premierminister Attlee hatte dem amerikanischen Vorschlag zur Zonen-Fusion schon aus Selbster-

Fortsetzung S. 54

»Organisieren«, ein Wort aus dem Landserjargon, wurde zum bestimmenden Ausdruck der Nachkriegs-Notzeit. »Organisieren« hieß das Gesetz zu umgehen, der Ordnung auszuweichen, geschickt getarnt zu stehlen. »Organisieren« hieß Beschaffen, auf jede Art und Weise. Und alle haben »organisiert«, die Mehrzahl aus der Not heraus; dem Trieb der Selbsterhaltung folgend. Die staatlichen Organe und die Besatzungsbehörden blieben machtlos, trotz immer wiederholter Androhung drakonischer Strafen. Die Überlebenden mußten sich durch »Organisieren« selbst helfen, um weiterleben zu können.

»Dschungelzeit« nannten die Zeitgenossen die Epoche von 1945 bis 1948, da der Schwarzmarkt blühte und Improvisation angesagt war. *Oben:* Leere Regale, aber unter dem Ladentisch jede Menge »Bückware«. *Unten links:* Tauschgeschäfte mit Sowjetsoldaten. Zeichensprache hilft beim Verständigen. *Unten rechts:* Schuhanprobe ohne Komfort, immer mit einem sorgenvollen Blick zur Seite, ob vielleicht die Polizei den Handel stört.

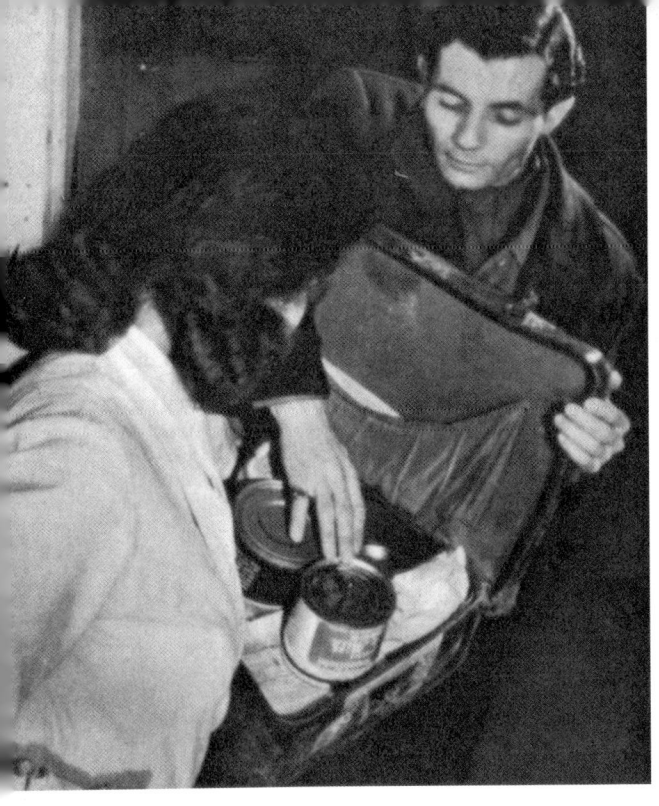

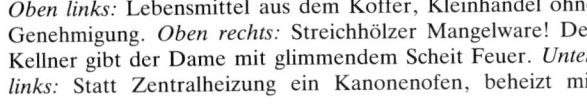

Oben links: Lebensmittel aus dem Koffer, Kleinhandel ohne Genehmigung. *Oben rechts:* Streichhölzer Mangelware! Der Kellner gibt der Dame mit glimmendem Scheit Feuer. *Unten links:* Statt Zentralheizung ein Kanonenofen, beheizt mit allem was brennbar: Torf, Trümmerbalken und Holz aus dem Stadtwald. *Unten rechts:* Ein Päckchen, zur rechten Zeit durch den Schalter geschoben, macht Krummes gerade, Verbotenes erlaubt, Unmögliches möglich.

Nach dem »Gesetz zur Befreiung von Nationalsozialismus und Militarismus« vom 5. März 1946 wurden sogenannte Befreiungsministerien errichtet, denen Spruchkammern nachgeordnet waren. Dort wurde über »Hauptschuldige«, »Belastete«, »Minderbelastete«, »Mitläufer« und »Entlastete« verhandelt. Die Kammern konnten über NS-Würdenträger oder -Helfer »Sühnemaßnahmen« wie z. B. Berufsverbot, Geldbußen oder Arbeitslager verhängen. Bekannte Gesichter, Prominenz aus Kultur und Wissenschaft erschienen vor der Spruchkammer.

Linke Seite oben: Generalfeldmarschall a. D. Sperrle.
Mitte: Der Dirigent Wilhelm
Furtwängler. *Rechts:* Oskar
von Hindenburg, »der in der
Verfassung nicht vorgesehene Sohn des Reichspräsidenten« (so der Volksmund).
Unten: Der Chirurg Professor
Sauerbruch. *Rechte Seite,
oben links:* Mathilde Luden-
dorff, die Witwe des Welt-
krieg-Strategen, las dem Gericht stundenlang aus eigenen
Werken vor. *Oben rechts:* Richard Wagners Schwieger-
tochter Winifred. *Rechts:*
Hitlers Leibfotograf und
»Reichsbildberichterstatter«
Heinrich Hoffmann.

Die Demontage der Thyssenhütte bedeutet ~~~~~~
für 10000 Arbeiter und Angestellte Arbeitslosigkeit ~~
für 40000 Angehörige der Familien Elend, Hunger u. Not
~~~~~~~~~~~~~~~ eine tote Stadt

Die Demontagepolitik der Alliierten verfolgte drei Ziele: 1. Durch die Verringerung überschüssiger Industriekapazität sollte Deutschland als Militärmacht ausgeschaltet bleiben. 2. Deutschland sollte an einer raschen Rückkehr bzw. an der Rückgewinnung eines beherrschenden Einflusses auf den Weltmarkt gehindert werden. 3. Deutschlands Kriegsgegner sollten Wiedergutmachungen (Reparationen) erhalten. Je länger aber die Demontagen dauerten, desto deutlicher wurde ihr wirtschaftlicher Widersinn. Protesten begegneten die Behörden vorerst jedoch mit Gewalt. Weit rigoroser noch als die Westmächte verfuhren die Sowjets in ihrer Besatzungszone. Man schätzt, daß Güter und Leistungen im Wert von 28 Milliarden Dollar in die Sowjetunion geflossen sind – oft genug ohne daß dort tatsächlich Gebrauch davon gemacht wurde.

Linke Seite: Arbeiter, die die zur Demontage bestimmten Essener Steinkohlenwerke besetzt gehalten haben, werden im Juni 1949 von belgischen Truppen vertrieben. *Unten:* Protestparolen in der Hamborner Thyssenhütte. *Rechte Seite oben:* In Kisten mit kyrillischer Beschriftung verpackt, warten Maschinen auf den Abtransport nach Osten. *Mitte:* Auch wenn die Russen von gekürzten Reparationen sprechen, es ist noch immer die gleiche Menge – Karikatur aus dem »Berliner Anzeiger«. *Unten:* Ausladen von Care-Paketen. Die Vereinigten Staaten legten am wenigsten Wert auf Reparationen. Hier setzte sich schon bald die Erkenntnis durch, daß man sich mit einer ausgeraubten Industrienation nur einen Almosenempfänger auf Dauer einhandelt.

»Gesucht wird ...«

Der Zusammenbruch des Dritten Reichs und die Ostvertreibungen zerrissen unzählige menschliche Bindungen. Mit Hilfe des Suchdienstes wollte man Ordnung in das

Chaos bringen. »Gesucht wird ...« war jahrelang die Eröffnungsformel von Rundfunksendungen, Plakaten, Zeitungsanzeigen.

Bei Kriegsende gab es mehr als 1,7 Millionen Wehrmachtvermißte, von denen niemand wußte: waren sie tot oder in Gefangenschaft? 12 Millionen deutsche Soldaten steckten hinter Stacheldraht; die meisten ohne Kontakt mit ihren Angehörigen. 550 000 Zivilisten waren im Bombenkrieg und beim Einmarsch der Alliierten im Reich ums Leben gekommen, oft ohne daß die Männer und Söhne, die bei der Truppe waren, etwas davon erfahren hatten. 15 Millionen Flüchtlinge und Heimatvertriebene zogen in jenen Tagen ins sogenannte Altreich; nach Westen. Gejagt, gehetzt, im wilden Durcheinander auf der Flucht vor den Russen, Polen, Tschechen.

1,3 Millionen Deutsche sind bei der Vertreibung umgekommen. In der CSR waren 350 000 Deutsche in 1215 Internierungslagern, in 846 Gefängnissen eingesperrt. 132 549 von ihnen wurden wegen politischer Vergehen vor tschechische Volksgerichte gestellt; 21 469 verurteilt, davon 713 zum Tod. Etwa 100 000 Deutsche starben in den tschechischen Lagern. Ihre Angehörigen auf der Flucht, oder schon im Altreich, irgendwo, suchten sie, hatten keine Ahnung von ihrem Schicksal.

Ein großer Teil der sudetendeutschen Männer, die bei der Wehrmacht waren, kamen nach Kriegsende in ihre Heimat zurück, wurden von den Tschechen gefangengenommen oder den Russen übergeben. Wo waren sie?

In Jugoslawien waren 232 000 Volksdeutsche zurückgeblieben. Von ihnen mußten 27 000 arbeitsfähige Frauen und Männer den Marsch in die UdSSR antreten; zur Fronarbeit. Ihre Kinder aber blieben in den jugoslawischen Lagern.

Aus Ungarn holten die Sowjets 35 000 deutsche Frauen und Männer zur Fronarbeit in die UdSSR. Die zurückgebliebenen 250 000 bis 300 000 Volksdeutschen wurden bei den Kolonisationsarbeiten in der Hortobagy-Pußta geschunden, geknechtet, und dann die Kaputten außer Landes getrieben. Aus Rumänien wurden 80 000 Volksdeutsche in die UdSSR verschleppt, darunter 24 000 Siebenbürger und an die 5000 Reichsdeutsche, die im Lager Targa-Jiu interniert waren.

Was war mit den Deutschen – mehr als 2,5 Millionen – geschehen, die die Flucht aus Neu-Polen nicht geschafft hatten?

Zehntausende Kinder waren von ihren Eltern getrennt, kannten noch nicht einmal ihren Namen. Wer war gestorben, gefallen, in Gefangenschaft? Wer lebte noch, und wo? Das große Puzzlespiel mit Menschen und Schicksalen konnte beginnen. Aber wie?

Die »Wehrmachtauskunftstelle« war 1943 von Berlin

nach Meiningen und Saalfeld verlegt worden. 1946 kam sie unter amerikanischer Leitung gefleddert nach Berlin zurück; die Sowjets hatten in Thüringen die Gräberunterlagen erbeutet. Dann übernahmen die Franzosen die Kartei. Der alliierte Kontrollrat hatte alle internationalen Verträge, die das Reich eingegangen war, außer Kraft gesetzt; darunter auch das Genfer Kriegsgefangenenabkommen. Deutsche Kriegsgefangene, wo sie auch waren, hatten keinerlei Schutz noch Rechte. Das Deutsche Rote Kreuz hatte als Gesamtverband aufgehört zu bestehen. Die 10 Millionen Meldungen über gefallene deutsche Soldaten, die in der Genfer Zentralkartei des IKRK schmorten, waren den Deutschen offiziell nicht mehr zugänig.

Aber da gab es in Kiel seit dem Winter 1944/45 eine sogenannte Flüchtlingsleitstelle. Eine Leitstelle für die mit Schiffen evakuierten Heimatvertriebenen. Nach der Kapitulation wurde die Kieler Flüchtlingshilfe zum »Ermittlungsdienst« mit einer »Zentral-Suchkartei«. Auf den Karteikarten wurden die Personalien und die jetzt gültigen Anschriften der Flüchtlinge eingetragen; und auf eine »Suchkartei« kamen die Personalien derer, die sie suchten. Sortierte man die Karten alphabetisch nach den Familiennamen zusammen, so mußten sich Stamm- und Suchkarten über ein und dieselbe Person in der Kartei treffen. Der Suchende konnte benachrichtigt werden.

Dieses Verfahren war das erste und durchaus erfolgreiche System des »Suchdienstes«. Es brachte in den ersten Nachkriegsjahren rund 14 Millionen Menschen miteinander in Verbindung. Bald hatte jedes Land, jede größere Stadt, ja fast jeder karitative Verein seinen Suchdienst. In Hamburg, München, Berlin, Stuttgart, Rastatt, Flensburg installierten sich »Zentrale Suchkarteien«. Auch private Suchdienste taten sich vorübergehend auf. Das Rote Kreuz, nun wieder zugelassen, beteiligte sich an diesen Suchdiensten, die Kirchen. Noch war es ein Drunter und Drüber, wenn auch redliches Bemühen.

Am 24. Februar 1950 bekam die Geschichte System: die Hamburger Suchdienstkartei mit 11 Millionen Karten wurde nach München verlegt. Münchner und Hamburger Suchdienst arbeiteten jetzt zusammen. 40 000 Anfragen gingen damals täglich in München ein. Langsam, aber systematisch entwickelte sich aus den Karteien der großen Suchdienste die »Zentrale Namenkartei«. Sie sollte bis 1975 auf 35,7 Millionen Karteikarten anwachsen, und 40millionenmal Auskünfte erteilt haben.

Im Lager Friedland entwickelte sich aus primitivem Beginnen die sogenannte »Friedland-Bildkartei«. Als sie 1950 zum Suchdienst München kam, war sie schon 280 000 Anträge stark. Und 1957 waren die »Bildlisten« auf 186 Bände mit 125 699 Seiten angewachsen.

Was der Suchdienst – wohlgemerkt aus eigener Initiative entstanden – geleistet hat, ist einmalig. 284 764 Kinder-Schicksale wurden geklärt (6600 ungeklärte). Für 1 198 214 Wehrmachtvermißte konnten bis 1975 die Nachweise gebracht werden (ungeklärt blieben 545 827). Die Schicksale von 161 952 Kriegsgefangenen konnten aufgeklärt werden (64 136 blieben ungeklärt).

169 887 Schicksale von in die UdSSR verschleppten Menschen klärte der Suchdienst auf (86 261 blieben ungeklärt). 516 110 Schicksale von verschleppten Deutschen (ohne UdSSR) registrierte die »Zentrale Namenkartei« (36 762 blieben ungeklärt). Eine beispiellose Tat unzähliger, ehrenamtlicher Helfer. Und zu Ende ist sie noch lange nicht. Man denke nur an die Familienzusammenführung, die es bis heute rund 670 000 Deutschen aus Ost- und Südosteuropa ermöglichte, in die Bundesrepublik auszureisen. Und immer noch gibt es die Plakate mit den Bildern inzwischen längst erwachsener Menschen, darüber die Zeile »Wer bin ich . . .?«

Der Kindersuchdienst brachte die Kleinen zu ihren Eltern und Familien. Wie oft kannten die Kinder bei ihrer Rückkehr ins Elternhaus Vater und Mutter gar nicht mehr, nach oft jahrelanger Trennung, wie oft verstanden sie kein Wort der Muttersprache mehr. Die Rückkehr der Kinder wurde ermöglicht durch die tatkräftige Unterstützung aller Behörden, der privaten Organisationen, der Kirchen, des Rundfunks und der Presse.

Suchkind 312

Zu den großen Familienromanen, die in den fünfziger Jahren der HÖR ZU Millionen Leser einbrachten, gehört Hans-Ulrich Horsters »Suchkind 312«. Im Grunde ein Liebesroman alter Art, gibt er doch auch ein brennendes Zeitproblem wider: die Rückkehr der Verschollenen, hier eines Kindes und seines Vaters.

»Unser Suchkind 312« stand über dem Bild. Und daneben: »Hier der Steckbrief! Name: Haake oder Harke oder Hanke. Vorname: Martina. Geboren etwa 1944, Augen blau, Haar blond.« Das traf Ursula wie ein ungeheurer Schlag. Ihr Blick ging zu dem Bild des Kindes zurück. Diese Stirn – ist es nicht Achims Stirn? Diese Augen – sind es nicht Achims Augen? – Dieser Mund... und das blonde, fließende, leicht gewellte Haar...

Draußen hupte es. Dreimal kurz. Eine Wagentür klappte.

Ursula warf erschrocken die Zeitschrift hin und sprang auf. Verstört fuhr sie sich über das Haar. Dann ging sie über die helle Diele zur Haustür. Sie ging wie im Traum. Ihre Beine waren ganz steif. Es war wie an jedem Tag: Dreimal hupen, das Klappen der Wagentür, die Schritte auf dem Kies. Und wenn dann Dr. Richard Gothe die Diele betrat, stand seine Frau vor ihm. Er stellte seine Aktenmappe hin, hängte Mantel und Hut ordentlich an den Garderobenhaken, ging zum Waschbecken und wusch sich die Hände: »Was macht der Junge?«

»Er schläft.« Sie sah ihm zu, wie er seine Hände umständlich mit der Nagelbürste bearbeitete, und dachte an das Bild.

»Name: Haake oder Harke oder Hanke. Vorname: Martina. Geboren etwa 1944, Augen blau, Haar blond...«

Richard Gothe griff zum Handtuch. »Du bist ja so still heute! Und so blaß!« Er trat zu ihr und betrachtete forschend ihr Gesicht. »Was ist denn los? Du siehst ja aus, als wärst du einem Geist begegnet!«

Ja, sie war einem Geist begegnet. Achims Geist!

Er strich ihr mit seiner kühlen Hand über die Stirn. »Sorgst du dich noch immer so wegen des Kindes?«

Das Kind! Er meinte sein eigenes Kind, den kleinen Helmut, nicht das andere. Von dem wußte er nichts. Von dem durfte er nichts wissen!

Er zupfte sich die schneeweißen Manschetten zurecht, griff nach seiner prallgefüllten Aktenmappe und folgte ihr ins Eßzimmer.

»Ich muß nachher nochmal zu Lohmann«, sagte er. »Ein paar Verträge, die noch besprochen werden müssen.«

Er ließ sich an dem gedeckten Tisch nieder, breitete die Serviette über die Knie und begann zu essen.

Sie setzte sich zu ihm, schenkte Tee ein und tat zwei Stücke Zucker in seine Tasse. »Bist du sehr müde?« Sie fragte das, um etwas zu sagen, um ihre zitternde Unruhe zu bekämpfen.

Er schüttelte den Kopf.

»Du«, sagte er, »nimmst du es mir sehr übel, wenn ich schnell noch mal in die Verträge sehe? In diesem Falle darfst du natürlich auch lesen.«

Sie stand auf, holte die Zeitschrift und blätterte mit unruhigen Händen die Seiten des Heftes durch. »Unser Suchkind 312«! Da war wieder das Kind, das Martina hieß und Achims Augen hatte!

Noch einmal überflog sie den »Steckbrief«. Dann begann sie den Text unter dem Bild zu lesen. Und während sie las, wurden ihre Hände kalt.

»Am 4. März 1945 machte der Dampfer ›Ursula Heinemeyer‹ in Lübeck fest. An Bord befanden sich Flüchtlinge aus Ostpreußen. Unter ihnen die kleine Martina, die während der Fahrt in einem Kinderwagen gelegen hatte. Das Kind trug ein Täfelchen um den Hals, auf dem die Schrift verwischt und schwer entzifferbar war. Neben dem Namen war als Heimatort ›Insterburg‹ angegeben und ferner ›Gut Rositten oder Roselken‹. Dies Wort war jedoch kaum lesbar. Es kann also auch ganz anders geheißen haben. HÖR ZU! will versuchen, diesen Fall zu klären. Bitte helfen Sie uns dabei. Und wenn Sie etwas wissen, schreiben Sie uns. Wir veranlassen dann alles Weitere.«

Ursula las den Text mehrmals hintereinander. Wort für Wort, Buchstabe für Buchstabe. Das Gut hieß weder Rositten noch Roselken, sondern Rodeiken. Es lag bei Insterburg, und es war das Gut Onkel Martins gewesen.

Sie schlug das Heft zu und legte es auf den Tisch zurück. Nein, es war nicht der geringste Zweifel! Das Suchkind 312 war ihr Kind! Das Suchkind 312 lebte irgendwo in Deutschland. Es wußte nichts von seiner Mutter, die in Wiesbaden, Beethovenstraße 18, als Frau des Dr. rer. pol. Richard Gothe wohnte; es wußte nichts von seinem Vater, den der Krieg in Rußland verschlungen hatte. Das Suchkind 312 trug nicht einmal den Namen seines Vaters. Es hieß Hanke, so wie seine Mutter vor ihrer Heirat geheißen hatte. Denn es war ein uneheliches Kind!

Aus: Hans-Ulrich Horster, Suchkind 312. Die Geschichte einer unerfüllten Liebe. Hammerich & Lesser Verlag Hamburg 1959 (ein Vorabdruck erschien 1954 in der Rundfunkzeitschrift HÖR ZU)

Die Wiedergefundenen halten sich in den Armen. Tausende von Vätern und Müttern waren jahrelang im Ungewissen über das Schicksal ihrer Kinder, die in irgendeinem Landjugendheim oder einem »bombensicheren« »Kinderverschickungslager« vom Zusammenbruch überrascht wurden. Bis es zu solchen Wiedersehensszenen kommen konnte, mußte ein riesiger bürokratischer Apparat mit vielen ehrenamtlichen Helfern seine Arbeit geleistet haben.

Besatzungsalltag

Vom Fraternisierungsverbot, von der verordneten Zurückhaltung gegenüber den besiegten Deutschen blieb wenig übrig. Die Besatzungssoldaten gewannen alsbald enge Kontakte zur Zivilbevölkerung – vornehmlich natürlich zu deren weiblichem Teil. Wie es in den Büros der Besatzungsmacht zuging, wo schon bald eine deutsch-amerikanische Mischsprache entwickelt wurde, schildert ein Zeitungsartikel.

Der Fremdling, der sich in ein großes Büro der US-Armee verirrt, kann folgende Unterhaltung hören: »Hedy, hast Du schon Deine Päpers gefeilt?« Die Angesprochene: »Nein, ich muß erst die Rekords schecken.« Gemeint ist: »Hast Du Deine Papiere schon abgelegt?« – »Nein, ich muß erst meine Akten in Ordnung bringen.«

Jemand verlangt statt eines Bleistiftes einen Pensil – korrekt pencil. Man erfährt ferner, daß eine Schreibmaschien ein Teipreiter ist, daß man Päpers zusammenstepelt, anstatt heftet, daß ein Schreibtisch nur noch Desk und Überstunden Overteim heißen.

Wenn Mary – die Girls haben natürlich alle fashionable Namen – krank ist, reden die anderen von Sicklief, der in ihr Teimschiet (timesheet = Stundenkarte) eingetragen werden muß. Anna aus Seckbach heißt jetzt Enn und wird von den Kolleginnen um ihre Romänz mit dem Sörtschent (Sergeant) Jonny beneidet, der sie abends am Office mit dem Kar abpickt. Sie fahren dann in die Snäckbar und essen ein Eiskriem.

Neulich hatte Jonny einen Akzident (Unfall) und wurde dafür gekortmarschelt. Auf Hochdeutsch: Er wurde durch ein militärisches Gerichtsverfahren bestraft. Mary is darüber traurig, denn Jonny hat damit seinen Job als Dreiver vom Tschenerel gespoilt, das heißt, er hat seine Stellung als Fahrer beim General verwirkt.

Der Gossip (Klatsch) war groß, als Rosy – Teipist (siehe oben Teipreiter) vom Käpt'n – mit diesem, ihrem Boß, abends im Club (sprich Klabb) gesehen wurde. Sein Weif drohte ihm daraufhin mit einer Divorss (Scheidung), denn sie hatte die beiden gekätscht. Wenig später war man schadenfroh, denn Käpt'n und Weif hatten sich wieder vertragen und Rosy wurde gefeiert. Letzteres nicht mit unserem Wort zu verwechseln. Rosy wurde gefeiert ist dasselbe wie »entlassen«. Das Weif hatte ihr viel Trabbels verursacht. Jeder, der »amerikanisch« beschäftigt ist, hat Trabbels.

Aber auch unser »Konkerers« – (ich hab's auch schon gelernt) haben deutsche Worte in ihre Sprache übernommen. Sie sprechen nur vom »Bahnhof«, »Gasthaus«, und »Straße«. Es soll schon vorgekommen sein, daß ein Report, der nach Washington geschickt wurde, mit dem Vermerk wieder zurückkam, sich doch bei Strafreporten eines reinen Englisch zu bedienen...

»Abendpost« Offenbach, 15. Januar 1952

Das Sexuelle spielte ein große Rolle in den Beziehungen der Besatzungsmacht zur Bevölkerung. Dabei hatte es jene nicht besonders schwer, war sie doch mit allen materiellen Gütern gesegnet, während diese nichts außer dem Körper zu geben hatte. »Frauleins« nannte man die Mädchen, die sich den Besatzungssoldaten anschlossen. Viele von ihnen erfuhren später glänzende Aufwertung, wenn G.I.s sie als Ehefrauen mit nach Amerika nahmen.

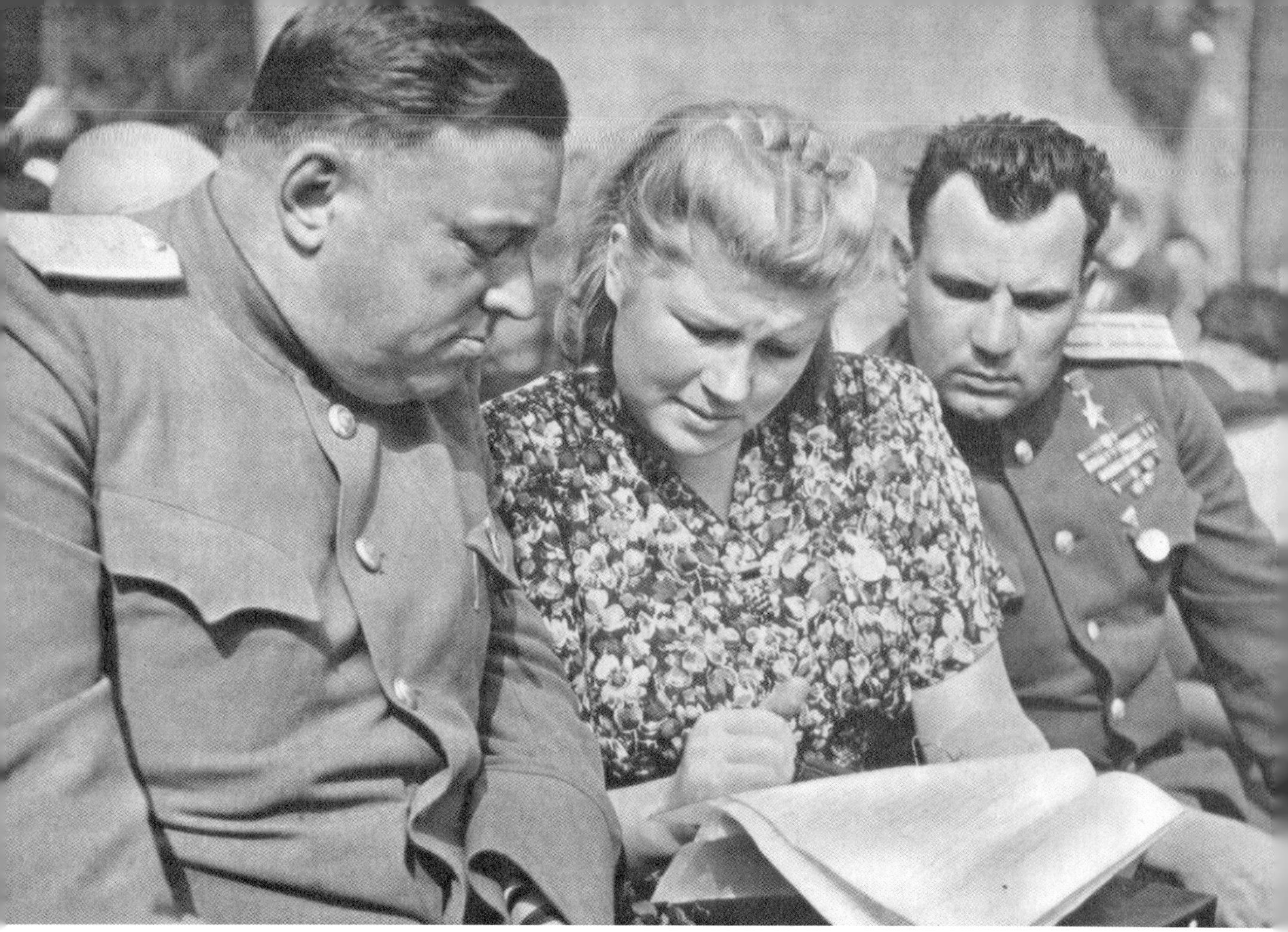

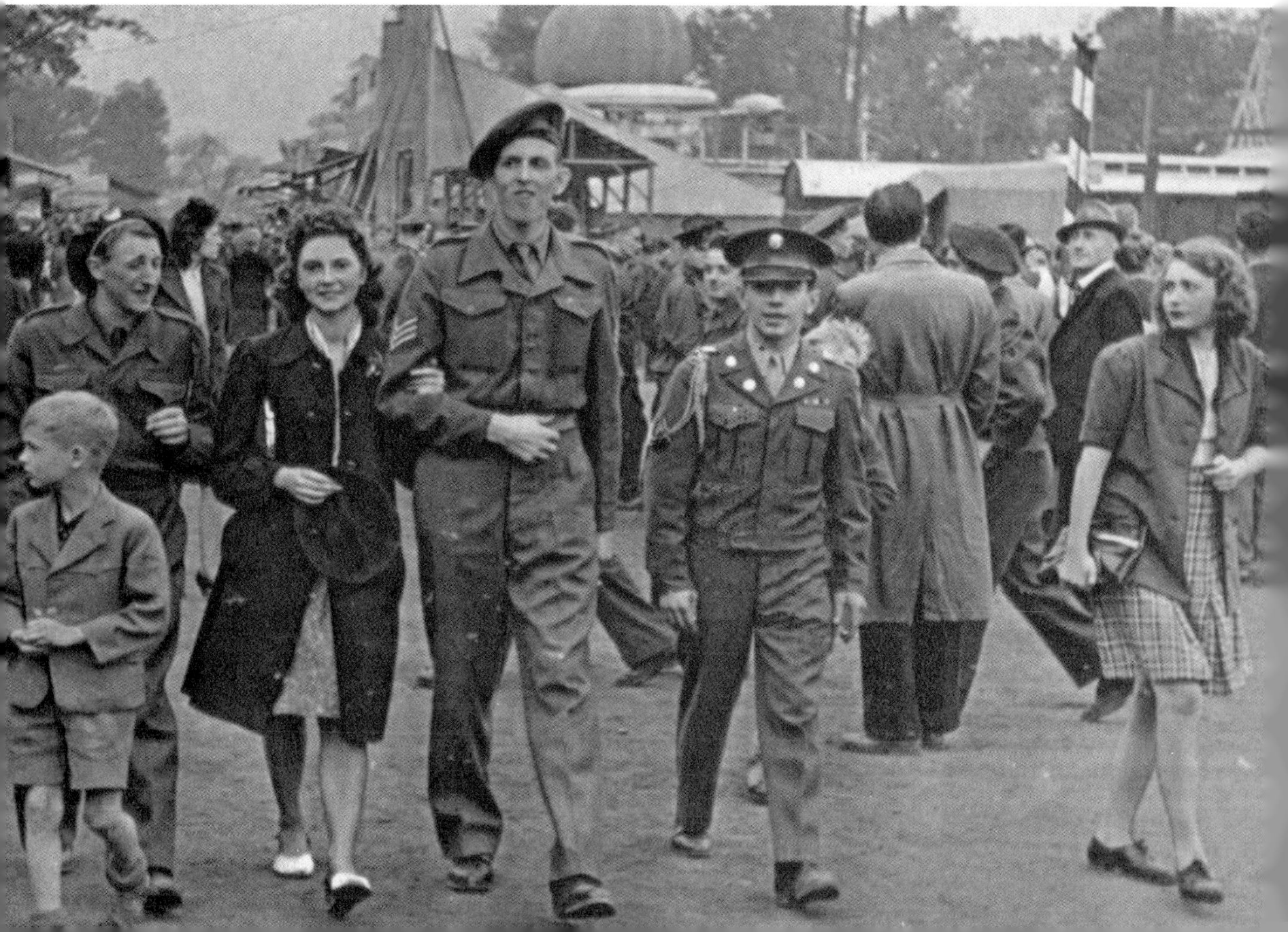

Linke Seite oben: Die Sowjets hielten ihre Soldaten in Deutschland in strenger Zucht; obendrein wurden sie immer schon nach kurzer Dienstzeit ausgetauscht. Für Begegnungen mit der weiblichen Zivilbevölkerung war da wenig Gelegenheit, Szenen wie diese (mit einer Dolmetscherin) die Ausnahme. *Unten:* Die Westalliierten verfuhren weniger streng. Im Wiener Prater präsentieren britische und amerikanische Soldaten stolz ihre »Maderln«. *Rechte Seite oben:* Der fremdsprachige Schilderwald als Sinnbild der Besatzungsherrschaft (hier im französischen Gebiet »Rhein-Donau«). *Unten:* Mädchen in Uniform – Angehörige des weiblichen Hilfskorps vor dem französischen Hauptquartier.

Die Heimkehrer

Mehr als elf Millionen Angehörige der deutschen Wehrmacht waren bei Kriegsende in Gefangenschaft, davon knapp 3,2 Millionen bei den Westalliierten. Ihre Rückkehr nach Deutschland warf vielfältige wirtschaftliche und soziale, politische und private Probleme auf. Eines davon, die Heimkehr eines Vermißten in eine Welt, die sich ohne ihn eingerichtet hat, beleuchtet eine zeitgenössische Reportage.

Etwa fünfhundert Männer und Frauen von Millionen, die der Krieg und seine Folgen auseinanderriß, sind in das Bundesgebiet heimgekehrt, obwohl sie amtlich für tot erklärt worden waren. So wollen diese Schicksalsschilderungen allein als Symptom einer heillos verwirrten Zeit verstanden sein.

»Auf Antrag der Ehefrau Anna Göbel in Rosenheim ... soll der deutsche Staatsangehörige Josef Göbel ... zuletzt Wachtmeister der Schutzpolizei ... für tot erklärt werden. Josef Göbel wird hiermit aufgefordert, bis spätestens 20. 12. 1947 beim gefertigten Gerichte, Zimmer 68, sich zu melden, widrigenfalls seine Todeserklärung erfolgen kann ...«

Als der Rosenheimer Amtsgerichtsrat Mader seinen Namen mit kratzender Feder unter das Schriftstück zog, wuchtete Josef Göbel, in dicker Wattejacke verpackt, schwere Steine für den Straßenbau im Gebiet des Schweigelagers Neu Kiew. Am 24. Januar 1945 war er den siegesgewissen Soldaten der Roten Armee bei einem Scharmützel vor Hindenburg/Oberschlesien in die Hände gefallen. Sein Name verschwand aus den Karteien der deutschen Wehrmacht. Er war vermißt, verschollen, weiß Gott wo – wahrscheinlich tot.

In jenen Tagen, als der unglückliche Wachtmeister, erschöpft, ausgehungert und apathisch seinen Weg durch Rußlands Schweigelager begann, lagen seine Frau Anna, deren Mutter und sein Töchterchen vor einem tschechischen Pfarrer auf den Knien. Sie küßten den Saum des Talars und flehten den erschrockenen Geistlichen um Hilfe an: »Verbirg uns in deinem Haus und schütze uns im Namen der Muttergottes vor den Soldaten!« – Der Pfarrer riskierte seinen Kopf und deckte sie buchstäblich mit dem Mantel der christlichen Nächstenliebe. Später gelang ihnen die Flucht nach dem Westen. Von panischem Schrecken gejagt, hatten sie unter Fußtritten und Kolbenschlägen der aufgebrachten tschechischen Soldaten ein mühsam erspartes Häuschen und einen gepflegten Garten verlassen. Als die Flüchtlinge das oberbayerische Rosenheim erreichten, starb die Mutter an Kummer und Erschöpfung. Und Josef Göbel saß im Lager 9 bei Stalino. Er durfte nicht schreiben. War er tot?

Diese Frage quälte Frau Anna von Tag zu Tag mehr, als sie den bayerischen Bundesbahnangestellten Bichler kennenlernte. Und je stärker ihre Sehnsucht nach

geordneten ruhigen Verhältnissen wurde, je mehr der Wunsch, eine feste Bleibe und männlichen Beistand zu gewinnen, von ihr Besitz ergriff, desto geringer wurden die Zweifel an ihres Mannes Tod. Sie war am Ende ihrer Kraft. Die Todeserklärung des Wachtmeisters Josef Göbel wurde ausgesprochen.

Sie wurde in dem Augenblick ausgesprochen, als Göbel wieder schreiben durfte. Aber sein Ruf aus dem »Jenseits« kam zu spät. Die Register der Bürokratie hatten mit seinem Leben abgeschlossen. Der aktenkundige Josef Göbel war tot. Jener Göbel aber, dem es nach langwieriger, verzweifelter Adressenfahndung endlich gelungen war, sich durch einen Brief bei der 23jährigen

Tochter in Rosenheim zu melden, mußte seine Existenz erst beweisen. Er mußte leibhaftig zurückkehren. – Nach fünfjähriger Kriegsgefangenschaft war der »tote« Wachtmeister wieder unter den Lebenden. Es erwartete ihn niemand am Bahnhof. Er ging durch die dämmerigen Straßen, fand seine Tochter Waldtraut im Büro einer Fabrik und – erfuhr alles. »Du bist für tot erklärt«,

Linke Seite: So kamen Tausende zurück: barfuß, in Lumpen, um Jahrzehnte gealtert. Unsägliche Strapazen liegen hinter ihnen. *Oben:* Freundliche Gesichter für die versammelten Fotografen. Links der letzte England-Heimkehrer (Juli 1948), rechts der letzte aus den Vereinigten Staaten (Juli 1946).

sagte sie, »wir konnten nicht wissen, daß du lebst. Die Mutter hat wieder geheiratet.« Göbel machte nicht viel Aufhebens. Fünf Jahre Rußland hatten ihn in jene Verfassung gebracht, in der menschliche Tragödien nur noch bis an die Peripherie der Seele vorzudringen vermögen. Ihm war, um es deutlich zu sagen, schon alles »wurscht«.

Oder schien es nur so? Göbel verließ das Büro seiner Tochter. Waldtraut eilte zu ihrer Mutter und berichtete. Frau Anna fand ihren Mann auf der Straße, als er in der Nähe ihrer Wohnung herumstrich. Er hatte sich nicht getraut, zu ihr und dem fremden Mann zu gehen. Nach einem kurzen Wortwechsel unter der pendelnden Straßenlaterne war das Schicksal dieser beiden Menschen entschieden: Anna wollte bei ihrem zweiten Mann bleiben . . .

Im Frasdorfer Gasthaus setzt sich ein 50jähriger Mann an unseren Tisch. Sein Mund ist schmal. Er ist zurückhaltend, fast teilnahmslos. Es fällt schwer, ein Wort aus ihm herauszubringen. Ein Blick in das resignierte Gesicht genügt, um zu erkennen: dieser Mann hat alles hinter sich. Es ist der ehemalige Wachtmeister und Papierarbeiter Josef Göbel – ein Jahr nach seiner dramatischen Rückkehr.

Später sitzen wir in seinem Zimmer im Gehöft des Johann Pettel, es ist ein kahler, freudloser Schlauch. Der Holzboden ist mit Zeitungspapier bedeckt. Das wurmstichige Bett hat sich Göbel beim Bauern erarbeitet. Es ist kalt. Göbel spart Holz. Die Requisiten seiner fragwürdigen Kochkunst bestehen aus einem Aluminiumlöffel, einem Trinkbecher, einem kleinen Topf und einer Emaillekaffeekanne. Nach 21jähriger glücklicher Ehe führt Göbel hier mit Stempelgeld ein trostloses Junggesellendasein. Über dem Bett hängt ein kitschiger Farbdruck: »Erlöser der Welt«.

Gibt es für den 50jährigen noch eine Zukunft? Seine Existenz ist ihm inzwischen wieder amtlich bestätigt worden. Für Steuer, Polizei, Gericht und Wahlamt ist sein Name greifbar. Und doch scheint er noch zu den Toten zu zählen, von denen unsere Gesellschaft gewöhnlich keine Notiz nimmt.

Frau Anna Bicherl, »verwitwete« Göbel, bricht über den Stufen der Rosenheimer Stadtverwaltung, die sie gerade mit Besen und Schaufel bearbeitet, in Tränen aus. »Es ist so furchtbar, was wir mitgemacht haben, daß man nicht mehr daran denken kann«, sagt sie schluchzend. Aus ihren Erzählungen wird deutlich, daß tragische menschliche Erlebnisse stärker sind als ein festes Band, das in mehr als 20jähriger Ehe geknüpft wurde. Und es ist müßig, die Frage nach der Schuld zu stellen.

»Süddeutsche Zeitung«, 5. Januar 1951

Linke Seite oben: »Sehnsucht« nannte ein Kriegsgefangener diese Radierung, die er auf einem doppelten Kofferboden eingeritzt hatte. *Unten:* Selbstgenähte Schuhe im sowjetischen Gefangenenlager. *Rechte Seite oben:* Ausgemergelt, zu Tode erschöpft, kehrten viele Soldaten zurück. *Unten:* Die bange Frage der wartenden Frauen, wenn ein Transport in der Heimat eintrifft: »Ist meiner diesmal dabei?«

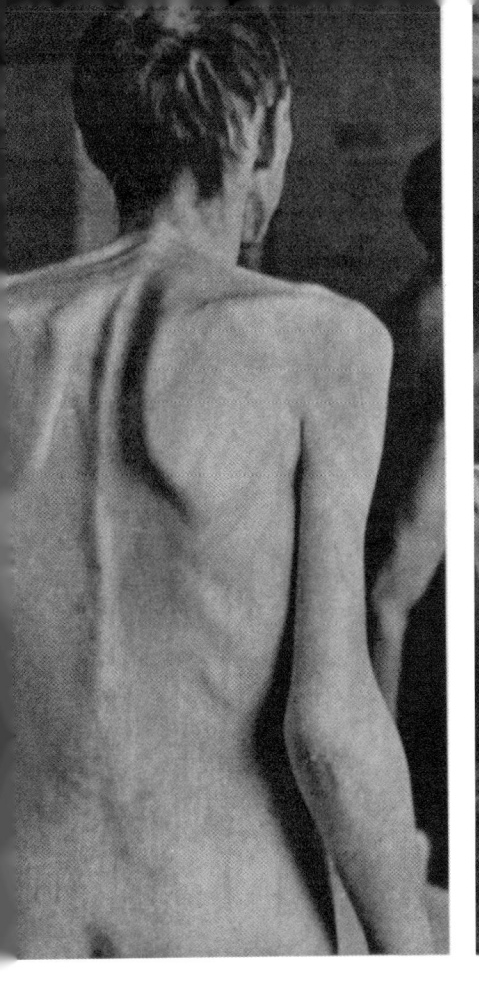
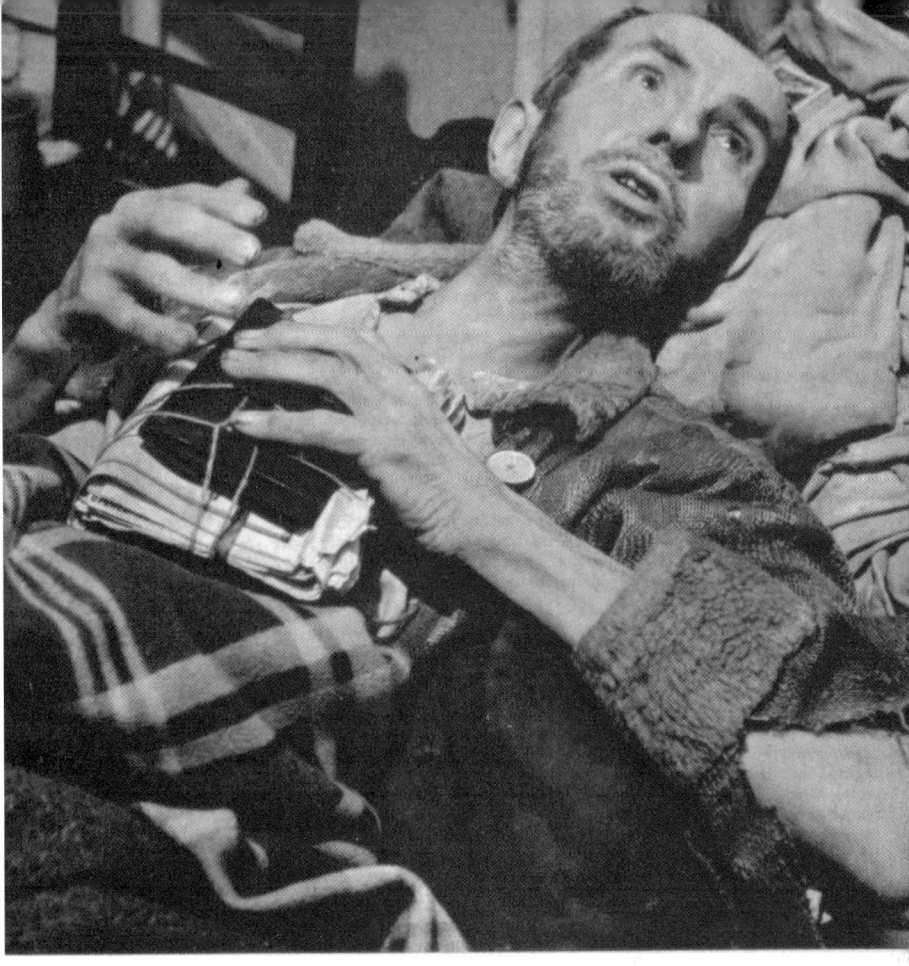

haltungsgründen zustimmen müssen. Die Vereinigten Staaten waren ein Agrar-Überschußland, der geringfügig bessere Lebensstandard der amerikanischen Zone würde also dem britisch besetzten Norddeutschland mit zugute kommen. Bis zu Hungerrevolten war es dort nicht mehr weit hin.

Im schlimmsten Wirtschaftsjahr 1947 erschien plötzlich ein Hoffnungsschimmer. Der neue amerikanische Außenminister Marshall kündigte am 5. Juni in einer Rede vor der Harvard-Universität ein Hilfsprogramm für Europa an. Er zeichnete ein düsteres Panorama; zerstörte Fabriken, veraltete Maschinen, brachliegende Agrarproduktion (weil den Bauern jeder Anreiz fehlte), fehlende Devisen, Hunger. Nach der nüchternen Bestandsaufnahme des Jammers rief er seine Landsleute zu umfassender Wirtschaftshilfe auf, »die nicht nur ein Linderungsmittel, sondern eine Heilungskur« darstellen sollte. Gleichzeitig verlangte er von den Europäern, sich über ein eigenes Sanierungsvorhaben zu einigen. Die Unterstützung sollte lediglich Hilfe zur Selbsthilfe sein. Indem der General – er war Stabschef der US-Armee gewesen – den Zuhörern vor Augen hielt, daß Europa ohne umfassende Hilfe von außen »einer wirtschaftlichen, sozialen und politischen Verelendung schwersten Ausmaßes entgegengehen« müßte, appellierte er geschickt an den Eigennutz der Amerikaner. Ihnen mußte klar sein, daß ein wirtschaftlich brachliegendes Europa als Absatzmarkt immer mehr ausfiele. Außerdem stand im Hintergrund das Gespenst des sowjetischen Vordringens. Die Hungernden könnten leicht eines Tages dem kommunistischen Werben erliegen, wenn es im Westen überhaupt keine Hoffnung gebe.

Marshall nannte Deutschland nicht namentlich, er sprach immer von Europa. Es ging ja allen kriegsbetroffenen westeuropäischen Ländern schlecht, wenn auch nicht so schlecht wie Deutschland. In England wurde das Brot rationiert, was nicht einmal 1939–45 notwendig gewesen war. Mit zu Marshalls Kassandra-Rede und zum erwachenden Willen seiner Regierung, tatkräftig einzugreifen, mag eine Rundreise des ehemaligen Präsidenten Hoover beigetragen haben. Er war aus Europa mit der Überzeugung zurückgekehrt, speziell Deutschland sei außerstande, sich selber zu helfen.

Einstweilen war Marshalls sensationelle Ansprache nur ein Wechsel auf die Zukunft. Das European Recovery Program (ERP), bald einfach Marshallplan genannt, konnte nicht per Knopfdruck realisiert werden, weil zunächst die organisatorischen Voraussetzungen zu schaffen waren. Deshalb wäre es an dieser Stelle verfrüht, Zahlen und Ergebnisse zu nennen. Mitte 1947 merkte noch keiner etwas von Besserung und ahnte niemand, in welchem Ausmaß jenes Programm das nichtkommunistische Europa binnen weniger Jahre verändern würde. Allenfalls Carepakete von amerikanischen Hilfsverbänden wurden dem einen oder anderen Glücklichen zuteil und wirkten wie das Manna in der Wüste.

Urerlebnis Währungsreform

Die Währungsreform mußte kommen. Die Art und Weise ihrer Verwirklichung hing allerdings entscheidend von den Personen ab, die an den Schaltstellen saßen und die Besatzungsbehörden zu überzeugen vermochten. Ein reiner Zufall hatte den Mann in die Schlüsselposition des Zweizonenamtes für Wirtschaft gebracht, der die Währungsreform zu einem geschichtlichen Wendepunkt machte: Ludwig Erhard. Zuvor hatte Johannes Semler im Verwaltungsrat das Ressort Wirtschaft geleitet, war aber wegen seiner »Hühnerfutter-Rede« entlassen worden. Er hatte von den Amerikanern Kornlieferungen erbeten und »corn« (= Mais) erhalten. Darauf Semler wütend: »Was hat man für uns getan? Man hat uns Mais geschickt und Hühnerfutter, und wir zahlen es teuer. Bezahlen es in Dollar aus deutscher Arbeit und deutschen Exporten und sollen uns noch dafür bedanken. Es wird Zeit, daß deutsche Politiker darauf verzichten, sich für diese Ernährungszuschüsse zu bedanken.«

Das Carepaket hat mehr zur Verständigung zwischen Nationen und Völkern beigetragen als alle Re-Education und tausend gute Reden von Ministern und Präsidenten. Die CARE-Organisation hat einen echten Kreuzzug gekämpft und gewonnen: den Kampf gegen Elend, Hunger und Not.

Nach dieser verständlicherweise von den Amerikanern recht ungnädig aufgenommenen »Danksagung« war Johannes Semler nicht mehr zu halten; die Wahl als Direktor der Wirtschaftsverwaltung des Vereinigten Wirtschaftsgebiets fiel auf Ludwig Erhard.

Erhard, 1897 in Fürth geboren, rundlich selbst in der Hungerzeit, war Nationalökonom und Verfechter des Neoliberalismus, hatte von 1928–1942 am Institut für Wirtschaftsbeobachtung der Nürnberger Handelshochschule gearbeitet und sich das theoretische Fundament seiner späteren Politik zugelegt. Weitere Stationen: 1945 Honorarprofessor in München, 1945/46 zugleich Bayerischer Wirtschaftsminister.

Die Amerikaner waren durch eine Denkschrift Erhards über den einzuschlagenden Wirtschaftskurs auf den Professor mit der Zigarre und dem Zuversicht ausstrahlenden Gesicht aufmerksam geworden. Sie wußten also, welchen Kurs der neue Mann steuern würde. Über die Unbeirrbarkeit und Konsequenz, mit denen der Neoliberalismus, die freie, bald »soziale Marktwirtschaft« genannt, hier verfochten wurde, waren sie aber doch besorgt – und nicht nur sie. Aber Erhard brachte im Frankfurter Bizonen-Parlament eine Mehrheit hinter sich. Zeitgleich mit der von den Alliierten ausgelösten Währungsreform am 20. Juni 1948 erließ der Wirtschaftsrat ein Gesetz, das die meisten rationierten Waren freigab; über Angebot und Nachfrage sollte der Markt entscheiden. Dieses Gesetz war nicht alliierte, sondern deutsche Politik.

Der Erfolg übertraf alle Erwartungen. »Das kaum Faßliche geschah, daß buchstäblich von einem Tag zum anderen in den kärglichen Auslagen der Lebensmittelgeschäfte frisches Gemüse erschien, daß es wieder Schuhe, Kleider, Wäsche und all das zu kaufen gab, was am Samstag zuvor für Geld nicht zu beschaffen war« (Gustav Stolper). Die berühmten 40 D-Mark pro Kopf, die es als »Startkapital« gab, schufen nur äußerlich Chancengleichheit. Wer Sachwerte hatte, gewann natürlich schnell Vorsprung. Auch große Konten lohnten sich, denn sie wurden später im Verhältnis 10:1 umgestellt. Eines aber war fast allen gemeinsam: die wortwörtlich entfesselte Besitz-Energie. Millionen waren verarmt, wollten arbeiten, aufbauen, endlich besser leben. Mit der Überwindung der Planwirtschaft und dem neuen »guten« Geld schien Fähigkeit wieder lohnend zu sein, konnten je nach Talent Werte geschaffen werden. »Die Währungsreform«, schreibt Heinrich Jaenecke, »veränderte alles. Sie war ein Urerlebnis wie der Zusammenbruch, nur mit umgekehrten Vorzeichen. Sie war der große Schnitt, die Erlösung aus dem Elend, der Beginn eines ›neuen‹ Lebens.

Eine ganze Generation teilte die Nachkriegsjahre später in die Zeit ›vor der Währung‹ und die Zeit ›nach der Währung‹. Die Koppelung von harter Währung und radikalem Freihandel hatte den Effekt eines Dammbruchs: Sie ließ die aufgestaute Energie von 40 Millionen hungrigen Deutschen los, die nur noch ein Ziel kannten – aufbauen und leben. Das ›Wirtschaftswunder‹ nahm seinen Anfang, die westdeutsche Leistungsgesellschaft formierte sich...«

Das ist aber nur die eine Seite des alle Welt verblüffenden wirtschaftlichen Senkrechtstarts in Westdeutschland. Dazu kam die Hilfe des Marshallplans. Sie wirkte wie eine gewaltige Vitaminspritze auf den von Lebenswillen erfüllten, aber schwer geschwächten Organismus. Sechzehn Staaten Europas vereinigten sich im April 1948 zur Organisation für europäische wirtschaftliche Zusammenarbeit – OEEC. Westdeutschland trat erst nach der Konstituierung der Bundesrepublik als 17. Mitglied bei. Die kommunistischen Staaten lehnten einen Beitritt ab. Im voll entbrannten Weltanschauungskampf der Gesellschaftsordnungen war das amerikanische Angebot auch kaum sehr ernst gemeint gewesen.

Die Hilfe setzte im Frühjahr 1948 ein und war auf vier Jahre veranschlagt. Eine zuverlässige Statistik über ihren Gesamtumfang ist kaum zu gewinnen, weil auch die Rückzahlungen der Kredite, soweit überhaupt verlangt, wieder in den ökonomischen Kreislauf hineingepumpt wurden. Es ist davon auszugehen, daß zwölf bis sechzehn Milliarden Dollar zwischen 1948 und 1952 zur Verfügung standen. Davon kauften die Empfängerländer Rohstoffe, Nahrungsmittel, Investitionsgüter. Deutschland dürfte ein Viertel der Gesamtsumme erhalten haben. Damit wurden unter anderem alle Demontageverluste durch nagelneue Maschinen ersetzt: eine geschichtliche Ironie, daß Kriegsbußen auch zum Nutzen ausschlagen können.

Führende Wirtschaftssachverständige der amerikanischen und britischen Zone bei einer Konferenz in Frankfurt im September 1946.

Von links nach rechts: Karl Agartz, Erik Kuhnert, Ludwig Erhard, Oberst Ellis Altman, Prof. Nölting, Rudolf Müller, Heinrich Koehler.

So faßte ein ganzer zerschlagener Kontinent in seinen politisch freien Teilen wieder Mut. Insbesondere der Patient Westdeutschland entwickelte sich auf der ERP-Intensivstation zum medizinischen Wunder. Man versteht es nur, wenn man alles zusammen sieht: Währungsreform, Marktwirtschaft, Dollarstrom, Produktivitätsdrang: Äußere Politik und innere Bereitschaft stießen wie zwei starke Magneten aufeinander und hielten sich untrennbar fest.

Noch in der zweiten Hälfte 1948 steigerte sich die industrielle Erzeugung um glatte fünfzig Prozent. Nicht zuletzt die Vertriebenen, eben noch für Wohnungsämter und Ernährungsbehörden ein schwer verdaulicher Brocken, wurden ein starker Motor des Aufschwungs. Die Gewerkschaften hielten sich mit Forderungen lange zurück. Die Unternehmer lenkten die Erträge sofort in Investitionen um.

So griff ein Rädchen wie geölt ins andere, wozu auch gehörte, daß die Weltkonstellationen sich rapide änderten und Deutschland schneller, als es sonst geschehen wäre, vom Paria der Völkerfamilie wieder zum Mitglied und Partner wurde; wenn auch nur in seinem westlichen Teil. Ein erstes Solidarisierungserlebnis, ein Test für das kommende Bündnisbewußtsein im Westen war die Berliner Blockade.

Fortsetzung S. 62

57

Für wenige Stunden waren am 20. Juni 1948 die Westdeutschen gleich »reich«, wenigstens an Bargeld. 40 D-Mark erhielt jeder Bürger an den Ausgabestellen, und daheim spielten die Kinder mit den wertlos gewordenen Reichsmarkscheinen *(linke Seite)*. Im Verein mit dem gleichzeitig anlaufenden Wirtschaftsprogramm des Marshallplans (Werbeplakat *rechts),* hatte die Währungsreform (Zeitungsschlagzeile *unten rechts)* durchschlagende Wirkung. Der Schwarzmarkt-Sumpf trocknete aus, die Läden füllten sich mit lang zurückgehaltener Ware, es gab auf einmal alles zu kaufen, ein Wirtschaftsaufschwung ohnegleichen setzte ein, schon wanderte das Wort vom deutschen Fleiß wieder um die Welt. Ein Münchner Zeitgenosse dichtete:

»Wenn man bedenkt, was Bayern produziert:
Ein Töpfchen sah ich, silberhell, ganz neu,
Und das Geschäft in Eimern – wie geschmiert!
Wenn man's bedenkt: Seit gestern produziert
Die Industrie, und Sachen gibt's wie Heu.

Wenn man bedenkt, was wieder alles wächst:
In München wachsen Kirschen, Pfund um Pfund.
Drei Jahre waren sie wie fortgehext...
Wenn man bedenkt, was wieder alles wächst...
Sogar die Bauern werden kugelrund. –

Wenn man bedenkt, wie nett die Leute sind:
Drei Maler klopften heute an der Tür
Und wollten streichen: Stühle, Tisch und Spind...
Wenn man bedenkt, wie flink die Leute sind!
Sonst waren sie drei Jahre nicht bei mir.

Wenn man bedenkt, daß wir drei Jahre lang
Nur arme Schlucker waren, taschenleer.
Und heut ist ihnen plötzlich vor uns bang...
Du liebe Mark im Sack, auch ohne Klang
Klingst du mir zu: Heut ist man wieder wer!«

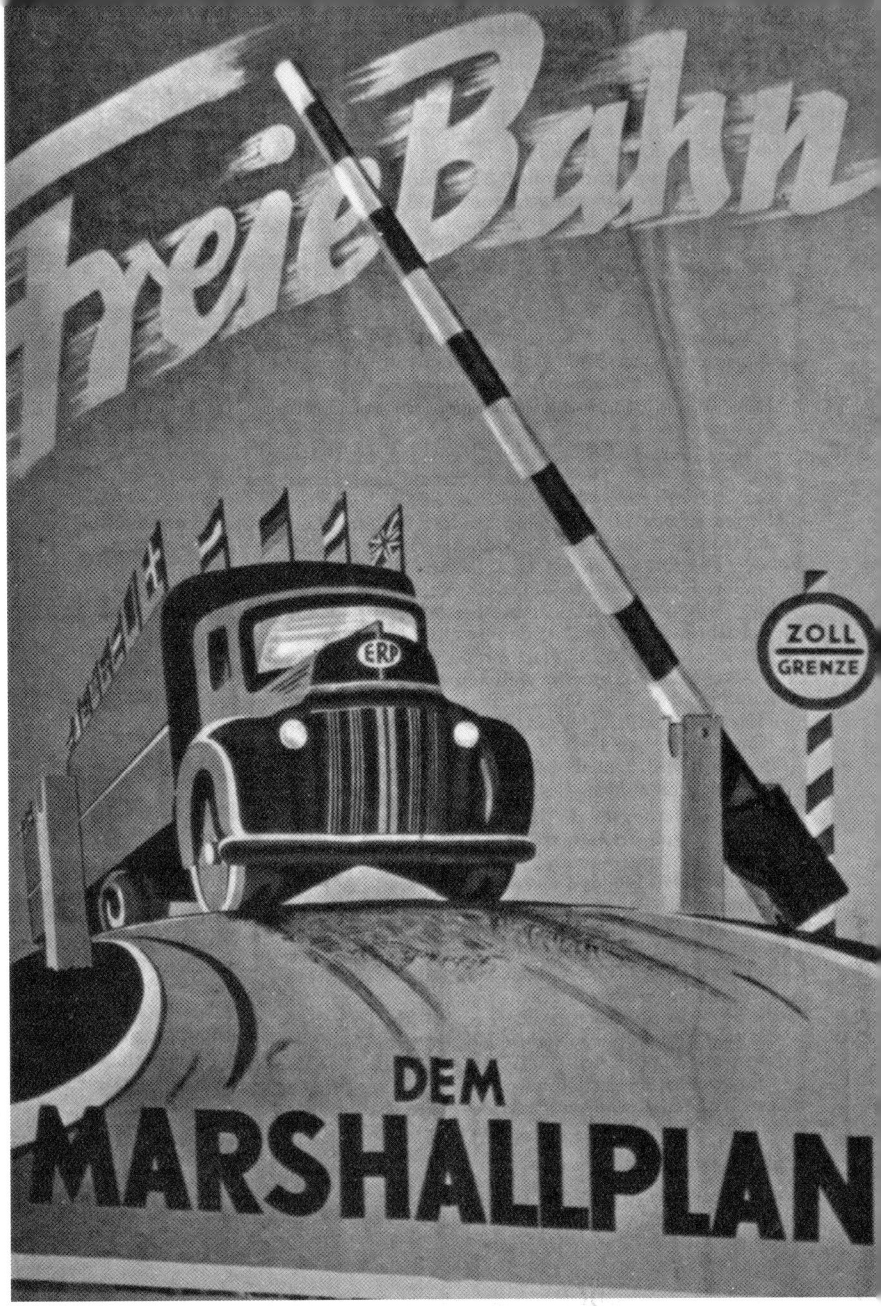

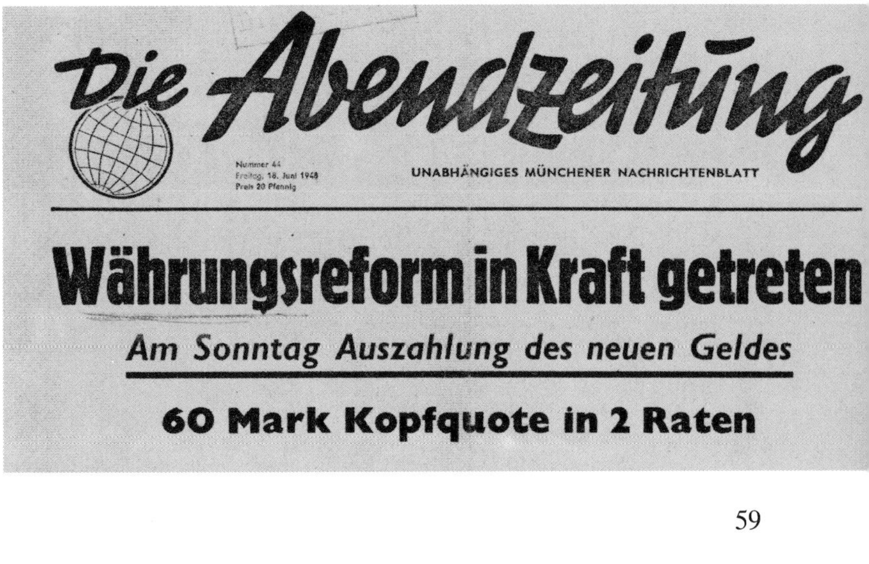
Die Abendzeitung

Nummer 44
Freitag, 18. Juni 1948
Preis 20 Pfennig

UNABHÄNGIGES MÜNCHENER NACHRICHTENBLATT

Währungsreform in Kraft getreten

Am Sonntag Auszahlung des neuen Geldes

60 Mark Kopfquote in 2 Raten

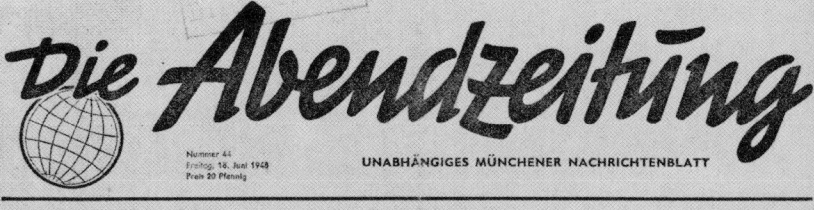

»Erst mal richtig satt essen«

Unter den vielen Errungenschaften amerikanischer Zivilisation, mit denen Deutschland bekannt wurde, war auch die Demoskopie. Frühere Zeiten und Regierungssysteme hatten keine technischen Möglichkeiten gehabt, Volkes Meinung zu ergründen, oder sie hatten sich auch direkt davor gefürchtet. Nun aber wollten alle alles wissen: die Parteien verlangten Auskunft über ihre Wähler, die aufblühende Industrie interessierte sich dafür, wer ihre Produkte kaufte und warum er das tat. Die Umfrage des Allensbacher Instituts für Demoskopie vom November 1948, was mit einem Geldgeschenk anzufangen sei, förderte kuriose wie zeittypische Aussagen zu Tage.

»Was würden Sie tun, wenn Sie heute überraschend 1000,– D-Mark erhielten?« Diese Frage ist an 1000 Personen in den drei Westzonen gerichtet worden, die nach den statistischen Merkmalen der Gesamtbevölkerung ausgewählt waren. Viele haben den Interviewern rasch geantwortet, andere bedächtig, manche fielen in Melancholie und sagten: »Ich bekomme sie ja doch nicht.« Aber dann lenkten sie ein und erklärten: »Ich würde ...«

»Sofort ein Schwein schwarz kaufen. Jetzt ist die beste Gelegenheit dazu.« Unterstützungsempfänger, 45 Jahre.

»Das wäre gerade die finanzielle Grundlage für meine Ehescheidungsklage.« – Geschäftsinhaber, 37 Jahre.

»Ich würde einen Anzug kaufen und den Rest in Zigaretten anlegen.« – Hilfsarbeiter, 49 Jahre.

»Schuhe, Strümpfe, Kleider, Mantel, Geschirr, Unterzeug – und einmal auf die Pauke hauen!« – Filialleiterin, 28 Jahre.

»1000,– D-Mark sind für mich uninteressant.« – Textilkaufmann, 40 Jahre.

»Würde meine Frau mit Kindern aus der Ostzone holen.« – Ingenieur, 36 Jahre.

Wünsche sind die Rückseite des Mangels. Der Kranke verlangt Gesundheit, der Gefangene will frei sein, die Armut drängt auf die erste Sprosse des Reichtums. Die vorliegende Untersuchung des »Instituts für Demoskopie« in Allensbach am Bodensee hatte das Ziel, die gröbsten materiellen Defekte der sozialen Lage herauszufinden, die Bedürfnisse also, um die sich das Trachten der Menschen dreht, die den Krieg, die Bombardements, die Flucht und die Währungsreform überlebt haben.

Vor dem Hintergrund von Trümmern, über eingeebnete Sparkonten geht die Phantasie bescheidene Wege. Sie wird selten übermütig; der Alltag beschwert sie mit Bleigewichten. Die tausend Antworten haben einen prosaischen Ton; einsilbig in ihrer Ernsthaftigkeit, wirken sie oft wie die Aussagen der armen Leute aus Märchen. Die Mehrzahl wagt nur einen Wunsch zu nennen – als sei es selbst bei solchem Spiel vermessen, über die Stränge zu schlagen. Und fast 10% aller Befragten bringen nichts anderes über die Lippen als: »Ich würde das Dringendste anschaffen.«

Gegenstand	Einheimische	Flüchtlinge[*]
Bekleidung (einschl. Wäsche, Schuhe)	50%	60%
Möbel, Betten, Hausrat	16%	43%
Nahrungs- und Genußmittel	15%	15%
Sparen, ins Geschäft stecken, Schulden	18%	7%
Haus- und Wohnungsbau, Instandsetzung	7%	3%
Reisen, Erholung	7%	3%
Angehörige unterstützen	8%	6%
Radio, Fahrzeuge, Näh- und Schreibmaschinen	15%	13%
Mehr Bücher, Theater, Konzerte	1%	0,5%
Außergewöhnliche Wünsche	2%	1%

[*] Die Zahlen addieren zu mehr als 100, da manche Befragte mehr als einen Gegenstand genannt haben.

Wohl in keinem anderen Land der Welt würde man sich mit dieser hypothetischen Frage, die zum Bekenntnis unterdrückter, ein wenig lockerer Pläne verleiten kann, so gründlich auseinandersetzen. »Das muß ich erst einmal eine Nacht beschlafen. Gleich würde ich mich nicht entscheiden.« – Bauer, 62 Jahre.

»Mich wahnsinnig freuen und dann ... ja dann lange, lange überlegen.« – Straßenbahnschaffner, 39 Jahre.

»Das Spiel mit einem solchen Gedanken ist Sünde.« – Rentnerin, 59 Jahre.

Man nimmt so etwas nicht leicht, wenn der »ordinäre Bedarf« brennend ist. Über die Hälfte der Befragten gesteht indirekt, den letzten Anzug abzutragen, der schadhaften Schuhe und des zerschlissenen Unterzeugs überdrüssig zu sein. Die Substanz ist verbraucht. Sonst würden die Sehnsüchte um buntere Dinge kreisen: so aber kann den Flüchtlingen ja nichts wichtigeres einfallen als ein Bett, ein Schrank, ein Tisch. In diesen Wünschen steht der Passiv-Saldo der Menschen im Nachkriegsdeutschland.

Das solide Anliegen überwiegt: man will dem Hunger ausweichen. Der Wunsch nach reinen Genußmitteln ist erstaunlich gering, wenn man die jahrelange Entbehrung in Rechnung stellt.

Ursula Noelle-Neumann, die über Gallup und seine Befragungen promoviert hatte, gründete 1946 in Allensbach am Bodensee das »Institut für Demoskopie«. Ihre Umfragen zu zahlreichen Fragen und Zeitproblemen ergaben verblüffende Resultate über Denken, Sinnen, Wünsche, Sorgen und Ängste der Nachkriegsmenschen.

Die Studie bestätigt, was wir verschwommen wissen: daß die Deutschen ein armes Volk geworden sind. Solche pauschale Aussagen ritzen aber meist nur die Haut. In diesen tausend Antworten zeigt sich wie im Mosaik, wie diese Not im einzelnen aussieht und wo der Schuh am ärgsten drückt. Sie ist so massiv, daß sie die Phantasie erstickt.

Zum Schluß, statt aller Deutungen, noch 26 Antworten:
»Erstmal richtig satt essen.« – Architekt, 27 Jahre.
»Ich würde meinen Neffen studieren lassen und mir ein Grab kaufen.« – Rentnerin, 69 Jahre.
»Schwarz auswandern.« – Angestellter, 24 Jahre.
»Meiner Tochter eine neue Geige kaufen.« – Vorstand eines Industrie-Unternehmens, 40 Jahre.
»Meine Wohnung schöner und wärmer machen.« – Malermeister, 45 Jahre.
»Ich würde mich sehr freuen und herzlich danken, denn ich brauche sie notwendig. Ein Paar Kuebler-Schlüpfer, eine warme Bluse möchte ich haben.« – Arztwitwe, 69 Jahre.
»Ich würde sie irgendwie schnell ausgeben, verfressen.« – Rentner, 73 Jahre.
»Den Stall reparieren lassen.« – Bäuerin, 51 Jahre.
»Ich weiß es nicht. Sie würden nicht genügen, um meine dringendsten Wünsche zu erfüllen.« – Lehrerin, 36 Jahre.
»O du Lieber – ich würde mir meine Aussteuer kaufen, auch eine schöne Frisiertoilette.« – Bauerntochter, 29 Jahre.
»Zunächst würde ich es verheimlichen, dann als Reserve für die nächste Notzeit zurücklegen.« – Arbeiter, 48 Jahre.
»Zum Schreien: wahrscheinlich erst mal meine Neffen studieren lassen. Ich brauche es nicht, wir kommen ja durch. Was in die russische Zone zu meiner Schwester schmuggeln. Küche mit Ölfarbe streichen lassen. Würde auch was für mich tun. Schuhe, Strümpfe und Handschuhe kaufen.« – Frau eines Chemikers, 53 Jahre.
»Ich würde Geschirr kaufen und eine warme Zudecke. Dann würde ich für irgend etwas Gutes spenden und ein Pfund Fleisch kaufen, schwarz.« – Näherin, 40 Jahre.
»Wunderbar – ich würde viel Fett kaufen.« – Versicherungs-Inspektor, 26 Jahre.
»Heirats-Annoncen aufgeben.« – Angestellter, 46 Jahre.
»Das Nötigste kaufen und für die Kirche spenden.« – Bäuerin, 46 Jahre, Bayern.
»Alle geliehenen Möbel dem Hauswirt sofort ohne »Dankeschön« vor die Haustür stellen und eigene kaufen.« – Arbeiterfrau (Flüchtling), 40 Jahre.
»Eine Brille und ein Heizkissen würde ich mir kaufen, vielleicht auch einige Sachen, das meiste aber würde ich sparen.« – Rentner, 70 Jahre.

Kurt Zentner, Aufstieg aus dem Nichts. 1954

Luftbrücke nach Berlin

Berlin war kein autonomer Krisenherd. Es war nur der dampfende Kessel auf dem Feuer der Deutschlandpolitik, der jederzeit überkochen konnte. Auf der engen Fläche von 882 Quadratkilometern, geteilt durch vier, trafen zwei Weltanschauungen, zwei Supermächte aufeinander. Die Vierteilung wurde versinnbildlicht in dem alliierten Gesetzgebungs- und Vollzugsgremium »Kontrollrat«, der hier als höchste Befehlszentrale der Siegermächte residierte. Der Kontrollrat konnte nicht besser sein als die Deutschlandpolitik in Ost und West. Da man einander längst entfremdet war und in ergebnislosen Außenministerkonferenzen nur Standpunkte wiederholte (so forderte Stalin beharrlich eine Mitkontrolle des Ruhrgebiets und zehn Milliarden Dollar Reparationen aus den Westzonen), trat auch der Kontrollrat auf der Stelle. Schließlich war er völlig lahmgelegt, bis auf Routine-Funktionen, und kurioserweise gibt es ja noch heute auf zwei Gebieten eine Zusammenarbeit aller vier Mächte in Berlin: in der Flugsicherheitszentrale und im Spandauer Kriegsverbrechergefängnis.

Als Stalin erkannte, daß die Entwicklung zum westdeutschen Separatstaat offenbar mit Worten nicht aufzuhalten war; als die drei Westmächte und die Beneluxstaaten Anfang März 1948 in London dessen Gründung beschlossen hatten, griff er zur Gewalt. Berlin sollte der Hebel sein, die Westzonen-Republik doch noch zu verhindern. Dabei ging es Zug um Zug. Am 20. März verläßt der sowjetische Militärgouverneur Marschall Sokolowski unter Protest den Kontrollrat und kehrt nie mehr dahin zurück. Die Viermächte-Verwaltung hat aufgehört. Auf einer zweiten, längeren Konferenz in London erhärtet die gleiche Sechs-Staaten-Gruppe ihren vorherigen Beschluß, eine westdeutsche Republik zu gründen, und verankert diese Willenserklärung in den »Londoner Empfehlungen« vom 3. Juni. Am 20. Juni erfolgt die Währungsreform. Die sowjetische Militäradministration in der Ostzone tut ihrerseits das gleiche (denn über deren prinzipielle Notwendigkeit waren sich längst alle im klaren; strittig war nur das Wie). Sokolowski befiehlt dem Magistrat von Groß-Berlin – Berlin ist verwaltungsmäßig bisher nicht geteilt – die Einführung der Ostwährung.

Die drei westlichen Stadtkommandanten weisen den Befehl für ihre Sektoren zurück und führen die Westwährung ein. Die Sowjets beantworten den Schritt mit einer Blockade sämtlicher Land- und Wasserverbindungen zwischen den Westzonen und Westberlin; sie sprechen dabei von »technischen Störungen«. Das geschieht am 24. Juni 1948. Acht Tage später ordnen die westlichen Militärgouverneure die Einberufung einer westdeutschen verfassunggebenden Versammlung an. So war der ersten Phase der Spaltung Deutschlands, 1945/46, nun im Frühjahr und Frühsommer 1948 die zweite, härtere gefolgt. Ein Geflecht von Ursachen und Wirkungen, wobei jede Wirkung zugleich wieder Ursache oder Anlaß des Folgeschritts war. Kann man sagen, Alternativen hätten sich sichtbar aufgedrängt? Es ist schwer zu erkennen, auf welche Weise das möglich gewesen sein sollte. Und die Deutschen? In diesem Mächtespiel und zu diesem Zeitpunkt waren sie noch weitgehend Befehlsempfänger. Die frühen Etappen der Spaltung Deutschlands spielten sich eher vor deutschen Zuschauern als mit deutschen Akteuren ab. Angesichts von zwei Währungssystemen, die in einer einheitlich verwalteten Großstadt miteinander konkurrierten, mußte es unvermeidlich zur Machtprobe kommen. Die radikale Abschnürung von zwei Millionen Zivilpersonen von jeder Lebensmittelzufuhr, diese Geiselnahme einer Großstadt, war nun freilich Stalins besondere und eigene Art des Weltanschauungskampfes. General Clay, Militärgouverneur für die amerikanische Besatzungszone Deutschlands, hatte ebenso wie der gewählte (aber nicht amtierende) Oberbürgermeister Ernst Reuter die Abschnürung kommen sehen; zu exponiert lag ja Berlin als Insel im fremden Machtbereich. Nun war die große Herausforderung da. Clay beantragte in Washington einen gewaltsamen Durchbruch, wurde damit aber von den Stabschefs und von Präsident Truman abgewiesen; die Kriegsgefahr sei zu groß. Was also jetzt?

Die Großstadt, nur ihr westlicher Teil, benötigte täglich als Minimum 3440 Tonnen Nahrungsmittel und Brennstoffe. Vorhanden waren Lebensmittelreserven für 36 Tage. Eine Hungersnot drohte nicht unmittelbar, und außerdem war es warm. Aber es mußte dringend vorgesorgt werden. Nur wie? Wenn die Version des amerikanischen Blok-

Eine Douglas C-54 Skymaster, von den Berlinern »Rosinenbomber« genannt, im Anflug auf Tempelhof. Drei Jahre, nachdem der letzte alliierte Bomber abgeflogen war, ertönte nun wieder, während der Luftbrücke, das unablässige Gebrumm schwerer Flugzeugmotoren über der ehemaligen Reichshauptstadt – den Berlinern diesmal aber Musik in den Ohren. Knapp elf Monate lang wurde die Millionenstadt aus der Luft versorgt, nachdem die Sowjets die Transportwege zu Lande und zu Wasser abgeschnürt hatten. Unbeugsam war der Wille der Amerikaner, Berlin zu halten. General Clay, Militärgouverneur in der amerikanischen Zone und Initiator der Luftbrücke, sagte: »Wir haben die Tschechoslowakei verloren. Norwegen ist bedroht, in Italien bereiten sich entscheidende Wahlen vor. Geben wir Berlin auf, dann ist Westdeutschland verloren. Wenn wir Europa gegen den Kommunismus verteidigen wollen, müssen wir durchhalten ...«

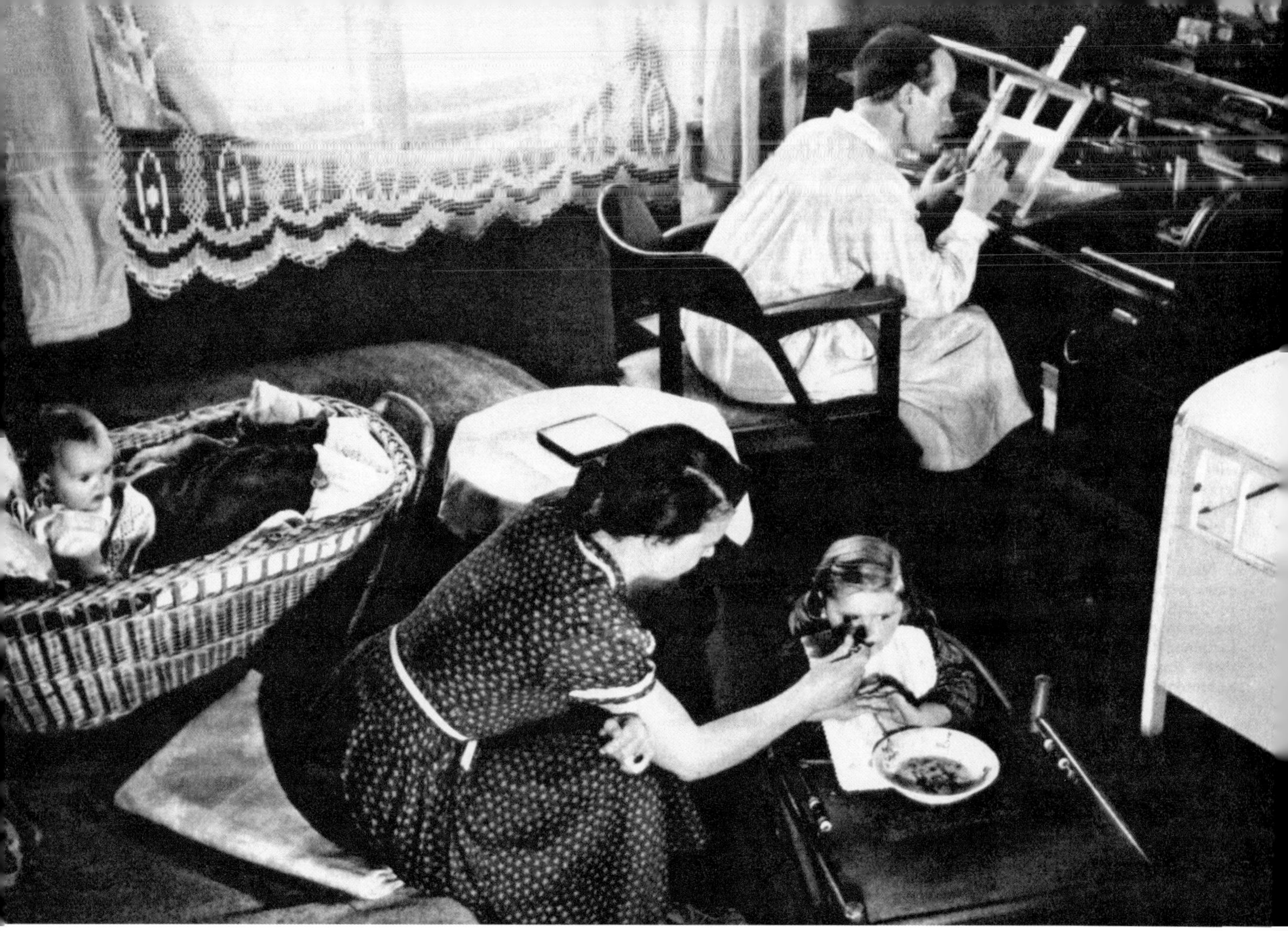

Zwei Millionen Wohnungen lagen in Schutt und Trümmern, weitere zweieinhalb Millionen waren beschädigt – schon das schuf eine katastrophale Wohnsituation in Deutschland. Hinzu kamen die Ansprüche der Besatzungsmächte, die für ihre Soldaten und Angestellten Wohnungen requirierten, sowie das Millionenheer obdachloser Flüchtlinge aus dem Osten. Man pferchte in den verbleibenden Wohnraum, was nur immer hineinging. Für viele Familien war dann das eine Zimmer, das man ihnen gab, Werkstatt, Kinderstube, Wohnzimmer und Küche zugleich *(oben)*. Sie konnten sich aber noch privilegiert betrachten gegenüber denen, die in Höhlen, Bunkern und Kellerlöchern *(links)* hausten. Noch 1952 lebten zwei Millionen Deutsche in Notunterkünften.

Keine Experimente!
Konrad Adenauer   **CSU**

Plakat aus dem Jahre 1957, als Adenauer den höchsten Wahlsieg errang.

Alle Wege des Marxismus führen nach Moskau!

Darum **CDU**

Heimatlose!

FÜR EUERE RECHTE KÄMPFT DIE

SPD

KRIEG HBG

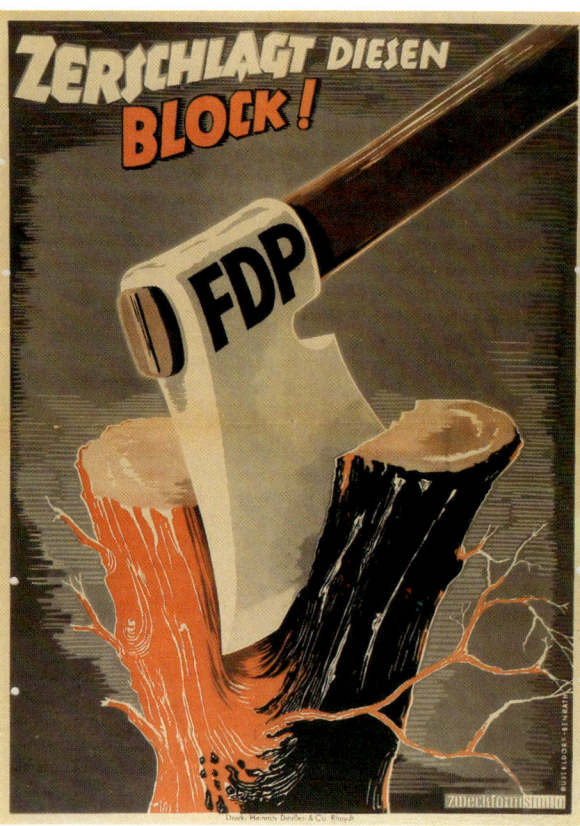

ZERSCHLAGT DIESEN BLOCK!

FDP

Zweckformismus

Atom-waffen? Nein!

Luise Albertz, Oberbürgermeister
Dr. Rudolf Amelunxen, Justizminister
Stefan Andres, Schriftsteller
Heinrich Böll, Schriftsteller
Prof. Max Born, Nobelpreisträger
Max Brauer, Bürgermeister
Dr. Thomas Dehler, MdB
Walter Dirks, Schriftsteller
Axel Eggebrecht, Schriftsteller
Prof. D. Helmut Gollwitzer
Prof. Dr. Walter Hagemann, Dir. des Instituts für Publizistik, Münster
Prof. D. Oskar Hammelsbeck
Dr. Dr. Gustav Heinemann, MdB, Bundesinnenminister a. D.
Prof. D. Hans Iwand

Hans H. Jahnn, Präsident der Freien Akademie der Künste, Hamburg
Erich Kästner, Schriftsteller
H.F. Kloppenburg, D.D., Oberkirchenrat
Prof. Dr. Eugen Kogon
Ernst Kreuder, Schriftsteller
Dr. Wilhelm Lehmann, Schriftsteller
Pfarrer Dr. Dieter Linz
Paul Löbe, Reichstagspräsident a. D.
Dr. Dr. h. c. Marie-E. Lüders, MdB
Prof. Wilhelm Maier, Leiter der westfälischen Musikakademie
D. Martin Niemöller, Kirchenpräsident
Erich Ollenhauer, MdB
Georg Reuter, stellv. Vorsitzender d. DGB
Willi Richter, Vorsitzender des DGB

Martha Saalfeld, Schriftstellerin
Paul Schallück, Schriftsteller
Prof. Dr. G. Schaltenbrand, Universitätsprofessor, Würzburg
Prof. Dr. Carlo Schmid, Vizepräsident des Deutschen Bundestages
Fritz Steinhoff, Ministerpräsident
D. Hans Stempel, Kirchenpräsident
Bernhard Tacke, stellv. Vorsitzender des DGB
Prof. D. Heinrich Vogel, Berlin
Prof. Dr. Alfred Weber, Universitätsprofessor, Heidelberg
Prof. Dr. Walter Weizel, Universitätsprofessor, Bonn
Helene Wessel, MdB
Prof. D. Ernst Wolf, Universitätsprofessor, Göttingen

Plakate aus den fünfziger Jahren.

Die räumliche Enge ihrer elterlichen
Wohnung fanden die Kinder in ihren
Schulen wieder. In notdürftig hergerichteten, oft genug ungeheizten
Klassenräumen wurde Unterricht erteilt, die Schüler hockten auf brüchi-
gem Mobiliar eng beieinander. Es
fehlte an Büchern, Arbeitsmaterial,
Schreibpapier. Auch Lehrer gab es
zuwenig. Die einen hatte der Krieg
verschlungen, andere waren als echte oder vermeintliche Nazis vom Unterricht suspendiert worden, und angesichts der spärlichen Besoldung
mochte vom Nachwuchs auch kaum
jemand den Berufsweg des Lehrers
einschlagen.

kade-Chronisten Lowell Bennett stimmt, dann hat General Wedemayer, Chef der Planungsabteilung im US-Generalstab, die Idee der Luftbrücke gehabt. Er stützte sich dabei auf Erfahrungen aus dem Fernostkrieg und der Versorgung der amerikanischen Truppen in China durch die Luft von Indien her. Die Luftkorridore nach Berlin waren überdies durch eine verbriefte interalliierte Vereinbarung zur Versorgung der Garnison garantiert; daran würde der Herr im Kreml nicht rühren. Von dem Moment an rotiert General Clay wie ein Kreisel, konferiert, inspiziert, telefoniert ununterbrochen, tage- und nächtelang. Frage an General Curtis Le May, Chef des amerikanischen Air-Force-Kommandos in Frankfurt:

»Haben Sie Maschinen, die Kohlen transportieren können?«

Le May: »Was?«

Clay: »Kohlen.«

Le May: »Die Air Force transportiert alles.«

Frage an Oberbürgermeister Reuter: »Wie steht es mit der Bevölkerung von Berlin? Wird sie die Schwierigkeiten und Härten ertragen können?«

»Machen Sie sich um die Berliner keine Sorgen, Herr General. Sie haben schon viel durchgemacht und werden lieber alles ertragen, als sich den Sowjets zu unterwerfen.«

Nach solchen organisatorischen und moralischen Rückversicherungen erbittet Clay in Washington grünes Licht für die Luftbrücke, für dieses abenteuerliche, in der praktischen Auswirkung völlig unübersehbare Unternehmen. In fiebernder Spannung warten alle im unterirdischen Hauptquartier in Berlin-Dahlem, welcher Bescheid auf der Fernschreib-Leinwand vorübergleiten wird. Der Bescheid kommt und lautet: »Wir haben Geschwadern aus allen Teilen der Welt befohlen, nach Europa zu fliegen. Sie erhalten die benötigten Flugzeuge und unsere vollste Unterstützung.«

Die Herausforderung war angenommen worden. Nun begann das technische Wunder, zwei Millionen Menschen knapp elf Monate lang – von der Zeitdauer ahnte ja keiner etwas – aus der Luft zu versorgen. Am 30. Juni landete die erste C-54-Skymaster-Transportmaschine in Tempelhof und brachte zehn Tonnen Lebensmittel. Am nächsten Tag flogen zehn Flugzeuge mit hundert Tonnen nach Berlin. Mitte Juli schafften die Amerikaner

und Engländer täglich zweitausend Tonnen herbei. Am 8. September waren es schon 3300, am 14. September 5300, am 19. September fast 7000 Tonnen. Im Frühjahr 1949 hatte sich die fabelhaft eingespielte Maschinerie auf eine Tageszufuhr von 8000 Tonnen gesteigert. Absoluter Rekord war die gigantische Gütermenge von 12 800 Tonnen am 16. April. Alle 63 Sekunden landete eine Maschine, jeweils verteilt auf die drei Flughäfen Tempelhof, Gatow und Tegel. Das Landen, Ausladen, Starten war derart perfektioniert, daß ein Flugzeug, das nur um Meter den Landeplatz verfehlte oder um Sekunden die Landezeit, durchstarten und nach Westdeutschland zurückkehren mußte, um sich am Ende der Flugschlange wieder »anzustellen«.

Gemessen an der anfänglich errechneten Tagesleistung von 870 Tonnen war die Steigerung ungeheuer. Anders freilich hätte Westberlin nicht überleben können. Die Berliner waren im November 1948 verwaltungsmäßig vom Ostsektor getrennt worden, weil die Kommunisten den Magistrat in der Arbeit im dortigen Rathaus behindert hatten. Nun verloren sie trotz Trockenkartoffeln und Maisbrot, trotz spärlich geheizter Wohnungen und nur stundenweise geliefertem Strom nicht den Humor. Als Weihnachten kam, erschien die passende Karikatur in einer Zeitung: Ein kleiner Junge steht brüllend vor dem Weihnachtsmann: »Ich will keine Eisenbahn, ich will eine Luftbrücke!«

Der psychologische Klimawechsel binnen weniger Jahre konnte nicht krasser sein. Noch im April 1945 hatten die Berliner sich vor den britischen und amerikanischen Bomben in den Kellern verkrochen. Jetzt waren britische und amerikanische Maschinen vielfach mit denselben Piloten, die damals Bomben warfen, Überlebenshilfen und wurden dankbar »Rosinenbomber« genannt. Zwischen beiden Ereignissen lagen kaum mehr als drei Jahre! »Starke Bomberverbände im Anflug

Verbundenheit mit Berlin: In den fünfziger Jahren wurde der Wiederaufbau des Reichstagsgebäudes, als Symbol deutscher Einheit, ins Auge gefaßt. Das Bild zeigt den Berlin-Ausschuß des Bundestags vor der Reichstags-Ruine im März 1953. Von links nach rechts: Vorsitzender Bucerius, Bundesbevollmächtigter Vockel, Bürgermeister Reuter, Bundesminister Kaiser und die Berliner Senatoren Haas und Mahler.

auf Berlin« – diese Schreckensmeldung aus dem Radio der Kriegsjahre hatte sich in völlig neuer Situation in einen erlösenden Vorgang verwandelt. Nun flogen sie einzeln, im Gänsemarsch. Damals hatten sie Luftminen herangeschleppt, jetzt flogen sie mit Dörrgemüse...

Längst hatte Stalin seinen Mißerfolg eingesehen, aber die Verhandlungen zogen sich bis ins Frühjahr 1949. Am 3. Juli 1948 hatte Militärgouverneur Sokolowski gegenüber den Kollegen aus dem Westen in brutaler Deutlichkeit erklärt, die »technischen Schwierigkeiten« auf den Zufahrtswegen würden so lange anhalten, bis die Pläne für eine westdeutsche Regierung begraben seien.

Was die Entwicklung in Westdeutschland betrifft, so ist es Tatsache, daß die Westmächte die Planung für den Separatstaat unter dem Erpressungsdruck sogar vorantrieben, indem sie eine Verfassung ausarbeiten ließen. Diesem Unternehmen können wir uns erst dann eingehender zuwenden, wenn einiges über die Wiedergründung und Entwicklung der Parteien im Nachkriegsdeutschland gesagt worden ist.

Die politischen Parteien

1933 hatte Hitler alle deutschen Parteien außer seiner eigenen entweder verbieten lassen oder zur Selbstauflösung gezwungen. Nach der Vernichtung des NS-Regimes war es nur natürlich, daß die Parteien der Weimarer Zeit, die teilweise weit ins 19. Jahrhundert zurückreichten, an die alten Traditionen anknüpfen wollten. Zugleich brachten sie aus den vergangenen zwölf Jahren das Solidaritätserlebnis gemeinschaftlichen Verfolgtseins mit – und von früher her die Erinnerung an unheilvolle Zerrissenheit, die Hitler den Aufstieg erleichtert hatte. Daher verband sich jetzt das Traditionsgefühl mit einem Erneuerungswillen auf breiterer Basis. Das galt für viele Sozialisten ebenso wie für die christlichen Politiker und die Liberalen. Wo Parteien sich in freier Initiative entwickeln konnten, gaben sie im allgemeinen dieser Grundstimmung nach. Der Sowjetkommunismus dagegen, wie Walter Ulbricht und Wilhelm Pieck, die beiden Altkommunisten, ihn aus der Emigration in der UdSSR jetzt nach Deutschland brachten, ging anfänglich betont eigene Wege.

Alle Initiativen zu Blockbildungen wurden abgewürgt, die KPD entstand am 11. Juni 1945 als eigene Partei neu. Das war der Anfang der Parteiengründungen im Nachkriegsdeutschland.

Wolfgang Leonhard (»Die Revolution entläßt ihre Kinder«) begründet, warum die ganz Linken, die doch nicht erhoffen konnten, allein eine Mehrheit hinter sich zu bringen, zunächst wieder für sich marschierten. »Der Stalinismus kann nicht zulassen, daß durch selbständige Initiative von unten antifaschistische, sozialistische und kommunistische Bewegungen und Organisationen entstehen, denn er liefe stets Gefahr, daß sie sich seiner Kontrolle zu entziehen und sich gegen Direktiven von oben zu stellen versuchen.«

Der Gründungsaufruf der KPD verstand aber zugleich so geschickt zu werben und die wahren Absichten zu verschleiern wie der Wolf vor der Hütte der sieben Geißlein: »Wir sind der Auffassung, daß der Weg, Deutschland das Sowjetsystem aufzuzwingen, falsch wäre, denn dieser Weg entspricht nicht den gegenwärtigen Entwicklungsbedingungen in Deutschland.« Statt dessen wurde angeregt, einen »Block der antifaschistischen demokratischen Parteien« zu schaffen.

Da die Sowjets Parteigründungen viel eher zuließen als die Westmächte und da Berlin ja bis in den Hochsommer 1945 unter sowjetischer Alleinherrschaft stand, blühte hier schon ein munteres Parteileben, als in den Westzonen noch privat und illegal konferiert, geplant und gestritten wurde. Daher war Mitte Juni in Berlin auch schon die alte SPD wieder vorhanden, unter Führung des ehemaligen SPD-Reichstagsmitglieds Otto Grotewohl. So gab es naturgemäß bald Führungskämpfe mit dem »Büro Schumacher« in Hannover, wohin noch die Exil-SPD-Leute aus London mit Hans Vogel und Erich Ollenhauer stießen, den letzten Überlebenden aus dem SPD-Vorstand von 1933.

Kurt Schumacher, 1895 in Westpreußen geboren, Sozialist mit großbürgerlichem Elternhaus, schwer kriegsverletzt schon 1914, hatte sich bis 1933 in der SPD das Image eines streitbaren, aggressiven Intellektuellen verschafft. In zehn Leidensjahren in verschiedenen KZs erwarb er sich den Adelsbrief eines unbeugsamen Charakters, eines kompromißlosen Dulders. 1943 schwer krank entlassen, wirkte der hagere Mann mit der

Rechts: Führende Mitglieder der CDU/CSU auf einer Vorstandssitzung im April 1948. Von links nach rechts: Bruno Dörpinghaus, Ernst Lemmer, Konrad Adenauer, Jakob Kaiser, Hugo Hickmann (Landesvorsitzender der CDU in Sachsen) und Ernst Köhler. *Unten:* Das politische Leben kam nur zögernd in Gang und begnügte sich mit primitiven Mitteln. Man traf sich in notdürftig hergerichteten Wohnungen, spartanisch möblierten Büros; Veranstaltungen und Wahlen (wie hier die Gemeindewahl in München 1946) fanden oft unter freiem Himmel statt. Zu glanzvoller Selbstdarstellung der Parteien fehlte nicht nur Geld und Material, sondern, nach den Ausstattungsorgien der Hitlerzeit, auch jegliche Neigung der Politiker.

hohen Stirn und den brennenden Augen wie eine Galionsfigur des deutschen Schicksals: ein menschliches Trümmerstück mit ungebrochenem Geist und Willen. In langen Dachauer Jahren hatte er sich seine Nachkriegswelt gedanklich aufgebaut, ein sozialistisches Deutschland auf demokratischer Grundlage (nach unserem geläufigen Sinngehalt). Schumacher war Marxist, aber Antikommunist.

Als er erkannte, daß die Sozialdemokraten in der Ostzone zunehmend unter Druck der KPD gerieten und offensichtlich benachteiligt wurden (Grotewohl mußte seine Reden zensieren lassen, und sie erschienen nur verstümmelt im Druck), da wehrte er sich entschieden gegen einen Zusammenschluß der SPD in Ost und West. Die Berliner SPD-Zentrale sollte die Partei im sowjetischen Machtbereich in Deutschland leiten, sein Büro in Hannover wollte die westdeutsche SPD-Leitung übernehmen. »Das Abkommen war der erste deutsche Teilungsvertrag«, bemerkt Heinrich Jaenecke in seinem Buch über die Geschichte der deutschen Spaltung.

Nach dieser Absage an die Genossen in Mitteldeutschland und Großberlin im Oktober 1945 verging noch ein halbes Jahr bis zum Zusammenschluß von Kommunisten und Sozialdemokraten in der Ostzone und Ostberlin (die Westsektoren machten nicht mit; die dortige SPD rebellierte gegen ihren Vorstand und blieb aufgrund einer Urabstimmung selbständig). Das Fusionsgebilde hieß SED = Sozialistische Einheitspartei Deutschlands. Der »symbolische Händedruck« zwischen KPD-Pieck und SPD-Grotewohl vom 22. April 1946 beendete nach zehn Monaten die Geschichte der Sozialdemokratie im östlichen Teil Deutschlands.

Der Hauptgrund für die Vereinigung lag wohl in der Furcht der Kommunisten, bei Wahlen angesichts der unpopulären Sowjetpolitik eine schlechte Figur zu machen. Die SPD war zu dem Zeitpunkt längst nicht mehr vereinigungswillig, aber Grotewohl war unter ungeklärten Umständen von den Russen »umgedreht« worden. Kurz danach, im Mai 1946, auf dem ersten Nachkriegsparteitag der SPD in Hannover, wurde Kurt Schumacher erwartungsgemäß zum Vorsitzenden gewählt.

Größere Einmütigkeit kennzeichnete von Anbeginn die Entwicklung jener Partei oder Parteigruppierung, die in der Nachkriegszeit die Führung übernehmen sollte. Initiatoren waren einstige Zentrumspolitiker wie Andreas Hermes in Berlin und Leo Schwering in Köln. Von diesen beiden Zentren gingen die stärksten Impulse für eine christliche Partei aus, die konfessionell nach beiden Seiten offen sein wollte.

Der Gedanke war so neu nicht, nur erhielt er durch die Erinnerung an gemeinsamen christlichen Widerstand gegen Hitler die Stoßkraft, die ihm früher gefehlt hatte. Schon 1922 hatte Konrad Adenauer vor der 62. Generalversammlung deutscher Katholiken gefordert: »Wir müssen... bei den Nichtkatholiken Bundesgenossen suchen. Vielleicht oder sicher haben wir uns früher zu sehr... von den Nichtkatholiken ferngehalten.«

Auch in Bayern waren Bestrebungen im Gang, das Zentrum zu verbreitern, unter Berücksichtigung bayerischer Sonderart. Hier gehörte Adam Stegerwald zu den Männern der ersten Stunde. Überall in Deutschland bildeten sich, unabhängig, aber im gleichen Sinn, bikonfessionelle Parteiorganisationen. Allmählich ordnete sich das Namensgewirr zu zwei Bezeichnungen. Für die Christlichen Demokraten setzte sich der Name der Berliner Gruppe durch: CDU; die bayerische Schwesterpartei bestand auf abweichendem Mittelbuchstaben: CSU = Christlich Soziale Union.

Die Führungsrolle im Norden fiel nicht den Berlinern zu, sondern den Rheinländern. Das lag nicht an Adenauer. Der Kölner Oberbürgermeister (4. Mai bis 6. Oktober 1945) war anfänglich gar nicht dabei. Er, der frühzeitige Wortführer eines verbreiterten Zentrums, hielt sich betont zurück, als es ernst wurde. Er begründete dies mit seiner exponierten Stellung als Kommunalpolitiker, doch ist wahrscheinlicher, daß er abwarten wollte, wie sich das Experiment entwickeln würde. Der erfahrene und fuchsschlaue Politiker, inzwischen im siebzigsten Lebensjahr, investierte nicht in unsichere Unternehmen. Erst als er sicher war, daß die katholisch-protestantische Mischpartei auf breite Resonanz stieß, ließ er sich anwerben und stieß nun rasch nach vorn. Am 5. Februar 1946 wurde er Vorsitzender der rheinischen CDU, am 1. März Vorsitzender für die britische Zone.

Beschäftigt man sich mit der Frühzeit der CDU, dann fällt unvermeidlich irgendwann der Name

Kurt Schumacher, Kriegsinvalide des Ersten Weltkrieges, gezeichnet von langer KZ-Haft unter dem Nationalsozialismus, wurde erster Vorsitzender der West-SPD im Nachkriegsdeutschland.

Das Bild zeigt ihn stehend vor seinen Parteigenossen im »Büro Schumacher« in Hannover. Von links nach rechts: Egon Franke, Schumachers Nachfolger Erich Ollenhauer, Alfred Nau und Fritz Heine.

»Ahlener Programm«. Es beinhaltet wirtschaftliche Leitsätze von sehr sozialem Zuschnitt, eingeleitet mit den Worten: »Das kapitalistische Wirtschaftssystem ist den staatlichen und sozialen Lebensinteressen des deutschen Volkes nicht gerecht geworden.« Die neue Struktur der deutschen Wirtschaft müsse davon ausgehen, daß »die Zeit der unumschränkten Herrschaft des privaten Kapitalismus vorbei« sei, doch wird ein »Staatskapitalismus« als »noch gefährlicher« angesehen. Das Programm plädiert für Vergesellschaftung des Bergbaus, der eisenschaffenden Großindustrie, für Mitbestimmung, für private Unternehmertätigkeit auf der Ebene von Klein- und Mittelbetrieben und geht davon aus, daß »Planung und Lenkung der Wirtschaft... auf lange Zeit hinaus in erheblichem Umfang notwendig sein« werde. Das Ahlener Programm vom 3. Februar 1947, verabschiedet in der Industriestadt Ahlen im südlichen Münsterland, war ein Zugeständnis an die Parteimitglieder oder gewünschten Wähler, die als Katholiken nicht zur Sozialdemokratie tendierten, aber als Arbeiter antikapitalistisch dachten. Hier sollten also christliche Sozialisten und sozialgesinnte Christen angesprochen werden. Schwer zu sagen, ob das Programm nur als taktisches Mittel diente oder ob es den Verfassern mit den Richtlinien ernst war. Es mischte sich wohl beides. Bekanntlich driftete die CDU bald stark nach rechts und entfernte sich in ihren tragenden Kräften erheblich vom Ahlener Konzept. Tatsache ist aber auch, daß bis heute ein unübersehbar lebenskräftiger Arbeitnehmerflügel im CDU-Haus seine Unterkunft verteidigt hat.

Die Liberalen fanden sich, wie ihre Parteigegner der anderen Lager, ebenfalls zuerst in der Ostzone und Berlin wieder zusammen. Auch bei ihnen bestanden ungute Erinnerungen an die Schwäche der Zersplitterung. Keine Gruppierung war in der Weimarer Spätzeit so zerrieben worden wie die bürgerliche Mitte. »Mitte« ist kein streng geometrischer Ausdruck. Wörtlich genommen, saßen ja die Katholiken dort, das Zentrum. »Mitte« hieß im Grunde alles zwischen den Sozialdemokraten auf der Linken und den Deutsch-Nationalen und Nationalsozialisten auf der Rechten.

In diesem Spektrum waren die Liberalen zweigeteilt aufgrund der hier nicht weiter zu erörternden

Bedingungen ihrer älteren Geschichte. Links vom Zentrum saßen im Reichstag der Weimarer Republik die Deutschen Demokraten (später: Deutsche Staatspartei); ihnen gehörten Friedrich Naumann und Theodor Heuss an. Rechts vom Zentrum saß die Deutsche Volkspartei Stresemanns. Linksliberale und Rechtsliberale wollten nach dem Krieg nicht mehr getrennt marschieren. Beide Flügel gingen das Wagnis des geistigen und somit organisatorischen Zusammenschlusses ein. Die Frage war nur zu entscheiden, ob beide Traditionslinien in einen neuartigen Liberalismus des Weder-Noch münden würden, oder ob eine der bisherigen Überlieferungen sich gegenüber der anderen durchsetzen würde. Um es vorwegzunehmen: Die Geschichte der Bundesrepublik hat die Frage in einem Sowohl-Als-auch beantwortet. Im Dezember 1948 schließlich wird die Freie Demokratische Partei (FDP) – in Württemberg Demokratische Volkspartei (DVP) genannt – gegründet. In den ersten zwanzig Jahren dominierte die rechtsliberale Traditionslinie, von 1969 bis zum Ende der SPD-FDP-Koalition 1982 herrschte die linksliberale vor. Wer den Liberalen in der Nachkriegszeit – und das geschah recht oft – Schwankungen und Pendeln vorgeworfen hat, muß ihnen wenigstens mit der Einsicht gerecht werden, woher das kommt: Wenn zwei liberale Parteien ihre achtzig Jahre während Eigenständigkeit aufgeben und sich unter ein gemeinsames Dach wagen, muß es einfach zu Reibereien kommen. Übrigens gelang dieser Zusammenschluß nicht auf Anhieb. Nach der endgültigen Vereinigung der westdeutschen Landesverbände im Dezember 1948 hielten die Individualisten erst im Juni 1949 ihren ersten Parteitag ab. Die mitteldeutschen Liberalen führten ihr erzwungenes Eigendasein schon seit 1945 unter dem Namen Liberal-Demokratische Partei Deutschlands, LDPD. Zunehmend in SED-Abhängigkeit geraten, bekennt auch sie sich seit etwa 1952 zum »Aufbau des Sozialismus«.

Zu den parteipolitischen Neubildungen nach 1945 gehört auch die Deutsche Partei, DP. In ihr feierten die Deutschnationalen der Vor-Hitler-Zeit Auferstehung, soweit sie nicht im rechten Flügel der CDU und in der CSU ein Unterkommen gefunden hatten. Die Spannweite der neuen christlichen Volkspartei wurde mit der Zeit auch für die 1947 gegründete DP bedrohlich; sie wurde von der weltanschaulich nahestehenden, aber anziehenderen Union aufgezehrt – wie die rechten Liberalen.

Vervollständigen wir den Katalog noch mit dem Hinweis, daß das Zentrum, tragende Säule aller Weimarer Kabinette bis zum Ausscheiden Brünings, auch eine eigenständige Wiederkehr versucht hat, damit aber nur in Nordrhein-Westfalen Anhänger gewann. Die eigentliche Zeit der traditionsreichen Zentrumspartei war in dem Moment abgelaufen, als die Nachfolger mit der Grenzüberschreitung zur protestantischen Konfession so erfolgreich in neue Wählerschichten vordrangen: also bereits 1946. Bis etwa 1958 vegetierte das Zentrum noch dahin.

Die ersten Nachkriegswahlen geben ein interessantes Bild darüber, wie der alte Wein in (zum Teil) neuen Schläuchen mundete, wie das demokratisch sich neu formierende Volk von seinem Stimmrecht Gebrauch machte.

Vorreiter war am 13. Oktober 1946 die Arbeiterstadt Hamburg, wo kaum ein Zweifel bestehen konnte, daß die SPD gewinnen würde, zumal Bürgermeister Max Brauer eines jener knorrigen, ungemein populären Stadtoberhäupter war, wie sie inzwischen aus mancherlei Gründen ausgestorben sind. Hamburg also bestätigte Schumachers Partei mit eindeutigen 43 Prozent vor der CDU mit 27 Prozent. Sehr beachtlich schlugen sich die Liberalen (18,0). Die KPD brachte es auf 10,0. Noch eindeutiger setzte die SPD sich eine Woche später in Berlin durch. Sie brachte der SED eine schwere Schlappe bei. Die Anteile: SPD 48,7 Prozent; CDU 22,1; SED 19,8; LDP 9,4 Prozent.

In der Sowjetzone, in den fünf Ländern Brandenburg, Mecklenburg, Sachsen, Sachsen-Anhalt, Thüringen, wo am selben Tag wie in Berlin gewählt wurde, war die SED überall relativ vorn, aber die Konkurrenten zusammen behaupteten allenthalben die absolute Mehrheit. Nie wieder ließen die Sowjets daher in ihrem deutschen Herrschaftsraum Parteiopposition zu; die erste Erfahrung hatte genügt.

In den Westzonen wählten, im Anschluß an Hamburg, zuerst die Länder der amerikanischen Zone (Bayern, Württemberg-Baden, Hessen); das geschah noch 1946. Die britisch beherrschten Län-

der Niedersachsen, Nordrhein-Westfalen, Schleswig-Holstein folgten im April 1947, die Länder der französischen Besatzungszone (Rheinland-Pfalz, Baden, Württemberg-Hohenzollern) abermals vier Wochen später. Das Schlußlicht bildete das Saarland und die US-Exklave Bremen mit der ersten Nachkriegswahl im Oktober 1947.

Der Durchschnitt aller westdeutschen Wahlergebnisse zeigte ziemlich ausgeglichene Werte zwischen den beiden Großen. Die Union führte mit 38,8 vor der SPD mit 36,4 Prozent. Die Liberalen waren mit 10,9 gut placiert, hart verfolgt von der KPD mit 10,0 Prozent. In den Ländern regierten vielfach große Koalitionen. Der ungefähre Gleichstand der großen Parteien und die bedeutende Distanz der übrigen wurde als Maßstab für die Zusammensetzung des Parlamentarischen Rates genommen. Die 65 stimmberechtigten Mitglieder wurden nicht vom Volk direkt, sondern von den Landtagen gewählt, nach dem Schlüssel der annähernden Repräsentation: je 27 Abgeordnete der CDU/CSU und SPD, fünf Liberale und je zwei vom Zentrum, der Deutschen Partei und der KPD. Nur die KPD war unterrepräsentiert. Aus Berlin kamen, nicht stimmberechtigt, fünf Abgeordnete (SPD 3, CDU 1, LDP 1).

Wiederentdeckung des Menschen

Der Parlamentarische Rat begann seine Arbeit am 1. September 1948, fristgemäß zwei Monate nach dem Auftrag der Westalliierten an die Ministerpräsidenten der elf Länder. Wie haben die Ministerpräsidenten sich dem Auftrag gestellt? Zögernd. So zielgenau der Weg des Nachkriegsdeutschland im Rückblick auf die Zweiteilung hinzuführen scheint – die Mehrheit der damaligen deutschen Politiker ist nur mit sehr zurückhaltenden Empfindungen mitgegangen.

Für den Westen war die Zielrichtung klar. Seit der spätstalinistische Imperialismus sich enthüllt, seit George Kennan – Planungschef im State Department – die Parole des »Containment«, der »Eindämmung des Kommunismus«, ausgegeben hatte, bedeutete Deutschland in seinem freien Teil eine vorgeschobene Verteidigungslinie, ein Glacis. Außerdem hatten alle westlichen Staatsmänner Furcht vor einem geeinten Deutschland. Ihnen tat die Spaltung nicht weh. Anders stand es mit denen, die sie ausführen sollten, wenigstens im Westen (im Osten zielten der aufsteigende Walter Ulbricht und seine Leute zweifellos schon damals auf einen eigenen Staat). Die Empfindungen unter den westdeutschen Regierungschefs und Parlamentariern gibt Wilhelm Kaisen wieder, der ehemalige Bremer Senatspräsident: »Jeder, der damals mit diesem Fragenkomplex näher in Berührung kam, weiß zur Genüge, welche Bedenken die Errichtung eines Weststaates in jedem einzelnen hervorrief... Ging es doch um die schicksalsschwere Frage, ob wir das Angebot der Alliierten ablehnen sollten, weil nicht das ganze Deutschland dabei zum Zuge käme, oder ob wir zugreifen sollten, um erst einmal das Gebiet der drei Zonen wieder zu festigen und damit gleichzeitig eine Ausgangsbasis für neue Bemühungen um das Ganze zu gewinnen, in dem auch Berlin wieder seine alte Stellung als Hauptstadt einnehmen müßte. Nach nächtelangen Beratungen faßten wir einhellig den Beschluß, im Grundsatz zuzustimmen.«

Einschränkend drangen die Ministerpräsidenten darauf, es müsse »alles vermieden werden, was dem zu schaffenden Gebilde den Charakter eines Staates verleihen würde«. Es sollte vielmehr »zum Ausdruck kommen, daß es sich lediglich um ein Provisorium handelt«. In diesem Sinne ist der Begriff »Parlamentarischer Rat« anstelle von »Verfassungsgebender Versammlung«, »Grundgesetz« anstelle von »Verfassung« als Bewußtseinsvorbehalt der Gründungsväter zu werten. Es klang weniger gewichtig, weniger traditionell.

»Da kam irgend jemand mit dem Wort ›Grundgesetz‹ anstelle von ›Verfassung‹, erinnerte sich später Reinhold Maier, der Altliberale aus dem Südwesten. »Heute geht dieses Wort jedermann absolut selbstverständlich von den Lippen. Damals war es vielleicht in engsten Fachkreisen bekannt, aber sonst ungebräuchlich. Wie vom Himmel gefallen, stand das Wort vor uns und bemächtigte sich unserer Köpfe und Sinne, gewiß nicht der Herzen. Das neue jungfräuliche Wort vermochte so schön trügerisch von der Realität jener Tage wegzuführen.« Damit ist die halb unbefangene, halb wissende Selbsttäuschung treffend benannt.

Ganz anders argumentierte zu dem Zeitpunkt schon Ernst Reuter, der während der Blockade,

als die Kommunisten die Verwaltung der Stadt spalteten, vom gewählten Oberhaupt der Gesamtstadt zum Regierenden Bürgermeister der Westsektoren wurde und zur Symbolfigur des Berliner Freiheitswillen: »Wir können eines in Berlin und im Osten« (damit meinte er das wache, aber unterdrückte Freiheitsgefühl in der Sowjetzone und Ostberlin) »nicht ertragen – das Verbleiben des Westens in seinem bisherigen unentschiedenen Status.« Und ernüchternd, umbarmherzig fügte er hinzu: »Die Spaltung Deutschlands wird nicht geschaffen, sie ist bereits vorhanden.«

Für ihn war eine westliche Republikgründung geradezu der Hebel für die Wiedervereinigung. Ähnlich hat in den folgenden Jahren sein Parteigegner Adenauer in der Westintegration eine Schwerkraftbildung sehen wollen, die durch Gewicht und Stärke die Sowjets zum Nachgeben drängen würde. Beide irrten.

Die Alliierten gaben in der Frage der ausweichenden Begriffsbildung in zähen Beratungen ebenso nach wie darin, nicht die Bevölkerung in einem Volksentscheid, sondern die Landtage einzeln über das Grundgesetz abstimmen zu lassen. Auch hierin lag nach dem Wunsch der Länderchefs eine Minderung des Gewichts.

Für die Ausarbeitung der Konstitution, die dem Parlamentarischen Rat zur Diskussion vorgelegt werden sollte, standen nur wenige Wochen zur Verfügung. Es war eine staatstheoretische Meisterleistung, daß innerhalb von nur vierzehn Tagen der sogenannte Herrenchiemseer Entwurf zustande kam. Das ist ein ausgewachsenes Verfassungsdokument, in dem die wesentlichen Elemente des Grundgesetzes schon enthalten sind. Wiederholt werden Mehrheitsvorschläge und Minderheitsvorschläge sowie »Varianten« nebeneinandergestellt, mitunter drei.

Unter den elf Verfassungsrechtlern, aus jedem westdeutschen Land einer, war Carlo Schmid (SPD), der Justizminister von Württemberg-Hohenzollern, Primus inter pares. »Er wurde der Architekt des Grundgesetzes« (Jaenecke).

An Carlo Schmid kann niemand vorübergehen, der sich mit den Grundlagen der Bundesrepublik befaßt. Aus späterer Zeit ist von ihm bekannt, daß er auf dem Stuhl des Vizepräsidenten des Bundestages in ruhigen Stunden Baudelaire übersetzte; daß er seinen Freund Heuss in Jamben andichtete und daß der Bundespräsident im selben Versmaß antwortete – jedesmal durch Boten überbracht. Männer dieser Art, und hier ist Theodor Heuss gleich mit einbezogen, waren in Deutschland immer selten. Die Mischung von Politik und Literatur, der Homme de Lettre im Staatsgeschäft, ist im westlichen Nachbarland weit häufiger zu finden. Nun, Carlo Schmid hatte eine französische Mutter, brachte französische Lebensart schon aus seinem Geburtsland mit, dem er bis zum 18. Lebensjahr staatsbürgerlich zugehört hat. Er kämpfte dann als Kriegsfreiwilliger 1914 auf deutscher Seite: Europa hatte noch nicht begonnen und stellte Bürger mit zwei Vaterländern vor Zerreißproben der Loyalität. Dafür gehörte Carlo Schmid nach 1945 zu den engagiertesten Verfechtern der Aussöhnung zwischen Deutschland und Frankreich.

Aus dem Gebirgsmassiv dieser Persönlichkeit ragen drei Gipfel hervor: die Universität, die Literatur, die Politik. Der Jurist hatte sich 1929 in Tübingen für Völkerrecht und internationales Privatrecht habilitiert. 1946 erhielt er dort einen Lehrstuhl für Völkerrecht, 1953 in Frankfurt einen für politische Wissenschaften. Im literarischen Bereich wurde Schmid als Übersetzer bekannt. Neben Baudelaire übertrug er Malraux, Machiavelli und Calderón ins Deutsche. Schon dieser Sprachen- und Kulturhorizont zeigt etwas von dem Bildungsfundament, mit dem der Deutsch-Franzose Schmid im positivistisch-rationalen Getriebe der Bonner Bühne immer etwas einsam blieb. Wo alles sich im Spezialistentum zergliedert, wo das Klima jahrzehntelang kulturfremd war, da haftet einem Polyhistor leicht etwas Altmodisch-Unzeitgemäßes an.

Dazu kommt, daß der Mitkonstrukteur des Grundgesetzes sich in seine eigene Partei, der er von früh an zugehörte, schwer integrieren ließ. Zu sehr ist sein Wesen letztlich überparteilich. Dem glänzenden Redner fehlte immer das Unbedingte, Kämpferische. Auf dem Podium reflektiert er, deckt Hintergründe auf, zwingt zum Nachdenken, gießt auf die Wogen der Erregung das Öl der Meditation. Politik ist ihm geistige Aufgabe, eine Forderung des Stils und der Moral. Ist es ein Wunder, wenn ein Mann solcher Auffassungen selten zu hohen Ämtern gelangt? Doch er zeigt uns, was Politik sein kann, und er zeichnet die Konturen eines immer wieder anzustrebenden Ideals.

Beim Verfassungskonvent auf Herrenchiemsee im August 1948 war Schmids Maxime: im Grundgesetz so wenig Staat wie möglich. Das zeigt sich schon darin, daß der Mensch wieder entdeckt wurde und ein Katalog der Grundrechte ganz nach vorn rückte. Dergleichen kannte bisher keine überregionale deutsche Konstitution, hingegen war schon eine Reihe deutscher Länderverfassungen der Jahre 1946/47 genauso verfahren: Württemberg-Baden, Hessen, Baden, Rheinland-Pfalz, Bremen. Hierin bestätigte sich auf wunderbare Weise Tucholskys Prophezeiung aus dem Jahr 1930, als er einen »Blick in die ferne Zukunft« geworfen hatte: »Und wenn alles vorüber ist; wenn sich das alles totgelaufen hat: der Hordenwahnsinn, die Wonne in Massen aufzutreten, in Massen zu brüllen und in Gruppen Fahnen zu schwenken – wenn diese Zeitkrankheit vergangen ist, die die niedrigen Eigenschaften des Menschen zu guten umlügt; wenn die Leute zwar nicht klüger, aber müde geworden sind; wenn alle Kämpfe um den Faschismus ausgekämpft ... sind: dann wird es eines Tages wieder sehr modern werden, liberal zu sein. Dann wird einer kommen, der wird eine geradezu donnernde Entdeckung machen: er wird den Einzelmenschen entdecken. Er wird sagen: Es gibt einen Organismus, Mensch geheißen, und auf den kommt es an. Und ob der glücklich ist, das ist die Frage. Daß er frei ist, das ist das Ziel. Gruppen sind etwas Sekundäres – der Staat ist etwas Sekundäres. Es kommt nicht darauf an, daß der Staat lebe – es kommt darauf an, daß der Mensch lebe. Dieser Mann, der so spricht, wird eine große Wirkung hervorrufen. Die Leute werden seiner These zujubeln und werden sagen: ›Das ist ja ganz neu! Welch ein Mut! Das haben wir ja noch nie gehört! Eine neue Epoche der Menschheit bricht an! ... Auf, auf! Die neue Lehre –!‹«

Zieht man die Überspitzung – das Recht des Satirikers – von diesen Worten ab, so ist die Stimmung der Nach-Hitler-Zeit mit beeindruckender Gewißheit vorausgeahnt. Nach der wahnsinnigen Übersteigerung der Staatsautorität, der Heiligung der Macht, befreiten sich die menschlichen Grundrechte aus der Knebelung. Der Mensch wollte wieder dort stehen, wo er erstmals in der Virginia Bill of Rights vom 12. Juni 1776 gestanden hatte: ganz oben. Jene Deklaration unterstreicht im allerersten Satz, »daß alle Menschen von Natur aus gleichermaßen frei und unabhängig sind«. Im Entwurf von Herrenchiemsee heißt der erste Artikel: »Der Staat ist um des Menschen willen da, nicht der Mensch um des Staates willen« – eine Umkehrung langwährender Auffassungen um hundertachtzig Grad.

Im Grundgesetz findet sich der Satz nicht mehr, aber es fehlt nichts, was die angelsächsische, die französische, die deutsche Philosophie in zweihundert Jahren erarbeitet hatten, rühmt Golo Mann. Der Historiker, selber Emigrant gewesen, vermißt auch nichts an Erkenntnissen aus den »blutigen Jahren der Hitlerzeit«. Nachdem man eben noch »Volksschädlinge« aller Art hingerichtet hatte, wurde nun die Todesstrafe abgeschafft; nachdem ein Volk in Waffen gestanden hatte bis zu Hitlerjungen mit Panzerfäusten und Greisen im »Volkssturm«, wurde nun das Recht auf Kriegsdienstverweigerung fixiert.

So vereinigten sich Abwehrreaktionen gegen die Maßlosigkeit der jüngsten Vergangenheit mit alten Selbstverständlichkeiten liberaler Staaten: Gleichheit vor dem Gesetz, Gleichrangigkeit aller in Rasse und Glauben, Freiheit der Meinung, des Gewissens, der Kunst und Wissenschaft, Unverletzlichkeit der Person, der Wohnung, Asylrecht. Erfahren und gereift an dem Unglück der Weimarer Republik, drohten die Grundgesetz-Konstrukteure den Verlust der Grundrechte dort an, wo sie mißbraucht würden. Nicht ein zweitesmal sollte der Staat sich an ungezügeltem Haß inwendig vergiften.

Nach langen Jahren der Bewährung können wir getrost sagen: Das Grundgesetz hat gehalten, was es damals versprochen hat. Klar ist, daß die Staatsrechtler in Herrenchiemsee und dann bei den monatelangen Debatten des Entwurfs in Bonn stets das unglückliche Weimar vor Augen hatten.

Vergleiche zu ziehen, ist interessant. Wie die Konstruktionsfehler der so human verstandenen Weimarer Verfassung mitgeholfen haben, die erste Republik zu ruinieren, so hat die »Rheinschrift« von Bonn sehr zur Stabilität der zweiten Republik beigetragen. Zunächst einmal wollte man die Macht des Staatsoberhauptes einschränken, um nicht noch einmal Hindenburg-Zeiten zu erleben. Hindenburgs zuletzt übermäßiger Einfluß hatte zwar weniger an seinem Machtwillen gelegen als viel mehr in der Machtlosigkeit des Parlaments, aber unleugbar besaß er eine staatsrechtlich starke Stellung, war eine Art Ersatzkaiser. Jetzt wurden die Parlamentarier sich einig, daß das Staatsoberhaupt den Kanzler nur noch vorschlagen, nicht mehr ernennen dürfe (außer dem formaljuristischen Akt der urkundlichen »Ernennung«). Auch wurde verankert, daß der Bundespräsident nicht vom Volk direkt gewählt wird, sondern indirekt durch die Bundesversammlung (Bundestags- und Landtagsabgeordnete). Dadurch sollte die Emotionalisierung vermieden werden, die den Älteren noch äußerst unangenehm in Erinnerung ist.

Der glücklichste Einfall des Grundgesetzes – und wohl vorbildlos in der Welt – ist die Klausel, die als Artikel 67 segensreiche Wirkung geübt hat und übt: »Der Bundestag kann dem Bundeskanzler das Mißtrauen nur dadurch aussprechen, daß er mit der Mehrheit seiner Mitglieder einen Nachfolger wählt...« Auch hier schwang die Erinnerung mit, daß ein Viertel aller Weimarer Kabinettskrisen daraus entstanden war, daß es eben noch kein »konstruktives Mißtrauensvotum« gegeben hatte. Zufallsmehrheiten, die sich über Tagesprobleme zusammenfanden, manchmal über ganz belanglose, konnten einen Kanzler stürzen; für den Nachfolger mochte der Reichspräsident sorgen. Das sollte es nicht mehr geben.

Die verfassungsrechtliche Solidität der Bundesrepublik beruht nicht zuletzt darauf, daß noch ein weiterer Haltegriff in ihr Verfassungsleben eingebaut worden ist. Nicht im Grundgesetz selber, dafür in dem zur selben Zeit ausgearbeiteten Wahlgesetz heißt es im Paragraphen 10 Absatz 4: »Parteien, deren Gesamtstimmenzahl weniger als fünf von hundert der gültigen Stimmen im Lande beträgt, werden... nicht berücksichtigt.« Damit sollte den Splitterparteien ohne ausreichenden Rückhalt im Volk verwehrt werden, an der politischen Willensbildung im Parlament teilzunehmen. Das kann zur Stagnation führen, sobald bestimmte Konstellationen schwer oder gar nicht zu ändern sind. Dann kann es immer wieder passieren, daß die Konkurrenzpartei bei Regierungsbildungen das Nachsehen hat, auch wenn sie nach der Stimmenzahl die stärkste politische Einzel-

Am 8. Mai 1949 wurde das Grundgesetz vom Parlamentarischen Rat in Bonn mit großer Mehrheit angenommen. Spontan erhoben sich die Abgeordneten und klatschten Beifall, als der Präsident Dr. Adenauer das Ergebnis bekanntgab. In der ersten Reihe stehend Innenminister Menzel und Carlo Schmid, der sich zu den »Vätern des Grundgesetzes« zählen durfte.

Sitzend die beiden KPD-Mitglieder Renner und Reimann, die (neben einigen Vertretern der bayerischen CSU und kleinerer Parteien) gegen das Grundgesetz gestimmt hatten. Adenauer schloß die Sitzung mit den Worten: »Wir wünschen, daß Gott dieses Volk und dieses Werk segnen möge zum Segen Europas und zum Segen des Friedens in der Welt.«

kraft repräsentiert. Sie fühlt sich dann – man mag streiten, ob zu Recht – unberechtigt von der Verantwortung abgeschnitten. Was den Wählerwillen betrifft, so war Weimar gerechter. Das Verhältniswahlrecht nach Artikel 22 sicherte auch die politische Meinung von Minderheiten (soweit sie wenigstens 30 000 Stimmen in einem Wahlkreis errangen) und vervielfältigte die Koalitionsmöglichkeiten; allerdings auch die demagogischen Handhaben. Die gutgemeinte Absicht der damaligen Verfassungsjuristen, voran der Staatsrechtler und zeitweilige Reichsinnenminister Hugo Preuß, hat sehr zur inneren Zerrissenheit der ersten Republik beigetragen. Unser heutiges Wahlsystem stellt eine Mischung dar zwischen dem Mehrheitswahlrecht englischen Musters und dem Verhältniswahlrecht. Das erste ist ungerecht, aber stabil, das zweite gerecht, aber unstabil. Nicht immer erweist sich eine völlig gerecht sein wollende Politik als segensreich.

Konrad Adenauer:
»Da müssen junge Leute ran!«

In einem Bildband über Konrad Adenauer von Ulrich Frank-Planitz gibt es ein Photo, auf dem eine Wiese mit weidendem Rindvieh zu sehen ist, davor ein Schild: »Parlamentarischer Rat«. Denen, die das Schild dort aufgestellt hatten, war die unfreiwillige Komik des Motivs vermutlich entgangen; sie wollten einen Verkehrshinweis geben. Auf dem Schild steht nämlich noch: »Abfahrt nach Bonn 1000 m«.
Warum tagten die Parlamentarier gerade am Rhein, wo doch Frankfurt schon ein gewisses Eigengewicht als Zentrum der bizonalen Gemeinschaftseinrichtungen besaß? Und außerdem war Frankfurt doch traditionsreich als die Stadt der deutschen Königswahlen, spätestens seit der Goldenen Bulle von 1356, und die Stadt der Kaiserkrönungen 1562 bis 1792. Und dann kam ja auch noch gewichtig die Erinnerung an die Paulskirche dazu, an den ersten demokratischen Versuch in Deutschland. Bot sich daher nicht Frankfurt an?
Verfallen wir nicht dem Fehler, das Jahr 1948 mit Reichssymbolik zu befrachten. Von Symbolen hatten einstweilen alle genug, außerdem wurde Berlin als Hauptstadt nicht in Frage gestellt. Jetzt

ging es nur um praktische Gesichtspunkte. Und da war es für Karl Arnold, Ministerpräsident von Nordrhein-Westfalen, ein praktischer Gesichtspunkt, seinem Parteivorsitzenden Adenauer mit dem Vorschlag Bonn einen Gefallen zu tun; der wohnte ja nebenan in Rhöndorf. Der Vorschlag war überrumpelnd, aber die meisten hatten nichts dagegen. Auch danach wurde Bonn nicht mit jener Zwangsläufigkeit zur Bundeshauptstadt, die nachträglich in das Geschehen hineingelesen worden ist. Adenauer hat anscheinend, wenn man seinem Freunde Hermann Josef Abs folgt, noch im Frühjahr 1949 eher mit Frankfurt gerechnet. Beide besichtigten zu dem Zeitpunkt Häuser in Frankfurt, erzählte Abs genau dreißig Jahre später vor manchen erstaunten Zuhörern.
Daß Adenauer als der erfahrenste Parlamentarier mit dem Vorsitz im Parlamentarischen Rat betraut wurde, konnte der SPD nur recht sein. Ihr Carlo Schmid leitete den maßgeblichen Hauptausschuß (Verfassungsausschuß); das war doch viel wichtiger. »Adenauer«, bemerkt Frank-Planitz, »rechnete gerade umgekehrt. Die Arbeit im Hauptausschuß ... spielte sich im Verborgenen ab. Der Ratspräsident dagegen besaß die Möglichkeit, den Verkehr mit den Besatzungsmächten auf seine Person zu konzentrieren und damit sowohl den politischen Einfluß des SPD-Vorsitzenden Schumacher wie den Ministerpräsidenten zu schmälern. So konnte sich Adenauer Verbindungen schaffen, über die kein anderer deutscher Politiker verfügte. Daneben trat er in der Öffentlichkeit als Repräsentant des Parlamentarischen Rates auf, so daß sich sein Bekanntheitsgrad erheblich erhöhte.« Schumacher, so ist hinzuzufügen, war 1948 weit populärer. Viele kannten Adenauer gar nicht, der noch in der Kaiserzeit Oberbürgermeister von Köln geworden war, als Schumacher gerade in Berlin und Münster Rechtswissenschaften und Nationalökonomie studierte.
Die eben zitierte Passage läßt unausgesprochen die Schlußfolgerung zu, daß der Zweiundsiebzigjährige sich zielstrebig »aufbaute«; daß er also schon weitergehende Absichten in sich trug. Es wird nicht zu ermitteln sein, von welchem Punkt an der elastische »Alte von Rhöndorf« mit der Möglichkeit einer zweiten Karriere gerechnet hat. Noch im Frühjahr 1948 sah es eher anders aus. Als ein Oberdirektor (Regierungschef) für den Zwei-

Oben: Als Vorsitzender des Parlamentarischen Rates, der verfassunggebenden Versammlung, holte Adenauer etwas von dem Popularitätsvorsprung seines SPD-Rivalen Kurt Schumacher auf. Ermüdung kannte er nicht, Marathon-Sitzungen bis in die Nacht hinein vermochten ihm nichts anzuhaben. »Das Geheimnis seiner Frische«, sagte ein amerikanischer Diplomat, »liegt in der Ökonomie seines Energieverbrauchs; kein Erg wird für eine Geste, die Stimme oder den Gesichtsausdruck verausgabt, ohne daß es notwendig wäre . . .«

Rechts: Die politischen Wegweiser auf der Viehweide – Symbol für die zaghafte Vorläufigkeit der Nachkriegspolitik.

zonen-Verwaltungsrat in Frankfurt gesucht wurde, sagte er zu dem Kölner Oberbürgermeister Hermann Pünder: »Ich mit meinen über siebzig Jahren soll noch so einen Posten übernehmen? Da müssen junge Leute ran.« Pünder, immerhin auch schon sechzig, bekam das Amt.

Die Besatzungsmächte waren mit dem Ratspräsidenten Adenauer zufrieden. Was ihnen den unbequemen alten Herrn bei aller Zähigkeit seiner Verhandlungsführung so empfahl, war sein engagiertes Eintreten für eine westeuropäische Integration und für die Versöhnung mit Frankreich.

Die eigentliche Verfassungsarbeit, die Adenauer diplomatisch nach außen zu vertreten hatte, an deren Einzelheiten er unbeteiligt war, gestaltete sich schwierig vor allem in der Frage des Verhältnisses von Föderalismus und Zentralgewalt. Die Deutschen untereinander waren uneins. Der Föderalismus hatte große Tradition in Deutschland, aller kulturelle Reichtum resultierte von daher, aber auch die politische Schwäche, die Kleinstaaterei. Der übermäßige Zentralismus wiederum hatte stracks ins Verderben geführt. Wie also den künftigen Bundesstaat ausstatten: mit stärkerer Betonung der ersten – Bundestag – oder der zweiten – Ländervertretung – Kammer?

Die erste wurde die stärkere: Das paßte den Alliierten nicht, am wenigsten den Franzosen. Die Gouverneure, gleichsam die Prüfungskommission für diese demokratische Examensarbeit, schickten Anfang März 1949 den fertigen Verfassungsentwurf mit Einwänden zurück. Wochenlang wurde gerungen, es war eine regelrechte Machtprobe. Dabei zeigte sich die CDU/CSU nachgiebig, um das Gesamtwerk nicht zu gefährden, obwohl Adenauer persönlich ein Zentralist war. Die SPD blieb hart, sie wollte von den Kompetenzen der Zentralgewalt, der ersten Kammer, nichts abstreichen lassen. Und damit setzte sie sich durch. Es gab zwar Formulierungs-Kompromisse, aber das war mehr Optik. Inhaltlich änderte sich nichts mehr. Selbstbewußt heißt es in einer Geschichte über die ersten hundert Jahre deutscher Sozialdemokratie: »Mit einem ›Nein‹ zu den Forderungen der Alliierten entschied Schumacher am 20. April 1949 die Struktur der neuen Bundesrepublik.« Nun, das ist sehr zugespitzt formuliert. Insgesamt ist das Grundgesetz ein austarierter Kompromiß aus vielen Interessen. Daß nicht alle

Wünsche, auch nicht alle deutschen, zufriedengestellt waren, wurde schon eingangs gesagt.

Zuletzt ging es Zug um Zug: 8. Mai 1949 Verabschiedung des Grundgesetzes im Parlamentarischen Rat; 10. Mai: Entscheidung der Ratsmitglieder für die Bundeshauptstadt Bonn mit 33:29 Stimmen; 12. Mai Aufhebung der Blockade, 16.–22. Mai Ratifizierung in den Ländern, 23. Mai Proklamation. Und dann? Dann gab es die Vorbereitung auf die Praxis.

»Der Worte sind genug gewechselt, laßt mich auch endlich Taten sehn«, sagt der Schauspieldirektor im »Vorspiel auf dem Theater« des *Faust I*. Der Wahlkampf für den ersten Bundestag war eine Mischung von weltanschaulichen Gegensätzen und persönlichen Diffamierungen, bestückt mit einer Fülle von Tagesproblemen: Aufbau des zertrümmerten Landes, Wohnungsnot, Arbeitslosigkeit, Eingliederung der Flüchtlinge, Demontagen, Entnazifizierung, Kriegsverbrecher-Prozesse, kommunistische Gefahr, Wiedervereinigung, Westintegration.

Adenauer und Schumacher schlugen verbissen drein, der SPD-Vorsitzende noch leidender, noch bitterer geworden durch eine zweite Amputation. Kein Zweifel, daß die CDU-Propaganda geschickter und wirksamer war. Innenpolitisch arbeitete sie mit dem Slogan der »sozialen Marktwirtschaft«, die sich von den Planungsthesen der SPD ebenso wie vom eigenen Ahlener Programm – hinsichtlich Planung und Verstaatlichung – distanzierte. Als Paradepferd wurde Ludwig Erhard gesattelt, der von ihm eingeleitete Wirtschaftsaufschwung besaß natürlich starken Werbeeffekt. Dagegen stießen Schumachers Thesen gegen das Besitzbürgertum in dieser Habegern-Gesellschaft ins Leere. Seine zugleich patriotischen und klassenkämpferischen Töne wirkten in der Situation von 1949 anachronistisch. Geschickt und demagogisch schürte die Union außenpolitisch die Furcht vor dem Bolschewismus, scheute sich auch nicht, den Sozialismus in einem Stil zu diffamieren, der stark an den des Dritten Reiches erinnerte. Der kommunistische Umsturz in der Tschechoslowakei im Vorjahr zum Beispiel gab der Union frisches Material dafür in die Hand.

Es war schlimm, daß die Sowjets eine solch ungute Propaganda möglich machten durch ihre

Politik, und es war gleichermaßen schlimm, daß wir dadurch unsere Schuld gegenüber Rußland verdrängten. Man glaubte, sich aus der Verantwortung stehlen zu können. Mit dem Schüren der Angst hat die Union in der Folgezeit viele Stimmen gewonnen; mit dem Schüren der Angst hat sie es dem deutschen Volk schwerer gemacht, seine Vergangenheit zu bewältigen.

Bei einer Wahlbeteiligung von 78,5 Prozent siegte am 14. August 1949 die CDU/CSU mit der relativen Mehrheit von 31,0 Prozent der Stimmen. Die SPD, ähnlich wie schon in den ersten Nachkriegsjahren, folgte dichtauf mit 29,2 Prozent. Die Person ihres Vorsitzenden war mit Sicherheit zugkräftiger als ihr Programm, während man bei der Union umgekehrt schätzen kann, daß das Programm einstweilen die Wähler mehr ansprach als ihr führender Wahlkämpfer Adenauer.

Noch waren es nicht »Kanzlerwahlen«. Die weiteren Ergebnisse: FDP 11,9 Prozent, DP 4,0 hinter der KPD mit 5,7. Das Zentrum erreichte damals immerhin noch 3,1 Prozent.

Die Fünfprozentklausel verwehrte doch der DP und dem Zentrum den Zugang zum Bundestag? Nein, es öffnete sich eine Hintertür: das Direktmandat. Nach dem Wahlgesetz kam eine Partei mit ihrem gesamten Prozentanteil in den Bundestag, wenn sie mindestens einen Kandidaten direkt durchgebracht hatte. Das galt auch 1953 noch; heute müssen es drei Kandidaten in der Direktwahl sein.

Und so verteilten sich die Mandate unter den 402 stimmberechtigten Abgeordneten des ersten Deutschen Bundestages: CDU/CSU 139, SPD 131, FDP 52, DP und Bayernpartei je 17, KPD 15, Wirtschaftliche Aufbauvereinigung (nur in Bayern) 12, Zentrum 10, Deutsche Reichspartei 5, Sonstige 4. »Der letzte Sonntag«, so lobte die amerikanisch geleitete »Neue Zeitung« »ist für die Sache der deutschen Demokratie ein historisches Datum. Deutschland hat eine saubere Visitenkarte abgegeben, zum ersten Mal seit ›tausend‹ Jahren.« Und dann rühmt das Blatt den »deutlichen Vorsprung der drei großen demokratischen Parteien CDU/CSU, SPD und FDP«.

Unmittelbar nach dem 14. August begann die Diskussion über die künftigen Bündnisse im Bundestag. »Die letzte kurze Szene vor der Konstituierung der Bundesrepublik nahm ihren Anfang; sie wurde zum größten Teil hinter dem Vorhang gespielt« (Ernst Deuerlein). Da die Kulissengespräche untrennbar verbunden sind mit dem Beginn der »Ära Adenauer«, soll darüber später berichtet werden.

Der Teilstaat, wie er jetzt beinahe fertig dastand, wäre von den meisten einige Zeit vorher noch nicht einmal erträumt worden; so schnell hatte sich unter dem Zeichen des kalten Krieges ein Wandel in der Behandlung Westdeutschlands ergeben, waren aus verachteten Besiegten kommende Partner geworden. Natürlich war diese Partnerschaft noch mit vielen Vorbehalten verknüpft. Im Besatzungsstatut vom 10. April 1949 (in Kraft getreten am 21. 9. 49) beschränkten die Siegermächte die künftige westdeutsche Republik von vornherein auf eine Teilhoheit. Sie blieb vorerst völkerrechtlich handlungsunfähig, konnte keine Verträge schließen oder diplomatische, konsularische Beziehungen aufnehmen, mußte ein alliiertes Vetorecht gegenüber ihren eigenen Gesetzentwürfen hinnehmen, Währung, Produktion, Forschung kontrollieren lassen, weiterhin Demontagen dulden; in wichtigen Industriezweigen (Stahl, Chemie, Maschinenbau, Schiffahrt) blieb die junge Republik Erzeugungsbeschränkungen unterworfen.

War das Glas nun halbvoll oder halbleer? Hatten wir schon so viele oder erst so wenige Rechte? Gemessen am Zustand von 1945 bis 1947, ja selbst 1948, war der Wandel erstaunlich, wirkten die Vorbehalte im Besatzungsstatut nicht allzu schwerwiegend. Mit der Zeit würden die Einschränkungen sicher schwinden. Viel schmerzlicher war, daß der ganze Neuaufstieg mit der Hinnahme der Trennung erkauft wurde: der andere Teil Deutschlands blieb draußen vor der Tür.

Die Spaltung wird zementiert

Stalin wird die Äußerung zugeschrieben, der Kommunismus passe auf Deutschland wie der Sattel auf die Kuh. Trotz solcher Einsicht haben die Sowjets ihre deutsche Besatzungszone, wenn auch verschleiert, konsequent bolschewisiert. An einen eigenen Staat war dabei höchstwahrscheinlich noch nicht gedacht, wenn auch die sowjetische Politik immer mehrere Wege zur gleichen Zeit offen zu halten pflegt und Stalins erster deutscher Satrap Walter Ulbricht sicher schon in Richtung zum eigenen Staat kalkuliert hat, als er 1945 aus Moskau zurückkehrte. Die Entwicklung hat ja dann auch dahin geführt, nicht nur durch Ulbrichts Zielstrebigkeit, sondern zunächst einmal durch Frankreichs Abneigung gegen eine neuerliche deutsche Zentralisierung und vor allem durch den kalten Krieg, der die Kriegsverbündeten weltanschaulich in zwei einander erbittert bekämpfende Lager spaltete, mit Deutschland als Vorfeld der Machtblöcke. Unter solchen Umständen lag die Entwicklung hin zur Zementierung der Spaltung geradezu in der Luft. Von keiner Seite war ein entschiedener Wille da, die Trennung rückgängig zu machen, jedenfalls nicht unter den politisch maßgeblichen Kräften. So wurde schließlich aus den Westzonen die Bundesrepublik und aus der Ostzone die DDR.

Die Uranfänge dessen, was später Deutsche Demokratische Republik heißen sollte, sind äußerst aufschlußreich für die Technik kommunistischer Machtsicherung. Im Frühjahr 1945, als gerade der Schlachtenlärm in Berlin verebbt war, hatte Stalin führende deutsche Exilkommunisten in ihre Heimat zurückgeschickt. Es war die »Gruppe Ulbricht«. Walter Ulbricht, wegen seines Bartes der »sächsische Lenin« genannt, vor der Hitlerzeit Chef der KPD-Bezirksleitung Berlin-Brandenburg, besaß dank seiner Anpassungsfähigkeit das Vertrauen des Kremlherrn. Zweifellos war er damals von allen deutschen Kommunisten am erfahrensten, vor allem im Überleben. Während eine Vielzahl seiner mitemigrierten Genossen in Stalins Säuberungsorgien untergegangen war, hatte der Virtuose der kommunistischen Kulissenkämpfe die schlimmsten Verfolgungen schadlos überstanden. Das Talent, das dafür nötig ist, sollte man nicht unterschätzen – und Ulbricht wurde lange unterschätzt. Die Verachtung für seine inhumanen Methoden versperrte den Blick auf sein politisches Format.

Der in allen Feuern gehärtete Funktionär, hochintelligent, hellwach, bienenfleißig, unerschöpfbar in seiner Arbeitskraft, war von höchster Sensibilität gegenüber dem atmosphärischen Druck in den Klimazonen des Ostens. Sein Urinstinkt war Macht. Die Wege, sie zu erlangen und zu behaupten, waren strapazenreicher, als Ähnliches je

einem parlamentarischen Politiker abverlangt wird. Kommunistische Spitzenfunktionäre, die lange »oben« bleiben, werden also zusätzlichen Fähigkeitstests unterworfen, die es in der westlich-demokratischen Qualifikationsskala nicht gibt. Solche Einsicht schützt vor der Illusion, es handle sich ja »nur« um Handlanger und Befehlsvollstrecker. Auf dem Charaktergrund von Persönlichkeiten wie Ulbricht, dem gelernten Tischler aus Leipzig, Jahrgang 1893, spielt der Mensch eine sekundäre Rolle. Daß es allerdings menschlicher Regungen nicht bedarf, um mächtig zu werden und zu bleiben, hat der gewandte Apparatschik lehrbuchhaft erwiesen. Popularität, Ruhm, Charisma – Kategorien des eigentlich Staatsmännischen – waren auf Ulbricht nicht anwendbar. Aber der Apparat hat immer funktioniert.

Ulbricht war am 2. Mai 1945 in den rauchenden Trümmern Berlins daran gegangen, den Apparat wieder zum Funktionieren zu bringen. Einer seiner damaligen jungen Leute, der begabte Nachwuchs-Kommunist Wolfgang Leonhard, der im Frühjahr 1949 nach Jugoslawien floh, beschreibt, wie überlegt und bedacht vom ersten Tag an die kommunistische Durchdringung von Verwaltung und Gesellschaft vor sich gegangen ist – ungeachtet des verharmlosenden Gründungsaufrufs der KPD vom 11. Juni 1945.

Die Fassade mußte »demokratisch« sein; optisch kam es sehr auf ein scheinbar freies Spiel der Kräfte an. »Kommunisten als Bürgermeister können wir nicht brauchen«, unterwies Ulbricht seine Mannschaft in der Kunst des Herrschens durch Minderheiten, »höchstens im Wedding und in Friedrichshain«, den Berliner Arbeiterbezirken. »In den bürgerlichen Vierteln – Zehlendorf, Wilmersdorf, Charlottenburg usw. – müssen wir an die Spitze einen bürgerlichen Mann stellen, einen, der früher dem Zentrum, der Demokratischen oder Deutschen Volkspartei angehört hat. Am besten, wenn er ein Doktor ist; er muß aber gleichzeitig auch Antifaschist sein und ein Mann, mit dem wir gut zusammenarbeiten können.« Dann kam er zum Kern der Sache. »Der erste stellvertretende Bürgermeister, der Dezernent für Personalfragen und der Dezernent für Volksbildung – das müssen unsere Leute sein. Dann müßt ihr noch einen ganz zuverlässigen Genossen in

Walter Ulbricht hatte schon eine lange politische Laufbahn hinter sich, als er 1945 die politische Bühne in Berlin betrat. Mitglied der KPD seit 1919, war er in den Massenveranstaltungen der zwanziger und dreißiger Jahre gegen die NSDAP aufgetreten *(oben* auf einer Kundgebung im Januar 1931). 1938 in die Sowjetunion emigriert, gehörte er zu den Gründern des »Nationalkomitee Freies Deutschland« und war Moderator der Agitprop-Gruppen, die deutsche Soldaten zum Überlaufen aufforderten *(rechts* im russischen Schützengraben mit dem Literaten Erich Weinert).

jedem Bezirk ausfindig machen, den wir für den Aufbau der Polizei brauchen.«

Das bewährte historische Strickmuster schimmert durch. Hatte nicht auch Adolf Hitler sich 1933 das Prinzip zu eigen gemacht, nach außen hin ein überwiegend bürgerlich-konservatives Kabinett zu präsentieren, in dem es nur drei Nationalsozialisten gab? Und war er mit dieser Minderheit nicht schnell zur Alleinherrschaft gelangt? Genauso ist es in der Ostzone gemacht worden, doch viel länger wurde der trügerische Schein politischer Vielgestalt gewahrt – ja, in gewissem Grade ist es bis heute so.

Als die Herrschaftsbasis fundamentiert war, ging es ins Hochparterre der Macht hinauf: zur Gründung der Parteien. Davon wurde schon gesprochen. Ein Schrebergartenverein könnte sich kaum ein harmloser klingendes Programm geben, als die KPD es tat. Daß der Großgrundbesitz aufgehoben werden sollte, war schon ein Kraftakt an sozialistischem Gedankengut. Im Abschnitt über die Parteien wurde auch die Fusion von KPD und SPD erwähnt – zu »Fidelio«-Klängen im Berliner Admiralitätspalast. Pieck (KPD) und Grotewohl (SPD) wurden gleichberechtigte Vorsitzende der SED und blieben es acht Jahre. Ulbricht begnügte sich gegenüber den bekannteren Parteiführern mit einem bescheidenen Stellvertreterposten, hielt sich bewußt im Hintergrund und festigte seine geliehene Macht.

Um den Sozialdemokraten in der Ostzone und Ostberlin – Westberlin hatte ja nicht mitgespielt – den Parteien-Eintopf bekömmlicher zu machen, hatte der gewandte KP-Theoretiker Anton Ackermann vorher noch schnell ein schmackhaftes Gewürz hineingestreut; es hieß: »Besonderer deutscher Weg zum Sozialismus«, verbunden mit parlamentarischer Demokratie. Mit dieser These, die dem KPD-Programm vom Vorjahr entsprach, grenzte Ackermann bei augenzwinkerndem Einverständnis der Besatzungsmacht die Ostzonen-Entwicklung verbal erneut vom Sowjetsystem ab und schläferte viele Zweifel vorübergehend ein.

Erst 1947 gab Grotewohl die Parole vom »verschärften Klassenkampf« aus und unterstrich die enge Bindung an die UdSSR. Die Ackermann-These lag im Sterben. Mit ihr beerdigte man bald auch die Ostzonen-CDU. Ihr Vorsitzender Jakob Kaiser und Mitbegründer Ernst Lemmer wurden

Ende 1947 auf Empfehlung des sowjetischen Chef-Politruks in Karlshorst, des glatzköpfigen Obersten Tulpanow, abgesetzt. Die nichtkommunistischen Parteien und die Massenorganisationen (Einheitsgewerkschaft FDGB, Kulturbund, Demokratischer Frauenbund, Staatsjugend FDJ usw.) zappelten bald alle als Marionetten an den Fäden des russischen und deutschen Stalinismus, pluralistisch in den Namen, konform im Gefüge. Die Bolschewisierung lief in vollem Gang.

Die Gleichschaltung war nur ein Akt in diesem dramaturgisch einfallsreichen, unermüdlich geprobten, für diktaturerfahrene Zeitgenossen aber allzuoft plump und durchsichtig inszenierten Trauerspiel. Schon im September 1945 hatte die Bodenreform begonnen. Grundbesitz über hundert Hektar wurde entschädigungslos enteignet (die glücklichen Neusiedler sahen sich bereits fünfzehn Jahre später zwangskollektiviert). Die Fabriken und zahllosen Privatunternehmen anderer Art – aber längst nicht alle – wurden »volkseigene Betriebe« (VEB).

Zehntausende Mißliebige – längst nicht nur frühere Nazis – füllten die gerade vorher von Hitlers Opfern entvölkerten Zuchthäuser und KZs. Mit dieser schlimmen Parallele machte sich das neue Regime am ungeniertesten zum Plagiator der überwundenen Diktatur. Unter unaufhörlichen Dankesbezeugungen an Stalin als den »Befreier von der Hitler-Tyrannei« kopierte es getreulich Hitlers Herrschaftsstil – bis hin zum Staatssicherheitsdienst und der uniformierten Jugend; nur war die Uniform statt braun jetzt blau.

Dazu kam die materielle Ausplünderung. Als in Westdeutschland die kurzsichtige Morgenthau-Politik der Re-Agrarisierung und der Demontagen schon im Aktenschrank geschichtlichen Vergessens abgelegt war, bezahlte der östliche Teil Deutschlands allein weiter für Hitlers Schuld am Krieg. Während der Marshallplan im Westen verlorene industrielle Substanz rasch erneuern half, blieb er den Mitteldeutschen auf Stalins Geheiß versagt. So quälten sich seine deutschen Untertanen noch bis zur Mitte der der fünfziger Jahre auf einem Existenzniveau von erschütternder Trostlosigkeit.

Je aufdringlicher der Unterschied in der Lebenshaltung wurde, desto mehr Sowjetzonenbürger wechselten nach Westen über, meist via Berlin.

Der historische Händedruck zwischen Sozialdemokratie und Kommunismus im Berliner Admiralspalast. Wilhelm Pieck (KPD) und Otto Grotewohl (SPD) führen am 22. April 1946 ihre Parteien zur Sozialistischen Einheitspartei SED zusammen. Neben ihnen sitzend Walter Ulbricht, stellvertretender Vorsitzender der neuen Partei.

Dieser Weg blieb ihnen bis August 1961 offen. Für den Osten war die Fluchtbewegung ein zusätzlicher Aderlaß, für den Westen ein weiterer Aufstiegsimpuls.

Den sich abzeichnenden westdeutschen Separatstaat versuchten die Sowjets mit allen Mitteln zu verhindern. Schon ehe dies mißlang, bereiteten sie die Gründung einer Gegenrepublik vor. Das mußte natürlich im Gewande des Volkswillens geschehen. Das Instrument dafür war der »2. Deutsche Volkskongreß«, eine Massenbewegung aus allen Parteien, Massenorganisationen, Großbetrieben, gedacht als repräsentativer Querschnitt aller politischen und gesellschaftlichen Kräfte. Eine Exekutive dieses Volkskongresses, der »Deutsche Volksrat«, arbeitete eine Verfassung aus und billigte sie im Oktober 1948, als die Blockade Berlins im Grunde gescheitert war, auch wenn sie weiter andauerte. Die Entwicklung zur Eigenstaatlichkeit, lange hinausgezögert, ging jetzt rascher als im Westen; denn das Parallel-Gremium im Westen, der Parlamentarische Rat, billigte unsere Verfassung erst ein halbes Jahr später.

Die Unterschiede beider Konstitutionen waren eklatant. Oberstes Organ der Staatsgewalt sollte eine Volkskammer von vierhundert Abgeordneten sein. Eine zweite Kammer, wie unser Bundesrat als Ländervertretung, war nicht vorgesehen. Das Prinzip der Gewaltenteilung entfiel. Einen Katalog gleicher Rechte für alle gab es natürlich auch, aber er ging nicht von dem betonten Prinzip aus, »erst der Mensch und dann der Staat«, und stand infolgedessen auch nicht am Anfang.

Umgekehrt proportional zur geringeren bürgerlichen Freiheit ging die Staatsgründung mit weit größerem Spektakel vor sich. Im Westen, wie erwähnt, hat das Volk die Verfassung nicht direkt bestätigt, sondern indirekt durch die Länderparlamente. In der Ostzone sollte dagegen ein neuer deutscher Volkskongreß, der dritte, das Verfassungswerk als unmittelbar vom Volkswillen getragen legitimieren. Die Wahlen dafür fanden Mitte Mai 1949 statt.

Die Ergebnisse sind aufschlußreich. Die Wähler konnten sich nicht zwischen einzelnen Parteien oder Kandidaten entscheiden, sondern nur mit Ja oder Nein stimmen. Und erstaunlicherweise entschieden sich bei einer Wahlbeteiligung von 95,2 Prozent trotz des gewaltigen propagandistischen Getöses und emotionalen Drucks, bei teilweise offener Stimmabgabe 33,9 Prozent für ein Nein. Das war der Gesamtdurchschnitt. In Ost-Berlin waren es sogar 41,9 Prozent; auch Sachsen – das »rote« Sachsen! – und Thüringen lagen mit 37,7 bezeihungsweise 37,3 Prozent über dem negativen Durchschnitt. Das war kein guter Start in die Eigenstaatlichkeit. Der Eindruck muß für die SED sehr ernüchternd gewesen sein. Ein Drittel der Bevölkerung zeigte nach vierjähriger kommunistischer Indoktrination unverdrossen seine Ablehnung... Es war die letzte einigermaßen »freie« Wahl. Künftig konnte nur noch mit den

Füßen abgestimmt werden, zwölf Jahre lang. Dann war es auch damit vorbei.

Trotz der Wahlschlappe war natürlich die Verfassung somit angenommen. Jetzt mußte der Staat nur noch äußerlich installiert werden. Der 3. Deutsche Volkskongreß, gewählt Mitte Mai 1949, billigte formal die Verfassung; das war seine erste Aufgabe. Alsdann wählten die zweitausend Volkskongreß-Abgeordneten, darunter etwa sechshundert westdeutsche Delegierte, zumeist von der KPD, jene vierhundert Männer und Frauen, die für die erste Volkskammer vorgesehen waren. Im Gegensatz zur Bundesrepublik fand somit eine indirekte Parlamentswahl statt.

In der zweiten Jahreshälfte 1949 war die Entwicklung in Deutschland also so weit gediehen, daß unter den teils argwöhnischen, teils wohlwollend-aufmunternden Blicken der Besatzungsmächte zwei Republiken im Entstehen waren. Der Verfassungsrahmen war gezogen, die Volksvertretungen waren gewählt, nur die Parlamente fehlten noch. Die Sowjets, obwohl sie auf dem innerdeutschen Schachbrett zuletzt rascher gezogen hatten, ließen den Westmächten den Vortritt. Sie sollten den allerletzten, den parlamentarischen Schritt zuerst tun, vor aller Welt das Odium der Spaltung tragen. Dann, mit geziemendem Abstand von einem Monat, folgte die DDR-Proklamation: am 7. Oktober 1949. Erstes Staatsoberhaupt wurde Wilhelm Pieck, erster Ministerpräsident Otto Grotewohl. Unter den Linden bewegte sich am Abend ein großer Fackelzug, unseligen Angedenkens an einen ähnlichen, noch größeren, knappe siebzehn Jahre zuvor. Der FDJ-Vorsitzende Erich Honecker hatte schon beim Taufakt der DDR seinen Part und rief in die Oktobernacht: »Wir grüßen aus tiefstem Herzen das Neue, unsere strahlende, freudige Zukunft!«

Die Gründung der DDR im Oktober 1949 wurde mit einem großen Fackelzug durch Berlin begangen.

Während die Westzonen ihre Grenzen untereinander schrittweise abbauten, wurde der Zaun zwischen der sowjetisch besetzten Zone und den westlichen Gebieten immer dichter.

Oben: Der Grenzübergang Stolpe bei Berlin. *Rechte Seite oben:* Grenzpolizei hat im Wald eine Gruppe von Flüchtlingen gestellt. *Unten:* Gepäckkontrolle an der Autobahn.

S·44·2457

Kriminelle Karrieren
aus der Nachkriegszeit

Die Auflösung der staatlichen Ordnung, die Zerstörung alter Bindungen und Werte, die materielle Not im Nachkriegsdeutschland und die besonderen Bedingungen eines besetzten und geteilten Landes brachten bizarre Formen von Kriminalität hervor. Drei Fälle werden im folgenden vorgestellt: Rudolf Pleil, der sich »Totmacher« nannte, mordete im Niemandsland der Zonengrenze;

1950 wurde sein Fall verhandelt. »Gift-Irmgard« Swinka, 1949 als 15fache Mörderin angeklagt, gab sich als KZ-Opfer aus. »Doppelmörder Helm« war ein Siebzehnjähriger, der aus dem Inferno des brennenden Dresden in die »Raubtierwelt« des Schwarzmarkts und der Militärpolizei-Arreste geriet und 1948 zwei Kriminalbeamte erschoß.

Totmacher Pleil

Von allem Anfang an liegen über dem Leben Rudolf Pleils der tiefe und undurchsichtige Schatten und das trübe und verlockende Licht der Grenze: auf sächsischem Boden, aber wenige Kilometer vom tschechischen Gebiet entfernt liegt sein Vaterhaus; er ist erst sieben Jahre alt, als die Nazis ins Land kommen und die Familie, weil sie teilweise tschechischer Herkunft ist, ausweisen; auf tschechischem Boden, aber wenige Kilometer vom deutschen Gebiet entfernt, ersteht sein Vaterhaus neu, und es ersteht aus den Einnahmen des undurchsichtigen, trüben und verlockenden Grenzgeschäfts: des Schmuggels.

Vater und Mutter halten den Jungen zum Schmuggeln an: niemand entschlüpft den Grenzern leichter als Kinder, damals wie heute. Hunderte Male wechselt Rudolf Pleil von der einen auf die andere Seite; dreimal wird er schon als Kind bestraft, dreimal bleibt er auch in der Schule sitzen, obwohl er nicht unbegabt ist; aber nach drei Jahren hat er den Eltern einen kleinen Laden erschmuggelt. Nun tut das Grenzgehen nicht mehr not, nun kann er sich reichliches Taschengeld aus der Ladenkasse stehlen; die Mutter bemerkt es oft und vertuscht es immer, der Vater bemerkt es selten und bestraft ihn dann hart, aber noch seltener, denn er ist ins Trinken geraten. Man macht ihn zum Schiffsjungen, zunächst auf den Elbe- und Oderkähnen; wenn die Schiffe im Winter einfrieren, schickt man ihn weg und auf die Straße; als Vierzehnjähriger feiert er in der Stettiner Herberge Zur Heimat ein elternloses und geldloses Weihnachten: vor Gericht wird er noch immer traurig, wenn er daran denkt.

Aber dann geht's auf See: mit fünfzehn und sechzehn Jahren sieht er das Mittelmeer, den Großen Ozean; und weil der Krieg ausbricht, hat er sehr bald das Blockadebrecherabzeichen an der Kinderbrust, versinken zwei-, dreimal Schiffe unter ihm. Es macht ihm nichts aus; nicht, daß er tapfer wäre und die Gefahr suchte: aber er sucht die Gefahrenzulage, er sucht die Gelegenheit, Kleider und Uhren als verloren zu melden und sich ersetzen zu lassen, die er nie besaß. Wieder sind es die Grenzen, die ihm zum Abenteuer und zum Gewinn

verhelfen: diesmal die unsichtbaren Grenzen auf Strömen und Meeren. Er hat mal hier und mal da ein Mädchen und von einem ein Kind , das heute bei seiner Schwester aufwächst, und von dessen Wohlergehen ihm diese Schwester in die Zelle von Wolfenbüttel berichtet: »Ein strammes Mädchen«, sagt er stolz; und dann, wie er auch von guten Briefen der Eltern erzählen kann, rinnen die Tränen der Rührung, folgt ein minutenlanges Schweigen, findet er nur langsam zurück in die Geschichte eines anderen Lebens – welches ist sein eigentliches Leben?

Das andere Leben jedenfalls, das ihn vor das Schwurgericht führen sollte, beginnt mit dem dramatischen Akzent eines epileptischen Anfalls, der ihn in Sorrent trifft und lange aufs Krankenbett wirft. Dieser Anfall führt zuerst zur Entdeckung eines Wäschediebstahls und einer unerlaubten Entfernung vom Schiff, dann zur amtlichen Erklärung: dauernd untüchtig für den Seedienst; Meere und Ströme sind ihm hinfort verschlossen, und der Abschied von dieser Welt seiner Jugend wird von einem an Bord tagenden Marinekriegsgericht »groß aufgezogen«. Alles Wehrmachtsgefolge von allen im Hafen liegenden Schiffen muß seiner Verurteilung zu einem Jahr Gefängnis beiwohnen, auf daß sie abschreckend wirke. Er erzählt es mit Stolz, wie er jetzt in Braunschweig auch mit Stolz auf die überbesetzten Presse- und Zuschauerbänke blickt – man lehrte ihn den seltsamen Ehrenkodex, im Mittelpunkt zu stehen um jeden Preis, in welchem Mittelpunkt immer!

Als er das Gefängnis verläßt, nähert sich der Krieg seinem Ende, und er hat das zwanzigste Lebensjahr überschritten. Er gerät in die Fänge des Nazi-Gesundheitsamtes und soll als Epileptiker sterilisiert werden; eine seiner Schwestern wurde bereits sterilisiert. Er dankt es lediglich amerikanischen Bombern, die die einschlägigen Operationssäle in Dresden und Chemnitz zerstören, daß ihm das nicht geschieht; daß er ins sächsische Fremdarbeiterlager »Gelobtland« als Bewachungsmann geholt wird. Hei, das war wirklich sein gelobtes Land, seine Stimme jauchzt noch im Gerichtssaal, wenn er daran zurückdenkt: Verpflegung gab's für zweihundert Mann, obwohl nur hundertfünfzig vorhanden waren, getrunken wurde Tag und Nacht. »Was

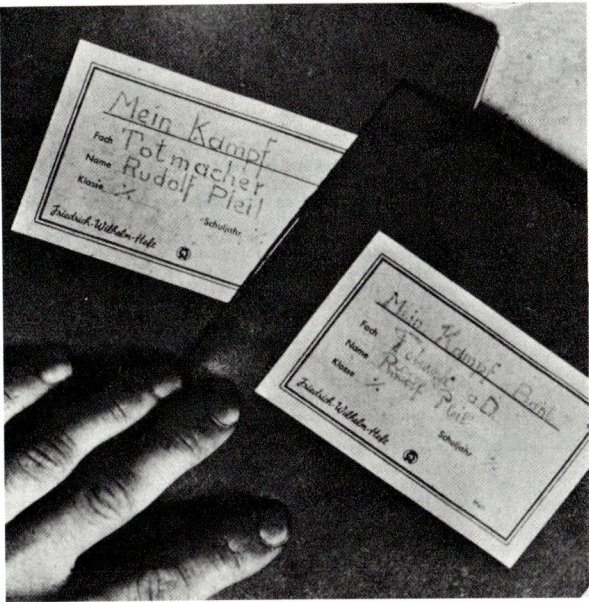

Rudolf Pleil, der Frauenmörder mit dem Biedermannsgesicht, schrieb in der Untersuchungshaft seine Memoiren, in denen er seine Taten als »Mein Kampf« und sich selbst als »Totmacher« bezeichnete.

haben wir damals gesoffen!« ruft er geradezu wollüstig aus und macht die Handbewegung des Becherhebens...

In solcher Stimmung ist er, als in den allerletzten Kriegstagen SS-Mannschaften einen Transport von KZ-Häftlingen, Männern und Frauen, durch Gelobtland nach Dachau geleiten. Hunderte von Gefangenen, besonders Frauen, sterben am Hunger. Man wirft ihre rasch der letzten Lumpen entkleideten Leichen zuerst zu wirren Haufen zusammen und verscharrt sie dann. Vom Fenster seiner Baracke aus sieht er diesen Haufen von Frauenleichen liegen. Er verläßt seinen Platz am Fenster nicht, er will nichts davon anrühren, er wagt nichts davon anzurühren. Uns will scheinen, als sei hier in einem grauenhaften Symbol der Scheiterhaufen eines Systems, einer Jugend vor seinen Augen errichtet gewesen, eines Systems und einer Jugend, die seine ganze Generation mit ihm teilte: ein Scheiterhaufen aus toten und nackten Menschen. Ihn aber weht nichts von solchem Grauen; ihn weht ein seltsamer und wilder Reiz aus diesem Anblick an, ein Reiz, dem sich nichts in seinem Bewußtsein widersetzt, der sein Bewußtsein ausschaltet, dem sein Körper sich wehrlos hingibt. Und fünf Jahre später wird er in sein Zellentagebuch schreiben: »In diesem Augenblick wußte ich, daß ich zum Totmachen berufen war.«

Mit dem Todesmarsch der Kazetler durch das Lager Gelobtland ist für Rudolf Pleil der Krieg zu Ende. Wenige Tage später ist der Zusammenbruch da – für Millionen der große Vernichter alles Alten und Liebgewordenen. Für Pleil aber schafft er Altes und Liebgewordenes neu: er schafft Grenzen, mehr Grenzen als je, Zonengrenzen, die für das zerrissene deutsche Volk ein Unbekanntes, ein Unüberschreitbares, ein Existenzvernichtendes sind. Für Pleil, der als Kind schon Schmuggler war, sind sie die Wiederkehr der Jugend, des Abenteuers, des leichten Geschäftemachens. Er wittert den Geruch, er hört den Ruf der Grenze, und er folgt ihm. Wieder wechselt er Dutzende Male von Seite zu Seite, wieder macht er Geld aus dem Elend der Spaltung, wieder verkauft er in den Westzonen, was er in der Ostzone erwarb, und umgekehrt.

Aber ein Neues, ein ganz Neues bietet auch ihm diesmal die Grenze: nicht nur Waren wechseln heimlich hinüber, sondern auch Menschen – Tausende von Menschen!

Und er ist kein Kind mehr; er ist ein Mann geworden, ist verheiratet, findet zunächst eine Stellung als Hilfspolizist; aber all das genügt ihm nicht mehr seit jenem Augenblick vor dem Leichenhaufen aus dem KZ. Einmal schießt er versehentlich einen Ausländer an, verwundet und verbindet den Blutenden und Stöhnenden: da spürt er wieder jenen geheimnisvollen und sättigenden Reiz. Nun ahnt er nicht nur, daß er zum Totmachen berufen ist; nun ahnt er, wie er ist; warum darf er nicht so sein? Wie kann er so werden? Die Frauen geben ihm keine Antwort darauf; sie meiden ihn; es ist, als witterten sie in ihm den Werwolf; er ist unglücklich. Endlich aber lernt er einen kennen, der ist weit älter und weit härter als er, und der weiß die Antwort: »Du mußt sie bewegungslos machen«, rät er. »Ich werde dir helfen.« Und jenes unheimliche, jenes endlose Totmachen an der Zonengrenze beginnt... Wie viele Frauen wollen von Osten nach Westen, zum Kind oder zum Vater oder zum Mann, oder ganz einfach in die Freiheit! Meist besorgt der Freund, den Pleil »den Diplomaten« nennt, die Anknüpfung der Bekanntschaft durch ein Gespräch, oft besorgt er auch die Mordwaffe; ein Beil oder ein Messer; zuweilen genügt auch ein rasch aufgeraffter Feldstein. Manchmal schlägt der Freund hinterrücks zu, manchmal Pleil: immer nimmt der Freund die meist karge Beute, die nachher geteilt wird – die Frau aber gehört immer Pleil.

Wie wurden diese Morde möglich? Eine einzige der vielen, kaum glaublichen Episoden stehe für alle:

Die Sache betraf jenen Polizeimann im anscheinend recht gemütlichen Harzort Zorge, der in einer dienstfreien Zeit die Gasthaustheke seines Schwiegervaters betreute und dabei nicht nur seinem Vorgesetzten, sondern einmal auch dem präsumptiven Massenmörder Pleil ein Bierchen kredenzte, wogegen nichts gesagt werden soll; man soll nicht immer so sein.

Diesem selben Polizeimann wurde gemeldet, daß nahe der Zonengrenze ein abgeschnittener Frauenkopf gefunden worden sei; pflichtgemäß begab er sich dann auf eine Dienstreise, die nur leider weit länger dauerte als vermutet. Und als er zurückkehrte, um den Schädel zu holen, war er nicht mehr da... Man hatte sich mit der Ostpolizei zu einem Grenztreffen verabredet, weil die den Körper gefunden haben sollte. Warum die Ostpolizei nicht erschien und den Körper nicht vorzeigen konnte, entzieht sich unserer Kenntnis. Hingegen wissen wir nun, warum der Schädel nicht vorgezeigt werden konnte: junge Burschen hatten ihn gefunden und auf einen Stock gesteckt; Kinder hatten dann damit gespielt und ihn ins Flüßchen Zorge geworfen; schließlich hatte ihn ein interessierter Forstassessor präparieren lassen und als Briefbeschwerer auf seinen Schreibtisch gestellt. Und so kam es dann, daß dem Gericht zu Braunschweig nur noch die Hälfte eines eminent wichtigen Corpus delicti vorlag... wahrlich ein grauenhaftes Symbol der Zonengrenze!

Dreißig Morde gestand Rudolf Pleil ein; dreißig Menschen fielen der Unmenschlichkeit dieses Einen zum Opfer – aber auch der Unmenschlichkeit der Zonengrenze. Denn sie alle mußten auf Schleichwegen über die Grenze, um ihre Eltern, ihre Männer und Frauen, ihre Kinder zu finden, die Krieg und Nachkrieg auf die andere Seite gespült hatten; und diese Schleichwege kannte, über sie führte, auf ihnen mordete Pleil. Nie hätten sie schuldlos sterben müssen ohne Zonengrenze; nie hätte Pleil so schuldig werden können ohne Zonengrenze; nur weil man immer und immer beschäftigt war, auf Menschenjagd zu gehen, konnte die Bestie im Menschen, konnte Pleil so lange nicht gejagt werden.

Aus einer Gerichtsreportage von Gerhart Hermann Mostar, 1952.

Gift-Irmgard

Auf den Kalendern stand der 24. Mai 1912, als die Gift-Irmgard im Nordosten Berlins das Licht der Welt erblickte. Ihr Vater, der Arbeiter Gustav Swinka, hatte wenig Freude an seinem Sprößling, schon als Irmgard zur Schule ging. Das Lernen war nicht ihr Fall. Manchmal schüttelten sie Krämpfe. Als sie 19 Jahre alt war, ging sie zum erstenmal zum Standesamt. Mit ihrem Mann, der als ordentlicher Tischler bekannt war, hatte sie zwei Kinder. Später wurde er krank. Sie tröstete sich schnell, und ihre Freunde waren der Grund zur ersten Ehescheidung 1937. Gesundheitlich ging es ihr jetzt besser. Der Diebstahl und die Gefängniszelle spielen von nun an eine große Rolle in ihrem Leben. Im Januar 1939 stand sie bereits zum viertenmal vor Gericht. Vorher war sie dreimal zu insgesamt 7 Monaten verurteilt worden. Das zweite Mal war sie davongelaufen, und beim vierten Male wurden es drei Jahre. Sie hatte sich laufend mit fremden Männern angefreundet, denen sie angeblich den Haushalt führen wollte. Wenn es ihr nicht mehr paßte, räumte sie das Feld und nahm mit, was ihr gefiel. Zu Eltern und Kindern war sie seit der zweiten Verhaftung nicht mehr zurückgekehrt.

Aus dem Berliner Gefängnis beantwortete sie in reger Korrespondenz Heiratsanzeigen. Und siehe da, ein Schuhmacher aus Halle besuchte sie auch hinter Gittern. Nach der Entlassung machte er sie zu seiner Frau, und kurz danach wurde er eingezogen. Irmgard übernahm sein Geschäft in Halle, bis es ihr, da sie die Schuhe ihrer Kundschaft gegen Lebensmittel zu versetzen pflegte, von der Kripo geschlossen wurden. Als man sie selbst wieder schnappte, ging sie erneut durch, diesmal bis nach Ungarn. In der ersten Station nach der Grenze erwischte man sie ohne Paß. Als sie zurückgebracht werden sollte, sprang sie aus dem Zug und brach sich einen beachtlichen Teil ihrer Knochen, die erst heilen mußten, ehe sie in Wien wegen unerlaubten Grenzübertritts 12 Tage absaß. Im nächsten Jahr, 1944, faßte sie in Halle doch noch die Kripo und schickte sie als asozial in ein KZ bei Wuppertal. Vorher hatte sie in Mönchen-Gladbach wegen Prostitution unter Anklage gestanden. 1945 »befreite« sie der Einmarsch der Amerikaner aus der Haft. In Düsseldorf lernte sie auf der Straße den Friseur Fritz Kuschinsky kennen. Sie lebten gemeinsam von Diebstählen und Betrügereien und heirateten später, obwohl die rechtmäßige Frau des K. noch mit seinen beiden Kindern in Süddeutschland lebte. Ihr schrieb die Swinka, sie habe ihren Mann als Rote-Kreuz-Schwester kennen und lieben gelernt. Er sei seinen Verletzungen erlegen.

Als das saubere Paar von der Düsseldorfer Polizei gesucht wurde, machte es sich auf den Weg nach Berlin. Im Juli 1945 trafen beide an der Spree ein und gaben sich als Opfer des Faschismus aus. Die Mißbildungen, die die Swinka seit ihrem ungarischen Intermezzo kennzeichneten, erklärte sie als Folgen der Mißhandlungen im KZ. Die beiden erhielten die Wohnung eines ehemaligen NSDAP-Angehörigen zugewiesen, und als sie des-

»Gift-Irmgard« Swinka machte sich an alleinstehende Frauen heran, die sie mit »Stärkungsmitteln« traktierte und anschließend ausraubte.

sen Inventar nahezu restlos »versilbert« hatten, zogen sie um. Sie lebte weiter von Prostitution und Diebstahl, er als Zuhälter. Plötzlich kam aus Süddeutschland von der richtigen Frau Kuschinski eine Klage wegen Bigamie. Das trieb sie wieder in den Westen.

Im Flüchtlingslager Ülzen wurden sie nach ihren Angaben als Ostvertriebene Oliantschik registriert und, mit Papieren versehen, dem Lager Seesen überwiesen. Neben einer Diebesbande, mit der sie vorübergehend zusammenarbeitete, lernte die Swinka den SS-Sanitäter Werner Bolgén kennen, der im Lager Bäume fällte. Bolgén gab ihr noch von ihm verwahrtes Rauschgift, das sie zu Höchstpreisen auf allen Schwarzmärkten Westdeutschlands absetzte. Daneben stahl sie mit Kuschinsky, bis man ihn im März 1947 verhaftete. Sie entkam wieder und reiste weiter zwischen Ost und West, bestahl auch die Eltern des K. in Stendal und besuchte die echte Frau Kuschinski, ohne mit der Wimper zu zucken. Bei ihr kam sie aber an die falsche Adresse und wanderte ins Gefängnis, wo sie wieder zu türmen verstand, um sich erneut bei Bolgén Trost zu holen. Ihm schilderte sie die Schwierigkeiten ihrer Diebstähle und daß die Leute nur schwer aus den Zimmern zu bringen seien und ein ruhiges »Arbeiten« nicht möglich wäre. Und jetzt trat, von Bolgén inspiriert, der Gedanke auf: Betäubungsmittel.

Damit arbeitete sie erfolgreich auf die bekannt gewordene Art. Sie gab sich als Rot-Kreuz-Schwester oder Holländerin aus, überbrachte Grüße von Bekannten an alleinstehende Frauen und rührte ihnen nach vertrauenerweckendem Gespräch »Stärkungstabletten« an, die sie ihnen unter Streicheln und gutem Zureden verabreichte. Wenn die Opfer schliefen, raffte sie zusammen, was ihr paßte, und verschwand.

In fünf Fällen wachten die »Gestärkten« nicht mehr auf. Die Mörderin las ihren Erfolg in der Zeitung. Bei zehn anderen konnte rechtzeitig eingegriffen werden, wie bei der Arbeiterfrau aus Frankfurt, die ihrem Mann das Mittagessen bringen sollte und von ihm dann gesucht wurde. Bei ihr fand man einen Zettel, den ihr Irmgard als angebliche Graphologin entlockt hatte: »Ich habe das Leben satt. Laßt es euch gut gehen. Mir geht es gut. Minna Schneider.«

Nachdem sie bereits drei Opfer in Berlin, Lüneburg und Brandenburg für die Ewigkeit »gestärkt« hatte, lernte sie auf einer ihren Reisen den Leipziger Schwarzhändler Ernst Himpel kennen. Er verkaufte Nordseefische in Magdeburg und an der Pleiße. Mit ihm arbeitete sie zusammen, als ihren Methoden die beiden letzten Opfer in Gießen und Köln-Kalk erlagen. Die Kalker Leiche wurde ihr zum Verhängnis, denn hier setzten die Ermittlungen des Kölner Kriminalinspektors Kühn ein. Über 100 Frauen wurden nach dem Swinka-Steckbrief überwacht, zwei scheinbare Doubles, einmal in Rastatt und einmal in Aachen, vorübergehend festgenommen, bis das Gaunerpaar in Hamm als Ehepaar Lange verhaftet werden konnte.

»Badener Tagblatt«, 20. April 1949

Doppelmörder Helm

Im Frühjahr 1948 erschoß der 17jährige Wilfried Helm zwei Kriminalbeamte mit deren eigener Pistole, während sie ihn in einem Auto transportierten, das 100 km/std. Geschwindigkeit hatte. Helm war gefesselt. Dennoch gelang ihm die Flucht. Nach seiner Wiederergreifung wurde er durch ein amerikanisches Militärgericht in München zum Tode verurteilt. Jetzt ist er zu lebenslänglichem Gefängnis »begnadigt«.

Wie sah Helm aus? Sportlich, unbekümmert, unbefangen. Ein anständiges Jungengesicht. Blanke Augen, immer bereit zu Unfug und Lachen. »Kindlich« nannte das der Steckbrief, »brillant und jungenhaft« der Staatsanwalt, »sympathisch« der Gerichtspsychiater.

In unzähligen Veröffentlichungen wurde über Helm berichtet. Leidenschaftliche Diskussionen begannen. Was Helm berichtete, war nicht nur eine Unzahl von Abenteuern und ungewöhnlichen Erlebnissen: mit dreizehn Jahren besitzt er sieben Pistolen; aus allen Zwangserziehungsanstalten flieht er nach Hause; im brennenden Dresden sucht er seine getöteten Eltern; zwischen Garmisch, New York und Bremerhaven führt er ein Abenteuerleben ohnegleichen; aus allen Gefängnissen entkommt er; zugleich versinkt er immer tiefer in die »Raubtierwelt«, wie er sagt...

Auszug aus der Rede des amerikanischen Anklägers Mr. Noggle bei der Gerichtsverhandlung gegen Wilfried Helm:

»...Es kann kein Zweifel bestehen über das Erwachsensein des Täters, sein geistiges Erwachsensein.

Er ist ein brillanter junger Mann. Was noch gestützt wird durch die Tatsache, daß er die englische Sprache lernte in wenigen Jahren, so gut und so überzeugend, daß er das amerikanische Konsulat in München überzeugt hat und die amerikanischen Behörden von München bis Bremerhaven sogar bis zur Stadt New York hin, daß er Amerikaner war. Seine Tätigkeiten durch seine kriminelle Karriere hindurch zeigen sehr wohl, daß er ein Mann ist geistig.

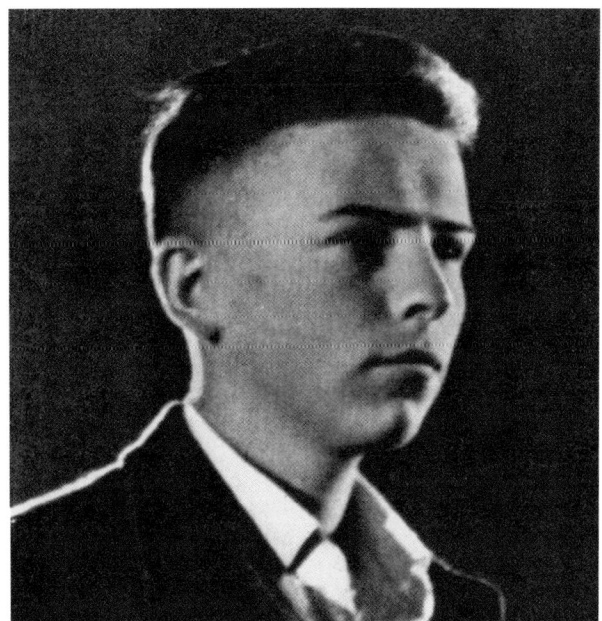

70 000 Mark und 70 Care-Pakete hatten die Behörden für die Ergreifung des Wilfried Helm ausgesetzt – als gelte es, den Staatsfeind Nr. 1 zu ergreifen. Der kleine Junge, der dann vor Gericht stand, gab jedermann Rätsel auf. Die Anklage hatte große Mühe, ihm das für die geforderte Todesstrafe nötige »geistige Erwachsensein« nachzuweisen.
Linke Seite: So stellte sich der Illustrator des STERN 1948 den Hergang der Tat vor: Wilfried Helm erschießt seine Bewacher von hinten und bringt das von der Autobahn abgekommene Auto auf die Fahrbahn zurück. Nachdem er den Wagen mit den Leichen in einen Waldweg gesteuert hat, steckt er ihn in Brand, um einen Unfall vorzutäuschen.

Da war eine Sache, die vorherrschte in Wilfried Helms Kopf während jeder Verhaftung, und das war die Frage: Wie kann ich entkommen, wann kann ich entkommen, und es macht nichts, wie ich entkomme.
Seine Freiheit war seine dauernde Liebe...
Er ist ein Wanderer.
...Als das Resultat dieser tierischen Tat hat er eine junge Frau zur Witwe gemacht, die jetzt einen siebenjährigen Sohn hat. Und gleichermaßen hat er eine Witwe gemacht in den Vereinigten Staaten von Amerika... Es ist die Theorie dieses Mitglieds der Anklagebehörde, daß Helm wußte, daß zumindest eines der Opfer noch nicht tot war und so, um sicher zu sein über die Vollendung der Tat, feuerte er einen zweiten Schuß ab... Wilfried Helm ist kein betrügerisch aussehender Mensch hier im Gericht. Er erscheint hier schwach und milde und jugendlich; aber geistig ist er ein Erwachsener, weit über seine jugendlichen Jahre hinaus...
Ich beantrage die Todesstrafe.«
Auszüge aus dem Plädoyer des Verteidigers von Wilfried Helm, des Münchner Rechtsanwaltes Dr. Karl Staubizer:

»...Jeder anständige, gesundempfindende Mensch wird sich von einer solchen Tat und einem solchen Täter mit Entsetzen abwenden...
...Ein 17½jähriger Jugendlicher, der noch etwa 90 Tage im Gefängnis verbüßen muß und... zwei Männer, die ihm nie etwas zuleide getan haben, tötet, ein solcher Mensch ist unverständlich...
Er hat die Tat impulsiv begangen. Der ihn beherrschende Gedanke war ein ungeheurlicher Drang zur Flucht aus jeglicher Freiheitsbeschränkung. Ein Drang, der schon in den letzten Jahren dazu geführt, hat, daß er vielleicht nicht nur fünfzehnmal, sondern etwa fünfundzwanzig- bis fünfunddreißigmal aus irgendwelcher Freiheitsbeschränkung ausgebrochen ist...
Es ist das Sonderbare an ihm, daß er... etwas Ruheloses und Getriebenes und Umherschweifendes als wesentlichen Charakterzug hat...
...Welch ungeheure Fahrlässigkeit Eichingers, seinen Dienstrevolver in der Aktenmappe leicht zugänglich zu verwahren und die Aktenmappe im hinteren Teil des Wagens beim Gefangenen liegen zu lassen...«
Kurt Zentner, Aufstieg aus dem Nichts. 1954

Unsere ganze durch Krieg und Verderben geschlagene Generation hat so unsagbar viele Tote zu beklagen, daß es fast grotesk klingen mag, ein Plädoyer halten zu wollen für einen Menschen, der vor kurzem von Staats wegen dem Tode geweiht wurde, zumal dieser Mensch, dieser junge Mensch (müssen wir bitter hinzufügen) ein Unmensch ist: ein Dieb, ein Wegelagerer – ein Doppelmörder.
Die Tat ist so grausam, daß man für sie kaum einen mildernden Umstand finden könnte, wäre der Mörder nicht erst 17 Jahre alt. Je mehr Einzelheiten man über den Fall erfährt, desto klarer wird es einem, daß der erst 17jährige Wilfried Helm ein derartig kaltblütiger Rohling ist, wie man ihn nie in einem Jugendlichen vermutet. Aber das eben ist der springende Punkt. Gerade weil seine Taten grausamer sind, als je ein Jugendlicher aus sich selbst heraus sein kann, sind wir verpflichtet, die Schuld nicht nur in dem Jungen selbst zu suchen – sondern in uns. Und damit meinen wir unsere ganze verderbte Zeit, die diesem Knaben nie die Gelegenheit gab, überhaupt jemals ein Kind zu sein.
Weder die ausgeklügelte Art des Verbrechens, noch Helms geradezu abgebrühtes Verhalten vor Gericht, sollten uns darüber hinwegtäuschen, daß dieser, fast möchten wir sagen, rettungslos gestrauchelte Jugendliche, für den es kaum einen Unterschied zwischen Mord und Diebstahl gibt, der es eher gelernt hat, mit einer Pistole umzugehen als mit einer Zahnbürste, überhaupt erst so wurde, weil er nie das gekannt hat (wenigstens nicht in den entscheidenden Jahren seiner Entwicklung), was dem jungen Menschen sonst zur Grundlage seines Lebens wird, geordnete Verhältnisse und ein Elternhaus, das ihn behütet und lenkt.
STERN, 14. November 1948

Augstein, Nannen, Springer & Co.

Wohl wissend, wozu Nachrichtenmedien im Dritten Reich mißbraucht worden waren, behielten sich die Alliierten nach dem Krieg vor, wen sie Zeitungen herausgeben ließen. Die alten Verleger durften vorerst nicht; das bedeutete für Neulinge die Chance ihres Lebens. Manche verschwanden bald wieder, andere, wie Springer, Nannen, Augstein, stiegen kometenhaft auf.

Oben: Mit 15 000 Stück Auflage startete das Nachrichtenmagazin DER SPIEGEL im Januar 1947.

Heute können sich nur noch wenige Menschen unter dem Begriff Lizenzpresse etwas vorstellen. Daß Deutsche Zeitungen herausgeben können, wenn sie nur über genügend Geld verfügen, erscheint selbstverständlich. Damals, nach Kriegsende, war es das nicht. Wer ein Druckerzeugnis erscheinen lassen wollte, bedurfte einer Lizenz, eines Erlaubnisscheines einer der Besatzungsmächte. Ein solcher Schein war – wie einer der Lizenzträger einmal geäußert hat – das kostbarste Wertpapier, das je in Deutschland gehandelt wurde. Es war der Freifahrtschein ins Paradies der Millionäre. Einige solcher Glücklichen ragen noch aus jener Zeit in die Gegenwart: Augstein, Nannen, Springer, Burda, die Inhaber der »Süddeutschen Zeitung« und einige andere.

Nach der Eroberung Deutschlands erlaubten die Alliierten überhaupt keine deutschen Zeitungen. Sie gaben eigene Blätter in deutscher Sprache zur Information der Bevölkerung heraus. Erst als im August/September 1945 die Parteizulassungen im wesentlichen abgeschlossen waren, entschlossen sich die Besatzungsmächte, nunmehr auch Zeitungen zu lizenzieren. Sie setzten den neu zu gründenden Zeitungen ein politisches Ziel: Sie sollten »zur Umerziehung des deutschen Volkes vom Nationalsozialismus und Militarismus zur parlamentarischen Demokratie beitragen«.

Wer eine Lizenz erhalten wollte, mußte seine demokratische Überzeugung und seine antinationalsozialistische Haltung nachweisen. Da die meisten Alt-Verleger im Dritten Reich die Linie der NS-Politik mit vertreten hatten – sei es aus Überzeugung oder unter Zwang – erhielten sie keine Lizenzen. Die Folge war, daß Leute, die weder von der Zeitung noch vom Verlagswesen eine Ahnung hatten, in den Besitz der heißbegehrten Papiere gelangten. Jede Lizenz wurde zunächst nur auf eine Probezeit vergeben, in der jeder Lizenzträger sich einer strengen Vorzensur zu unterwerfen hatte und in der er allgemeine Richtlinien und Arbeitsanweisungen der Militärbehörden befolgen mußte. Eine Direktive des Alliierten Kontrollrates Nr. 40 vom Oktober 1946 sagt folgendes: »Mitglieder der politischen Parteien und die deutsche Presse müssen sich aller Erklärungen, der Veröffentlichung oder der Wiedergabe von Artikeln enthalten, die: a) dazu beitragen, nationalistische, pangermanistische, militärische, faschistische oder antidemokratische Ideen zu verbreiten; b) Gerüchte verbreiten, die zum Ziele haben, die Einheit der Alliierten zu untergraben oder welche Mißtrauen oder Feindschaft des deutschen Volkes gegen eine der Besatzungsmächte hervorrufen; c) Kritiken enthalten, welche gegen Entscheidungen der Konferenzen der Aliierten Mächte bezüglich Deutschlands oder gegen Entscheidungen des Kontrollrats gerichtet sind; d) die Deutschen zur Auflehnung gegen demokratische Maßnahmen, die die Zonenbefehlshaber in ihren Zonen treffen, aufreizen. Wer dieser Direktive zuwiderhandelt, setzt sich strafrechtlicher Verfolgung aus.«

Von einer freien und demokratischen Presse konnte also nicht die Rede sein. Zwar wandelte sich die Vorzensur schon bald – weil nicht zu praktizieren – in eine Nachzensur um, aber selbst die westlichen Mächte hielten dies Zensursystem relativ streng bis zum Entstehen der Bundesrepublik 1949 durch.

In den vier Besatzungszonen wurde das Lizenzsystem dennoch sehr unterschiedlich gehandhabt. Die sowjetische Zone kann hier außer Betracht bleiben, da die Russen die von ihnen lizenzierten KPD-Organe durch Papierzuteilung einseitig bevorzugten.

Jede Besatzungsmacht versuchte, das deutsche Zeitungsbild nach ihren heimatlichen Vorstellungen zu bilden. So bevorzugten die Amerikaner die große, über-

SUCHKIND 312
Die Geschichte einer unerfüllten Liebe von
HANS ULRICH HORSTER
beginnt
jetzt in
HÖR ZU!

kräftig
und
gesund
Resi
MARGARINE
die berühmte bayer. Kernmargarine

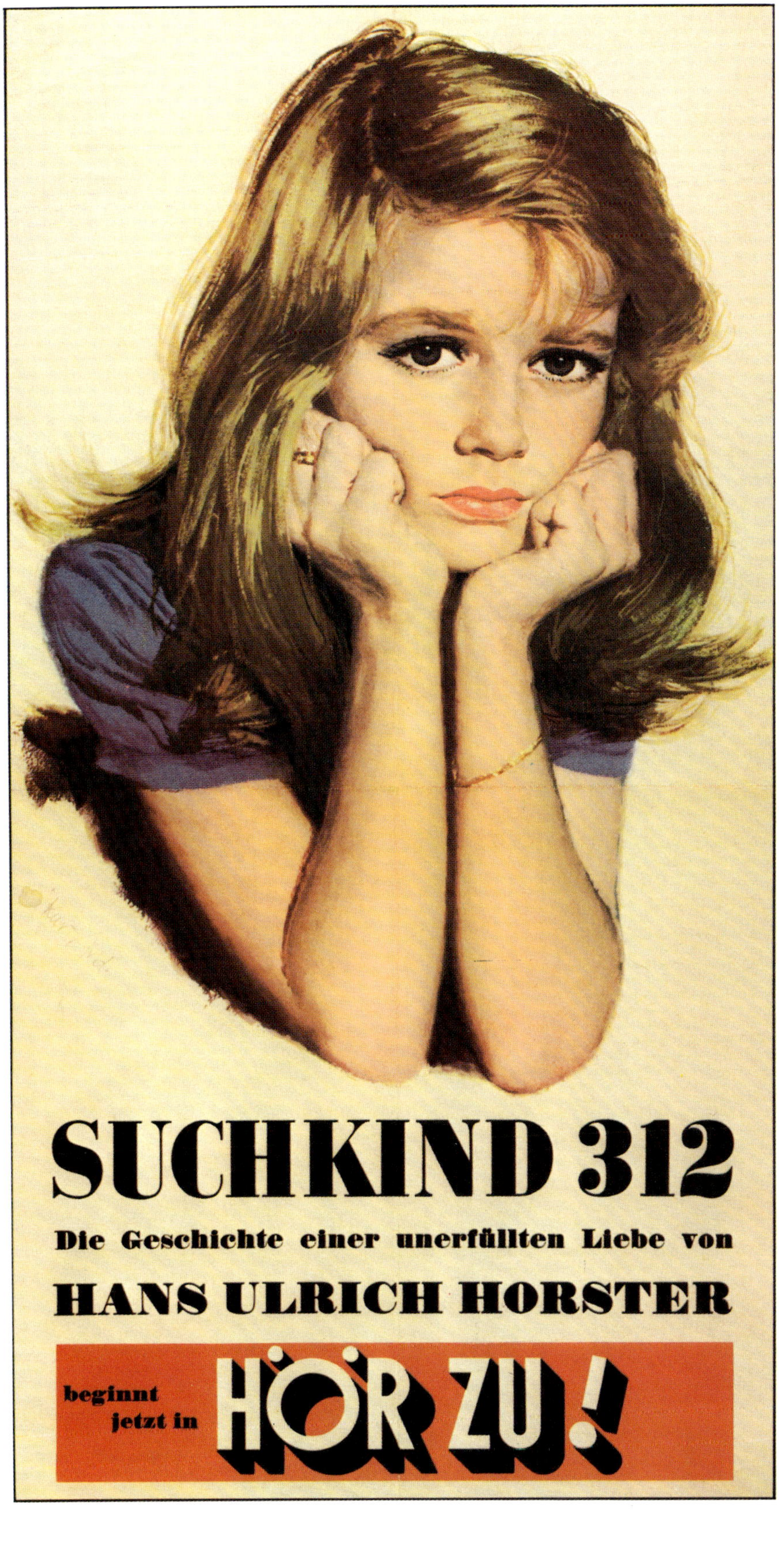

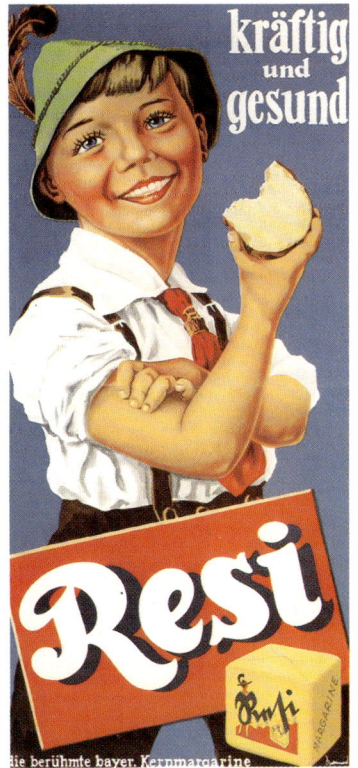

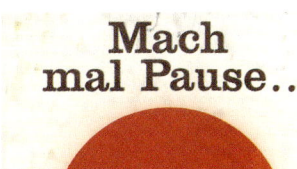

Werbeplakate der fünfziger Jahre. »Hör zu«, »Resi« und »Coca Cola«. Der Massenkonsum mußte angekurbelt werden.

Mach
mal Pause..
Coca-Cola

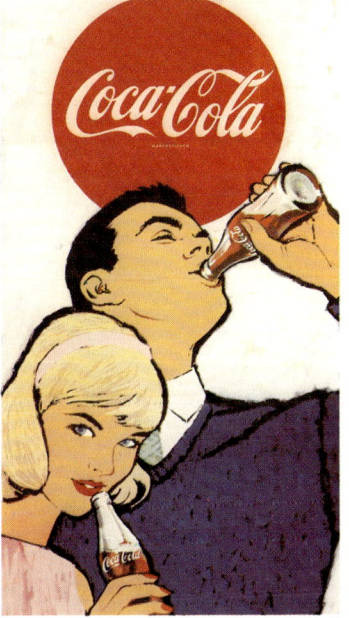

Kinowerbung von 1950.

parteiliche Zeitung, in der möglichst alle Meinungen zu Wort kommen sollten. Die Amerikaner wollten keine an Parteien gebundene Presse. General Lucius Clay, der Oberbefehlshaber in Deutschland, sagte: »Natürlich würde für mich eine Übereinstimmung darüber, daß eine Parteipresse notwendig wäre, für die demokratischen Bedürfnisse der Bevölkerung entgegengesetzt den Bedingungen sein, welche in meinem eigenen Lande herrschen. Dort ist in der Tat die Parteipresse recht beschränkt, und wir haben gelernt, daß die Grundlage unserer Demokratie die unabhängige, überparteiliche Presse ist.«

Nach diesem Credo verfuhren die Amerikaner. So statuierten sie am 1. August mit der »Frankfurter Rundschau« ihr erstes Exempel. Sie gaben dem Blatt eine Gruppenlizenz, in die sich zwei Sozialdemokraten, ein Katholik, ein Kommunist und zwei Unabhänige teilen mußten. Bei der »Rhein-Neckar-Zeitung«, deren erste Ausgabe am 5. September 1945 erschien, teilten sich der Liberale Theodor Heuss, der spätere Bundespräsident, der SPD-Mann Hermann Knorr und der Kommunist Rudolf Agricola die Lizenz. Heuss zog sich schon bald enttäuscht zurück, weil drei so verschieden denkende Männer keine Zeitung mit einheitlichem Gesicht machen konnten. Die Amerikaner mit ihrem Widerwillen gegen Parteipolitik in der Presse hatten das formaldemokratische Prinzip überzogen. Es funktionierte nirgendwo. Das besserte sich nur durch Zufall. Als 1947 der kalte Krieg begann, verdrängten die amerikanischen Behörden überall die Kommunisten aus den Lizenzstellen. Außerdem trugen die Amerikaner mit ihrer strikten Anordnung, die deutsche Presse habe zur Umerziehung beizutragen, viel zur Langeweile der damaligen Zeitungen bei. Schon 1948 empörte sich Eugen Kogon, der bekannte Publizist, in den »Frankfurter Heften«: »Das deutsche Volk ist nicht eine Dauerklasse von zurückgebliebenen Volksschülern, die zeit ihres Lebens Nachhilfeunterricht in Demokratie erhalten muß.« Vergeblich kämpften die Parteien in der US-Zone für die Zulassung von Parteizeitungen. Zwar hatten sie über ihnen nahestehende Lizenzträger Einfluß auf die Hälfte aller 60 lizenzierten Tageszeitungen, aber eigene Blätter durften sie erst nach Aufhebung des Lizenzzwanges im Mai 1949 gründen. Dieses Verhalten der Amerikaner hat mit dazu beigetragen, daß die Parteien in der amerikanischen Zone nur mühsam ihre eigenen Vorstellungen in das Volk tragen konnten. Die demokratische Absicht schlug in antidemokratische Wirkung um.

Die Briten in ihrer Zone verfuhren anders als die Amerikaner. Zwar waren ihre Zensurvorschriften nicht weniger streng, und sie waren auch nicht gewillt, sie vor 1949 entscheidend zu lockern. Wohl aber hatten sie Verständnis für den Wunsch der deutschen Parteien, Einfluß auf die Presse zu gewinnen. Im August 1949, kurz vor Aufhebung des Lizenzzwanges in der britischen Zone, sah das Zeitungsbild so aus: Es gab 11 überparteiliche und 47 Parteizeitungen. Von diesen 47 entfielen 14 auf die SPD, 13 auf die CDU, 7 auf die KPD, 6 auf die FDP und der Rest auf kleine Parteien. In der französischen Zone ging alles langsamer, aber am Ende schlossen sich die Franzosen dem britischen Lizenzierungssystem an. Neben überparteilichen Zeitungen bewilligten sie 12 Parteizeitungen, von denen allerdings nur zwei die Lizenzierungsepoche überstanden haben.

Die große Krise der Lizenzpresse begann mit der Gründung der Bundesrepublik 1949. Von nun an konnten die Alt-Verleger, sofern sie überlebt hatten und gewillt waren, wieder in das Zeitungsgeschäft zu gehen, ihre Zeitungen wieder auf den Markt bringen. Viele Lizenzzeitungen gerieten schon 1950 in die große Krise. Bisher hatten viele von ihnen in den Druckereien der Alt-Verleger gedruckt, sich des verdienten Geldes gefreut und keine neuen Investitionen vorgenommen oder kein Geld dafür zurückgestellt. Jetzt beanspruchten die Verleger ihre Betriebe für sich selbst und kündigten die Druckverträge. Viele Lizenzeigner gaben auf. Sie ließen sich mit Summen zwischen 300 000 Mark und einer Million auszahlen und setzten sich zur Ruhe. Sie lösten ihre Freifahrtscheine ins Paradies der Millionäre schleunigst ein. Dies Verhalten zeitungsfremder Lizenzträger brachte viele Betriebe an den Rand des Ruins oder trieb sie sofort in die Pleite.

Zum anderen aber erwies sich nun, daß den Deutschen die amerikanischen Vorstellungen der von Parteien möglichst unabhängigen Zeitung lieber war als die der an Parteien gebundenen Presse. Je mehr die Alt-Verleger wieder zum Zuge kamen, desto stärker setzte sich nicht – wie viele befürchtet hatten – der Generalanzeiger-Typ der Vorkriegszeit durch, sondern die Weltanschauungspresse. Die Zeitungen vertraten zwar nicht eine bestimmte Partei, wohl aber Grundrichtungen, die sich meist nach der Überzeugung der Verleger richteten. Man war etwas mehr links oder rechts, CDU- oder SPD-nahe, ohne jedoch in allen Fragen mit der jeweils bevorzugten Partei konform zu gehen. Dieser Zeitungstyp setzte sich durch. Soweit Parteizeitungen diesen Wandel mitmachen konnten, behaupteten sie sich. Viele andere blieben auf der Strecke. Die großen Lizenzblätter wie die »Süddeutsche Zeitung« in München, die »Westdeutsche Allgemeine« in Essen, die »Frankfurter Rundschau«, die »Neue Ruhr-Zeitung« in Essen und andere kleine Regionalzeitungen haben sich behauptet. Nicht immer wurde die Wiederkehr der Zeitungen mit altem Namen auch ein Erfolg. So hielt das alte »Hamburger Fremdenblatt« der Firma Broschek nur kurze Zeit und ging dann wieder ein. Es konnte sich gegen die Zeitungen des Springer-Verlages nicht mehr behaupten. Anders verlief die Entwicklung beispielsweise in Köln, wo der nach der Gründung der Bundesrepublik wieder erscheinende »Kölner Stadt-Anzeiger« des alten Verlagshauses DuMont-Schauberg sehr bald die Lizenz-Zeitung »Kölnische Rundschau« aus dem Feld schlug und ihr Monat für Monat die Abonnenten fortnahm, bis dies bis dahin unbeschränkt führende, aber eindeutig der CDU nahestehende Blatt auf den zweiten Platz in Köln verwiesen war. Die schlimmsten Verluste erlitt die SPD mit ihren in der ehemaligen britischen Zone lizenzierten Blättern. Die »Aachener Zeitung«, das erste deutschsprachige Blatt nach dem Kriege überhaupt, hat mit dem CDU-Konkurrenten fusionieren müssen. Die »Freie Presse« in Bielefeld ist in der »Neuen Westfälischen« aufgegangen, das »Hamburger Echo« ist seit langem verstorben, die »Hannoversche Presse« einst ein starkes Blatt, hat Unterschlupf gesucht bei der »Hannoverschen Allgemeinen« der Alt-Verlegerin Madsack, »Neue Ruhr-Zeitung« und »Westfälische Rundschau«, zwar noch redaktionell selbständig, haben wirtschaftlich Schutz unter dem Dach der im Ruhrgebiet alles verschluckenden WAZ gesucht, das »Rhein-Echo« in Düsseldorf und die »Rheinische Zeitung« in Köln sind verschwunden.

Trotzdem wäre es falsch, zu behaupten, die Lizenz-Politik der Alliierten habe nur eine Presse-Trümmerlandschaft hinterlassen. Es gibt große Beispiele dafür, daß tüchtige Leute aus einer Lizenz auch etwas machen konnten. Der Springer-Konzern – geliebt von seinen politischen Freunden, gehaßt von seinen Gegnern, ist hier das Beispiel Nummer eins. Aus der Lizenz für die Funkzeitschrift »HÖR ZU« und der für das »Hamburger Abendblatt« das Presse-Imperium von heute aufzubauen, das war eine bedeutende verlegerische Leistung, ganz gleich, wie man zu den politischen Ambitionen des Verlegers Axel Springer stehen mag.

Auch Augsteins SPIEGEL ist als Beweis dafür anzuführen, daß im Roulettspiel der Lizenzierung die Kugel auch bei einem Fähigen halt machen konnte. Das gleiche gilt für Henri Nannen, eine der großen Persönlichkeiten des deutschen Illustrierten-Geschäftes. Dieser hochbegabte Journalist brachte zunächst mit Johannes Siemann ein zweimal wöchentlich erscheinendes FDP-Blatt unter dem Titel »Abendpost« heraus. Wegen der unabhängigen Haltung der »Abendpost« bekam Nannen bald Ärger mit der FDP. Er sah sich nach lohnenderen journalistischen Feldern um. Am 1. August 1948 brachte er eine illustrierte Zeitschrift unter dem Titel »Zick-Zack« heraus, wandelte diesen unglücklichen Titel aber bald um in »Der Stern«. Damit begann sein Aufstieg, und Nannen hat dieses Blatt an die Spitze aller deutschen Illustrierten geführt.

Auch Großverlage wie Gruner & Jahr in Hamburg oder Burda in Offenbach sind aus den Lizenzierungspraktiken der Alliierten hervorgegangen, im Lauf der Zeit natürlich umgewandelt, mit anderen Teilhabern und neuen Beteiligten.

Die Zeitungslandschaft der Bundesrepublik war zur Stunde der generellen Aufhebung des Lizenzzwanges im September 1949 bunter als heute. Dazu nur einige Zahlen. Ende 1949 erschienen in den Westzonen einschließlich West-Berlins 169 Lizenzblätter. 71 wurden von den Engländern, 58 von den Amerikanern und 20 von den Franzosen lizenziert. 20 erschienen in West-Berlin.

1950, nachdem die Altverleger wieder arbeiten durften, erschienen bereits 600 Zeitungen, 1954 waren es 665.

Oben: »Hitler und die Frauen« – ein klassisches Nachkriegsthema, dem nicht nur die 1949 gegründete »Revue« ihre Seiten öffnete. *Rechte Seite:* Der Alptraum der Zeitungsverleger. In die neuen demokratischen Zeitungen hat sich ein nationalsozialistisches Blatt hineingemogelt. – Karikatur aus dem »Simpl« von 1947.

Danach erst begann das große Sterben. Heute haben wir noch 120 selbständige Tageszeitungen. Das Lizenzsystem hat an diesem Rückgang keine Schuld.

Die wertvollste Erbschaft der alliierten Pressepolitik ist die heute von den meisten Zeitungen strikt eingehaltene Trennung von Meinung und Nachricht, von Kommentar und Information. Die deutsche Vorkriegspresse arbeitete auf diesem Gebiet sehr unsauber. Mag die alliierte Pressepolitik auch manchen – unvermeidlichen – Fehler begangen haben, so hat sie doch zur Versachlichung der politischen Dikussion Wesentliches beigetragen.

Die Straße frei den Schwarzmarktbataillonen!

Bissig und schmissig nahm sich die Zeitungslyrik der Nachkriegsprobleme an, scheute sich auch nicht, berühmte und berüchtigte Vorbilder zu parodieren, von Eichendorffs »Wem Gott will rechte Gunst erweisen« bis zum Horst-Wessel-Lied («Die Preise hoch! Die Zonen fest geschlossen»). Hier eine Auswahl von Gedichten, die in der deutschen Presse der Nachkriegszeit abgedruckt wurden.

Der Brotaufstrich

Dieses würzige Gemisch
nennt sich prima Brotaufstrich,
frei verkäuflich ohne Marken,
äußerst dienlich zum Erstarken.

Er besteht aus Raps und Mohn,
was bekanntlich, wie man schon
oft gehört in unsren Tagen,
äußerst dienlich für den Magen.

Weil das Vieh ihn ließe stehn,
ist man reich damit versehn,
denn der Mensch läßt sich belehren,
was ihm dienlich zu verzehren.

Wenn es auch nicht immer schmeckt,
wird dank ihm das Fett gestreckt,
oder auch die Marmelade –:
ein Behelfsgeschenk der Gnade.

Außerdem ist er an sich
sparsam, dieser Brotaufstrich,
weil er niemand tut verführen,
allzu dick ihn aufzuschmieren.

Mancher geht sogar zu weit,
im Gebrauch der Sparsamkeit,
läßt sich nicht von ihm verlocken
und verspeist die Stulle trocken.

Das Stammgericht

Hört, ihr Leute die Geschichte
der beliebten Stammgerichte,
die vergnüglich jedermann
ohne Marken haben kann.
Heil dem Kopf, der sie erdachte
und dem Koch, der sie so machte,
wie der Mensch sie kochen soll,
sättigend und liebevoll.
Aber jene Küchen-Kröten,
die sie, ohne zu erröten,
als Gemüsewasserbrei
nahezu kartoffelfrei
suppendünn servieren lassen,

jene Leute muß man hassen,
denn man hat doch nun einmal
nicht tagtäglich im Lokal,
bloß um Fleisch und Fett zu naschen,
nichts als Marken in den Taschen,
und dann ist man sehr erschreckt,
wenn das Stammgericht nicht schmeckt.
Glücklich ist der Mensch indessen,
läßt sich dieses Essen essen,
weil es eine treue Hand
und ein Kopf mit dem Verstand
eines braven Koches kochte,
der es selber essen mochte.
O, wie sitzt man dann und schleckt,
ist es richtig abgeschmeckt,
nicht zu trocken, nicht zu flüssig,
keiner wird dann überdrüssig
und geplagt von Hungersqual
in ein anderes Lokal,
sei es noch so weit, entwetzen,
um sich lieber dort zu letzen.
Dankbar und in guter Ruh
rinkt man sein Glas Bier dazu,
denn man sagt sich mit Erbauung:
Wasser fördert die Verdauung,
trinkt man's hinterher und nicht
mitgekocht im Stammgericht.

Horst-Wessel-Lied, zeitgemäß abgewandelt

Die Preise hoch! Die Zonen fest geschlossen!
Die Kalorien sinken Schritt für Schritt!
Es hungern stets dieselben dummen Volksgenossen,
Die andern hungern nur im Geiste mit!

Die Straße frei den Schwarzmarktbataillonen!
Nur der, der tauscht, steht heut noch seinen Mann!
Es schaun auf UNRRA noch voll Hoffnung alle Zonen,
Der Tag des Heils, die UNO-Zeit bricht an!

Der letzte Ofen wird bald ausgeblasen,
Nicht Holz noch Kohle liegt für uns bereit,
Und stehn wir barfuß bis zum Hals erst auf den Straßen,
So dauert alles nur noch kurze Zeit!

Zum letztenmal wird zur Vernunft geblasen,
zu wählen steht die ganze Welt bereit,
Schon flattern Fahnen wieder, und schon wieder
Phrasen,
Die Masse rast, sowie der Dümmste schreit!

Normalverbrauchers Wanderlied

Wem Gott will rechte Gunst erweisen,
Den schickt er in die Weite Welt,
Allwo er zu verrückten Preisen
Vielleicht ein Hühnerei erhält.
Nicht jedem ist dies Glück beschieden,
Schon mancher zog voll Hoffnung aus
Und kam dann doch im Abendfrieden
Als Wandrer ohne Ei nach Haus.
Man muß indes sein Heil versuchen,
Ob man zu Fuß läuft oder fährt.
Ein sanft gebräunter Eierkuchen
Ist fünfzig Kilometer wert!

Beim Anblick durchlöcherter Strümpfe zu singen...

Wenn es doch endlich wieder Sommer würde!
Denn meine letzten Strümpfe sind entzwei.
Noch wehen winterlich die rauhen Lüfte:
Es droht der Schnupfen, ist die Wade frei.

Und trägt man jetzt den Rock auch etwas länger.
Vor kalten Winden wird man nicht geschützt,
Ja, er bedeckt nicht mal die ärgste Stopfe,
Weil diese unten an der Ferse sitzt.

Doch meistens bleibt es sogar bei den Löchern,
Der letzte Faden Twist ist lange futsch.
Oh', Himmel, laß die Sonne wieder scheinen,
Die eig'ne Haut kennt keinen Maschenrutsch.

Kannst du dem Wetter auch nicht gleich gebieten.
So lass' woanders guten Willen sehn;
Es können ja die Schlangen mal verschwinden,
Die täglich vor der Kartenstelle stehn.

Ist trotzdem ein Bezugschein nicht zu kriegen,
So, lieber Himmel, denke bitte dran,
Und laß mich einen reichen Freund erjagen,
Der mir hauchdünne Nylons schenken kann.

Denn um sie auf dem Schwarzen Markt zu kaufen,
Brauch' ich den Hauptgewinn der Lotterie,
Ich spiele dshalb jetzt schon zwanzig Lose,
Gewonnen aber hab ich leider nie...

So bleibt mir nur als allerletzte Rettung
Der Sommer, wo man strumpflos gehen kann,
Was mach ich nur, wenn er total verregnet?
...dann fang ich diesen Vers von vorne an.

Die Große Wandlung

Dies also ist die Zeit der großen Wandlung!
Die Dinge selbst verändern ihr Gesicht,
und einem Laken wird durch Färbebehandlung
als Abendkleid zu dienen fromme Pflicht.

Doch Stoff bleibt Stoff, und also ist sein Wesen
unangetastet noch in seinem Kern.
Wie anders aber, was – wie man kann lesen –
sich sonsten oft begibt auf unserem Stern:

Dem Mantel ist zet Be nicht anzumerken,
daß er sein Dasein einem Bild verdankt,
und um an Bohnenkaffee sich zu stärken
hat man die Uhr zu geben nicht geschwankt.

Den Schmuck hat man als Butter aufgegessen,
die Meißner Tassen trägt man jetzt als Schuh.
So wächst dem Eigner, was er einst besessen,
von Grund auf umgewandelt wieder zu...

Symphonie der Zeit

Mit Musik geht alles besser
beispielsweise: wundervoll
und belebend klingt mitunter
eine Symphonie in moll.

Doch das Leben spielt uns leider
eine Symphonie in dur.
Und auf Ämtern und Behörden
spielt man Symphonie in stur.

In der Wirtschaft klingt so vieles
kakophonisch, grell und schrill.
Und beim Blick auf die Ruinen:
eine Symphonie in Müll.

Ein Furioso spielt der Hunger.
Statt 'ner Symphonie in Blau,
klingt beim Horchen in dic Zukunft
eine Symphonie in Grau.

Ach, das Leben könnt' so schön sein
wie 'ne Symphonie in moll,
tanzte nicht die Welt im Takte
einer... Symphonie in doll!

Bilder vom Wiederaufbau des Theaters in Deutschland. *Oben:* Carl Zuckmayers »Des Teufels General«, 1946 uraufgeführt, wurde zum erfolgreichsten Theaterstück der Nachkriegszeit.

Unten links: Winifred Wagner fand in Bayreuth ein bös zugerichtetes Festspielhaus vor. *Unten rechts:* Ein Schauspieler des jüdischen »Central Theaters«, das 1946 in München gastierte.

Oben: Gustaf Gründgens und Marianne Hoppe in Sartres »Fliegen«. *Rechts:* Hans Quest als Heimkehrer Beckmann in der Uraufführung von Wolfgang Borcherts »Draußen vor der Tür«, November 1947. *Unten:* O'Neills »Trauer muß Elektra tragen« wurde im April 1947 zum erstenmal in Frankfurt gespielt.

Otto Normalverbraucher
kommt ins Kino

*Die deutsche Filmwirtschaft, von den Alliierten als Pro-
paganda-Apparat beargwöhnt, sollte nach dem Krieg
total zerschlagen werden. Aber noch während der
Demontage werkelten die Filmemacher schon wieder mit*

*kleinen Budgets an neuen Projekten, und bereits 1946
begann mit Wolfgang Staudtes »Die Mörder sind unter
uns« eine Auferstehung des künstlerischen Films in
Deutschland.*

Nach Kriegsende wurde der deutsche Film von den
Siegern verteufelt, geviertelt, zerschnippelt. Den ein-
marschierenden Russsen fiel dabei in und um Berlin die
Löwenbeute zu: Das Verwaltungsgebäude am Dönhoff-
platz, das Althoff-Atelier, das Johannisthaler Atelier
und als saftigster Happen der historische Atelier-Kom-
plex Babelsberg, dessen Kiefern aufgerollte Kopien wie
Luftschlangen umringelten.
Aber auch die Amerikaner, Engländer und Franzosen
sicherten sich vom restlichen Traumkuchen ein respek-
tables Stück: Die Ateliers in Berlin-Tempelhof und
München-Geiselgasteig, dazu die nach Schloß Varen-
holz bei Herford evakuierten UFA-Akten und unzäh-
lige ins westfälische Vlotho verlagerte Kino-Stücke.
Die Russen zierten sich nicht und machten radikalen
Prozeß. Ihre Devise der ersten Stunde hieß Enteignung,
Demontage und Abtransport der für sie attraktivsten
Werte. Die westlichen Alliierten klügelten dagegen ein
System aus, das eine weit etepeterere Beerdigung war.
Sie zergliederten den deutschen Film und setzten für
seine nicht lebensfähigen Einzelteile Treuhänder ein.
Ihnen ging es darum, eine Verschmelzung der zutiefst
gefürchteten drei Buchstaben »UFA« (Universum-
Film-AG) – vor dem NS-Regime mit Weltgeltung be-
strahlt – zu verhindern.
Immerhin hatte Goebbels mit Perfektion vorexerziert,
wie hochexplosiv der Film in deutschen Händen sein
konnte – Zelluloid als Rattenfänger, Unterhaltung als
Waffe. Alles, was ihm am propagandistischen Herzen
lag, hatte er listig der Kamera untergeschoben: den
Antisemitismus («Jud Süß«), den England-Haß (»Ohm
Krüger«), die Nazi-Glorifizierung (»Hitlerjunge
Quex«) oder den Euthanasie-Anspruch (»Ich klage
an«). Noch am 30. Januar 1945 wurde in der einge-
schlossenen Atlantik-Festung La Rochelle das mit Fall-
schirm abgeworfene, stramme Durchhalte-Machwerk
»Kolberg« uraufgeführt.
So standen also die Sterne für den deutschen Nach-
kriegsfilm schlecht. Trotzdem lugte er durch Einzel-
Initiative aus den Trümmern – und die Trümmer als
Kulisse verwendend – hervor. Hunger erzeugte geisti-
gen Anspruch, und an dem Zwang zur Improvisation,
die technische Mängel, Stromausfälle, Materialschwie-
rigkeiten erforderten, entzündete sich die Phantasie.
Nie wurde so fanatisch gekurbelt wie damals, als die
Menschen an den Neubeginn einer besseren Welt

glaubten und alles viel besser machen wollten. Über
den Kino-Erstling »Die Mörder sind unter uns«, am 15.
Oktober 1946 im ehemaligen Operettenhaus »Admiralspalast« uraufgeführt, urteilte der »Daily Mail«:
»Deutschland macht wieder Filme – der Vergleich mit
›Im Westen nichts Neues‹ liegt nahe.«
Gedreht wurde dieser Film von der östlichen »Defa«,
deren Abschnürung vom privatwirtschaftlich produzie-
renden Westen erst 1949 begann. Für Regie und Drehbuch zeichnete Wolfgang Staudte – ein Linksorientier-
ter, der endlich künstlerisch durchatmen konnte, ein
Kompromißloser, dem antifaschistisches Anliegen
unter den Nägeln brannte. Was ihn schon im Dritten
Reich anwiderte – die Nachbarschaft mit Schlagetots im
Schafspelz –, funktionierte er in eine gegenwärtige
Handlung um. Seine Story: Ein aus dem Krieg heimge-
kehrter Arzt, der ein aus dem KZ entronnenes Mäd-
chen liebt, wird mit der Vergangenheit konfrontiert. Er
begegnet einem ehemaligen Hauptmann, der in Polen
Schießbefehle gab und sich nun zum Fabrikbesitzer
hochwirtschaftete – umsonst von Wohlstand, Familien-
glück und gutbürgerlichem Heiligenschein.
Für seine Besetzung verlangte Staudte unverbrauchte
Gesichter – Schauspieler ohne Glamour-Schablone.
Sein Arzt war der Bühnenheld Wilhelm Borchert, das
Mädchen die kantige Hildegard Knef, der mit diesem
Film ihr Durchbruch gelang. Als Fabrikbesitzer holte er
sich den bislang nie als Charakterdarsteller hervorgetre-
tenen Arno Paulsen – ganz einfach deshalb, weil er im
Gegensatz zu seinen ausgemergelten Kollegen über die
dramaturgisch vorgesehene Wohlbeleibtheit verfügte.
Die Kamera führt ein bewährter Ästhet, der nie das
Lächeln verlernte: Friedl Behn-Grund.
Noch in den letzten Kriegstagen hatten ihm in seinem
Garten Granatsplitter ein Bein zerfetzt.
Zwar mit Lebensmittelkarte Nr. 1 wie Schwerarbeiter
bevorzugt, mußten sich auch die Künstler dem Test
stellen, ob ihre Weste rein war vom Nazi-Braun. Es
galt, einen Fragebogen mit insgesamt 131 Punkten zu
überstehen. Borchert, stets als still und nobel geachtet,
verschwieg bei dieser peniblen Durchleuchtung, daß er
im Mai 1933 Mitglied der NSDAP wurde. Sein Motiv
für diese Fälschung, die ihm später durch amerikanisches Gerichtsurteil drei Monate Inhaftierung einbrachte: Er wollte spielen, nur spielen, um sich in die
Ablenkung zu retten.

Hildegard Knef und E. W. Borchert in dem Defa-Film von Wolfgang Staudte »Die Mörder sind unter uns«.

Denn er, der Darsteller eines Heimkehrers, hatte als Heimkehrer aus französischer Kriegsgefangenschaft ein Eigenschicksal von gespenstischer Dramatik durchlitten. Seine Eltern fielen einer Luftmine zum Opfer – in seinem Haus fand er nur Tote: seine Frau, seinen Sohn, seine Pflegetochter, seine Tante, seinen Onkel. In Panik vor den Berlin bedrohenden Russen hatte der Onkel seine Schutzbefohlenen erschossen und die Pistole auf sich selbst gerichtet.

Der erste britisch lizenzierte Nachkriegsfilm, ebenfalls 1946 präsentiert, entstand in den Tempelhofer Ateliers von Westberlin. Er hieß »Sag die Wahrheit« und konnte mit seiner Verulkung eines Nervensanatoriums keineswegs Kritiker-Lorbeer beanspruchen. Hier hatte man es sich – abgesehen von der Bewältigung angeschlagener Produktionsverhältnisse – ausgesprochen leichtgemacht. »Sag die Wahrheit« war nämlich schon Anfang 1945 mit Heinz Rühmann und Hertha Feiler begonnen, jedoch durch eine realere Wahrheit abgebrochen worden. So kramte man das noch vorhandene Drehbuch

wieder hervor und spulte mit demselben Regisseur (Helmut Weiss), allerdings anderen Mitwirkenden (neuer Hauptdarsteller: Gustav Fröhlich) den abgestandenen Spaß ein zweitesmal auf. Wichtigkeit erhielt aber dieses Filmchen durch zwei Gründe: Es fand bei den nach Gelächter hungernden Deutschen klingenden Widerhall – und war durch die rettende Geldspritze jenes Mannes erblüht, der sich in der neuen Leinwand-Epoche einen Namen machte: Arthur Brauner.

Dieser Arthur Brauner, der im Künstler-Kreis die Premiere von »Sag die Wahrheit« mit Erbeersekt (pro Flasche 200 Reichsmark) und Marmelade-Broten feierte und genoß, stammt aus Lodz. Als polnischer Jude war er den unvollstellbarsten Demütigungen und Verfolgungen ausgesetzt. Nach Kriegsende wollte er – zusammen mit seiner Frau Maria – in die USA auswandern. Berlin sollte nur Zwischenaufenthalt sein, kurze Bleibe für bürokratische Erledigungen. Aber dann hörte er von den Dreharbeiten dieses Films, drängelte sich verzückt zwischen die Dekorationen, fing unheilbar

Feuer am Zelluloid, zumal er sich, blutjung, in seiner Heimat an zwei Kulturfilmen beteiligt hatte. Um geradezu dankbar den schwindenden Geldmitteln nachzuhelfen, verkaufte er den großmütig überlassenen Nerzmantel seiner Schwiegermutter, ein Geschenk amerikanischer Freunde. In einer Aktentasche schleppte er die erlösenden Scheine an.

Nun hatte Brauner ein Bein im deutschen Film. Flugs und mit einer nicht mehr umzubringenden Standhaftigkeit zog er sein zweites nach. Im schon vertrauten Tempelhofer Studio produzierte er – mit der ersten französischen Lizenz – seinen ersten selbständigen Film: »Herzkönig«, eine märchenhaft arglose Lustbarkeit mit einem gertenschlanken Hans Nielsen, einer pausbäckigen Sonja Ziemann, der Operetten-Grazie Lisa Lesco, dem drolligen Georg Thomalla. Hellwach war – außer Brauner – wohl kaum einer der Beteiligten. Denn wegen der zur Tageszeit eingelegten Stromsperren konnten nur nachts die Scheinwerfer leuchten.

Natürlich berauschte sich Brauner an der flirrenden Betriebsamkeit – motorisch machte er sich überall nützlich, trieb aus erstaunlichen Quellen den so raren Rohfilm auf, klaubte aus dem privaten Haushalt notwendige Requisiten. Natürlich schmeichelte es ihm – und Frau Maria registrierte es souverän –, so urplötzlich von den schönsten Film-Damen umworben zu sein. Aber darüber hinaus lag es ihm am kalkulierenden Herzen, seinen Nerz-Ertrag zu vermehren. Denn er brauchte Kapital für sein Lieblingsprojekt, das keiner der Alliierten und – wie es sich erwies – auch das mit seinen persönlichen Problemen befrachtete Publikum nicht wollte. Es war der Film »Morituri« (Die dem Tode Geweihten) – seine selbsterlebte Odyssee mit einer Gruppe Gejagter, die sich in den polnischen Wäldern versteckte. Der schaumige »Herzkönig« erwies sich als ein unerwartet lukratives Kuriosum. Durch seine langfristige Laufzeit überlappte er die Währungsreform und verwandelte investierte Reichsmark in harte DM. »Morituri« hingegen – auf eigene Faust hartnäckig durchgepaukt – brachte Brauner nahe an den Ruin. Außer Rezensenten-Anerkennung blieb ihm nur eine phantastische Anekdote, die ihm etliche Jahre danach die Freundschaft eines Weltstars verschaffte – Gary Cooper. Einst, in den von Häschern durchforsteten Wäldern, hatte nämlich Brauner nur überleben können, weil ihm in höchster Gefahr eine Filmszene von Cooper einfiel. Genauso wie der Wildwest-Heros einem Killer, rammte Brauner einem auftauchenden SS-Mann seinen Kopf in den Bauch. Während eines glanzvollen Berliner Filmfestspiel-Empfangs berichtete er diese Nachahmung seinem ahnungslosen Wohltäter, der, nach Hollywood zurückgekehrt, folgende bewegte Zeilen schrieb: »...habe ich Deine Story, lieber Arthur, hier immer wieder erzählt. Und jeder erzählt sie weiter. Darüber bin ich verdammt froh...Man sagt mir nach, daß ich Millionen Menschen begeistert habe. Aber wichtiger ist mir: Einen habe ich gerettet...«

Die erste amerikanische Lizenz wurde in Berlin an den Heimkehrer-Streifen »Und über uns der Himmel« mit Hans Albers vergeben. Aber auch in Westdeutschland schüttelten unbeirrbare Filmleute die Asche von den Füßen. Eigentlich im vordem zentralen Berlin ansässig, waren viele Regisseure und Schauspieler versprengt, weil sie noch bis zuletzt an irgendwelchen Außenaufnahmen oder Motivsuchen werkelten – totalen Sinnlosigkeiten, die Goebbels als Illusions-Propaganda befahl.

So hatte der Auftrag, ein Marinethema vor die Linse zu bringen, den Regisseur Helmut Käutner auf ein Torpedoboot bei Cuxhaven verschlagen. Von Berlin abgeschnitten, siedelte er sich in Hamburg an, wo ein Kohleöfchen nur dürftig seine 1½-Zimmerwohnung erwärmte. Innerlich lichterloh entflammt, sammelte er seine Getreuen um sich, die sich – Telefone funktionierten selten – durch von Boten überbrachte Briefe verständigten. Aus Westfalen radelte sein Kameramann Igor Oberberg an.

Später sagte Helmut Käutner: »Die Jahre von Kriegsende bis zur Währungsreform waren trotz allem die glücklichsten meines Lebens.« Ohne Atelier und mit dem ihm eigenen Stil der Symbolik zauberte er den Film »In jenen Tagen«, der – wie »Die Mörder sind unter uns« – Maßstäbe setzte. Es war – von 1933 bis 1945 – die in Episoden aufgeschlüsselte Geschichte eines Autos, dessen wechselnde Besitzer beklemmende Stationen des Dritten Reichs durchlebten. Einige der Mitwirkenden: Winnie Markus, Werner Hinz, Karl John, Ida Ehre, Carl Raddatz.

Helmut Käutner hatte sich bei seiner Produktionsfirma – die »Camera« GmbH – mit einem Textil-Krösus verbündet. Der Autor Rolf Meyer wiederum, der die

Oben: Damals füllte er seine Anzüge noch nicht: Gert Fröbe, heute schwergewichtiger Charakterdarsteller, als »Otto Normalverbraucher in R. O. Stemmles »Berliner Ballade«. *Linke Seite:* Regisseur Helmut Käutner bei den Dreharbeiten zu »In jenen Tagen«.

blühende »Junge Film Union« aus der Lüneburger Heide stampfte – und völlig verarmt, von Drogen verwüstet, in einer Nervenheilanstalt verstarb –, wurde durch den goldenen Segen eines Wurstfabrikanten auf den Produzenten-Thron gehievt.

Aber auch die Schauspieler fühlten sich nunmehr dazu berufen, in Produktionen einzusteigen – und scheiterten am Mangel an Fachkenntnissen und dem Abstand zu sich selbst kläglich. Heinz Rühmann beispielsweise mußte noch viele Jahre lang die Schulden abtragen, die ihm seine Teilhaberschaft an der »Comedia-Filmgesellschaft« einbrockte. Er engagierte für Filme wie »Der Herr vom anderen Stern« einen Rühmann, der wohl seinen darstellerischen Ambitionen, jedoch überhaupt nicht den Wünschen seiner Zuschauer entgegenkam.

Immerhin ging aus der »Comedia« ein Film hervor, der den Nagel der Aktualität genau auf den Kopf traf: »Berliner Ballade«. Geschrieben hat ihn ein Mann vom Kabarett – Günter Neumann, der bis zu seinem Tod als Autor, Komponist und Pianist an Hans Rosenthals »Dalli-Dalli«-Sendungen beteiligt war. Neumann, der trotz frühester Erfolge bei Applaus wie ein Primaner errötete, hatte nach Kriegsende in dem Berliner »Uhlenspiegel« mit dem exquisiten Programm »Schwarzer Jahrmakt« Furore gemacht. Nun sollte sein Fingerspitzengefühl für die brisante Pointe einem Film zugutekommen, dessen Texte direkt von der Schreibmaschine – und direkt am politischen Ball – den Schauspielern zugestellt wurden.

Nur: Pointen machen noch keinen Film. So erfand man für die Parodie der Viersektorenstadt Berlin eine Heimkehrerfigur, die diese hintergründigen Geistreicheleien zusammenklammerte. Neumann gab ihr den unvergessenen Namen der Anonymität – »Otto Normalverbraucher«. Zuerst sollte ihn Rühmann spielen – aber Rühmann stand sein Star-Image im Wege; er war kein allgemeingültiger Herr Irgendwer. Schließlich erhielt die Chance ein vom Film Unverschlissener, der auf Brettl-Bühnen Morgenstern und Ringelnatz rezitierte: Gert Fröbe, rothaariger Sachse, spindeldürr, 1,85 m groß, 135 Pfund leicht und so grotesk in Geste und Mimik wie an Fäden gezogen. Mit ihm – auch O. E. Hasse mimte mit – wurde von Robert A. Stemmle zwar schon wieder ein Trümmerfilm in Szene gesetzt – jedoch diese Trümmer standen auf doppeltem Boden. Die Deutschen hatten ihre Selbstironie neu entdeckt.

Die erste Klappe für »Berliner Ballade« war während der Reichsmarkzeit gefallen. Dann, über Nacht, brach die Währungsreform ein – die Zäsur, als jeder Bürger nur 40 beziehungsweise 60 DM in die Hand bekam, und die Finanzierung des Films nichts mehr galt als ein Haufen Papier. Die Satire vom Otto Normalverbraucher wurde trotzdem und die veränderte Lage behende im Drehbuch ausmünzend – über die Runden gebracht. Als bald der Magen aufhörte zu knurren, verwandelte sich nicht nur die Optik von Gert Fröbe erheblich. Auch der westdeutsche Nachkriegsfilm – im Gegensatz zu der pauschal politisierten Defa kommerzialisiert – änderte seine Konturen.

Ein Volk auf Achse

Es war paradox: Die Zeitumstände zwangen die Menschen zur Mobilität – dabei lagen wie vieles andere auch, Verkehrsmittel und -wege in Trümmern. Eine zeitgenössische Reportage berichtet, wie es während der Notjahre 1945 – 1948 auf der deutschen Eisenbahn (oder dem, was von ihr übrig war) zuging.

Juni 1945: Die erste Fahrt nach der Kapitulation durch Deutschland. Im Viehwagen als entlassener englischer Kriegsgefangener. Von Neustadt in Holstein bis Marburg an der Lahn. Fahrtdauer 48 Stunden. Wir machten Kreidestriche. Bei 165 zerschossenen Lokomotiven, 1350 ausgebrannten Güterwagen 965 zerdepperten D- und Personenzugwagen hörten wir auf. Wir hatten keine Kreide mehr. Auf den großen Bahnhöfen standen die Gleisanlagen himmelwärts. Viele Bahnhöfe und Stellwerke nur noch Trümmerhaufen. Brücken sahen wir in den Flußläufen liegen. »Vor Ablauf von zehn Jahren ist in Deutschland an keinen geordneten Verkehr zu denken«, meinte der Nachbar.

August 1945: Hagen-Vorhalle i. W., früher kleiner Vorortbahnhof, nun Sammelpunkt der West-Süd-Reisenden. Derbe Schuhe, ältester Anzug. Die Fahrtgenossinnen streckten in Arbeitshosen und grauen Mänteln. Von Sexappeal, Nylon, roten Lippen keine Spur. Die Verpflegung – oft nur ein Kanten trockenes Brot – da im Rucksack oder Pappkoffer. Zusammen mit frischer Wäsche, dem Ausgehanzug, Kleid oder Kostüm. In der Feldflasche Zichorjenplöre. Bahnbeamte geleiteten über die verwirrenden Gleise zu den Kohlenzügen. Die hatten weder Kurs- noch Schlafwagen. Was viel schlimmer war, kein WC. Die Reise Hagen–Frankfurt a. M. dauerte 18 Stunden. Das Fahren auf Kohlenstaub war sozusagen »Zweiter-Klasse-Fahrt« – weil man weich saß. Steinkohle und Koks drückten und hinterließen Schwielen. Da, wo man sonst nie welche hat.

September 1946: Hamsterzug Ruhrgebiet–Münsterland–Oldenburg. Abfahrt Essen-Hbf. nachts 3 Uhr. Ab 23 Uhr gleicht der Bahnsteig schon einem Heerlager, als wäre man auf dem Balkan. Frauen und Männer pennten auf den Treppen. Wie der Zug sich in die Bahnhofshalle schob, wurde wie zum Sturm auf die Barrikaden angetreten. Schreien, Drängen, Stoßen, Schieben. Die Knöpfe vom Anzug waren mal wieder hin. Die Gepäcknetze voll, Kisten und Kasten versperrten die Durchgänge. Jedes Abteil ein kleines Textil- und Haushaltwaren-Geschäft. Werkzeuge, Bügeleisen, Kochtöpfe,

Teppiche, Leintücher, Wäsche, Anzüge und Kleiderstoffe. Tauschartikel für die Bauern. Bei der Rückfahrt Kartoffeln, Obst, Mehl, Eier, Öl, Rübensaft. Einer jungen Dame mit heller Bluse tropfte der Heringssaft in den Ausschnitt. Laut schrie sie auf. Der Schaffner wie ein Akrobat von Abteil zu Abteil mit 300 (wertlosen) Reichsmark Monatsgehalt und knurrendem Magen.

Juli 1947: Ferienzeit – köstliche Zeit! In Hamburg-Altona stand abfahrbereit der D-Zug nach München, gerappelt voll. Spitzname »Der Sardinenzug«. Jeder möchte mal irgendwohin fahren, wo er keine Trümmer sieht. Wo es Milch, Fleisch, Butter und Sahne ohne Marken (aber gegen hohen Aufschlag) gibt. Keine Jungen, die Erfrischungen anbieten. Abends dunkel in den Abteilen. Wieder einmal waren die wenigen elektrischen Birnen geklaut.

Winter 1948: Die Holzverschläge verschwanden, die Abteile erhielten schon wieder Glasfenster mit Ledergurten. Keiner schnitt sie mehr als Schuhsohlen ab. Elektrische Birnen brannten ohne Sicherheitsvorrichtung. Die Abteile sind hell – und warm. Auch die ersten Polsterklassen liefen wieder. Weicher als Kohlenstaub. Monate später »gongte« es wieder in den ersten D-Zügen. »Bitte Platz nehmen zum ersten Mittagessen«. Es duftete wieder nach echten Zigarren und Zigaretten. Der Gestank des Knasters, Marke »Eigenheimer«, war verbannt.

Hamburger Abendblatt, 25. April 1952

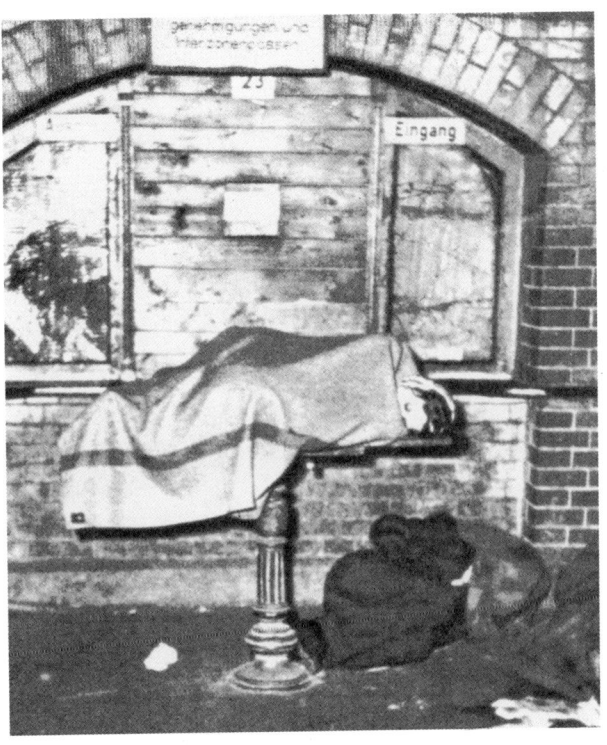

Ein ganzes Volk auf Reisen, Hunderte von Kilometern um einen Sack Kartoffeln, etwas Korn, ein paar Äpfel oder Birnen, um ein Bündel Tabakblätter, auf der Suche nach den Angehörigen, nach einer neuen Heimat, einer Arbeitsstelle. Und reisen hieß in jenen Tagen – warten, warten und wieder warten. Es gab keine festen Fahrpläne. Kam der Zug endlich, begann der Kampf um den Platz, glücklich wer einen Sitzplatz ergatterte. Die Dächer, die Plattform, die Gänge, das Klosettabteil, alles war dicht besetzt.

113

Partner des Westens
(1949–1953)

Mit einer Stimme Mehrheit

Er war der jüngste Oberbürgermeister Deutschlands und wurde der älteste Regierungschef der Welt. Er war wegen schwächlicher Gesundheit vom Wehrdienst befreit worden und ging mit 87 Jahren nur widerstrebend in Pension. Hitler hatte ihn aus dem Amt gejagt – ihm aber zugleich Respekt gezollt –, die Amerikaner setzten ihn wieder ein. Die Engländer warfen ihn abermals hinaus. Am Ende vereinigte sich die Welt an seinem Sarg. In solchen Kontrasten hat sich der Lebensgang Konrad Adenauers vollzogen. Die Stationen vor 1949 enthalten schon alle politischen Leitgedanken, die für den ersten Kanzler der Bundesrepublik Deutschland maßgebend wurden. Charakterlich war seine Entwicklung ohnehin längst abgeschlossen. Wer den »unbekannten« Adenauer bis 1949 kennenlernt, kennt ihn schon ganz.

Manchmal reichen die Generationen einander auf nachdenkliche Weise die Hand. In Adenauers Nachlaß fand sich eine Photographie des alten Bismarck (nach einem Gemälde) mit der Widmung: »Dem jungen Herrn Konrad Adenauer. 1894. v. Bismarck.«

Verblüffung rundum. Warum hatte Adenauer nie davon gesprochen, daß ihm, achtzehnjährig, ein Gruß des größten deutschen Staatsmannes mit auf den Weg gegeben worden war? Weil er dem Vorgänger nie sonderlich zugetan gewesen? Vielleicht. Man hat auch von möglicher Fälschung durch Dritte gesprochen, die wohlmeinend Parallelen staatsmännischer Größe optisch unterstreichen wollten. Aber die Schriftzüge sind unzweifelhaft von Bismarcks markanter Eckigkeit. Bild und Jahreszahl harmonieren ebenfalls. Und schließlich war Adenauers Vater, der seinerzeit sechzigjährige Johann Conrad Adenauer – »Oberster Secretär am Cölner Appellationsgerichtshof« –, erwiesenermaßen ein Bismarck-Verehrer gewesen. So gibt es also zwischen dem Alten vom Sachsenwald und dem Alten von Rhöndorf bei aller politischen Gegensätzlichkeit nicht nur das Gemeinsame der längsten und zweitlängsten Kanzlerschaft, sondern eine Spur halb persönlichen Kontakts. Da beide von den 101 Jahren zwischen 1862 und 1963 ingesamt 42 Jahre an den Schalthebeln der Macht gesessen haben, ist solch photographischer Widmungsgruß doch vielleicht ein bißchen mehr als nur eine historische Kuriosität.

Daß die politischen Wege der beiden Preußen, ihre Ziele und Schwerpunkte, so konträr sein würden, läßt sich schon aus der Herkunft des Jüngeren begreifen. Die katholischen Rheinländer, wesensmäßig ohnehin ganz anders als der Typ

US-Außenminister John Foster Dulles und Konrad Adenauer. In Dulles' Amtszeit (bis 1959) wurde der Grund zur unverbrüchlichen Partnerschaft zwischen der Bundesrepublik und den Vereinigten Staaten gelegt.

des ostelbischen Grundbesitzers und viel stärker nach Westen orientiert, rückten dem Hohenzollernstaat innerlich kaum näher. Schuld daran war vor allem Bismarcks »Kulturkampf« gegen die katholische Kirche und die Zentrumspartei. Wer von solchen Grunderfahrungen und solcher Ausgangslage geprägt war, konnte sehr wohl auch ganz anderen Idealen folgen, ganz andere Prioritäten setzen als ein Mann aus märkischem Uradel.

»Dem jungen Herrn Konrad Adenauer« schwebte freilich eine politische Karriere noch lange nicht vor. Damals wollte er Jurist in freiem Beruf werden, Notar auf dem Lande. Er hoffte auf ein beschauliches Leben am Busen der Natur.

Mit dem Studium übrigens war es so eine Sache. Das Geld reichte nicht, um auch ihn, den drittjüngsten Sohn, auf die Universität zu schicken wie die beiden Älteren. Daher schlug ihm der Vater Anfang 1894 vor, als Lehrling im Bankhaus Seligmann anzufangen, »denn Du hast doch eine ausgesprochen kaufmännische Begabung...« Nur widerwillig fügte der Filius sich, quittierte aber nach vierzehn Tagen in deprimierter Stimmung den ungeliebten Dienst. Wenig später kam der erlösende Bescheid für ein Stipendium.

Konrad Adenauer, durch eine Gnadenpforte des Schicksals geschlüpft, widmete sich mit verbissenem Lerneifer seinem juristischen Studium, sei es aus Anlage oder um sich der unverhofften Gunst würdig zu zeigen. Jedenfalls erinnerte sich ein Kommilitone aus Freiburg, wo der Kölner Beamtensohn sein erstes Semester absolviert hat: »Sein Fleiß und seine Pflichttreue konnten einem manchmal auf die Nerven gehen.« Das war nun wieder sehr preußisch.

Nach einem Münchner Studienjahr und den letzten drei Semestern in Bonn bestand Adenauer 1897 die Referendarprüfung mit »gut«. Für die Doktorarbeit fehlte nun wieder das Geld, und diesmal gab es ihm keiner. Sollte der Referendar darunter gelitten haben, daß ihm diese äußerlich schmückende Abrundung seiner akademischen Zugehörigkeit fehlte, so ist ihm später die Wunde mit dem Balsam zahlreicher Ehrendoktorhüte bedeckt worden. Das besorgte nicht nur die unselige Neigung amerikanischer Hochschulen, das Ehrendoktorat für politische – also sachfremde – Verdienste zu verleihen und durch Häufung auf

ein und dieselbe Person inflatorisch zu entwerten; von echterem Rang waren die Ehrenpromotionen durch die vier Fakultäten der Kölner Universität für ihren Neugründer Adenauer. Indem er eine der ältesten deutschen Hochschulen 1919 aus 121jährigem Dornröschenschlaf erweckte, erwarb er sich ein echtes Verdienst um die Wissenschaften. Bis dahin aber war noch ein Stück Weges, und erst als Adenauers Berufsweg einen unvermuteten Haken geschlagen hatte, konnte er überhaupt zum Stifter der Alma mater Coloniensis werden. Das ging so:

Nach der Referendarzeit in Köln und dem Assessorexamen in Berlin – hat das magere »Ausreichend« seine Abneigung gegen Berlin verstärkt? – verbrachte er zwei Jahre lustlos als Staatsanwalt, ging dann in die Kanzlei des prominenten Kölner Anwalts Kausen und war weitere Jahre als Hilfsrichter am Landgericht, immer in Hoffnung auf ein Notariat. Die Wende kam 1906, als Oberbürgermeister Becker und Justizrat Kausen, der zugleich Vorsitzender der Zentrumsfraktion im Stadtparlament war, einen neuen Beigeordneten in der Stadtverwaltung suchten. Favorisiert war ein junger Jurist aus Saarbrücken. Adenauer erfuhr davon, ging zu Kausen und erklärte ohne Umschweife, er könne den Posten genausogut ausfüllen. »Warum nehmen Sie nicht mich?« Daraufhin bekam er den Posten, mit 35 von 37 Abgeordnetenstimmen. Als er Politiker wurde, war er dreißig Jahre alt.

Der Biograph Frank-Planitz knüpft weitergehende Folgerungen an diesen selbstbewußten Schritt. Immer, wenn Adenauer sich selbst ins Spiel gebracht oder um eine Sache gekämpft habe, sei ihm Erfolg beschieden gewesen; »sooft ihm jedoch ein Amt angeboten wurde, versagte sich ihm das Glück«.

Nach dreieinhalb Jahren rückte der neue Beigeordnete vom zehnten Platz bereits auf den ersten und war damit automatisch Stellvertreter des Stadtoberhaupts. Erstmals bekommt man einen Begriff von Adenauers Fleiß, politischem Geschick und seinem Talent, mit Menschen umzugehen. Begreiflicherweise wurde in den Kulissen gegen diesen großen Sprung nach vorn polemisiert, doch ist dabei vom alten Adenauer auf den jungen rückzuschließen: Kritik lief an ihm ab wie Wasser.

Nachdem er bis dahin das Steuerdezernat verwaltet hatte – »eine nicht gerade fesselnde Aufgabe« – kamen jetzt neue Sachgebiete hinzu, von denen der »Kölner Localanzeiger« 1917 rückblickend schrieb: »Adenauer bekundete in der Vereinfachung des Verwaltungsapparates, in der Aufstellung des Haushaltsplanes, in der Vereinbarung von Verträgen eine ebenso große Umsicht wie Geschicklichkeit, die ihm auch die Beachtung führender Männer der Industrie zuzog. Als Finanzdezernent waltete er seines Amtes, wie es ein Finanzmann von Beruf nicht wirksamer hätte tun können.«

Was meinte das Blatt mit »Vereinbarung von Verträgen«? Der stellvertretende OB hatte bei Kriegsausbruch 1914 auch noch das Ernährungsressort aufgebürdet bekommen. Inmitten dröhnenden Siegesgeschreis war er nüchtern und kühl geblieben und hatte an mögliche Versorgungsmängel in einem langdauernden Krieg gedacht. So schloß er mit den Landwirten der Umgebung Verträge ab, kaufte 10 000 Stück Jungvieh auf, pachtete Weiden bis hin ins Oldenburgische und hortete Verpflegung. Das sind frühe Beweise für Adenauers Weitblick. Die Vorratswirtschaft sollte sich bewähren. 1917, nach dem »Kohlrübenwinter«, schrieb dieselbe Zeitung über die »rückhaltlose Anerkennung... aus den Reihen der verschiedenen politischen Parteien und aus allen Schichten der Bevölkerung«.

Der Leser von heute, der solch Lob unbefangen auf sich wirken läßt und den berühmten, aber umstrittenen Namen einmal außer acht läßt, wird ohne weiteres zugestehen, daß ein so fähiger Organisator die Anwartschaft auf die Nachfolge als Stadtoberhaupt zu Recht besaß.

Als die Rangerhöhung 1917 dann tatsächlich bevorstand, gab es Probleme: Adenauers Kandidatur wurde durch einen schweren Unfall in Frage gestellt. Sein Fahrer hatte den Dienstwagen gegen eine Straßenbahn krachen lassen, der Erste Beigeordnete war in die Windschutzscheibe geflogen. Die Kopfverletzungen mit monatelangem Krankenlager und Sanatoriumsaufenthalt als Folge machten die Stadtväter besorgt. Würde ihr neuer Chef – der bisherige, Wallraf, war Staatssekretär in Berlin geworden – den Lasten des Amtes geistig noch gewachsen sein? Der Genesende erkannte, als er im Schwarzwaldkurort St. Blasien

offiziellen Besuch bekam, bald den Zweck der sich harmlos gebenden Plauderei; es war ein Examen im Liegestuhl. Er packte den Stier nach seiner Art bei den Hörnern und stellte fest: »Meine Herren, anomal bin ich nur äußerlich!« Damit war die Sache erledigt. Als die Leiden der Wiederherstellung lange vergessen waren, scherzte Adenauer über die folgenschwere Karambolage: »Diesem Unfall verdanke ich meinen sogenannten Charakterkopf.«

Daß er nur äußerlich »anomal« geworden war, bewiesen die Aktivitäten der 16jährigen Amtszeit als Oberbürgermeister von Köln. Dazu gehörte neben der Neugründung der Universität auch die Eröffnung einer Musikhochschule (Adenauers zweite Frau, die er, drei Jahre nach dem Tode der ersten, 1919 geheiratet hatte, war Geigerin). Am ehemaligen Festungsgürtel erwarb die Stadt Besitzrechte und machte Grünanlagen daraus – ähnlich, wie andere Großstädte verfuhren. Zur kommunalpolitischen Bilanz der ersten Ära Adenauer, der Kölnischen, zählen ferner der Bau des Müngersdorfer Stadions, des Messegeländes in Deutz, die Eröffnung der Westdeutschen Funkstunde (Vorläufer des Reichssenders Köln und des WDR), der Bau der architektonisch hart umkämpften Mülheimer Brücke, die Grundsteinlegung für die deutschen Ford-Werke und die erste deutsche Autobahn zwischen Köln und Bonn.

Mehr als im inneren Reichsgebiet wurde ein Stadtoberhaupt im Rheinland in die außenpolitischen Kriegsfolgeprobleme hineingezogen, allein schon infolge der Ruhrbesetzung durch die Franzosen und Belgier 1923. Die französische Rachepolitik brachte auch gutwillige und verständigungsbereite Gemüter auf die Barrikaden. Dennoch für Ausgleich und Versöhnung zu plädieren, dazu gehörte in Deutschland schon ein erhebliches Maß nationaler Entsagungsbereitschaft. Während Frankreich auf Schwächung Deutschlands, auch durch Verkleinerung, sann und jede Spaltungstendenz in den Rheinlanden förderte, gab Adenauer einer Pariser Zeitung ein Interview, das staatsmännisch und weitblickend war:

»Es liegt nicht im Interesse Frankreichs, Deutschland zu unterwerfen, sondern sich mit ihm zu verständigen. Mit Gewalt zwischen dem durch einen Friedensvertrag voller Schrecken niedergedrückten Deutschland und Frankreich einen neutralen Rheinstaat schaffen zu wollen, heißt Deutschland dahin drängen, daß es in einigen Jahren nach dessen Vernichtung trachtet, das heißt, einen Krieg wahrscheinlich, ja, nahezu sicher zu machen.« Der Kölner Oberbürgermeister bot etwas anderes an. Er wußte natürlich, daß Frankreichs harter Kurs von seinem Sicherheitsbedürfnis diktiert war. Daher ließ er zusammen mit dem Industriellen Hugo Stinnes in Paris sondieren, wie es mit dem Plan einer Wirtschaftsunion stehe: ob nicht das rheinisch-westfälische und das lothringische Industriegebiet in einen Interesseneinklang zu bringen seien, welcher die beiderseitige Macht neutralisierte. Auch an die Einbeziehung der belgischen und luxemburgischen Wirtschaft war gedacht.

Man sieht: Was 1952 verwirklicht wurde, die Europäische Montanunion, lag im Grundgedanken schon seit dreißig Jahren vor; was der gebürtige Luxemburger Robert Schuman – aus ähnlichen Grenzlanderfahrungen – nach dem Zweiten Weltkrieg angeregt hat, war im Grundriß schon nach dem Ersten Weltkrieg geplant gewesen. Nur hatte sich niemand gefunden, den Plan zu realisieren.

Das Interview zeigt, daß Adenauer kein Freund eines rheinischen Pufferstaates war. Dennoch hing ihm der Vorwurf des Separatismus bis in unsere Tage an. Seine Widersacher scheinen Föderalismus mit Separatismus verwechselt zu haben, vielleicht absichtlich. Seine eigenen Ausführungen, an anderer Stelle, waren allerdings in der Wortwahl nicht glücklich. 1919 hatte Adenauer nämlich Abgeordnete und Regionalpolitiker nach Köln geladen und dafür geworben, »daß sich die Länder am Rhein, . . . auch die rechtsrheinischen Landesteile, zu einem westdeutschen Bundesstaat, zu einer westdeutschen Republik im Verbande des Deutschen Reiches zusammenschließen. Diese westdeutsche Republik würde wegen ihrer Größe und wirtschaftlichen Bedeutung in dem neuen Deutschen Reiche eine bedeutungsvolle Rolle spielen . . .«

Diese Vorstellungen amputierten natürlich Preußen, den größten Gliedstaat des Reiches, um seine rheinischen Landesteile. Daher konnte das Projekt seinerzeit in Berlin nicht gerade auf Sympathie stoßen. Aber ein Stück Prophetie steckte in

dem Plan, ebenso wie in den Gedanken einer westeuropäischen Wirtschaftsunion. Aus der preußischen Konkursmasse formte sich nach dem Zweiten Weltkrieg unter anderem das Land Nordrhein-Westfalen, das wohl ziemlich genau Adenauers einstigen Vorstellungen entspricht. Nach 1945 wurde möglich, was 1918/19 noch nicht möglich gewesen war. Damals bedeutete der »Mythos Preußen« noch eine unübersteigbare Barriere für regional-staatliche Reformer.

Der föderalistische Widerstand des Antipreußen Adenauer war übrigens kein Hinderungsgrund dafür, daß er zwölf Jahre lang, von 1921 bis 1933, als Präsident des Preußischen Staatsrates amtiert hat. Dies war die Provinzialvertretung, eine Art preußischer Bundesrat. Die Macht- und Vertrauensstellung dürfte nicht zuletzt ein Beweis dafür sein, daß der Vorwurf des Separatismus unberechtigt war.

Zu den biographischen Merkwürdigkeiten im Leben dieses Mannes gehört, daß er in den sogenannten »besten Jahren« etliche Male im Roulette der Kanzlerkandidaten rotierte, doch nie ins Kanzlerpalais in der Wilhelmstraße eingezogen ist. Statt dessen wurde er Kanzler, als er längst jenseits der Pensionsgrenze stand. »Das eine Mal war sogar bereits ein Termin beim Reichspräsidenten vereinbart«, erinnerte Adenauer sich später.

Daß es seinen Parteifreunden vom Zentrum nie gelungen ist, ihn damals auf die »große« Politik umzufunktionieren, liegt wohl eher in Abneigung und Instinkt begründet als in Zufällen äußerer Art. Er wollte sicherlich nicht auf den ausgetretenen Pfaden Bismarcks wandeln.

Außerdem gab es in Berlin einen für Adenauers Selbstbewußtsein schwer verdaulichen Brocken: Stresemann. Sechs Jahre lang, von 1923 bis 1929, in den relativ »guten Jahren« der Republik, war er die beherrschende Figur aller Reichskabinette. Der rechtsliberale Außenminister, obwohl stark angefeindet, hatte Erfolge (Locarno!), besaß Charisma, war eine starke, zwingende Natur. In seinem Schatten Kanzler sein? Dann schon lieber Erster in der Provinz statt Zweiter in der Metropole.

Und nach Stresemann, als der lange Schatten der Weltwirtschaftskrise über den Atlantik fiel und die Alte Welt verdunkelte, da reizte der Job auch nicht mehr; man denke an Brüning, Papen und die NSDAP...

Daß Undank der Welt Lohn sei, wird oft etwas vorschnell dahergesagt. In unserem Fall stimmte es. Nach sechzehn erfolgreichen Jahren in der Stadtpolitik – 1929 war der 53jährige für eine zweite, zwölfjährige Amtszeit wiedergewählt worden – wurde der Hausherr des Kölner Rathauses davongejagt. Der Nachfolger, ein Nationalsozialist namens Dr. Riesen, verstieg sich in einem Anklagebrief zu Worten wie:

»... Sie sind ein Verbrecher, Herr Adenauer, ein Verbrecher an dem Volk, das Ihnen anvertraut war, das Sie durch Ihre Schuld in schreckliche Not gebracht haben; ein Verbrecher an der Stadt, die Sie ruiniert haben... Sie sind der Angeklagte, ich bin Ihr Ankläger, und das Volk ist Ihr Richter. Das ist die Lage zwischen uns.«

Begnügen wir uns kommentarlos mit der Feststellung, daß ein Strafverfahren aus Mangel an gerichtsverwertbaren Unterlagen nicht zustande kam. Doch der angesehene Kommunalpolitiker wurde zu einem Verfemten, den sogar viele Näherstehende mit einemmal nicht mehr kennen wollten. »Als ich 1933 entlassen wurde und auf der Straße stand, waren die einzigen, die mir Hilfe anboten, Juden. Niemand anders. Und ich hatte vorher viele Freunde. Das hat mich sehr verbittert und enttäuscht.«

Man hat dem alten Adenauer Menschenverachtung nachgesagt. Manches davon mag an jener Wegkreuzung in sein Wesen eingeflossen sein.

Die folgenden zwölf Jahre, eine seltsame Mischung von Rosenbeschaulichkeit und Lebensgefahr, von Rentnerruhe und Daseinsangst, seien hier auf Stichworte reduziert: Frühjahr 1933 Zuflucht im Eifelkloster Maria Laach, wo ein Schulfreund Ildefons Herwegen Abt war. Ein Jahr später Übersiedlung nach Neubabelsberg bei Potsdam. Nach der Röhm-Affäre »Untertauchen« aufgrund von Warnungen. Von 1935 an Wohnsitz in Rhöndorf mit einjähriger Unterbrechung wegen eines Ausweisungsbefehls. Hausbau, nachdem ein Vergleich regelmäßiges Ruhestandsgehalt (1000 Mark) gesichert hatte. Nach dem 20. Juli 1944, obwohl unbeteiligt, Verhaftung, Flucht in den Westerwald, erneute Festnahme und Inhaftierung im Gefängnis von Brauweiler bei Köln. Entlassung im September 1944. Zuletzt Granateneinschläge auf dem Grundstück am Rhöndorfer Zennigsweg, und zwar von deutscher und amerikanischer Seite...

Schon im März 1945 forderten die Amerikaner Adenauer auf, die Verwaltung der Stadt zu übernehmen. Die Aufgabe war wenig verlockend. Mit einem Gebäudeverlust von siebzig Prozent lag Köln an der Spitze aller deutschen Großstädte im Bereich der heutigen Bundesrepublik Deutschland und DDR. Da der Krieg noch nicht zu Ende war und der reaktivierte Verwaltungsmann, jetzt 69 Jahre alt, drei Söhne beim Militär hatte, bat er zunächst um nur inoffizielle Mitarbeit. Die eigentliche Ernennung erfolgte erst am 4. Mai.

Wenn man Adenauer einen Fuchs genannt hat, so ist weniges dafür so bezeichnend wie eine seiner ersten Amtshandlungen, die Art, wie er ausgelagerte Kunstwerke zurücktransportieren ließ. Kostbare Gemälde der Kölner Malerschule – 14. bis 16. Jahrhundert – lagerten auf der Burg Hohenzollern. Um die unersetzlichen Bilder sicher und unverdächtig von Süddeutschland herzubringen, heuerte er einen Leichenwagen an...

Daß aber der Fuchs auch sehr menschlicher Regungen fähig war, bewies ein anderer Transport zur gleichen Zeit. Adenauer schickte Autobusse nach Buchenwald, Dachau und Theresienstadt und holte die aus Köln stammenden KZ-Häftlinge zurück, die überlebt hatten. Mit amerikanischer Hilfe und deutschem Sachverstand erwachte der Trümmerhaufen Köln langsam wieder zum Leben. Allerdings hatte die Kölner Nr. 1 auf der »weißen Liste« der Amerikaner – das hieß: besonders vertrauenswürdig – nicht lange Anteil am Aufbauwerk. Die Engländer, die das nördliche Rheinland als Besatzungsmacht übernahmen, setzten Number One wieder ab.

Als Gründe nannte Brigadier Barraclough, der Militärgouverneur der Rheinprovinz, Pflichtverletzung und mangelnde Energie bei der Versorgung der Bevölkerung. Der schriftliche Bescheid vom 6. Oktober 1945 – Adenauer mußte ihn in Barracloughs Gegenwart unterschreiben – enthielt nicht nur die Aufforderung, Köln zu verlassen, sondern auch das Verbot politischer Betätigung. Bei Verstoß drohte ein Verfahren vor dem britischen Militärgericht.

Adenauer traf den Brigadegeneral nach vielen Jahren auf einem Bankett wieder. Der Brite

Adenauer (ganz links) mit dem Militärgouverneur Barra-clough (ganz rechts).

Der Brite warf den Kölner Oberbürgermeister nach fünf Monaten Amtszeit am 6. Oktober 1945 wieder hinaus.

fragte den Kanzler, was er sich bei der Entgegen-nahme des Entlassungsschreibens gedacht habe. Der Gefeuerte gibt die Antwort an den einstigen Militärgouverneur in seinen Memoiren wieder: »Ich habe bei mir zu Hause ein Aktenstück ›Ent-lassung durch die Nazis‹. Ich werde mir nun ein Aktenstück anlegen: ›Entlassung durch die Befreier‹.« Es ist fraglich, ob der Besatzungsoffi-zier die bittere Ironie dieser Worte überhaupt verstanden hat. Der Tonfall der Absetzungsorder ist von auserlesener Arroganz; dazu war es eine haarsträubende Instinktlosigkeit, einem von den Nazis Hinausgeworfenen im Zeichen demokra-tisch werbender Re-education sofort das gleiche anzutun. Darüber hinaus fällt das Verbot politi-scher Betätigung auf. Hier liegt wohl auch der Schlüssel zum Verständnis der Affäre.

Adenauer scheint in erster Linie ein Opfer seiner alten Vorliebe für supranationale Wirtschaftsfu-sion geworden zu sein. Hatte er doch in einem Zeitungsinterview wenige Tage vor dem Raus-schmiß dafür plädiert, die Wirtschaft des Rhein-Ruhr-Gebietes mit der französischen und belgi-schen zu verflechten. Solch Vorpreschen eines frankophilen deutschen Politikers mußte die Eng-länder, im Zeichen alliierter Interessenrivalitäten bei erst ungenau abgegrenztem Machteinfluß, in

ihrer Ruhr-Domäne verunsichern. Es war wieder einmal zu früh.

Am 4. Dezember 1945 war Adenauer das Verbot politischer Betätigung wieder los, gerade rechtzei-tig, um in der jungen CDU, die als Experiment zu gelingen schien, nach vorn zu stoßen. Am 1. März 1946 wurde der 70jährige, wie schon erwähnt, Vorsitzender für die britische Zone. Aus der Not der Entlassung hatte er eine Tugend gemacht: Seine Arbeitskraft war frei für überre-gionale Politik. Die jüngeren Konkurrenten soll-ten bald spüren, welch unverminderte geistige Beweglichkeit hinter dem faltigen Sioux-Gesicht rege war. Hinzu kam eine physische Elastizität, die eines Tages legendär werden sollte.

In den Jahren, als die westlichen Besatzungszonen sich Schritt für Schritt zur Bundesrepublik for-mierten (Bizone, Währungsreform, Parlamentari-scher Rat, Grundgesetz-Verabschiedung, Bundes-tagswahlen), stellte Adenauer seine eigenen Wei-chen durch profilierende und einflußvermittelnde Ämter: CDU-Vorsitz, Fraktionsvorsitz im Düssel-dorfer Landtag, Präsidentschaft im Parlamentari-schen Rat. Wir kommen wieder auf die Frage zurück, von wann ab der rüstige Alte zu der Erkenntnis gelangt sein könnte, daß da nicht nur »junge Leute ran« müssen, sondern daß auch für

Ältere Platz sei, vornehmlich für ihn selber. Zu solchen nicht schlüssig zu beantwortenden Spekulationen schreibt Arnulf Baring lediglich: »Nachdem er sich das Terrain nach allen Windrichtungen hin genau eingeprägt hatte, muß ihm klargeworden sein, daß er der Mann der Stunde, dieser Partei, des kommenden Staates sei – er und kein anderer. Von nun an ging er mit einer geradezu unheimlichen Zielstrebigkeit zu Werke.«

Nach außen hin wiegelte er ab, vielleicht nur aus taktischen Erwägungen; gleichzeitig war zu beobachten, wie er die Jüngeren auf unnachahmliche Weise an die Wand zu spielen verstand. Wie er jeweils die Situation beherrschte, eine Lage zu seinen Gunsten änderte, das war virtuos – und sah dabei, wie beim Zaubertrick, immer ganz einfach aus. In seinem Magierköfferchen verwahrte Adenauer vor allem Selbstvertrauen, vollkommene Sicherheit, einen Röntgenblick für Kräfteverhältnisse, eine kaum provozierbare Temperamentslage und vierzig Jahre kommunaler sowie parlamentarischer Erfahrung. Wenig war das nicht.

Nach der Bundestagwahl vom 14. August 1949 sah er sich ausreichend gerüstet, den entscheidenden Vorstoß zu tun: zu einer Koalitionsbildung unter seiner Führung, unter seiner Kanzlerschaft. Der Turnierplatz für diesen politischen Waffengang war nicht der Bundestag, sondern sein eigenes Haus. Hierhin lud er am Sonntag, dem 21. August, führende Mitglieder von CDU und CSU. Im XII. Kapitel des 1. Bandes der »Erinnerungen« (1945–1953) wird darüber berichtet:

»Als Hausherr ergriff ich als erster das Wort und erklärte, daß ich es für falsch hielte, eine Koalition mit der SPD einzugehen. Ich wüßte, daß ein erheblicher Teil der Anwesenden anderer Meinung sei. Ich führte aus, daß der Ausgang der Wahlen ganz eindeutig gezeigt hätte, daß die überwiegende Mehrheit des deutschen Volkes vom Sozialismus in all seinen Schattierungen nichts wissen wolle. Die Wahlen hätten ein eindrucksvolles Bekenntnis zu den Grundideen der christlich-demokratischen Staats- und Gesellschaftsauffassung gebracht.«

Nun, so eindeutig, wie von ihm dargelegt, war die Wählerentscheidung nicht gewesen. Bei einer Sitzverteilung von 139 Union-Mandaten zu 131 SPD-Sitzen konnte man noch von einem annähernd ausgeglichenen Verhältnis unter den beiden Großen reden. Erst durch die Summe der auf die kleineren Parteien entfallenen Stimmen ließ sich von einer betonten Mehrheit auf der bürgerlich-konservativen Seite sprechen. Dorthin lenkte Adenauer daher sein Augenmerk und plädierte für eine Koalition der Union mit FDP und DP. Das Echo war nicht überwältigend. »Die Mehrzahl der Anwesenden hüllte sich in abwartendes Schweigen. Anschließend optierte der rhein-pfälzische Minsterpräsident Peter Altmeier für eine große Koalition. Altmeier erhielt starken Beifall.«

Es gibt eine Faustregel für Vertreter, die an der Tür Waren feilbieten. Ihre Bewährungsprobe beginne erst, wenn die Hausfrau Nein gesagt habe. Erst wenn die Haustür dreiviertel geschlossen sei, erweise sich das Vertreter-Talent. Der »Vertreter« Adenauer, der die kleine Koalition verkaufen wollte – was tat er? Er legte eine Erfrischungspause ein und lud zu ausgesuchten Delikatessen. Vier Stunden waren schon vergangen, in denen hart diskutiert worden war.

»Während der Essenspause führte ich mit einigen der hartnäckigsten Verfechter einer Koalition mit der SPD weitere Gespräche. Nach einer Stunde konnte ich es wagen, die Diskussion über die Frage Große Koalition oder Kleine Koalition fortzusetzen. Ich ergriff wieder als erster das Wort und ging sofort auf den Kern der Sache zu. Ich ging in meinen Ausführungen von der gleichsam beschlossenen Tatsache aus, daß eine Regierung mit der FDP und DP gebildet würde. Eine solche Koalition ergab 208 Sitze... Damit hatten wir eine gute Regierungsmehrheit.

Ich schnitt dann die Frage der Besetzung der Ämter des Bundespräsidenten und des Bundeskanzlers an. Ich war überrascht, als einer der Anwesenden meine Ausführungen unterbrach und sagte, daß er mich als Bundeskanzler vorschlage. Ich sah mir die Gesichter an und meinte dann: ›Wenn die Anwesenden alle dieser Meinung sind, nehme ich an. Ich habe mit Professor Martini, meinem Arzt, gesprochen, ob ich in meinem Alter dieses Amt wenigstens noch für ein Jahr übernehmen könne. Professor Martini hat keine Bedenken. Er meint, auch für zwei Jahre könnte ich das Amt ausführen.« Keiner erhob Widerspruch. Damit war die Sache beschlossen.

Das war die Kanzlerwahl von 1949, ein Intensiv-

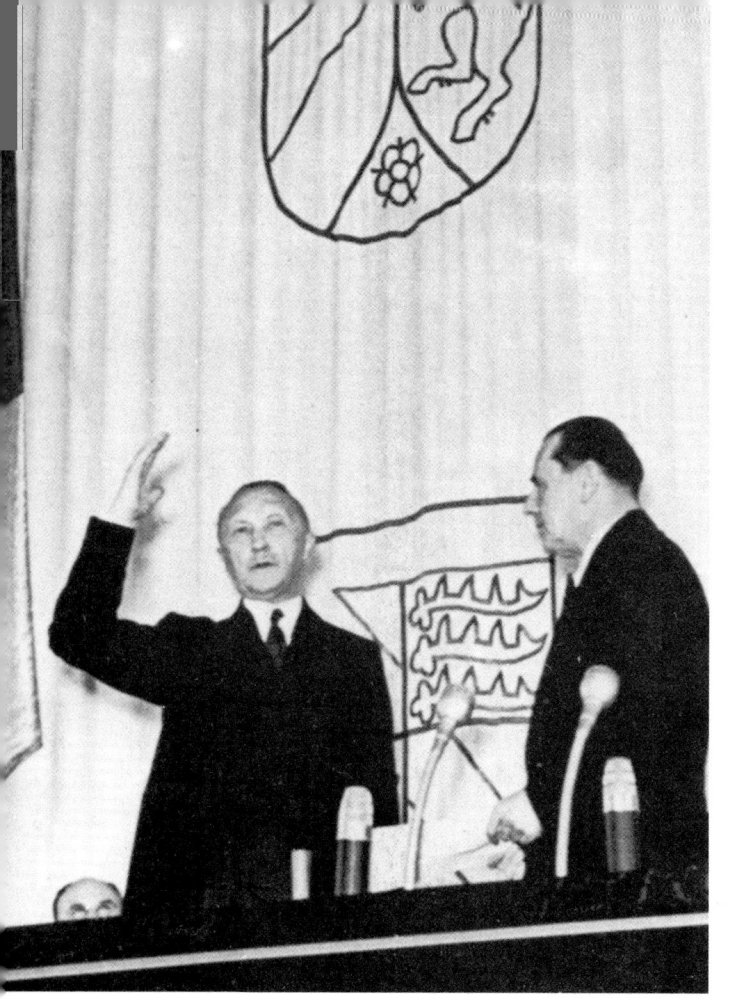

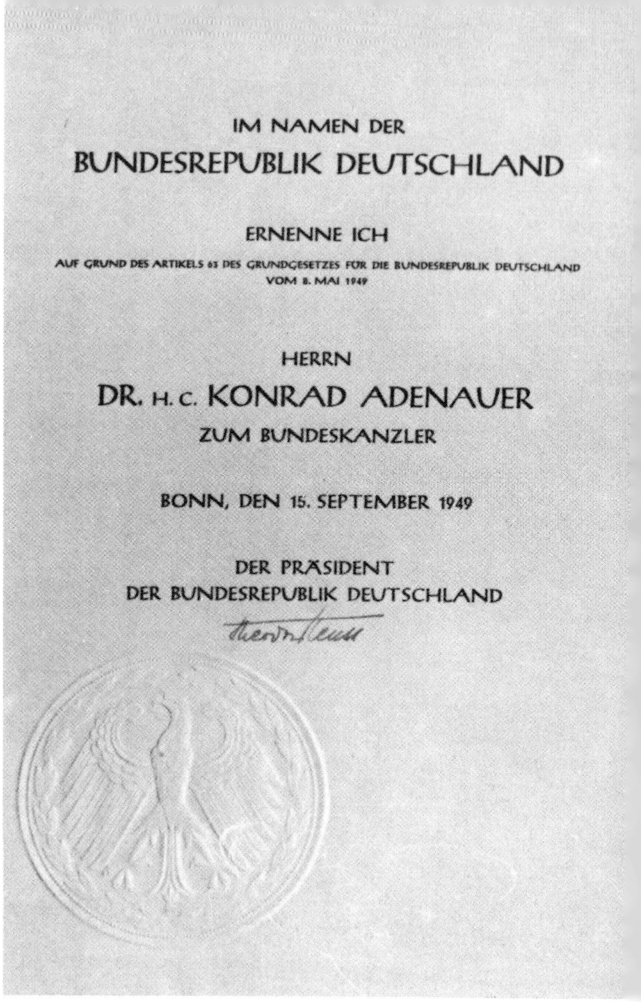

IM NAMEN DER
BUNDESREPUBLIK DEUTSCHLAND

ERNENNE ICH

AUF GRUND DES ARTIKELS 63 DES GRUNDGESETZES FÜR DIE BUNDESREPUBLIK DEUTSCHLAND
VOM 8. MAI 1949

HERRN
DR. H. C. KONRAD ADENAUER
ZUM BUNDESKANZLER

BONN, DEN 15. SEPTEMBER 1949

DER PRÄSIDENT
DER BUNDESREPUBLIK DEUTSCHLAND
Theodor Heuss

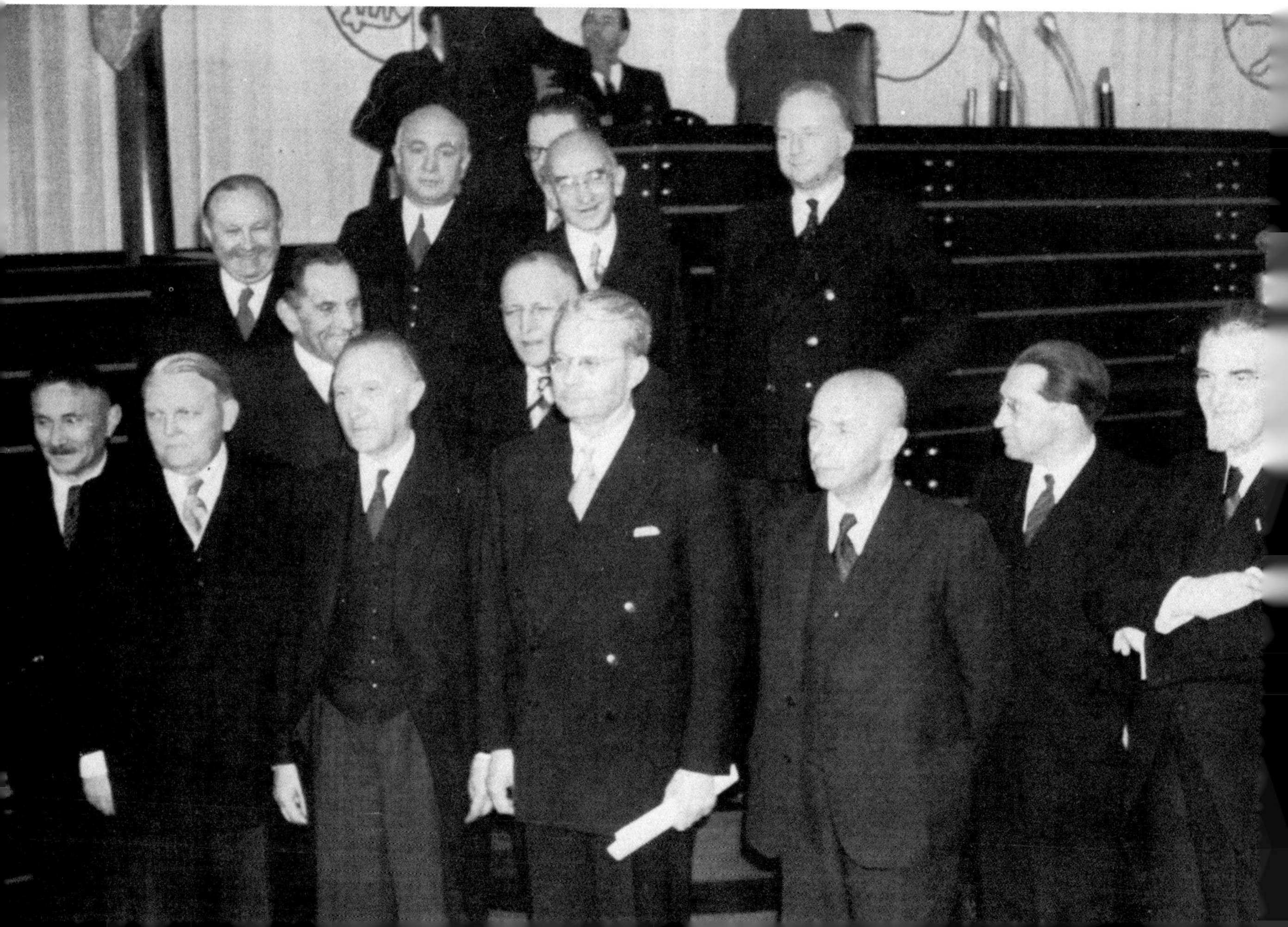

Lehrgang in der Kunst der Politik. Das weitere war nur noch Vollzug, wenn auch mit knappem Ausgang. Am 15. September wurde Konrad Adenauer im ersten Wahlgang von der absoluten Mehrheit der Bundestagsabgeordneten zum Kanzler gewählt – mit einer Stimme Mehrheit. »... Später fragte man mich, ob ich mich selbst gewählt hätte. Ich antwortete: ›Selbstverständlich, etwas anderes wäre mir doch als Heuchelei vorgekommen.‹« Aus den »ein bis zwei Jahren« wurden vierzehn, wurde eine der erstaunlichsten Alterskarrieren der Geschichte – die Ära Adenauer.

Der Landesvater

Das Grundgesetz bestimmt in Artikel 63: »Der Bundeskanzler wird auf Vorschlag des Bundespräsidenten vom Bundestag ohne Aussprache gewählt.« Dazu mußte freilich erst einmal ein Bundespräsident vorhanden sein: Es gab ihn seit drei Tagen: Theodor Heuss, am 12. September 1949 von der Bundesversammlung im zweiten Wahlgang mit 416 Stimmen gewählt gegenüber 312 Stimmen, die auf den SPD-Vorsitzenden Kurt Schumacher entfielen.

Sehr aufschlußreich ist, wie es zur Nominierung von Heuss gekommen war. Auch dafür hatte die Rhöndorfer Zusammenkunft die Weichen gestellt. An jenem 21. August schlug Adenauer für das höchste Staatsamt Heuss vor, »da die zweitstärkste Fraktion in der Regierung die FDP sein würde«. Weiter lesen wir bei Adenauer: »Jemand fragte: ›Weiß denn Professor Heuss überhaupt schon von solchen Gedankengängen?‹ Ich mußte ihm erwidern, daß ich leider bisher noch keine Gelegenheit gehabt hätte, mit Professor Heuss zu sprechen ... Jemand brachte als Argument gegen Professor Heuss vor, es sei bekannt, daß er nicht gerade kirchenfreundlich sei. Ich erwiderte diesem Herrn: ›Er hat eine sehr christlich denkende Frau, das genügt.‹«

In ihrem Freimut ist die Dialogwiedergabe enthüllend. Sie zeigt, wie persönliche Maßstäbe und Grundsätze – in diesem Fall Adenauers kirchliche Gebundenheit – belanglos wurden, sobald es macht- und bündnispolitisch opportun erschien. Der Mann, dessen weltanschauliches Koordina-

Oben: Bei Adenauers Wahl zum Kanzler 1949 spielte der »G'wissenswurm« Johann Wartner eine kuriose Rolle. Der Bayernpartei-Abgeordnete aus dem Bayerischen Wald hatte sich über die Stimmenthaltungsparole seiner Partei hinweggesetzt und Adenauer gewählt, weil ihn »sein G'wissen g'druckt« hatte. Auf diese Weise gelangte Adenauer schon im ersten Wahlgang zum Ziel.

Linke Seite oben: Am 15. September 1949 wurde Konrad Adenauer vom neugewählten Bundestag zum ersten Bundeskanzler der Bundesrepublik Deutschland gewählt. Links die Vereidigung durch Bundestagspräsident Erich Köhler, rechts die Ernennungsurkunde, unterzeichnet von Bundespräsident Heuss. *Unten:* Das erste Kabinett Adenauer. 1. Reihe (von links): Storch (Arbeit), Erhard (Wirtschaft), Adenauer, Blücher (Vizekanzler), Kaiser (Gesamtdeutsche Fragen), Dehler (Justiz), Lukaschek (Vertriebene); 2. Reihe: Niklas (Landwirtschaft), Wildermuth (Wohnungsbau); 3. Reihe: Hellwege (Bundesrat), Schuberth (Post), Heinemann (Inneres), Schäffer (Finanzen), Seebohm (Verkehr).

tensystem unveränderliche Grundlinien besaß – antisozialistisch, antipreußisch, westeuropäisch –, war gleichzeitig taktisch sehr flexibel. Sein ausgeprägtes Machtdenken – innerhalb demokratischer Schranken – kann kaum besser zum Ausdruck kommen als in der arglosen Selbstbespiegelung seiner Erinnerungen.

Heuss als Bundespräsident mußte nun nicht unbedingt Adenauer zum Kanzler vorschlagen. Angesichts der ihm bekannt gewordenen Koalitionsabsprachen allerdings konnte er für den CDU-Vorsitzenden bei der Kanzlerwahl einen mindestens geringen Vorsprung errechnen. Warum sollte er da jemand anderen vorschlagen und die eigene Autorität als Staatsoberhaupt gleich aufs Spiel setzen? Zehn Jahre gingen die beiden nebeneinander her, der Bundespräsident anfangs 65 Jahre alt, der Kanzler 73, der erste einmal wiedergewählt (öfter erlaubt es die Verfassung nicht), der andere dreimal; der erste starb mit 80 Jahren, der andere mit 91; der eine repräsentierte die junge Bundesrepublik, der zweite bestimmte die Richtlinien ihrer Politik – wie das Gesetz es befiehlt.

Die Deutschen hatten Glück mit ihrem ersten Bundespräsidenten. Durch seine Person und sein Auftreten erfüllte er Sehnsüchte, die in der seelischen Mangellage der Nachkriegszeit besonders verständlich waren. Zunächst verkörperte sein Erscheinungsbild die Vorstellung vom Landesvater: behäbig, mit gemütlichem Dialekt, jovial, weise und gelehrt, aber auch ermahnend und zurechtweisend, wo es nötig erschien. Einen altherkömmlichen König oder Kaiser gab es nicht mehr; der greise Ersatzkaiser Hindenburg hatte auch kein Glück gebracht, und der braununiformierte Gewaltherrscher war mit aller mißbrauchten Vergötterung in Rauch und Trümmern untergegangen. Nach all dem war die Persönlichkeit des schwäbischen Professors wie ein Labsal; nicht zuletzt deshalb, weil er nach Orgien des Herrenmenschentums wieder Geist und Kultur zurückbrachte. Er war schon immer beides nebeneinander gewesen: politischer Tatmensch und politischer und literarischer Denker und Autor, ein Mann, der sein Tun in der Betrachtung kontrollierte und seine Reflexionen im Handeln erprobte. »Philosophen auf dem Thron« sind nie ausgeprägte Machtmenschen (darin war Heuss das Gegenteil Adenauers, und dieser Kontrast der

beiden führenden Männer macht die frühe Bundesrepublik von den Personen her besonders interessant); dazu fehlt ihnen die Einseitigkeit, das Schwarzweißmalen, die skrupelfreie Selbstgewißheit. Naturen wie Heuss oder auch Carlo Schmid drehen und wenden die Probleme, beleuchten sie von allen Seiten, sagen eher sowohl-als-auch statt ja und nein. Das ist vielleicht ihre Schwäche. Dafür sind sie unersetzbar, wo es ums Repräsentieren geht, um den Beweis, daß Politik mehr sein kann als harter Interessenkampf und intrigenreicher Grabenkrieg mit gegenseitigen Ehrabschneidungen. Da dieser Typus Heuss so viel vom Menschengeist und seiner Geschichte weiß, so tief in die Abgründe menschlicher Irrtümer hinabgeblickt hat, hält er sich selber nicht frei von Fehlern und Irrtümern, seine Politik nicht für alleinseligmachend. Der Zweifel ist sein Quartiermacher in der Welt der Tatsachen. Solche Naturen bauen nicht Staaten aus Trümmern auf, aber sie zeigen den wiedererstehenden Staaten für eine Weile den Weg.

Während der zehn Jahre in der Villa Hammerschmidt hat Heuss das höchste Staatsamt, dessen Macht gegenüber der Weimarer Zeit bewußt reduziert wurde, mit einer Würde ausgefüllt, die Maßstäbe gesetzt hat, nicht nur für seine Nachfolger, sondern auch für sein Land, das aus selbstverschuldeter Erniedrigung wieder zu sich finden mußte. In einer Reihe von Staatsbesuchen und in vielen Reden – »Ghostwriter« lehnte er ab – versuchte er geistigen Wiederaufbau, moralische Erneuerung. Dazu gehörte, daß man der Vergangenheit nicht auswich. Heuss verlangte Mithaftung, auch bei persönlicher Nichtschuld. Er prägte den Ausdruck »Kollektivscham«, die Bereitschaft, sich für die im deutschen Namen begangenen Verbrechen des NS-Staates mit verantwortlich zu fühlen. Eine »Kollektiv*schuld*« lehnte er ab, weil die Nachgeborenen sich unbetroffen fühlen mußten. Dennoch war Hitler-Deutschland auch ihr Land gewesen; sie durften sich nicht herumdrücken wollen um kollektive Wiedergutmachung. Heuss selber nahm sich nicht von Versäumnissen und Versagen aus. Auch seine Partei,

Theodor Heuss, von den Bundesbürgern bald liebevoll »Papa Heuss« genannt, repräsentierte zwei Amtszeiten lang, von 1949 bis 1959, die junge deutsche Republik.

die linksliberale »Deutsche Staatspartei« (zuvor: »Deutsche Demokratische Partei«) hatte 1933 für das Ermächtigungsgesetz gestimmt und damit zum Untergang der Weimarer Republik beigetragen. Andererseits war Heuss den Nationalsozialisten im Reichstag fest entgegengetreten (zu Goebbels: »...haben Sie mal einen Augenblick die Freundlichkeit, Ihr erregtes Getue zu mäßigen, soweit Ihnen das möglich ist...«). So ging der württembergische Liberale keineswegs ohne demokratisches Image in die zweite deutsche Republik.

Der studierte Volkswirt war früh zum Anhänger des großen Liberalen Friedrich Naumann geworden (dessen fundierteste Biographie er später schrieb). Er hatte seinen beruflichen Weg in dessen Zeitschrift »Die Hilfe« als Mitarbeiter und Redakteur begonnen, erst kulturell, dann politisch. Beides wohnte bei ihm eng benachbart. Stets hatte er einen Skizzenblock bei sich, er kannte sich in der Literatur genau aus, schrieb neben vielem anderen eine Biographie über den alemannischen Dichter Johann Peter Hebel; andererseits lehrte er von 1920 bis 1933 an der Politischen Hochschule in Berlin und war von 1924 bis 1928 und nochmals 1930 bis 1933 Reichstagsabgeordneter. Zu allem kam ein soziales Engagement im Bunde mit seiner bedeutenden Frau Elly Heuss-Knapp, die 1950 das Müttergenesungswerk gegründet hat.

Die Erscheinung des weißhaarigen Polyhistors auf dem Rednerpult war schon optisch ein Genuß. Seine bei aller Konzilianz bestimmte und entschiedene Persönlichkeit bot sich äußerlich in weichen Linien, in einem anatomischen Legato dar, ganz anders als Adenauers Holzschnittprofil, als Schumachers fleischloser Wille . . . Übrigens entsprach auch die Art zu reden den äußeren Unterschieden der drei. Golo Mann über Heuss: »Man war stolz darauf, einen so gelehrten Präsidenten zu haben, aber er redete über die Köpfe der Hörer hinweg.« Dagegen übte Adenauer oratorische Askese, auf einfachste Formeln zugespitzt, gerade darum wirksam im Volk. Schumacher wieder ganz anders: mit einem rhetorischen Feuerwerk ätzender Kritik, galligen Intellekts, leidend an sich und der Nation.

Manches Fehlurteil auch flocht sich in die Ansprachen des ersten Bundespräsidenten. So propagierte er einmal zu Silvester als neue National-

hymne die Verse seines Freundes Rudolf Alexander Schröder, »Land des Glaubens, deutsches Land . . .« Er hatte das Beharrungsvermögen seiner Deutschen unterschätzt, die der Melodie von Josef Haydn und den Versen Hoffmanns von Fallersleben nicht untreu werden wollten, trotz zwölfjährigen Mißbrauchs. Auch behauptete er, »daß die deutsche Militärgeschichte zu Ende ist«. Später mußte er wohl oder übel auch der Bundespräsident für die Soldaten der Bundeswehr sein. Heuss bemühte sich darum vor einem Manöver, etwas sarkastisch, jovial, landesväterlich: »Nun siegt mal schön!«

»Bundeskanzler der Alliierten«

Der Erfolg Adenauers mit einer – seiner eigenen – Stimme Mehrheit, bedeutete auf der Gegenseite die Niederlage eines politischen Programms und ihres Repräsentanten Kurt Schumacher. Für den SPD-Vorsitzenden stimmte die Welt nicht mehr. Ein Mann von gestern, ein Zentrumspolitiker der längst vergangenen ersten Republik, hatte wie selbstverständlich zur Macht gegriffen und hatte sie bekommen; er, der Jüngere, sah sich um den Lohn des Wartens und Leidens, der gerechten Anwartschaft gebracht. Eins sah er nicht: daß der viel Ältere der Modernere war und er, Schumacher, statt dessen die Welt von gestern bauen wollte.

Mit seinen antikapitalistischen Attacken und seinem sozialistischen Vokabular (das nie kommunistisch war) gewann er die Massen im Rausch des Besitzerwerbs und des Wirtschaftswunders ebensowenig wie mit nationalen Thesen, nachdem den meisten alles Vaterländische zu Asche verbrannt war und phrasenhaft klang. Dabei war es keinesfalls Chauvinismus alter Art, wenn er das Nationale hochhielt. Vorwürfe in dieser Richtung wies er zurück, indem er auf seinen leeren Ärmel deutete und sagte: »Das habe ich dem Nationalismus zu verdanken, und ich sollte ihn predigen?«

Aber die Art, in der Schumacher die nationalen Probleme ansprach, ließ ihn bei der Mehrheit nicht ankommen, vor allem nicht bei der europabegeisterten Jugend in ihren Blütenträumen von europäischer Integration. Natürlich wäre es falsch, wenn man Schumacher nur Irrtümer vor-

Kurt Schumacher war einer der größten Redner der deutschen Sozialdemokratie. Anhänger liebten seine werbende Überzeu- gungskraft. Gegner fürchteten seinen scharfen Witz. Der Bundestag erlebte unter ihm Sternstunden der Rhetorik.

werfen würde; er hat zum Teil auch recht gehabt. Europa, gewiß, das war die Parole der Stunde, Europa: das solle zuerst heißen, nie wieder gegeneinander Krieg führen. Aber der leidenschaftliche Anwalt der deutschen Einheit fürchtete zu Recht, die Westintegration würde die Spaltung vertiefen.

Diese Sorge erklärt Schumachers leidenschaftlichen Widerstand gegen die engagierte Westorientierung des Kanzlers, ob es sich nun um Schumanplan (Montanunion) oder Wehrbeitrag, um Ruhrstatut oder Petersberger Abkommen handelte.

Regierungschef und Oppositionsführer waren also mit ihren Anhängerschaften in den wichtigsten Zielsetzungen nicht nur durch unterschiedliche, sondern durch absolut konträre Standpunkte fixiert. Neutralismus stand gegen Westintegration, Nationaldenken gegen Europäertum, demokratischer Sozialismus gegen bürgerlich-liberalen Individualismus. Der Gegensatz ging weit ins Persönliche.

Wenn nach Redeschlachten Schumachers leidende Inbrunst erschöpft, das ciceronische Feuer erloschen war und der zweifach Amputierte sich auf seinen Sitz zurückschleppen ließ, dann blieb sein ergrauter Widersacher unerschüttert. An Adenauers kühler Abgründigkeit, seiner patriarchalischen Gemütsruhe, seinem Kölnischen Mutterwitz brach sich der leidenschaftlich-gallige Ansturm des Oppositionsführers.

»Man begriff«, schrieb Paul Sethe, »warum ein so vom dämonischen Haß Getriebener am Ende

Fortsetzung S. 132

Sehr bald schon vergaß man in der deutschen Filmindustrie die Ansätze der 45er-Generation, so etwas wie eine Filmkultur zu begründen. Statt der Auseinandersetzung mit der Gegenwart oder der jüngsten Vergangenheit erfolgte nun wieder der Rückgriff auf ländliche Idylle, Exotik, Glitzer und Glamour oder das Ewig-Menschliche.

Linke Seite oben: Maria Andergast spielte in den österreichischen Heimatfilmen »Mariandl« und »Rose vom Wörthersee«. Marika Rökk, deren ungarisches Temperament schon die Kriegsgeneration begeistert hatte, war die »Sensation in San Remo«. *Unten:* Die »Nachtwache«, ein Film mit religiösem Thema, begründete den Ruhm des Schauspielers Dieter Borsche. *Rechte Seite oben:* Der Revuefilm »Die verschleierte Maja« zog 12 Millionen Besucher in die Kinos. *Unten:* Erfolgreichster Film der fünfziger Jahre war »Schwarzwaldmädel«. 14 Millionen sahen die immergrüne Heimat-Schnulze mit Sonja Ziemann.

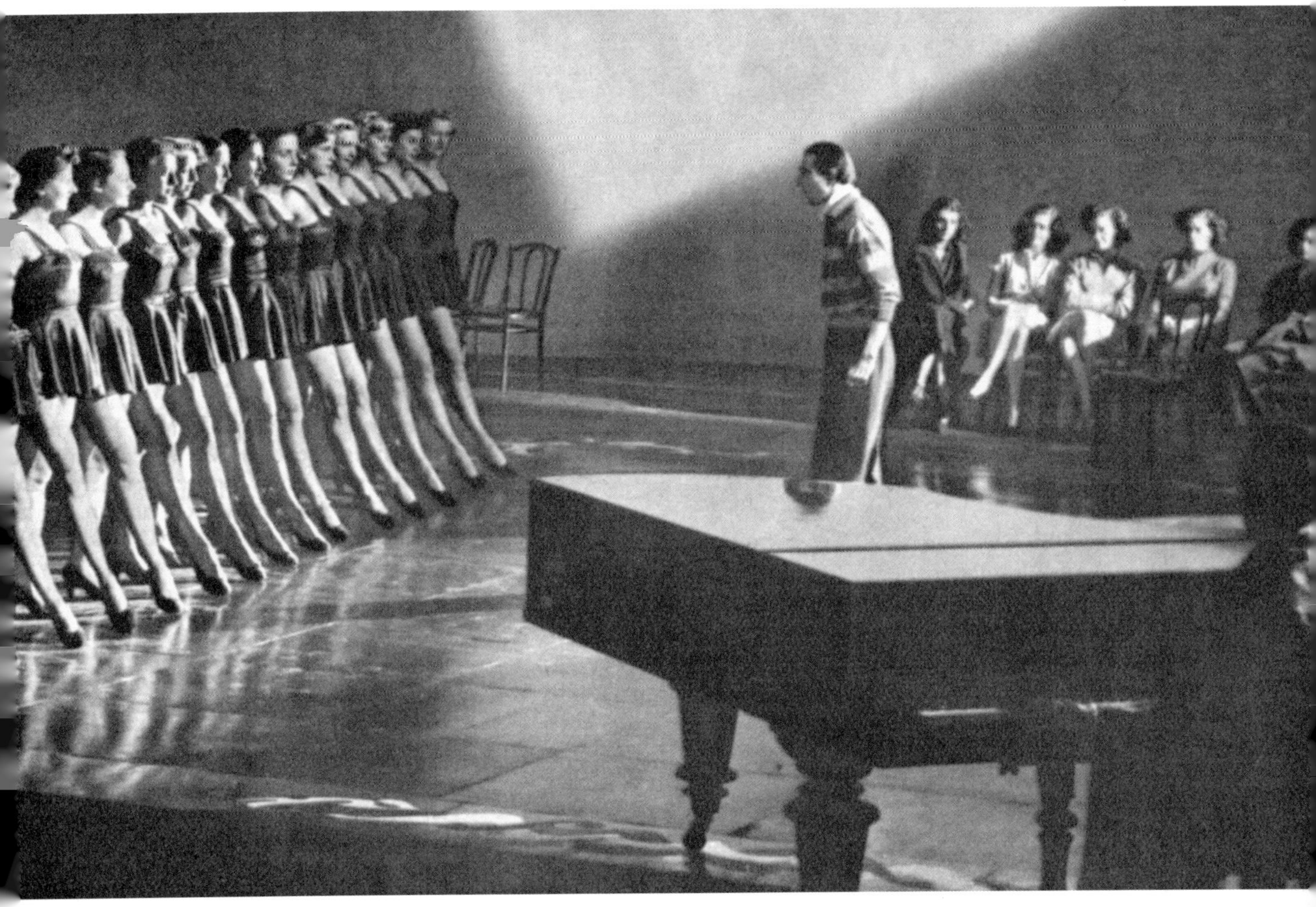

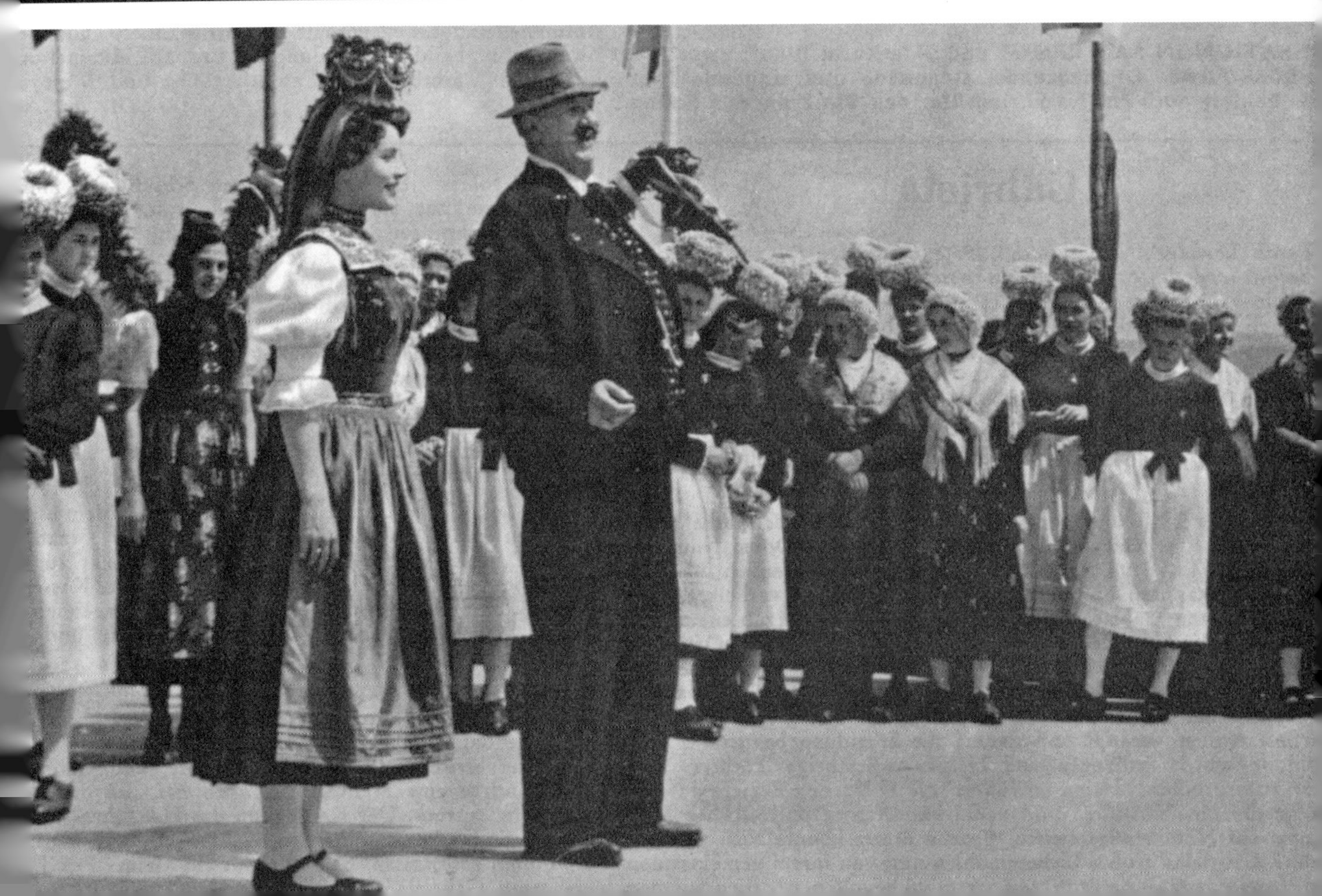

Boogie-Woogie

Man tanzte, bis das Hemd zerriß und die Sohlen durch waren. In Boogie-Woogie-Turnieren und Dauer-Tanzwettbewerben tobte sich eine ganze Generation vom Zwang des Dritten Reiches und vom Elend der Nachkriegszeit frei.

17 aktive Paare hatten sich zum Kampf um die Münchner Boogie-Woogie-Meisterschaft in der Zirkus-Garderobe versammelt. Die Jünglinge steckten zum größten Teil in blaugefärbten Pfistermühl-Säcken, in denen sie ihre ganze Familie hätten mitbringen können. Ihre Köpfe waren streng geschoren und manche sahen von hinten aus wie unrasierte Feldflaschen. An den Hälsen waren steife Messerschmidtschleiferl befestigt. Fast alle lächelten milde, schlenkerten mit den ausgeschlagenen Achsschenkelbolzen und unterhielten sich in perfektem PX-Englisch.

Auf dem Richtertisch lag ein umgebauter Gasometer, von dem der Chefmanager erklärte, dies sei der neueste Apparat zum Messen des Beifalls, nach dem der Boogie-Woogie-Sieger ermittelt werden sollte. Doch schon nach der ersten Runde schlug der Zeiger der Applaus-Maschine so stark aus, daß er abbrach. Drei Stunden tanzten sie total. Der Geheimfavorit wurde in der Zwischenrunde disqualifiziert, weil seine Hose zu einem gewagten Sprung energisch nein gesagt hatte. Ein weiterer Teilnehmer lag teilnahmslos auf dem Segeltuchbett der Sanitäter und lebte nur noch von Hoffmannstropfen. Im Parkett saß unter »Wrighleys mahlender Kundschaft« auch ein amerikanischer Oberst mit seinem Chauffeur, der vom Koppelschloß aufwärts so mitging, daß er pures Petroleum schwitzte. Auch ein altes Mutterl aus Ramersdorf saß in der zweiten Reihe. Sie trug eine kreischende lila Seidenbluse und sagte zu ihrer Nachbarin: »Mei Fanni, wennst net gwinnst, nachad kon i mi in unsara Straßn nimma sehng laßn.«

Süddeutsche Zeitung, 6. September 1952

immer von dem kühleren Gegner im Palais Schaumburg überspielt wurde.«

In einer dieser Auseinandersetzungen, in der Überreiztheit bei stundenlangen Redegefechten, fiel am frühen Morgen des 25. November 1949 Schumachers böses Wort, nachdem er Adenauer wieder einmal zu kompromißbereit, zu nachgiebig gefunden hatte: »Bundeskanzler der Alliierten«. Das war nicht eine Entgleisung, ein augenblickliches Vergessen parlamentarischen Anstands, es war eine grundsätzliche Verkennung von Adenauers Taktik: durch Kompromißpolitik schneller die Fesseln des Besatzungsstatuts loswerden, aber bei aller Nachgiebigkeit die nationalen Interessen nicht aus dem Auge verlieren.

Diese Haltung Schumachers und seiner Anhängerschaft vertiefte den Graben zwischen Regierungsparteien und Opposition, machte die Gegnerschaft zur Feindschaft. Während Schumachers Lebzeiten – er starb am 20. August 1952 – und lange darüber hinaus ist der Bruch nicht mehr geheilt.

Was eigentlich hatte Schumacher so zornig gemacht? Der äußere Anlaß war das Petersberger Abkommen vom 22. November 1948. Es ging vor allem um die Einschränkung von Demontagen, aber auch um Lockerung von Beschränkungen im Schiffbau und um Möglichkeiten, im Ausland erste Konsulate zu errichten. Das Abkommen hatte nach Zugeständnissen des Bundeskanzlers Erleichterungen von seiten der Alliierten gebracht. Die SPD wollte nur die Zugeständnisse sehen: vor allem im Beitritt der Bundesrepublik zur Internationalen Ruhrbehörde, einem alliierten Kontrollorgan der Ruhrwirtschaft. Wir müssen ein wenig zurück, um zu verstehen, was die Gemüter so erbitterte.

Die Besatzungspolitik der unmittelbaren Nachkriegszeit hatte zum Ziel gehabt, Deutschland an wirtschaftlicher Energie und Leistung so zu entmachten, daß nie wieder Bedrohung von ihm ausgehen könne. Besonders Frankreich war ein engagierter Verfechter solcher Bestrebungen. Schon der Versailler Vertrag von 1919 – ein Diktat der Sieger – hatte es bewirkt, Deutschland als überlegenen Konkurrenten so nachhaltig zu schwächen, daß Frankreich auf dem Kontinent wieder die erste Macht war. Ungeachtet der fatalen Folgen dieser Politik – Ausplünderung, Verarmung,

Inflation, Radikalisierung des öffentlichen Lebens und Niedergang der Demokratie, Aufkommen Hitlers und Erringung der Macht –, knüpfte die westalliierte Politik 1945 zunächst und sicher mit größerer Berechtigung an jene von 1919 an. Daß sie nicht in gleichem Maß zu wiederholen war, lag an der Spaltung der Weltpolitik, lag am kalten Krieg. Westdeutschlands Rolle als Vorfeld gegen die kommunistische Bedrohung erleichterte die Adenauersche Politik, schrittweise aus der Rolle des besiegten Landes in die eines Partnerstaates zu treten.

Nun ist es aber im Mit- und Gegeneinander von Staaten und Gesellschaften so, daß ein Umdenken längere Wege braucht, bis es alle Schalthebel des großen Apparates – Staat genannt – erreicht. Als schon längst entschieden war, daß Westdeutschland zu einem Baustein der gemeinsamen Abwehrfront gemacht werden solle, vollzog die Behördenroutine noch brav und konsequent die Richtlinien von gestern. Das war am Beharren auf hemmende Vorschriften, an der Entflechtung der einstigen Konzerne und besonders an den Demontagen zu beobachten. Während der Marshallplan bereits belebende Impulse an die entkräftete deutsche Wirtschaft übertrug, baute das Besatzungsregime noch Fabriken ab.

Langsam nur paßte die Wirklichkeit sich den Absichten der höheren Politik an. Im April 1949 wurde die Liste der zu demontierenden Betriebe von 1546 auf die knappe Hälfte, 744, zusammengestrichen. Dazu gehörten weiterhin Hüttenwerke, Kugellagerfabriken, Werften, elektrotechnische und chemische Fabriken. Das war immer noch eine imposante Konzentration von wirtschaftlicher Produktivkraft, die dem Aufbau der künftigen Teilrepublik entzogen werden sollte.

Während die Amerikaner am ehesten den Widersinn erkannten zwischen Marshallplan und gleichzeitigen Demontagen, zwischen Kräftigung und Entzug, beharrten England und vor allem Frankreich darauf, daß die ursprünglichen »Planziele« des Abbruchs und der Kapazitätsminderung erfüllt würden. Eine neue Übereinkunft im Sinn der Vernunft wurde unvermeidlich. Auf einer Konferenz in Paris im November 1949 konnten die Amerikaner ihre britischen Partner überzeugen, daß man die Westdeutschen nicht zugleich als zukünftigen Verbündeten betrachten und als

»Die Zweideutigkeit ist zu Ende – die Arbeiter von Ostberlin haben keinerlei Grund mehr zu protestieren«. – Italienische Karikatur von 1953.

Walter Ulbricht und UdSSR-Außenminister Mikojan bei der 10-Jahr-Feier der DDR, 1959.

Besiegten behandeln dürfe. Gegenüber den französischen Bedenken und Konkurrenzängsten setzten sich die beiden angelsächsischen Mächte weitgehend durch. Ein Kompromiß kam zustande. Jetzt sollten nur noch Rüstungswerke demontiert werden, ferner sollte Deutschland der Internationalen Ruhrbehörde beitreten, die die Aufteilung von Kohleförderung und Stahlerzeugung regelte. Bisher hatte die Bundesrepublik sich geweigert, Vertreter zur Kontrolle – man konnte auch sagen: Drosselung – der eigenen Wirtschaft im Bereich der Schwerindustrie zu entsenden.

Mitte November 1949 – der westdeutsche Teilstaat bestand ein knappes halbes Jahr – mußte Adenauer neu überdenken, wie er sich zur Ruhrbehörde zu stellen habe. In dem gewiegten Taktiker gewann die Überlegung Oberhand, man würde durch Zugeständnisse auf diesem Gebiet Erleichterungen auf anderem erhalten: Wären Deutsche erst einmal Mitglied des Kontrollorgans, dann könnte nicht mehr ohne sie entschieden und beschlossen werden; dann könnte man vielleicht die Demontagen weiter zu vermindern suchen. Für diese Politik gewann er sein Koalitionskabinett. Immerhin konnte er auch auf das alliierte Zugeständnis verweisen, daß die Bundesrepublik Deutschland das Recht erhalten solle, einen konsularischen Dienst aufzubauen; Keimzellen einer neuen Außenpolitik.

Auf dieser Grundlage wurde das Petersberger Abkommen ausgehandelt. Während die Sozialdemokraten unter Schumachers Führung eine zunehmend härtere nationale Position einnahmen und den alliierten Zusagen mißtrauten, setzte Adenauer im außenpolitischen Roulette beharrlich auf die Westbindung, die Integration. Zwischen ihm und dem Westpreußen Schumacher tat sich eine Kluft auf, die mehr als eine persönliche war; deren kollektive Aspekte man sich vielmehr vor Augen führen muß. Unter Adenauers Kanzlerschaft öffneten die Parteien der Mitte und auf der Rechten den Blick auf Europa, auf den Westen, auf übernationale Zusammenschlüsse, die Linke trieb nationale, gesamtdeutsch betonte Politik. Das war übrigens der genaue Gegensatz zu den Konstellationen von Weimar. In der ersten deutschen Republik hatten die Linken, Halblinken und die Mitte verzweifelt mit den Siegern von 1918 Vereinbarungen, Erleichterungen auszuhandeln versucht, die nationalen Rechtsparteien hatten sie dafür geschmäht, sie zu Verrätern am Vaterland gestempelt. Wenn, nach einem geflügelten Wort, »Bonn nicht Weimar« ist, dann lag gerade in diesem Frontwechsel der späten vierziger und der fünfziger Jahre einer der bemerkenswertesten Unterschiede der ersten und zweiten deutschen Demokratie.

Als Adenauer nach der Unterzeichnung des Abkommens vom Petersberg am 24. November 1949 vor den Bundestag trat, legte er dem Haus die Erfolgsbilanz seiner zähen Verhandlungen vor: Eine Reihe großer Stahlwerke und Firmen der Chemieproduktion waren vor Demontage gerettet, damit auch Zehntausende Arbeitsplätze gesichert; der Schiffbau hatte etwas mehr Freiraum gewonnen; der konsularische Dienst durfte neu aufgebaut werden; die Bundesrepublik konnte einer Reihe internationaler Organisationen beitreten. Dazu gehörte nun freilich auch die Ruhrbehörde, und hier besonders hakte die Opposition mißbilligend ein; der Beitritt erschien ihr als Unterwerfung.

Dem Vorwurf hielt der Kanzler mit kühler, ätzender Schärfe entgegen, die SPD sei eben leider eher bereit, »die ganze Demontage bis zu Ende gehen zu lassen«, als daß sie Vertreter von deutscher Seite in die Behörde zu entsenden willens sei. In dem Zusammenhang scheute er sich nicht, ganz offen herauszustellen, daß die Alliierten Druck ausgeübt hatten: Beitritt der Bundesrepublik zur Ruhrbehörde oder »Demontage bis zu Ende«. Adenauer hatte in dieser Lage ein Nachgeben für klüger gehalten. Und das war der Reizpunkt der nächtlichen Debatte, an welchem Kurt Schumacher das Wort vom »Bundeskanzler der Alliierten« gebrauchte.

Das Bundestagsprotokoll vermerkt an dieser Stelle: »Stürmische Protestrufe in der Mitte und rechts. Großer Lärm und Klappen mit den Pultdeckeln ... Anhaltendes Glockenzeichen des Präsidenten« (Dr. Köhler). Für zwanzig Sitzungen schloß er den Oppositionsführer von den Sitzungen aus.

Das Hohe Haus der jungen Demokratie hatte seinen ersten Skandal. Zwar kam es zum Jahresende 1949 zu einer Art Vergleich, zu einer beiderseitigen Rücknahme der schweren Anwürfe, aber der Bruch heilte lange nicht mehr.

Europarat und Montanunion

Der kalte Krieg wirkte spaltend und einigend zugleich. Wie Deutschland im Vorfeld der Supermächte zerrissen war, so verstärkte sich im freien Teil Europas zur selben Zeit das Bemühen, die einzelnen Nationen zu einer größeren Einheit zu bringen, durch Partnerschaft stärker zu werden. Sicher ist der Europagedanke älter als Churchills berühmter Aufruf vom 19. September 1946 in der Zürcher Universität, aber dieses Datum ist ein Meilenstein der Annäherung. Der günstige Zeitpunkt und das Ansehen des Redners riefen Energien wach, die, gelähmt vom Eisernen Vorhang und den Kriegszerstörungen, auf solch erlösendes Wort gewartet hatten. »Wir müssen eine Art Vereinigter Staaten von Europa errichten«, hatte der Kriegspremier der akademischen Jugend zugerufen und dabei bereits einem mit Frankreich versöhnten Deutschland seinen Platz zugewiesen: »Es gibt keine Wiedererweckung Europas ohne ein geistig großes Frankreich und ohne ein geistig großes Deutschland.«

Was schon in den zwanziger Jahren, ebenfalls nach einem verheerenden Krieg, als Ideal propagiert worden war, erwachte nun mit verstärktem Willen neu. Einer der engagiertesten Wortführer war Graf Coudenhove-Kalergi, der 1923 in Wien eine Paneuropa-Bewegung gegründet hatte. Das Schicksal Europas, das war nicht nur dem alten Winston Churchill klar, hing entscheidend vom deutsch-französischen Verhältnis ab. Und hier gab es nach 1945 gegenüber 1918 einen entscheidenden Unterschied. Haß- und Rachegefühle waren ungleich schwächer geworden, als hätten sich die Energien der »Erbfeindschaft« nach Jahrhunderten endlich erschöpft. So wäre es vier Jahre nach dem Ersten Weltkrieg unmöglich gewesen, was sich vier Jahre nach dem Zweiten an der deutsch-französischen Grenze abspielte: daß Jugendliche beider Nationen die Schlagbäume zertrümmerten und sich bei loderndem Feuer verbrüderten.

Der erste Stichtag auf dem Wege zu einem Europa der Institutionen, nicht nur der Worte oder Einzelhandlungen, war der 5. Mai 1949. Damals schlossen sich zehn Länder zum Europarat zusammen, das heißt sie nahmen in London das Statut dieser Organisation an, unterzeichneten die Gründungsurkunde: Großbritannien, Irland, Frankreich, die Benelux-Staaten, die drei skandinavischen Länder und Italien.

Artikel 1 bestimmte, daß der Europarat »einen starken Zusammenschluß seiner Mitglieder zum Schutz und zur Förderung der Ideale und Prinzipien, die ihr gemeinsames Erbe sind, und zum Besten ihres wirtschaftlichen und sozialen Fortschritts bezweckt«. Artikel 4 verpflichtete (und verpflichtet) die Mitglieder, die Menschenrechte und Grundfreiheiten im Bereich ihrer Grenzen zu achten.

Als Hauptorgane des Europarates wurden eingerichtet: die Beratende Versammlung in Straßburg und der Ministerausschuß. In die Beratende Versammlung delegierten die nationalen Parlamente Abgeordnete, und zwar nach einem von der jeweiligen Größe abhängigen Länderschlüssel. Die bevölkerungsstärksten Mitgliedstaaten bekamen je 18 Delegierte bewilligt. Von dieser Höchstzahl ging es hinab bis zu drei Mandaten für Luxemburg. Dazu kam 1958 das Europa-Parlament, die gemeinsame parlamentarische Versammlung der EWG, Montanunion und Europäischen Atomgemeinschaft (EURATOM). Auch diese zweite Körperschaft wurde von den Parlamenten der Mitgliedländer beschickt, gleichfalls mit Sitz in Straßburg. Von all diesen Dingen wird noch ausführlich die Rede sein.

Einundzwanzig Jahre später hat Europa einen großen Schritt getan: von der indirekten Abgeordnetenwahl zur direkten, von der Entsendung durch die Parlamente zur Entsendung durch das Volk. So wurde das Europäische Parlament stark aufgewertet.

Gegenwärtig ist noch nicht abzusehen, welche Funktion und Rolle das erste direkt gewählte Parlament der europäischen Gemeinschaftsgeschichte sich erobern wird. Zu beurteilen ist nur, was die Vorgänger, vor allem der Europarat, geleistet haben. Ist er mehr geworden als ein Forum unverbindlicher Vorschläge und Forderungen, mehr als ein Debattierklub ohne handlungsfähige Exekutive? Völkerrechtlich waren die Kompetenzen in der Tat sehr schwach, und doch hat diese Institution auf die öffentliche Meinung Einfluß geübt und zwischenstaatliche Abkommen bewirkt. Der wertvollste Erfolg war die Europäische Menschenrechts-Konvention, auf die sich die Mitgliedstaaten Ende 1950 geeinigt haben.

Die Bundesrepublik Deutschland gehörte nicht zu den Gründungsmitgliedern des Europarates, denn sie bestand ja noch gar nicht. Kaum aber, daß sie konstituiert war, mußte es Adenauers Bestreben sein, die junge Republik Mitglied werden zu lassen, schon deshalb, weil jede Teilnahme an Kollektiveinrichtungen ein Schritt auf dem Wege zur Gleichberechtigung war und die Beschränkungen der Souveränität lockern mußte.

Auf dem Wege dieser logischen Folgerung lag jedoch ein sperriges Stück: die Saar. Die Franzosen hatten das Saarland 1947 aus ihrer Besatzungszone herausgelöst und in das französische Wirtschaftssystem eingegliedert. Anfang 1950 gab Frankreich dem Saarland Autonomie und vereinbarte gleichzeitig eine langfristige Ausbeutung der Kohlengruben.

Die institutionalisierte Verflechtung der Saar mit Frankreich wurde in Bonn mit Sorge gesehen. Es war ein Verstoß gegen das Potsamer Abkommen (das Frankreich freilich nicht mit unterschrieben hatte), denn der Saarvertrag veränderte die Westgrenzen Deutschlands und griff damit einem Friedensvertrag vor. Unter solchen Umständen konnte die Bundesregierung kaum Vorstöße in Richtung Europarat unternehmen, obwohl die Westmächte dies sogar gern gesehen hätten. Jetzt aber zeigte Adenauer sich wieder einmal auf der Höhe seines taktischen Geschicks. Vier Tage nach dem Saar-Abkommen gab er einem amerikanischen Journalisten ein Interview, worin er eine deutsch-französische Union propagierte; sie würde »einem schwerkranken Europa neues Leben und einen kraftvollen Auftrieb geben«. Er vergaß nicht zu erwähnen, daß die Saar vor Gründung einer solchen Union an Deutschland zurückgegeben werden müsse – aber das Problem würde sich in solchem großen Rahmen von selber lösen ...

Die Flucht nach vorn verschlug den Franzosen zunächst fast den Atem; sie hatten viel eher scharfen Protest aus Bonn erwartet. Der Protest kam auch, er wurde am 11. März 1950, abermals vier Tage später, offiziell nachgereicht. Der Form war damit Genüge getan, aber die Verwahrung war nun so konziliant verpackt, daß man zur europäischen Tagesordnung übergehen konnte.

Zunächst äußerte General de Gaulle beeindruckt, eine Union zwischen Frankreich und Deutschland – er dachte immer weiträumig – würde das Werk Karls des Großen fortsetzen. Konkreter war, was am 9. Mai 1950 geschah. Der französische Außenminister Robert Schuman plädierte dafür, die deutsche und französische Kohle-, Stahl- und Eisenproduktion zu vereinigen. Anderen europäischen Ländern solle der Beitritt offenstehen. Jeder Krieg zwischen Frankreich und Deutschland, verkündete Schuman, werde durch die Montanunion nicht nur undenkbar, sondern auch materiell unmöglich. Wesentlich beteiligt an dem Plan war der französische Wirtschaftspolitiker Jean Monnet, der aber nicht, wie Schuman, mit dem deutsch-französischen Schicksal schon von Geburt verbunden war; vielmehr stammte er aus dem berühmten französischen Städtchen Cognac. Das französische Projekt wurde nicht zuerst öffentlich verkündet, sondern war in zwei Briefen enthalten, die per Boten überbracht und dem Kanzler am 9. Mai 1950 mit dem Vermerk »äußerst dringend« in eine Kabinettsitzung hineingereicht wurden. Adenauer schreibt rückblickend, ohne sein geistiges Erstgeburtsrecht an dem Plan sonderlich hervorzuheben: »Schumans Plan entsprach voll und ganz meinen seit langem vertretenen Vorstellungen einer Verflechtung der europäischen Schlüsselindustrien. Ich teilte unverzüglich Robert Schuman mit, daß ich seinem Vorschlag aus ganzem Herzen zustimme.« Unter diesen Umständen, durch diesen außenpolitischen Durchbruch, konnte Bonn es trotz der ungeklärten Saarfrage wagen, dem Europarat beizutreten, zuerst als assoziiertes Mitglied, 1951 als Vollmitglied.

Die Opposition spottete über ein Kleinst-Europa, bei dem vier Fünftel unberücksichtigt bleiben würden, hegte obendrein den Verdacht, hier wollten die vereinten christlich-demokratischen Politiker Westeuropas im Bunde mit der katholischen Kirche das Reich Karls des Großen wiedererwecken (es hatte im Osten nur bis zur Elbe und Saale gereicht). De Gaulle hatte das Stichwort ja gerade geliefert. Es war auch wirklich ein Schönheitsfehler, daß der Schumanplan nur von den kontinentaleuropäischen Schwerindustrien ausging, die älteste Industrienation, England, aber draußen blieb – und bleiben wollte. Die Engländer träumten nach dem Krieg noch von ihrem Weltreich mehr als von einer Annäherung an Europa.

Bundeskanzler Adenauer nach dem Empfang bei den drei Hochkommissaren der Westalliierten auf dem Petersberg 1949.

Die Ehrenbezeigung der Militärpolizei markiert unübersehbar die Aufwertung des jungen Staatswesens Bundesrepublik.

Auch in den deutschen Zechen und Stahlwerken überwogen die Bedenken. Würde der eben eingeleitete Aufschwung der heimischen Wirtschaft vielleicht durch kommende Gemeinschaftsbeschlüsse gedrosselt werden? Konnten zu viele internationale Köche den nationalen Brei verderben? War vielleicht schon Konkurrenzdenken im Spiel, das beginnende deutsche Wirtschaftswunder nicht zu groß werden zu lassen?

Der Vertrag über die Montanunion war trotz solcher Sorgen und trotz des kleineuropäischen Anstrichs nicht aufzuhalten, weil er in der Grundidee zeitgemäß und geschichtlich notwendig erschien. Ein knappes Jahr nach dem Vorstoß Schumans unterzeichneten sechs Länder den Vertrag über die Montanunion: Frankreich, die Bundesrepublik, Italien und die Benelux-Länder.

»Mit der Unterzeichnung des Vertrages«, hieß es in einer Deklaration, »durch den die Europäische Kohle- und Stahlgemeinschaft, eine Gemeinschaft von 160 Millionen Europäern, geschaffen wird, haben die vertragschließenden Parteien bekundet, die erste übernationale Institution zu schaffen und darüber hinaus den Grundstein zu einem organisierten Europa zu legen.«

Als lenkendes Organ der Schwerindustrie-Gemeinschaft wurde die internationale Hohe Behörde mit Sitz in Luxemburg geschaffen; ihr erster Vorsitzender: Jean Monnet. Die Hohe Behörde erhielt Lenkungsbefugnisse solcher Art: Investitionshilfen aus Anleihen, Anpassungshilfen bei Strukturkrisen, Erzeugungsbeschränkungen bei Absatzmangel, Festsetzung der Preise, Abbau von Wettbewerbs-Hemmnissen.

Alles in allem hat die Montanunion, deren Vertrag im Januar 1952 vom Deutschen Bundestag ratifiziert wurde und der im Juli 1952 in Kraft trat, die Erwartungen erfüllt. Ohne die Überzeugung, daß das Wagnis gelungen sei, hätten die sechs Partnerstaaten kaum den Mut gefunden, fünf Jahre später, 1957, in Rom die Europäische Wirtschaftsgemeinschaft zu gründen – die wohl schwere Mängel aufweist, die wir uns aber heute kaum mehr fortdenken können. Dafür mußte die Montanunion der Vorreiter sein, der Spähtrupp im unbekannten Gelände der europäischen Integration.

Wiederaufrüstung?

Unter den Spätheimkehrern vom Oktober 1955, deren Freilassung Bundeskanzler Adenauer bei seinem Besuch in Moskau – von dem noch die Rede sein wird – ausgehandelt hat, ist auch ein ehemaliger Generalleutnant und Divisionskommandeur von Stalingrad. Nachdem er in Friedland das Tor zur Heimat und Freiheit durchschritten hat, trifft er bald einen Major seiner Einheit wieder. Nach freudigem »Woher?« und »Wohin?« fragt der General nach dem Schicksal einiger alter Kampfgenossen, denn der Major ist schon lange wieder zu Hause.

»Wie geht es eigentlich dem Befehlshaber der U-Boote, Dönitz?«

Der Major, verwundert: »Dönitz? Der sitzt doch in Spandau!«

»In Spandau? Was tut ein Admiral in Spandau?«

»Na, er sitzt im Gefängnis natürlich!«

»Ach richtig, ja, ich habe davon gehört«, sagt der Spätentlassene und erkundigt sich nach dem früheren Stabschef von Rommel, dem General Speidel.

»Der sitzt in Paris«.

»Im Gefängnis?«

»Nein, bei der NATO natürlich«, entgegnet der Major.

»So, tatsächlich?« staunt der andere.

»Und wie steht's mit dem Panzergeneral Meyer, dem berühmten Panzer-Meyer?«

»Der saß bis vor einiger Zeit in Kanada.«

»Bei der NATO?«

»Nein, im Zuchthaus natürlich.«

»Ach so, ach so, hm hm. Und wo ist eigentlich unser vormaliger Chef der Operationsabteilung geblieben, der Heusinger?«

»Der?« wundert sich der Major über so viele Wissenslücken, »der sitzt doch in Bonn.«

»Im Zuchthaus?«

»Nein, beim Verteidigungsminister natürlich.«

Der General erhebt sich, um zu gehen.

»Aber wohin denn schon?« fragt sein Gesprächspartner.

»In die Nervenheilanstalt. Denn wenn das, was Sie mir eben alles erzählt haben, natürlich ist, dann bin ich verrückt.«

Der hier nacherzählte Dialog stand im Herbst 1955 in der Zürcher Wochenzeitung »Die Tat«.

Vier Protagonisten der europäischen Einigung, versammelt im Pariser »Quai d'Orsay«. Von links nach rechts: Adenauer, Frankreichs Außenminister Schuman, Staatssekretär Hallstein und der französische Wirtschaftspolitiker Monnet.

Vielleicht hat er sich annähernd so zugetragen. Wenn er erfunden ist, dann beleuchtet er witzig die erstaunliche Entwicklung, die sich nach dem Krieg auf dem Gebiet der deutschen militärischen Geschichte abgespielt hat. Zehn Jahre nach der Kapitulation mußte das alles noch viel widersprüchlicher erschienen sein als heute, wo die Nachkriegszeit überschaubar hinter uns liegt. Daß deutsche Generale im Gefängnis saßen, mochte seit den Nürnberger Prozessen und anderweitiger – nicht immer gerechter – Siegerjustiz zumindest nicht verwunderlich erscheinen. Daß aber andere deutsche Generale zur selben Zeit eine neue deutsche Armee aufzustellen begannen, während die Verdammungsurteile gegen die alte Armee noch taufrisch waren, das stand dazu in einem recht grotesken Gegensatz. Hatte doch die Parole »Nie wieder deutsches Militär« seit 1945 zum Standard-Vokabular nicht nur bei den Siegern, sondern auch bei den Besiegten gehört. Wer 1955 aus fernabgelegenen Gefangenenlagern zurückkam, der konnte mit Recht die Welt nicht mehr verstehen.

Daß die Welt und ihre Anschauungsweisen sich binnen weniger Jahre so sehr verändert hatten, lag am Korea-Schock vom Sommer 1950. Am 25. Juni waren überlegene Streitkräfte aus dem kommunistischen Nordkorea in den unter dem Einfluß der USA stehenden südlichen Landesteil eingedrungen und hatten ihn überrannt. Nur mit äußerster Anstrengung, furchtbaren Opfern und Verwüstungen war es der vor allem aus US-Streitkräften bestehenden UNO-Streitmacht gelungen, den ursprünglichen Machtzustand wiederherzustellen. Der Korea-Schock saß tief, und nicht wenige Westdeutsche – in einem gleichfalls geteilten Land mit einem gleichfalls gegenüberliegenden kommunistischen Landesteil, wo es inzwischen 60 000 Mann kasernierter Volkspolizei gab – verglichen besorgt die ähnliche Ausgangslage und fragten sich: Wann sind wir dran?

Bundeskanzler Adenauer reagierte schnell. In einer Sitzung mit den Hohen Kommissaren – vor Jahren hießen sie noch Militärgouverneure, bald würden sie Botschafter heißen – brachte er am 17. August 1950 die Sicherheitsfrage zur Sprache. Dabei schlug er vor, eine westdeutsche Verteidigungsstreitkraft bis zu 150 000 Freiwilligen aufzubauen. Dabei hatte der Kanzler von vornherein keine nationale Armee im Auge, sondern eine Truppe im Rahmen europäischer Integration.

Als Rückendeckung diente ihm nicht nur die Aufrüstung in der Sowjetzone, sondern auch Churchills Rede vom 11. August vor dem Europarat, worin der britische Oppositionsführer sich für eine europäische Armee unter deutscher Beteiligung ausgesprochen hatte. Der Plan war in den USA sehr begrüßt worden.

Die Anregung des Kanzlers fiel bei den Besatzungsmächten auf fruchtbaren Boden, wie er in seinen Memoiren schreibt. Aber nun geschah Überraschendes. Der Zivilist Adenauer, der nie eine Waffe getragen hatte, dem militärische Fragen völlig fremd waren und der eine deutsche Armee allein unter dem Sicherheitsaspekt und als Instrument westeuropäischer Annäherung sah – dieser Staatsmann unterschätzte die Wehrmüdigkeit seiner Landsleute. Er wurde von Protesten gegen die Wiederbewaffnung überschwemmt. War das verwunderlich? Schauen wir zurück.

Auf den preußischen Kanonen stand lange die Inschrift »Ultima ratio regis« – Des Königs letztes Mittel. Im preußischen Selbstverständnis waren also Kanonen nicht der normale Umgangston. Aber die in Bronze gegossene Beteuerung hat nicht viel genützt. Es gibt Vorurteile und Legenden, denen durch kein Bemühen beizukommen ist, weil sie bequeme geistige Lieblingskinder sind. Ein solches Vorurteil besagt, daß der Staat Preußen fast alle Übel verschuldet habe, die Europa in den letzten zweihundert Jahren erdulden mußte. Daß Herrscher und Kabinette in Paris, London, Wien und Petersburg das Gesellschaftsspiel »Krieg« selber mit unermüdlichem Eifer betrieben haben, wurde darüber vergessen.

Es war daher für weiteste Kreise, auch in Deutschland, eine Genugtuung, daß der alliierte Kontrollrat am 25. Februar 1947 den Staat Preußen durch Gesetz beseitigte. Die Präambel lieferte die Begründung, die einem Glaubensbekenntnis gleichkam: Preußen sei »von jeher Träger des Militarismus und der Reaktion in Deutschland gewesen«. Ein Staatskörper von großer Tradition, der allerdings faktisch längst im Deutschen Reich aufgegangen war und obendrein beinahe vierzig Prozent seines Territoriums im Osten an Polen verloren hatte, wurde im Vereinsregister der

Nationen gelöscht. Es war die Ultima ratio der Besatzungsmächte... Die völkerrechtliche Liquidierung des einstigen deutschen Kernstaates war eine logische Folge des Potsdamer Abkommens und seiner Leitgedanken: »Der deutsche Militarismus und Nazismus werden ausgerottet... Völlige Abrüstung und Entmilitarisierung... Zu diesem Zweck werden alle Land-, See- und Luftstreitkräfte... einschließlich aller anderen militärischen und halbmilitärischen Organisationen zusammen mit ihren Vereinen und Unterorganisationen, die den Interessen der Erhaltung der militärischen Tradition dienen, völlig und endgültig aufgelöst... Das Erziehungswesen in Deutschland muß so überwacht werden, daß die nazistischen und militaristischen Lehren völlig entfernt werden und eine erfolgreiche Entwicklung der demokratischen Ideen möglich gemacht wird.«

Den Siegern war es tödlich ernst mit ihren antimilitaristischen Formeln, sonst wäre das Thema nicht in ständigen Variationen wiedergekehrt. Das für die Eroberer Erstaunlichste war vielleicht, daß die Besiegten, selber reichlich bedient vom Kriegsgetöse, entsetzt von den Verbrechen, die aufgedeckt wurden, die verordnete Lektion bereitwillig und mühelos lernten. Sie hatten Uniformen satt, strebten lieber nach zivilem Erfolg und überließen das blutige Weltspiel bereitwillig anderen.

Doch ein Gespenst ging um in Europa, das Gespenst der Furcht vor dem Kommunismus. Der imperialistische Spätstalinismus erschreckte die westliche Welt, vor allem seit dem kommunistischen Umsturz in der Tschechoslowakei im Frühjahr 1948 – das war der Anstoß für die Gründung der NATO ein Jahr später – und seit der Berliner Blockade im Sommer desselben Jahres. Kaum zu glauben, aber Ende 1949 war im Pariser »Combat« zu lesen: »Wir wollen uns nichts vormachen: Die Verteidigung an der Elbe macht eine deutsche Armee unvermeidlich.«

Erstmals pochte die Weltpolitik an die Einfriedung, hinter der der abgerüstete deutsche Michel friedlichen Geschäften nachging. Michel wollte nicht öffnen. Er ließ durch Bundeskanzler Adenauer erklären: »Es muß ein für allemal in der Öffentlichkeit klargestellt werden, daß ich prinzipiell gegen eine Wiederbewaffnung bin.« Im Bundestag blies die Opposition ins gleiche Horn. »Die

Sozialdemokratische Fraktion«, so äußerte Erich Ollenhauer, »lehnt es ab, eine deutsche Wiederaufrüstung auch nur in Erwägung zu ziehen.« Und dann, wie gesagt, kam Korea, und der Kanzler änderte sein »ein für allemal« überraschend schnell, doch das wurde in der Öffentlichkeit zunächst nicht bekannt. Aber die Diskussion war nicht mehr aufzuhalten, zumal Winston Churchill schon im März, also vor dem Einfall Nordkoreas in den Süden der Halbinsel, im Unterhaus für eine deutsche Wiederbewaffnung eingetreten war und nun vor dem Europarat erneut. Paul Sethe, ein Gegner solcher Gedanken, schrieb am 12. August 1950 in der »Frankfurter Allgemeinen«: »Ein Deutscher, der vor fünf Jahren einen rostigen Husarensäbel nicht ablieferte, sondern in seinem Garten vergrub, galt bei den Alliierten als ›Nazi‹ und ausgepichter Feind der Demokratie. Ein Deutscher, der heute erklärt, er trage nicht gerne ein Gewehr und werde nur mit Mißvergnügen einen Stahlhelm aufsetzen, gilt wieder als schlechter Demokrat. Was auch die verwegenste Phantasie 1945 nicht voraussehen konnte, ist eingetroffen. Die Wandlung, die von den Gefühlen der Deutschen verlangt wird, entspricht ungefähr dem Tempo, in dem sich ein Karussel dreht. Aber so schnell vermögen Menschen ihre Meinung kaum umzustellen, und es verstärkt sich der Eindruck, als wüßten die Westmächte nicht, wie sie in den letzten Jahren die Gefühle der Deutschen hin und her gezerrt haben.«

Man muß sich vergegenwärtigen: Trümmer noch ringsum. Millionen Gefallene, Verschollene, Verletzte, Tausende noch in der Gefangenschaft, Kriegsverbrecher-Prozesse mit vielen Todesurteilen und langjährigen Haftstrafen, die furchtbarsten Enthüllungen über das, was mit Hilfe deutscher Militärmacht geschehen war, deutsche Soldatentradition verdammt bis zurück zu Friedrich dem Großen und noch weiter...: und nun sollte man in diesem Land wieder Uniform und Waffen tragen! Es forderte schon die stoische Gemütslage eines Patriarchen, um hier nicht von vornherein zu sagen: »ohne mich!« Er sagte es nicht, die anderen sagten es. Der Kanzler, der bisher auf der Woge der Volksströmung gesegelt war, der den Puls seiner Landsleute so sicher gefühlt und der erkannt hatte, wo ihre Interessen lagen und wo nicht, der hatte plötzlich den Wind im Gesicht.

Trotz der Angst vor dem Kommunismus, trotz des Sicherheitsbedürfnisses und der täglichen wechselhaften Militärberichte aus Korea wollte die große Mehrheit von einer Remilitarisierung im eigenen Land nichts wissen. Für den Schutz hatte man ja die Amerikaner...

Eine Karikatur in der »Welt« gab die Volksstimmung am treffendsten wieder. Der deutsche Michel mit der Zipfelmütze steht bei der Musterung auf der Waage, alliierte Politiker darum herum. Kommentar: »Kerngesund – bis auf die volle Nase!«

Eine politisch deutliche Sprache redeten die Landtagswahlergebnisse in der Zeit von Ende 1950 bis Frühjahr 1951. Bayern: 27,6 Prozent für die Union gegenüber 52,3 Prozent vier Jahre zuvor; Hessen: 19,0 (30,9); Württemberg-Baden: 26,3 (38,3); Rheinland-Pfalz: 39,2 (47,0) Prozent. Die Tendenz war lebensbedrohend für die Union, doch Adenauer blieb unbeirrt. »Es gibt nur einen Weg, den Frieden zu retten«, äußerte er im Oktober 1951, »das ist der Weg zur Eingliederung Deutschlands in die Europäische Verteidigungsgemeinschaft.«

Die Europäische Verteidigungsgemeinschaft (EVG) war vom französischen Ministerpräsidenten Pleven im Jahr zuvor, im Oktober 1950, vorgeschlagen worden, als militärisches Gegenstück zur Montanunion. Dabei dachte er an eine Fusion von Truppen und Material unter einer übernationalen politischen und militärischen Autorität. Leitgedanke war, es nicht zur Wiederbelebung einer selbständigen deutschen Armee kommen zu lassen; deutsche Truppenkontingente sollten von vornherein Teil eines größeren Ganzen sein. Da dies vollkommen im Sinne Adenauers war, hatte seine Zustimmung keine vierzehn Tage auf sich warten lassen, ungeachtet der Demission seines Innenministers Gustav Heinemann. Der wollte eine deutsche Wiederbewaffnung nicht mitverantwortlich unterstützen. Heinemann, ein gottesfürchtiger Christ, warnte: Gott habe den Deutschen zweimal die Waffen aus der Hand geschlagen; ein drittes Mal dürften sie sie nicht ergreifen.

Stalin lockt mit Gesamtdeutschland

Mitten in der Debatte um die EVG, die später doch nicht zustande gekommen ist, weil die Franzosen Angst bekamen vor ihrer eigenen Courage und das Projekt im Parlament zum Scheitern brachten, mitten im leidenschaftlichen Für und Wider um einen deutschen Beitrag zur europäischen Verteidigung, meldete sich eine unerwartete Stimme zu Wort. Stalin schickte eine Note an die drei Westmächte, in der er Verhandlungen über den Abschluß eines Friedensvertrages für Deutschland unter Beteiligung einer gesamtdeutschen Regierung anbot. Weitere Kernpunkte des sensationellen Dokuments: Deutschland wird als einheitlicher Staat wiederhergestellt; die Besatzungsmächte verlassen das Land spätestens ein Jahr nach Inkrafttreten des Friedensvertrages; Deutschland verzichtet auf Militärbündnisse gegen jede der Siegermächte; nationale Streitkräfte und die Herstellung der nötigen Waffen sind erlaubt.

Nachdem der Westen sich von seiner Überraschung erholt hatte, ging er an die Analyse und Interpretation. Hilfestellung bot der DDR-Ministerpräsident Grotewohl, der vier Tage später, am 14. März 1952, vor der Volkskammer erläuterte: »Freie Wahlen zur verfassunggebenden Nationalversammlung sind der kürzeste Weg zur Wiederherstellung der deutschen Einheit.«

Kein sowjetisches Angebot war bisher so weit gegangen, kein sowjetisches Angebot – das wissen wir erst im Rückblick – reichte später an dieses heran. Woher plötzlich diese Nachgiebigkeit, diese Zugeständnisse, die doch außerdem den Freiheitswillen der unterdrückten Ostvölker in gefährlicher Weise stimulieren und damit die Position der Sowjetunion in Osteuropa schwächen mußten? Das wird sich kaum klarer beantworten lassen als durch einen Blick auf die Gedankengänge von Paul Sethe.

Der große Kommentator der fünfziger Jahre veröffentlichte 1956 ein schmales Buch unter dem Titel »Zwischen Bonn und Moskau«. Der Bewunderer von Adenauers Staatskunst und scharfe, aber immer vornehme Kritiker seiner Handlungsweise in der Deutschlandpolitik kommt darin zu dem Schluß, daß Stalin aus Gründen des sowjetischen Sicherheitsstrebens zu so weitgehenden

Angeboten genötigt worden sei. Augenreibend fragte sich vielleicht mancher damalige Leser, ob der Verfasser bei Trost sei: das größte Land der Welt, waffenstarrend von der Elbe bis Wladiwostok, und dann Furcht vor einer Wiederbewaffnung in Deutschland? Aber die Landkarte und die Stückzahlen von Panzern können leicht zu falschen Schlüssen verführen. Sethe belegt ausführlich die traumatischen Erinnerungen aus der jüngeren russischen Geschichte. Eine große Rolle habe dabei die Intervention der Westmächte 1919/1920 und ihre Unterstützung der Konterrevolution gespielt. Noch tiefer säße der Schock der deutschen Invasion von 1941, der Vorstoß bis Moskau und Stalingrad, das gewaltige jahrelange Ringen um jeden Meter russischen Bodens. Wenn jetzt deutsche Militärkraft und amerikanische technische Überlegenheit ein Bündnis eingingen, folgerte Sethe, so erwachten bei den sowjetischen Machthabern, so hart sie sonst pokern und so unsentimental sie sind, Erlebnisse und Ängste ihrer eigenen Vergangenheit.

Vielleicht sollte noch erwähnt werden, daß sowjetische Agenten seinerzeit bei einem amerikanischen Militärattaché Pläne für einen Präventivkrieg fanden und daß die amerikanische Zeitschrift »Collier's« Ende 1951 in einem ganzen Sonderheft mit detaillierten Schilderungen einen Dritten Weltkrieg ausmalte, bei dem Atombomben auf das Land regnen und der Gigant SU nach zyklopenhaftem Ringen niedergeworfen wird – wie kann es schon anders sein in der Sicht kreuzzugsfreudiger amerikanischer Publizisten der Ära des Kommunistenjägers McCarthy...

Stalin und das Politbüro betrachteten, wenn man sich diese Überlegungen zu eigen macht, eine deutsche Wiederbewaffnung durchaus nicht isoliert, sondern im globalen Zusammenhang »kapitalistischer Einkreisung« – sicher ohne hinreichend zu berücksichtigen, wie sehr jene »Einkreisung« Folge kommunistischer Weltrevolutionsvorstellungen war. Und dabei spielte so viel Irrationales hinein, daß die Note vom 10. März 1952 in ihren Zugeständnissen erheblich weiter ging, als nach der bisherigen harten Kreml-Politik zu erwarten gewesen wäre. Darin liegt die Bedeutung des sowjetischen Angebots. Wie reagierte der Westen?

Sechs Tage danach ließ Adenauer sich im westfäli-

schen Siegen zu einer leider sehr sieghaften Sprache verleiten, die uns sieben Jahre nach der Kapitulation schlecht zu Gesicht stand. »Ziel der deutschen Politik ist nach wie vor, daß der Westen so stark wird, um mit der Sowjetunion zu einem vernünftigen Gespräch zu kommen. Ich bin fest davon überzeugt, und auch die letzte Note der Sowjetunion ist wieder ein Beweis dafür, daß, wenn wir auf diesem Wege fortfahren, der Zeitpunkt nicht mehr allzu fern ist, zu dem Sowjetrußland sich zu einem vernünftigen Gespräch bereit erklärt.«

Der Triumph, die Supermacht im Osten mit Soldaten, die noch gar nicht vorhanden waren, zum Einlenken bewogen zu haben, ließ ihn nicht ruhen; er wollte mehr, ein »vernünftiges« Gespräch, was so viel heißt wie: Rückzug der Sowjetunion nicht nur aus Deutschland, sondern ein Zurückdrängen auf ihre Ausgangsposition. Er wollte nach eigenen Worten noch erleben, daß die osteuropäischen Verhältnisse »geordnet« würden. Damals in Siegen wurde die »Politik der Stärke« geboren, die dann jahrelang die Diskussion beherrscht hat.

»Der Kanzler«, schreibt Sethe, »war nicht unempfindlich gegenüber der Tatsache, daß er einen großen Erfolg errungen hatte, aber er wollte ihn noch vermehren. Der Kanzler hatte immer nur ein kühles Verhältnis zu Bismarck gehabt. In dieser Stunde hätte er von ihm lernen können, wie man einen Sieg erringt, ohne ihn durch Maßlosigkeit wieder zu gefährden.« Natürlich war Adenauer nicht direkter Gesprächspartner, Bonn hatte ja keine diplomatischen Beziehungen zu Moskau; antworten konnten nur die Westmächte. Aber die Stimmungslage war in den westlichen Hauptstädten gleichfalls nicht darauf gerichtet, dem Angebot auf den Grund zu gehen. Die Alliierten wollten die beginnende militärische Zusammenarbeit angesichts des fortdauernden Koreakrieges gar nicht erst durch diplomatische Störmanöver aus dem Osten – so wurde Stalins Intervention abgetan – aufhalten lassen. Sie ignorierten zwar nicht die diplomatische Aktion des Kreml, verlangten hingegen Vorleistungen, die die Sowjetunion nicht zu geben bereit war. In der Bundesrepublik Deutschland war die Reaktion auf Stalins Lockruf durchaus nicht allenthalben so eindeutig abweisend wie Adenauers Meinung (»ein Fetzen

Papier«). Viele sahen in dem Angebot zumindest eine Chance. Ob es ernst gemeint war, wußte keiner, aber um dies zu erkunden, gab es das altbewährte diplomatische Mittel der Verhandlungen. Dabei hätte der Integrationsprozeß ruhig weiterlaufen können. Ein reines »Störmanöver«, sofern es eines war, konnte dadurch leicht auflaufen lassen. Viele sagten sich auch, daß die Interessen der Westmächte nur zum Teil unsere Interessen seien. Ihnen ginge es allein um ihre Sicherheit, uns aber auch um unser geteiltes Land und um die Frage, ob die schon jetzt weit gediehene Spaltung aufzuhalten oder gar rückgängig zu machen sei. Dagegen stand allerdings die Mehrheit, die angesichts der latenten Dauerbedrohung durch den expansiven Kommunismus überhaupt keine ehrlichen Absichten bei den Sowjets in Rechnung stellte, die sich obendrein von Adenauers zuversichtlichen Worten beschwichtigen ließ, die Festigung des Bündnisses werde automatisch zur Wiedervereinigung führen. So blieben die Mahner in der Minderheit.

In Demokratien zählen Stimmen, sonst nichts. Spätestens 1953 konnte Adenauer sich wieder in der Sonne der Wählergunst wärmen und seinen streng antikommunistischen und prowestlichen Kurs für voll gerechtfertigt halten. Die geschichtliche Wertung sieht es vielfach anders. Sie glaubt, daß damals die Verantwortungspflicht gegenüber dem ganzen Deutschland nicht ernst genug genommen worden sei. Auch wäre bei ernsthaften Verhandlungen der vergiftende Streit um mögliche versäumte Chancen im Zusammenhang mit jener Stalin-Note vermieden worden.

Statt dessen – vor dem Hintergrund, daß Stalins Nachfolger nie wieder so weit gegangen sind – wurde der 10. März 1952 zu einem Datum der Wiedervereinigungs-Nostalgie, zu einer Quelle der Legendenbildung. »Noch heute kann man kein Gespräch über die deutsche Frage führen, ohne an die angeblich verpaßte Chance von 1952 erinnert zu werden«, schrieb der Publizist Klaus Mehnert 1962 in der Wochenschrift »Christ und Welt«. Die Zeit ging schließlich darüber hinweg, weil sie neue Tatsachen schuf. Dazu gehörte, daß die Sowjets in späteren Memoranden stets die DDR ausdrücklich als Partner für die Vorbereitung eines Friedensvertrages erwähnten. Stand der östliche Teilstaat 1952, mindestens verbal,

noch zur Disposition, so war das nach Stalins Tod und dem Erstarken der UdSSR im Zeichen der Wasserstoffbombe seit etwa 1953 vorbei. Nicht daß damit die Notenwechsel und Diskussionen aufhörten; der Streit ging weiter, wenn auch mit verändertem sowjetischem Selbstbewußtsein, das der freie Westen lange kaum so richtig in seine Überlegungen einbezog.

Absonderlich erscheint heute das Ausmaß des Wunschdenkens auf westlicher Seite in den fünfziger Jahren im Zusammenhang mit dem künftigen Status Deutschlands. Die Bundesregierung und die Westmächte, deren führender Außenpolitiker seit Anfang 1953 der US-Außenminister John Foster Dulles war, verlangten vor jeder völkerrechtlichen Klärung der deutschen Verhältnisse freie Wahlen. Die Sowjets, die zwar die freien Wahlen durch die DDR in die Diskussion gebracht hatten, widersprachen solchem Vorhaben mit dem Argument, zunächst müsse der militärische Status des künftigen Gesamtdeutschland klargestellt werden. Der erste Standpunkt war juristisch, der zweite politisch. Die Verfassungsdemokraten auf unserer Seite gingen davon aus, daß nur eine aus freien Wahlen hervorgegangene gesamtdeutsche Volksvertretung und Regierung über so elementare Fragen wie seine Militärverfassung und militärische Zugehörigkeit entscheiden dürften. Logisch war das unanfechtbar, nur ging der Standpunkt völlig an den Realitäten vorbei. Wenn ein frei gewähltes Parlament und seine Exekutive unter den weltpolitischen Aspekten von 1952 und danach militärpolitisch souverän hätten entscheiden können, so hätten sie selbstverständlich die Anlehnung an den Westen gesucht. Mit anderen Worten: Die Sowjets wären kraft Plebiszit gezwungen worden, sich aus Mitteldeutschland zurückzuziehen, die westlichen Streitkräfte wären bis zur Oder nachgerückt. Damit hätte sich das Kräftegleichgewicht der Weltmächte mit einem Schlag nachhaltig zuungunsten der Sowjetunion verändert.

Jedem Laien ist klar, daß keine Großmacht, überhaupt keine Regierung mit freier Willensentscheidung eine solche Kapitulationsurkunde unterschreiben kann. Aber die leitenden Staatsmänner des Westens sahen das nicht. Sie waren so auf ihr Rechtsdenken fixiert und so vom Kreuzzugsgedanken des kalten Krieges erfüllt, daß die her-

Die Europa-Uniform oder der rote KZ-Kittel: »Gibt es da noch eine Wahl?« fragt der italienische »Travaso« vom November 1953. So wurde in der Zeit des kalten Krieges für eine europäische Streitmacht geworben.

kömmlichen Einsichten einer Politik des »do ut des« (ich gebe, damit du gibst) einfach nicht »greifen« konnten.

Wenn man das Klima jener Jahre nacherleben will, braucht man sich nur diesen »Streit um die Reihenfolge« in Erinnerung zu rufen. Es gibt keinen besseren Anschauungsunterricht, wie sehr Glaubensbekenntnisse und Ideologie den politischen Sachverstand trüben können.

Es gab dadurch eindrucksvolle moralische Siege über die Moskowiter, aber der Wiedervereinigung kamen wir keinen Schritt näher. Jeder zeigte mit Fingern auf die kommunistische Widerwilligkeit, freie Wahlen zuzulassen – ein Widerwille, der grundsätzlich und in jedem Fall groß war –, aber nur wenige sahen, daß die Zustimmung dazu ohne Absicherungen in diesem konkreten Fall seiner Selbstaufgabe gleichgekommen wäre.

Wiedergutmachung

In der Zeit der heftigen Auseinandersetzungen um die Wiederbewaffnung mußte ein anderer Gegenstand, ein anderer Mischkomplex äußerer und innerer Politik bewältigt werden. Er hatte viel mit Gewissenseinkehr zu tun und stieg wie ein schwerer Schatten aus der jüngsten deutschen Vergangenheit herauf. Es ging um Ersatzforderungen Israels für die Eingliederung deutscher Juden in den jungen Staat, aber auch um Wiedergutmachung an Juden außerhalb Israels für die materiellen Verluste, die sie in ihrer Heimat Deutschland erlitten hatten.

Die »New York Times« war skeptisch. Am 16. März 1951 schrieb sie: »Es besteht nicht die Hoffnung, daß Deutschland irgend etwas in der Frage der allgemeinen Wiedergutmachung tun wird, es sei denn vielleicht aufgrund von Anweisungen der vier Besatzungsmächte.« Vier Tage zuvor hatte Israel die Mächte in einer Note aufgefordert, israelische Ersatzansprüche in Höhe von 1,5 Milliarden Dollar (nach damaligem Kurswert sechs Milliarden Mark) zu unterstützen. Dem Verlangen lag die Berechnung zugrunde, daß 450 000 deutsche Juden infolge der nationalsozialistischen Gewaltpolitik nach Israel beziehungsweise zuvor in das Mandatsgebiet Palästina ausgewandert seien und daß jeweils Tausende Dollars

hatten aufgewendet werden müssen, um sie in ihre neue Heimat einzugliedern.

An die Stelle einstiger engster Verflechtungen zwischen dem Judentum und dem Gesamtbegriff Deutschland waren drei Nachfolgestaaten getreten, zwei in Europa, einer in Vorderasien, zwei aus den Trümmern des verlorenen Krieges, einer aus den Trümmern tausendjähriger mittel- und osteuropäischer jüdischer Vergangenheit. Sechs Jahre nach dem Ende des organisierten Massenverbrechens schien ein Gespräch schwer möglich zu sein. Israel war auch wegen fehlender diplomatischer Beziehungen außerstande, Bonn offiziell anzusprechen. Die Sieger als Ersatzadressaten, wie reagierten sie?

Die Sowjetunion antwortete überhaupt nicht. Sie hatte ja nicht einmal ihre eigenen Reparationsforderungen aus dem Bereich Westdeutschlands auch nur annähernd erfüllt bekommen, statt dessen ihre Sowjetzone ausgeplündert – und tat es immer noch. Dort war nichts mehr zu holen, um Dritte zu befriedigen. Später verschloß sich die DDR allen Forderungen Israels mit dem bequemen Argument, als antifaschistischer Nachfolgestaat habe sie mit den Verbrechen des Hitler-Regimes nichts zu tun und sei daher für Ersatzleistungen nicht heranzuziehen. Sie stieg schlichtweg aus der Geschichte aus, obwohl natürlich die Mehrzahl auch ihrer Bürger dem Diktator Hitler zugejubelt hatte. Jedenfalls, zu holen war dort nichts.

Die Westmächte standen aus unterschiedlichen Gründen vor einem Dilemma. Schadenersatz an Israel wäre ein Präzedenzfall für Ansprüche anderer Länder gewesen; die Bundesrepublik Deutschland mit ihren gewaltigen sozialen Problemen war nicht unbegrenzt belastbar und sollte doch gerade als leistungsfähiger Bündnispartner in die westliche Allianz einrücken; Forderungen Israels minderten zwangsläufig den Verlustausgleich an die jüdischen Organisationen, die die Juden vor allem in Amerika und in England vertraten. Schließlich: Englands Ölinteressen im Nahen Osten. Würden die Araber nicht empfindlich reagieren, wenn der verhaßte Aufsteiger-Staat in ihrer Mitte mit deutschem Geld gepäppelt würde? Alles zusammen war so verknotet, daß die Westalliierten den Gegenstand gern von sich schoben. Sie antworteten auf das Ersuchen Israels, sie könnten der BRD Zahlungen nicht direkt auferlegen.

Der israelischen Regierung blieb nichts übrig, als sich zu überwinden, ihre Forderungen auf dem Wege informeller Kontakte zu Bonn vorzubringen. Gespräche hinter den Kulissen erbrachten die Zustimmung des Bundeskabinetts zu Wiedergutmachungs-Zahlungen an Israel. Als Konrad Adenauer am 27. September 1951, ein gutes halbes Jahr nachdem die Forderung von 1,5 Milliarden Dollar erhoben worden war, mit einer Regierungserklärung vor den Bundestag trat, wußte das Kabinett in Jerusalem schon Bescheid über den Inhalt. »Im Namen des deutschen Volkes«, sagte der Kanzler, »sind unsagbare Verbrechen begangen worden, die zur moralischen und materiellen Wiedergutmachung verpflichten.« Zwar seien hierbei Grenzen der Leistungsfähigkeit zu berücksichtigen im Hinblick auf die zahllosen Kriegsopfer, Flüchtlinge und Vertriebenen im eigenen Land, die es zu versorgen gelte, doch erkläre die Bundesregierung sich bereit, gemeinsam mit Vertretern des Staates Israel und des außerisraelischen Judentums eine Lösung zu suchen. Dem jüdischen Staat billigte Adenauer als Berechtigung seiner Forderungen zu, daß er »so viele heimatlose Flüchtlinge aufgenommen hat«. Damit war die Forderung vom März mit genau jener Begründung im Prinzip anerkannt.

Im Anschluß an Adenauers Erklärung fand Bundestagspräsident Hermann Ehlers die würdige Geste, die Abgeordneten aufzufordern, sich zu erheben »zum Zeichen dessen, daß sie im Mitgefühl für die Opfer einig sind«. Die eindeutige Stellungnahme der Regierung und des Parlaments wurde in der Welt stark beachtet, und selbst die israelische Regierung kommentierte den Vorgang mit gemessener Anerkennung. Die Erklärung des deutschen Kanzlers werde geprüft, hieß es dort. Im Januar 1952 beriet die Knesseth unter leidenschaftlicher Anteilnahme des ganzen Volkes drei Tage lang stürmisch; dann billigte sie mit 61 zu 50 Stimmen bei fünf Enthaltungen die Absicht der Regierung Ben Gurion, mit Westdeutschland zu verhandeln.

Die Verhandlungen Bonns einerseits mit dem Staat Israel, andererseits mit den jüdischen Organisationen – zusammengefaßt in der Conference on Jewish Material Claims against Germany –, leitete auf deutscher Seite Franz Böhm. Der schwäbische Professor der Rechtswissenschaft war

für diesen Posten ganz abgesehen von der fachlichen Qualifikation bestens ausgewiesen. 1940 hatten die NS-Behörden ihn wegen seiner Kritik an der Judenpolitik des Dritten Reiches kaltgestellt. So verstand er auch seinen jetzigen Auftrag als sittliche Pflicht, was nicht daran hinderte, daß am Verhandlungstisch hart und zäh gerungen wurde – übrigens in den Niederlanden. Im Mai 1952 beschloß die israelische Regierung, die Verhandlungen abzubrechen, weil die deutsche Delegation kein Mandat hatte, in die horrende Summe von sechs Milliarden Mark einzuwilligen. Immerhin war das ein knappes Drittel des damaligen bundesdeutschen Staatshaushaltes. Vor allem argumentierte die deutsche Seite, die Bundesrepublik könne nicht allein für die materielle Schuld des Hitler-Regimes aufkommen; die Sowjetzone müsse ebenfalls an ihr mittragen. Das tat diese aber nicht – mit der schon erwähnten Begründung. Unter Kompromissen beider Seiten wurde schließlich am 10. September 1952 ein Abkommen zustande gebracht. Zwei Milliarden Mark wurden als nomineller Anteil der ostdeutschen Konkurrenz-Republik ausgeklammert. Von den verbleibenden vier hatte Israel eine Milliarde gestrichen, Bonn sein Angebot von zwei auf drei Milliarden Mark erhöht. Die Summe wurde auf zwölf Jahresraten verteilt. Eine dreizehnte und vierzehnte Rate von zusammen 450 Millionen Mark wurde als Entschädigung für die jüdischen Weltverbände vereinbart.

Summen solcher Größenordnung werden natürlich nicht einfach auf fremde Konten überwiesen, ohne daß nicht auch die eigene Wirtschaft einen Nutzen davon hat. Daher wurde vereinbart, daß Israel von dem Geld, soweit möglich, Produktionsgüter in der Bundesrepublik einkaufen werde. 30 Prozent mußten allerdings verwendet werden, Öl-Einfuhren nach Israel zu bezahlen und Schulden bei der Shell in London zu begleichen. Vom übrigen Kapital kaufte der jüdische Staat Investitionsgüter, Schiffe und Materialien aller Art. Während Deutschland auf diese Weise über zwölf Jahre bis 1966 den Aufbau des Staates Israel mitfinanzierte, kamen dessen Einkünfte zum Teil in rückwirkendem Effekt der deutschen Wirtschaft zugute.

Daß wiederum sowohl die Zahlungen als auch die gewaltige Transfusion in Form von Sachlieferun-

Fortsetzung S. 162

Mordversuch mit Lexikon

Zwei Münchner Schulbuben schöpften Verdacht, als sie ein Unbekannter bat, ein an Konrad Adenauer adressiertes Paket zur Post zu bringen. Das Paket enthielt, ver- packt in einen Lexikonband, eine tödliche Sprengladung. Wer steckte hinter dem heimtückischen Mordversuch vom März 1952?

Der 46jährige Karl Reichert lag fiebernd im Bett, als ihn am Abend des 27. März 1952 die Pflicht rief. Sie stand in Gestalt des Münchner Stadtpolizisten Klemens Freismidl vor ihm. Zusammen mit seinem Kollegen Alfred Jörg sollte er den grippekranken Mann ins Polizeipräsidium bringen.

Dort war ein verdächtiges Paket zu öffnen. Mit dem Sachverstand, den sich Reichert in 22 Dienstjahren erworben und der ihn zum Brand- und Sprengmeister der Berufsfeuerwehr gemacht hatte.

Das »Pfüat di«, das der pflichtbewußte Feuerwerker beim Verlassen der Wohnung zum Abschied sagte, war das letzte Wort, das seine Frau von ihm hörte.

Während der Streifenwagen mit dem in eine Decke gehüllten und vor Luftzug geschützten Sprengmeister in die Ettstraße zum Münchener Polizeipräsidium fuhr, lag das 30×20×8 cm große Paket auf einem Tisch der Kriminalwache, bewacht von Beamten in respektvoller Entfernung.

Die Pfiffigkeit zweier Jungen, des 13jährigen Bruno Bayersdorf und des 12jährigen Werner Breitschopp, hatte es dahin gebracht. Am Hauptbahnhof, wo sich die beiden als ungebetene Scheibenputzer parkender Amiwagen betätigten, hatte sie ein etwa 30jähriger Mann angesprochen. Es war gegen 18 Uhr. Er sagte, sie könnten sich drei Mark verdienen und zeigte auf ein Paket, das in Zeitungspapier gehüllt war. Darunter, so versicherte er, sei alles o. k., verpackt, beschriftet und mit Porto versehen. Sie sollten es für ihn auf das Postamt in der Leopoldstraße bringen und aufgeben. Er selbst hätte es sehr eilig, in fünf Minuten ginge sein Zug. Er holte die Münzen aus der Tasche und fragte sie, ob sie wollten.

Die Jungen wollten, denn das war ein besserer Job als die Scheibenwischerei, die ihnen oft nur Amiflüche einbrachte. Sie nahmen Geld und Paket und schlenderten zum Karlsplatz, um mit der Straßenbahn zum angegebenen Postamt zu fahren.

Auf dem Weg packte sie die Neugier, zu gerne hätten sie gewußt, was die Zeitung verhüllte. Bevor sie nachzusehen wagten, blickten sie sich um und sahen, daß der Mann ihnen folgte. Das erschien ihnen sonderbar, der Mann hatte es doch eilig, er wollte doch zum Zug. Darum gingen sie schneller, bis zum Stationshäuschen am Karlsplatz. Dort erst, vor den Blicken des Fremden verborgen, schlugen sie das Zeitungspapier auf.

Das braune Papier des Pakets war frankiert und mit zwei beschrifteten Zetteln beklebt: Adressat und Absender. Erstaunt lasen die Jungen: »An dem Bun-

deskanzler DR. KONRAD ADENAUER, BUNDESHAUS BONN« und »Sender: Prof. Dr. ERICH BERGHOF, FRANKFORT a/M, Bernheimer Landstr. 26«. Nicht nur die Anschrift machte sie stutzig, sondern die zwei Schreibfehler: dem statt den und Frankfort. Ein Professor, der nicht richtig schreiben kann, das gab es doch nicht. Sie überlegten und wandten sich an den Stationsbeamten der Straßenbahn. Der griff zum Telefon und rief die Funkstreife.

Kurz darauf war sie zur Stelle, und dem Fahrzeug entstiegen die uns schon bekannten Polizeimeister Freismidl und Jörg. Sie nahmen das Paket und die beiden Jungen in Verwahrung und fuhren zur Kriminalwache. Die Jungen wurden verhört, das Paket als verdächtig befunden. Deshalb wurde Sprengmeister Reichert aus dem Krankenbett ins Präsidium gebracht.

Er übernahm das für den Bundeskanzler bestimmte Poststück und trug es in den Keller. Die beiden Streifenbeamten, eine mögliche Gefahr mißachtend, folgten ihm. Als sich Karl Reichert am Paket zu schaffen machte, um es zu öffnen, explodierte die verborgene Höllenmaschine. Die Wirkung war verheerend. Dem Sprengmeister wurden beide Hände abgerissen, Splitter drangen in Körper und Kopf. Auch die beiden Polizisten lagen blutend am Boden. Sie überlebten, doch Reichert bezahlte seinen Berufseinsatz mit dem Leben. Neben seiner Frau hinterließ der Tote auch drei Kinder.

Von dem schrecklichen Vorfall in der Münchner Ettstraße erfuhr die ganze Welt. Funk und Presse aller Länder verbreiteten die Meldung. Es ging nicht um den unbekannten Sprengmeister, der in Erfüllung seiner Berufspflicht getötet wurde, es ging um den Mann, dem der Tod zugedacht war. Um den damals 76jährigen Dr. Konrad Adenauer. Nicht der Tote, der Überlebende machte die Meldung zur Sensation.

Wer konnte diesem Mann, den selbst die politischen Gegner achteten, nach dem Leben trachten?

Ein unverbesserlicher Nazi, ein Angehöriger der im Ausland wieder organisierten Faschisten, ein Kommunist oder einfach ein Irrer? Für die Kriminalisten kam jeder in Frage. Bundesanwaltschaft und Bundeskriminalamt wurden eingeschaltet und mit der Fahndung beauftragt.

Inzwischen waren Spezialisten des Münchener Zentralamtes für Kriminalidentifikation dabei, die Sprengreste zu sichern und daraus den Sprengkörper zusammenzusetzen. Da die Explosion in einem geschlossenen Raum erfolgt war, mußten alle Splitter vorhanden sein. Und sie wurden gefunden.

Konrad Adenauer lud die beiden Münchner Buben Werner Breitkopp und Bruno Bayersdorf, deren Wachsamkeit das Sprengstoffattentat vereitelt hatte, nach Bonn und schenkte jedem eine goldene Uhr.

Aus über 8000 Einzelteilen rekonstruierten die Experten den Sprengkörper und seine Tarnung. Die Bombe, durch Batteriekontakt gezündet, war in einem 700 Seiten starken Brockhaus-Lexikonband untergebracht. Um Platz zu schaffen, waren 477 Seiten herausgeschnitten. Der Band steckte in seiner blauen Originalkassette, die mit Natronpapier umwickelt und mit Eisengallustinte beschriftet war.

Auch der Sprengstoff wurde festgestellt und dieser schien den Beamten von besonderer Bedeutung. Es handelte sich nämlich um TNT (Trinitrotoluol), das als »militärisches Material« damals auf deutschem Boden nicht hergestellt werden durfte und kaum zu beschaffen war. Das ließ ausländische Täterschaft vermuten. Die »Qualität« der Höllenmaschine verriet überdies fachkundige Werkstattarbeit.

Die beiden hellen Jungen lieferten den Fahndern eine ziemlich gute Täterbeschreibung. Der Mann war 30 bis 33 Jahre alt, 1,70 m groß, schlank und ungepflegt. Er trug einen hellen Regenmantel, einen grauen Hut und abgetragene schwarze Schuhe. Besonders auffällig waren das hagere Gesicht, in dem die Haarkoteletten bis unter das Jochbein reichten und eine Deformation des Mittelfingers der linken Hand.

Man ließ ein Phantombild danach zeichnen und es mit der Beschreibung des Gesuchten in der Presse veröffentlichen.

Am 30. März meldete sich die Inhaberin der Pension »Daheim« und gab an, daß »so ein Mann« am 27. bei ihr abgestiegen wäre. Er hätte sich Mario Mirelli genannt und als seine Wohnanschrift Rom, Via Capocci angegeben. Er sei auf sein Zimmer gegangen, hätte kurz darauf mit einem Paket die Herberge verlassen und sich nachher nicht mehr blicken lassen. Sein Gepäck stehe noch im Zimmer, sie hätte es nicht angerührt.

Dieses »Gepäck« war ein neuer Vulkanfiberkoffer, den die Polizei öffnete. Er enthielt nur eine Tüte mit Äpfeln.

Nachfragen bei den italienischen Sicherheitsbehörden ergaben, daß es in Rom eine Via Capocci nicht gibt und ein Mario Mirelli dort niemals gemeldet und unbekannt sei. Die Ausforschung ging weiter, 10 000 Plakate wurden gedruckt und angeschlagen, auf denen zu lesen war, daß für den richtigen Hinweis 15 000 DM gezahlt würden. Mehr als 5000 Vermutungen und Verdächtigungen mußte man daraufhin nachgehen, über 200 bezichtigte Personen mußten verhört, überprüft und wieder entlassen werden. Presseaufrufe und Plakataktionen hatten keinen Erfolg.

Nur der Aktenberg wuchs. Die Protokolle füllten bald 14 Ordner. Soweit ihr Inhalt überhaupt tatbezogen war, verdichtete er nur den Verdacht, daß eine ausländische Terrororganisation am Werk gewesen sei. Das aber war den Fahndern schon wenige Tage nach dem Vorfall in der Ettstraße klar. Was sich nämlich in Paris und in Den Haag zugetragen hatte, ließ keinen anderen kriminalistischen Schluß zu.

Am 29. März 1952 hatten die Pariser Niederlassungen der amerikanischen Presseagenturen »United Press International« und »Associated Press« gleichlautende, mit Schreibmaschine getippte »Communiqués« erhalten, die in Zürich und Genf aufgegeben waren. In den Schreiben bekannte sich eine »Organisation jüdischer Partisanen« als Urheberin des versuchten Anschlags auf den »Kanzler des Mördervolks Dr. K. Adenauer« und erklärte dazu:

»Wir sind im Krieg mit dem Volk der Mörder . . . Reparationen? Wir werden sie zahlen, wir haben Ihnen gerade (eine Rate) geschickt, und andere, viele andere werden folgen . . . Keine jüdische, israelische oder andere Vertretung in der Welt hat die Vollmacht, Reparationen von Deutschland anzunehmen. Nur die Opfer können das entscheiden und das haben sie schon längst getan . . . Auf die Mauern der Krematorien-Öfen haben sie mit ihrem Blut das Wort »NEKAMAH« (Vergeltung) geschrieben, und ihr Testament werden wir erfüllen, bis zum Ende . . .«

Die »Reparationen«, von denen in dem Schreiben die Rede war und mit denen das mißglückte Attentat auf Konrad Adenauer begründet wurde, standen zu jener Zeit tatsächlich zur Debatte. Der Bundeskanzler wollte für die materielle Schädigung der Juden in der Nazizeit dem Staat Israel Ersatz leisten.

Fälschlich war von »Wiedergutmachung« die Rede, und darüber sollte zwischen dem von Adenauer beauftragten deutschen Professor Dr. Böhm und Vertretern Israels in Den Haag verhandelt werden.

Dagegen erhoben sich jüdische Stimmen, nicht nur in Israel, sondern überall in der Welt, wo Juden lebten. Sie sagten, daß grausames Unrecht, Angst, Leid und millionenfacher Tod nicht mit Geld und Geldeswert zu tilgen sei. Sie stellten sich auch gegen die Verhandlungen, weil durch Annahme der angebotenen Leistungen »die Deutschen und ihr Staat« moralisch aufgewertet würden.

Die israelische Regierung dachte realistischer und schickte ihre Vertreter nach Holland, wo die Verhandlungen Anfang April beginnen sollten.

Dort wurde der deutsche Delegationschef am frühen Morgen des 1. April von der holländischen Polizei vor einer verdächtigen Postsendung gewarnt.

Sie wurde am Nachmittag zugestellt. Ein Brief mit der Anschrift: »AMBASSADE DER BUNDESREPUBLIK DUITSLAND für die Deutsche Delegation für Wiedergutmachung (Deutschland – Israel) GRAVEN-HAAGE Wagenaarw. 34« und dem Absendervermerk: »Prof. Dr. Max der Reeicher, Amsterdam, Wittenburg 56«. Obwohl seit dem Attentatsversuch auf den Bundeskanzler erst fünf Tage vergangen waren, beachtete man die Warnung nicht. Auch Hinweise des israelischen Geheimdienstes auf mögliche terroristische Aktivitäten waren nicht ernst genommen worden.

Man nahm den Brief entgegen und öffnete ihn ohne die gebotene Vorsicht. Er enthielt einen Sprengsatz von gleicher Zusammensetzung wie der im Bombenpaket von München, und nur ein Glücksfall, ein kleiner technischer Fehler, verhinderte seine Zündung. Die Explosion wäre tödlich gewesen. Der Brief enthielt auch einen Durchschlag jenes »Communiqués«, das die Presseagenturen in Paris enthalten hatten.

Das war eindeutig und klar: Zwischen dem »Mordpaket« und dem »Todesbrief« gab es einen Zusammenhang. Sie kamen aus einer Werkstatt, die Absender waren identisch.

Die kriminaltechnische Überprüfung ergab, daß nicht nur derselbe Sprengstoff verwendet worden war, sondern daß auch die Beschriftung des Briefes und das als »Communiqué« bezeichnete Drohschreiben auf der gleichen Maschine getippt waren.

Die Fahnder aber prüften und verglichen nicht nur, sie überlegten und kombinierten auch. Sie zweifelten nicht

daran, daß die Absenderangabe »Dr. Berghof« auf dem für Adenauer bestimmten Paket eine »Erinnerung« an Hitler war und der auf dem Brief angegebene Name »Dr. der Reeicher« nichts anderes als »der Rächer« bedeutete. Die Suche nach dem obskuren Mario Mirelli war nach dem Bescheid aus Rom weitergegangen. Dabei geriet ein Mann in den dringenden Verdacht, mit ihm personengleich zu sein. Es handelte sich im den 34jährigen in Kiew geborenen Josef Kronstein, der einen deutschen Reisepaß Nr. 602 besaß. Das Dokument war ihm am 16. 1. 1952 im bayerischen Deggendorf ausgestellt worden. Es sollte sich bei seiner Mutter in Paris aufhalten, doch er wurde von der französischen Polizei weder verhört noch gar in Haft genommen. Am 10. August 1953 verschwand er aus Paris, ohne eine Spur zu hinterlassen.

Bemerkenswert ist der Zeitpunkt seines Verschwindens. Die Bundesrepublik und Frankreich waren sich mit der Ratifizierung des »Schuman-Planes« (Januar 1953) näher gekommen, und Adenauer war auf seiner ersten Amerikareise (April 1953) wie ein souveräner Staatschef empfangen worden. Fahndungsersuchen des Bundeskriminalamtes konnten nicht lange mehr überhört und ignoriert werden.

Daß die Franzosen dies im Fall der zwei Anschläge getan haben, ist mehr als Vermutung. Dafür mag der Geist der »Résistance« maßgeblich gewesen sein, der in den Köpfen französischer Sicherheitsbeamter noch lebte, sicher aber die Tatsache, daß es sich um eine heikle politische Affäre handelte, aus der man sich besser heraushielt. Bezeichnend ist, daß die deutschen Behörden von polizeilichen Maßnahmen nicht unterrichtet wurden. Sie erfuhren aus der französischen Presse, daß in Paris vier jüdische Personen zum Attentatsversuch in München verhört, eine davon kurze Zeit in Haft gehalten und dann alle gemeinsam ausgewiesen wurden.

Die Briten erwiesen sich hilfsbereiter. Auch wenn sie sich in die Fahndung nicht einschalten konnten, vermochten sie doch die Identität der Täter zu klären: israelische Kampforganisationen, mit denen sie selbst blutige Erfahrungen gemacht hatten. Und das nicht nur auf dem Gebiet Israels, das bis 1948 britisches Mandatsgebiet war, sondern auch in ihrer deutschen Besatzungszone.

Das blieb aber auch alles. Gefaßt und verurteilt wurde keiner der Attentäter.

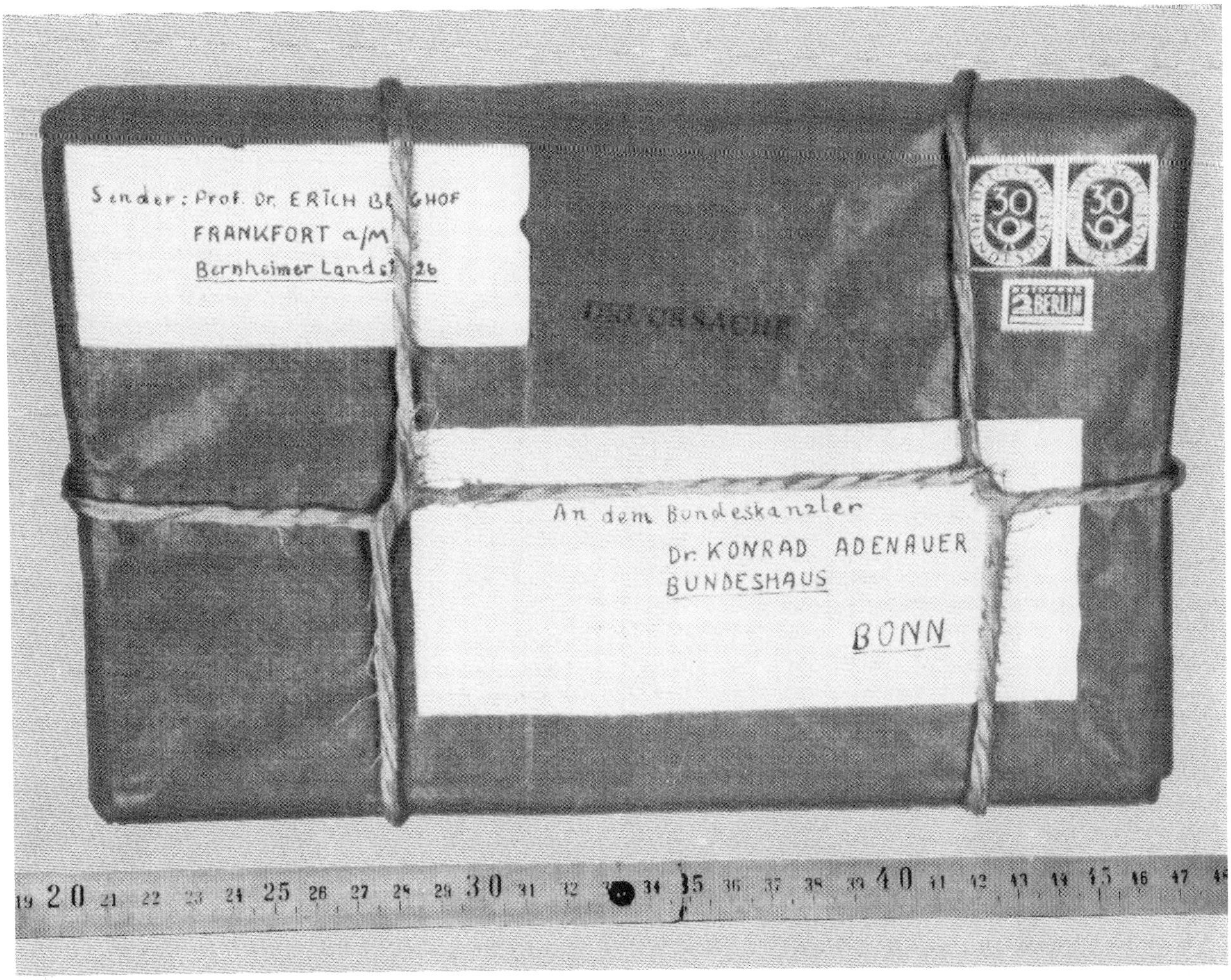

Fehler in der Beschriftung des Sprengstoffpakets machten die Jungen mißtrauisch. Statt zur Post, brachten sie das Paket des mysteriösen Fremden zur Polizei. Doch die sofort gestartete Plakataktion mit Nachbildungen der Buchkassette blieb erfolglos.

Wer zündet das Haus an?

In der Bundestagsdebatte über die Europäische Verteidigungsgemeinschaft von 1952 prallten die Meinungen aufeinander. Im folgenden zwei Redebeiträge: Erich Ollenhauer sprach gegen die EVG, Franz Josef Strauß dafür.

Ollenhauer (SPD)

Die erste und entscheidende Frage ist nach unserer Auffassung die nach der Vereinbarung der Verträge mit der Aufgabe der Bundesrepublik, die Wiederherstellung der deutschen Einheit in Freiheit als das vordringlichste Ziel ihrer Politik zu betrachten. Die Bundesrepublik hat nach unserer Meinung nicht das Recht, internationale vertragliche Verpflichtungen einzugehen, die die Wiederherstellung der deutschen Einheit erschweren oder verhindern.
(Abg. Dr. von Brentano: Sehr richtig!)
Niemand kann alle Folgen voraussehen, die die Annahme der Verträge durch die Bundesrepublik auslösen wird. Eines ist aber sicher: Die Eingliederung der Bundesrepublik in das militärische Verteidigungssystem des Westens, wie sie durch den EVG-Vertrag erfolgt, kann nur zu einer Vertiefung der Spaltung Deutschlands führen.
(Sehr richtig! bei der SPD – Zuruf von der Mitte: Irrtum!)
Demgegenüber ist die Annahme, daß die Aufrüstung des Bundesrepublik in der europäischen Gemeinschaft zu einer größeren Verhandlungsbereitschaft der Sowjetunion führen könnte, bestenfalls eine spekulative Hoffnung und nicht mehr. Die tatsächliche Wirkung kann auch genau umgekehrt sein.
(Beifall bei der SPD.)
Alle Gründe der Vernunft und Logik sprechen dagegen, daß Sie heute die Verträge in der dritten Lesung annehmen. Dagegen sprechen auch die realen Umstände, unter denen wir heute diese Beratung durchführen. Sie kämpfen für eine Außenpolitik, die vor einer entscheidenden Niederlage steht.
(Zuruf von der Mitte: Nee, nee!)
Und wenn sie trotzdem für die Verträge stimmen, dann ist das eine Politik nach dem Grundsatz: Es ist mehr wegen der Schönheit als wegen der Richtigkeit.
(Sehr gut! bei der SPD. – Ach-Rufe von der Mitte.)
Der Kampf geht weiter. Wir Sozialdemokraten werden ihn führen mit dem Ziel, an die Stelle der nach unserer Auffassung verfehlten Außenpolitik der Bundesregierung eine Politik der effektiven Sicherheit zu setzen, eine Politik der Rechtssicherheit, der sozialen Sicherheit im Innern und eine Außenpolitik, die unserem Volke in Gemeinschaft mit den anderen europäischen Völkern eine effektive Sicherheit gibt, ohne die Chancen für eine friedliche Wiedervereinigung Deutschlands zu zerstören. In diesem Geiste lehnt die sozialdemokratische Bundestagsfraktion die vorliegenden Verträge ab.
(Anhaltender lebhafter Beifall bei der SPD.)

Strauß (CSU)

Wir müssen von der Gegenwart und ihren Notwendigkeiten ausgehen. An uns sind heute in dieser Situation, bei dieser Lage des deutschen Volkes von unserem Gewissen bestimmte Fragen gestellt. Wir müssen diese Fragen beantworten, und die klare und nüchterne Entscheidung, die in absehbarer Zeit zu treffen sein wird, darf nicht, so groß die Verlockung auch wäre – Herr Kollege Ollenhauer, für Sie wie für mich –, durch den Blick nach rückwärts, mit den Gefühlen, die er auslösen könnte und zum Teil im Lande ausgelöst hat, getrübt werden. Wenn ein Haus vom Feuer bedroht wird, ist der Streit unter den Mietsparteien, wer das Feuer verschuldet hat, zwecklos. Das muß klar und rasch entschieden werden, wie man Einhalt gebieten kann, und dann müssen alle Hände zusammenhelfen, um das Haus zu retten.
(Abg. Müller, Frankfurt: Aber Sie wollen es ja anzünden!)
– Wer es anzünden will oder nicht, darüber sind wir uns sehr genau im klaren, lieber Freund.
(Zuruf von der CDU: Lieber Freund?)
Wenn Sie glauben, daß ein Brandstifter dann schon als harmlos gilt, wenn er als Brandversicherungsagent eine Zeitlang herumläuft, dann irren Sie sich.
(Lebhafter Beifall in der Mitte. – Zuruf des Abg. Müller, Frankfurt)
Ich gehöre zu denjenigen, die, wie wahrscheinlich die Mehrheit in diesem Hause, im letzten Krieg sechs Jahre lang die Uniform getragen und das Grauen des Zweiten Weltkriegs, von denen Sie gesprochen haben – wenn auch persönlich mit viel Glück, und dafür gebührt der Dank nach meinem Glauben dem lieben Gott, es ist nicht mein Verdienst – überstanden haben und durch diese Zeit hindurchgekommen bin. Ich bin mir dieser Vergangenheit und dieser Zeit so wohl bewußt, Herr Kollege Ollenhauer, daß ich von mir aus gesehen, wenn es um die Entscheidung ginge: sollen wir wieder Soldaten werden oder nicht, wenn es um die Frage ginge: neutral sein oder nicht neutral sein, wenn das die wirkliche Alternative wäre, sagen würde: Pack deinen Krempel ein, häng deinen Rücksack um und hau ab! Wir wollen nicht mehr.
(Sehr gut! bei den Regierungsparteien.)
Ich glaube, wir sollten hier auch nicht mit einem gefährlichen Argument operieren, das die Wachsamkeit einschläfert, eine richtige Entscheidung verzögert und auch die Rückkehr Deutschlands zu Gleichberechtigung und Freiheit auf unabsehbare Zeit hinausschiebt, nämlich von unserer Seite aus zu sagen: War es bisher nicht zu spät, dann kann es auch nie zu spät werden.

Erich Ollenhauer, späterer SPD-Vorsitzender, war zur Zeit der EVG-Debatte noch zweiter Mann nach Kurt Schumacher.

Franz Josef Strauß gewann durch seinen Auftritt in der Wehrdebatte Profil. Hier studiert er den Posteingang zu seiner Rede.

(Sehr richtig! bei den Regierungsparteien.) Wir sind uns sehr wohl darüber klar, wenn es in vier Wochen brennt, nicht in vierzehn Tagen durch einen Verteidigungsbeitrag eine wirksame Sicherung aus eigener Kraft schaffen zu können. Wir alle im Bundestag sind keine militärischen Experten. Wir wissen aber genau, daß das Ausmaß an aktivem deutschen Verteidigungsbeitrag, das diskutiert worden ist, eine sogenannte weiche Zeit oder Risikoperiode von 18 bis 24 Monaten einschließt. Das nicht zu sagen, wäre verantwortungslos, wenn auch die Periode unter bestimmten Umständen verkürzt oder jedenfalls das Ausmaß und das Risiko der Gefahr während dieser Periode eingeschränkt werden kann. Wir sollen uns aber davor hüten, zu sagen: Es gibt kein Zuspät. Es hat in der Weltgeschichte schon eine Reihe von Situationen gegeben, wo es zu spät war.
(Sehr gut! bei den Regierungsparteien.)
Ich glaube, die Damen und Herren von der SPD werden ein gewisses Verständnis für das haben, was ich jetzt sage. Wenn wir und manche von Ihrer Fraktion so direkte Nutznießer oder direkte Leidtragende der Entwicklung während des letzten Krieges gewesen sind, wir als Frontsoldaten haben es in den ersten Jahren der Feldzüge aus menschlicher Natürlichkeit denkbar angenehm empfunden, daß wir die Überlegenen gewesen sind, daß Deutschland mit seiner Rüstung einen Vorsprung hatte, der einen Blitzkrieg ermöglicht hat. Aber

haben wir nicht vor dem Kriege in Deutschland, und zwar vom General bis zum Fabrikarbeiter, manchmal gewünscht, daß das Ausland, bevor der Krieg ausbrach, eine so klare Sprache gesprochen hätte, daß uns der Gang als Frontsoldaten erspart geblieben wäre?
(Beifall der Regierungsparteien.)
Gerade die Tatsache, daß das nicht geschehen ist, hat nach dem Kriege so stark dazu beigetragen, daß wir es uns nicht gefallen lassen konnten, die Kriegsschuld eindeutig auf uns zu nehmen.
(Sehr gut, bei den Regierungsparteien.)
Friedenspolitik heißt eines: klar erklärter Verzicht darauf, politische Ziele mit Gewalt durchsetzen zu wollen.
(Sehr gut! in der Mitte.)
Friedenspolitik heißt aber auch, einem eventuellen Angreifer klarzumachen, daß sein Angriff auf den organisierten Gesamtwiderstand Europas und Amerikas stoßen wird.
(Lebhafter Beifall bei den Regierungsparteien.)
So gern ich die beiden mitsammen sprechen sehe, so möchte ich doch Herrn Dr. Adenauer und Herrn Dr. Schumacher nicht gern hinter Stacheldraht im Ural sich darüber unterhalten sehen, was sie im Frühjahr 1952 hätten tun sollen!
(Stürmischer Beifall bei den Regierungsparteien. – Abg. Dr. Wuermeling: Ausgezeichnet! – Lebhafte Zurufe von links.)

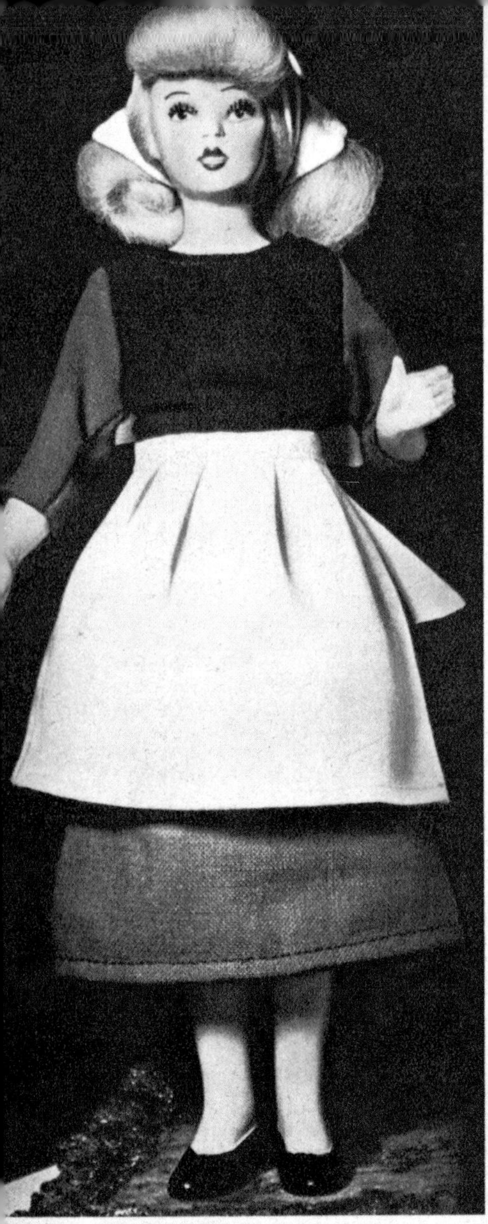

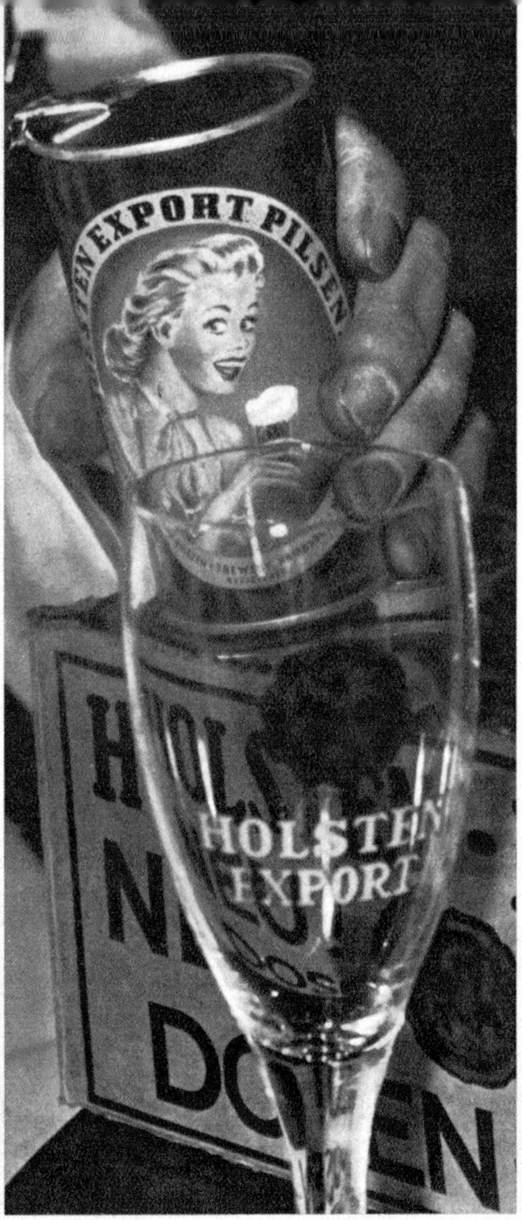
EXPORT PILSEN
HOLSTEN
EXPORT

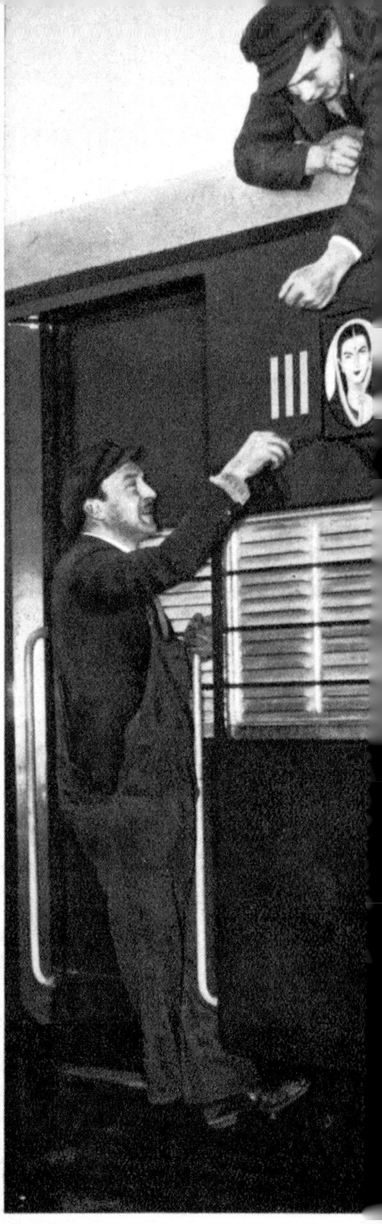

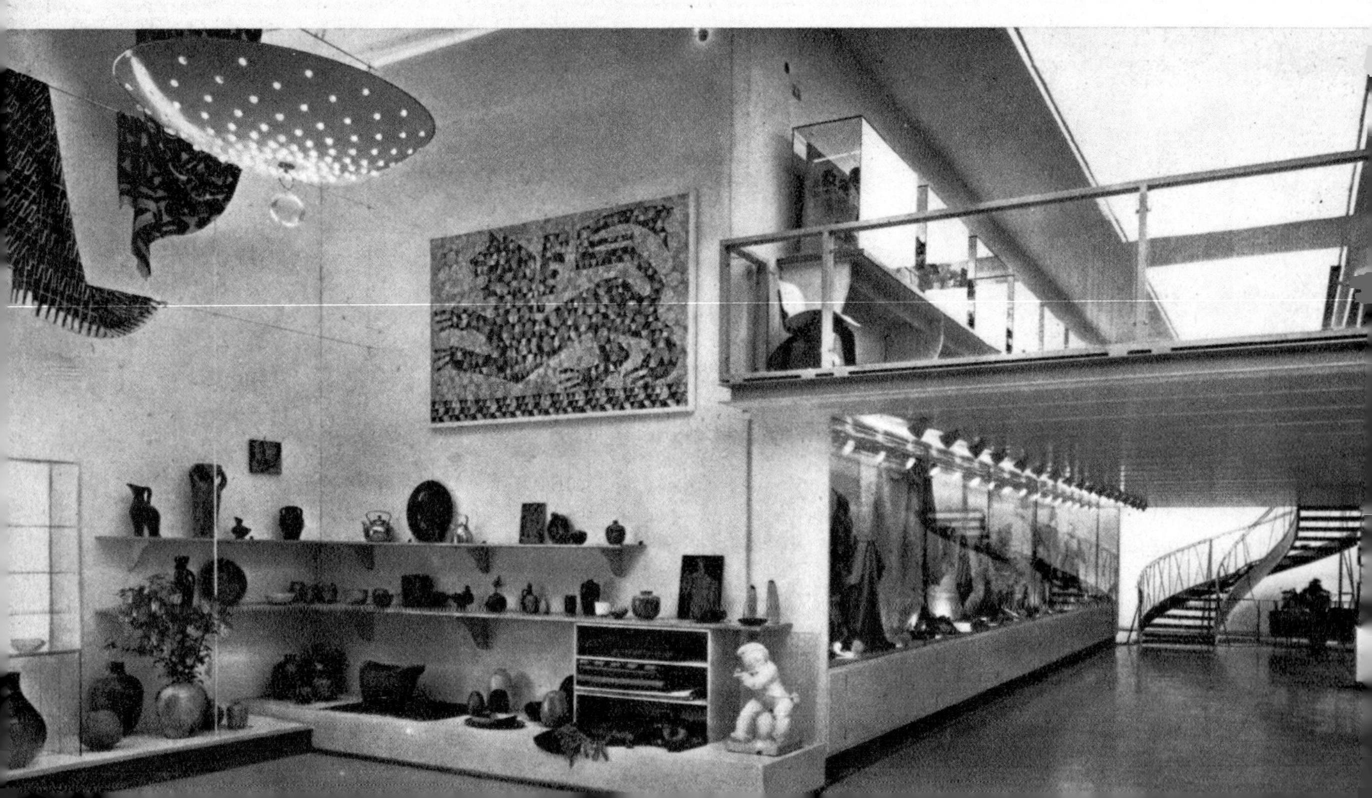

Der Export, von Jahr zu Jahr ansteigend, machte das deutsche »Wirtschaftswunder« dem Ausland bekannt. »Made in Germany« bekam schon bald wieder den vertrauten Klang. Vor allem der sogenannte Korea-Boom, ausgelöst durch das Engagement der Vereinigten Staaten im Koreakrieg, und die dadurch steigende Nachfrage nach Gütern aller Art beschleunigte die wirtschaftliche Entwicklung in der Bundesrepublik Deutschland. In der Zeit von 1950 bis 1956 verdoppelte sich das Bruttosozialprodukt, die Ausfuhr stieg um das Vierfache.

Linke Seite oben: Die Cinderella-Puppe wurde zum Exportschlager der Nürnberger Spielwarenindustrie. Den überall in der Welt stationierten US-Soldaten folgte zuverlässig deutsches Dosenbier. 250 Pullmanwagen bekam die indische Eisenbahn im Jahr 1952. *Unten:* Im deutschen Pavillon auf der Triennale in Mailand präsentierte die Industrie der Bundesrepublik ihre neuesten Erzeugnisse. *Rechte Seite:* Hanomag baute und exportierte ruckfreie Flughafenschlepper. *Mitte:* Ex-Flugzeugkonstrukteur Messerschmitt entwarf nach dem Krieg nicht nur den berühmten Kabinenroller, sondern auch Strumpfstopfmaschinen. *Unten:* Oberleitungsbusse von Mercedes-Benz für Argentinien.

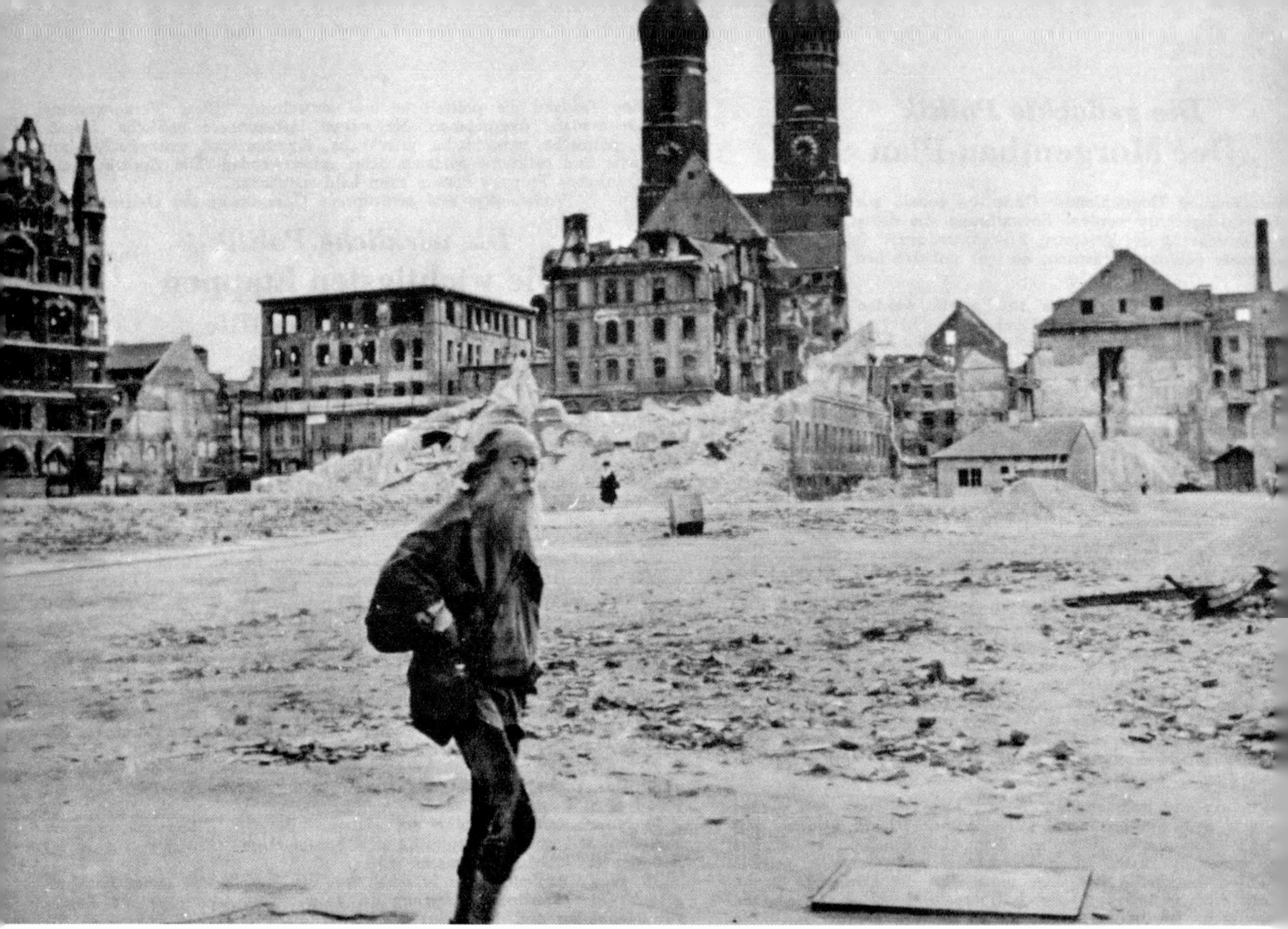

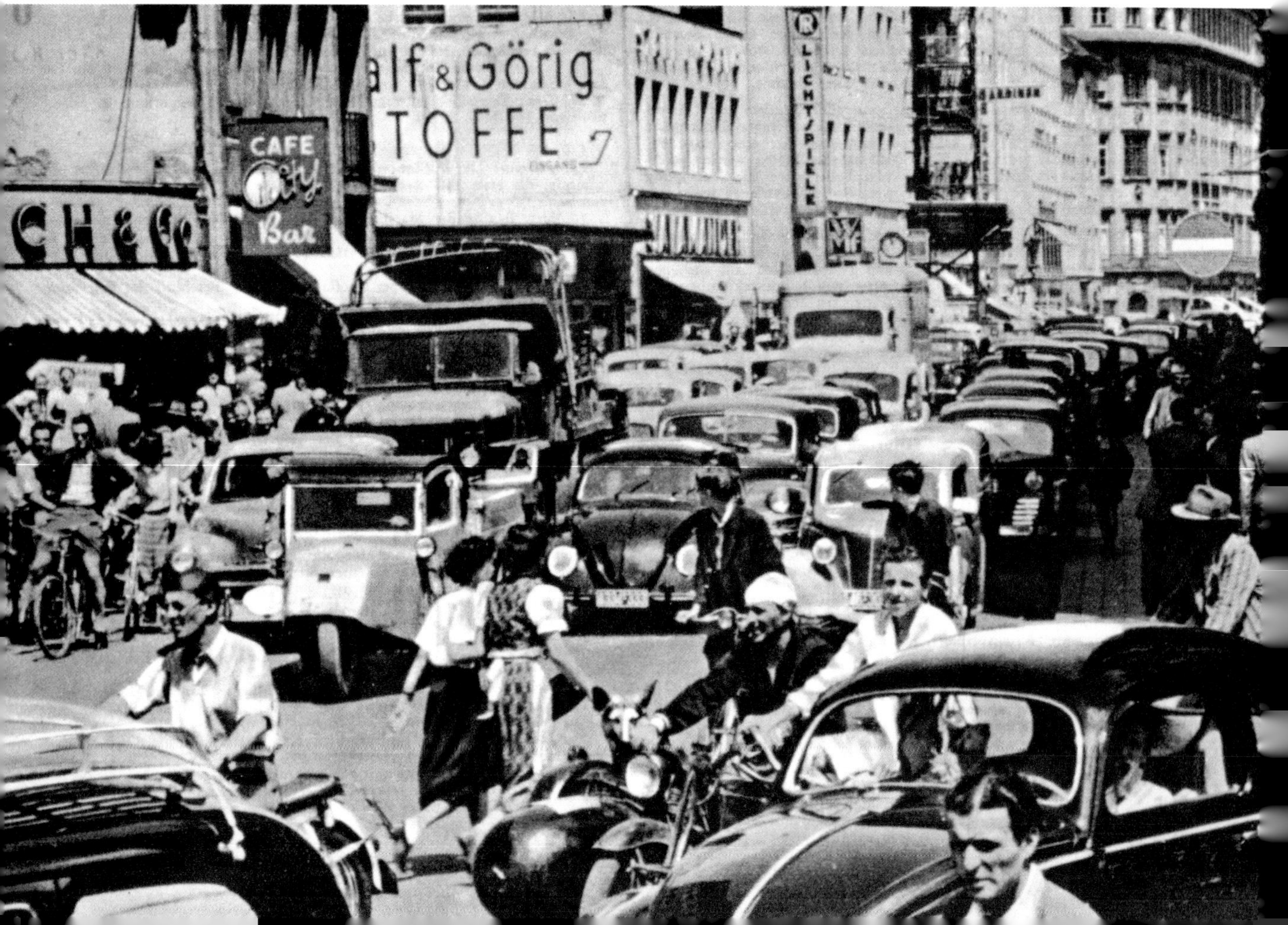
alf & Görig
STOFFE
CAFE
Bar
LICHTSPIELE

Das Auto, Bundesbürgers liebstes Kind, drückte den Städten der Nachkriegszeit seinen Stempel auf. Kaum daß die Ruinen weggeschafft und die Straßen frei gemacht waren, waren sie auch schon von Autos verstopft *(linke Seite oben:* Münchens Stadtzentrum im April 1946; *unten:* dieselbe Gegend an einem Wochenende im Juli 1952). Die Folge: Für das Auto wurden Deutschlands Städte gleich nach dem Wiederaufbau ein zweites Mal zertrümmert; diesmal nicht von Bomberpiloten, sondern von Straßenbauingenieuren. *Rechte Seite:* Am reißenden Absatz des Volkswagens maß sich der Aufschwung der Motorisierung. In den Ruinen des »KdF-Wagen«-Werks bei Wolfsburg wurden unter Aufsicht der Engländer schon 1945 wieder Autos gebaut *(rechts),* und 1953 veranstaltete man aus Anlaß der Fertigstellung des 500 000. »Käfers« ein Autoroulett, bei dem mehrere VW zu gewinnen waren *(oben).*

387 Prozent über dem Soll

Am 17. Oktober 1948 förderte der Hauer Adolf Hen-
necke in einer einzigen Schicht 24,4 Kubikmeter Kohle.
Damit überschritt er die Tagesnorm um 387 Prozent.
Diese einmalige Leistung wurde zum Stichwort der Akti-
vistenbewegung nach sowjetischem Vorbild in der DDR,
der Hennecke-Bewegung. 1950 wurde der Rekordarbei-
ter Abgeordneter der Volkskammer, bis zu seinem Tod
1975 blieb er Mitglied des Zentralkomitees der SED.

Der Schacht gehörte uns schon drei Jahre, und die Gewerkschaft hieß noch immer »Gottes Segen«. Und wir schmeckten noch immer Gottes Segen: tagaus, tagein trocken Brot und oft nicht einmal das. Wir kämpften erbittert. Gegen die Kapitalisten, die noch den größten Teil der Betriebe in der damaligen Ostzone besaßen, gegen die Opportunisten, die unsere Einheit der Arbeiterklasse wieder sprengen wollten, gegen die mangelhafte Arbeitsmoral unserer Kumpel. Seit eh und je gewohnt, ihre »Armut« aus dem Schacht zu schleppen, nahmen die meisten Kohle mit nach Hause, ohne zu bedenken, daß sie jetzt nicht mehr die Kapitalisten, sondern sich selbst bestahlen. Hatten sie genug zusammen, um sie gegen Nahrungsmittel zu tauschen, fuhren sie hamstern, manchmal fünfzig oder gar hundert Mann gleichzeitig, und die Förderung war in diesen Tagen noch geringer, als sie ohnehin schon war. Oft saß ich abends mit dem Genossen Willi Mehlhorn, der unser Werkleiter geworden war, im weißen Haus. Wir wußten nicht aus noch ein und redeten immer im Kreis. »Wenn wir die Normen erfüllen, können wir mit überproduzierter Kohle unseren Arbeitern mehr zu essen verschaffen.«
»Wenn! Aber die Arbeiter erfüllen die Norm nicht. Weil sie nicht genügend zu essen haben, werden sie nie mehr zu essen bekommen!«
»Aber wenn wir ihnen erst etwas mehr zu essen geben?«
»Woher?«
Wir hätten genau wie die Kinder auf der Straße singen können: »Wenn der Pott aber nun ein Loch hat . . .« Wir liefen in einem Hexenring, und es würde nie anders mit uns werden, solange dieser Ring nicht gesprengt wurde. Doch wer sollte das fertigbringen?
Eines Tages fragte Willi: »Kennst du einen Hennecke?«
»Den Adolf? Natürlich. Er ist doch seit zwanzig Jahren da. Was ist mit ihm?«
»Ich habe heute das Revier Süd befahren. Einmal sagte mein Begleiter, Obersteiger Freitag: ›Jetzt kommen wir zu meinem besten Mann. Der bringt Schicht für Schicht seine Norm und sogar darüber.‹ Wir richteten die Lampen und sahen ihm bei der Arbeit zu. Er war allein. In einem ganz bestimmten Rhythmus brach er die Kohle und schaufelte sie in die Rutsche. Dann baute er. Es war, als müsse er sich kein bißchen anstrengen. Fehlte nur noch, daß er dabei pfiff.«
»Na und? Was ist Besonderes daran?«
»Ich habe mich dann mit ihm unterhalten. Er ist ein Stachanow, freilich ein ganz kleiner.«
»Das glaube ich nicht. In der Krisenzeit, vor 1933, als wir alle nur eine Hose auf dem Leib hatten und, übermüdet von den Wahlvorbereitungen, noch vor dem Wahllokal agitierten, schritt Adolf Hennecke in hellgrauer Hose und blauem Jackett, den Spazierstock über den Arm gehängt, zur Wahl. Der Kumpel im Frack. Er wird uns gewählt haben, denn er war in der RGO – aber eine Funktion? Dafür war er nie zu haben. Wenn er jetzt so arbeitet, dann höchstens, weil er auf ehrlichem Weg zu einem eleganten Anzug kommen will.«
»Wir werden sehen. Ich haben ihn zu mir bestellt.«
Von nun an ging ich jeden Abend zum Willi und fragte: »War Hennecke da?« Und immer bekam ich ein Nein zur Antwort. Am vierten Tag forschte er: »Warum fragst du eigentlich? Du sagst doch, daß nichts in ihm steckt!«
»Ich habe das Normenbrett verfolgt. Er steht tatsächlich immer an erster Stelle. Man müßte ihn so weit bringen, daß er anderen seine Tricks verrät. Aber er kommt ja nicht mal, obwohl du ihn bestellt hast.«
»Er ist Genosse!«
Adolf lief den ganzen Sommer durch die Strecken und Streben. Wir hatten damals viel Großrotzige. Nazis, Offiziere, Feldwebel, die nun im Streb steckten wie im Fegefeuer. An ihnen war alles rissig: die Hände, der Rücken, das Herz. Sie bluteten aus allen Poren, aber ihr Stolz, ihr falscher faschistischer Stolz, war eintätowiert. Der Hennecke bezwang sie. Er zeigte ihnen, wie sie den Stoß bearbeiten, wir sie den Preßlufthammer führen mußten, so lange, daß sie blamiert gewesen wären, wenn sie es nicht eines Tages kapiert hätten. Sie lernten von ihm ihr Augenmaß verfeinern, damit sie die Stempel in der richtigen Länge aus der Rutsche nahmen, um so das Absägen einzusparen. Seine Geduld kannte keine Grenzen.
Doch unsere Förderung stieg kaum.
Willi saß nächtelang über dem Tagebuch, das Adolf über seine Arbeit führte. Er überblickte die Entwicklung jedes einzelnen. Hennecke hatte schon einigen Erfolg, nur, nach dieser Wanderpredigermethode würde er mindestens zwei Jahre brauchen, bis er die Grube einmal durchgeackert hatte. Bis dahin waren wir verhungert.
Wenn Adolf ins weiße Haus kam, war er erregt. Ihn peinigte, daß die meisten Kumpel unter Tage schlechtes Schuhwerk trugen und trocken Brot aßen.
»Wie können wir das nur verändern?« fragte er ungeduldig, und ich merkte, daß es in ihm kochte. Aber ich wußte keine Antwort.
Die Genossen auf den anderen Schächten grübelten

genauso wie wir. Wir spürten, es war »etwas da«. Wir hatten einzelne Aktivisten, die jeden Tag ihre Norm erfüllten, aber sie wurden von der Masse gehemmt. Uns fehlte eine Tat, eine große, revolutionäre Tat, die alle Trägheit, alle Undiszipliniertheit wegschwemmte. Genosse Wellershaus, unser Hauptdirektor, formulierte es so:

»Uns fehlen die kommunistischen Subbotniks!«

Willi sagte: »Wir müssen die Kumpel bei ihrer Berufsehre packen! Man muß ihnen zeigen, wieviel man aus einer Schicht herausholen kann. Die alten Hauer kann man nur mit einem Beispiel anstacheln. Und die Jungen kommen dann auch.«

»Aber wer soll das Beispiel geben?« fragte ich.

»Das ist es ja! Wer wagt es?« fragte Wellershaus.

Wir ließen den Hennecke kommen und sprachen alle auf ihn ein. Adolf drehte wieder seine Mütze.

Ich dachte: »Er ist und bleibt ein Salonkommunist. Verlangt man von ihm eine Tat...« Doch ich merkte, wie es in ihm arbeitete, und in meine Gedanken tropfte seine Stimme, müde, langsam und bedächtig.

»Im Revier Süd sind die Verhältnisse so, daß man was wegbringen könnte.«

Willi wurde hell wach. »Dann gehst du ins Revier Süd...«

»An so einem Tag darf die Förderung nicht gestört sein.«

»Du kannst dir deine Arbeit selbst organisieren. Wir sprechen mit den Technikern.«

Rekordarbeiter Adolf Hennecke

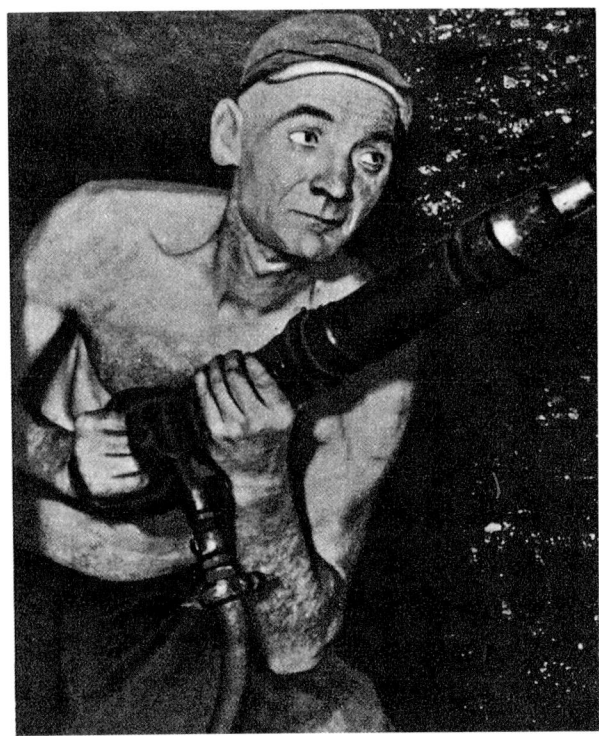

»Sie müßten die Rutsche möglichst tief auf die Sohle legen lassen, daß viel Kohle beim Hereinbrechen von selbst daraufffällt.«

»Wird angewiesen.«

»Also gut, sagen wir: Mittwoch?«

»Gut. Am Mittwoch. Das ist der Dreizehnte.«

An diesem dreizehnten Oktober schnitt ich früh die letzten Astern. Es war albern, denn erstens hatte Adolf selbst einen Garten, zweitens keinen Nerv für Blumen, drittens sind Bergleute überhaupt nicht für Gefühlsduseleien.

Im Büro wurde ich mit der Meldung begrüßt, daß Hennecke pünktlich eingefahren sei und bis jetzt alles ohne Störung laufe. Ich ging zum Willi. Der stellte gerade einen Strauß Astern ins Waschbecken. Er schien verlegen. Endlich sagte er: »So ist das nun, hätte von uns einer die Schicht gefahren, wäre alles selbstverständlich gewesen. Aber Adolf ist Abc-Schütze in der Schule der Partei, da muß man ihm helfen.«

»Ich habe auch einen Strauß – aber wie ich den hingeben soll...«

Willi antwortete: »Quatsch. Damit beauftragen wir die FDJ.«

Wie gut, daß wir eine FDJ hatten!

Je weiter der Uhrzeiger rückte, desto gespannter wurden wir. Hauptdirektor Wellershaus kam. Nun saßen wir mit zwei FDJlern und dem Betriebsfunkredakteur im Direktionszimmer und sprangen bei jedem Telefongeklingel auf. Endlich der erwartete Anruf! Aus dem Hörer drang eine aufgeregte Stimme.

Willi fragte: »Wieviel?«

Wieder das Gekreische im Hörer.

Nun schrie Willi: »Das ist doch nicht möglich. Sag es mal ganz genau! – Also tatsächlich?«

Er legte den Hörer auf, setzte sich und wischte den Schweiß von der Stirn. Dann verkündete er: »Der Adolf hat vierundzwanzig Komma vier Kubik geschafft. Moment...« Er nahm den Bleistift und begann zu rechnen. »Das sind dreihundertsiebenundachtzig Prozent des Solls!«

Die drei Jungen jubelten und stürmten davon, noch ehe wir Alten die dreihundertsiebenundachtzig Prozent begriffen hatten.

Dann standen wir vor dem Förderturm und warteten. Eine Ortsbelegschaft nach der anderen kam, jeder einzelne ausgemergelt. Aber Adolf kam und kam nicht. Endlich fragte der Anschläger: »Wartet ihr auf Hennecke? Den habe ich schon vor zehn Minuten ›rausgelassen‹.«

Er stand in der Waschkaue unter der Brause, lang, dürr, jeder Knochen, jeder Muskel lag sichtbar unter der bleichen Haut.

»Adolf, warum bist du uns ausgerissen? Wir wollten doch gratulieren!«

Er guckte von unten herauf, daß ihm das Wasser nicht in die Augen lief. »Macht bloß kein Theater. Seid ihr zufrieden? Mehr konnte ich nicht tun!«

Regina Hastedt, Wer sprengt den Ring? Die Henneckegeschichte des »Schachtvaters« Paul Voitel. (Neue dt. Literatur. Berlin 1959)

gen an Israel den Arabern nicht gefielen, liegt auf der Hand. »Die arabischen Staaten«, so hieß es in einem Memorandum jener Länder, »befinden sich mit Israel noch immer im Kriegszustand. Da ein moderner Krieg von Wirtschafts- und Waffenüberlegenheit bestimmt wird, ergibt sich für die arabischen Staaten die groteske Situation, daß ausgerechnet unsere Freunde zu Helfern unserer Feinde werden wollen.«

Recht hatten die Absender des Memorandums, das läßt sich nicht leugnen. Doch gibt es im Leben des einzelnen wie der Völker Forderungen der Sittlichkeit, die zu mißachten in jedem Fall das größere Übel wäre. Es hat zum Ansehen der Bundesrepublik beigetragen, daß sie ihre moralischen Verpflichtungen höher stellte als jedes taktische Kalkül.

So war das Wiedergutmachungs-Problem auch von Begleittönen untermalt, die mit dem Kern der Sache gar nichts zu tun hatten. »So kam es, daß die Abstimmung über das deutsch-israelische Abkommen trotz allseitiger Bekenntnisse zur freiwilligen Wiedergutmachung keine besonders eindrucksvolle parlamentarische Mehrheit (in Bonn) erbrachte« (Hans-Peter Schwarz). »Von 402 Abgeordneten waren nur 360 anwesend. 239 stimmten mit ja, darunter alle Sozialdemokraten, die sich damals der moralischen Dimension des Verhältnisses zu Israel besonders stark bewußt waren.« Damit zeigte dieser 18. März 1953 seltsam verquere Fronten im Bundestag. Die Opposition stand einmütig auf der Seite des Bundeskanzlers, seine eigene Koalition verweigerte ihm zum Teil, besonders in den wirtschaftsorientierten Kreisen, die Zustimmung. Immerhin, die Mehrheit reichte aus. Auch Israel stimmte zu, mit starken Vorbehalten im Volk, die sich in der parlamentarischen Opposition spiegelten. Am 27. März 1953 trat der Vertrag in Kraft.

Wie hindernisreich der Weg dahin gewesen war, zeigt sich auch an einem Vorfall, der damals geheimgehalten werden konnte.

Israelische Nationalisten hatten versucht, den Vertragsabschluß zu hintertreiben, indem sie Sprengstoffpakete sowohl an Adenauer wie an Professor Böhm schickten. Durch Aufmerksamkeit wurde beidesmal ein Unglück verhindert. »Der Kanzler hatte den Versuch mit großer Ruhe ignoriert«, schreibt sein damaliger Regierungs-

sprecher Felix von Eckardt in seinen Erinnerungen. Mit der Ratifizierung des Vertrages war ein erster Keimling für die politischen Beziehungen zwischen der Bundesrepublik und Israel gesetzt. Aber er gedieh nur langsam. Zu ausgedörrt war der Boden, in welchem er Wurzeln schlagen sollte.

In demselben Jahr, als die Überlebenden des Holocaust vernehmlich am Palais Schaumburg, dem Sitz des Bundeskanzlers, anklopften, packte die Bundesregierung gerade eine andere Kriegsfolgelast allergrößten Umfangs an. Hitlers Ostkrieg hatte sich als ungeheurer Bumerang erwiesen. Als die Kriegswoge, die Hitler ausgelöst hatte, aus den Weiten des Ostens zurückflutete, riß sie den größten Teil der Bevölkerung der deutschen Ostprovinzen mit sich, die Einwohnerschaft der preußischen Länder Ostpreußen, Pommern, Schlesien, teilweise auch aus Brandenburg. Dazu kamen die Sudetendeutschen und zahllose Volksdeutsche aus Polen, Jugoslawien, Ungarn, Rumänien. Zusammen verloren vierzehn Millionen Deutsche ihre Heimat, teils durch Flucht, teils durch Vertreibung. Rechnet man die zwei Millionen ab, die in den Wirren der letzten Kriegsmonate und der frühen Nachkriegszeit schlichtweg verschollen sind – zwar statistisch vorhanden, aber nie mehr auffindbar – , dann bleiben zwölf Millionen übrig.

Drei Viertel dieser Flüchtlinge wandten sich damals dem Westen des geteilten Landes zu, teils sofort, teils nach Zwischenaufenthalt in der Sowjetzone. Sie alle standen vor dem Nichts, eine riesige Menge Verarmter, Entwurzelter. Sie gesellten sich zu jenen der einheimischen Bevölkerung, die als »Ausgebombte« durch den Luftkrieg ebenfalls große Verluste erlitten hatten, jedoch im Umfeld ihrer bisherigen Existenz meist leichter wieder auf die Beine gekommen waren. Diese einheimische Bevölkerung mußte sich jetzt als Solidargemeinschaft bewähren; die besser Davongekommenen mußten den schlechter Davongekommenen helfen, ein neues Leben zu beginnen. Das war der Sinn des Lastenausgleichsgesetzes vom Mai 1952, das über viele Klippen hinweg entstanden, auch dann noch Monate bis zum Inkrafttreten gefährdet war. Am 1. September 1952 wurde es verkündet. Einschließlich einer schon vorher gewährten Soforthilfe wurde dadurch ein beispielloses soziales Hilfswerk in Gang gesetzt. Die errechnete Gesamtsumme beträgt 144 Milliarden Mark, miteinbezogen jene Gelder, die auch künftig noch bezahlt werden. Noch heute kommen Spätaussiedler aus den einstigen deutschen Ostgebieten, oder noch entfernteren Regionen in die Bundesrepublik. Auch ihnen wird zu einem neuen Start verholfen auf der Grundlage des Lastenausgleichsgesetzes. Ebenso hilft es Flüchtlingen aus der DDR.

Umverteilung hieß natürlich nicht, daß einer, der alles hatte behalten dürfen, von zwölf Stühlen drei abgeben mußte oder von zwanzig Hektar Land fünf. Umverteilung des Besitzes, Lastenausgleich, hieß Finanzhilfe. Vor allem die Vermögen wurden kräftig besteuert, ferner kamen Zuschüsse aus dem Staatshaushalt, mit anderen Worten: über die Steuern aller Staatsbürger.

Anfänglich ging es um ein Notprogramm, um dringliche Beihilfen zur Eingliederung. Nicht jeder, der aus dem Osten gekommen war, schlug Wurzeln an Ort und Stelle. Ein großes, heute fast vergessenes Umsiedlungsprogramm innerhalb der Bundesrepublik wurde eingeleitet, um die übervölkerten Bundesländer zugunsten anderer zu entlasten. 1946 hatten 66 Prozent aller Flüchtlinge und Vertriebenen in den drei Ländern Schleswig-Holstein, Niedersachsen und Bayern gelebt, 1959 waren es noch 40 Prozent. Schmerzlich für die Familien, die abermals aufbrechen mußten, ehe sie ihren endgültigen Platz in der Ersatzheimat fanden. Der Eindruck bürokratisch verwalteter Schicksale drängt sich auf, aber anders konnte die relativ kleine Bundesrepublik Deutschland mit der vielfachen Millionenzahl nicht ohne soziale Explosion fertig werden.

Erst nachdem das Notprogramm der Eingliederung die drückendsten Sorgen gelindert hatte, wendete der Lastenausgleich sich dem Sektor »Entschädigung« zu. Jetzt suchte das Gesetz einen Teil der Verluste materiell auszugleichen. Einleuchtend ist, daß einem Großgrundbesitzer aus Ostpreußen nur ein Bruchteil seines Agrarvermögens erstattet werden konnte, selbst wenn er im besten Fall viele hunderttausend Mark bekam. Die normale Erstattung sah bescheidener aus. Wer weniger verloren hatte, erhielt im Verhältnis mehr. Da gab es dann etliche tausend Mark, vielleicht zehntausend, für den Verlust eines Geschäftes, eines Einfamilienhauses, einer Arztpraxis, einer großen Privatbibliothek. Im Grunde konnten alle diese Ausgleichszahlungen nur symbolische Gaben für den Untergang unermeßlicher Sachwerte sein.

Für das soziale Klima der werdenden Bundesrepublik war aber der Akt der Solidarität von größter Bedeutung. Wir haben täglich vor Augen, welch sozialer und politischer Sprengstoff frei wird, wenn die Eingliederung von Millionen Vertriebenen unterblieben ist. Das Problem der Palästinenser, das hier zum Vergleich dienen kann, war anfangs nur eine Sorge der Region; heute ist es eine Sorge der ganzen Welt. In Deutschland hätte ja damals auch der Gedanke zum Tragen kommen können, der in der arabischen Welt zum Teil vorherrschte: das Vertriebenen-Elend als Anklage und Druckmittel offenzuhalten: in unserem Fall als Handhabe für die Rückgewinnung der Ostgebiete. Aber niemand hat sich für solche Erwägungen stark gemacht. Dies hätte schon der Tradition eines Landes widersprochen, das als erstes im vorigen Jahrhundert leistungsfähige Sozialgesetze geschaffen hatte.

Mit Steinen gegen Panzer

In der Ostberliner Stalinallee, ehemals Frankfurter Allee, entstehen Häuserfronten im kalten Prunk- und Monumentalstil der stalinistischen Architekturschule. Hier wirken die Arbeiter der »Volkseigenen Betriebe der Bau-Union«. Wer an einem Renommierprojekt des sozialistischen Staates arbeitet, einem Aushängeschild des »demokratischen Berlin«, muß eigentlich besonders klassenbewußt sein. Genau auf diesen Gerüsten aber beginnt, was wir seither den »siebzehnten Juni« nennen, der Volksaufstand in der Sowjetzone von 1953. Hier fällt am 16. Juni ein Funke ins Pulverfaß. Der Funke ist eine Rechtfertigung der erfolgten Normenerhöhung in der Gewerkschaftszeitung »Tribüne«. Das Blatt mit dem aufreizenden Artikel wandert von Hand zu Hand, keiner arbeitet, alle diskutieren. Und dann steigen sie von den Gerüsten, formieren sich zu einem Demonstrationszug und marschieren in die Innenstadt. Immer mehr Menschen schließen sich dem Zug an.

An der Ecke Wilhelm- und Leipziger Straße steht das graue Gebäude, das Göring als Luftfahrtministerium erbauen ließ. Es wurde 1949 zum Regierungssitz des Ostberliner Regimes umfunktioniert. Die ersten Demonstranten des langen Zuges sehen eben noch, wie das schwere Scherengitter heruntergelassen wird und die wachhabenden Volkspolizisten sich ins Innere zurückziehen. Das »Haus der Ministerien« wird zur Festung gegen den Zorn des eigenen Volkes.

Die Wut hat sich gerade in der Arbeiterschaft gesammelt, in der Schicht, die stets mit Worten umschmeichelt wurde, für deren Rechte alle revolutionäre Umgestaltung überhaupt geschehen sein soll. Doch Wort und Wirklichkeit stimmen nicht überein, die Lippenbekenntnisse werden von den Tatsachen Lügen gestraft. Die jüngste Normenerhöhung bei gleichem Arbeitslohn bedeutet schlicht Lohnsenkung.

Die rund zweieinhalbtausend Männer rufen in Sprechchören: »Nieder mit den Normen!« Und: »Wir wollen Grotewohl und Ulbricht sehen!« Schließlich verlassen zwei Funktionäre und eine Frau die Trutzburg und wagen sich unters Volk. Einer der Funktionäre ruft: »Hier ist die Staatssekretärin Walther, die will zu euch sprechen.«

Im Lärm wird nur verstanden »Sekretärin« und »Walter«. Das führt zu falschen Schlüssen. Einer ruft: »Die Sekretärin von Ulbricht will sprechen«, worauf andere antworten: »Wir wollen nicht seine Sekretärin hören, wir wollen den Spitzbart selber!« Und so kommt sie gar nicht zu Wort.

Nach einer Weile versucht, auf höherer Funktionärs-Ebene, der Industrieminister Fritz Selbmann sein Glück. Er steigt auf einen Tisch, der aus dem Ministerium herbeigeschafft worden ist, und beginnt: »Kollegen!«

»Wir sind nicht deine Kollegen«, tönt es.

»Ich bin auch Arbeiter!«

»Das hast du aber vergessen!«

Einer ruft: »Du bist kein Arbeiter, du bist ein Arbeiterverräter!«

Selbmann streckt beschwörend seine Arme vor: »Arbeiter! Schaut meine Hände an!«

»Mensch, die sind aber ganz schön fett«, kommt es aus der Menge.

Das dröhnende Gelächter zeigt, daß Selbmann zum Gespött geworden ist, ehe er noch irgend etwas Ernsthaftes hat sagen können. Schließlich

steigt ein älterer Steinträger mit nacktem Oberkörper auf den Tisch, schiebt den Minister mit einer Handbewegung beiseite und ruft: »Kollegen! Es geht hier nicht mehr um Normen und Preise, es geht um mehr. Hier stehen nicht allein die Bauarbeiter der Stalinallee. Hier steht Berlin und die ganze Zone.« Und zu Selbmann gewendet: »Was du hier siehst, das ist eine Volkserhebung!« Und wieder zu den Versammelten: »Die Regierung muß aus ihren Fehlern die Konsequenzen ziehen. Wir fordern freie, geheime Wahlen!«

Einen Augenblick herrscht Stille, als müsse das Unerhörte verarbeitet werden – und so ist es wohl auch. Dann, als sei ein Zündholz in Benzin gefallen, lodert die Flamme der Begeisterung hoch. »Das Geschrei wollte kein Ende nehmen«, berichtet ein Augenzeuge. Zum ersten Mal seit Bestehen der Ostzonen-Republik wird eine solche Forderung erhoben. Wie ein Jäger, der auf einen Hasen anlegt und dabei in der Ferne einen Zwölfender erblickt, so richtet sich das Bewußtsein der Demonstranten von ihrem unmittelbar drängenden Normenproblem übergangslos auf das weiterreichende Ziel einer grundsätzlichen Befreiung vom zwangsstaatlichen Joch. Ein einfacher Bauarbeiter hat ausgesprochen, was alle bedrückt, hat gesagt, wonach sich alle sehnen.

Schon an diesem 16. Juni 1953 – noch ist es eine disziplinierte Demonstration, der Volksaufstand hat noch nicht begonnen – ist eine gewisse Unsicherheit zu bemerken, die sich einschleicht. Selten oder nie ist ein Umsturz geglückt, wenn nicht eine schon vorher anerkannte Führerpersönlichkeit – oder -gruppe – die Erhebung lenkte. Das fehlt hier völlig. Die acht Jahre lange Gegenwart der Sowjetpanzer hat jede oppositionelle Regung niedergehalten. So ist der Aufruhr, ehe er begonnen hat, schon vom Keim des Mißlingens infiziert.

Das denkt aber wohl keiner der Demonstranten an diesem 16. Juni, einem Dienstag, obwohl sich im Augenblick die Menge etwas ratlos vor dem Gitter staut. Aber dann gibt es stürmische Zustimmung, als einer für den nächsten Morgen zum Generalstreik aufruft. Die nächsten Stunden vergehen damit, daß sich eine Masse von schließlich rund zehntausend Arbeitern durch die Innenstadt wälzt, während ein der Volkspolizei abgenommener Lautsprecherwagen des »Kulturbundes« die Generalstreikparole in alle Winkel trägt.

Die Anzeigetafel »Plan erfüllt« mit ehrenvoller Nennung aller Arbeiter, die das Soll erfüllt oder übererfüllt haben – Symbol der Planwirtschaft, die, wenn ein Fortschritt erzielt werden soll, den Leistungsdruck bis nach unten durchgeben muß.

Generalstreik – ein Sakrileg in einem kommunistischen Staat; nach der Parteidogmatik völlig unlogisch, da ein Ausstand ja voraussetzt, daß die Produktionsmittel Fremdbesitz sind, während sie hier dem Volk gehören. Die These ignoriert völlig die Tatsache, daß in bisher allen kommunistischen Staaten eine vom Volk weit abgerückte, durch Polizei geschützte Minderheit über die Produktionsmittel verfügt. Sie tut es – jedenfalls in der Theorie – zwar nicht zum persönlichen, materiellen Nutzen (der einzige Unterschied zu früher), aber dafür zum Nutzen einer anonymen Staatsmaschinerie und eines monströsen bürokratischen Apparats. Aus den Unternehmern von einst ist die »Neue Klasse« geworden, aus dem individuellen Kapitalismus der Staatskapitalismus. Der einzelne Arbeiter hat vom Volksvermögen so wenig wie früher. Das geht schon daraus hervor, daß seine Arbeitskraft gegen seinen Willen und ungefragt ausgebeutet werden kann, indem die Normenschraube angezogen wird; nicht anders, als wenn auf einer Galeere das Rudertempo beschleunigt wird und die Sträflinge sich bis an den Rand ihrer Kräfte in die Riemen legen müssen.

Der ganz konkrete Anlaß der Normenschinderei hätte vielleicht dennoch nicht zum Volksaufstand geführt, wenn es nicht zur selben Zeit Schwächezeichen des Herrschaftssystems gegeben hätte. Dazu ein Blick zurück.

Im Juli 1952 hatte die II. Parteikonferenz der SED die »Verschärfung des Klassenkampfes« propagiert. Für die Wirtschaft hieß das ganz unverblümt, die Arbeitsleistung sei zu steigern. Die Parole wirkte auf das ausgepumpte, hungernde, durch Demontagen leergeblutete Land, das im Lebensstandard unseren Verhältnissen von 1947 glich, demoralisierend. Es war, als wenn man am Ziel einer langen Wanderung erfährt, daß die nächste Herberge leider noch drei Stunden entfernt sei. Die Folge war, daß die Fluchtbewegung stark zunahm. Sie erreichte im Januar 1953 die Monatszahl von 20 000, im Februar 24 000, im März 58 000!

In diesem Monat starb Stalin. Sein Nachfolger Malenkow sprach sich für ein mäßigeres Tempo beim Aufbau des Sozialismus aus. Das Signal des Kreml vom 15. April wurde in Ostberlin überhört, sogar vom Meister der Anpassung Ulbricht. Vielleicht wollte er testen, wie weit er mit den neuen Kreml-Herren gehen könne und welchen Freiraum sie der DDR gewähren würden. Die Regierung in Ostberlin ordnete wie zum Trotz am 28. Mai »Maßnahmen zur Überprüfung der Arbeitsnormen« an mit dem Ziel, diese um zehn Prozent zu erhöhen. Ein großer Teil der Arbeiterschaft habe erkannt, »daß die gegenwärtigen Normen . . . den Fortschritt hemmen«, hieß es zynisch. Die Sowjets, die offenbar genauere Informationen über die aufkommende Unruhe in der Bevölkerung hatten und sie vor allem besser deuteten als die Satrapen an der Spree, wurden nun massiv. Botschafter Semjonow brachte am 3. Juni, aus Moskau zurückgekehrt, die Weisung mit, den starren Kurs zu mildern. Ulbricht warf das Ruder augenblicklich herum. Er konnte das verblüffend übergangslos und vermochte den jeweils neuen Kurs mit einer Ungerührtheit zu vertreten, als habe er nie anders gesprochen und gedacht.

Am 9. Juni wurden im Politbüro der SED die neuen Direktiven festgelegt. Zwei Tage später konnten die Bürger Erstaunliches in ihren Zeitungen lesen. Es seien »seitens der SED und der Regierung der Deutschen Demokratischen Republik in der Vergangenheit eine Reihe von Fehlern begangen« worden. »Die Interessen solcher Bevölkerungsteile wie der Einzelbauern, der Einzelhändler, der Handwerker, der Intelligenz wurden vernachlässigt. Eine Folge war, daß zahlreiche Personen die Republik verlassen haben.«

Von den Arbeitern war nur indirekt die Rede: Der 1. Fünfjahresplan (1951–55) sollte zu Lasten der Schwerindustrie und zugunsten der Lebenshaltung verlangsamt werden. Die Enteignungen wurden ausgesetzt, private Geschäftsleute sollten sogar Kredite erhalten, ihre Steuer- und Sozialversicherungs-Rückstände wurden gestundet. Das Regime lockte die verblüffte Bevölkerung mit Fahrpreissenkungen, einem Rückgang der Preise für Zuckerwaren und versprach, Verhaftungen, Strafverfahren und Urteile zu überprüfen.

Da Stalins Tod ungeachtet offizieller Trauer selbst in den Bezirken der Macht mit Erleichterung aufgenommen worden war und offensichtlich zu einem Kurswechsel in Moskau geführt hatte, wagte die »Tägliche Rundschau« sogar, ihre Kritik auf die sowjetische Kontrollkommission auszudehnen. Sie sei »in gewissem Maße ebenfalls für

Illustrierte
Film-Bühne
Nr. 2627

O. W. FISCHER
in

LUDWIG II.
GLANZ UND ENDE EINES KÖNIGS

FARBE VON TECHNICOLOR

Titelseite der »Illustrierten Film-Bühne« zum Erfolgsfilm »Ludwig II.« von 1954.

Heinz Rühmann als »Hauptmann von Köpenick« im gleichnamigen Film von Helmut Käutner (1956).

die begangenen Fehler verantwortlich«, hieß es am 13. Juni in dem Ostberliner Blatt.

In einem Punkt allerdings gab es kein amtliches Wort der Mäßigung oder Selbstkritik: in der Normenfrage. Daß die interne Diskussion das brisante Thema nicht aussparte, darüber aber uneinig blieb, ging aus gegensätzlichen Stimmen hervor.

Das SED-Zentralorgan »Neues Deutschland« verwies am 14. Juni auf schon Ende Mai erfolgte Arbeitsniederlegungen – als die zehnprozentige Erhöhung verfügt worden war – und schloß aus diesen »Signalen der Unzufriedenheit«, daß die Arbeiter möglicherweise im Recht und die Funktionäre im Unrecht sein könnten.

Ganz anders die Gewerkschaftszeitung »Tribüne«. Sie hatte die Zeit verschlafen und machte sich zwei Tage nach der kritischen Einkehr der Rundschau für die Beschlüsse der Regierung vom Vormonat stark. Weil die beschlossenen Verbesserungen der Lebensbedingungen vom fortgesetzten Anwachsen der Arbeitsproduktivität abhingen, gelte es, »den Beschluß des Ministerrates über die Erhöhung der Arbeitsnormen ... mit aller Kraft durchzuführen.« Mit dieser verbohrten Logik traf die Zeitung am 16. Juni voll ins Wespennest.

Über Ostberlin und die DDR senkte sich die Nacht. Morgen früh wird sich zeigen, ob es zum Generalstreik kommt und wie die Regierung sich dazu stellt – und die Besatzungsmacht. Wird sie Ulbricht fallen lassen oder ist sie in eigenem Interesse gezwungen, ihn zu halten?

Nicht nur in Westberlin und Westdeutschland werden die Vorgänge atemlos verfolgt. Auch in der DDR weiß man überall Bescheid. Der RIAS, meistgehörte Rundfunkstation, hatte schon um halb fünf nachmittags erstmals berichtet und – von den Demonstranten umsichtig mit Informationen versorgt – die Resolution einer Arbeiterdelegation ausgestrahlt. Die Forderungen lauteten auch hier auf Zurücknahme der Normerhöhung und auf freie und geheime Wahlen.

Es ist fast der längste Tag des Jahres. Die Sonne geht um drei Uhr achtundfünfzig auf, aber heute sieht man sie nicht. Ein grauer Regenhimmel hängt über Berlin. Bald gehen Gewittergüsse nieder. Doch an diesem Mittwoch nimmt keiner davon Notiz.

Henningsdorf liegt im Nordwesten jenseits der Westberliner Stadtgrenze, aber Westberlin ist von der umliegenden DDR noch nicht undurchlässig abgeschnürt. Und nun marschieren die Hennigsdorfer Stahlarbeiter siebenundzwanzig Kilometer zur Innenstadt, quer durch das nördliche Westberlin! Zum Teil gehen sie barfuß, weil das schlechte Schuhwerk solchem Gewaltmarsch nicht gewachsen ist. Die Westberliner Verkehrsampeln sind für die Sechstausend auf Grün geschaltet. Die Bewohner der nordwestlichen Arbeiterviertel bringen Kaffee, Verpflegung, Obst. Es ist eine eindrucksvolle Verbrüderung.

Ganz anders das Bild in Treptow, südöstlicher Bezirk des Ostsektors. Auf der einen Seite der Straße ziehen Arbeiterkolonnen stadteinwärts, auf der anderen rollen Panzer. Die Besatzungsmacht ist erwacht. Ihre zwanzig Divisionen sind in Alarmbereitschaft. Zwischen Karlshorst, dem »Berliner Kreml«, und Moskau stehen die Telefone und Fernschreibleitungen nicht still.

In Ostberlin wird so gut wie nirgends gearbeitet, außer daß die Verkehrsmittel am Morgen noch fahren. In fast allen Städten der DDR wird demonstriert, vielerorts gestreikt. Schon geht man zu Taten über. In Magdeburg wird der riesige Sowjetstern vom Elektroturm des Liebknechtwerkes abmontiert, in Leipzig das Haus der FDJ-Bezirksleitung verwüstet, ebenso das Gewerkschaftshaus »Ernst Thälmann«. Im Leunawerk »Walter Ulbricht« stürzt die Menge ein acht Meter hohes »Götzenbild« des Generalsekretärs, in Jena stürmen die Aufständischen das Gebäude des gefürchteten Staatssicherheitsdienstes.

Vor allem aber: Überall werden Gefangene befreit, politische Häftlinge, Opfer des verhaßten Systems. Das gilt für Brandenburg wie für Bitterfeld, für Gera und Görlitz, für Halle und Merseburg. Es gibt Tote auf beiden Seiten. Der Sturm auf das Zuchthaus Magdeburg-Sudenburg mißlingt. Im Feuer der Volkspolizei bleiben zwölf Arbeiter liegen. Auch in Weißenfels und Güstrow sind die Abwehrkräfte stärker als die Angreifer. Bei den Befreiungen wird sorgsam darauf geachtet, daß nur »Politische« die Freiheit wiedererlangen – zweitausend bis dreitausend.

Zurück ins Zentrum nach Berlin. Der Zorn ist einmütig, das Ziel klar, der Weg dahin nicht. Gewaltige Marschsäulen Werktätiger ziehen durchs Regierungsviertel, aber die Regierung

stellt sich nicht. Noch immer fehlt der Ansatzpunkt jemanden abzusetzen, Macht zu übernehmen, Versprechen zu erzwingen; die Aktionen laufen ins Leere. Panzer sind aufgefahren, Kanonenrohre drohen. Noch schießen sie nicht. Das drohende Schweigen reizt zu ohnmächtigen Ausbrüchen. Jugendliche schleudern Pflastersteine gegen die Stahlmonster. Das Photo geht bald darauf um die Welt. Kein großer zeitgeschichtlicher Bildband, der es nicht aufbewahrt: Muskeln gegen Stahl, Symbol der Vergeblichkeit.

Im »Neuen Deutschland« vom 28. Juni wird die Szene sich so lesen: »Zwei Halbstarke mit entensterzartigen Frisuren griffen zu Steinen und warfen sie auf den Panzer. Unberührt rollte der Panzer weiter, nicht einmal eine Schramme blieb zurück. Der Sowjetsoldat schaute angeekelt auf diese widerlichen Gestalten, in die verlebten, vom Laster gezeichneten Gesichter.« Ob die Gesichter »vom Laster gezeichnet« waren, konnte der Schreiberling allerdings wirklich nicht wissen, weil nur die Hinterköpfe der »Halbstarken« zu sehen sind. Mit dem »angeekelten« Soldaten ist es nicht anders: er saß im sicheren Turm seines Panzers.

Die führerlose Menge wogt durch die Stadt und macht nun auch vor öffentlichen Einrichtungen nicht mehr halt. Auf dem Potsdamer Platz brennt das Columbus-Haus, Sitz der Volkspolizei, vom Brandenburger Tor wird die rote Fahne heruntergeholt und zerrissen. Währenddessen entschließen sich die Sowjets, Ernst zu machen. Stadtkommandant General Dibrowa befiehlt den Ausnahmezustand ab 13 Uhr: »Menschenansammlungen über drei Personen sind verboten, Verstöße werden nach dem Kriegsrecht bestraft.«

Vom Nachmittag an greift Militär in die politische Kraftprobe ein. Da die Massen sich nicht zerstreuen wollen, schießen Sowjetsoldaten und Volkspolizisten mit Karabinern und Maschinengewehren zwischen die Demonstranten. Panzer zersprengen die Ansammlungen, indem sie einfach hineinrollen. Vor dem Regierungssitz leitet ein General von seinem Befehlspanzer aus den Ein-

17. Juni 1953. Mit rasch beschafften schwarz-rot-goldenen Fahnen marschieren Arbeiter des Berliner Ostsektors durch das Brandenburger Tor. Aus dem Protest gegen Lohnkürzungen ist ein politischer Aufstand geworden.

satz. Mit theatralischer Geste dirigiert er die Volkspolizei an die zivile Front: »Sabiraitje!« – Vorwärts!

Auf der Gegenseite gibt es immer wieder kleine Siege, der Ausgang des ungleichen Kampfes aber steht fest. Als der regnerische Junitag endet, sind nach (späterer) DDR-amtlicher Bilanz 19 Demonstranten getötet und 126 verletzt. Die wirkliche Zahl liegt weit höher. Genau lassen sich die Opfer heute nicht mehr erfassen. Hinzuzurechnen sind jedenfalls die 141, die standrechtlich erschossen wurden, unter ihnen 52 Volkspolizisten und SED-Leute, die sich geweigert hatten, Befehle auszuführen. Eine rachedurstige Justiz brachte 1152 Personen für zusammen 4000 Jahre hinter Gitter. Tragisch war die ruchlose Hinrichtung des 35jährigen Westberliners Willy Göttling. Der, völlig unpolitisch, mußte bei einer Fahrt vom Norden in den Süden Westberlins den Ostsektor durchqueren und wurde dabei festgenommen – willkürlich herausgegriffen, um die Parole zu untermauern, Provokateure aus dem Westen hätten die Unruhen angezettelt.

In Wahrheit hatten Westberlin und Westdeutschland die Vorgänge lediglich emotional unterstützt. Einige Rundfunkredakteure allerdings heizten aus sicherer Entfernung die Stimmung an. Aber nirgends stand hinter dieser fragwürdigen Kriegführung auf Mittelwelle ein politisch gesteuerter Angriff auf das mitteldeutsche Herrschaftssystem. Die Amerikaner hüteten sich ganz bewußt, die empfindliche mitteleuropäische Balance durch eigene Aktivitäten zu gefährden.

Die Machthaber in der Zone hatten lange gezögert. Das verleitete viele zu dem Trugschluß, mit dem Sowjetsystem sei es zwischen Ostsee und Erzgebirge vorbei. War diese Erwartung auch nur einen Augenblick lang realistisch? Abgesehen davon, daß die Aufrührer keine Anführer hatten, wäre auch ein organisierter Aufstand gegen ein militärisch intaktes Regime, gegen eine Weltmacht zum Scheitern verurteilt gewesen.

In ohnmächtiger Wut attackieren Demonstranten am 17. Juni 1953 sowjetische Panzer mit Steinen. Nach der Niederschlagung des Volksaufstandes schrieb Bertolt Brecht, Star-Autor der DDR, die bitteren Zeilen: »Wäre es nicht einfacher, die Regierung löste das Volk auf und wählte ein anderes?«

Revolutionen neuerer Zeit hatten nur Erfolg, wenn sie mit anerkannten Wortführern auf geschwächte, unsichere, demoralisierte Regierungen und Führungsschichten trafen, so 1789 in Frankreich oder 1917 in Rußland. Sie mißlangen, wo die Herrschenden stark und die Bajonette geschärft waren, so 1848 in Deutschland und Österreich, und dann 1956 in Ungarn, 1968 in der Tschechoslowakei. Dort mußten die Sowjets im Interesse ihrer Vormachtstellung eingreifen, ob sie wollten oder nicht. Genauso mußten sie gerade 1953 im Zeichen des »neuen Kurses« handeln, sonst wäre möglicherweise ihr ganzes Satellitensystem zusammengestürzt. War alles vergeblich? Wenn man den praktischen Erfolg mißt, ja. Nimmt man Selbstachtung, Freiheitswillen, sittliche Normen zum Maßstab, nein. Wie die Erhebung gegen Hitler im Juli 1944 behält auch der Aufstand vom 17. Juni 1953 seinen zeitüberdauernden Wert, so wenig beides »genutzt« hat.

Immerhin waren Ulbricht und seine neuen Auftraggeber im Kreml klug genug, die Warnung nicht zu ignorieren. Das politische Tauwetter hielt trotz allem an, die Normenschraube wurde zurückgedreht, die Konsumgüterproduktion verstärkt. In Moskau begann ein weitreichendes Umdenken. Aus der »Zone« sollte ein echter Staat werden, aus dem Reparationsobjekt ein sozialistisches Gegenmodell zur Bundesrepublik Deutschland.

Wandel in der Wählergunst

Graphische Darstellungen des Wählerverhaltens gleichen Fieberkurven am Krankenbett. Wie der Arzt daran seine Rückschlüsse zieht, so studieren die Parteimanager und Politiker eifrig die Umfrageergebnisse der Meinungsforscher. Von einem deutlichen Sinken der Wählergunst mußte Bundeskanzler Adenauer erfahren, als die Debatte um die Wiederbewaffnung einsetzte. In gleichem Maß gewann die Opposition an Boden. Zu Adenauers Glück beschränkten sich die Wahlen 1951 auf die Bundesländer. Bei einer Bundestagswahl wäre er wahrscheinlich nicht Regierungschef geblieben. Aber allmählich verlor die »Ohnemich«-Parole ihre Wirkung, ließ der Widerstand gegen einen Verteidigungsbeitrag nach. Ende

1951 stieg das Ansehen des Kanzlers aus dem Stimmungstief wieder auf und erreichte, nicht ohne Rückschläge, im Spätjahr 1953 eine beeindruckende Höhe. 57 Prozent aller Wahlberechtigten erklärten sich nunmehr mit seiner Politik einverstanden. Die Wählergunst beruhte vor allem auf folgendem: Er habe durch seine Politik Deutschlands Ansehen wiederhergestellt, er verschaffe Sicherheit vor dem Osten und habe den wirtschaftlichen Aufschwung ermöglicht. Ansehen – Sicherheit – Aufschwung: Die Mehrheit der Bundesbürger maß die Fähigkeiten des Patriarchen an diesen drei wünschenswerten Vorzügen des gegenwärtigen Lebens in der Bundesrepublik Deutschland.

Im Wahljahr 1953 konnte Adenauer einen eindrucksvollen persönlichen Erfolg verzeichnen. Präsident Eisenhower lud ihn nach Washington ein. Unter dem Vorgänger Harry Truman war dies noch nicht möglich gewesen. Jetzt aber empfing der einstige Oberkommandierende der alliierten Truppen in Europa, der sich als Anführer eines Kreuzzuges verstanden hatte, den Repräsentanten des wiedererstandenen demokratischen Deutschlands auf den Stufen des Weißen Hauses. Auf dem Heldenfriedhof Arlington legte der Bundeskanzler einen Kranz am Grabmal des Unbekannten Soldaten nieder, eine Militärkapelle spielte das Deutschlandlied. Adenauer kommentiert den Vorgang in den letzten Zeilen des ersten Bandes seiner Memoiren:

»Ich sah, wie einem meiner Begleiter die Tränen herunterliefen, und auch ich war von tiefer Bewegung ergriffen. Es war ein weiter und harter Weg von dem totalen Zusammenbruch des Jahres 1945 bis zu diesem Augenblick des Jahres 1953, in dem die deutsche Nationalhymne auf dem Ehrenfriedhof der Vereinigten Staaten erklang.«

Das Ergebnis des Wahlkampfes 1953 sah so aus: 45,2 Prozent (1949: 31,0) stimmten für die CDU/CSU, eine gewaltige Steigerung um 14,2 Prozentpunkte. Die SPD fiel zurück unter ihr Ergebnis der ersten Bundestagswahl und erreichte nur noch 28,8 Prozent (1949: 29,2). Dies war, im Rückblick von heute, das schlechteste Ergebnis aller Wahlen seit 1949. Es war ein schwacher Trost, daß der Stimmenanteil jetzt höher lag als im Durchschnitt aller acht Wahlen der Weimarer Republik. Auch das bessere Mittelergebnis aller Wahlen im Kai-

10 Pfg

Bild ZEITUNG

Liebe BILD-Leser

Wissen Sie noch — heute vor einem Jahr, als die Bild-Zeitung zum ersten Male erschien, brachte mich der erste Leser im Körbchen auf die Redaktion und taufte mich Rübezahl. Inzwischen hab' ich tüchtig bellen gelernt und bin groß geworden. Aber unsere Zeitung auch! Täglich drucken wir jetzt weit über 700 000 Exemplare für alle unsere Freunde. Bild ist schon im ersten Lebensjahr die größte Zeitung dieses Kontinents geworden — ein nie erlebtes Ereignis in der Zeitungsgeschichte. Die Bild-Redaktion hat versprochen, mich jetzt öfter zu Euch reden zu ... ... gibt so viel zu berichten aus ... ...

Es grüßt Euch und alle Dackel herzlich

Rübezahl, Redaktionsdackel BILD

Heute vor drei Jahren

am *1. November 1949*, erschien zum ersten Male die

Frankfurter Allgemeine
ZEITUNG FUR DEUTSCHLAND

Ueber **84 000** Exemplare täglich und samstags über **98 000** beträgt die Auflage, deren Kurve gleichmäßig und ebenso steil nach oben steigt.

Die ‚FRANKFURTER ALLGEMEINE ZEITUNG' hat drei Jahre nach ihrem ersten Erscheinen eine Auflage, wie sie gleichrangige Blätter vor dem Kriege in jahrzehntelanger Entwicklung nicht erreichen konnten.

Die von der Redaktion gewahrte Unabhängigkeit gegenüber jedermann und der sich planmäßig vollziehende Ausbau des Mitarbeiterstabes im In- und Auslande und damit des Blattes, das seit Anfang dieses Jahres um eine Wochenendbeilage bereichert wurde, bewähren sich.

Parallel dazu läuft gleich erfolgreich die Entwicklung des Anzeigenteiles.

Diese Aufwärtsbewegung zeigen die Stichzahlen am 1. November eines jeden abgelaufenen Jahres:

	Auflage	Anzeigenumfang
1. 11. 1950	45 000	539 Seiten
1. 11. 1951	60 000	719 Seiten
1. 11. 1952	84 000	952 Seiten

Unser Wille zur Leistung wird den Weg zu weiterem Erfolg bahnen, um den der Zeitung von Lesern gegebenen Titel

Deutschlands Stimme in der Welt

zu rechtfertigen.

Zwei erfolgreiche Nachkriegsgründungen geben in Eigeninseraten Kenntnis von ihrem Aufstieg. »Bild«, heute fünfmillionenfach verbreitet, fing 1952 als Faltblatt an und brachte es nach einem Jahr auf 700 000 Exemplare. Die »Frankfurter Allgemeine«, nach späterem Slogan das Blatt, hinter dem immer ein kluger Kopf steckt, konnte zur selben Zeit auf eine Auflage von 84 000 Stück blicken.

175

serreich war noch um 1,2 Prozentpunkte übertroffen. Dennoch: So wenig Fortschritt nach Jahrzehnten, weniger Zuspruch als 1907 – das war bitter.

Die Freien Demokraten als drittgrößte Partei konnten ihre für sie hocherfreulichen 11,9 Prozent von 1949 nicht halten, sie schrumpften auf 9,5 Prozent. Aber die Koalition ging völlig ungefährdet mit solidem Mehrheitspolster in die zweite Legislaturperiode.

Auch wenn der Pluspunkt »Aufschwung« zum guten Teil das Verdienst von Ludwig Erhard war: angerechnet wurde es in erster Linie dem Regierungschef, und das gar nicht zu unrecht. Zum Geschick oder Ungeschick eines Staatsmannes gehört ganz wesentlich seine Personalpolitik. Setzt er die richtigen Leute an den richtigen Platz, so sind ihre Erfolge seine Erfolge. Schließlich werden ihm ja auch die Fehler seiner Mitarbeiter angekreidet. Von jetzt an begann, was man »Kanzlerdemokratie« zu nennen pflegt. Gewiß, das Grundgesetz hatte einen starken Regierungschef gewollt – in Erinnerung an die Fehlkonstruktion der Weimarer Verfassung – und ihn deshalb mit Befugnissen wohl ausgestattet. Adenauers Regime gewann allerdings deutlich autoritäre Züge, etwas Monarchisches. Der alte Herr wurde ein demokratischer König, legte seine verfassungsmäßigen Beschränkungen großzügig aus und war im Umgang mit Paragraphen – auch mit Untergebenen – nicht »pingelig«. Der rheinländische Lokalausdruck ging in die deutsche Umgangssprache ein.

Jedenfalls: Hatte Adenauer 1949 gegenüber der zum Teil zögernden Freundesschar noch von einem Jahr oder zwei Jahren gesprochen, die sein Arzt ihm für das Amt zutraue, so redete vier Jahre später keiner mehr von einer Zeitbegrenzung. Der Mann schien mit jedem Dienstjahr rüstiger zu werden. Schon jetzt übertraf der 77jährige an Alter alle deutschen Kanzler mit Ausnahme des Fürsten Hohenlohe. Nicht mehr lange, und er ließ auch den zweiten Nachfolger Bismarcks gelassen hinter sich.

Oben: Plakat zur Bundestagswahl 1953. Der rasante wirtschaftliche Aufschwung während der ersten Legislaturperiode machte es der CDU leicht, ihre Mannschaft, vor allem den populären Wirtschaftsminister Erhard, zur Wiederwahl zu empfehlen.
Rechte Seite: Adenauer auf den Treppen des Kapitols in Washington im April 1953. Der erste Besuch eines deutschen Regierungschefs in der amerikanischen Hauptstadt war ein Zeichen für das wiedergewonnene internationale Ansehen.

Die Koalitionsregierung Adenauer nach der Bundestagswahl 1953. 1. Reihe (von links nach rechts): Schäfer (FDP), Kaiser (CDU), Storch (CDU), Bundespräsident Heuss, Bundeskanzler Adenauer, Schröder (CDU) und Kraft (BHE).

2. Reihe: Lübke (CDU), Hellwege (DP), Preusker (FDP), Erhard (CDU), Tillmanns (CDU). 3. Reihe: Wuermeling (CDU), Seebohm (DP), Neumayer (FDP), Strauß (CSU), Oberländer (BHE) und Schäffer (CSU).

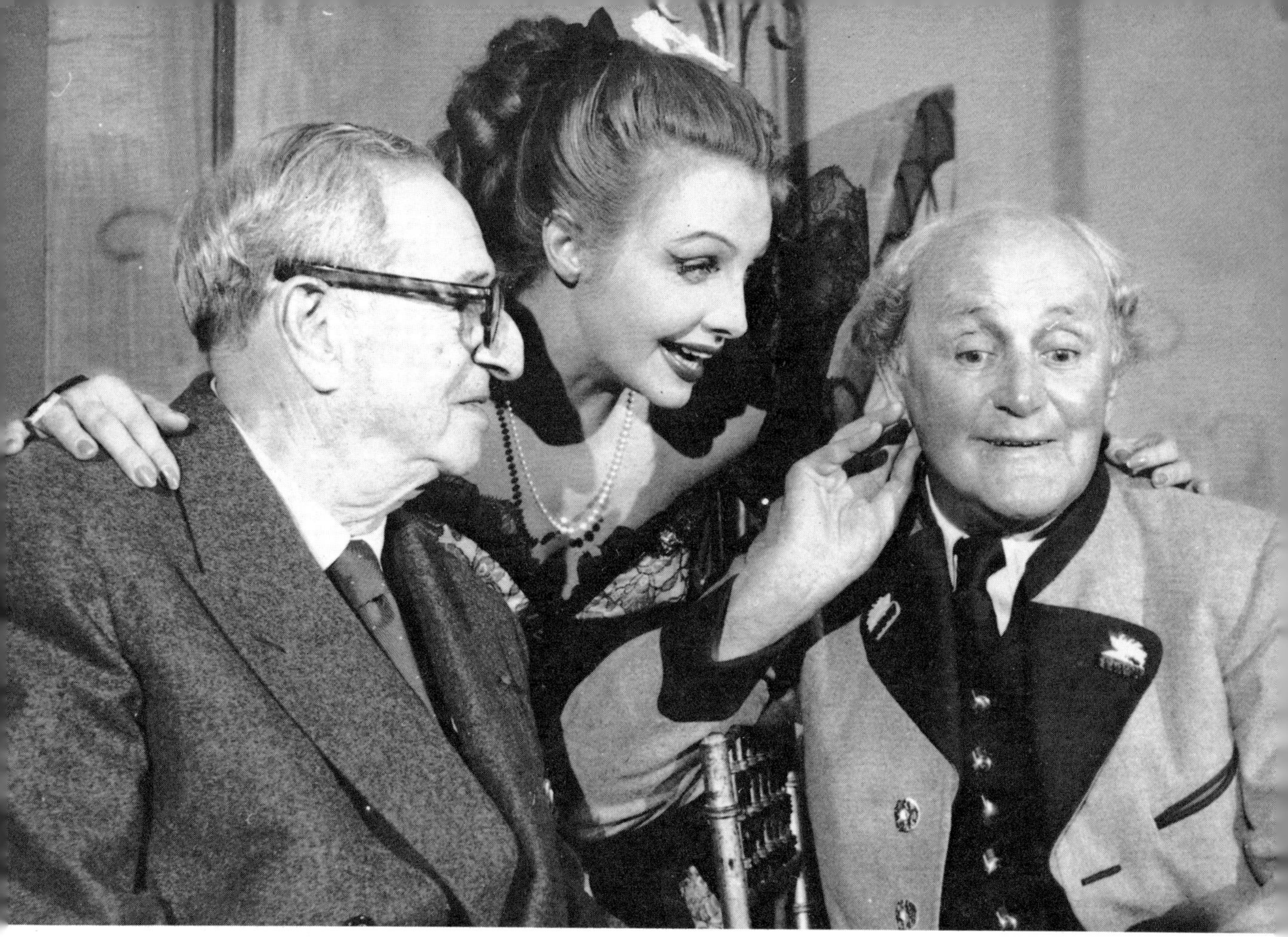

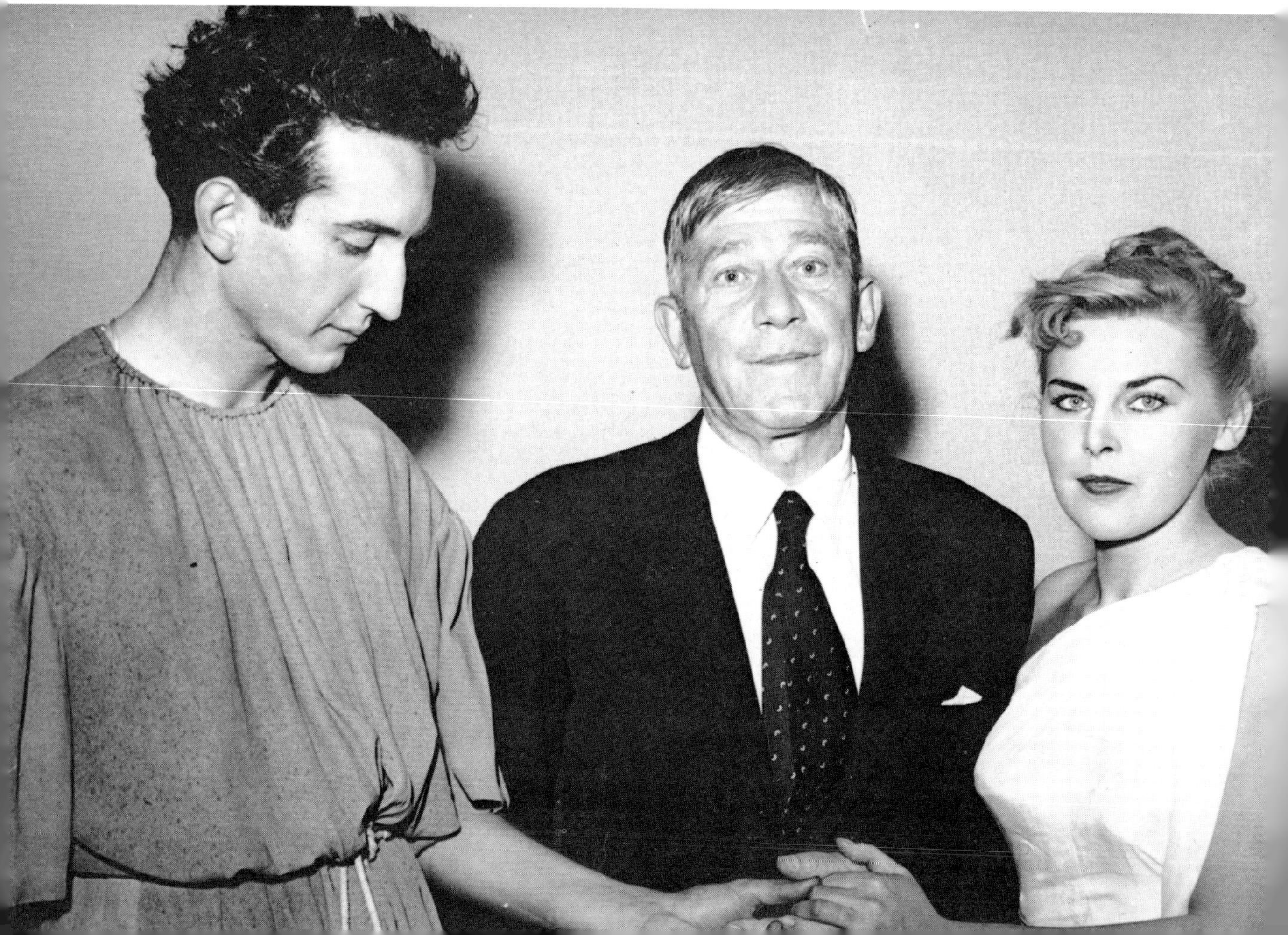

Bilder aus dem wiederentstandenen deutschen Kulturleben, vornehmlich Abteilung »Leichte Muse«. *Oben* zwei Fotos aus dem Münchner Gärtnerplatztheater von 1953: Komponist Oscar Straus mit den beiden Hauptdarstellern seiner Operette »Drei Walzer«, Elfie Mayerhofer und Gustl Waldau. Der 70jährige Robert Stolz stößt bei den Proben zu »Zwei Herzen im Dreivierteltakt« mit den Damen Henjon, Biebl und Schwaiger an. *Unten links:* Der Maler Oskar Kokoschka begrüßt bei der Wiederaufführung 1950 die Interpreten seines Jugenddramas »Orpheus und Eurydike« von 1922. *Unten rechts:* Die Filmschauspielerin Hildegard Knef und der Jazzkönig Louis Armstrong. Die Tourneen des Mannes mit der heißen Trompete machten den Jazz in Deutschland populär.

Wiedervereiniger Churchill?

Der britische Premierminister wollte 1953 mit den Sowjets über eine Neutralisierung Deutschlands verhandeln. 30 Jahre nach der diplomatischen Aktion kamen die diesbezüglichen Regierungsakten ans Licht.

Nichts wird das deutsche Volk von der Einheit abbringen können«, schrieb Premierminister Winston Churchill am 6. Juli 1953 vom Krankenlager aus an Lord Salisbury, den stellvertretenden britischen Außenminister. »Der Tatsache, daß es immer ›ein deutsches Problem‹ und eine ›preußische Gefahr‹ geben wird, müssen wir uns stellen. Ich bin der Meinung, daß ein vereintes, unabhängiges Deutschland kein Verbündeter der Sowjetunion werden würde. Dreierlei spricht dafür:
1. Der überlegene Charakter des deutschen Volkes ist nicht mit den knechtenden Bedingungen der kommunistischen Welt vereinbar;
2. haben sie in dem Schicksal der Ostzone ein lehrreiches Beispiel von durchschlagender Wirkung erhalten, und Millionen Menschen werden noch viele Jahre leben, um die Schrecken der kommunistischen Herrschaft, selbst von Deutschen an Deutschen begangen, bezeugen zu können;
3. sitzt der von Hitler gegen den Bolschewismus gelenkte Haß tief im Herzen der Deutschen.«
Churchill hat im Jahr 1953 mehrmals über die Möglichkeit nachgedacht, Deutschland wiederzuvereinigen und zu neutralisieren. Das zeigen die britischen Regierungsakten aus jenem Jahr, die jetzt zum erstenmal für die britische Forschung freigegeben wurden. Der Premierminister wollte, nach dem Tod Stalins im März 1953, mit der sowjetischen Führung wieder ins Gespräch kommen. Das Angebot, über eine Wiedervereinigung auf der Basis einer Neutralisierung Deutschlands zu verhandeln, sollte lediglich das Mittel sein. Eine dauerhafte Sicherung des Friedens in Europa war das Ziel. Dies, davon war Churchill überzeugt, konnte nur durch eine Anerkennung der berechtigten Sicherheitsinteressen der Sowjetunion geschehen. »Was von uns nicht vergessen werden darf – eine Tatsache, die die Sowjets hoffentlich immer zu würdigen wissen –, ist die Sicherheit Rußlands vor einer erneuten Hitlerischen Invasion.«
Churchills Idee war eine Rechnung mit mehreren Unbekannten. War der Kreml bereit, auf eine Entspannungsoffensive positiv zu reagieren? Dies setzte wiederum voraus, daß nicht nur Großbritannien, sondern der Westen insgesamt, allen voran die Vereinigten Staaten, ihr Verhältnis zu Moskau überprüften. Also mußte zunächst einmal Präsident Eisenhower für ein solches Unterfangen gewonnen werden. In Westeuropa drohte eine solche Initiative den sich mühsam hinschleppenden Einigungsprozeß zu gefährden, besonders die geplante Europäische Verteidigungsgemeinschaft (EVG). Dies mußte Frankreich auf den Plan rufen und nicht zuletzt auf den energischen Widerstand Bundeskanzler Ade-

nauers stoßen, der sich im Wahljahr 1953 alles andere als eine – jetzt sogar vom Westen ausgelöste – Wiederauflage der Neutralisierungsdebatte wünschen konnte. Die einflußreichsten Gegner aber saßen nur einen Steinwurf weit von No. 10 Downing Street entfernt – die Mandarine des Foreign Office. Ihr Ranghöchster, Sir William Strang, hatte schon am 30. Mai seinen Premierminister gewarnt:
»Die Schaffung eines vereinten, neutralisierten Deutschlands würde erstens einen völligen Bruch mit jener Politik bedeuten, welche die Regierungen Großbritanniens, der Vereinigten Staaten und Frankreich seit 1947 im Hinblick auf Westeuropa konsequent verfolgt haben; zweitens dürfte sie zu einer wachsenden Gefahr für uns werden, und drittens würde sie für die Regierung und die Bevölkerung der Bundesrepublik zum derzeitigen Zeitpunkt nicht annehmbar sein.«
War Churchill somit ein einsamer Rufer in der Wüste? Unter denen, die damals im Westen politische Verantwortung trugen, gewiß. Bis heute haftet dem knorrigen britischen Premier vor allem der Ruf an, er sei der erste kalte Krieger von Format gewesen. Dies war er ohne Zweifel, vor allem als Führer der Opposition von August 1945 bis Oktober 1951. Seine stramme antikommunistische Haltung hinderte ihn jedoch nicht daran, sowohl während des Krieges als auch in seiner zweiten Amtszeit (1951–1955) ein gutes, wenn nicht freundschaftliches, so doch entspanntes Verhältnis zur Sowjetunion und ihren Führern zu suchen. Dahinter steckte freilich der Wunsch, zwischen den beiden Großen – Amerika und Rußland – eine gewisse Eigenständigkeit der dritten, inzwischen arg angeschlagenen Großmacht England zu erhalten.
Kaum war Churchill wieder in Amt und Würden, als er am 6. November 1951 im Unterhaus erklärte: »In der Außenpolitik liegt unsere große Hoffnung darin, eine Verminderung jener Spannungen, die man gemeinhin als ›kalten Krieg‹ bezeichnet, durch Verhandlungen auf höchster Ebene zu erreichen . . .«
Die Idee eines Gipfeltreffens, fraglos in nostalgischer Erinnerung an die Konferenzen der »Großen Drei« in Teheran, Jalta und Potsdam, ließ Sir Winston fortan nicht mehr los. 1953 schien der geeignete Zeitpunkt gekommen zu sein: In den Vereinigten Staaten war zum ersten Mal seit zwanzig Jahren ein Republikaner zum Präsidenten gewählt worden, General Dwight D. Eisenhower, immerhin ein Bekannter aus alten Kriegstagen. Stalins Tod und die dadurch aufgekommenen Hoffnungen in Ost und West bewirkten ein übriges. Zudem mußte sich Anfang April der britische Außenminister Eden, ein Kritiker der Churchillschen Entspannungseu-

phorie, ins Krankenhaus begeben; er konnte die Amtsgeschäfte erst Monate später wieder aufnehmen. Als Premier- und Außenminister in einer Person hatte Churchill jetzt weitgehend freie Hand.

Vergeblich hatte sich der britische Regierungschef in den ersten Monaten des Jahres 1953 bemüht, den amerikanischen Präsidenten für seine Idee zu erwärmen. Eisenhower konnte trotz eines konzilianten Tons aus Moskau keine Anzeichen für eine wirkliche Änderung der sowjetischen Außenpolitik erkennen. Voreilige Verhandlungsangebote des Westens könnten nur falsche Erwartungen wecken und somit Zweifel an der Einheit und Festigkeit des Westens aufkommen lassen. Nur eine harte Haltung des Westens, davon waren der Präsident und sein Außenminister John Foster Dulles überzeugt, könne einen Wandel in der Haltung Moskaus bewirken.

Natürlich sei der Premierminister frei, schrieb ihm Eisenhower am 5. Mai, sich zu einer »alleinigen Pilgerfahrt« auf den Weg nach Moskau zu machen. Churchill hatte daran auch schon gedacht. Doch zuvor griff der Premier zu einem anderen Mittel, seine Idee voranzutreiben. In der außenpolitischen Debatte des Unterhauses am 11. Mai wiederholte er in einer langen Rede, die er weder mit dem Kabinett noch mit dem Foreign Office abgesprochen hatte, seinen Vorschlag in aller Öffentlichkeit. Aus der Gipfelkonferenz sollte nur die »kleinstmögliche Anzahl von Mächten und Personen« vertreten sein. Keine strikte und überladene Tagesordnung, keine Horden von Experten und Beamten! Statt dessen eine private Atmosphäre und größtmögliche Zurückgezogenheit. »Es mag gut sein, daß keine handfesten Ergebnisse dabei herauskommen, doch dürfte sich bei denen, die zusammenkommen, das Gefühl breitmachen, daß sie damit der Menschheit einen besseren Dienst erweisen, als diese und sich selber in Stücke zu reißen.«

Der Zufall oder auch ein geschicktes »Timing« fügten es, daß Adenauer drei Tage später zu einem (seit einiger Zeit geplanten) Besuch in London erwartet wurde. Adenauer war alles andere als glücklich über Churchills Initiative. Seine Europapolitik schien in Gefahr, und die Einheit des Westens drohte verlorenzugehen. Eine Verständigung der Großmächte auf Kosten Deutschlands rückte wieder in den Bereich des Möglichen. Das Gespenst einer Neutralisierung drohte wie 1952 (nach Stalins berühmter Note) erneut Gestalt anzunehmen.

In Frankreich mehrten sich bereits die Stimmen derer, die von einer Viermächtekonferenz über Deutschland endgültige Gewißheit darüber erhofften, ob Deutschland tatsächlich auf Dauer geteilt bleiben oder in Kürze wiedervereint würde, ehe man die Verträge über Deutschland und die Schaffung einer Europäischen Verteidigungsgemeinschaft ratifizieren könnte. Immerhin schien man selbst in französischen Regierungskreisen Gefallen zu finden an der Idee eines auf Dauer entwaffneten und neutralisierten Deutschlands, zumal wenn die Sicherheit Frankreichs nicht nur von den beiden Westmächten, sondern auch von der Sowjet-

Churchill und Adenauer. Dem deutschen Regierungschef kam der diplomatische Vorstoß des britischen Premiers in Richtung auf Deutschlands Neutralisierung äußerst ungelegen.

union garantiert würde. Keine geringen Aussichten also, die innenpolitisch stark umstrittene Gründung einer Europäischen Verteidigungsgemeinschaft scheitern zu lassen.

Dies mußte den Kanzler auf den Plan rufen. Den französischen Hohen Kommissar François-Poncet ließ er wissen, daß er vor einem erfolgreichen Abschluß seiner Westpolitik für mögliche Gespräche mit den Russen über die Wiederherstellung der deutschen Einheit keinen Spielraum habe. Besonders betroffen sei er darüber, »daß der Premierminister der deutschen sozialdemokratischen Opposition genau jene Argumente geliefert habe, nach denen diese trachte, um die Position des Kanzlers zu schwächen und möglicherweise seine rosigen Wahlaussichten zu ruinieren«.

Daraus ergab sich für Adenauer die Konsequenz, daß eine Konferenz mit den Sowjets auf keinen Fall stattfinden, ja nicht einmal angekündigt werden dürfe, ehe nicht die Wahlen zum zweiten Deutschen Bundestag am 30. August 1953 vorüber seien. Gleichzeitig gab er jedoch zu verstehen, daß sich, nachdem der Vorschlag für eine Gipfelkonferenz nun einmal auf dem Tisch sei, eine solche kaum noch verhindern lasse. In jedem Falle müsse man eine feste Tagesordnung vereinbaren und die Haltung des Westens vorher abstimmen, ehe man sich mit den Sowjets auf Verhandlungen über Deutschland einlasse.

Adenauers Besuch in London verlief ausgesprochen

harmonisch. Der Kanzler erhielt die gewünschte Bestätigung, daß Großbritannien nach wie vor zu den eingegangenen Verpflichtungen gegenüber der Bundesrepublik stehe und keine Vereinbarungen über Deutschland hinter dem Rücken der Bundesregierung treffen werden. Was die sowjetische Politik anging, so waren für Adenauer »Einigkeit, Wachsamkeit und Treue« innerhalb des westlichen Lagers das Gebot der Stunde, während Premierminister Churchill keine Chance ungenutzt lassen wollte, um zu einer Entspannung mit Moskau zu gelangen.

Eines war nach dem Besuch völlig klar geworden: Mit Adenauer ließ sich die Idee einer Entspannung durch Neutralisierung Deutschlands nicht verwirklichen. Also den Kanzler fallenlassen und auf die Sozialdemokraten setzen, die sich soeben anschickten, die Außen- und Deutschlandpolitik und auch die Neutralisierung Deutschlands zum Wahlkampfthema zu machen? Nein, das verbot, wie Churchill meinte, das gegebene Ehrenwort. Auch könne man sich keinen besseren, also stärker westlich orientierten Kanzler wünschen. Im Foreign Office zog man daraus die logische Konsequenz: »Die Politik, alles nur mögliche zu tun, um ihm (Adenauer) zu helfen, die deutschen Wahlen zu gewinnen, ist daher völlig unvereinbar mit jedem Überwechseln zu einer Politik der Neutralisierung, die etwa das Ergebnis eines Viermächtetreffens im Herbst sein könnte.«

Die Rücksicht auf den Wahlkämpfer Adenauer bestimmte in den kommenden Wochen und Monaten stärker als jede andere Überlegung das weitere taktische Vorgehen der Westmächte. Dabei sollten sich zwei unvorhersehbare Ereignisse als besonders gelegen erweisen, den Westen wieder zu einen: der Aufstand am 17. Juni in Ost-Berlin und der DDR und der schwere Schlaganfall Churchills neun Tage später.

Adenauer erkannte die Gunst der Stunde und ergriff sogleich die Initiative. Endlich konnte er den Vorwurf der SPD, er sei in der Deutschlandfrage untätig, entkräften, ohne auch nur ein Jota von seiner bisherigen Politik abweichen zu müssen. In herzzerreißenden öffentlichen Botschaften an die westlichen Staatschefs geißelte Adenauer das Terror- und Gewaltregime der sowjetischen Zone, sprach von einem Aufschrei nach Freiheit und Gerechtigkeit gegen Panzer und Maschinengewehrfeuer und lobte den Mut und die Tapferkeit jener »unglücklichen Menschen« in der Zone. Er schloß seinen Brief mit dem dramatischen Appell: »Helfen Sie diesen Menschen, eine freie und würdige Existenz aufzubauen und Einheit und Freiheit für das ganze deutsche Volk wiederherzustellen, damit sie dem Frieden in Europa dienen können.«

Im Klartext hieß dies natürlich: Bitte tun Sie nichts, was meine bisherige Politik der Westintegration eines Teils Deutschlands gefährden könnte. Die Verständigung klappte gut. Drei Tage später ließ die Regierung Ihrer Majestät im Unterhaus erklären, daß sie voll und ganz »mit dem Geist dieser Botschaft« übereinstimme. Wie man sich die Wiederherstellung der Einheit Deutschlands vorstelle, sei in den Deutschlandnoten der Westmächte des Vorjahres nachzulesen. Dem füge sich auch die Bundestagsresolution vom 10. Juni 1953 nahtlos ein, hinter der – wie der Staatsminister im Foreign Office, Selwyn Lloyd, ausdrücklich hervorhob – nicht nur die Regierungskoalition, sondern auch die sozialdemokratische Opposition stand.

Wiederum bekräftigen die Briten, daß man Westdeutschland nicht irgendwelchen übergeordneten Interessen opfern werde, sondern nach wie vor zu Geist und Buchstaben der bisher eingegangenen Verpflichtungen stehe. Und auf Vorschlag des Foreign Office fügte Churchill in seinem persönlichen, aber ebenfalls veröffentlichten Antwortschreiben an Adenauer noch hinzu: »Ich nehme die Gelegenheit wahr, um Ihnen einmal schriftlich meine Hochachtung für Ihre großen persönlichen Bemühungen zu bekunden, Einheit und Freiheit für das ganze deutsche Volk wiederherzustellen, und zwar so, daß es dem Frieden in Europa dienen möge.« Adenauer war mit diesen Formulierungen sehr zufrieden. Inzwischen hatte er sich auch schon in Berlin sehen lassen, so daß man ihm kaum noch vorwerfen konnte, er verhalte sich in der Lebensfrage der deutschen Nation passiv. Jetzt mußte nur noch das Verwirrspiel um eine Viermächtekonferenz über Deutschland beendet werden. Die plötzliche Krankheit Churchills hatte nicht nur den wichtigsten Protagonisten dieser Idee vorübergehend ausgeschaltet, sondern verschaffte auch die gewünschte politische Atempause.

Das als eine Art Vorkonferenz geplante Treffen der drei Regierungschefs der Vereinigten Staaten, Frankreichs und Großbritanniens wurde abgesagt. Statt dessen trafen sich die Außenminister Dulles, Bidault und – als Vertreter Edens – Lord Salisbury vom 10. bis 14. Juli 1953 in Washington. Ihre Positionen hätten unterschiedlicher nicht sein können. Dulles war weiterhin – wie Adenauer – gegen einen Vierergipfel. Bidault fand hingegen Gefallen an erneuten Verhandlungen mit den Sowjets über Deutschland, allerdings mit der Intention, sie scheitern zu lassen und dann die EVG-Verträge um so leichter über die parlamentarische Hürde bringen zu können. Salisbury wollte die Tür für ernsthafte Verhandlungen der vier Mächte auf höchster Ebene zumindest offenhalten. In einem Punkt waren sich die Herren allerdings sehr einig: Es wäre ein Desaster für den Westen, wenn Adenauer die deutschen Wahlen nicht gewänne.

Eine gemeinsame Linie war längst noch nicht in Sicht, da stand plötzlich ein völlig unerwarteter und ungebetener Gast vor der Tür: Herbert Blankenhorn. Der enge Berater Adenauers war in geheimer Mission nach Washington geschickt worden, um die Außenminister über einen neuen Vorschlag seines Chefs zu informieren. Ein äußerst geschickter Schachzug des »alten Fuchses«, dessen Vorschlag – wie Blankenhorn freimütig bekannte – »vor allem aus wahltaktischen Überlegungen« heraus geboren war. Der Wahlkampfslogan der CDU »Alle Wege des Marxismus führen nach Moskau« sollte nun auch auf diplomatischer Bühne seine Dienste tun. Der Kanzler, so ließ Blankenhorn wissen, habe Informationen, »wonach die SED, mit verdeckter Unterstützung gewisser Kreise der SPD (nicht Reuter), zusammen mit Semjonow eine größere sowjetische Initiative zur Einberufung einer Viermächtekonferenz vorbereite, die wahrscheinlich gegen Ende Juli gestartet werden sollte«.

Um die Initiative in der Außen- und Deutschlandpolitik nicht sogleich wieder zu verlieren, wünschte Adenauer, daß die Westmächte den Sowjets zuvorkämen und ihrerseits die Einberufung einer Viermächtekonferenz über Deutschland vorschlügen. Sie sollten ausdrücklich betonen, daß ein solcher Vorschlag auf den deutschen Bundeskanzler zurückgehe. Natürlich erwartete der Kanzler – wiederum nach Blankenhorn – nicht, daß »viel, wenn überhaupt etwas, bei irgendeiner Viermächtekonferenz herauskommen würde«. Der taktische Schwenk um 180 Grad – vom entschiedenen Gegner zum warmen Befürworter von Vierer-Verhandlungen – war wie ein Sprung auf einen fahrenden Zug, der führerlos daherrollte und mit ein bißchen Mut zu unkonventionellen Maßnahmen und mit Geschick in die richtige Richtung gelenkt werden mußte, damit er keinen weiteren Schaden anrichtete. »Mein Schritt hatte ausgezeichnet gewirkt«, erinnerte sich Adenauer später zufrieden.

Zwar ging den Westmächten die Forderung, sich als treue Erfüllungsgehilfen des Kanzlers in aller Öffentlichkeit zu präsentieren, doch zu weit. Heraus kam allerdings genau das, was Adenauer sich gewünscht hatte. Die Westmächte luden die Sowjetunion zu Verhandlungen über Deutschland ein. Sie sollten auf Außenministerebene und nicht vor Anfang Oktober, also erst nach der Bundestagswahl, stattfinden.

Der ursprüngliche Vorschlag Churchills, möglichst umgehend eine Gipfelkonferenz ohne feste Tagesordnung einzuberufen, war darin freilich nicht mehr wiederzuerkennen.

Als schließlich der Vorwurf laut wurde, die Integration Westdeutschlands in eine Europäische Verteidigungsgemeinschaft lasse sich nicht mit dem Wiedervereinigungsgebot vereinbaren, konterte Adenauer: Die EVG solle lediglich die Basis für ein Sicherheitssystem bilden, das die Sicherheitsinteressen aller europäischen Staaten, auch der Sowjetunion, berücksichtigen werde. So war ihm das Kunststück gelungen, nahezu alle Hoffnungen und positiv besetzten Begriffe, die in der Debatte um Churchills Idee aufgekommen waren, in sein auf den Westen Deutschlands und Europas konzentriertes Konzept zu integrieren.

Der Erfolg blieb nicht aus. Der Wähler stattete den Kanzler mit einer satten Mehrheit aus. Das bürgerliche Lager insgesamt verfügte nun über jene Zweidrittelmehrheit, die zur Billigung einer Wiederaufrüstung der Bundesrepublik nötig war. Jede Chance einer Neutralisierung Deutschlands war endgültig dahin. Für eine

Entspannung durch Revision des Status quo war es zu spät, für eine Entspannung durch Anerkennung des Status quo zu früh. Die Stabilisierung der Strukturen eines zweigeteilten Deutschlands, die sich seit 1946/47 herausgebildet hatten, war offensichtlich die einzige konsensfähige Option, wenn man das auch nicht laut sagen durfte.

»Deutschland ist der Schlüssel zum Frieden in Europa«, schrieb Staatsminister Lloyd am 22. Juni 1953 an Churchill. »Ein geteiltes Europa bedeutet ein geteiltes Deutschland. Deutschland wiederzuvereinigen, solange Europa geteilt ist, ist – selbst wenn dies machbar wäre – gefahrvoll für uns alle. Deshalb fühlen alle – Dr. Adenauer, die Russen, die Amerikaner, die Franzosen und wir selbst – im Grunde ihres Herzens, daß ein geteiltes Deutschland zur Zeit die sichere Lösung ist. Aber keiner von uns wagt dies wegen seiner Auswirkungen auf die öffentliche Meinung in Deutschland auch offen zuzugeben. Deshalb unterstützen wir alle öffentlich ein vereintes Deutschland, jeder allerdings aufgrund seiner eigenen Bedingungen.«

Zu Churchills Idee einer Entspannung durch Neutralisierung Deutschlands steckte ein rückwärtsgewandtes, gleichsam an den Geist von Potsdam wieder anknüpfendes Element. Immerhin war der britische Premier der erste führende westliche Staatsmann, der seit Ausbruch des kalten Krieges öffentlich bereit gewesen war, die Sicherheitsinteressen der Sowjetunion in Rechnung zu stellen. Er wollte die Verhandlungen mit ihr wieder aufnehmen, ohne vorab unannehmbare Vorbedingungen zu stellen.

Vor allem aber brach Churchill mit dem klassischen Topos des Kalten Krieges, wonach ein wiedervereinigtes Deutschland automatisch unter kommunistischen Einfluß geraten oder gar dem Kommunismus anheimfallen müßte. Doch verkannte er nicht, wie »fürchterlich schwierig« das Problem war. Denn »die Russen haben ihrerseits jedoch einiges sehr Verlockendes zu bieten: erstens die Einheit Deutschlands durch die Rückgabe der Ostzone nach freien Wahlen, und zweitens eine Wiederherstellung der Grenzen auf Kosten Polens. Wir werden all unser Können benötigen, um die Entwicklung so zu steuern, daß wir für jeden Gewinn, den Deutschland künftig für sich verbuchen mag, ebensoviel Ehre ernten werden wie die Sowjets.«

Wie dem auch sei, Churchills Idee paßte nicht in die politische Landschaft des Jahres 1953. Adenauer stand dagegen mit beiden Beinen auf dem Boden des politisch Machbaren. Er war der Mann des Jahres. Was wäre nur gewesen, wenn Churchill – wie Stalin im Jahr zuvor – nicht nur über die Wiedervereinigung eines neutralisierten Deutschlands nachgedacht, sondern wenn Adenauer sie auch noch ernsthaft betrieben hätte?

DIE ZEIT, 4. Mai 1984

Bundesgesetzblatt ³⁴⁷

Teil I

1951	Ausgegeben zu Bonn am 23. Mai 1951	Nr. 24

Gesetz über die Mitbestimmung der Arbeitnehmer in den Aufsichtsräten und Vorständen der Unternehmen des Bergbaus und der Eisen und Stahl erzeugenden Industrie.

Vom 21. Mai 1951.

ICH LASS MICH NICHT
FÜR DUMM VERKAUFEN...

„. . . auch dann nicht, wenn man es uns jeden Tag mit Zeitungsanzeigen und Kinoreklame einreden will!"

„Warum regst Du Dich auf?"

„Weil man uns allen weismachen will, der Wiederaufbau unserer Wirtschaft nach 1945 ist die Folge einer Wirtschaftspolitik, die sie soziale Marktwirtschaft nennen."

„Das ist wirklich ein starkes Stück! Wir haben mit unseren Fäusten in den Trümmerhaufen wieder Ordnung gebracht. Ohne uns, ohne die Ergebnisse unserer Arbeit, gibt es überhaupt keine Wirtschaftspolitik."

„Du hast recht. Wir haben nach 1945 geschuftet und haben uns für unseren Lohn nicht mal 20 Zigaretten in der Woche kaufen können. Damals haben andere gehortet. Aber damals hat man uns auch gesagt, daß man das Mitbestimmungsrecht der arbeitenden Menschen in der Wirtschaft vorbehaltlos bejaht! Und heute will man nichts mehr davon wissen. Und auch eine ganze Anzahl Ab-

geordnete im Bundestag haben vergessen, was sie uns damals versprochen haben."

„Das ist es eben! Davon wird heute nicht mehr gesprochen. Und auch nicht mehr davon, daß man uns, die alle Werte geschaffen haben, den gerechten Lohn für unsere Arbeit gibt."

„Was wollen wir denn? Wir wollen eine Wirtschaftspolitik, die den arbeitenden Menschen und ihren Familienangehörigen dient. Das sind 35 Millionen Menschen in der Bundesrepublik. Es ist wichtig, daß diese 35 Millionen besser leben und nicht die wenigen, die unser zu niedriges Einkommen noch durch ungerechtfertigt hohe Preise schmälern."

„Das muß anders werden. Und jetzt ist die Gelegenheit da."

„Wie die Wirklichkeit aussieht, das merkst Du an Deiner Lohntüte und ich an meinem Gehaltsstreifen und unsere Frauen beim Einkaufen. Darum laß' ich mich durch keine Propaganda für dumm verkaufen."

„Ich auch nicht."   Stuttgarter Zeitung vom 15. VIII. 53

WAHLTAG IST ZAHLTAG
DARUM WÄHLEN WIR EINEN BESSEREN BUNDESTAG
DAS SAGT: DER DEUTSCHE GEWERKSCHAFTSBUND

Linke Seite oben: Im Oktober 1949 wurde in München der Deutsche Gewerkschaftsbund gegründet. Am Vorstandstisch von links nach rechts: Walter Freitag, 1. Vorsitzender Hans Böckler, Matthias Föchler, Georg Reuter. Sein Kurs hieß Zusammenarbeit; weitergehende Sozialisierungsforderungen waren, nicht zuletzt unter dem Druck der Besatzungsmächte, aufgegeben worden. *Unten:* Erster großer Erfolg maßvoller DGB-Politik war die 1951 erreichte Mitbestimmung in der Montanindustrie. Daß aber die erstrebte Sozialpartnerschaft nicht mit Harmonie verwechselt werden durfte, beleuchtet das DGB-Plakat zur Bundestagswahl 1953 *(oben)*. Es ist gegen die gerichtet, die den Anteil der organisierten Arbeiterschaft am Wiederaufbau schmälern und das »Wirtschaftswunder« als alleiniges Ergebnis ihrer Wirtschaftspolitik ausgeben wollen.

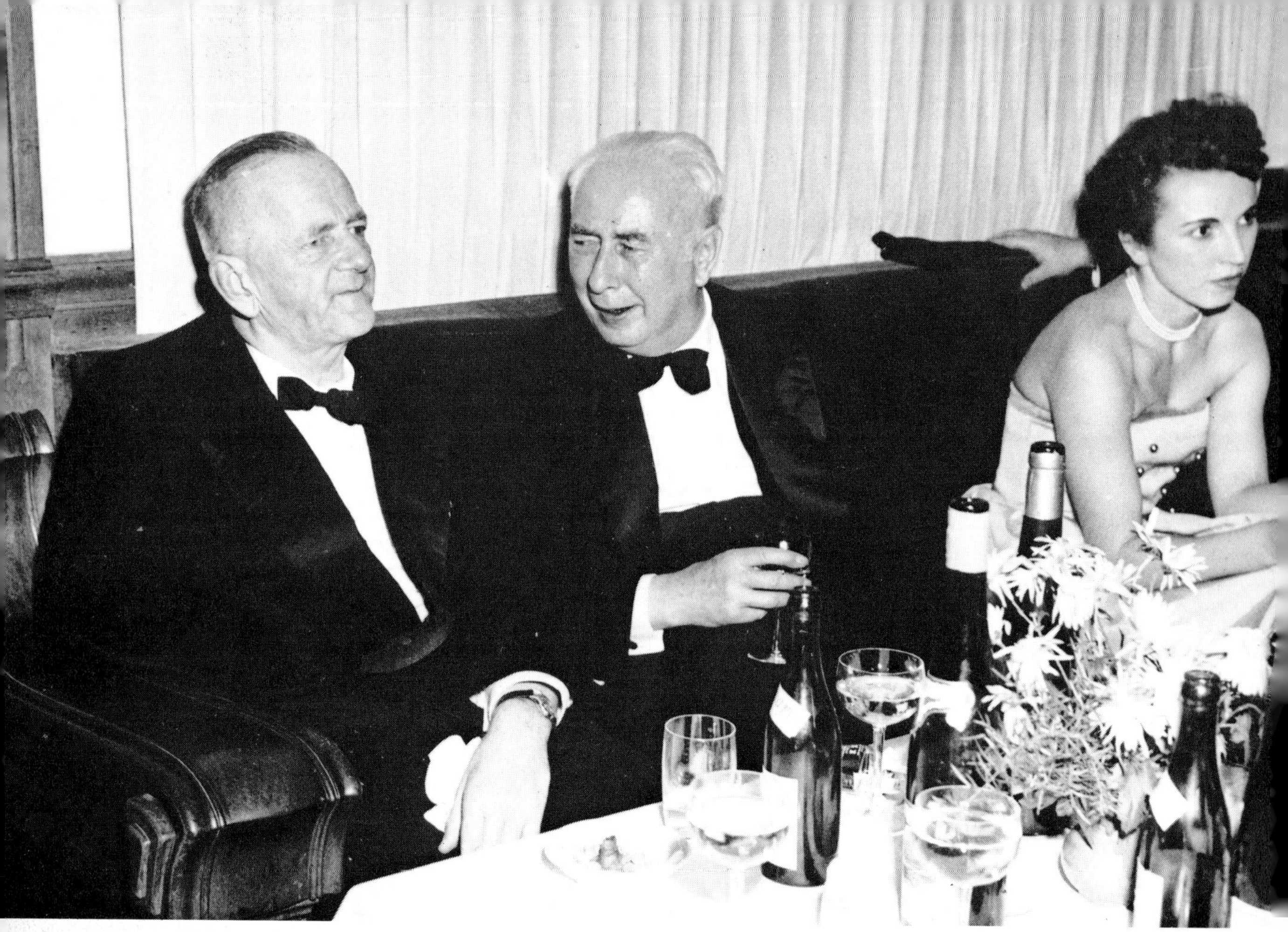

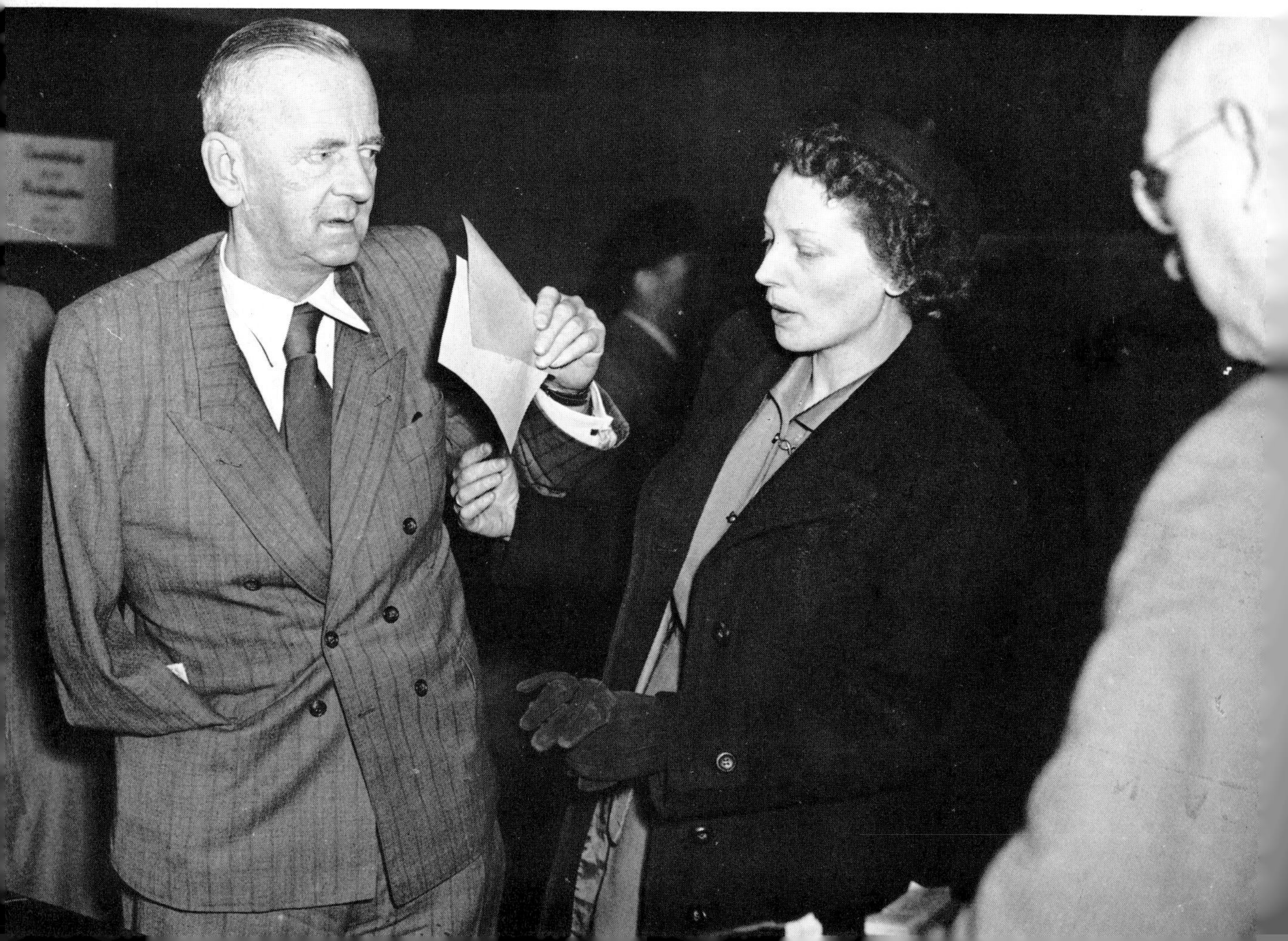

Kurt Schumacher

Er war Adenauers großer Widersacher; mit seinem Namen verbindet sich die Erinnerung an die ersten parlamentarischen Schlachten der Bundesrepublik. Das wird deutlich in den Nachrufen, die das Ausland Kurt Schumacher, dem Vorsitzenden der SPD, nach seinem frühen Tod im August 1952 widmete.

Die Persönlichkeit Dr. Schumachers hat die deutsche sozialdemokratische Bewegung so beherrscht, daß es jetzt angebracht scheint, Vermutungen anzustellen, daß die Partei ohne ihn vielleicht ihre Taktik ändert. Die festgelegten Auffassungen der Partei scheinen zu dem Schluß zu führen, daß Deutschland seine Verbündeten im Westen suchen muß und daß die einzigen Meinungsverschiedenheiten (mit der Regierungskoalition) über Fragen der Methoden und des zeitlichen Vorgehens bestehen. So wichtig diese Meinungsverschiedenheiten sein können, Dr. Schumacher hat sie in der letzten Zeit über Gebühr betont. Es ist gut möglich, daß seine Partei in absehbarer Zeit ihre extreme Position überprüft.

Times (London)

Wenn alle Seiten berücksichtig werden, hat Schumacher seinem Lande und der Sache des freien Europa mehr zum Schaden als zum Nutzen gereicht.
Er war das Beispiel eines Mannes, der Extremismus mit Extremismus bekämpfte. Leidenschaftlich und kompromißlos gegen das Übel des Nationalsozialismus anzugehen, ist Tugend, aber dieselben Eigenschaften in einer Situation einzusetzen, die Geduld, Verständnis und schöpferische Kritik erfordert, ist ein Laster. Vielleicht wird er als ein Staatsmann von hohen Gaben, der das Unglück hatte, physisch und ideologisch ein Opfer des Naziregimes geworden zu sein, in die Geschichte eingehen.«

New York Times

Schumacher war gleichzeitig Egmont und Friedrich-Wilhelm, Freiheitsheld und Flügeladjutant der Sozialdemokratie. Indem er gegen die Diktatur und gegen ein Regime aufstand, das »den Mann auf der Straße« nicht ansprach, hielt er seine Partei unter einer eisernen Faust, unterwarf sie im Namen der Freiheit seinen Ansichten und wurde dem deutschen Sozialismus ein wahrer Führer.

Combat (Paris)

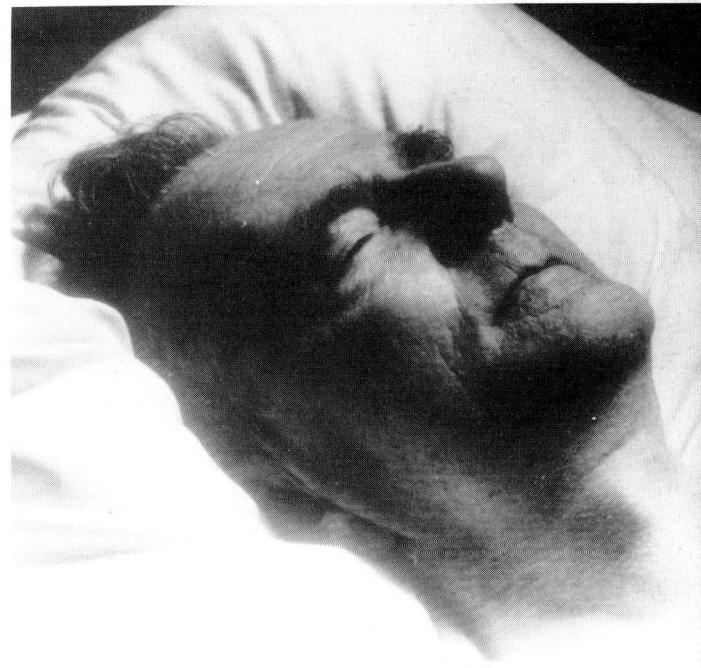

Linke Seite oben: Kurt Schumacher mit Bundespräsident Heuss beim Presseball in Bad Neuenahr 1951. *Unten:* Mit seiner Sekretärin Annemarie Renger (später Bundestagspräsidentin) bei den niedersächsischen Landtagswahlen 1951.
Rechte Seite oben: Ein Gesicht, von den Leiden der KZ-Haft gezeichnet. *Unten:* Schumacher auf dem Totenbett.

Der souveräne Teilstaat
(1953–1957)

Aufnahme in die NATO

Woran erinnern wir uns in der Ära Adenauer? Fällt uns auf dem Boden unseres westlichen Teilstaates ein einziges Stichdatum ein, ohne daß wir nachdenken müssen? Nicht einmal der Zeitpunkt, an dem diese Republik souverän wurde, und das war doch ein sehr einschneidendes Ereignis, ist dem Geschichtsinteressierten ohne weiteres zur Hand. Es war der 5. Mai 1955. Vier Tage darauf war die Bundesrepublik Deutschland Mitglied der NATO.

Zeitweilige Dramatik spielte sich nur im anderen Deutschland ab, vis-à-vis. Zwei Stichdaten fallen beinahe jedem ein, der 17. Juni 1953 und der 13. August 1961, von dem später die Rede sein wird. Natürlich war die westliche Seite davon stark mitbetroffen, im zweiten Fall noch mehr als im ersten. Aber es ging dabei beide Male für uns weit weniger um direkt lebensverändernde Vorgänge als für die Deutschen im Osten. Sie betrafen uns mehr moralisch und im Bewußtsein, weniger existentiell. Im ersten Jahrzehnt der Bundesrepublik beherrschte die Deutschlandfrage die Diskussionen zwar weit intensiver, leidenschaftlicher als heute. Man kann die DDR aus einer Geschichte der Ära Adenauer überhaupt nicht ausklammern; diese gliche sonst einem Klavier ohne die schwarzen Tasten. Aber es waren eben doch leider zwei Deutschland geworden, und jenes andere Deutschland, was immer dort auch passierte, hatte keinen erheblichen Einfluß auf die Lebensweise in unserem Teil. Jede der Republiken mußte sich in einem der beiden Machträume geschichtlich einrichten, so gut es ging. Daran änderte auch nichts die Illusion der fünfziger Jahre, die beiden Staaten seien noch etwas Vorläufiges, das jederzeit wieder zusammenfinden könne.

Was die Bundesrepublik betrifft, so brachte die erste Hälfte der fünfziger Jahre, mit Hegel gesprochen, »Fortschritte im Bewußtsein der Freiheit«. In kleinen Etappen, nicht ohne Rückschläge, gewann die Republik mehr und mehr Freiraum, Selbständigkeit. Ein bißchen Chronologie zeigt, wie ein Schritt dem anderen folgte.

Im Juli 1951 erklärten England und Frankreich den Kriegszustand mit Deutschland für beendet, im Oktober folgten die Vereinigten Staaten. Damals amtierte noch Harry Truman im Weißen Haus. 1952 löste General Eisenhower ihn ab und blieb acht Jahre Präsident. Besonders unter seinem Außenminister John Foster Dulles (1953–1959) entwickelte sich ein starkes Vertrauensverhältnis zwischen Bonn und Washington.

Erich Ollenhauer spricht gegen die Pariser Verträge. Der Kampf um die Wiederbewaffnung Deutschlands und die Eingliederung in das Verteidigungssystem der NATO bestimmte die politischen Debatten des Bundestages in der ersten Hälfte des sechsten Jahrzehnts.

Der Deutschlandvertrag vom 26. Mai 1952 bildete den politischen Rahmen für die Gleichberechtigung der Bundesrepublik in der westlichen Gemeinschaft. Er löste das Besatzungsstatut, also die Oberhoheit der Siegermächte über Westdeutschland, ab. Doch blieben auch jetzt noch alliierte Vorbehaltsrechte hinsichtlich der Deutschland- und Berlin-Frage und der Stationierung der bewaffneten Streitkräfte. Im Prinzip war mit dem Deutschlandvertrag die Souveränität der Bundesrepublik vertraglich hergestellt. Doch dauerte es drei Jahre bis zum Inkrafttreten des Deutschland-Abkommens. Bis dahin bestand die vereinbarte Souveränität im wahrsten Sinne nur auf dem Papier. Der Kanzler und seine Koalition mußten eine quälende Wartezeit durchstehen, bevor sie der Opposition vollendete Tatsachen vorzeigen konnten. Das lag an dem Artikel 11 des Deutschlandvertrages. Er verknüpfte das Inkrafttreten mit der gleichzeitigen Verwirklichung der Europäischen Verteidigungsgemeinschaft (EVG). Die aber kam nie zustande.

Die EVG – ein Plan, wie schon im Wiederaufrüstungs-Kapitel gesagt, des französischen Ministerpräsidenten Pleven – sollte die sechs Armeen Frankreichs, Italiens, der Benelux-Länder und der Bundesrepublik Deutschland auf gemischte Weise vereinigen. Bis zur Divisionsstärke war an nationale Geschlossenheit gedacht, darüber hinaus sowie in der Versorgung und Kommandogewalt, an eine Fusion. Mit diesem System wollte Pleven einen Ausgleich finden zwischen westlichem Interesse an einem deutschen Verteidigungsbeitrag und der Furcht Frankreichs vor einer wiedererstehenden deutschen Armee.

Anfänglich schien dieses Projekt aussichtsreich zu sein. Die französische Nationalversammlung befürwortete im Februar 1952 einen deutschen Verteidigungsbeitrag – natürlich unter Garantien und Sicherungen. Die EVG schien solche Garantien zu bieten. Abgesichert durch das grundsätzlich zustimmende Votum des französischen Parlaments, schlossen die Regierungen der Westmächte mit der Bundesregierung den Deutschlandvertrag, und einen Tag später, am 27. Mai 1952, unterzeichneten die Außenminister von acht Ländern in Paris den EVG-Vertrag. Außer den Ministern der sechs (gedachten) EVG-Partner gehörten dazu die Außenminister der USA und

Englands, denn die beiden Länder waren ja Signatarstaaten des Deutschlandvertrages, Besatzungsmächte.

Adenauers Zufriedenheit wich bald ärgerlichen Empfindungen. Die Anzeichen mehrten sich, daß Frankreich seine Zusage nicht einlösen würde. Zu groß war das Mißtrauen nach drei Kriegen binnen 75 Jahren, bei denen deutsche Truppen jeweils in Frankreich gekämpft oder Frankreich erobert hatten. Der schwarze Tag für Adenauer in seiner bisher knapp fünfjährigen Kanzlerschaft war der 30. August 1954. Die französische Nationalversammlung ließ die EVG scheitern. Abstimmungsergebnis: 319 : 264 Stimmen.

Angesichts dieses Scherbenhaufens, Verspottung jahrelanger Beharrlichkeit, ist es erstaunlich, wie rasch eine Ersatzlösung – der Nordatlantikpakt, die NATO – gefunden wurde. Das gute, nahezu freundschaftliche Verhältnis zwischen Adenauer und Dulles trug wesentlich dazu bei. Amerika war nun einmal entschlossen, die Bundesrepublik fest in das westliche Bündnissystem einzuordnen. Nichts zugleich, was Adenauer sich sehnlicher wünschte. Rußland als drohender Schatten ließ ihn alle Gedanken und Projekte an eine neue eigenständige europäische Mitte, an einen ungebundenen deutschen Nationalstaat verwerfen; der hatte in seinen Augen nichts als Unglück gebracht. Darin lag aber auch die klare Entscheidung, für eine mögliche Wiedervereinigung Deutschlands keine Opfer an die westliche Bindung zu bringen. Wenn man die Einheit trotzdem haben konnte, schön. Aber schenken würden uns die Sowjets die Einheit nicht, das war mittlerweile klar. Der Preis aber, auch der geringste Preis, war Adenauer zu hoch. Nur wenn man sich darüber völlig klar ist, wird man seine konsequente, unbeirrte Politik westlicher Integration, seine Unempfindlichkeit gegen alle lockenden Töne aus dem Osten verstehen.

Die Lockung der Sowjets, aber auch der Widerstand des Kanzlers wiederholten sich in den ersten Monaten des Jahres 1955 noch einmal wie drei Jahre zuvor. Die Umstände glichen der Zeit, als Stalin seine legendäre Note vom 10. März 1952 geschickt hatte. Zuvor waren die Staaten des Westens mit der Bundesrepublik auf der Londoner Neunmächte-Konferenz (September/Oktober 1954) übereingekommen, die Bundesrepublik so

»Mon Dieu! Hat der Konrad ein Gewicht!« stöhnt Frankreichs Ministerpräsident Mendès-France. – Karikatur auf die Eingliederung der Bundesrepublik in die NATO.

schnell wie möglich in den Nordatlantikpakt auf- zunehmen. Der Widerspruch ist nicht zu überse- hen: Jahrelang hatte Frankreich eine eigenstän- dige deutsche Armee gefürchtet und gerade des- halb das Integrationsmodell EVG verfochten. Nachdem es an seinem Mißtrauen gestorben war, fand Frankreich sich zu einer vergleichsweise viel ungünstigeren Lösung bereit: die Mitglieder der NATO besaßen ja »nationale« Armeen mit ledig- lich kombinierter, supranationaler Führung. Man geht daher nicht fehl, wenn man das Gewicht der USA hinter der französischen Bereitschaft sieht, einem Projekt ihre Zustimmung zu geben, die vor Jahren undenkbar war. Eine Karikatur von 1954 beleuchtet die Sachlage besser, als lange Kom- mentare es tun. Auf der Schaukel sitzen Ade- nauer und der französische Ministerpräsident Mendès-France, der erste ganz unten, der andere hängt schwitzend in der Luft und versucht vergeb- lich, seinen Balken zu drücken. Es kann nicht gelingen, den der schwere John Foster Dulles hält seinen Fuß auf Adenauers Balken. Kommentar des unter diesen Umständen allzu leichten Franzo-

sen: »Mon Dieu! Hat der Konrad ein Gewicht!« Jetzt, da es ernst wurde, versuchten die Sowjets noch einmal, ins Räderwerk der westlichen Mili- tärmaschine einzugreifen und die Eingliederung der Bundesrepublik in die NATO zu verhindern. In einer Erklärung vom 15. Januar 1955 hieß es drohend, daß die Pariser Verträge (so hieß das ganze Paket aus verschiedenen Konferenzbe- schlüssen des Herbstes 1954) die Spaltung Deutschlands »auf viele Jahre festlegen« würden. Noch einmal sprach Moskau – jetzt mit der maß- gebenden Stimme Chruschtschows – von freien Wahlen, sogar von internationaler Aufsicht; noch einmal betonte die Regierung der UdSSR, ein wiederhergestelltes, einheitliches Deutschland dürfe keinen militärischen Bündnissen angehören. Ferner wurde hervorgehoben, daß die zu verein- barenden gesamtdeutschen Wahlen die Wahlge- setze beider Staaten berücksichtigen müßten. Ohne die DDR ging es also unter Chruschtschow, im Gegensatz zu Stalin, von vornherein nicht mehr. Dieser Unterschied fiel sofort ins Auge Der Kanzler änderte kein Jota an seinem bisheri-

gen Kurs. Er ließ sich gleichsam wie Odysseus an den Mast des Schiffes binden, um dem betörenden Gesang der Zauberwesen, der Sirenen, nicht zu erliegen. »Was wir erstreben«, sagte er, »ist der Zusammenschluß der freien Völker des Westens einschließlich Deutschlands, weil wir überzeugt sind, daß alsdann mit Sowjetrußland aussichtsreiche und vernünftige Verhandlungen gepflegt werden können.« Im Grunde wollte der Kanzler immer noch Sieg, ohne etwas zu bezahlen. Der große Realist besaß, was den Osten anging, keinen Sinn für Proportionen. Allen Zweifeln vorsichtiger Beurteiler setzte er siegesgewissen Optimismus entgegen. Hinzu kam natürlich das Überlegenheitsgefühl einer freiheitlichen Republik, die den Zwangsstaat DDR von Moskaus Gnaden keinesfalls durch Hereinnahme in die Vorbereitungen zu gesamtdeutschen Wahlen aufwerten wollte. Doch steht zu vermuten, daß Adenauer

auch ohne die Erwähnung der DDR in der Sowjetnote nicht anders gesprochen hätte. In der Mischung von Entgegenkommen und Drohgebärde erkannte der Alte von Rhöndorf nichts als ein Störmanöver. Er wollte jedoch die greifbar nahegerückte Souveränität der Bundesrepublik, die seit drei Jahren schon auf dem Papier stand, nicht von sich aus zusätzlich gefährden. Es genügte schon, daß Frankreich sie so lange blockiert hatte. Jetzt hieß es nur noch: die Pariser Verträge so schnell wie möglich durch die Parlamente zu pauken; dann würde die Bundesrepublik Deutschland ein unabhängiger Staat sein.

Am 27. Februar 1955 ratifizierte der Bundestag die Pariser Verträge, wobei die Mehrheit von 324 Stimmen sich gegenüber den 151 Neinsagern sehen lassen konnte. Das Vertragswerk, bestehend aus 8 Protokollen, war seit dem Scheitern der EVG die Vorbedingung für das Inkrafttreten

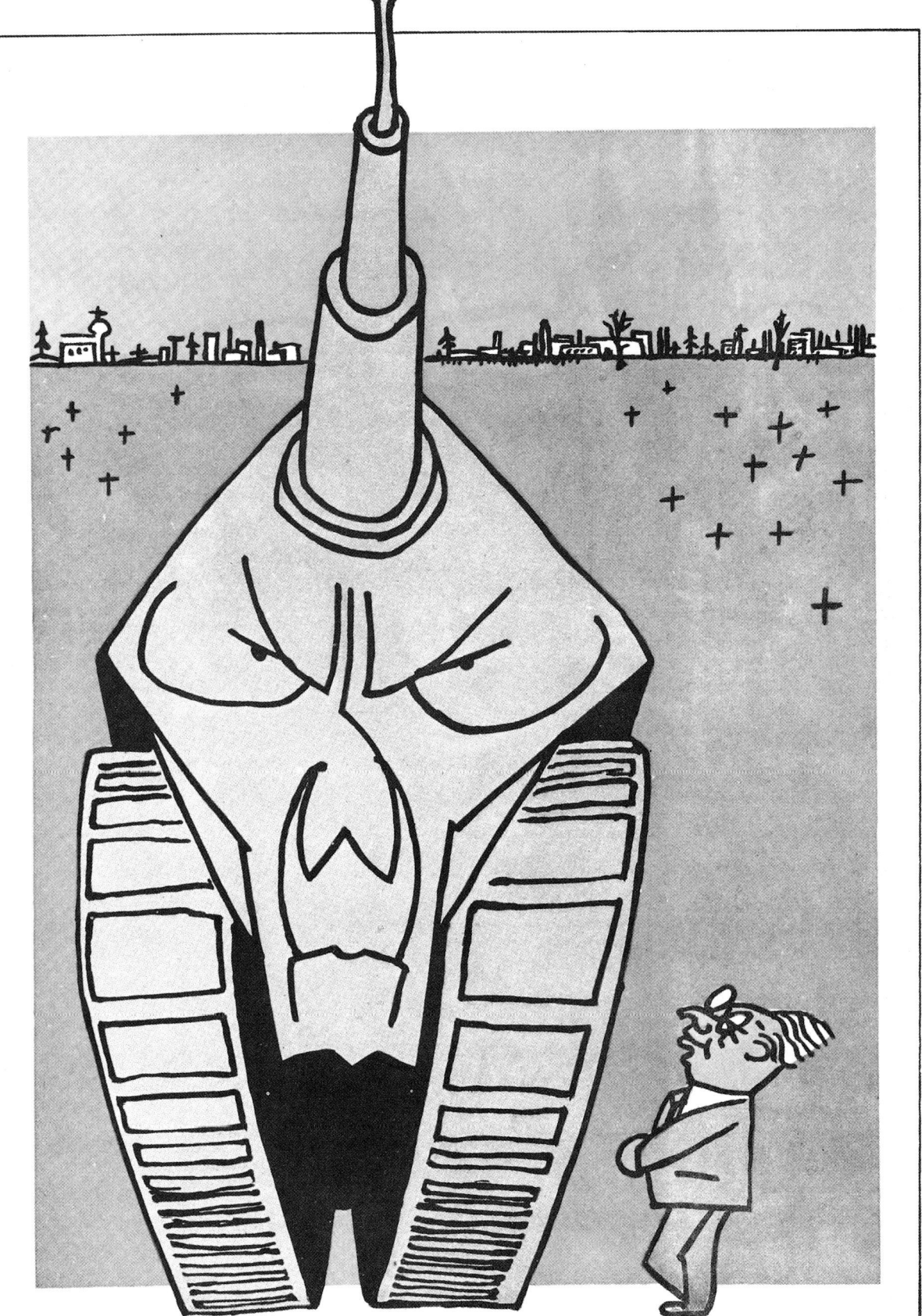

des Deutschlandvertrages und damit für die Souveränität. Dieses Abkommen nach drei Jahren aus seinem eingefrorenen Zustand zu befreien, war in den Augen der Mehrheit so dringlich geworden, daß sie dafür auch die Nachteile der Pariser Verträge in Kauf nahm. Der wesentlichste Nachteil war, daß Frankreich für seine Zustimmung den hohen Preis einer Europäisierung der Saar gefordert hatte, ein Statut, wonach die Saar künftig zwischen den beiden Nationen ein »europäisches« Sonderdasein führen sollte. Nach französischen Vorstellungen sollte die Wirtschaftskraft der Saar-Region nicht Deutschland zugute kommen und dessen ökonomisches Gewicht zusätzlich verstärken.

Die Partei Adenauers bezeichnete das Saarstatut hinter vorgehaltener Hand als französische Erpressung, die nur wegen der höherrangigen politischen Ziele hingenommen werden mußte. Hoffnung bestand ja, daß die Volksabstimmung, die das Statut vorsah, das Abkommen später korrigieren würde.

Am 27. März billigte der Rat der französischen Republik die Pariser Verträge und damit im Kern die Aufnahme der Bundesrepublik in die NATO. Mit der Zustimmung Frankreichs war die schwierigste Hürde genommen, die Westdeutschland auf dem langen Weg von der totalen Entmündigung bis zur Gewinnung seiner vollen Handlungsfreiheit zurückzulegen hatte: ein Weg von zehn Jahren. Am 5. Mai 1955 wurde die Souveränität der Bundesrepublik Deutschland proklamiert, am 9. Mai, auf den Tag ein Jahrzehnt nach der Kapitulation und der Waffenruhe an allen europäischen Fronten, wurde das westliche Deutschland Mitglied der nordatlantischen Allianz.

Am 5. Mai, also kurz zuvor, erklärte die Bundesregierung feierlich: »Heute, fast zehn Jahre nach dem militärischen und politischen Zusammenbruch des Nationalsozialismus, endet für die Bundesrepublik die Besatzungszeit. Mit tiefer Genugtuung kann die Bundesregierung feststellen: Wir sind ein freier und unabhängiger Staat. Was sich auf der Grundlage wachsenden Vertrauens seit langem vorbereitete, ist nunmehr zur rechtsgültigen Tatsache geworden: Wir stehen als Freie unter Freien, den bisherigen Besatzungsmächten in echter Partnerschaft verbunden. Mit der Bundesregierung gedenken in dieser Minute fünfzig Millionen freie Bürger der Bundesrepublik in brüderlicher Verbundenheit der Millionen Deutschen, die gezwungen sind, getrennt von uns in Unfreiheit und Rechtlosigkeit zu leben. Wir rufen ihnen zu: Ihr gehört zu uns, wir gehören zu euch! Die Freude über unsere wiedergewonnene Freiheit ist so lange getrübt, als diese Freiheit euch versagt bleibt. Ihr könnt euch immer auf uns verlassen, denn gemeinsam mit der freien Welt werden wir nicht rasten und ruhen, bis auch ihr die Menschenrechte wiedererlangt habt und mit uns friedlich vereint in einem Staat lebt. In dieser Stunde gedenken wir der vielen Deutschen, die immer noch das harte Los der Kriegsgefangenschaft tragen müssen. Wir werden alles daran setzen, daß auch ihnen bald die Stunde der Befreiung schlägt. Freiheit verpflichtet. Es gibt für uns im Innern nur einen Weg: den Weg des Rechtsstaates, der Demokratie und der sozialen Gerechtigkeit. Es gibt für uns in der Welt nur einen Platz: an der Seite der freien Völker. Unser Ziel ist: In einem freien und geeinten Europa ein freies und geeintes Deutschland.«

Vieles an den schönen Feiertagsworten war reines Wunschdenken. Die Wiedervereinigung bei gleichzeitiger Zugehörigkeit zu einem antisowjetischen Militärbündnis war ohne Gewalt nicht zu haben und mit Gewalt erst recht nicht. Einen dritten Weg dahin gedachte die Mehrheit nicht einzuschlagen, vielmehr gewann ja Adenauer seine Wahlen gerade mit Hilfe der Sicherheitsparole »Keine Experimente!« Die Hoffnung auf das einige Europa hielt die Belastungsproben der Wirklichkeit ebenfalls nicht aus; der Egoismus der Nationen wollte nicht die notwendigen Opfer bringen. Der Rechtsstaat: Gewiß, dafür dürfen wir uns etwas zugute halten. Unsere Verfassungswirklichkeit war schon damals und ist auch heute eine der freiheitlichsten der Welt. Die Mehrheit, auch derer, die nicht viele Vergleiche zur Hand haben, spürt dies. Zuletzt: die Kriegsgefangenen, denen die Proklamation vom 5. Mai 1955 das Gefühl der Verbundenheit aussprach. Bald wurde Adenauer für die Ernsthaftigkeit dieser Worte auf die Probe gestellt. Er hat die Probe bestanden.

5. Mai 1955. Der Tag der Souveränität ist gekommen. Im Garten des Bundeshauses wird die schwarz-rot-goldene Fahne gehißt.

Der Kanzler in Moskau

Befürchtete politische Reaktionen von sowjetischer Seite als Antwort auf die Eingliederung Westdeutschlands in die NATO blieben aus, abgesehen von der umgehenden Aufnahme der DDR in den Warschauer Pakt. Diese östliche Gegenallianz wurde am 14. Mai 1955 gegründet. Die DDR war also vom ersten Tag an Mitglied, während die Bundesrepublik Deutschland der schon bestehenden NATO beigetreten war. Die Sowjets wollten mit der Paktgründung in Warschau und der Mitgliedschaft ihrer Einflußzone in Deutschland rasch demonstrieren, daß sie die Verstärkung des westlichen Bündnissystems durch die Bundesrepublik auszugleichen fähig waren. Optisch stellten sie damit die militärische Balance in Europa wieder her.

Darüber hinaus schädigten die Sowjets die NATO noch auf andere Weise, und dies obendrein mit dem Lächeln der Großmütigen. Sie zogen ihre Truppen aus Österreich ab und zwangen den Westen, das gleiche zu tun. Die strategischen Folgen für beide waren dabei keineswegs gleich; der Westen verlor mehr. Schauen wir auf die Karte. Durch den Beitritt der Bundesrepublik zum westlichen Bündnis wäre jetzt eine bequeme Luft- und Landbrücke vom NATO-Partner Deutschland zum NATO-Partner Italien quer durch Österreich geschlagen worden, denn in der Mitte und im westlichen Österreich standen ja westliche Besatzungstruppen. Die Sowjets kombinierten: Verlassen wir Österreich, so geben wir keine wichtigen Militärbasen auf; die NATO-Brücke aber wird gesprengt. So schlugen sie mit scheinheiliger Verzichtsgeste den Abzug aller ausländischen Truppen vor. Das sah gut aus in der Welt. Seit der Räumung des iranischen Aserbeidschan 1946 hatten sowjetische Streitkräfte nirgends mehr besetztes Land aufgegeben. Die Westmächte, die fortwährend »roll back« und »Eindämmung« (containment) propagierten, konnten ein freiwilliges Angebot der Russen, sich zurückzuziehen, nicht gut abschlagen, nur weil sie dadurch Nachteile erlitten. Also stimmten sie mit säuerlichem Lächeln der heuchlerischen Großzügigkeit Chruschtschows zu. Am 15. Mai 1955, sechs Tage nach der Aufnahme Westdeutschlands in die NATO, einen Tag nach Gründung des Warschauer Pakts, wurde der österreichische Staatsvertrag von den vier Mächten unterzeichnet. Er verhieß volle Unabhängigkeit unter der Bedingung »freiwilliger, immerwährender Neutralität«. Nichts, was »felix Austria« nach zwei (mit-) verlorenen Weltkriegen lieber tat, als künftig neutral zu sein.

Das Ineinandergreifen der Daten, das glänzende sowjetische »timing«, war natürlich längerfristig geplant. Da der Ablauf der Termine auf westlicher Seite sich hinlänglich abzeichnete, hatte Chruschtschow im April den österreichischen Bundeskanzler Raab nach Moskau eingeladen und ihm die verheißungsvollen Zusagen gemacht. Freudestrahlend war dieser heimgekehrt. Alles andere lief dann nach Plan. Die Sowjets konnten still triumphieren: die »alpine Kombination« der NATO war dahin. Am 24. Oktober 1955 verließ der letzte Besatzungssoldat die Alpenrepublik.

Einiges bewegte sich auch bei uns, nur anders. Nachdem eine Gipfelkonferenz der »Großen Vier« in Genf im Juli 1955 in der Deutschlandfrage nichts erbracht hatte, flog der Kremlchef auf dem Rückweg nach Ostberlin. Mit schneidenden Worten verkündete er im Lustgarten, der jetzt Marx-Engels-Platz hieß, die Politik der Stärke sei gescheitert. Künftig müßten die Deutschen die Frage der Wiedervereinigung selber miteinander verhandeln. Das Recht dazu könne ihnen nicht bestritten werden, es könne ihnen auch keiner abnehmen. Das war eine unzweideutige Proklamation vollendeter Zweistaatlichkeit. In Chruschtschows Sichtweise stand die zweite deutsche Republik nun eigengewichtig im Raum, bildete kein Verhandlungsobjekt mehr. Die Zeit der Angebote betrachtete er als vorüber und vergangen. Jetzt wollte er auf der Grundlage der Tatsachen zur Tagesordnung übergehen. Die DDR war ein eigener Staat, und die Bundesrepublik war auch einer. Warum also nicht ebenfalls normale Beziehungen pflegen? So lud Chruschtschow den Kanzler auf dem Weg über die sowjetische Botschaft in Paris ein, ohne Vorbedingungen über die Aufnahme diplomatischer Beziehungen zu verhandeln.

Ministerpräsident Bulganin und Konrad Adenauer auf dem Flugplatz von Moskau im September 1955; zehn Jahre nach Kriegsende begannen sich die Beziehung zwischen der Bundesrepublik und der Sowjetunion zu normalisieren.

Es war der 22. Juli 1955. Vor genau zehn Jahren hatte die Potsdamer Konferenz getagt. Die damaligen Hauptakteure hatten das Rampenlicht verlassen: Stalin war gestorben, Truman in den Ruhestand gegangen, Churchill vor wenigen Monaten zurückgetreten. Attlee gab in diesem Jahr den Vorsitz in der Opposition auf und wechselte ins Oberhaus. Aus dem zweiten Glied war es vor allem Molotow, der die jüngste Geschichte noch lebendig verkörperte. 1939 hatte er als Außenminister maßgeblich am unseligen Hitler-Stalin-Pakt mitgezimmert, 1945 in Potsdam seinem Herrn und Meister assistiert; jetzt war er seit 1953 abermals Außenminister, aber schon auf wackligem Stuhl, am Rande der Ungnade. Als Verfechter der harten sowjetischen Linie gegenüber allen Beziehungen zum Westen stimmte er im Politbüro gegen die Einladung des Kanzlers, während Chruschtschow bei aller Härte in der Sache doch nach außen beweglich und sondierend agierte, vor allem mit dem Blick auf Amerika.

Des Kanzlers Hauptsorge war, daß der Bonner Anspruch deutscher Alleinvertretung in der Welt gefährdet sei, wenn er nach Moskau reiste. Die Sowjets verfochten ja unverkennbar die Zwei-Staaten-Theorie. Bedeutete der Besuch im Kreml nicht unvermeidlich, daß die Bundesregierung sich sichtbar mit der Zweistaatlichkeit abzufinden schien? Außerdem gab es den historischen Schatten »Rapallo«. 1922 hatten Deutschland und das junge Sowjetrußland am Rande der Weltwirtschaftskonferenz von Genua einen Vertrag abgeschlossen, worin auf beiderseitige Entschädigungen aus dem vergangenen Krieg verzichtet und Handelsaustausch auf der Grundlage der Meistbegünstigung vereinbart worden war. Das sieht ganz harmlos aus, war es auch; vom damaligen Zeitgeist her aber bedeutete der Rapallo-Vertrag eine Sensation. Deutschland schlug den Westmächten und ihrer unversöhnlichen Siegerhaltung ein Schnippchen, entwich dem gnadenlosen Zangendruck der Franzosen und Engländer und bewies notgedrungen, daß es politische Alternativen gab gegenüber der Auslieferung auf Gnade und Ungnade. Seither besaß »Rapallo« im Westen einen konspirativen Beigeschmack, den Geruch heimlicher Abreden Deutschlands und Rußlands zum Nachteil des Westens.

Ein bißchen vom Geiste Rapallos war als geschichtlicher Bodensatz lebendig geblieben und lebt bis heute. Wann immer Bonn und Moskau miteinander nichtöffentlich reden, taucht dieses Symbol Rapallo wie eine Zwangsvorstellung bei westlichen Politikern und Publizisten auf. Adenauer aber hatte keinerlei Geheimniskrämerei im Sinn, die Verhältnisse lagen ganz anders als 1922. Er dachte nie auch nur einen Augenblick daran, die russische Karte zu spielen.

Der Kanzler stimmte sich vor der Reise mit den Westmächten ab und ließ dadurch gar nicht erst Mißtrauen aufkommen. Andererseits: die Einladung einfach auszuschlagen, hätte ihm bei der Opposition den Vorwurf eingetragen, unbeweglich zu sein und die deutschen Interessen nicht nach allen Seiten zum Besten der Bundesrepublik zu vertreten. So reiste Konrad Adenauer am 8. September 1955 mit der Lufthansa nach Moskau, begleitet von einem Troß von hundert Mitreisenden: Minister, Abgeordnete, Referenten, Diplomaten, Hilfskräfte, Journalisten. Eine Seite im deutschen Geschichtsbuch wurde umgeblättert.

In dem zehn Jahre langen Weg bis hierher lag viel Zwangsläufigkeit, vielleicht mehr, als die Wortführer einer Verhandlungspolitik wahrhaben wollten. Sicher ist aber auch, daß dort, wo es geboten gewesen wäre, zu sondieren und Angebote auf ihren Gehalt hin zu prüfen, der ernste Wille gefehlt hat. Jetzt waren die beiden deutschen Staaten Bestandteile militärischer Paktsysteme, die deutsche Frage konnte niemand mehr als »flüssiges Element« ansehen, sie war erstarrte politische Formation geworden. »Die Sowjets laden den Kanzler ein, um die Existenz zweier deutscher Staaten zu besiegeln, wenn nicht für dauernd, so doch für längere Zeit«, schrieb Augstein in einem Spiegel-Kommentar vor der Moskau-Reise des 79jährigen Regierungschefs. Rückblickend fügte er gleich hinzu: »Der Kanzler weigerte sich, die jahrelang geplanten westdeutschen Divisionen als Verhandlungsobjekt ins Spiel

Oben: Bulganin, Adenauer und Chruschtschow beim fotogenen Händedruck. Obwohl die Verhandlungen fast abgebrochen wurden und die Sowjets das Thema Wiedervereinigung gar nicht erst auf den Tisch kommen ließen, lag ihnen doch viel daran, die deutsch-sowjetischen Beziehungen anlaufen zu lassen. *Unten:* Austausch der Dokumente über die getroffenen Vereinbarungen.

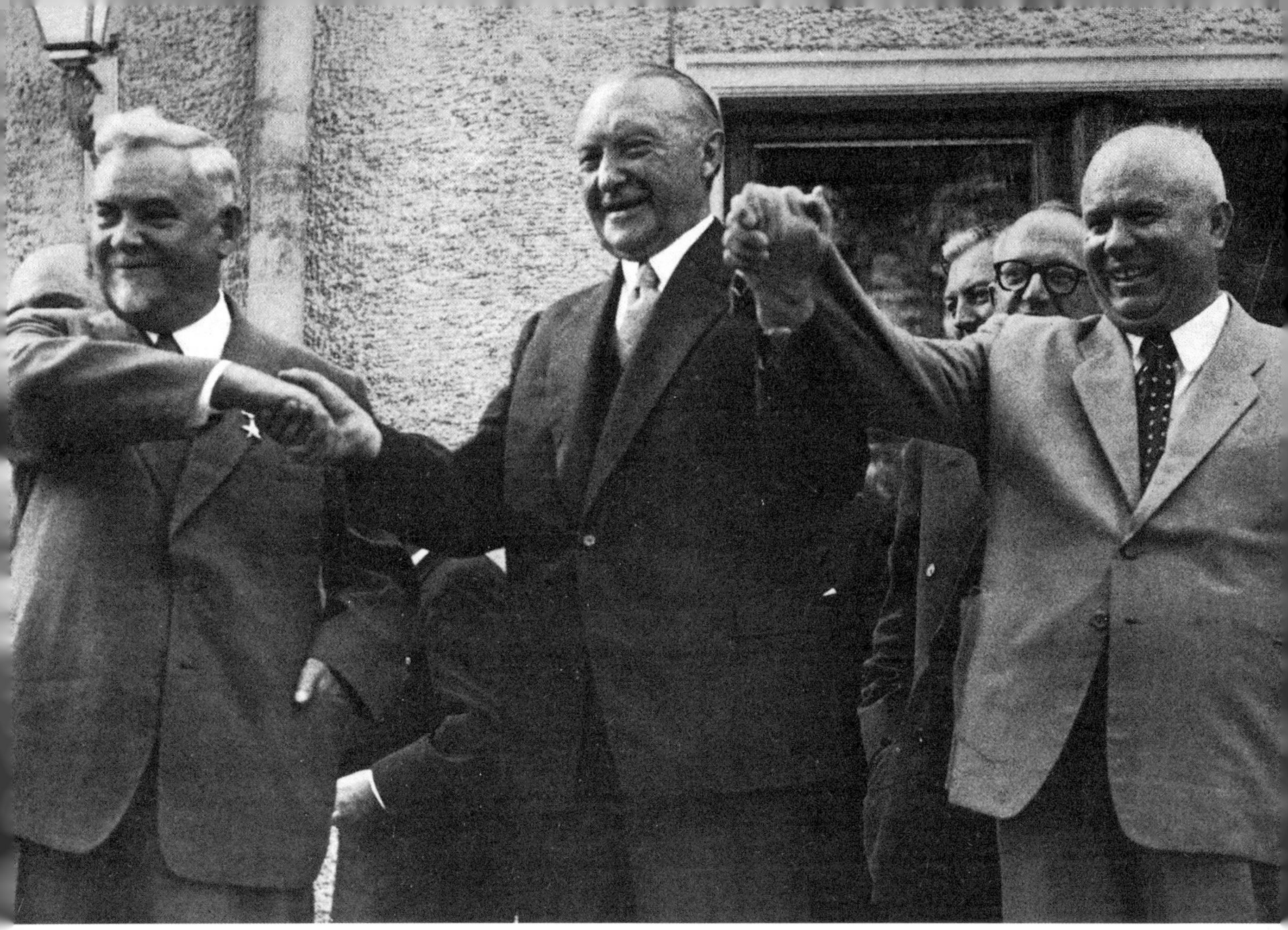

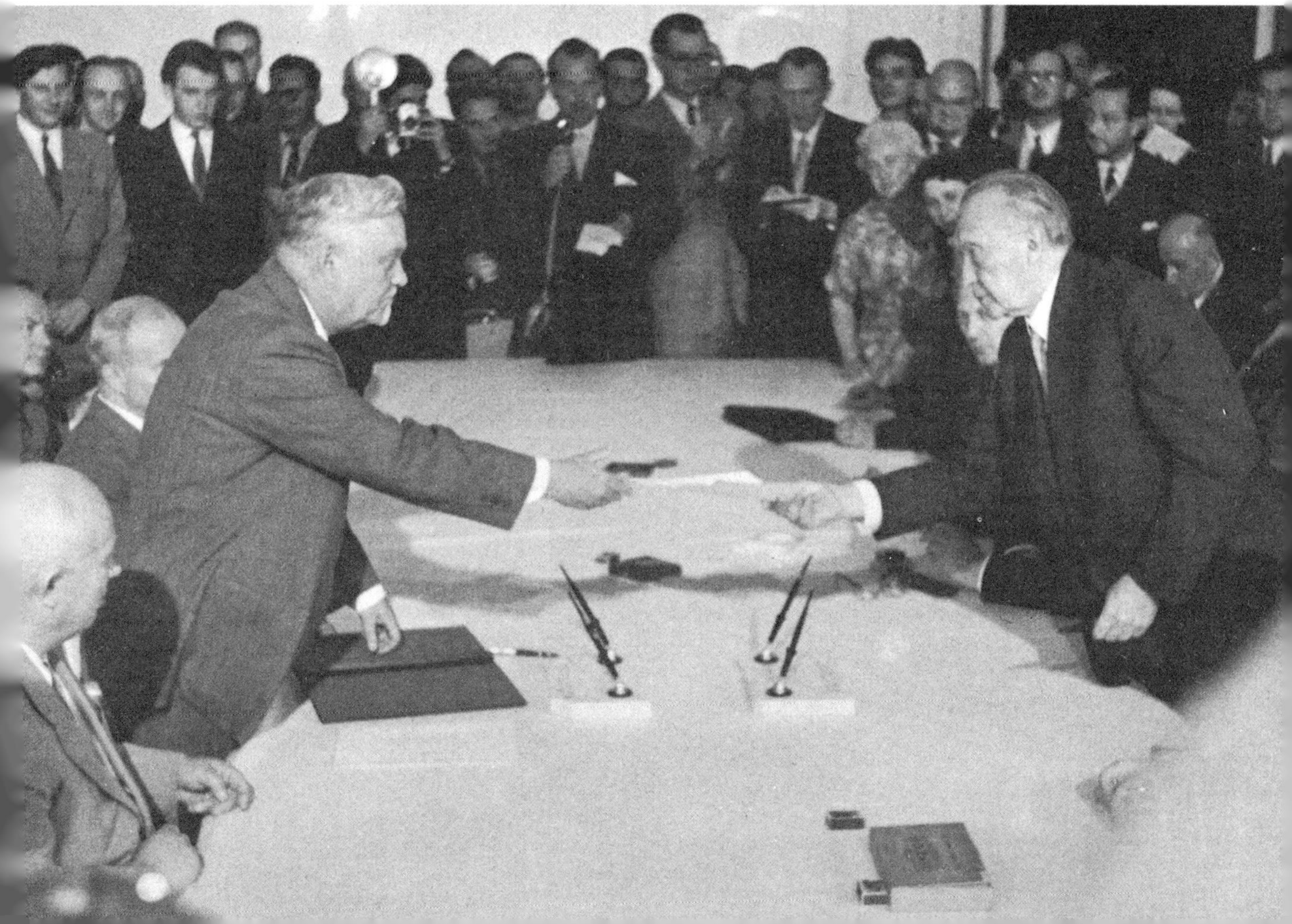

zu bringen, er wollte überhaupt nicht verhandeln, um sie nicht ins Spiel bringen zu müssen . . . Inzwischen sieht es so aus, als ob das Verhandlungsobjekt den Russen vor drei Jahren auf dem Reißbrett mehr wert gewesen wäre als nun an der Schwelle der Verwirklichung.«

Chruschtschows selbstbewußte Sprache gegenüber dem Kanzler im Spiridonowka-Palast bestätigt die Ansicht des hartnäckigen Adenauerkritikers Augstein. »Es wäre auch nicht realistisch«, sagte der Generalsekretär der KPdSU, »die Frage des Austritts der Deutschen Bundesrepublik aus dem Nordatlantikblock zu stellen, das könnte als ein Ultimatum aufgefaßt werden. Wir werfen diese Frage nicht auf . . .« Und im Sicherheitsgefühl des atomaren Patts – die UdSSR verfügte inzwischen ebenfalls über Wasserstoffbomben – folgte der gelassene Satz, der noch häufig zitiert werden sollte: »Uns bläst der Wind nicht ins Gesicht . . .«

Der alte Staatsmann vom Rhein – »politisches Urgestein«, hatte Herbert Wehner einmal gesagt – mit seinem ausgeprägten Machtinstinkt muß eine Art kollegialer Hochachtung vor dem bulligen Kahlkopf Chruschtschow empfunden haben, der, nach dem kurzen Zwischenspiel Malenkow, Stalins eigentlicher Erbe war. Mit ähnlich fester Sprache wie sein Gastgeber hat Adenauer die Bundesrepublik würdig vertreten und damit umgekehrt dessen Respekt gefunden. Ein Bild bewahrt eine lächelnde Dreiergruppe auf, mit fotogenem Händedruck, und erstmals seit dem furchtbarsten aller Kriege war auf russischem Boden das Deutschlandlied gespielt worden, eine im Grunde unglaubliche Selbstüberwindung der Kremlherren. Sachlich aber waren die Positionen hart. Wie hart, zeigt ein Abschnitt in Felix von Eckardts, des Regierungssprechers, Autobiographie. »Chruschtschow wiederholte im Inhalt Bulganins Worte über die deutsche Schuld, aber er tat es in gewaltiger Rede. Sein Temperament ging mit ihm durch, und fäusteschüttelnd schleuderte er uns alle jene Anklagen entgegen, die wir schon seit den Nürnberger Prozessen kannten. Es war ein furchtbares, zugleich aber auch imponierendes Schauspiel, ein echter Ausbruch menschlicher Leidenschaft. Er biß sich an den Worten des Kanzlers fest, daß auch von russischen Truppen in Deutschland Schreckliches verübt worden sei, und

wies diese Worte als eine Beleidigung der russischen Armee zurück. So ging es lange fort . . .«

Wiederholt waren die Verhandlungen vom Abbruch bedroht, doch waren die Sowjets offensichtlich an einem Gelingen interessiert, denn mitten in der Nacht holte einmal der Deutschland-Spezialist im Moskauer Außenamt, Lapin, den Korrespondenten der »Süddeutschen Zeitung«, Kempski, zu sich und beschwor ihn: »Schreiben Sie nicht pessimistisch, schreiben Sie optimistisch. Wir haben Herrn Adenauer kennengelernt – Adenauer guter Mann. Wir werden Erfolg haben: Normale Beziehungen, gute Beziehungen; Kriegsgefangene frei, kein Papier. Große Perspektive. Schreiben Sie optimistisch. Gute Nacht!«

Was meinte der Leiter der Deutschlandabteilung mit den Worten »kein Papier«? Das wurde bald klar. In der Frage der Gefangenen hatten die Gastgeber sich zunächst unnachgiebig gezeigt; es seien nur noch verurteilte Kriegsverbrecher im Lande. Der Kanzler hatte klargemacht, daß er ohne die Freigabe der Kriegsgefangenen nicht zur Aufnahme diplomatischer Beziehungen bereit sei; darüber hinaus sprach er von der großen Zahl der heimkehrwilligen Zivilinternierten. Die Wendung kam, als Ministerpräsident Bulganin, der die Karte »Kriegsgefangene« bewußt in der Rückhand behalten hatte, den Staatsgast aufforderte: »Lassen Sie uns zu einer Einigung kommen!« Er bot die Gefangenen als Gegenleistung für die schriftliche Bereitschaft zur Normalisierung der Beziehungen an. »Wir geben sie Ihnen alle – alle! Eine Woche später. Wir geben Ihnen unser Ehrenwort.« Nur schriftlich wollten die Sowjets die Freilassung nicht bestätigen.

Adenauer hatte schwere Stunden im eigenen Lager. Seine politischen Begleiter beschworen ihn, sich nicht auf bloße Versprechungen einzulassen. Adenauer, hin- und hergerissen, rang sich endlich durch, an die Zusagen zu glauben und sich auf die Abmachungen einzulassen, obwohl sie durch kein Papier gesichert waren.

Fortsetzung S. 210

Sichtbares Ergebnis von Adenauers Moskau-Besuch im September 1955 war die Heimkehr von 10 000 Kriegsgefangenen. Des Bundeskanzlers Ansehen stieg dadurch gewaltig; noch 1967, also zwölf Jahre danach, nannten bei Meinungsumfragen drei Viertel der Befragten die Heimführung der Kriegsgefangenen Adenauers größte Leistung.

Im Strom der Freiheit

Die Kriegsgefangenen, deren Herausgabe aus sowjetischem Gewahrsam Adenauer in Moskau erhandelt hatte, *kehrten im Oktober 1955 nach Deutschland zurück – in ein Land, das sie kaum noch wiedererkannten.*

Für die ersten 600 Männer der Adenauer-Welle begannen die Glocken des Friedlandlagers am Sonntag, dem 9. Oktober 1955, um 14.07 Uhr ihr Geläut. 18 Autobusse schoben sich im Schrittempo durch die menschenschwarzen Lagerstraßen zum Versammlungsplatz. Aus den Bussen winkten die Männer, draußen winkten die Leute. Aber niemand gab einen Laut von sich ...

Genauso stumm waren wir, als früh am Morgen der Transportzug auf dem dürftigen Grenzbahnhof in Herleshausen einrollte. Ganz wenige Offiziere und Berichterstatter erlebten diese Ankunft. Die Männer verließen den Zug schweigend, wir standen schweigend wie sie. Die Uhr zeigte 6.22 Uhr. Der neblige Morgen dämmerte noch. Da sagte jemand: »Willkommen.« Es war nur ein halblauter Gruß, eher beklommen als froh. Aber er bewirkte, daß man sich umarmte, als kenne man sich seit Jahren.

Diese 600 tragen alle Arten von Schuhzeug, vom ledernen Hausschuh bis zum Gummistiefel, von der Sommersandale bis zum rindsledernen Arbeitsschuh. Viele sind in schwarze Monteuranzüge gekleidet, viele tragen neue wattierte Russenjacken, wenigstens ebenso viele Trainingsanzüge aus den Paketen, die sie von uns bekommen haben. Und viele besitzen auch nach zehn Jahren Gefangenschaft noch ihre goldenen Trauringe. Sie kommen aus Lagern um Swerdlowsk, kurz jenseits des Urals. Sie haben alle Namen, die mit dem Buchstaben A, B, W oder G anfangen.

Die Übergabe der 600 durch Funktionäre der Sowjetzone an die Offiziellen der Bundesrepublik erfolgte mit papierner Gründlichkeit. Aber es gab eine Panne. Als die Omnibuskolonne schon fast in Eschwege war, stellte sich heraus, daß ein einzelner Mann in Herleshausen auf der Liste der Vopo-Offiziere nicht »abgehakt« worden war. Die Kolonne wurde von der hessischen Landespolizei gestellt. Der »Blindgänger« wurde ausgerufen und von einem Polizeiwagen im Karacho wieder nach Herleshausen zurückgefahren. Aber noch in Eschwege erreichte er aufatmend wieder das Gros der 600 ...

In den Dörfern an der 72 Kilometer langen Strecke von Herleshausen nach Friedland hatten die Einheimischen schon die Generalsgruppen freundlich begrüßt. Immerhin brauchten auch diese Männer zwei Stunden für diese Strecke. Aber die Kolonne der 600 brauchte sieben. Alle Straßen waren blockiert von Menschen. In jeder Ortschaft gab es eine Begrüßung, gab es Blumen, Rosinenbrot, Obst und wieder Blumen.

Die Männer ertrugen den Wirbel der Ereignisse schlecht, kaum einer hatte noch eine ruhige Hand. Sie waren müde, ihre Augen wirkten fiebrig. Sie trieben nur noch in diesem ersten Strom von Freiheit. Entweder ergriffen sie jede Gelegenheit zum Reden oder sie bewegten sich stumm und unansprechbar. Sie fürchteten selbst, nicht durchzustehen, wenn sie begännen, zu erzählen.

»Im Lager 1 bei Swerdlowsk hat es einen Herztoten schon vor drei Wochen gegeben, als wir von Adenauers Verhandlungen in Moskau erfuhren. Und einer starb an Gehirnschlag, als die Namen des ersten Transports verlesen wurden, und seiner war nicht dabei ...« Einen Knacks hätten sie alle, meinen diese Männer.

Die Begrüßung enttäuschte sie etwas. Sie hatten den Bundeskanzler erwartet, der jedoch, wie gemeldet, erkrankt ist. »Wir sind hier zehn Männer. Wir wollten ihn auf den Schultern durch das ganze Lager tragen ... Das hatten wir uns fest vorgenommen«, erzählten sie mir. Nun da der Kanzler nicht in Friedland ist, interessierte sie nicht besonders, wer an seiner Stelle sprach. »Schade«, sagten sie nur jedesmal.

Gleich nach der Begrüßung der ersten 600 gaben die Lautsprecher in Friedland die Nachricht durch, daß noch am gleichen Tag ein zweiter Transport (mit 187 Mann) erwartet werde. Die Versorgung der ersten 600 sprang deshalb sofort auf volle Touren. Ein Wirbel von Namen wurde aufgerufen. »Heimkehrer von Krupp zum Postamt bitte ...« Ja, also unter den ersten 600 war ein Sohn von Krupp und ein Sohn von Schlange-Schöningen.

Aber Frau Konziellas Sohn war auch diesmal nicht dabei ... Ich kenne Frau Konziella von allen Heimkehrer-Ankünften in Friedland. Sie war immer da, wenn ich das Lager besuchte, um über einen Heimkehrertransport zu berichten. Mit Roman Konziellas Bild als Fahnenjunker ... Letzte Nachricht: 15. 1. 1945 ... 1951 soll ein Heimkehrer erzählt haben, er sei mit Roman Konziella bis 1949 in Workuta zusammengewesen. Im Schacht 1 ...

Unter diesen ersten 600 der Adenauer-Welle war niemand, der nicht seit Jahren heimgeschrieben hätte. »Aber Roman kommt ... Einmal kommt er doch«, sagte Frau Konziella auch gestern abend wieder, als ich mich von ihr verabschiedete. Wenn ich erst in Friedland bin, um über den letzten Heimkehrertransport zu berichten, werde ich nicht mehr den Mut haben, sie anzusprechen.

»Abendpost«, 10. Oktober 1955

Das oft wiederholte Bild im Durchgangslager Friedland: Die Heimkehrer werden nach Informationen über vermißte Kameraden befragt.

Links: Franz Josef Strauß erhält im Oktober 1956 von Bundespräsident Heuss die Ernennungsurkunde als Bundesverteidigungsminister. »Papa« Heuss, der alte schwäbische Liberale, bewahrte ironische Distanz zur deutschen Wiederbewaffnung. Bekannt ist sein »Nun siegt mal schön« bei einem Manöverbesuch.

Oben: Strauß und Adenauer im Gespräch mit einem Soldaten der Fallschirmjägertruppe. Unter Strauß geriet die junge deutsche Bundeswehr bald ins Zwielicht. Die Affären um das Koblenzer Beschaffungsamt, den Schützenpanzer HS 30, die Henschel-Werke und den Starfighter gaben den Gegnern der Wiederbewaffnung immer wieder Argumente in die Hand.

Vier Waffengattungen der Bundeswehr präsentieren sich.
Linke Seite oben: Die Panzertruppe übt mit amerikanischen
M-47. *Unten:* Gefechtsausbildung der Infanterie. *Rechte Seite
oben:* Gebirgsjäger am Flugabwehrgeschütz. *Unten:* Die Hee-
resflieger benutzen das französische Modell »Alouette«. – Alle
Fotos sind dem Bildband »Unser Heer« entnommen, das den
ersten Jahrgängen der Bundeswehr bei ihrem Abschied überreicht wurde. Man warb damals auf vielfältige Weise für den
Wehrdienst. Die Bundeswehr hatte es nötig. Wenn auch die
Mehrheit der Bundestagsabgeordneten für die Einführung der
allgemeinen Wehrpflicht war – für die Bevölkerung galt das
nicht. Bei Umfragen sprachen sich 75 Prozent dagegen aus.

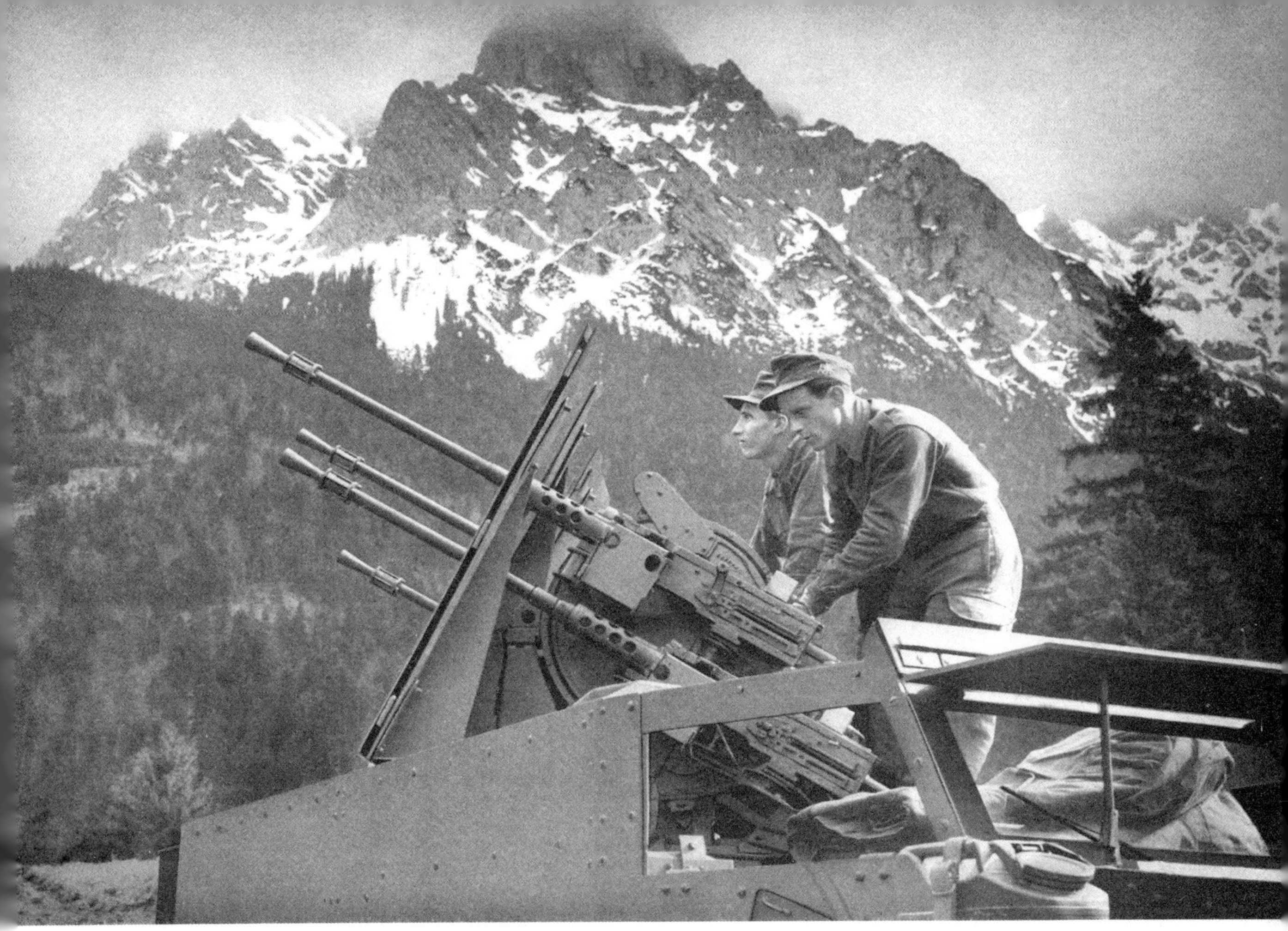

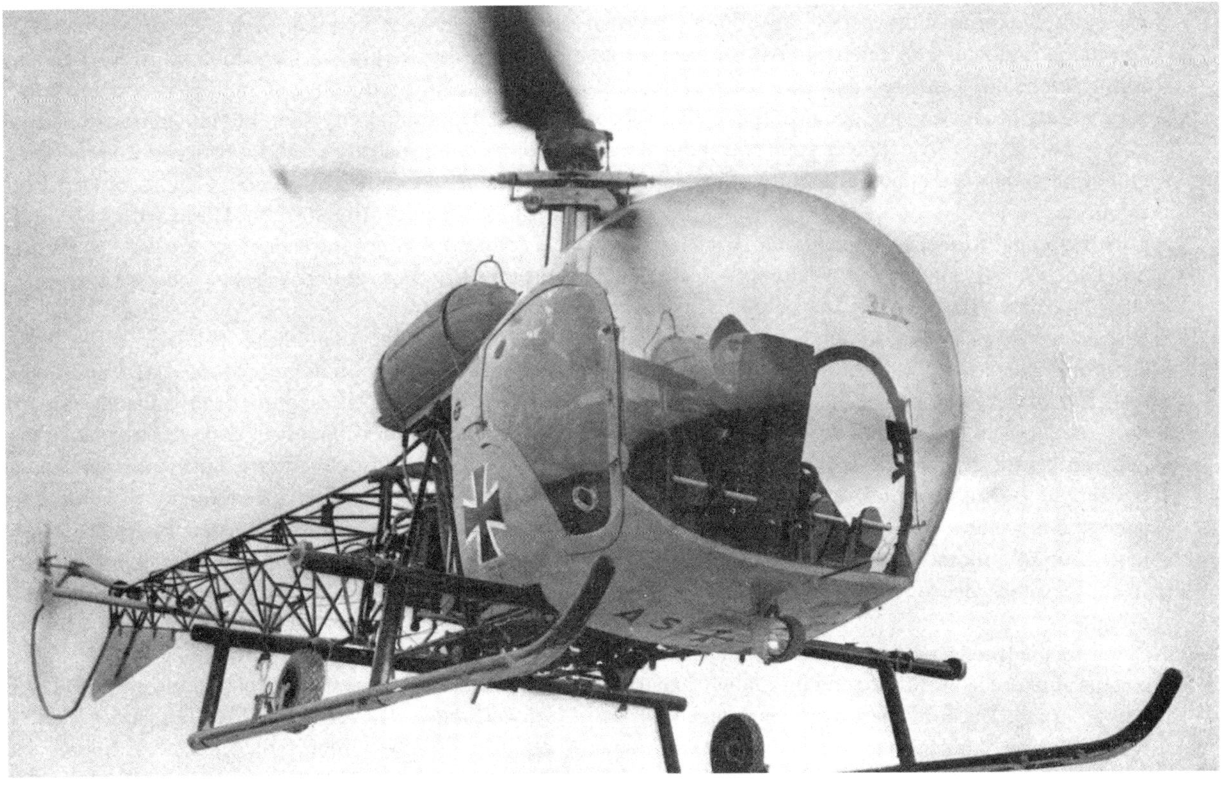

Die diplomatischen Beziehungen wurden vereinbart, verbunden mit dem Vorbehalt des Kanzlers, daß die Bundesrepublik weiter vom Alleinvertretungs-Anspruch hinsichtlich ganz Deutschlands ausgehe und auch territorial nichts präjudiziere. Neun Tage später billigte der Deutsche Bundestag einstimmig die Vereinbarungen mit Moskau.

Abermals 10 Tage später kamen die ersten jener 9626 Gefangenen und die ersten von zwanzigtausend heimkehrenden Zivilinternierten im Grenzdurchgangslager Friedland an. Es gab ergreifende Wiedersehens-Szenen, zehneinhalb Jahre nach Kriegsende. Gewiß waren viele unter den Heimkehrenden, die sich in Rußland böser Dinge schuldig gemacht hatten. Aber sie hatten auch lange gebüßt, und in diesen Momenten sonderte niemand Weizen und Spreu. Allerdings waren der Sowjetjustiz auch groteske Fehlurteile und leichtfertige Trugschlüsse passiert. So war manch einer zu 25 Jahren Straflager verurteilt worden, etwa weil in seinen Papieren »Generalvertreter« als Beruf gestanden hatte. Was anderes konnte das bedeuten als »Vertreter des Generals«?

Kurz nach der Rückkehr des Kanzlers aus Moskau gaben die Sowjets der DDR feierlich die »Souveränität«. So hatten sie zum drittenmal gleichgezogen: zuerst mit der Konstituierung des Staates, danach mit der Aufnahme ins östliche Bündnissystem. Es gab eine neue Art von Gleichgewicht in Europa. Jahrhundertelang hatte sich die europäische Balance immer wieder von selber eingependelt: meist hatte England nachgeholfen, daß keine Kontinentalmacht »zu groß« wurde – bis Hitlers Politik Europas historische Rolle verspielte. Nun waren von außen her »Europas Söhne« (Friedrich Heer) die Regulatoren der kontinentalen Großwetterlage und tarierten die Waage der Macht aus.

Das Saarland kehrt heim

Die Geschichte wiederholt sich nicht, sagt man mit Recht. Sie liebt aber wiederkehrende Grundmuster, ähnliche Konstellationen. Dazu gehört das Saar-Problem zwischen Frankreich und Deutschland. Zweimal haben die Franzosen unter vergleichbaren Umständen das kleine Randgebiet ihres großen Nachbarn beschlagnahmt, zweimal

sind die Bewohner bei erster Gelegenheit in ihren angestammten Staatsverband zurückgekehrt.

1919 verwendete der Versailler Vertrag sechs Artikel und eine dazugehörige »Anlage« von vierzig Paragraphen auf Sicherung der Kohlengruben. Die Bevölkerung durfte bleiben, wurde aber völkerrechtlich von Deutschland getrennt. Die nach fünfzehn Jahren vorgesehene Abstimmung traf zeitlich in die frühen Jahre des Hitler-Regimes, als der Diktator in seinem Land außerordentliche Popularität genoß. Die überwältigende Mehrheit der Saarbevölkerung stimmte 1935 dafür, »heim ins Reich« zu dürfen – und so geschah's. Die Saargruben wurden für 900 Millionen Franc vom Deutschen Reich zurückgekauft. Frankreich ging also nicht ohne materielle Abfindung aus der politischen Niederlage hervor.

1945 die gleiche Situation: Wieder gelang es Frankreich, die lothringischen Eisenerzgruben und die Saarkohle zu einer Zwangsehe zu verbinden. Hier breitet sich ja eine höchst ergiebige Industrielandschaft: Bodenschätze und Verhüttungswerke eng benachbart. Nur liegt eine historische Grenze dazwischen, und die wurde nun kurzerhand verlegt, das Selbstbestimmungsrecht ein zweites Mal mißachtet.

Von den weiteren Ereignissen ist schon berichtet worden: 1950 erfolgte der milde Bonner Protest gegen das französische Autonomie-Statut, 1954 einigten sich beide Regierungen – die westdeutsche widerwillig – über die Europäisierung der Saar (»Saarstatut«), weil Paris anders die Verträge nicht ratifiziert hätte, durch die die Bundesrepublik ihre Souveränität erlangen sollte.

Natürlich konnte es nicht befriedigend sein, das europäische Haus mit dem Dachstuhl zu beginnen. Europa, so dachten und sagten Weiterblickende, kann nur gedeihen, wenn intakte Völker und Staaten sich zusammenschließen, und nicht dadurch, daß man erst einmal einem Land ein Stück abspaltet und es sozusagen freischwebend für europäisch erklärt. Entgegen allen schönen Reden stand hinter dem Saar-Statut ja nicht der Europa-Gedanke, sondern der wirtschaftliche Eigennutz Frankreichs. Das Saarstatut wurde als »europäisch« angepriesen, und Adenauer mußte gegenüber seinen Kritikern ins gleiche Horn blasen: im künftig vereinigten Europa würde das

Problem sich von selber erledigen. Immerhin hatte er die vertragliche Zusage, daß die Bevölkerung über das Statut abstimmen könne. Diese Klausel war natürlich nur deshalb in den Vertrag aufgenommen worden, weil der damalige französische Ministerpräsident Mendès-France überzeugt war, die Saarländer würden der Europäisierung – bei enger wirtschaftlicher Verbindung zu Frankreich – zustimmen.

Im Sommer 1955 begann sich deutlich abzuzeichnen, daß die französische Rechnung ohne den Wirt gemacht worden war. Als endlich im Saarland auch prodeutsche Parteien zugelassen wurden, eine freie Presse sich entfalten konnte, schlug das Pendel der öffentlichen Meinung sofort in Richtung »Ablehnung« aus: gegen das Statut. Eine Emnid-Umfrage erbrachte 79 Prozent Nein-Stimmen. »Zum ersten und einzigen Mal in ihrer Geschichte erlebten die Bundesbürger aus der Ferne den Durchbruch einer vaterländischen deutschen Bewegung« (Hans-Peter Schwarz).

Demokratien unterwerfen sich, wenn sie ihren Namen verdienen sollen, dem Wählerwillen. Der Wählerwille entschied im Oktober 1955 gegen das Saarstatut und damit indirekt für die Rückkehr nach Deutschland. Die Europäisierung des Saarlandes erhielt eine Zweidrittel-Absage: 67 Prozent der Stimmen. Daraufhin trat die profranzösische Regierung des Ministerpräsidenten Johannes Hoffmann zurück. Die Landtagswahlen im Dezember desselben Jahres bestätigten den Trend. Die Saar-»Europäer« verbuchten nur noch 28 Prozent der Stimmen. Der zweiten Rückkehr nach Deutschland stand nichts mehr im Wege.

Im Grund war es eine politische Niederlage des Kanzlers, aber sie schadete ihm nicht. Spöttisch schrieb Alfred Grosser fünfzehn Jahre später: »Das kleine Mädchen Saar kommt zum Bundeskanzler und bittet ihn, in sein Haus aufgenommen zu werden, er setzt sie vor die Tür. Andere helfen ihr, hineinzukommen; daraufhin läßt sich Dr. Adenauer mit der Kleinen auf dem Schoß fotografieren und wird allseits beglückwünscht wegen der Heimkehr des verlorenen Kindes . . .«

Im Westen endete ein Stück Machtgeschichte. Paul Sethe: »Der französische Ausdehnungsdrang zum Rhein hin hatte Europa in zehnmal so viele blutige Kriege gestürzt wie der viel beschriene preußische Eroberungstrieb. Nun war dieser Drang erschöpft. Loyal respektierte Frankreich das Abstimmungsergebnis. Damit war das schwerste Hindernis für die Zusammenarbeit zwischen Deutschland und Frankreich gefallen.« Der Verzicht auf den Zankapfel Saar wurde den Franzosen erleichtert nicht nur durch abermalige großzügige wirtschaftliche Abfindung, sondern auch durch die übernationalen Organisationen. Die Montanunion von 1952 hatte sich inzwischen bewährt. Bald würde man sogar das Wagnis zum nächsten Schritt eingehen: einer Europäischen Wirtschafts-Gemeinschaft.

Staatsbürger in Uniform

Am 1. Januar 1956 rückten die ersten tausend Freiwilligen der Bundeswehr in die Kasernen ein. Siebzehn Tage später verabschiedete die Volkskammer in Ostberlin ein Gesetz über den Aufbau der »Nationalen Volksarmee« – der unter dem Deckmantel der kasernierten Volkspolizei insgeheim schon ziemlich weit gediehen war. Jedenfalls ging es weiter in beiden deutschen Staaten mit Zug und Gegenzug. Wieder wirkte die Reaktion in der DDR wie ein Echo auf das, was im Westen der innerdeutschen Grenze vor sich ging. Dabei gab es einen wichtigen, beinahe kuriosen Unterschied. Während die Bundesrepublik Deutschland eine Armee entwickelte, die sich von der vergangenen durch einen neuen Geist unterschied, rüstete die DDR höchst konservativ auf. Ihre Volksarmee nahm die eiserne Disziplin wieder auf, den unbedingten Gehorsam, den preußischen Schliff, sogar den knallenden Stechschritt. Ausgerechnet der Staat, der seinem westlichen Gegenstück täglich vorhielt, dem Gestern verhaftet zu sein, verhielt sich selber auf dem Teilgebiet der bewaffneten Streitkräfte viel gestriger. Auch die Uniformen ähnelten, abgesehen vom sowjetischen Stahlhelm, dem Zuschnitt der alten Wehrmacht, während die westdeutschen »Revanchisten« ihre Soldaten eher »wie Liftboys« kleideten. Wie sah nun der neue Geist der neuen westdeutschen Truppe aus? Die neue Armee konnte nicht einfach da anknüpfen, wo die vorherige zugrunde gegangen war. Am klarsten formulierte das in der Bundeswehr zu pflegende Prinzip der »Inneren Führung« der Referent aus dem »Amt Blank« (so wurde die Keimzelle des Verteidigungsministeriums genannt), Wolf Graf Baudissin. In einem rückblickenden Aufsatz aus den siebziger Jahren sagt er:

»Das Konzept der Inneren Führung basierte auf der Erkenntnis, daß die konkreten politischen, gesellschaftlichen und militärischen Bedingungen eine Situation geschaffen haben, für deren Meisterung geschichtliche Erfahrungen nicht mehr ausreichen. Am Kriegsbild erwies sich die Untauglichkeit des Instruments Militär zur Regelung außenpolitischer Konflikte – zumindest zwischen Industriegesellschaften. Gleichwohl behalten Streitkräfte eine wichtige vorbeugende Rolle, jedenfalls solange keine anerkannten zwischenstaatlichen oder supranationalen Strukturen gewaltfreie Konfliktregelung garantieren. Mit Streitkräften hält sich die Staatsführung den Bewegungsfreiraum frei von ungewollter Einflußnahme anderer Staaten auf Innen- und Außenpolitik. Heute wäre ohne Streitkräfte das Wagnis der Entspannungspolitik kaum vorstellbar.

Diese neue Funktion mußte Konsequenzen für die Erziehung und Menschenführung in der Bundeswehr haben. Festhalten an tradierten Vorstellungen von Machtpolitik, Vernichtungsstrategien, Siegtaktik und elitärer Homogenität beziehungsweise Eigengesetzlichkeit entfremden das Militär der politischen Wirklichkeit und machen es funktionsuntüchtig... Zielvorstellung und Methodik der Inneren Führung fanden ihren Ausdruck im ›Staatsbürger in Uniform‹. Dieses Modell weist auf den Anspruch des Staates und damit der Gesellschaft an den einzelnen Soldaten, die freiheitlich-demokratische Grundordnung anzuerkennen und gesetzmäßigen Befehlen gewissenhaft zu gehorchen. Aber neben den Pflichten... stehen die staatsbürgerlichen Rechte. Sie bleiben dem Soldaten grundsätzlich erhalten und dürfen nur durch Gesetz beschränkt werden, wo es die militärische Funktionserfüllung notwendig macht. Rechte und Pflichten sind im Gesetz ebenso definiert wie die Maßnahmen, die bei ihrer Verletzung zu ergreifen sind.

Der Soldat soll sich als mündiger Staatsbürger verstehen, das heißt, seine politische Verantwortung ernst nehmen und die militärische Funktion im politischen Zusammenhang sehen. Dieser Anspruch steigt mit dem dienstlichen Verantwortungsbereich. Das Soldatengesetz stellt daher an die politische Loyalität des Berufs- und Zeitsoldaten höhere Ansprüche ... Wer die Grundordnung anerkennen, aktiv für sie eintreten, ja gegebenenfalls verteidigen soll, muß ihre Werte konkret erleben. Zu dieser Erfahrung kann aber nur ein Vorgesetzter verhelfen, der ein überzeugter Demokrat ist; nur so entsteht verläßliche Wehr- und Dienstmotivation. Die Frage nach der Kampfmotivation steht im Frieden nicht zur Debatte ...«

Gleichzeitig spricht Baudissin von den Schwierigkeiten und Widerständen, die er vorfand – und zwar mehr beim Militär als in der Politik: »Bürgerliche Koalition und sozialdemokratische Opposition standen sich zwar in bitterer Auseinandersetzung über das ›Ob‹ der Wiederbewaffnung gegenüber; doch fand das Konzept der Inneren Führung bei allen Fraktionen Befürworter. In der Bundeswehr selbst traf die Konzeption auf nicht unerhebliche Widerstände. Ein Teil der Vorgesetzten lehnte das Menschenbild als idealistisch, die Anforderungen als überspitzt, manche Regelung als ›unsoldatisch‹ ab. Es war versäumt worden, sie mit der notwendigen Konsequenz und Sorgfalt auszuwählen und auf die neue Aufgabe vorzubereiten. Die Tatsache, daß die Gesellschaft insgesamt auf Wieder- statt auf Neubau fixiert war, spielte dabei sicher eine Rolle. Von der Führung war jedenfalls weder die politische Bedeutung des Problems noch waren die psychologischen Barrieren erkannt worden, die viele ehemalige Reichswehr- wie Wehrmachtsoffiziere von der neuen Konzeption trennten. Dennoch spricht vieles dafür, daß die Konzeption inzwischen – entgegen recht begründetem Pessimismus – mehr und mehr akzeptiert wurde; man lernte allmählich mit den Regelungen umzugehen ... Inzwischen hatte auch eine Reihe verbündeter Streitkräfte ähnliche Wege eingeschlagen ...«

Die Schule für Innere Führung in Koblenz bildete einen Offizierstyp heran, von dem man vermuten darf, daß er heute in der Bundeswehr repräsentativ und tonangebend ist, zumal die Führungselite der Truppe mittlerweile aus dem Eigenwuchs der Nachkriegszeit, kaum mehr aus der Weltkriegsgeneration besteht.

Schwer zu beantworten ist bei alledem eine Frage, die hoffentlich nie beantwortet werden muß: ob

Der Weltkrieg-II-Stratege und stellvertretende NATO-Oberbefehlshaber Montgomery zu Besuch bei Bundesverteidigungsminister Blank im September 1955. Der CDU-Politiker Theodor Blank war seit den ersten Tagen der Bundesrepublik mit militärischen Fragen beschäftigt: 1950 kümmerte er sich als Leiter der »Dienststelle Blank« um die alliierten Besatzungstruppen, 1951 wurde er Sicherheitsbeauftragter der Bundesrepublik, 1955 Verteidigungsminister.

eine Armee wirklich kampftüchtig ist, wenn die Vorgesetzten bei jedem Befehl einen Katalog von Vorschriften über Bürgerrechte zu beachten haben. Die Wehrgesetze und Militärhandbücher des Warschauer Pakts scheren sich den Teufel um Gewissen und Menschenwürde, außerdem wird den Freiwilligen und den Wehrpflichtigen unentwegt ein klassenkämpferisches Feindbild vor Augen gestellt. Bei solcher Wehrerziehung ohne Skrupel, die schon in der Schule beginnt, kann man sich für den Ernstfall eher eine Schlagkraft vorstellen, die an die der alten deutschen Armee erinnert, als bei einer so betont auf Friedensdienst und Menschenwürde erzogenen Truppe wie der Bundeswehr, die überdies am Freitag fast geschlossen ins private Wochenende reist.

Diese Bedenken können einmal in den Raum gestellt, sie können aber für uns nicht maßgeblich werden. Wir haben uns für ein neues militärisches Menschenbild entschieden und betrachten die Armee als vollintegrierten Bestandteil einer »offenen«, pluralistischen Gesellschaft, nicht als Staat im Staate, wie es in der früheren deutschen Geschichte der Fall war und wie es heute noch – oder wieder – in der DDR zu beobachten ist, in der Sowjetunion erst recht. Mag die Bundeswehr vielleicht tatsächlich aus den genannten Gründen im Kampfwert unterlegen sein – ausgeglichen wird solcher (möglicher) Mangel durch die Beruhigung, daß ein großer Krieg in Europa so gut wie unmöglich geworden ist, weil die beiden Allianzen sich gegenseitig in Schach halten. Jede Seite weiß, daß sie im herkömmlichen Sinne nicht mehr siegen kann. Unter dem Gesichtspunkt ist es nicht mehr entscheidend, ob der Soldat der Bundeswehr unter Kampfbedingungen noch die Härte, Widerstandskraft und Entschlossenheit aufbringen würde, wie sie seinem östlichen Gegenüber mit rücksichtsloser Erziehung aufgezwungen wird. Der Hauptwert der Bundeswehr liegt heute, wie die mitteleuropäische Geschichte sich nun einmal entwickelt hat, in der Existenz selber, im Vorhandensein als Teilstück eines sicheren Bündnisses. So gesehen, ist das Konzept der »Inneren Führung« ein nicht mehr fortzudenkendes Instrument unserer demokratischen Vielfalt.

Der Entstehungsprozeß dieser Bundeswehr war viel mühseliger, als die Planer es sich gedacht hatten. Als die Bundesrepublik 1955 souverän wurde, drängte Adenauer seinen ersten Verteidigungsminister Theodor Blank zum raschen Aufbau der den NATO-Partnern zugesagten fünfhunderttausend Mann (zwölf Divisionen). Blank versprach, sie in dreieinhalb Jahren (1. 1. 1959) voll ausgebildet und voll ausgerüstet bereitzustellen. Ein Jahr später, Anfang 1960, sollte überdies eine Luftwaffe mit 80 000 Mann und die Bundesmarine mit 20 000 Mann verfügbar sein. Hinter dem optimistischen Versprechen blieb die Wirklichkeit zurück. Nach zehn Jahren erst standen 438 000 Mann unter Waffen, die Hälfte Wehrpflichtige. Die Verzögerungen hatten verschiedene Gründe. In der ersten Hälfte der fünfziger Jahre hatten viele Veteranen des Zweiten Weltkrieges noch gleichsam auf Abruf gestanden. Vielfach war das Soldatenhandwerk ihr einziges richtig erlerntes gewesen, ein ziviler Beruf war, weil mit tiefgreifender Umstellung verbunden, nicht so verlockend erschienen. Man hätte wieder da anknüpfen können, wo man aufgehört hatte – sogar das Feindbild stimmte noch. In der westlichen Propaganda waren lediglich an die Stelle der »bolschewistischen Untermenschen« der Hitler-Zeit die »kommunistischen Imperialisten« und Welteroberer getreten. Aber die Zeit ging hin, die Bereitschaft, die alte Uniform gegen eine neue zu tauschen, ließ nach – umgekehrt proportional zur Stimmung der breiten Öffentlichkeit, die erst überwiegend nein gesagt hatte und dann allmählich nachgiebig wurde.

Jetzt, 1955, 1956 mußten also die nötigen Rekruten aus dem voll entwickelten Zivilleben gewonnen werden, abgeworben aus dem fortgeschrittenen Wirtschaftswunder mit breitgefächerten Arbeitsmöglichkeiten. Man mußte den jungen Soldaten folglich Bedingungen anbieten, die konkurrenzfähig waren. Dazu gehörte nicht zuletzt die Unterkunft. Die alten Kasernen waren recht spartanische Behausungen, nicht gerade Musterquartiere für den gedachten »Staatsbürger in Uniform«. Auch hier also ein großer Engpaß, eine Verzögerung beim Neubeginn. Die Freiwilligen, mit denen die Bundeswehr ihren Aufbau einleitete, nahmen vorübergehende Unzulänglichkeiten noch eher in Kauf; die Wehrpflichtigen – seit Juli 1956 bestand die allgemeine Wehrpflicht – erwarteten dagegen von vornherein auch äußerliche Beweise vom propagierten neuen Geist.

Oben: General Speidel, der bayerische Ministerpräsident Hoegner und Verteidigungsminister Blank beim ersten Offizierslehrgang im Hof der »General-Ludwig-Beck-Kaserne« in Sonthofen (erbaut als SS-Ordensburg). *Unten:* Bundeskanzler Adenauer begrüßt die Lehrtruppe in Andernach. Die Kaserne des Rheinstädtchens wurde zur Keimzelle der Bundeswehr.

Als die neudeutsche Armee äußerlich und innerlich mehr und mehr Gestalt gewann, blieben ihr die Kinderkrankheiten jeder gesellschaftlichen Neuerung nicht erspart. Sie erlebte einige Skandale; Ausbildungsmethoden kamen ans Licht, die an den Schleifer Himmelstoß in Remarques Roman »Im Westen nichts Neues« erinnerten. Allmählich fanden sich jedoch alte und neue Soldaten in der bundesdeutschen Wirklichkeit zurecht, lernten, miteinander zu leben. Heute sind die mühsamen Anfänge vergessen, die Bundeswehr ist fest in die Gesellschaft integriert.

Der gemeinsame Markt

Hilflos blickt die Öffentlichkeit auf »Butterberge«, auf »Milchseen«, auf prallgefüllte Kühlhäuser. Die Dritte Welt hungert, die kommunistischen Staaten leiden zumindest Mangel, Westeuropa dagegen schwimmt im Überfluß an Nahrung. Zugleich können die Staatskassen der beteiligten Länder die unnütze Massenproduktion, die durch Garantiepreise an die Erzeuger auch noch gestützt wird, gar nicht mehr bezahlen. Das ist der widersinnige Zustand einer Wirtschaftsgemeinschaft, die 1957 mit großen Erwartungen und verheißungsvollen Sprüchen ihrer Gründer geschaffen worden war. Nur noch wenige Spezialisten durchschauen das Paragraphen-Gestrüpp. Die Politiker, vollends die leitenden Staatsmänner, die von Zeit zu Zeit in Konferenzen dringende Fragen des gemeinsamen Marktes klären sollen, sind völlig überfordert und schieben die unbewältigte Last vor sich her – zur nächsten Tagung. Nein, so hatte man sich den hoffnungsvollen Weg zum vereinten Europa nicht gedacht. Es will und kann aber auch keiner mit Überzeugung sagen, es wäre besser, wir hätten wieder unsere nationalen Märkte. So bleibt der Europäischen Gemeinschaft nichts, als ihre dringenden Sorgen annehmbar zu lösen.

Anfangs hieß sie EWG, nicht EG. Das »W« (für »Wirtschaft«) entfiel erst 1967 durch Zusammenschluß der Europäischen Wirtschaftsgemeinschaft mit der älteren Gemeinschaft für Kohle und Stahl (Montanunion) und der Europäischen Atomgemeinschaft (EURATOM). Das Gründungsdatum der EWG ist der 25. März 1957. Damals unterzeichneten die Ministerpräsidenten von Frankreich, Italien, den Benelux-Ländern sowie Bundeskanzler Adenauer die Römischen Verträge. Der Teilhaberkreis war also derselbe, der schon fünf Jahre zuvor die Montanunion gegründet hatte. Aus dem Ministerrat dieser Organisation waren die Hauptanregungen und Impulse für die EWG hervorgegangen. Sie erschien geeignet, die Verflechtungen des freien Europa ein weiteres Stück voranzutreiben, immer mit dem Blick auf eine zukünftige politische Einigung des Kontinents. Die »Vereinigten Staaten von Europa« waren ein alter Traum. Wieder gehörte Großbritannien nicht zu denen, die einen engeren Zusammenschluß wollten. Immer noch dachten die Engländer mehr in den weltweiten Kombinationen des Commonwealth, ihres einstigen Weltreiches. Vor allem die von den EWG-Propagandisten geplante Zollunion mißfiel dem Inselland, weil es eine Freihandelszone bevorzugte. Die aber lehnten Bonn und Paris ab.

Nun verfügten aber auch die Franzosen noch über außereuropäische Hoheitsgebiete. In Afrika besonders dehnte sich ein ansehnliches Kolonialreich, das erst in den folgenden Jahren, hauptsächlich 1960, in die Unabhängigkeit entlassen wurde. Belgien herrschte nach wie vor im Kongo, die Niederlande besaßen Restbestände überseeischer Souveränität. Frankreich verlangte ohne Wenn und Aber die Einbeziehung seiner außereuropäischen Besitzungen in die Zollunion. Adenauer als Vertreter desjenigen Landes unter den Sechs, das am längsten von allen schon keine Kolonien mehr besaß, »war damals wie später vom Glauben an die zivilisatorische und geostrategische Bedeutung der europäischen Kolonialherrschaft durchdrungen und dachte gar nicht daran, Frankreich in diesem Punkt irgendwelche Widerstände in den Weg zu legen« (Hans-Peter Schwarz). So wurde im Artikel 113 der Römischen Verträge festgelegt, daß die außereuropäischen Hoheitsgebiete der Mitgliedsstaaten assoziierte Teilhaber der Gemeinschaft werden. Für Waren aus jenen Gebieten sollten die Zölle in dem gleichen Maß abgebaut werden wie für die Sechs untereinander. Die EWG-Staaten kamen sogar überein, einen Europäischen Entwicklungsfonds zu gründen, um Investitionen in den überseeischen Partnerländern zu begünstigen. Die Bundesrepublik zahlte somit auch Geld für die

Aller Anfang ist er.

Im weltweiten Erfolg des Volkswagens maß die Wirtschaftswunder-Generation ihre Aufbauleistung.

Der große Mercedes, als Staatskarosse überall in der Welt beliebt.

Kolonien der anderen. Das auf den ersten Blick allzu großzügige Opfer könnte sich längerfristig auszahlen, weil ein höherer Stand von Entwicklung und Beschäftigung in den Drittländern der deutschen Exportindustrie Märkte erschließen würde.

Sosehr die Kritiker der Europäischen Wirtschaftsgemeinschaft den Nachteil hervorhoben, es handle sich ja nur um ein Kleinst-Europa – der ganze Osten nicht dabei – der Westen nur halb, der Norden gar nicht –, betrachteten demgegenüber die Verfechter der EWG den Zusammenschluß als lebensnotwendig unter den veränderten Konstellationen der Weltpolitik. Das einzelne Land schien ihnen zu klein und zu schwach geworden, nachdem Europa seine jahrhundertelange Vormachtstellung eingebüßt hatte. Der Sowjetkommunismus hatte einen Machtraum mit eigenem Wirtschaftskreislauf entwickelt, auf der anderen Seite stand das ganze Gewicht der Vereinigten Staaten. Solchen Machtkonzentrationen gegenüber sahen die einstigen Großmächte Mittel- und Westeuropas recht zwergenhaft aus. Trotz allen Großmachtgeredes in Paris und London waren Frankreich und England zu Mittelstaaten, zu Halbgrößen geschrumpft. In seinen Erinnerungen schreibt Konrad Adenauer im Kapitel über die Römischen Verträge:

»Die Unterzeichnung ... war ein Ereignis von größter wirtschaftlicher und politischer Bedeutung. Bei der Entwicklung, die in der Welt nach dem Kriege eingetreten war, konnte auf die Dauer die Wirtschaft eines europäischen Landes auf sich allein gestellt nicht gesund bleiben, weil das Wirtschaftsgebiet eines jeden einzelnen europäischen Landes für sich zu klein ist. Nur die Zusammenfassung zu einem gemeinsamen europäischen Wirtschaftsraum konnte auf die Dauer die Länder Europas gegenüber anderen Wirtschaftsgebieten auf der Erde konkurrenzfähig machen und erhalten. Aus dieser Erkenntnis war nunmehr die Schlußfolgerung gezogen worden. Wir konnten die Güter, die wir Europäer von unseren Vorfahren in langen Jahrhunderten übernommen hatten: europäisches Denken, abendländisches Denken, christliches Denken, nur dann wieder zur Geltung bringen und den europäischen Ländern in der Weltwirtschaft und in der Weltpolitik nur dann wieder eine Rolle verschaffen, wenn

Europa zu einer Einheit zusammengeschlossen sein würde ...«

Natürlich waren die Karikaturisten mit spitzen Federn tätig, den Optimismus zu dämpfen. Einer von ihnen zeichnete einen riesigen Dampfer mit dem Namen »Europa«. Aus dem Rumpf ragen links und rechts zwei winzige Ruder hervor mit den Aufschriften EWG und EURATOM. Sie treiben den Ozeanliner voran – im Schneckentempo.

Bei allem kommt einem der bildhafte Vergleich vom halbleeren oder halbvollen Glas in den Sinn. Die Skeptiker sahen das Glas »Europa« halb leer, die Optimisten halb gefüllt. Im Grund ist es bis heute so geblieben, auch wenn die EWG im Lauf der Jahre ihre Anziehungskraft unter Beweis gestellt hat. England kam als bedeutender Partner hinzu, ebenso Irland, Dänemark, Griechenland. Der Ostblock stellte dem Europa der EWG seinen »Rat für gegenseitige Wirtschaftshilfe« (COMECON) mit derzeit sieben Teilnehmern entgegen: auch darin also wieder Zug und Gegenzug. So pulsieren getrennte Kraftströme durch den gespaltenen Kontinent. Ob sie sich noch in unserem Jahrtausend vereinigen werden, ist zweifelhaft.

Triumph durch den Wahlschein

Kurz nachdem die Römischen Verträge in der Ferienstimmung des Hochsommers 1957 in Bonn verabschiedet worden waren – sogar die SPD sagte überwiegend ja, die FDP dafür nein, da sie 1956 aus der Koalition geschieden war –, ging der Wahlkampf in die heiße Phase. Darin war der Gemeinsame Markt kein bedeutendes Thema. Der Europa-Gedanke hatte nur eingangs der fünfziger Jahre volkstümlich gezündet, damals, als man noch ungestüm und enthusiastisch des Glaubens gewesen war, im Buch der europäischen Geschichte könne ein ganz neues Kapitel aufgeschlagen werden. Statt dessen wurden in der Folge nur zögernd einige Seiten umgeblättert, die Zuversicht erlahmte. Die Verhandlungen über den gemeinsamen Markt wurden weithin unter Ausschluß der Öffentlichkeit geführt. Dieses hoffnungsvolle, aber doch publikumsferne Paragraphen-Europa der sechs Länder eignete sich nicht sonderlich, Massen zu begeistern. Die Verträge bedeuteten nur einen Wechsel auf die Zukunft.

Wahlkämpfe wirkten auf Adenauer belebend. Trotz hohen Alters nahm er ein gewaltiges Reisepensum auf sich, absolvierte ohne Ermüdungserscheinungen eine Kette von Ansprachen, Diskussionen, Begrüßungen. Als Manuskript diente ihm ein Haufen von Zetteln, den er oft genug zum Entsetzen seiner Begleitmannschaft durcheinanderkramte oder gar aus dem Fenster warf.

Die Heimkehr der Saar, das war ein Thema. Diese Wiedervereinigung im kleinen brachte Wählergunst – ausgerechnet dem Mann, der die Saar hatte europäisieren wollen. In Verkennung der völlig unterschiedlichen Bedingungen westlich des Rheins und östlich der Elbe dachten viele, ob eine Wiedervereinigung unter diesem zähen, konsequenten Staatsmann nicht auch noch im Osten gelingen könnte. Zwar waren alle Züge in dieser Richtung abgefahren, aber viele standen auf dem Bahnsteig und hofften, es komme doch noch ein Zug. Diese Optimisten waren vielfach die gleichen, die von der »Keine-Experimente«-Wahlparole der Union angesprochen wurden. Daß beides zusammen, Einheit und Bewegungslosigkeit, nun einmal nicht ging, wollte diese Wählerschaft der Union nicht sehen. Der Werbeslogan »Keine Experimente« traf geschickt die Massenstimmung, die das Erreichte nicht in Frage stellen wollte. Vor zehn Jahren, 1947: nur Trümmer, Elend, Hunger, Entrechtung. War man nicht weit gekommen in der Zeit? Daran gemessen, konnte Adenauer sich mit Zuversicht um die dritte Kanzlerschaft bewerben.

Wer sollte sie ihm streitig machen? Als Kurt Schumacher noch lebte, hatten zwei kämpferische Vollblutpolitiker einander in leidenschaftlichen Debatten gegenübergestanden. Damals gewann nicht die Person Adenauer die Wahl, sondern das zugkräftigere Konzept, die überzeugendere Politik. Seit 1953, seit der zweiten Bundestagswahl und nach dem Tod Schumachers, war das Übergewicht noch gewachsen. 1953 hatte nicht nur die volkstümlichere Politik, sondern zugleich die kraftvollere Persönlichkeit gewonnen. Erich Ollenhauer an der Parteispitze der SPD konnte Schumachers Intellekt, Bissigkeit, sein Feuer, seinen Sarkasmus durch nichts Vergleichbares ersetzen. Er wirkte farblos und bieder, ein überaus rechtschaffener Mann, von dem jeder den sprichwörtlichen Gebrauchtwagen gekauft hätte – aber er konnte aus keiner Debatte Funken schlagen. Er hatte sich hochgedient, ein Parteiführer, bar jeder Ausstrahlung. Alle seine Auftritte waren so berechenbar, daß man seine zu erwartende Rede vorher an die Journalisten hätte verteilen können; bei Schumacher undenkbar, da mußte man immer auf irgend etwas gefaßt sein.

Adenauer brauchte also die Opposition nicht zu fürchten, um so weniger, als er in Ludwig Erhard die stärkste Stütze besaß. Gerade in diesem Jahr 1957 kam dessen Buch mit dem Titel »Wohlstand für alle« heraus, eine Devise, die dem optimistischen Wirtschaftsminister geglaubt wurde. In den neun Jahren seit der Währungsreform hatte er in staunenerregendem Maß recht behalten. Er galt als der »Vater des Wirtschaftswunders«. Seine ganze pralle Erscheinung schien dafür zu bürgen, daß die wirtschaftliche Erfolgskurve weiter ansteigen würde. Noch waren die Hungerleider von gestern zu lebensgierig und unbedenklich, als daß sie hinter dem Erfolgsspruch »Wohlstand für alle« schon irgendwelche Verstöße gegen das Naturgesetz erkannt hätten, wonach die Bäume nicht in den Himmel wachsen. 1957 war die Aussicht auf solchen Wohlstand für alle noch ein siegverheißender Wahlhelfer.

Wer in den Memoiren von Felix von Eckardt liest – er war zu jener Zeit Regierungssprecher und ein enger Vertrauter des Kanzlers –, findet bemerkenswerte Passagen über die Wahlkämpfe des demokratischen Monarchen – und manches zum Schmunzeln.

»... Adenauer wollte in jeder Versammlung möglichst aktuell sein und brauchte dazu unablässig Material, das er auf Notizzetteln verarbeitete. Diese Zettel bildeten eine Art Alpdruck für mich, denn er beschrieb sie auf der Vorder- und Rückseite, warf sie häufig durcheinander, und so stand mir oft der Angstschweiß auf der Stirn, wenn er mit diesem Wust von Papieren das Rednerpult betrat... Ihn selbst schien diese Unordnung überhaupt nicht nervös zu machen, obwohl er während seiner Rede unablässig mit seinen Zetteln herumspielte.

... Eine nicht unbeträchtliche Schwierigkeit bestand dabei für mein Amt und für mich darin, daß alle Unterlagen, die er bekam, stets in kürzester Zeit verschwanden. Ich weiß nicht, wo die Papiere blieben, jedenfalls waren sie immer dann verschwunden, wenn sie gebraucht wurden. Ich ging daher zu der Methode über, alle Unterlagen, die ich dem Kanzler zustellte, ein dutzendmal zu vervielfältigen, denn im Archiv des Presseamtes herrschte Revolutionsstimmung. Was aus dem Archiv herausgegeben wurde, war weg, spurlos verschwunden, und so kann ein Archiv natürlich nicht arbeiten. Ich glaube, der Kanzler warf,

Erich Ollenhauer spricht auf dem SPD-Kongreß »Die Neuordnung Deutschlands« im Januar 1956. Die fünfziger Jahre waren für die Sozialdemokratie eine schlechte Zeit. Während ihr Gegner, die Union, auf das richtige Pferd gesetzt zu haben schien und Wahlsieg auf Wahlsieg errang, sah sich die immer noch mitgliederstärkste Traditionspartei (auch im Tief von 1954/55 hatte sie noch über 580000 Beitragszahler) mehr und mehr in die Rolle der Daueropposition gedrängt.

kaum mit den Notizen für eine Wahlrede fertig, einfach alles Material aus dem Fenster hinaus...«

1957 stand Adenauer im 82. Lebensjahr. Viele seines Alters genossen seit sechzehn Jahren ihren Lebensabend als Pensionäre oder Rentner, sofern sie überhaupt noch lebten. Der älteste Bundestagsabgeordnete schien den normalen Prozessen des Alterns nicht spürbar unterworfen zu sein. Er, der zweiundzwanzigste Kanzler in Deutschland, war jetzt der älteste von allen. Niemand weiß schlüssig zu erklären, worauf sich die Fähigkeit gründet, im hohen Alter so viel rüstiger, frischer zu sein als andere. Die Mutmaßung, der biologische Abbau gehe bei solchen Naturen, wie Adenauer eine war, langsamer voran als bei den meisten anderen, ist sicher richtig. Aber der Mensch ist nicht nur Chemie. Immer spielt da auch Irrationales hinein, die Lebenseinstellung, das Verhältnis zum Tätigsein, eine untergründige Schicksals-beziehung. Bei Adenauer mag noch anderes von Bedeutung sein. Er war in seinen besten Mannesjahren, aus voller Tätigkeit in den Ruhestand geschickt worden. Trotz vieler seelischen Belastungen in den zwölf Jahren der NS-Zeit hatte er wenig Energien verbrauchen müssen, sich unfreiwillig ausgeruht. Das kam ihm zugute, als er im Alter um die Siebzig ins öffentliche Leben zurückkehrte. Mitsprechen mochte da auch das Gefühl, daß eine Rechnung nicht beglichen sei. Ein Stück Leben hatte man ihm vorenthalten. Nun war die Zeit gekommen, es nachzuholen.

Zuletzt war da das Sendungsbewußtsein, sicher nicht der geringste Faktor in diesem Geflecht von geistigen, seelischen und körperlichen Bedingungen. Die besondere, durch den kalten Krieg der Weltmächte begründete Ost-West-Situation in Europa begünstigte genau jenes Zusammenrücken der westeuropäischen Länder, das Adenauer schon als Kölner Oberbürgermeister als erstrebenswert angesehen und angestrebt hatte. Nun saß gerade er an der Schaltstelle in Deutschland, an welcher Entscheidendes in diesem Sinn getan werden konnte. Er mußte es im hohen Alter als seine Lebensaufgabe ansehen, noch möglichst viel an Vereinigung, Integration zu vollbringen. Ob dies für die Geschichte Gesamtdeutschlands günstig oder bedenklich war, steht hierbei nicht zur Diskussion: es geht um Adenauers Sendungsgefühl. Da konnte es für ihn keine größere Genugtuung und Befriedigung geben, als in späten Jahren Ziele und Wünsche seiner frühen Jahre erfüllen zu helfen und erfüllt zu sehen. Solange es ging, wollte er sein Werk keinen anderen fortsetzen lassen in der Sorge, es würde nicht mit dem gleichen Willen geschehen, die europäischen Dinge voranzutreiben. Ob die Mitwelt es wollte oder nicht: sie hatte noch eine Weile mit dem Alten von Rhöndorf zu rechnen.

Und nun war wieder Wahlkampf, Wahlkampf für die dritte Legislaturperiode. Im Rückblick 1967 – der erste Bundeskanzler war gerade im Alter von einundneunzig Jahren gestorben – schrieb Felix von Eckardt: »Der Kanzler liebt den Wahlkampf, ja er blüht geradezu auf, wenn es recht heiß hergeht. Er ist und wird bis zu seinem letzten Atemzug ein Kämpfer sein. Wie ein Boxchampion zieht er in eine Massenversammlung ein, der Jubel stimuliert ihn, Angriffe, Buhrufe und Pfiffe der Gegner lassen ihn erst zu voller Form auflaufen. Ob es 3000 oder 15 000 Menschen sind, die sich um ihn versammeln, immer ist er völlig Herr der Situation. In keiner der zahllosen Versammlungen, in die ich ihn begleitete, glitt ihm das Steuer auch nur für Minuten aus der Hand. Man hat ihm oft vorgeworfen, daß er ein ›terrible simplificateur‹ sei, ein zu großer Vereinfacher komplizierter politischer Vorgänge. Theoretisch mag das richtig sein, aber in einer Massenversammlung muß man einfach, verständlich, ja primitiv sein, will man die Menge mitreißen. Dazu muß man den Gegner angreifen, unablässig angreifen, denn die gefüllte Arena will Kampf sehen und spüren. In den Wahlkämpfen von 1953 und 1957 trommelte der Kanzler unablässig auf seine Gegner ein, die Masse jubelte und tobte und stachelte damit den Kanzler zu immer neuen Angriffen auf.«

Ob der gebildete und kultivierte Journalist von Eckardt beim Schreiben dieser Zeilen wohl selber ganz »Herr der Situation« war? Dann hätten sich ihm einige peinlich-fragwürdige Vergleiche aufdrängen müssen. Bei einer Massenversammlung müsse man »einfach, verständlich, ja primitiv sein«, hatte er geschrieben. Dem ersten und zweiten Eigenschaftswort wird man ohne weiteres zustimmen, beim dritten fallen einem Hitlers Gebrauchsanweisungen für Propaganda ein, die mit anderen Worten genau das gleiche sagen: »Jede Propaganda hat . . . ihr geistiges Niveau einzustellen nach der Aufnahmefähigkeit des Beschränktesten unter denen, an die sie sich zu richten gedenkt . . .« Der größte Fachmann für Volksverführung in unserem Jahrhundert wußte, wovon er sprach oder schrieb. Als er diese Zeilen, und mehr dazu, für sein Buch »Mein Kampf« verfaßte, hatte er mit den Methoden bereits riesige Säle gefüllt, sein Publikum narkotisiert und um den Verstand gebracht. Unbewußt stellt von Eckardt also Adenauers Redestil auf die gleiche Ebene demagogischer Wirksamkeit und Schlagkraft, wie Hitler sie als Erfolgsrezept verkündet hatte.

Vielleicht wäre Adenauer über diese Verwandtschaft als Volksredner nicht einmal erschreckt gewesen, hätte er »Mein Kampf« gelesen (bürgerliche Politiker pflegten das unappetitliche Hetzwerk zu übersehen). Aus reinem Instinkt handelte er nach dem Gesetz, die Massen zu »packen«. Adenauer zählt zu den Volkstribunen, die mit kleinem Wortschatz große Wirkungen erzielen. Darüber ist viel gespöttelt worden, und mancher Spötter war nur neidisch, weil er nicht genauso erfolgreich war. Jedenfalls hat jeder Redner eine Grundanlage, die nur begrenzt abwandelbar und beeinflußbar ist. Menschen mit größerer Spannweite des Wortes *können* gar nicht anders, als ihren Sprachreichtum auch anzuwenden; dafür werden sie einen großen Teil der Hörer, die auf Adenauers Redestil ansprechen, nicht erreichen, umgekehrt jene erfreuen, die mehr erwarten als ein Schema von Gut und Böse, von Schwarz und Weiß. Er jedenfalls, der Kanzler, hatte größten Zulauf, hieb unbekümmert drein und gewann mit seinen Methoden der »primitiven« Volkstümlichkeit die dritte Bundestagswahl in triumphaler Weise.

Als die Wahlscheine am späten Abend des 15. September 1957 weithin ausgezählt waren,

Ein Amerikaner, gefallen in Korea. Der Krieg im Fernen Osten, der im Juni 1950 begann, hatte tiefgreifende Auswirkungen in Europa. Dem Kommunismus wurde nun auch zugetraut, eine militärische Expansion nach Westen zu wagen; ein Zusammenschluß Europas dagegen schien dringend erforderlich. Und daß die Amerikaner so prompt Gut und Blut für die Freiheit eines ihnen geographisch wie kulturell fernstehenden Volkes hergaben, steigerte ihr Ansehen ungemein.

225

zeichnete sich bereits ein überragender Wahlsieg der Union ab. Das Endergebnis übertraf alle Erwartungen. Mit 50,2 Prozent der Stimmen hatten CDU und CSU erstmals – und bis heute das einzige Mal – die absolute Mehrheit gewonnen, konnten folglich ohne Hilfe von dritter Seite regieren. Die Sozialdemokraten legten zwar gegenüber dem vorigen Mal drei Prozentpunkte zu, wirkten aber dennoch mit 31,8 Prozent deklassiert. Die Freien Demokraten erlitten einen Stimmenrückgang von 9,5 auf 7,7 Prozent. Das war die Folge ihrer inneren Krise. Die war im vergangenen Jahr 1956 infolge unterschiedlicher außenpolitischer Zielvorstellungen, zugleich gefördert durch Kräfte in der CDU, ausgebrochen. 16 von 54 Fraktionsmitgliedern, darunter die vier Minister, waren aus der Partei ausgeschieden und hatten die erfolglose Freie Volkspartei (FVP) gegründet.

Das Bonner Erdbeben hatte auf Düsseldorf übergegriffen; dort stürzten die liberalen »Jungtürken« zusammen mit der SPD den CDU-Ministerpräsidenten Karl Arnold. Unter diesen Umständen war an gemeinsames Regieren in Bonn nicht mehr zu denken. Schon im vorletzten Jahr der zweiten Legislaturperiode hatte die alte Koalition aufgehört zu bestehen, ohne daß dabei die Regierung Adenauer in Gefahr gekommen wäre. Das Übergewicht der Unionsmandate konnte den Abfall der FDP-Mehrheit unter dem Fraktionsvorsitzenden Thomas Dehler ohne weiteres aushalten.

Adenauer triumphierte am Wahltag nicht zuletzt deshalb, weil die Liberalen für ihren unsicheren Kurs offensichtlich durch das Wahlergebnis bestraft worden waren. In der neuen Legislaturperiode würde er auf niemandes guten Willen angewiesen sein. Im Bundestag konnte die Union künftig alles durchsetzen – ob auch im Bundesrat, der Länderkammer, war eine andere Frage. Der Wähler hatte entschieden. Für die FDP gab es in den nächsten vier Jahren nur die Opposition, wo sie sich zu den erneut geschlagenen Sozialdemokraten gesellte. Die SPD als Dauerverlierer fing langsam an, von liebgewordenen Vorstellungen Abschied zu nehmen, denn in der jetzigen Verfassung hinkte sie bleich und krank hinter der kerngesunden Union her. Ein Umdenken mußte einsetzen, wenn sie es nicht mit Brechts ironischem Wort (gegenüber der SED) halten wollte: daß die Partei sich besser ein neues Volk wähle . . .

Zwei, die unter Adenauer litten. *Oben:* Der SPD-Vorsitzende und Kanzlerkandidat Erich Ollenhauer verlor die Bundestagswahlen 1953 und 1957 gegen den rüstigen Patriarchen. *Unten:* Seinen Parteifreund Heinrich von Brentano vergraulte Adenauer 1961 aus dem Auswärtigen Amt, um die Koalition mit der FDP zu retten.

Der Triumph von Bern

Labsal fürs deutsche Nationalgemüt war der 3:2-Sieg bei der Fußballweltmeisterschaft 1954, den Sepp Herbergers Mannen über den Favoriten Ungarn errangen. Millionen verfolgten das Spiel daheim an den Radios, und nach Helmut Rahns Meisterschuß und dem durchdringenden »Toooor!«-Schrei des Reporters Herbert Zimmermann aus dem Berner Wankdorf-Stadion brach im Land ein Taumel der Begeisterung aus. Weit über das sportliche Ereignis hinaus schien auch ein Tor nach außen, zu neuer Weltgeltung aufgestoßen zu sein. Deutschland war wieder wer. – Die entscheidende zweite Halbzeit des Finales im Bericht des Spielführers Fritz Walter.

Wir spüren immer deutlicher, daß wir die bessere Kondition haben. Mehr und mehr befreien wir uns aus der langsam erlahmenden Umklammerung und diktieren selbst das Geschehen.

Noch steht es 2:2.

Sechs oder sieben Minuten noch. Da will ich Schäfer mit einer Vorlage bedienen. Buzansky, der rechte ungarische Verteidiger, fängt sie ab. Leichtsinnigerweise schlägt er den Ball nicht gleich nach vorn, sondern läßt sich in einen unnötigen Zweikampf mit unserem Linksaußen ein, der energisch nachgesetzt ist. Schäfers Hartnäckigkeit macht sich bezahlt. Er erkämpft sich das Leder, läuft zwei, drei Schritte und gibt eine wunderbare Flanke in den ungarischen Strafraum. Max, Ottmar und ein paar Ungarn springen hoch. Der Ball wird vorerst abgewehrt. Da stürmt mit seinen mächtigen Sätzen der Boß herbei. Wer ihn heranbrausen sieht, glaubt, daß er aus diesem wuchtigen Lauf heraus schießen wird, schießen muß. Die Zuschauer glauben es, und wir Spieler auch. Der Torhüter glaubt es, und die Verteidiger werfen sich entschlossen in die vermutliche Schußbahn. Diese Gelegenheit nutzt Helmut Rahn aus, nimmt geschickt und reaktionsschnell den Ball am Fuß mit, an zwei, drei Gegnern vorbei, und läßt aus etwa vierzehn Meter Entfernung mit dem linken Fuß eine Bombe in die untere linke Ecke los. Verzweifelt wirft sich Torwart Grosics nach diesem Meisterschuß ...

Der Boß hat so gewaltig geschossen, daß er durch seinen eigenen Schwung zu Fall kommt, aber noch im Fallen sieht er, daß seine flache Bombe für Torhüter Grosics unerreichbar ist. Der Ball flitzt knapp am Pfosten vorbei in den Kasten und auf der anderen Seite schon wieder heraus, so unheimlich schnell ist seine Fahrt. Der Schiedsrichter pfeift. Grosics und ein paar Ungarn liegen am Boden. In Sekundenbruchteilen begreifen wir, was geschehen ist.

Helmut Rahn hat unser Führungstor geschossen!

3:2 für Deutschland in der 84. Spielminute!

Wir führen Freudentänze auf, schreien wie verrückt! Die Ungarn sind wie aus den Wolken gestürzt. Ich kann mir denken, wie ihnen zumute ist. Soll ihre großartige Siegesserie ausgerechnet heute enden? Fünf Minuten haben sie noch Zeit, ihr Schicksal zu wenden. Aber werden sie die Kraft aufbringen, jetzt noch das Steuer herumzureißen?

Mit dem Anstoß stürmen sie sofort wieder los, stürmen, als ob es um ihr Leben ginge. Puskas setzt alles auf eine Karte. Er erhält eine Vorlage von Kosics, und da ... Tor! Nein, kein Tor! Der ungarische Major stand abseits.

Unser goldenes Tor, unseren Vorsprung, wollen wir mit allen erlaubten Mitteln halten.

Vier Minuten noch.

Drei Minuten noch.

Auf engstem Raum spielen wir einander zu. Vergeblich warten die Ungarn auf Steilpässe oder weite Flanken. Nur wenn wir angegriffen werden, geben wir den Ball zu einem freistehenden Mann, nach vorn, zur Seite oder auch zurück. Eine sportlich durchaus korrekte Form, gut über die Zeit zu kommen. Niemand wird uns das verdenken. Natürlich erkämpfen sich auch die Ungarn den Ball wieder und stürmen dann mit letzter Kraft noch einmal gegen unser Tor.

Zwei Minuten noch.

Eine Minute noch.

Da bekommt Czibor bei einem überraschenden Flankenwechsel halbrechts in Strafraumhöhe den Ball. Er wird ihm direkt auf den Fuß serviert. Mir steht vor Schreck fast das Herz still. Jetzt, jetzt ist es passiert! denke ich, als Czibor aus sieben, acht Metern einen Mordsschuß losläßt. Er zielt in die kurze Ecke, auf die sich Toni zum Glück konzentriert. Blitzschnell geht unser Düsseldorfer zu Boden und befördert in fliegender Parade den Ball mit beiden Fäusten in Richtung Eckfahne. Ebenso schnell setzt Werner Kohlmeyer hinterher und will das Leder zum Linksaußen schlagen. In der Drehung rutscht es ihm ab ins Aus.

In diesen Sekunden stand unser Sieg auf des Messers Schneide.

Einwurf der Ungarn. Ich fange den Ball ab, versuchte ihn nach vorn zu schlagen. Aber das nasse Leder rutscht wieder ins Aus.

Ist denn noch nicht Schluß? Schiedsrichter Ling müßte jetzt abpfeifen. Ob er wegen Tonis Verletzung nachspielen läßt? Die Ungarn führen den Einwurf aus. In diesem Augenblick höre ich – Mister Ling steht nur ein paar Meter von mir entfernt – den ersehnten Schlußpfiff. Das Spiel ist aus!

Das Unglaubliche ist wahr, das Unerwartete Wirklichkeit!

Der Fußball-Weltmeister 1954 heißt Deutschland!

Fritz Walter, »3:2. Die Spiele zur Weltmeisterschaft«. 1954

Oben: Die Siegerelf von Bern. Von links nach rechts: Fritz Walter, Toni Turek, Horst Eckel, Helmut Rahn, Ottmar Walter, Werner Liebrich, Jupp Posipal, Hans Schäfer, Werner Kohlmeyer, Karl Mai und Max Morlock. *Links:* Die Heimkehr der »Helden von Bern« gestaltete sich zu einem Triumphzug ohnegleichen. Hier Fritz Walter, DFB-Vizepräsident Huber und Bundestrainer Sepp Herberger beim Autokorso durch München.

Die Höhepunkte des Finales der Fußballweltmeisterschaft 1954. *Linke Seite oben:* Nach zwei Führungstoren der Ungarn erzielt Max Morlock in der 10. Minute den Anschlußtreffer zum 1:2. *Unten:* Jubelnd drehen die deutschen Stürmer ab. Helmut (»Boß«) Rahn hat zum 2:2 eingeschossen. *Rechte Seite oben:* Rahns zweiter Treffer, das Siegtor in der 84. Minute. Ungarns Torhüter Grosics streckt sich vergeblich. *Unten:* Glückstrunkene Umarmung der deutschen Spieler. Gleich wird die Anzeigetafel das 3:2 für Deutschland verkünden. Der Weltmeistertitel ist nahe.

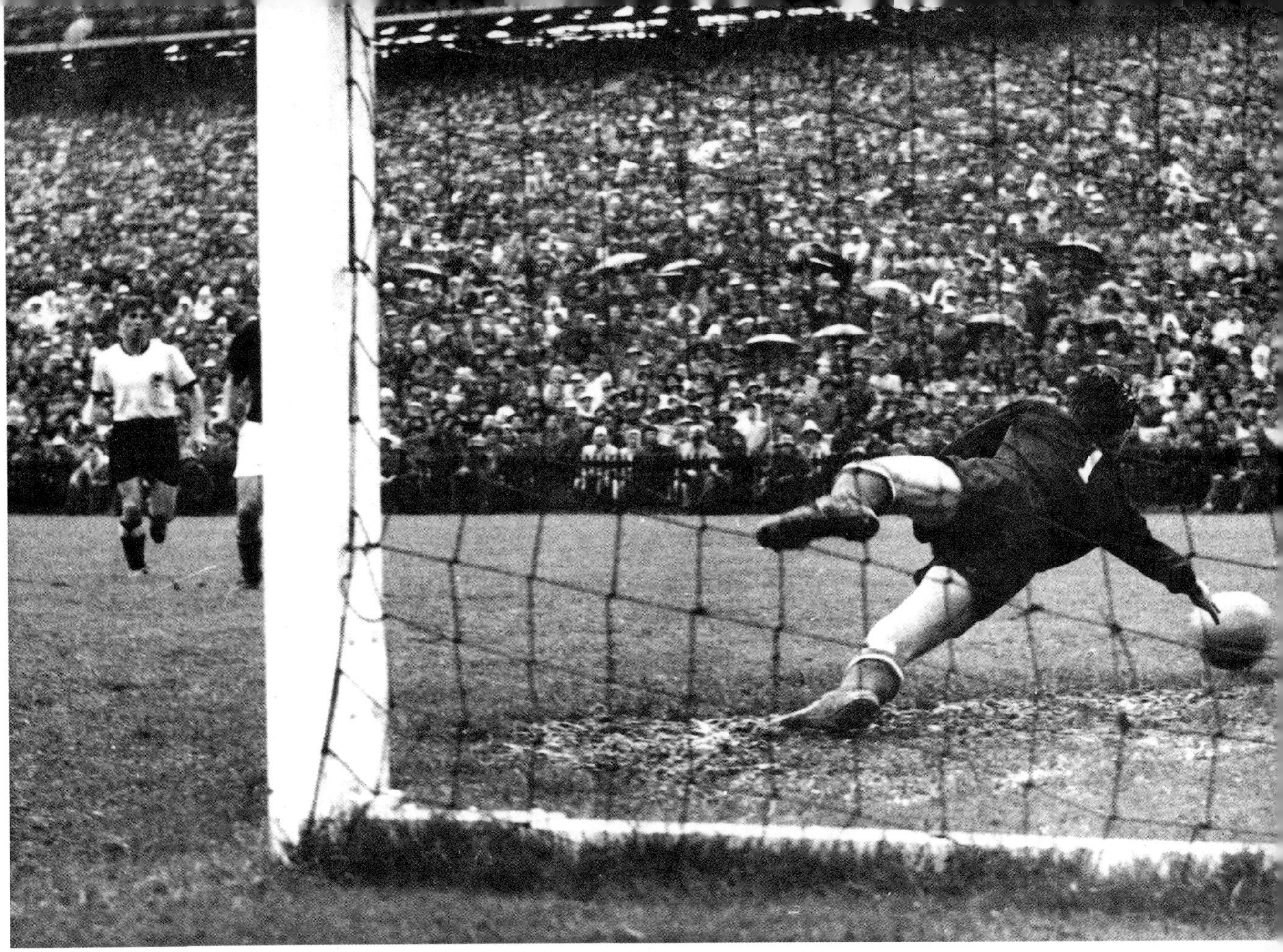

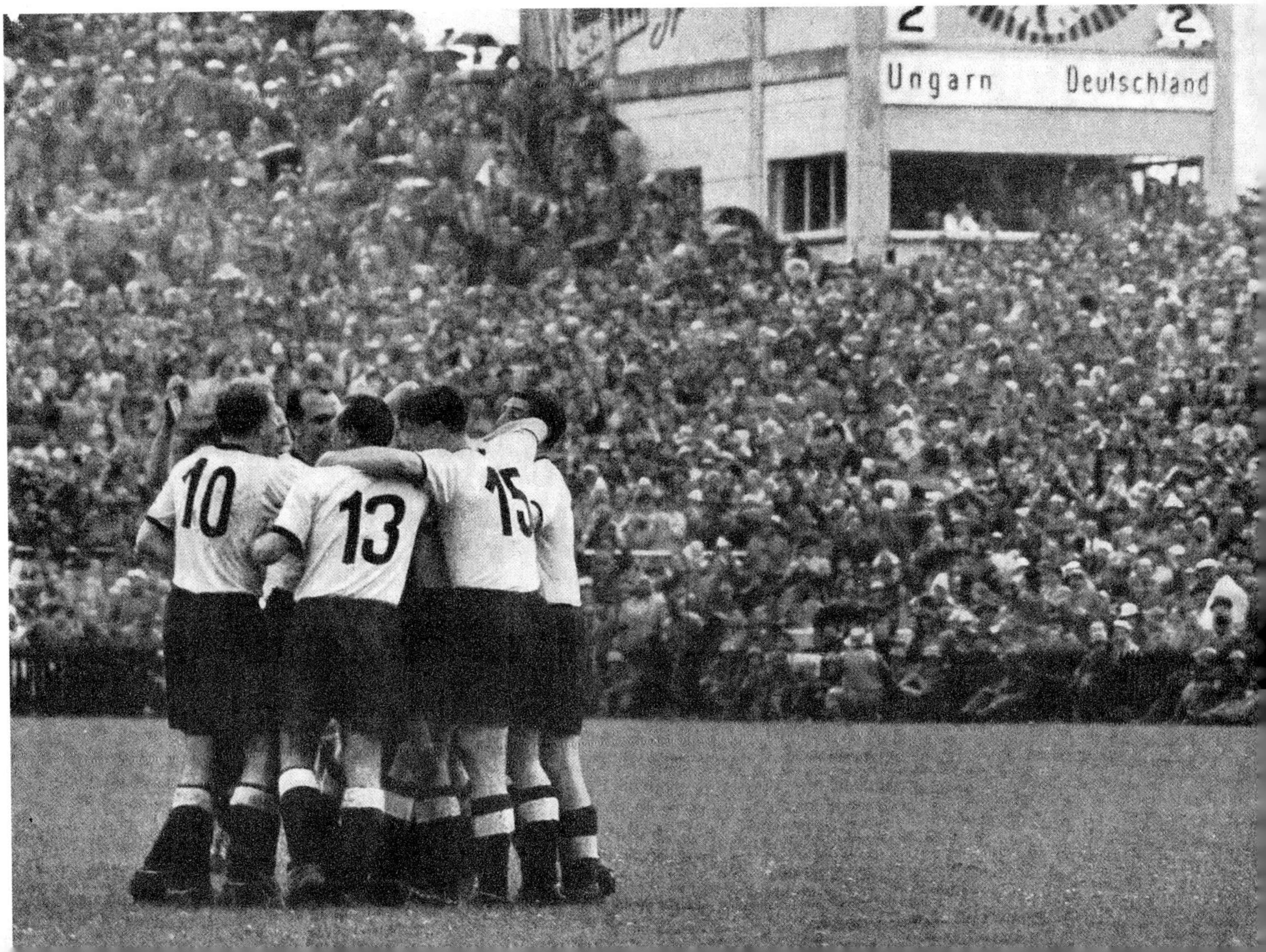
2
2
Ungarn
Deutschland
10
13
15

»Die Halbstarken« wurden zum Schreckenswort der fünfziger Jahre. Der schlichte Bürger begriff es nicht: Da wuchs mitten im Wirtschaftswunderland eine Jugend heran, die für die Moral ihrer Eltern, gesittete Lebensführung, Ordnung und Manieren nichts übrig hatte, die auf schweren Motorrädern durch die Lande knatterte und bei Rock-'n'-Roll-Konzerten das Mobiliar zertrümmerte *(Bilder links)*. Auch der Film nahm sich des Themas an: »Die Halbstarken« hieß der Film von Georg Tressler, in dem Horst Buchholz einen Sproß des Bürgertums spielt, der aus Ekel über die Spießermoral und Verlogenheit seiner Eltern Chef einer Jugendbande wird *(oben)*.

Der deutsche Film legte sich in den fünfziger Jahren Kassen-magneten zu, um die von den Verleihern und einschlägigen Zeitschriften ein Starkult nach Hollywood-Manier entfacht wurde. Keine biographische Einzelheit, keine Alltagsverrich-tung der Stars war so unwichtig, daß man sie nicht einem hungrigen Publikum mitteilen mußte. Und in die Filme ström-ten Millionen. *Linke Seite oben:* Heinz Rühmann, Hans Albers und Fita Benkhoff in dem ausgiebig mit Seemannsliedern bestückten St.-Pauli-Film »Auf der Reeperbahn nachts um halb eins«. *Unten:* Romy Schneider erlebte als Siebzehnjährige

frühen Ruhm mit »Sissi« (ihre Mutter Magda Schneider spielte die Erzieherin der Märchenkönigin). *Rechte Seite:* Lilo Pulver und das Komikerpaar Wolfgang Müller/Wolfgang Neuss in Kurt Hoffmanns »Spukschloß im Spessart«. *Unten* zwei Film-Paare, die von interessierter Seite sogleich zu »Traumpaaren«

verheiratet wurden (die Stars blieben allerdings den Vollzug schuldig): links »Schwarzwaldmädel« Sonja Ziemann und Curd Jürgens, den die Filmkritik als »normannischen Kleider-schrank« feierte, rechts O. W. Fischer und Maria Schell, die man auch »Seelchen« nannte.

Die Quellen des Wunders

Gab es ein »deutsches« Wirtschaftswunder, und wenn ja, was war das typisch Deutsche daran? Ein englischer Soziologe ging 1955 der Frage nach. Er fand Anhalts- punkte dafür, daß die wirtschaftliche Aufbauleistung eng mit bestimmten Charakterstrukturen der Deutschen zu- sammenhängt.

Die Kraftquellen des Wiederaufbaus gehen auf ge- schichtliche Ereignisse, politisches und wirtschaftspoli- tisches Handeln und das Verhalten des deutschen Vol- kes zurück. Zu letzterer gehören die Bereitschaft zu arbeiten und zu sparen, die Organisationsfähigkeit und Arbeitsdisziplin, und die Hinnahme einer manchmal etwas harten Regierungspolitik. Es fragt sich, inwieweit diese Reaktion durch spezifische Qualitäten des deut- schen Volks bedingt ist. Stellte sie etwas Einmaliges dar? Oder würde jede andere westliche Nation unter ähnlichen Bedingungen gleiches geleistet haben? Wenn die deutsche Kraftanstrengung die Bezeichnung außer- ordentlich verdient, ist es möglich sie auf definierbare nationale Wesenszüge zurückzuführen?

Gegen diese Hypothese könnte gesagt werden, daß Unterschiede im Volkscharakter, wenn man überhaupt von ihnen sprechen kann, zu wenig ausgeprägt sind, um eine materiell verschiedene Leistung hervorzurufen. Oder man könnte argumentieren, daß die deutsche Mentalität, so gut ausgeprägt sie auch sein mag, in ihrer Vorausbestimmung für hohe wirtschaftliche Leistungen nicht außergewöhnlich sei. Solche Zweifel liegen in der Natur der Sache. Im folgenden soll versucht werden, eine Anzahl nationaler Wesenszüge herauszuarbeiten, die das kürzlich wirtschaftliche Geschehen in Deutsch- land geprägt haben. Viele sind positiv im Sinne hoher Leistung; verschiedene jedoch könnten eine verzö- gernde Wirkung ausgeübt haben.

Materielle Werte. Soziologen nehmen im allgemeinen an, daß eine betont positive Einstellung zu materiellen Werten für gute wirtschaftliche Leistungen wesentlich ist. Eine Gesellschaft, die sich lediglich der Pflege des Wahren und Schönen oder der Betrachtung des jenseiti- gen Lebens widmet, ist wahrscheinlich weniger zum Erreichen eines hohen Produktionsstandes prädesti- niert, als eine Gesellschaftsordnung, die materiellen Wohlstand anstrebt. Deutschland ist ausgesprochen nach dieser letzteren Richtung orientiert, die für die moderne westliche Zivilisation charakteristisch ist. Wie in anderen Ländern gibt es jedoch wichtige nicht-wirt- schaftliche Werte, die im Wettbewerb mit den ökono- mischen Faktoren stehen. Ohne den Vereinigten Staa- ten und Kanada als den Ländern, die heutzutage den höchsten Lebensstandard aufweisen, ausschließliche wirtschaftliche Orientierung nachzusagen, ist es wahr- scheinlich zutreffend, daß die deutsche Konzentration in dieser Richtung weniger intensiv ist.

Die Entwicklung zu einer stark materialistischen Zivili- sation ist in Deutschland ziemlich spät erfolgt. Zu Anfang des 19. Jahrhunderts, als die Industrialisierung in England und Frankreich schon weit fortgeschritten war, galt Deutschland noch als das Volk der »Dichter und Denker«. Zahlreiche feudale Charakterzüge präg- ten seine Gesellschaftsordnung. Trotz der seitdem erfolgten, schnellen und durchgreifenden Verände- rungen sind einige der alten Werte erhalten geblieben. Der oft reiche, aber wirtschaftlich meist wenig aktive Adel stand immer an der Spitze der sozialen und teilweise auch politischen Rangordnung; die erfolgreichen Kreise der folgenden Klassen ahmten seine Lebensweise nach. Eine Karriere beim Militär oder im Staatsdienst stand sozial über der wirtschaftlichen Laufbahn, zumindest bis zum ersten Weltkrieg. Diese beiden Zweige haben viele Talente absorbiert, die sonst der Wirtschaft zugute gekommen wären. Selbst wissenschaftliche und künstle- rische Leistung konnten in gesellschaftlicher Hinsicht noch mit Geschäftserfolg konkurrieren.

Die Klassenschranken, die verschiedene Bildungsgrade und Berufsschichten trennten, haben eine Wertordnung geschaffen, die zumindest teilweise nicht-ökonomisch bedingt war und einer vollständigen Konzentration auf wirtschaftliche Ziele zu widersprechen schien. Die Zugehörigkeit zu einer gehobenen Gesellschaftsklasse verschaffte starke Befriedigung, wie sie in dem Zur- schautragen von Titeln zum Ausdruck kommt. Es ist andererseits schwieriger als in den Vereinigten Staaten, diese Schranken zu überspringen. Materieller Erfolg, außer in ganz großem Maßstab, ist nicht immer ent- scheidend. Schließlich besteht noch eine zweite, damit in Wettbewerb stehende Wertordnung: der stark ausge- prägte Sinn für das Ethische, die Beschäftigung mit dem Metaphysischen, genährt aus der Neigung zur Grübelei, und, bis zu einem gewissen Grad die religiöse Orientie- rung des deutschen Volkes.

Aber auch gesellschaftliche und moralische Werte, die zu einer vollständig wirtschaftlichen Einstellung in gewissen Gegensatz zu stehen scheinen, stimulieren oft – direkt oder indirekt – die wirtschaftliche Aktivität. Das bekannteste Beispiel hierfür ist die protestantische Ethik, von der seit Max Weber allgemein angenommen wird, daß sie beträchtlich zum Aufstieg der kapitalisti- schen Zivilisation beigetragen habe. Ein anderes Bei- spiel ist das Standesbewußtsein, das wirtschaftliche Lei- stungen, nicht aus pekuniären Gründen, sondern vom Kastengeist her zu fördern vermag. Dieses Kastensy- stem wirkt auch noch in anderer Weise als wirtschaftli- ches Motiv; wenn es einerseits die Aufstiegsmöglichkei- ten beschneidet, so treibt es andererseits Menschen, die sich wirtschaftlich auf der schiefen Ebene glauben, zu

Ludwig Erhard, Wirtschaftsminister von 1949 bis 1963 und konsequenter Verfechter der Marktwirtschaft, gilt als »Vater« des Wirtschaftswunders.

wahrhaft verzweifelten Bemühungen. Der Verlust der sozialen Stellung ist ein besonders schweres Unglück in Deutschland; er kann häufig, wenn auch nicht immer, durch größere wirtschaftliche Anstrengungen abgewehrt werden – falls solche Bemühungen es ermöglichen, die Kinder zur Schule oder Universität zu schicken, den gesellschaftlichen Kontakt, den Lebensstandard und dergleichen aufrechtzuerhalten. Als Flüchtlinge und Ausgebombte in der Nachkriegszeit wieder ganz von vorne beginnen mußten, spielte dies eine große Rolle.

Seit Ende des Zweiten Weltkrieges hat der Drang nach wirtschaftlichen Werten die »Amerikanisierung« Deutschlands beschleunigt. Eine gewisse Mannigfaltigkeit der Wertordnung bleibt noch bestehen; aus den erwähnten Gründen dürfte sie aber der Konzentration auf wirtschaftliche Werte nicht im Wege stehen. Sie besagt nur, daß nicht alle diese Bestrebungen wirtschaftlich motiviert sind. Die Sachlage wäre verschieden, wenn es Schichten gäbe, die – mit Hinblick auf eine nicht-wirtschaftliche Wertordnung – ihre Angehörigen von der Beschäftigung mit kommerziellen Angelegenheiten abhielten, wenn beispielsweise eine Art Verbot für den Adel existierte, in die Wirtschaft zu gehen. Feudale Rudimente dieser Art spielen jedoch in Deutschland keine Rolle. Im Gegenteil, wir werden sogar feststellen, daß Arbeit aller Art einen fast religiösen Stempel trägt.

Arbeit. Der Begriff der Arbeit hat in Deutschland einen klaren ethischen Gehalt. Ein starkes Pflichtgefühl herrscht vor, das teilweise vielleicht preußische Erbschaft ist. Arbeit ist eine Aufgabe, nicht nur eine Beschäftigung wie ein Job. Wer arbeitet, »schafft«; er leistet nicht einfach sein Pensum ab. Der deutsche Arbeiter hat einen traditionell handwerklichen Stolz auf seine Arbeit. Arbeit ist eine Art Privileg; der Arbeiter, der seine Arbeit an den Unternehmer verkauft, ist der »Empfänger« von Arbeit, der »Arbeitnehmer«, während der Chef der »Arbeitgeber« ist. Müßiggang stößt auf gesellschaftliche Mißbilligung. Arbeitslosigkeit ist fast ein Makel. Leute, die bis spät abends in ihrem Geschäft sind, erzählen gerne davon. Man bemüht sich nicht, die Lampe mit dem Mitternachtsöl hinter einem Schirm vornehmer Muße zu verbergen.

Ohne Aufrichtigkeit des einzelnen anzuzweifeln, der sich seiner Arbeit widmet, muß man sich natürlich bewußt bleiben, daß diese ethische Wertung der Arbeit aus einem Rationalisierungsprozeß der Gesellschaft herrührt. Wie Max Weber gezeigt hat, gelang es der protestantischen Gesellschaft, sich selbst davon zu überzeugen, daß, was sie gerne tat, auch gut für ihr Seelenheil sei. In anderen Gemeinschaften und Zeitaltern haben Menschen mit ebenso starken religiösen oder sittlichen Überzeugungen, aber andersartigen Neigungen geglaubt, den Forderungen der christlichen Religion könne am besten durch das untätige Leben von Mönchen oder Bettlern entsprochen werden. Unter dem Gesichtswinkel eines solchen Rationalisierungsprozesses wären daher die inneren und äußeren Faktoren zu untersuchen, die die Deutschen zu ihrer sittlichen Erhöhung der Arbeit veranlaßt haben.

Es bedarf keiner tiefenpsychologischen Analysen, um zumindest einige der Lebensumstände festzustellen, die das deutsche Volk zum Fleiß erzogen haben. Ein großer Teil seines Ackerbodens ist wenig fruchtbar, die Winter sind lang und streng; es besteht keine Möglichkeit, sich ins Gras zu legen und sich die reifen Früchte in den Mund fallen zu lassen. Das Klima ist kräftigend. Die natürlichen Hilfsquellen des Landes waren bei der rasch wachsenden Bevölkerung immer aufs äußerste angespannt. Bei ihrer physischen Robustheit war es für die Deutschen daher nur natürlich, sich zu beharrlichen Arbeitern zu entwickeln.

Diese äußeren Einflüsse sind natürlich nicht allein entscheidend. Psychologen behaupten, daß im deutschen Temperament ein starkes emotionales Element vorherrsche und daß es weniger unter Kontrolle der Urteilskraft stehe als bei anderen Völkern. Man hat dies die Vorherrschaft des Willens über den Verstand genannt, oder den »Schaffensdrang«. Goethes Faust ist das Symbol dieses Dranges. Das Ergebnis dieser Konstellation ist ein Mangel an innerem Gleichgewicht – an Maßhalten – und eine Tendenz, in der einen oder anderen Richtung über das Ziel hinauszuschießen. Das trifft auch für die Arbeit zu. Man stürzt sich in Deutschland oft derart in seine Aufgabe, daß sie zur Besessenheit wird. Die Belohnung liegt in der Arbeit selbst.

237

Die Deutsche Lufthansa nahm im April 1955 den Flugverkehr wieder auf.

Viele Deutsche erklären, daß sie »um der Sache willen« arbeiten. Es wäre richtiger zu sagen, sie arbeiten, weil sie nicht anders können.

In vielen Fällen scheint dieser Arbeitszwang mit einem Unsicherheitsgefühl verknüpft zu sein, das einige Beobachter als hervorstechende deutsche Eigenschaft betrachten. Diese Unsicherheit hat viele Wurzeln – den bereits erwähnten Mangel an Gleichgewicht, die Schwierigkeiten, die viele Deutsche haben, mit ihren Mitmenschen auszukommen, ihre Neigung, über Gewissensangelegenheiten nachzugrübeln, die Erfahrungen mit den Zufällen von Krieg und Frieden in Deutschland. Welches auch die Ursachen sein mögen, deren sich die Betreffenden normalerweise gar nicht bewußt werden, sie betrachten jedenfalls intensive Arbeit als Gegenmittel gegen ihre Leiden. Sie befähigt sie, sich selbst zu verlieren, und die materielle Belohnung der Arbeit stärkt sie gegen ihre Sorgen. Erfolg schwächt die Minderwertigkeitsgefühle ab und verspricht Sicherheit und Glück für die Zukunft. Zufluchtnahme zu intensiver Arbeit als Mittel zur Überwindung von Furcht und Verwirrung schafft eine Gestalt, die in Deutschland eine vertraute Erscheinung und in den Vereinigten Staaten auch nicht gänzlich unbekannt ist. Es ist der Mann, der dauernd seiner Zukunft lebt, der Geld beiseitelegt, das er niemals ausgibt, oder Zeit für

einen Urlaub »hortet« den er niemals nimmt. Er kann nie die Gegenwart genießen, weil es ihm nicht wohl ist, wenn er nicht ständig an der Sicherung seiner Zukunft arbeitet. Unsicherheit mag auch eine der Wurzeln eines weiteren Kennzeichens der deutschen Arbeitsleistung sein, nämlich der zwangsläufigen Bindung an feste Regeln und Methoden. Selbst für Gelegenheitsarbeiten muß ein »System« entworfen werden. Darin liegt eine Stärke, wenn die Situation systematische Arbeit verlangt, aber die Eigenschaft führt auch zu Reibungen und Unelastizität und beeinträchtigt ferner die Anpassungsfähigkeit.

Die Neigung, sich selbst und seine Untergebenen ständig anzutreiben, bietet einer weiteren, wohl erkennbaren Charaktereigenschaft Betätigungsfeld, nämlich dem Kult der Härte. Ob wir nun diesen Stolz auf die Härte dem militärischen Temperament und der preußischen Erbschaft oder psychoanalytischen Faktoren zuschreiben, seine Existenz kann jedenfalls nicht geleugnet werden. Die Härte geht Hand in Hand mit einer gewissen Sentimentalität und, wie manche sagen, einer Tendenz zur Selbstbemitleidung; gleichzeitig wirkt sie in diesem Fall als ausgleichendes Moment. Beide Tendenzen reflektieren starke egozentrische Elemente im deutschen Charakter, die ihren Ausdruck finden in der häufigen Klage, mißverstanden zu werden, und der

Mit der umgebauten »Bremen« bot der Norddeutsche Lloyd erstmals 1959 wieder Nordatlantik-Passagen an.

damit einhergehenden Schwierigkeit, den Standpunkt anderer zu begreifen. Seine Männlichkeit und Energie durch harte Arbeit zu beweisen, ist zweifellos eine der positivsten Methoden, mit diesem psychischen Problem fertigzuwerden.

Neben dem Ausmaß und der Intensität der Arbeit wird auch ihr qualitatives Niveau vom Volkscharakter beeinflußt. Die deutsche Gründlichkeit begünstigt hohe Qualitätsarbeit; einige Sachverständige bringen sie mit der deutschen Neigung zur Grübelei in Verbindung und mit der Tendenz zum Extremen. Der Stolz auf Wertarbeit und der Makel nachlässiger Arbeit sind bereits erwähnt worden. Die Bedeutung, die guten Arbeitsleistungen beigemessen wird, ist auch aus der gründlichen Berufsausbildung und der weiten Verbreitung technischer Schulen ersichtlich; Deutschland wurde dadurch mit wertvollen Fachkräften versorgt.

Unternehmereigenschaften und Erfindungsgeist. Die Betonung materieller Werte und die Bereitschaft zu harter Arbeit für sie sind zweifellos die wesentlichsten Voraussetzungen einer erfolgreichen industriellen Zivilisation. Es existieren aber auch noch andere Faktoren. Großes Gewicht kommt der Fähigkeit zu unternehmerischen Leistungen und technischen Erfindungen zu. Ob die Unternehmereigenschaften in Deutschland hoch entwickelt sind und ob das bestehende System von den verfügbaren Talenten optimalen Gebrauch macht, ist schwer zu sagen. Deutschland benötigte eine relativ lange Zeit, um das Beispiel der industriellen Revolution Englands nachzuahmen. Dann aber war der Fortschritt rapide, und die Unternehmerpersönlichkeiten, die in Erscheinung traten, waren eindrucksvoll wie die irgend eines anderen europäischen Landes. Es besteht jedoch Grund zur Vermutung, daß die relativ niedrige soziale Beweglichkeit, wie sie auch heute noch festzustellen ist, die freie Entfaltung der Talente an ihrer Fähigkeit entsprechenden Stellen hemmt. Die Existenz von miteinander im Wettbewerb stehenden gesellschaftlichen Werten dürfte ebenfalls weiterhin ein Hindernis bilden, wenn auch erheblich weniger als in der Vergangenheit. Was bisher über die Arbeitsbesessenheit gesagt wurde, bezieht sich besonders auf die Intensität der Unternehmerleistung. Geschäftsleute, die ihre Arbeitsstunden selbst festlegen können, lassen der Arbeitswut freie Bahn. Hinsichtlich der Arbeitsstunden und der in Kauf genommenen Unannehmlichkeiten – Nachtarbeit, Tagungen am Sonntag, usw. – können es wohl die Geschäftsleute weniger Länder mit den Deutschen aufnehmen.

Neben den bereits erwähnten Ursachen dieses Arbeitsdrangs mag das Verhalten des deutschen Geschäfts-

239

So fing der Tourismus wieder an: Im Auto mit Holzvergaser zu den klassischen Kulturstätten.

manns auch die Tendenz von Nachahmern und Nachkömmlingen widerspiegeln, die Dinge weiter zu treiben als ihre Urheber. Das moderne Geschäftsleben ging von England aus, aber dort blieb es immer noch ein Teil der allgemeinen Existenz. Die Rechte anderer Lebensbereiche wurden weiterhin anerkannt. Die deutschen – und mehr noch die amerikanischen – Geschäftsleute entdeckten jedoch, daß Geschäftemachen das ganze Leben einnehmen kann. Beim Deutschen dürfte dabei noch der Mangel an Gleichgewicht und ein gewisses internationales Minderwertigkeitsgefühl mitgespiegelt haben. Das letztere äußert sich beispielsweise in der leidenschaftlichen Art, mit welcher sich die deutschen Unternehmer auf den Export stürzen – und die in krassem Gegensatz steht zu den ziemlich »weichen« Verkaufsmethoden auf dem Binnenmarkt. Als Nachkömmlinge hatten sie an sich schon härter zu kämpfen, aber sie behielten diese Gewohnheit auch bei, als die ursprünglichen Hindernisse längst überwunden waren. Die Abneigung gegen einen aktiven Wettbewerb auf dem Binnenmarkt ist in verschiedener Hinsicht interessant. Es ist natürlich durchaus verständlich, wenn sich Geschäftsleute kartellmäßig zusammenschließen – soweit dem keine Gesetze entgegenstehen –, da es ja zu höheren Gewinnen führt. Auch die deutsche Neigung zu Ordnung und Organisation spricht für kartellisierte

Märkte. Der Zug zu Kartellen und ähnlichen Organisationen zum gegenseitigen Schutz könnte jedoch tiefere Wurzeln haben. Im allgemeinen bedeuten diese Methoden, daß man die Chance der Sicherheit opfert. Die Möglichkeit zur Eroberung eines größeren Marktes wird, für einen sicheren Anteil an diesem Markt, aufgegeben oder zumindest reduziert. Bei solchen Arrangements dürfte ein Gefühl der Unsicherheit mitspielen, einschließlich der Sorge um die Position auf der sozialen Stufenleiter, deren Erhaltung und Schutz dringlicher ist als die Wahrnahme von Aufstiegsmöglichkeiten. Im Fall der Arbeitnehmer wird bei dieser Psychologie stabile Beschäftigung zu bescheidenen Löhnen der Alternative erhöhter Löhne mit einem gewissen Arbeitslosigkeits-Risiko vorgezogen.

Der Sinn für Kartelle wird in Deutschland ferner durch die hohe Wertschätzung gefördert, die das Vermögen relativ gegenüber dem Einkommen genießt und die in Gegensatz zu der entsprechenden Bewertung in den Vereinigten Staaten steht. Man neigt in Deutschland dazu, den Buchwert einer Investierung zu schützen, wenn ihre Rentabilität in Mitleidenschaft gezogen wurde. Dafür ist die Kartellbildung ein einfaches Mittel. In dieser Beziehung ist das zahlenmäßige Übergewicht von Familienfirmen bedeutungsvoll. Diese psychologischen Faktoren dürften bis zu einem gewissen

Inbegriff motorisierten Glücks: Am Sonntag hinaus ins Grüne.

Grad zur starken Kartellisierung der Industrie in den zurückliegenden Jahrzehnten beigetragen haben. Wenn die private Initiative dadurch nicht gelähmt wurde, so hat zu einem guten Teil der Arbeitsdrang mitgesprochen, der das deutsche Wirtschaftsleben wie ein roter Faden durchzieht. Die Beschränkung des Wettbewerbs bedeutete allerdings, daß sich diese Arbeitskraft mehr auf Probleme der Produktion als des Verkaufs konzentrierte. Die Betonung der Technik, zum Nachteil des Verkaufs, ist schon des öfteren von amerikanischen Beobachtern des deutschen Geschäftslebens festgestellt worden.

Technische Erfindungen hatten am deutschen Wirtschaftserfolg schon immer großen Anteil. Ihre Hauptkennzeichen waren wohl eher systematische und gründliche Forschung als brilliante Intuition. In der Vergangenheit war Deutschland auf dem Gebiet der grundlegenden Forschung besonders stark; seit dem Krieg trifft das allerdings weniger zu. Das betont systematische Herantreten an eine Aufgabe hemmt unter Umständen rasche Fortschritte, aber in der Wissenschaft trägt es gewöhnlich seine Früchte. Die deutsche Befähigung für ausgeprägte Spezialisierung – ebenfalls ein Resultat des Mangels an Gleichgewicht und der Tendenz, die Dinge zu extremisieren – ist eine gute Voraussetzung der Forschung. Die Betonung der Produktionsseite der

Wirtschaft gestattet eine beschleunigte Verwertung der Forschungsergebnisse. Dies zeigt sich in der Tatsache, daß viele deutsche Konzerne technisch auf dem letzten Stand sind. Es gibt andererseits auch Züge, die die Einführung technischer Neuerungen abbremsen. Dazu gehört die Tendenz nach schematischen, festgesetzten Regeln vorzugehen und damit die Zurückhaltung gegenüber Neuerungen. Ein weiteres Glied in dieser Verzögerungskette ist die, bereits erwähnte, hohe Einschätzung von Kapitalwerten. Viele deutsche Unternehmer können sich nicht dazu entschließen, veraltete Produktionsausrüstungen als wertlos zu betrachten und sie zu verschrotten, solange sie noch in Betrieb sind. Nach amerikanischen, wenn auch nicht nach europäischen Begriffen ist der Prozentsatz der Firmen mit veralteten Anlagen hoch. Der Abstand zwischen technisch führenden Firmen und den Nachzüglern soll beträchtlich sein. Wiederum ist Beschränkung des Wettbewerbs die Lösung, zu welcher die rückständigen Firmen angesichts dieses Abstands veranlaßt werden. Hinsichtlich der Modernisierung sei noch hinzugefügt, daß die fast vollständige Kapazitätsausnützung der Investitionsgüterindustrien während der letzten Jahre der Beschaffung neuer Produktionsausrüstungen eine Grenze setzte.

Organisationsbegabung. Organisation und Disziplin

241

sind Stärken der deutschen Wirtschaftsleistung. Das deutsche Organisationstalent ist in der ganzen Welt bekannt. Es scheint teilweise einer tiefempfundenen Notwendigkeit für Ordnung und Systematisierung zu entsprechen. Es ist denkbar, daß die Organisationsneigung eine Bemühung des deutschen Wesens darstellt, sich gegen die Unbestimmtheit seines grundlegenden emotionalen Drangs zu schützen. Teilweise erscheint es auch als traditionelles Mittel zur Erleichterung der menschlichen Beziehungen durch festgelegte Regeln. Vielen Deutschen fehlt die leichte, verbindliche Haltung und die Fähigkeit zu Kompromissen, die in Ländern mit demokratischer Tradition die gegenseitigen Beziehungen glätten. Bei dieser Tendenz kommt es leicht zu Reibungen und zu Reaktionen von unangemessener Heftigkeit bei verhältnismäßig geringfügigen Herausforderungen. Zu diesem Problemkreis gehört auch die hohe Wertschätzung der formellen Aufrichtigkeit, welche die für den reibungslosen Gesellschaftsverkehr nützlichen kleinen Höflichkeitslügen, die in anderen Ländern gang und gebe sind, weitgehend ablehnt. Bei mangelnder Selbstdisziplin müssen Ordnung und Disziplin von außen her geschaffen werden. In dieser Hinsicht haben die Deutschen ein hohes Maß an Vollkommenheit entwickelt, und zwar sowohl in der Fähigkeit zur Auferlegung der Ordnung als auch in der Bereitwilligkeit, sich ihr zu unterwerfen. Ihre Geschichte, ihre Religion und anscheinend auch ihr Temperament prädestinieren sie hierfür. In diesem Milieu scheint die Kunst des Einsatzes großer Menschen- und Materialmassen dem Unternehmer fast angeboren, während Disziplin, Zuverlässigkeit und Präzision Eigenschaften der Arbeitnehmer sind. Als Staatsbürger ist der Deutsche gewohnt, den Anordnungen des Staates Folge zu leisten, ohne viel zu fragen, und der Staat weiß, daß er sich bei seinen Bürgern auf ein großes Maß an Geduld und Fügsamkeit verlassen kann. All das hat zum Wiederaufbau beigetragen.

Gewiß haben diese Wesenszüge auch negative wirtschaftliche Konsequenzen. Liegt der Akzent auf der »Ordnung«, so besteht ein günstiges Klima für Kartelle. Starke Staatsautorität kann das Selbstgefühl der Bürger ersticken. Diese Nachteile müssen den Vorteilen von Ordnungs- und Organisationsbegabungen gegenübergestellt werden.

Sparen und Investieren. Der Deutsche neigt zur Sparsamkeit. In der weiter zurückliegenden Vergangenheit war er genügsam, weil nicht sehr begütert. Damals wurde die preußische Tradition des Großhungerns geboren. Aus verbesserten Einkommen erzielt die deutsche Bevölkerung heute wiederum Sparraten, die hohe Investitionen und rasche Wirtschaftsfortschritte gestatten.

Als Krieg und Inflation zum zweiten Mal die Ersparnisse ausgelöscht hatten, wurde der Sparwille in Deutschland auf lange Zukunft hinaus totgesagt. Bald brachen jedoch die alten Instinkte wieder durch. Selbst bei den niedrigeren Einkommensklassen belebte sich die Sparfreudigkeit aufs neue. Man kann vermuten, daß eine der Antriebskräfte hierfür in dem Bedürfnis zur Vorsorge für die Zukunft liegt, das dem Gefühl der Unsicherheit entstammt. Wie ein tierischer Instinkt funktioniert der Sparwille auch angesichts fortgesetzter Enttäuschungen weiter. Ferner dürfte der Besitztrieb mitspielen, den verschiedene Psychologen bei dem deutschen Volk für sehr ausgeprägt halten. Abgesehen von dem Sparwillen findet er in einer Vorliebe für dauerhafte, gegenüber flüchtigen, Genüssen Ausdruck – für Möbel, Bücher, ein behagliches Heim. Der Nachkriegstrend des Konsums bestätigt diese Vorliebe; jedoch sind für ihn konkretere Faktoren, wie der Ersatzbedarf, gegenwärtig mehr von Bedeutung.

Es ist übrigens interessant, daß die Mehrzahl der deutschen Wirtschaftswissenschaftler ziemlich weitgehend darauf vertraut, daß Unternehmergewinne zu einem hohen Prozentsatz wieder in das Geschäft gesteckt werden. Sie sind sich dessen bewußt, daß die moderne Nationalökonomie Sparen und Investieren als zwei verschiedene Akte herausgestellt hat. Im Nachkriegsdeutschland scheinen die beiden Funktionen jedoch eng verbunden zu sein. Auch hier kann man den Drang feststellen, der einen Geschäftsmann allzeit zur Aktivität treibt, mit allen ihm zu Gebote stehenden Mitteln.

Nachkriegspsychologie. Krieg und Zusammenbruch haben einige der alten Antriebskräfte intensiviert und zusätzlich neue geschaffen. Die Deutschen hatten keine Illusionen darüber, was sie nach Brechung des militärischen Widerstandes erwarte. Damals kursierte ein Bonmot: »Genieße den Krieg, der Friede wird furchtbar sein.« Diese realistische Haltung stand in scharfem Kontrast zu dem Widerstreben einiger Siegerländer, die Tiefe ihrer eigenen Wunden einzusehen und dementsprechend zu handeln. Es war zweifellos unendlich besser, einen Pyrrhussieg zu erringen, als den Krieg zu verlieren, aber ein solcher Sieg führte zu psychischen Problemen, die Deutschland erspart blieben.

Die anfängliche Wirkung des Zusammenbruchs war ein schwerer Schock. Aber das Wirtschaftsleben ging weiter, wenn auch vor der Währungsreform sehr unrationell. Wenn der Staat nicht in der Lage war, sich in der seinen Bürgern gewohnten, patriarchalischen Art und Weise ihrer anzunehmen, so verhalf ihnen das wahrscheinlich zu erhöhter Selbstsicherheit. Während dieser harten Zeit lernten viele Leute zu ihrer Selbsterhaltung Methoden anzuwenden, die sie sich wahrscheinlich niemals hätten träumen lassen. Als Währungsreform und Abbau der Bewirtschaftung eine Normalisierung des Wirtschaftslebens erlaubten, brachen sich dann riesige Energien Bahn. In Erinnerung daran sprechen Geschäftsleute vom »Rausch des Wieder-Wirtschaften-Könnens«. In dieser neuen Atmosphäre wurde der charakteristische deutsche Arbeitsdrang noch zusätzlich verstärkt. Erstens nahm die Konzentration auf materielle Werte noch zu. Die wirtschaftlichen Existenzgrundlagen mußten wieder geschaffen werden, bevor andere Interessen Beachtung beanspruchen durften.

Nach Hunger und Rationierung in der Nachkriegszeit war die reich gefüllte Auslage, das üppig dekorierte Schaufenster, wie es die Währungsreform mit sich brachte, Symbol alles dessen, wofür es sich zu arbeiten lohnte.

Kulturelle Interessen, Politik und Gesellschaftsleben hatten im Hintergrund zu bleiben, während sämtliche Energien dazu dienten, von den neuen wirtschaftlichen Möglichkeiten Gebrauch zu machen.

In zweiter Linie hatten viele Leute ganz von unten her anzufangen, nämlich die Vertriebenen, die Ausgebombten und viele zurückkehrende Soldaten. Ihre Lage war um so verzweifelter, weil sie, abgesehen von den wirklichen wirtschaftlichen Problemen, denen sie gegenüberstanden, den Verlust ihrer sozialen und beruflichen Position befürchten mußten. Gewiß verloren die Klassenunterschiede – angesichts der gemeinsamen Not – eine Zeitlang ihre Schärfe. Als sich die Situation aber verbesserte, erstarkte das alte System wieder, obwohl viele der alten Gesichter verschwunden waren. Die vereinte Drohung von Not und gesellschaftlicher Degradierung trieb viele zu den äußersten Anstrengungen.

Es gibt Beobachter der Nachkriegsentwicklung, die annehmen, daß die Intensität, mit der man an die Arbeit ging, vielen beim Vergessen gewisser Tatsachen der Vergangenheit half, an die man nicht gern erinnert wird. Ausschließliche Konzentration auf materielle Ziele dürfte eines der Mittel sein, durch welche viele Deutsche die peinvolle Erinnerung aus ihrem Bewußtsein verdrängen.

Henry C. Wallich, Triebkräfte des deutschen Wiederaufstiegs. Frankfurt 1955

Rechte Seite: Aus den Notquartieren und Behelfsheimen zog man in Wohnhochhäuser um, und nach Freßwelle und Kleidungswelle kam die Einrichtungswelle (andere Wellen wie Autowelle, Freizeitwelle etc. standen noch bevor). *Links oben:* In den Haushalten begann das Zeitalter der Kunststoffe. Bakelit, Plexiglas und Resopal hießen die Materialien, die wasser- und kratzfest, wärmebeständig und abreibfest, den Küchengeräten und -möbeln Beständigkeit und ein gefälliges Äußeres verliehen. *Links unten:* Der Nierentisch gab einem ganzen Einrichtungsstil den Namen. Den Zeitgenossen erschien er mit seiner spiegelnden Oberfläche und den dünnen, schräg angesetzten Beinen als Muster von Formschönheit und Nützlichkeit, ebenso modern wie materialsparend. Die nächste Generation hatte nur Spott für das ausgezehrte Möbel und warf es in Massen auf den Müll. Heute werden die letzten Exemplare von Sammlern geschätzt und in Museen aufgestellt. Unversehens ist der Nierentisch zum Kunstwerk aufgerückt – zusammen mit Tulpenlampen und Cocktailsesseln und »abstrakt« gemusterten Tapeten als Zeuge für die bislang letzte einheitliche Stilepoche.

Mauer und Kathedrale (1957–1963)

Wege aus dem kalten Krieg

Was geschah am 4. Oktober 1957? Es war ein Tag wie jeder andere, mit dem kleinen Unterschied, daß bestimmte technische Geräte ein seltsames Himmelsgeräusch auffingen, das sich so ähnlich anhörte wie »piep-piep«. Dieses Piepen versetzte besonders die amerikanischen Politiker in eine Aufregung, wie wir es uns nicht mehr recht vorstellen können. Der erste sowjetische Erdsatellit, der erste überhaupt, schickte seine Signale aus dem nahen Weltraum zur Erde, und was den sowjetischen Staatsmännern und Wissenschaftlern höchst angenehm klang, war für ihre Kollegen auf der transatlantischen Seite ein akustisches Folterinstrument. Die UdSSR hatte Amerika in der Himmelstechnik überholt – und damit einen strategisch auswertbaren Vorsprung gewonnen. Das war es, was die USA so aufstörte. Dieser Schock verstärkte die Ansätze zu einem folgenreichen Umdenken. Mit beträchtlicher Verzögerung erreichte es auch die Bundesrepublik Deutschland. Und weil hierbei die Politik stark von der Naturwissenschaft und Technik beeinflußt worden ist, müssen wir uns zum besseren Verständnis mit diesen Einflüssen beschäftigen.

In der Sputnik-Zeit – »Sputnik« hieß ja dieser erste künstliche Erdtrabant, »Reisegefährte« wörtlich – kursierte ein Witz. Zwei Weltraumfahrer treffen sich, ein Amerikaner und ein Sowjetmensch. Der Astronaut redet den Kollegen auf Amerikanisch an, der Kosmonaut antwortet rus-sisch – keiner versteht den anderen. Schließlich schlägt einer vor: »Sprechen wir doch deutsch, das verstehen wir beide!« Der Scherz beleuchtet treffend, wie die Supermächte beim Wettlauf zum Himmel beide vom deutschen Know-how profitierten. Denn die Erfindungen, die zu den Vorstößen in den Weltraum führten, waren auf den Reißbrettern deutscher Wissenschaftler entweder zuerst entwickelt worden oder hatten in Deutschland den bei Kriegsende am weitesten fortgeschrittenen Entwicklungsstand. 1945 und danach ließen daher beide Seiten nichts unversucht, sich gegenseitig die produktiven Leute abzujagen. Die zukunftsreichste Beute war, wie sich später erweisen sollte, der preußische Freiherr Wernher von Braun, der in der Versuchsanstalt Peenemünde die erste lenkbare Rakete in die Wolken geschossen hatte. Als »V 2« – zweite Vergeltungswaffe – hatte sie seit dem Sommer 1944 die Einwohner von London ganz erheblich beunruhigt, ohne auf den Kriegsverlauf den mindesten Einfluß auszuüben – entgegen Hitlers Illusion. Braun und sein Team hatten sich bei Kriegsende in amerikanischen Gewahrsam begeben. Die Amerikaner erkannten bald, daß alle Materialbeute ihnen wenig nützte ohne Auskünfte und Anleitungen.

Vizekanzler Erhard und Bundeskanzler Adenauer auf der Regierungsbank. Lange Zeit sperrte sich Adenauer dagegen, dem von der Partei favorisierten Wirtschaftswunder-Motor Erhard die Regierungsgeschäfte zu übergeben.

So vergaben sie den Spitzentechnikern ihre Mitwirkung an den tödlichen Waffen; Hitlers prominente Ingenieure tauschten nur ihren Arbeitsplatz und machten bald weiter in Neu-Mexiko. Erste Eindrücke von ihnen gewannen wir 1952 wieder durch Robert Jungks Buch »Die Zukunft hat schon begonnen«. Die Atmosphäre glich derjenigen von Peenemünde, nur alles ins Große gesteigert – die Kindertage des »Apollo«-Programms.

Doch auch die Sowjets gewannen nach dem Krieg erste Kräfte der für sie wichtigen Fachgebiete. Ihre Fangmethode war eine Mischung von Lockung und Gewalt. Nachdem ihnen die Produktionsstätten für die V-Waffen und zwei Drittel der Flugzeugindustrie in die Hände gefallen waren, suchten sie die dazugehörigen Wissenschaftler und Ingenieure. Die östliche Besatzungsmacht köderte die untergetauchten und verängstigten Spezialisten mit vorzüglichen Arbeits- und Lebensbedingungen auf deutschem Boden. Solche Angebote wogen in jener Zeit schwer. Das Mißtrauen der Deutschen verlor sich; sie konnten in den zum Teil wieder in Betrieb gesetzten Fabriken arbeiten wie vorher. Als die Eroberer sich zutrauten, die Werke nunmehr sachgerecht zu demontieren und woanders wieder aufzubauen, kam der große Schlag: In der Nacht zum 22. Oktober 1946 wurden Tausende Fachleute samt ihren Familien und mit dem gesamten Hausrat in die UdSSR verfrachtet. Amtlich hieß es: für fünf Jahre »als Gäste der Sowjetunion«. Als Ermächtigung diente die Reparationsklausel des Potsdamer Abkommens.

Bedeutende Namen unter den Zwangsverpflichteten – die zum Teil aber auch schon 1945 hatten übersiedeln müssen – waren Brunolf Baade, Konstrukteur des ersten Düsenbombers, Hellmut Gröttrup, Elektronik-Spezialist, Siegfried Günther, Chefprojektor bei Heinkel, die Physiker Manfred von Ardenne, Gustav Hertz, Max Steenbeck, der Flugzeugbauer Thomas. Im goldenen Käfig saßen sie nun, vor allem in Kuibyschew an der Wolga und bei Moskau, später in Suchumi am Schwarzen Meer. Sie arbeiteten an Raketen, Satelliten, Überschallflugzeugen, Atombombenträgern, in der Kernforschung. Aber kein Endprodukt verbindet sich mit ihren Namen. Sie blieben, anders als in Amerika, anonyme Zulieferer von Ideen. Immerhin: einer von ihnen bekam den Stalinpreis, Manfred von Ardenne. Die letzten kehrten erst 1958 nach Hause zurück.

Mittlerweile war die Sensation am Himmel geglückt. Nachdem die Sowjets zweimal gleichgezogen hatten, erst mit der Atombombe, dann mit der Wasserstoffbombe, zogen sie nun mit der dritten großen Errungenschaft, dem Sputnik, sogar an den Amerikanern stolz und schadenfroh vorbei. Unter diesem Eindruck hörten in den USA die Rangeleien der Waffengattungen um den Vorrang im Weltraum auf. Der Sputnik-Schock vereinigte alle zu gemeinsamer Anstrengung, den Rückstand aufzuholen. Das war die Stunde Werner von Brauns. Von jetzt an durfte er zentralisiert, bevorrechtet und mit allen Mitteln Weltraumtechnik in großem Stil betreiben. Nach zwölf Jahren, am 21. Juli 1969, löste er die gewagte Prophezeiung des Präsidenten Kennedy ein, vor dem Ende des Jahrzehnts werde ein Amerikaner als erster Mensch den Mond betreten.

Das greift weit vor und wird auch nur um des Zusammenhanges willen erwähnt. Das Thema Weltraum dient uns nur als Stichwort für das politische Umdenken, das damals ausgelöst wurde. Amerika stand an einer Wende. Mit dem Sputnik hatte sich herausgestellt, daß die Politik des Drucks, der »Eindämmung« (containment), die kommunistische Macht nicht geschwächt, sondern gestärkt hatte. Die Anstrengungen des kalten Krieges hatten zwar die Freiheit des eigenen Lebensraums erhalten, aber man hatte darüber hinaus doch eigentlich ganz Europa vom Kommunismus befreien wollen.

Die Folgerung in Washington auf das Oktober-Ereignis 1957 war nicht: noch mehr Druck, noch mehr Politik der Stärke, sondern genau umgekehrt, Rückzug aus der starren Konfrontation, die politisch das war, was im Boxsport Clinch heißt. Unmittelbar nach dem Sputnik-Erfolg schrieb der einflußreichste amerikanische Kommentator, Walter Lippmann, sehr nachdenkliche Zeilen: »In diesen Tagen hat das amerikanische Volk viele schlechte Nachrichten gehört. Es gerät langsam in die Stimmung, sich einige harte Wahrheiten anzuhören. Zu diesen Wahrheiten zählt, daß die Eisenhower-Dulles-Außenpolitik in vielen kritischen Fragen auf einer vom Wunschdenken diktierten Einschätzung unserer eigenen Macht und auf der Selbsttäuschung beruht, das Schicksal müsse unsere Hoffnungen erfüllen, weil unsere Absichten ehrenhaft und gerecht sind. Wieder und immer wieder ist die Eisenhower-Dulles-Politik nichts anderes als eine Weigerung, die Tatsachen des Lebens anzuerkennen. Die Ziele einer Politik, die nicht auf Realitäten fußt, sind aber unerreichbar; sie muß Konsequenzen nach sich ziehen, die nicht vorgesehen waren.«

Einige Abschnitte weiter: »Unsere Deutschland-Politik, die weitgehend von Dr. Adenauer beherrscht wurde und wird, beruht auf der kuriosen Vorstellung, daß Rußland zu einer Kapitulation gebracht werden kann; daß es dazu veranlaßt werden kann zuzulassen, daß Ostdeutschland von Westdeutschland geschluckt wird, daß es zuschaut, wie ein wiedervereinigtes Deutschland als stärkste europäische Militärmacht in die NATO aufgenommen wird. Wenn es einen einzigen verantwortlichen und informierten Mann gibt, der privat und unter Ausschluß der Öffentlichkeit an dieses Märchen glaubt, dann habe ich ihn nie kennengelernt... Eine Deutschland-Politik, die so unrealistisch ist, muß zusammenbrechen. Das liegt im Wesen der Dinge begründet. Aber wir haben keine andere Deutschland-Politik.«

An der Deutschland-Politik ändert sich bis auf weiteres auch nichts. Hier waren die Verhältnisse zu festgefahren. Die Eisenhower-Administration hätte Adenauer auch nicht plötzlich zu einer Umkehr nötigen können. Erstens stand die Bundesrepublik nicht mehr unter Besatzungsrecht, zweitens war der Kanzler soeben mit eindrucksvoller Mehrheit wiedergewählt worden, und zwar auch wegen seiner allbekannten Sinnesart, wonach nur die Politik der Stärke den Sowjets imponiere. Also, da war vorerst nichts zu machen. Nur im direkten Gespräch, auf höchster Ebene der Weltmächte untereinander, konnte Bewegung in die erstarrten Fronten kommen – unter Ausklammerung Deutschlands.

Die Amerikaner hatten schon lange gespürt, daß Chruschtschow trotz seiner harten, oft polternden Sprache auf Entspannung bedacht war. In Moskau hatte er im vergangenen Jahr 1956 auf dem XX. Parteitag der KPdSU in einer Geheimrede mit dem Tyrannen Stalin abgerechnet, was die Ausquartierung von dessen balsamiertem Leichnam aus dem Lenin-Mausoleum zur Folge hatte. Aus Gedanken-Ansätzen, die schon vor dem

Sputnik-Ereignis zu einer gewissen Entschlußreife gediehen waren, bot die Regierung Eisenhower Abrüstungsgespräche ohne Vorbedingungen an. Das bedeutete einen Kurswechsel gegenüber der früheren Haltung, wonach man ohne sowjetische Bereitschaft, die osteuropäischen Grenzen zum Verhandlungsgegenstand zu machen, über Abrüstung gar nicht erst sprechen wollte. Dahinter stand nicht zuletzt auch der gedankliche Einfluß des Diplomaten und Historikers George Kennan, eines der besten Rußland-Fachleute in der westlichen Welt. Kennan war eine Art Vordenker für die amerikanische Langzeit-Orientierung. 1947 hatte er den schon erwähnten Begriff der »Eindämmung« des sowjetischen Machtbereichs und Imperialismus geprägt. Mit der zunehmenden Einsicht, diese Devise des »containment« sei überholt, bewies er seine geistige Beweglichkeit und propagierte nunmehr das Gegenteil: Entspannung, Auseinanderrücken, wofür die Schlagwort-Formel »disengagement« in die politische Diskussion einzog.

Das letzte Gefecht um die Atombewaffnung

Ein letztes Mal wurde ein leidenschaftliches Feuerwerk von Argumenten für und gegen die westliche militärische Eingliederung abgebrannt. Am 23. Januar 1958 debattierte der Bundestag über die atomare Ausrüstung der Bundeswehr. Noch einmal bündelte die Opposition alle Vorwürfe über versäumte Chancen zu einem rhetorischen Generalangriff. Zur Opposition gehörte mittlerweile auch die FDP, die unter ihren Vorsitzenden Thomas Dehler (1954–57) und Reinhold Maier (1957–60) in der Deutschland-Politik kritische Distanz bezog. Dehler, ehemals ein Bewunderer Adenauers und Justizminister in der ersten Legislaturperiode des Bundestages, ging mit der Regierungspolitik ins Gericht, die er lange mitgetragen hatte. »Mein Bruch mit Dr. Adenauer beruht auf dieser Frage« (der Einheit Deutschlands). »Ich habe ihm nicht mehr geglaubt, daß er das deutsche Ziel, die Wiedervereinigung, anstrebt. Meine Partei ist aus der Koalition herausgegangen, weil wir nicht mehr geglaubt haben, daß die CDU/

CSU und die Bundesregierung die deutsche Einheit wollen...

Damals hatten wir ein Angebot Stalins, ein Jahr vor seinem Tode, am 10. März 1952. Man muß sich das wieder einmal in Erinnerung rufen, was dem deutschen Volk damals an Verhandlungsmöglichkeiten – mehr zu sagen, wäre nicht zu verantworten – geboten war. ... Der Herr Bundeskanzler hat uns damals erklärt: Das ist ein Störmanöver! Genau das gleiche, was er heute erklärt. Ich habe ihm vertraut.« (Abg. Stücklen: »Sie sind in der Regierung geblieben, Herr Dehler!«). »Ich bin in der Regierung geblieben. Ich schäme mich, ja! Ich beneide den Heinemann wegen seines Mutes. Aber Herr Heinemann... kannte seine Pappenheimer besser; er war ja in der CDU... Aber das Entscheidende ist doch, daß sich erwiesen hat und daß jeder von Ihnen, selbst der Herr Stücklen, heute einsehen muß, was damals falsch gemacht, was geschadet worden ist. Wir wissen doch heute viel mehr. Wir haben inzwischen den 20. bolschewistischen Kongreß erlebt. Wir haben die Reden von Chruschtschow gelesen. Wir wissen jetzt, daß damals, im März 1952, Stalin innenpolitisch in einer verzweifelten Lage war. Das laste ich dem Herrn Bundeskanzler und den Westalliierten an. Damals war die Pause... die ihm geboten war, die er hätte benutzen müssen ... Stalin hat uns in dieser schwierigen inneren Lage, um seine Schwierigkeiten nach außen abzulenken ... diesen Vorschlag gemacht. Und was das Schlimmste war: man hat nicht einmal darüber debattiert, man hat nicht einmal versucht, ein Wort zu wechseln.« Noch durch die nüchternen Druckzeilen zittert die Erregung des unbequemen Patrioten, um so unversöhnter, als die Attacken voller Selbstvorwürfe steckten (»Da war ich noch der gläubige Thomas« – »Den Zustand haben wir mitverschuldet«). Zeitweilig glich das Plenum einem Hexenkessel, und Präsident Gerstenmaier durchdrang mit dem Läuten seiner Glocke nicht mehr den Tumult.

Aber das letzte Gefecht hatte einen vorherbestimmten Sieger, die Unionsmehrheit im Bundestag. In der dritten Legislaturperiode verfügte die CDU/CSU über 270 von 497 Mandaten. Im Zenit seines Ansehens konnte der alte Kanzler daher alles durchsetzen, was in den eigenen Reihen durchsetzenswert erschien. Dazu gehörte eben auch der Beschluß über die Atombewaffnung der Bundeswehr, die er im April 1957 zum ersten Male gefordert hatte und die nun, ein Jahr später, am 25. März 1958, vom Bundestag beschlossen wurde. Die Denkbahnen atomarer Sicherheitspolitik wurden auch nicht dadurch gestört, daß sich achtzehn westdeutsche Kernphysiker im April 1957 in der »Göttinger Erklärung« gegen diesen Kurs ausgesprochen hatten und daß der Plan des polnischen Außenministers Rapacki über eine atomwaffenfreie Zone in Mitteleuropa auf den Konferenztischen lag. Von Lambarene her mahnte Albert Schweitzer, die Folgen der zunehmenden Atomverseuchung seien unabsehbar. Eine breite außerparlamentarische Protestbewegung formierte sich unter dem Slogan »Kampf dem Atomtod«. Das Thema wurde ähnlich heiß diskutiert wie heute die möglichen Gefahren der friedlichen Nutzung der Kernenergie. Die Frage stellt sich, nicht nur hier, aber gerade hier, ob elementare Lebensfragen des Volkes in jedem Fall allein vom Parlament entschieden werden müssen und dürfen. So ist es zwar im Grundgesetz vorgesehen, doch handeln die Abgeordneten nicht mehr, wie das Grundgesetz auch fordert, nur nach ihrem Gewissen, sondern meist unter Fraktionszwang, also nach parteilichen Gesichtspunkten. Dieser Tatbestand macht die Repräsentativ-Demokratie in einem entscheidenden Punkt anfällig für außerparlamentarische Bewegungen, Initiativen und Gewissensappelle. Wer vertritt das Volk, wer verficht seinen Willen? Das sind staatsrechtlich und moralisch schwierige Fragen, die mit der Zeit die ganze herkömmliche Parteien-Demokratie umgestalten können. In der »Atomtod«-Bewegung jedenfalls wurde zum erstenmal eine demokratische Strukturkrise erkennbar, wie sie sich heute in den »Grünen« und in der Friedensbewegung verstärkt offenbart.

Übrigens war die Entschließung über die atomare Bewaffnung der Bundeswehr am Ende ein nutzloser Regierungssieg. Die Bundeswehr hat nie Atomwaffen erhalten. Die Amerikaner behielten sie unter Verschluß. Die Atommächte, zu denen sich auch Großbritannien und Frankreich gesellten, wollten unter sich bleiben. So war das letzte Gefecht um die versäumten Chancen der Nachkriegszeit und um den zukünftigen Kurs mehr ein Schattenboxen als eine neue Weichenstellung.

Drei große Gestalten des Parlaments in den späten fünfziger Jahren. *Oben:* Thomas Dehler (FDP) hatte sich im Reichsbanner Schwarz-Rot-Gold für die Republik von Weimar engagiert und war kurz vor Kriegsende von den Nazis in ein Zwangsarbeitslager gesteckt worden. 1949–53 gehörte er als Justizminister der ersten Regierung Adenauer an. Bis 1957 war er Vorsitzender der FDP, von 1960 bis zu seinem Tod 1967 Vizepräsident des Bundestages. *Mitte:* Adolf Arndt (SPD) galt als »Kronjurist« seiner Partei. 1956 bis 1964 saß er im Vorstand der SPD, von 1949 bis 1969 gehörte er dem Bundestag an. *Unten:* Reinhold Maier (FDP) verkörperte den südwestdeutschen Liberalismus, dessen Traditionen bis in die zwanziger Jahre des vorigen Jahrhunderts zurückreichen. Maier saß vor 1933 im württembergischen Landtag und war zeitweilig Wirtschaftsminister der Regierung Bolz. 1945 gehörte er zu den Gründern der Demokratischen Volkspartei, die später in der FDP aufging. Von 1945 bis 1962 Ministerpräsident des Südweststaates, wechselte er 1953 nach Bonn über, wo er bis 1959 ein Bundestagsmandat und danach den Vorsitz seiner Partei innehatte.

Blick nach innen

So erbittert die Kampfansagen der Opposition während der ganzen Ära Adenauer auch gewesen sind, immer stand die Opposition zum Staat Bundesrepublik Deutschland und stellte diese Republik nicht in Frage – es sei denn im Sinne der Vorläufigkeit, wie die Präambel des Grundgesetzes sie zubilligt. Wenn mit Recht gesagt worden ist, Bonn sei nicht Weimar, so gilt das nirgends mehr als in der Staatsloyalität der meisten Intellektuellen und der Opposition, die ja auch entscheidend am Grundgesetz mitgewirkt hat (als sie noch nicht Opposition war).

In der ersten Republik haben die Führungseliten in Militär, Beamtenschaft, Universität die parlamentarisch-demokratische Staatsform weithin abgelehnt. Die Rechtsparteien außer der rechtsliberalen Deutschen Volkspartei gehörten innerlich gar nicht mit dazu, allenfalls halbherzig, solange Hindenburg Reichspräsident war, ein Mann, der tragischerweise als erklärter Monarchist eine Republik repräsentieren sollte. Er tat es verfassungstreu, aber nicht gesinnungstreu.

Die Identifizierung aller tragenden Kräfte mit dem Staat Bundesrepublik ist freilich nicht nur eine Folge der bösen Erfahrungen. Sie hing in den ersten zwanzig Jahren nicht nur damit zusammen, daß die Rechten die Macht hatten und die Linken nicht (umgekehrt wie in den Anfangsjahren von Weimar) und daß die Sozialdemokraten ohnehin Republikaner sind; die Verfassung trägt ihren Teil zur Stabilität des Staates bei. Davon wurde im Kapitel über das Grundgesetz gesprochen. Republikgegner haben es heute schwerer, Unheil anzurichten, als zwischen 1919 und 1933. Das liegt einmal an der Möglichkeit des konstruktiven Mißtrauensvotums und am Wahlgesetz, zum anderen an den besseren Absicherungen gegen Volksverhetzung. Diese kann sowohl individuell bestraft werden wie auch kollektiv. Nach Artikel 21,2 werden Parteien als verfassungswidrig angesehen, »die darauf ausgehen, die freiheitliche demokratische Grundordnung zu beeinträchtigen oder zu beseitigen.« Ob das, was verfassungsrechtlich erlaubt, auch immer politisch klug ist, steht auf einem anderen Blatt. Das KPD-Verbot von 1956 war vermutlich falsch, weil es den unerheblichen Einfluß dieser Minderheit durch Abdrängen in den Untergrund verstärkte, statt ihn zu schwächen. Aus den Fehlern haben die Staatsschützer gelernt und später die rechtsextreme NPD – verbal war sie auch vorsichtiger – per Stimmzettel in die Bedeutungslosigkeit abwandern lassen, ebenso die kommunistische Nachfolgepartei der KPD mit dem Namen DKP.

Vieles wirkte zusammen, um den Weg der Bundesrepublik im Innern so viel erfreulicher zu gestalten, als es dem demokratischen Vorgänger von Weimar vergönnt gewesen war. Diesmal gab es keine Dolchstoßlegende; die Niederlage war so vollständig, daß Vorwürfe des Hochverrats gar keinen Ansatz gefunden hätten. Die Vergiftung der Atmosphäre, die einem Hitler so viele Stimmen zugetragen hatte, blieb dadurch aus.

Auf keinem Gebiet ist der vergleichbare Unterschied zwischen Weimar und Bonn so kraß wie in der Wirtschaft, jenem Lebensbereich, der nun einmal über die Stimmungslage und politische Reaktion des Volkes mehr als alles sonstige entscheidet. Die Weltwirtschaftskrise seit 1929 hatte dem demokratischen Deutschland den Todesstoß versetzt. Umgekehrt hat dann nichts so sehr zur Popularität Hitlers beigetragen wie das »Wirtschaftswunder« des Dritten Reiches. Und wiederum war es nach 1948 die Zauberkraft eines Wirtschaftsbooms, welcher der Partei seines Hauptmanagers und Wortführers Erhard die Stimmen zutrug.

So, wie Deutschlands Schicksal nach dem Ersten Weltkrieg unter dem Einfluß geballter negativer Faktoren gestanden hatte, wirkte nach dem Zweiten Weltkrieg in Westdeutschland, die trostlose Anfangsphase ausgenommen, alles vorteilhaft ineinander; die Auslandsgelder, der verbissene Aufbauwille der Habenichtse, der politisch-ökonomische Glaube an die Produktivkraft des sich selber steuernden Marktes. Nach dem Krieg hatte Erich Kästner sein »Marschlied neunzehnhundertfünfundvierzig« gedichtet:

> Ich trag Schuhe ohne Sohlen,
> und der Rucksack ist mein Schrank.
> Meine Möbel hab'n die Polen
> und mein Geld die Dresdner Bank ...

Zehn Jahre darauf wohnten die Flüchtlinge und Ausgebombten zum Teil schon wieder recht komfortabel, manche besser als je zuvor, und die

Dresdner Bank verwaltete neue Spareinlagen, in harter Mark. Natürlich hätte auch der entschiedenste Neoliberalist nicht einen schrankenlosen Wettbewerb nach Art des Manchestertums predigen können. Im Trümmerhaufen Deutschland ging das nicht, und nach dem gewandelten sozialem Verständnis geht es überhaupt nicht. Daher trägt unsere Marktwirtschaft ja auch das regulierende Attribut »sozial«.

Um gerecht zu sein: Dieses Attribut war kein Feigenblatt dogmatischer Freihändler, sondern die neue Wirtschaftsform war ein Programm, das mit einigen eindrucksvollen Gesetzeswerken seine Ernsthaftigkeit unter Beweis gestellt hat. Über das eindrucksvollste wurde schon berichtet: den Lastenausgleich. Meilensteine der Sozialpolitik waren ferner das Gesetz über die Mitbestimmung in der Montanindustrie (10.4.1951), das Kündigungsschutz-Gesetz (10.8.1951), das Betriebsverfassungs-Gesetz (11.10.1952), das Gesetz über die dynamische Rente (21.1.1957). In den sozialen Grundfragen ergab sich meistens eine breite Zustimmung im Bundestag.

Ein Schattenpflänzchen allerdings kümmerte im Wirtschaftswundergarten vor sich hin: Die Bildung, die geistige Vorratswirtschaft, die hochschulpolitische Investition. Als »Deutsche Bildungskatastrophe« beschrieb der evangelische Theologe Georg Picht 1964 im Rückblick auf die Ära Adenauer den gegenwärtigen Zustand in einer Artikelserie der Zeitschrift »Christ und Welt«.

»Die Kulturpolitik des Bundes und der Länder« klagte Picht, »war im letzten Jahrzehnt weithin von der Tendenz beherrscht, die elementaren Probleme unseres Bildungswesens nicht etwa zu lösen, sondern totzuschweigen und zu verdrängen. Die wirklichen Fakten und Aufgaben kamen nicht in den Blick und sind deshalb auch der Öffentlichkeit kaum bekannt. Vergleicht man diesen Zustand mit der Intensität der Diskussion über dieselben Fragen in anderen Kulturstaaten, so wirkt er nahezu unbegreiflich ... Bildungsnotstand heißt wirtschaftlicher Notstand. Der bisherige wirtschaftliche Aufschwung wird ein rasches Ende nehmen, wenn uns die qualifizierten Nachwuchskräfte fehlen, ohne die im technischen Zeitalter kein Produktionssystem etwas leisten kann. Wenn das Bildungswesen versagt, ist die ganze Gesellschaft in ihrem Bestand bedroht. Aber die politische Führung in Westdeutschland verschließt vor dieser Tatsache die Augen ... So kann und darf es nicht weitergehen ...«

Pichts Proklamation des »nationalen Notstandes« war eine harte Kritik an Adenauers kulturpolitischer Abstinenz, an dem Mann, der doch vielfacher Ehrendoktor war, der die Kölner Universität wiedergegründet hatte und alte Meister liebte – ein eigentlich schwer begreiflicher Kontrast. Immerhin hat der Aufschrei des Theologen viel in Bewegung gebracht. Aber dennoch tickte die Zeitbombe und war nicht mehr zu entschärfen. Die Studentenrevolte der sechziger Jahre hängt auch mit dem Bildungsbereich zusammen, mit den ungenutzt gebliebenen Chancen der westdeutschen Aufbauphase, mit einem Defizit an Kultur überhaupt.

Chruschtschows Fanfarenstoß: Berlin

Es gibt chronische Krisenpunkte der Weltpolitik. Fast immer liegen sie im Grenzbereich rivalisierende Mächtegruppen oder Ideologien. Ein solch trauriges Symbol ist heute Beirut. Jahrzehntelang war es Berlin, doch seit dem Viermächte-Abkommen von 1971 kehrte dort Ruhe ein. Der ehemaligen Hauptstadt des Deutschen Reiches war der Keim der Unruhe und Gefährdung schon eingeimpft worden, als die Kriegsgegner Deutschlands sie noch gar nicht erobert hatten. Schon 1944, als die Westalliierten und die Sowjetunion über eine künftige gemeinsame Verwaltung der Stadt einig wurden, waren Spannungen spürbar. Bald brach der Macht- und Ideologiekonflikt zwischen West und Ost herein, und Berlin lag im Schnittpunkt. Notwendig mußte die alte Hauptstadt, die in Sektoren der vier Mächte geteilt war, Reflex und Spiegelbild dieser Auseinandersetzungen werden. Hier traf der Sowjetblock unmittelbar und übergangslos auf die westliche, demokratische Lebensordnung. Hier wurde der Gegensatz der Systeme nicht nur mit Parolen ausgetragen, sondern auch mit Taten. Mindestens viermal füllte das Thema Berlin über längere Zeit die Titelseiten der Zeitungen: 1948/49, 1958/59, 1961, 1971. Dreimal tönte die weltpolitische Begleitmusik ziemlich dröhnend; erst beim vierten Mal – beim Abschluß des Viermächte-Abkommens mischte sich ein Beiklang von Entspannung mit hinein.

Das Datum 1958/59 steht – wie später auch das von 1961 – im Zeichen eines Hauptproblems der DDR: der »Republikflucht«, wie es im SED-Jargon hieß. Anspruch und Wirklichkeit konnten sich im »ersten Arbeiter- und Bauernstaat auf deutschem Boden« nicht versöhnen. Allem demonstrativen Optimismus der Einheitspartei zum Trotz wollten die Bewohner nicht an die glückliche Zukunft glauben. Zu dauerhaft blieben die Versorgungsnöte, zu knebelnd lastete der weltanschauliche Druck. Bis 1957 hatten zwei Millionen die DDR verlassen, nicht gerechnet diejenigen, die schon vor der Staatsgründung des Jahres 1949 aus der Ostzone entwichen waren. Zwar wachte die Grenzpolizei längst mit beträchtlicher Mannschaftsstärke an der Grenze zur Bundesrepublik, aber das Schlupfloch Berlin stand praktisch jedem offen. »Man fuhr nach Ostberlin und stieg dort in die S-Bahn nach Westberlin. Kam unterwegs eine Volkspolizei-Streife, so konnte man immer noch auf dem letzten Ostbahnhof aussteigen. War man einmal im Westen, meldete man sich im Notaufnahmelager Marienfelde und wartete auf den Flug in die Bundesrepublik« (Heinrich Jaenecke).

Damals, als die Bundesrepublik der Vollbeschäftigung entgegenging, bot sich jedem Zuwanderer aus der DDR rasch die Möglichkeit, in Lohn und Brot zu kommen, meistens zu weit günstigeren Bedingungen als daheim. Die Bundesregierung gewährte im Rahmen des erweiterten Lastenausgleichsgesetzes allen »Republikflüchtlingen« schnelle, großzügige Eingliederungshilfe.

Keine Regierung der Welt kann dem langsamen Ausbluten ihres Staates gelassen zusehen. Wir können mit Fingern auf das Unrecht zeigen, das die Abwanderung bewirkte; das ändert nichts daran, daß die SED auf Mittel und Wege sinnen mußte, die Massenflucht zu stoppen.

Hilfe bringen konnte aber nur Moskau. Berlin mit seinem Sonderstatus aus der Kriegszeit, mit den Hoheitsrechten aller vier Siegermächte, war ein neuralgischer Punkt auf dieser Erde. Aus eigenem Ermessen konnte die Einheitspartei unter Walter Ulbricht nichts an diesem empfindlichen Machtgefüge ändern. Dem SED-Chef blieben nur abschreckende Maßnahmen, welche die Flucht

verhindern sollten. So stellte ein neues Paßgesetz die »Republikflucht« unter Strafandrohung (drei Jahre Gefängnis im Höchstfall). Wer andere zur Flucht verleitete, mußte sogar mit Zuchthaus rechnen.

Fruchten tat dies freilich nichts. Nach wie vor trennten sich viele DDR-Bürger lieber von allem, statt weiter im Gefühl leben zu müssen, Deutsche zweiter Klasse zu sein. Nach dem rätselhaften Gesetz der Wahrscheinlichkeit traf allabendlich etwa die gleiche Zahl von mehreren hundert Flüchtlingen in Berlin-Marienfelde ein. Ulbrichts geradezu flehentliche Klagen in Moskau veranlaßten Chruschtschow, gegenüber dem Westen einen drohenden Ton anzuschlagen, ungeachtet der allgemeinen Entspannungstendenz dieser Jahre. Über Abrüstung zu reden, war die eine Sache, dem Genossen zu helfen, die andere.

Am 10. November 1958 hält er eine warnende Rede im Moskauer Sportpalast: In der Hauptstadt der DDR (damit ist Gesamtberlin gemeint, ohne Rücksicht auf die Rechte der Westalliierten) müsse endlich eine normale Lage geschaffen werden. Siebzehn Tage später wird er noch deutlicher. In den Hauptstädten der einstigen Alliierten wird eine Note überreicht, die man ohne Zögern als Ultimatum bezeichnen kann. Im Zusammenhang mit weitausholendem Rückblick über die Entwicklung der Jahrzehnte nach dem Krieg erklärt Chruschtschow:

»Das Potsdamer Abkommen ist von den Westmächten gröblich verletzt worden. Es gleicht dem Stamm eines einst mächtigen und früchtetragenden, jetzt aber abgehauenen Baumes, dem man noch dazu sein Herzstück genommen hat ... Wer dieses Abkommen gröblich verletzt hat, hat auch das Recht verwirkt zur Aufrechterhaltung seines Besatzungsregimes in Berlin.«

Chruschtschows bildhafte Vergleiche nahmen sich in einer »knallharten« diplomatischen Note seltsam aus, aber so sprach er eben, der Mann vom Lande, der erdverbundene Ukrainer. Die Kernsätze lauten dann: Westberlin solle umgewandelt werden »in eine selbständige politische Einheit, in

eine Freie Stadt... in deren Leben sich kein Staat, auch keiner der bestehenden deutschen Staaten einmischen« dürfe. Zuletzt: »Sollte die genannte Frist [von sechs Monaten] nicht zur Erreichung einer Übereinkunft ausgenutzt werden, so wird die Sowjetunion durch ein Abkommen mit der DDR die geplanten Maßnahmen verwirklichen.«

Eine dritte politische Größe auf deutschem Boden zu schaffen, wo schon zwei bedrückend genug waren, wirkte auf niemanden im Westen akzeptabel; jeder erkannte ja auch den Pferdefuß. Die Forderung der Nichteinmischung hieß, daß die engen Bindungen Westberlins an die Bundesrepublik abgeschnitten würden und die Zwei-Millionen-Teilstadt wie eine reife Frucht in den Schoß des Sowjetkommunismus fiele.

Die Westberliner waren schockiert, Bonn war höchst beunruhigt. Würden die Westmächte, auf Entspannung bedacht, wieder die Härte zeigen, die sie 1948 bei der Blockade der Verkehrswege bewiesen hatten? Oder würde ein neues »München« entstehen wie 1938, als England und Frankreich gegenüber Hitlers massivem Druck in der Sudetenfrage nachgegeben hatten? Aber namentlich England hatte diese Lektion gelernt, und so reagierte der Westen denn auch erwartungsgemäß: gelassen und verbal flexibel, gleichzeitig aber mit Härte und Entschlossenheit in der Sache.

Die drei Mächte betonten außerdem mit Recht, daß der Viermächte-Status Berlins mit dem Potsdamer Abkommen nichts zu tun habe. Darauf hatten unterdessen sicher auch Moskauer Völkerrechtler den Kremlchef höflich verlegen aufmerksam gemacht; er war da etwas unbedacht in ein Paragraphendickicht hineingestolpert und mußte nun sehen, wie er wieder hinausfand. 1945 war nämlich schon in der dritten der sogenannten Juni-Deklarationen, also Wochen vor der Potsdamer Dreier-Tagung, vereinbart worden: »Das Gebiet von Groß-Berlin wird von Truppen einer jeden der vier Mächte besetzt...« Dieses Dokument stärkte jetzt die Rechtsposition der Westmächte ganz bedeutend.

Da aber das Recht in der Welt im allgemeinen hilflos dasteht, wenn nicht die Macht Beistand bietet, ordnete Präsident Eisenhower vor Ablauf des Ultimatums militärische Vorbereitungen an, »groß genug, um vom sowjetischen Nachrichtendienst bemerkt zu werden, aber nicht zu groß, um öffentliche Unruhe auszulösen«. Chruschtschow verstand die Demonstration. Der ukrainische Polterer war Realist; er stürzte sich nicht in Abenteuer, sondern wog seine Taten sorgsamer als seine Worte. So verhallte die Drohung vom November 1958 im Jahr darauf im politischen Weltengang – und Walter Ulbricht hatte nichts gewonnen.

Im Grunde tat Chruschtschow in der Berlin-Krise von 1958/59 nichts anderes, als was der Westen umgekehrt praktizierte: die Einflußsphären, die der kalte Krieg als Besitzstände gefestigt hatte, wurden von beiden Seiten respektiert. Wie der Westen 1953 in der DDR, 1956 in Ungarn trotz aller Hilferufe vermieden hatte einzugreifen, so wußte Chruschtschow spätestens 1959, daß er die Reizschwelle in Berlin nicht überschreiten dürfe, die hieß: freier Zugang zum Westteil. Da sein Satrap in Ostberlin aus den Sorgen nicht herauskam – die Fluchtwelle dauerte an – mußte Chruschtschow sehen, wie er beides miteinander in Einklang bringen konnte: Die Abwanderung zu unterbinden und doch die Rechte der Westmächte zu achten. Gute zwei Jahre vergingen, bis das Ei des Kolumbus gefunden war. Der Mauerbau in Berlin löste das Dilemma technisch – und war moralisch ein Offenbarungseid.

Bundespräsident Adenauer?

Noch hing Chruschtschows Drohung über Berlin, als in der Bundesrepublik Deutschland ein innenpolitisches Thema anfing, hohe Wellen zu schlagen. Im Frühjahr 1959 mußte der Bundespräsident neu gewählt werden. Zweimal hatte Theodor Heuss kandidiert; eine dritte Amtsperiode – fünf Jahre – läßt das Grundgesetz nicht zu. Wer sollte dem allseits beliebten Landesvater folgen? Der Kanzler verfiel auf den Gedanken, Ludwig Erhard zu überreden. Erhard in der Villa Hammerschmidt – diese Nachfolge hätte den Kanzler

Chruschtschows Ultimatum von 1958 konnte den Berlinern nichts anhaben. Symbol für den unbeugsamen Widerstandswillen ist der Wiederaufbau des Reichstagsgebäudes, auf der Tafel unübersehbar trotzig als Werk der »Hauptstadt Berlin« angekündigt.

Bilder aus den letzten Amts-
jahren des Bundespräsidenten Heuss, als die junge Republik in Bonn wie im Ausland lernte, Figur zu machen.
Linke Seite: Adenauer und
Heuss mit der englischen
Prinzessin Margaret, deren
unglückliche Romanze mit
dem Flieger-As Townsend
die Presse in den fünfziger
Jahren ausgiebig beschäftig-
te. *Links:* Albert Schweitzer,
der Urwalddoktor von Lam-
barene, mit Heuss und In-
nenminister Schröder nach
der Aufnahme in die Frie-
densklasse des Ordens Pour
le mérite. *Oben:* Der Bundespräsident mit der englischen Königin Elizabeth und
dem Prinzgemahl beim
Staatsbesuch in London.

259

von dem ihn plagenden Gedanken befreit, der erfolgreiche Wirtschaftsminister könnte sein Erbe im Kanzleramt werden. Die dafür notwendigen politischen Fähigkeiten sprach er Erhard ab, hielt ihn für einen reinen Fachmann. Dieser Fachmann war aber nächst Adenauer der Populärste im Kabinett. Beim Kanzlerwechsel, der irgendwo am Horizont der politischen Landschaft heraufdämmerte, wäre er schwer zu übergehen gewesen. War es also nicht eine Patentlösung, den Rivalen im Wartestand auf so elegante Weise loszuwerden? Der einzige Schönheitsfehler in der Kalkulation des alten Herrn war, daß Erhard nicht mitmachte. In seiner redlichen Gesinnung, die sich oft in ein etwas gespreiztes, monarchisches Deutsch kleidete, schrieb er: »Pflicht und Gewissen heißen mich, Verzicht zu üben ...« Er wollte im Kabinett bleiben; das weitere würde sich finden.

Wieder kam das Gedankenspiel in Gang, wurde das Personenpuzzle geordnet, aufgebaut, umgebaut. Wer war der nächste Kandidat? Vertraute des Kanzlers wie der Fraktionsvorsitzende Heinrich Krone und der Staatssekretär Hans Globke vertieften sich ins Grundgesetz, wobei besonders der gewitzte Verwaltungsjurist Globke zu entdecken glaubte, daß das höchste Staatsamt mehr »politische Möglichkeiten« enthielt, als der durchgeistigte »Philosoph auf dem Thron« sie genutzt hatte. Wenn nun Konrad Adenauer selber diesen Posten einnähme? Er könnte auf der einen Seite der (noch nicht lauten) Kritik entgegenkommen, daß man die Bürde des Regierens vielleicht doch auf jüngere Schultern verlagern sollte; andererseits wäre die äußere Rangerhöhung ein ehrenvoller Abgang – ganz anders als etwa der von Bismarck; ein Abgang zudem, der auch fortan Einflußnahme auf den Gang der Politik zuließ.

Als auch noch Marion Gräfin Dönhoff in der ZEIT schrieb: »... in diesem Amt stecken viele nicht erschlossene Reserven«, da erwärmte der 83jährige sich für den Gedanken einer Kandidatur. Fürs Kanzleramt dachte Adenauer an die Nachfolge durch Franz Etzel, den Bundesfinanzminister, der ihm so ergeben war, daß er auch vom Bundespräsidialamt aus noch hinreichend mitreden zu können sich ausrechnete. Seine Bedenken gegen Erhard verschwieg er nicht: »Er genießt ... im Inland und auch im Ausland als

Wirtschaftsminister größtes Ansehen. Aber auf dem so empfindlichen Gebiete der Außenpolitik hat er keine Erfahrungen.« So steht es in einem Brief an Heinrich Krone. Ganz besonders ärgerte den Kanzler, daß Erhard der europäischen Integration so zögernd gegenüberstand, während sie für ihn, Adenauer, geradezu ein Glaubensbekenntnis bedeutete. Daß Etzel im Volk weithin unbekannt war, »daß viele den Finanzminister mit dem Hunnenkönig verwechselten«, wie Ulrich Frank-Planitz schrieb, störte ihn nicht: »Je unbekannter der neue Regierungschef bei Amtsantritt war, desto unangefochtener konnte die strenge Kanzlerdemokratie in eine milde Präsidialdemokratie umgewandelt werden.«

Wieder hatte der Patriarch die Rechnung ohne den Wirt gemacht, wieder hieß der »Wirt« Erhard. Erst wollte er nicht Bundespräsident werden, jetzt plädierte die Fraktion in der Frage der Nachfolge im Kanzleramt für ihn statt für Etzel. Das war kein gewollter böser Streich gegen Adenauer, sondern es war die Logik der Sache, die jener nur nicht wahrhaben wollte. Man konnte an dem gewichtigen Mann nicht vorbei, dem die Bundesrepublik zum guten Teil ihren staunenswerten Aufschwung verdankte – binnen zehn Jahren. Niemand im Volk hätte verstanden, warum der Architekt des Wirtschaftswunders gegenüber einem Kollegen zurückstehen sollte, dessen Verdienste bisher nicht schwer wogen.

Als die Sachlage für Konrad Adenauer unmißverständlich klar war, schlug er einen Salto mortale, der die Öffentlichkeit für einen Moment sprachlos machte; dann aber prasselte die Kritik wie ein Wolkenbruch hernieder. Was war geschehen? Er wollte Kanzler bleiben. Rudolf Augstein eröffnete einen Kommentar im SPIEGEL mit dem Satz: »Zu Adenauer fällt mir nun nichts mehr ein.« Das war komisch zu lesen, aber der Tatbestand war alles andere als komisch. Die Demokratie litt Schaden. Der sonst so kühl wägende Realpolitiker im Palais Schaumburg hatte durch sein unbedachtes – oder besser: eigennütziges – Hin und Her der Würde des Staatsoberhauptes einen schlechten Dienst erwiesen. War schon das Streben nach diesem Posten falsch gewesen, weil man sich den knorrigen Konrad Adenauer, den Kämpfer, schwerlich »als einen über den Parteien schwebenden allgütigen Landesvater vorstellen« konnte (mit den Worten von Felix von Eckardt), so war der Rücktritt von der Absicht noch schlimmer. Der sah aus wie ein Fußtritt nach einem bedeutungslosen Gegenstand; ein störrisches Kind wirft ein Spielzeug in die Ecke. Die Bundesrepublik erlebte dunkle Stunden durch einen Mann, der bisher zehn Jahre lang, bei aller Härte des Tageskampfes, so viel dazu getan hatte, diesem jungen Staat demokratisches Ansehen zu verleihen.

Unfreiwillig provozierte der Kanzler, daß nun auch offene und direkte Kritik an seinem Festhalten am Kanzleramt hervortrat. Die vorige Wahl, gewiß, die hatte er triumphal bestanden; die vier Jahre bis 1961 hätte ihm keiner streitig gemacht. Nur den Eindruck durfte er nicht erwecken, er bleibe nur auf dem Kanzlerposten, um Erhard davon fernzuhalten. Unvermeidlich drängte sich der Eindruck auf, aus seinem Stehvermögen sei Sitzvermögen geworden. Öfter fielen nun Ausdrücke wie »Altersstarrsinn«, »Machthunger«, »Herrschsucht« in die politische Diskussion, bohrten sich wie spitze Pfeile in den trotzig erhobenen Schild des alten Streiters. Das Klima wurde rauher, die Luft um ihn dünner.

Die Affäre »Kandidatur für die Nachfolge von Heuss« mußte zum Abschluß kommen. Erhard hatte nein gesagt. Adenauer hatte erst ja, dann nein gesagt. Wer sollte nun neuer Bundespräsident werden? Die interne Entscheidung in der Union fiel auf Heinrich Lübke, Bundesminister für Ernährung, Landwirtschaft und Forsten seit 1953. Er war ein Verlegenheitskandidat, und er wußte es, aber er fügte sich.

Alle Würdigungen des zweiten Bundespräsidenten stimmen in einigen Adjektiven überein: redlich, rechtschaffen, lauter, pflichtbewußt. Natürlich waren sie gleichermaßen auf den Vorgänger Heuss anzuwenden, verbanden sich aber hier mit einer völlig anderen Persönlichkeit. Für Heinrich Lübke war das Grundsolide, Biedere, Hausväterliche kennzeichnend. Er war altdeutsch im guten Sinne, in einer besonders honorigen Spielart, aber ganz ohne die intellektuelle Abgeklärtheit, den humanistischen Bildungshorizont des ersten Staatsoberhauptes. Lübke war geistig ein einfacher Mann geblieben, trotz seines Studiums der Landwirtschaft und Geodäsie in Bonn, der Volkswirtschaft und Kulturbautechnik in Berlin und Münster.

Zum Repräsentieren war Lübke nicht geboren, und doch hat er die Bürde des höchsten Staatsamts über einen gleich langen Zeitraum – zehn Jahre – und in der gleichen Altersstufe – bis in die Mitte der Siebzig – mit eisernem Willen getragen. Er hatte sich wahrlich nicht dazu gedrängt, war vielmehr nach einem bisher erfolgreichen Lebensgang in Agrarverbänden und Ernährungsministerien zögernd in die Lücke getreten, die es zu schließen galt, nicht nur personell, sondern auch, was das geschädigte Ansehen der Institution anging. Der katholische Preuße aus der westfälischen Gebirgsregion folgte dem Ruf aus Pflichtgefühl, wohl auch gedrängt von seiner energischen und sprachenkundigen Frau Wilhelmine, die, obwohl zehn Jahre älter, als ein Wunder an Elastizität und Widerstandskraft alle Strapazen »spielend« mitmachte.

Die Lübkes entfalteten eine außerordentliche Reisediplomatie, unternahmen Good-Will-Touren besonders in die Dritte Welt. In Lübkes frühe Amtszeit fiel die Verselbständigung, »Entkolonialisierung« der meisten afrikanischen Staaten, soweit sie bisher England oder Frankreich zugehört hatten. Das Protokoll des Bundespräsidialamtes verzeichnet in Lübkes Amtszeit dreißig Staatsbesuche, im Durchschnitt drei pro Jahr. Es lag auf dieser Linie, daß er sich sehr für Entwicklungshilfe einsetzte, nach dem Prinzip »Hilfe zur Selbsthilfe«, dem alten Grundsatz der Raiffeisengenossenschaften, deren Vorsitzender er lange gewesen war. Dafür nahm er sich das Recht, den Regierungen junger Staaten patriarchalisch-pädagogisch, hausväterlich ins Gewissen zu reden und gleichzeitig für die deutsche Wiedervereinigung zu werben. Das Versprechen, sich dafür einzusetzen, gaben alle jungen Staaten gern im Anblick der prallen D-Mark, die ihnen winkte. Genützt hat es nichts.

SPD:
Von der Klassenpartei zur Volkspartei

Als die Bundesrepublik Deutschland 25 Jahre alt wurde, 1974, erschienen eine Reihe Jubiläumsbände, die Bilanz zogen über die bisherige Entwicklung der jungen Demokratie. In einem von ihnen findet sich ein Essay von Raimund Klink-

Heuss' Nachfolger Heinrich Lübke leistete als neuer Bundespräsident am 15. September 1959 den Eid auf die Verfassung
(rechts Bundestagspräsident Gerstenmaier).

Nach dem weltmännischen Gelehrten übernahm nun ein
schlichter, hausväterlich wirkender Wirtschaftspolitiker das
Amt des Staatsoberhaupts.

hammer mit dem Titel: »Vom Proletarier zum Kleinkapitalisten.« Ziemlich am Anfang steht der Satz: »Während die Arbeitnehmer die Vierzigstundenwoche in greifbare Nähe gerückt sehen, sind die Manager auf dem Wege zum Herzinfarkt...« Dieser zugespitzte Vergleich beleuchtet blitzlichthaft eine grundlegende Veränderung in der Arbeitswelt und damit in der Gesellschaft überhaupt. Wenn aber die Lebensbedingungen tiefgreifendem Wandel unterliegen, dann können die Parteien als Vertreter großer Gruppen nicht bleiben, was sie waren. Besonders betroffen vom Wandel in der Gesellschaft war die SPD. Aus ihm hatte sie schon in den späten fünfziger Jahren Folgerungen gezogen. Als Denkmal steht dafür das Godesberger Programm vom Spätherbst 1959. Damit vollzog sie einen Kurswechsel, der nicht gleich, aber doch nach einer Reihe von Jahren seine Auswirkungen auf das Wählerverhalten zeigte. Die älteste Partei Deutschlands nahm ihr Etikett »Klassenpartei« ab und setzte die Aufschrift »Volkspartei« an seine Stelle. Die Wähler belohnten die Umorientierung mit wachsendem Zulauf, bis die SPD für die Regierungsverantwortung reif war, besser gesagt: wieder reif, denn in der Weimarer Republik hatte sie ja unter wesentlich anderen Verhältnissen schon über Jahre hin Staatsverantwortung getragen.

Die Sozialdemokratische Partei war im 19. Jahrhundert aus dem Bedürfnis entstanden, den vielfach ausgebeuteten Proletarier politisch zu vertreten, ihm Rechte und schließlich Gleichberechtigung im Staat und in der Gesellschaft zu erkämpfen. Das Bemühen hat auf beschwerlichen Wegen zum Erfolg geführt. In der späten Weimarer Republik war, bei Fortdauer äußerer Klassenkampfparolen, schon ein beträchtliches Stück Integration gelungen. Ironischerweise war es dann der fanatische Marxismus-Gegner Hitler, der auf diesem Weg fortfuhr und durch die geschickte Losung von der »Volksgemeinschaft« und durch die Zwangsehe der »Deutschen Arbeitsfront«, in die Arbeitgeber und Arbeitnehmer hineingepreßt waren, sehr zum weiteren Abbau der Klassengegensätze beigetragen hat. Im Grunde verlor die Arbeiterschaft schon im Dritten Reich den alten Anstrich des Proletariers. Auch das Gemeinschaftsleiden aller Schichten in den Luftschutzbunkern förderte diese Tendenzen.

Aus den Trümmern des Krieges und dem Zusammenbruch des NS-Regimes befreite sich eine Gesellschaft, die wie ein Puzzle völlig durcheinandergeschüttelt war. Langsam wurden ihre Teile wieder zusammengesetzt. Viele sahen noch wie früher aus, andere hatten sich bis zum Nichtmehr-Wiedererkennen verändert. Mit einemmal suchten Katholiken und Protestanten Unterschlupf in ein und derselben Partei, und bei genauem Hinsehen wurde aus Teilen der alten Arbeiterschaft jetzt bei der wirtschaftlichen Gesundung ein selbstbewußtes, mit dem Dasein zufriedenes Kleinbürgertum. Nicht allein wirtschaftliche Besserstellung führte dazu, auch Umschichtung; zahlenmäßig nahm die Masse derer, die nach der Art der Tätigkeit den Arbeitern zuzurechnen war, ab; inzwischen ging der Nachwuchs zum Teil in die Angestelltenberufe. Schon bahnte sich eine Entwicklung an, die unser Eingangszitat leicht ironisch festhält: Die Arbeitnehmer gewannen Freizeit, die Arbeitgeber mußten immer mehr Freizeit hergeben.

Scharfblickende Sozialdemokraten erkannten, daß die SPD als Klassenpartei eine zunehmend kleiner – und uninteressierter – werdende Volksgruppe vertrat. Einstweilen allerdings wollten die altgedienten Funktionäre von Umorientierung nichts wissen. Ein Aktionspapier, das der Parteivorsitzende Erich Ollenhauer Mitte der fünfziger Jahre erarbeiten ließ, enthält den Satz: »Die Arbeiterschaft bildet den Kern der Mitglieder und Wähler der Sozialdemokratie.« Richtig, aber dieser Kernbestand schrumpfte, statt zu wachsen, womit die Wählerbasis der SPD zwangsläufig schmaler werden mußte – abgesehen davon, daß die Partei mit diesem Eigenverständnis nicht in neue Schichten vordrang. Es hätte dafür einer gesellschaftlich neuen, erweiterten Konzeption bedurft, einer Öffnung. Dazu waren die »Oldtimer« der Partei noch nicht bereit.

Hinderlich für Wähler-Zugewinne erwiesen sich auch die programmierten Inhalte, die Sachaussagen. Während die Unionsparteien sich im Anblick der marktwirtschaftlichen Erfolge sonnten, verfochten die Sozialdemokraten noch immer die Verstaatlichung der Schlüsselindustrien. Es war, als ob eine Fregatte mit geblähten Segeln und ein Ruderboot ein Wettrennen über den Atlantik veranstalteten. Während die Union unter Adenauer

Oben: Zum Eucharistischen Weltkongreß trafen sich im Sommer 1960 katholische Gläubige aus aller Welt in München. Zum Abschluß fand hier der bis dahin größte Gottesdienst auf deutschem Boden statt. *Rechte Seite:* Der evangelische Bischof von Berlin-Brandenburg, Otto Dibelius, predigt in Ost-Berlin. Während die Verfassung der DDR die freie Religionsausübung garantiert, läßt sich in der Praxis ein »Kirchenkampf« doch nicht verleugnen.

die konsequente, rückhaltlose Westbindung allen Sicherheitsrisiken einer mehr »nationalen« Deutschlandpolitik vorzog, schimmerte durch die Programme und Pläne der SPD ein eher neutralistischer Kurs – aus ehrenwerten vaterländischen Motiven, aus der richtigen Erkenntnis, daß die westliche Integration die Wiedervereinigung Deutschlands erschwere. Nur: Was nützen auch die richtigsten Einsichten, wenn die Masse der Bevölkerung ihnen nicht folgt? Auf dem stürmischen Wahlschlachten-Ozean der fünfziger Jahre schlug das Ruderboot »SPD« voll Wasser; schon drohte es unterzugehen, indes die Mannschaft trotzig ein Schild hochhielt: »Wir haben doch recht!« Ein solcher Tod ist, wo Wahlscheine über Sein oder Nichtsein entscheiden, doch am Ende sinnlos.

Jede Partei hat ihre Flügelkämpfe, hat ihre Rebellen. Die SPD verfügte dabei über glänzende Köpfe, die freilich den innerparteilichen Mehrheitstrend noch nicht erfolgreich unterwandern konnten. Da war zum Beispiel Carlo Schmid, von dem schon die Rede war. Aus Überzeugung Sozialdemokrat, galt er vielen Genossen als zu bürgerlich, so vorteilhaft auch seine Weltläufigkeit und Bildung dem kleinbürgerlichen Gewand der Partei Farbkontraste boten. Schmid mahnte die Seinen: Weg von der Klassen-Enge! Öffnung hin zur Anerkennung des Privateigentums! Abschied von der Kirchenfeindschaft! Fort mit dem Ballast überlebter marxistischer Gedanken! Mit Recht erkannte Carlo Schmid gerade in jenen Thesen, die er widerrief, ein besonders hinderliches, erfolgminderndes Gepäck der Geschichte. Mochten die Sozialdemokraten sich noch so überzeugt von den Kommunisten absetzen, in weiten Kreisen des Bürgertums war der Marxismus ein Schreckgespenst, gleich, in welchem äußeren Gewand er sich bewegte. Wer als Marxist galt, rührte an den Nerv tiefverwurzelter Sozialismusängste, die das vorige Jahrhundert überlebt und in diesem Jahrhundert viel neue Nahrung gefunden hatten. In der Kaiserzeit waren *alle* Sozialisten Sozialdemokraten, mit ihren Parolen von Klassenkampf und Weltrevolution. Dabei waren die deutschen Sozialdemokraten im Innern weit staatstreuer gewesen, als ihre Programme erkennen ließen, doch nützte ihnen dies nichts. Dann brach die SPD auseinander, der extreme linke Flügel trennte sich 1918, gewann eigenes Leben unter dem Namen KPD. Seither herrschte Todfeindschaft zwischen beiden Parteien. Die SPD blieb dennoch ihrem geistigen Herkommen treu und bewahrte viel von ihrem Kultgut – einschließlich der roten Fahne. Sie aber war nun einmal im Bürgertum das »rote Tuch«. Kein Wunder, wenn bei vielen, die über die Wesensunterschiede von KPD und SPD im 20. Jahrhundert wenig nachdachten, rot eben ohne jeden Zweifel rot bedeutete. Konrad Adenauer, ein »Bürger« aus dem Bilderbuch, dazu noch aus der Kaiserzeit stammend, in der er sein Weltbild gewonnen hatte, griff so recht voll in die verbreiteten Marxismus-Ängste, als er 1957 im Wahlkampf sich zu der Formulierung verstieg: »...daß mit einem Sieg der Sozialdemokratischen Partei der Untergang Deutschlands verknüpft ist.«

Zu den »Rebellen« in der SPD gehörten auch Fritz Erler, Karl Schiller, Willy Brandt. Erler, der Wehrfachmann der Opposition, wünschte einen pragmatischen, an den jetzigen Realitäten orientierten Kurs, obwohl er – vom Prenzlauer Berg in Berlin – reinrassiges Arbeiterkind war. Karl Schiller lehrte Volkswirtschaft in Hamburg und gehörte fünf Jahre der Regierung des Stadtstaates als Wirtschaftssenator an. Sehr bezeichnend ist ein Buchtitel von 1955 aus seiner Werkstatt: »Sozialismus und Wettbewerb«. Wirtschaftspolitisch dachte Schiller ausgesprochen marktorientiert, wobei er zugleich vom Staat forderte, er müsse die Konjunktur, die Investitionen lenken. Moderne Volkswirtschaften darf man seiner Ansicht nach auch bei freiem Wettbewerb nicht mehr sich selber überlassen. Bei Schiller waren also Marktwirtschaft und Planwirtschaft ohne Dogma sinnvoll verbunden.

Der Dritte schließlich, Willy Brandt, der »junge Mann« des Berliner Regierenden Bürgermeisters Ernst Reuter (der 1953 starb), war in der direkten Konfrontation mit dem Sowjetkommunismus politisch groß geworden. Er hatte 1948/49 hautnah erlebt, wie Amerika durch die Luftbrücke Westberlin gegen den Zugriff Stalins behauptet hatte; der Schutz der Vereinigten Staaten erschien ihm durch nichts zu ersetzen. So gehörte Brandt innerhalb der SPD zu den Verfechtern der Westbindung; von allem Neutralismus hielt er nichts. Durch die Wahl zum Regierenden Bürgermeister

Quick

Fräulein
der erschütternde Roman
eines deutschen Mädchens

★

ürgen Thorwald:

Das Weltreich
der Chirurgen

★

Die Schöne
von Amalfi

Und hinten im Heft der
große QUICK-Krimi:

Wo ist dein
Bruder, Kain?

Romy Schneider-
Verwandlüng in Paris
Bericht über ihren Film „Monpti" in diesem Heft

NR. 29 JAHRGANG 10 MÜNCHEN, 20. JULI 1957 50 PF.

Romy Schneider auf einem Titelbild der Illustrierten »Quick«.

Fernsehunterhaltung im Stil der sechziger Jahre: Vico Torriani moderiert den »Goldenen Schuß«.

Godesberg

Parteitage in der Bundesrepublik verlaufen immer sehr ordentlich, auch wenn sie sich außerordentliche nennen. Die sozialdemokratischen Delegierten besprachen und beschlossen in der Godesberger Stadthalle ihr neues Parteiprogramm in wohlgesetzter Rede, die keine Leidenschaft trübte. Ohne Erregung lauschten die vielen, die schwiegen; nur verhalten sprachen die wenigen, die redeten. Sie sprachen zumeist gegen das Programm. Doch sie wußten, daß in allen Abstimmungen die breite Mehrheit ihre blauen Karten für das Programm des Parteivorstandes erheben werde, das der Sozialdemokratie die Mehrheit der Wähler in den nächsten Wahlen zum Bundestag gewinnen soll. Ein klein wenig, sagten diese Kritiker im wohltemperierten Ton des Parteitages, hätten wohl die sozialdemokratischen Wahlniederlagen das neue Programm bestimmt; und sie nannten es opportunistisch, weil es nach den Wählern schiele. Solcher Tadel zeugt zwar von eindrucksvoller Erhabenheit über Wahlsorgen; aber die meisten Delegierten dachten doch, so unrecht sei der Blick auf jene Wähler nicht, die bisher nicht für die sozialdemokratischen Kandidaten stimmten.

Inmitten einer Gesellschaft, in der die Selbständigen schwinden und die Arbeitnehmer sich mehren, sind die Sozialdemokraten die Zweiten geblieben, obschon sie sich auch in Godesberg wieder die Partei der Arbeitenden nannten. Dies schreiben sie dem Zerrbild zu, nach welchem die »Sozis« dem Bauern auf seiner Scholle, dem Handwerker in seiner Werkstatt und dem kleinen Kaufmann in seinem Laden zürnten. Sie wenden sich grimmig nur gegen das große Kapital in ihrem Parteiprogramm, aber sie meinen, das Wort Sozialisierung schrecke auch die anderen, die nicht wissen, wo die Sozialisierung aufhöre, wenn sie anfange.

Frankfurter Allgemeine Zeitung, 16. November 1959

Oben: Herbert Wehner, stellvertretender Vorsitzender der SPD, führte Regie beim Godesberger Parteitag von 1959, mit dem sich die Sozialdemokratie von Marxismus und Klassenkampf verabschiedete.

von Berlin 1957 wurde er rasch populär, aber sein Aufstieg in der eigenen Partei war mühsam. Das »Establishment« der alten Garde um Erich Ollenhauer öffnete sich nur zögernd den neuen Gedanken, stopfte die Ritzen der SPD-Baracke in Bonn gegen die Zugluft aus den eigenen Reihen zu, solange es ging.

Nach der dritten verlorenen Wahl aber, 1957, begann auch Ollenhauer einzusehen, daß ein Umdenken erforderlich war. So kam es zum Godesberger Programm. Daß Ollenhauer selber die Kraft fand, aus der Sackgasse umzukehren, den Kurswechsel nicht anderen zu überlassen, sondern ihn persönlich und verantwortlich mitzutragen, zeigt, daß er mehr war als nur ein hochgedienter Apparat-Manager, dem die Partei durch mehrere Niederlagen hindurch ihre berühmte Treue hielt.

Das Godesberger Programm, die bedeutendste theoretische Neufassung sozialdemokratischer Grundsätze seit dem Erfurter Programm von 1891, hat anders als jenes nicht einen Hauptverfasser – damals hieß er Karl Kautsky –, sondern viele Väter. Für den Entwurf und für die abschließende Redaktion läßt sich kein einzelner Autor vorrangig nennen. Wohl aber war jemand, der auf dem Parteitag von Godesberg als eine Art Regisseur unermüdlich um Durchsetzung der neuen Grundsätze in den Abstimmungen rang; der dabei nicht verschwieg, daß die Neuorientierung eine Machtfrage sei: denn anders könne man nicht an die Regierung gelangen. Dieser Regisseur war Herbert Wehner. Er hatte eine bewegte Vergangenheit: kommunistischer Landtagsabgeordneter der späten Weimarer Zeit in Sachsen, Untergrundarbeit im nationalsozialistischen Deutschland, Exil in mehreren Ländern, darunter in der Sowjetunion, Mitglied des Zentralkomitees der KPD, Überleben der stalinistischen Säuberungen, 1941 Parteiauftrag in Schweden, Verhaftung, Zuchthaus, Abfall vom Kommunismus, Wendung hin zum demokratischen Sozialismus.

Wehner wußte, wovon er sprach, als er in der Godesberger Stadthalle die Delegierten ermahnte: »Ich wende mich aber gegen den Ausschließlichkeitsanspruch, und zwar wende ich mich dagegen aus bitterer eigener Erfahrung, weil ich der Meinung bin, daß der Marxismus als eine Doktrin weder parteibildend noch im Sinne dessen, was wir als demokratischen Sozialismus wollen müssen, fördernd sein kann, wenn er als eine Doktrin, als Lehrgebäude einer Partei als allein gültig aufgedrängt werden sollte... Glaubt einem Gebrannten!« Und dann sagte er ganz unverblümt: »Es geht um etwas, das für die Sozialdemokraten ... immer so wesentlich war: die politische Macht zu erringen. Wozu, Genossinnen und Genossen? Ich möchte es einmal simpel ausdrükken: Damit die Macht im Staat nicht mehr dazu mißbraucht werden kann, die Vorrechte jener zu schützen und immer weiter auszubauen, die über die große wirtschaftliche Macht verfügen.« Mit dem Blick auf die Wähler beschwor er die Versammelten, über die traditionelle Zielgruppe, die Arbeiterschaft, hinauszugreifen.

Nur 16 der 340 stimmberechtigten Delegierten lehnten das Programm ab; ein großer Erfolg der Regie. Der feierliche Abschied vom Marxismus wird in dem Kapitel »Grundrechte des Sozialismus« verkündet: »Der demokratische Sozialismus, der in Europa in christlicher Ethik, im Humanismus und in der klassischen Philosophie verwurzelt ist, will keine letzten Wahrheiten verkünden – nicht aus Verständnislosigkeit und nicht aus Gleichgültigkeit gegenüber den Weltanschauungen oder religiösen Wahrheiten, sondern aus Achtung vor den Glaubensentscheidungen des Menschen, über deren Inhalt weder eine politische Partei noch der Staat zu bestimmen haben... Die Sozialdemokratische Partei erstrebt eine Lebensordnung im Geiste dieser Grundwerte.« Es war ein weiter Weg vom Anspruch des dogmatischen Marxismus, den Geschichtsverlauf zu kennen und den alleinigen Schlüssel zum Heil zu besitzen, bis zum Godesberger Programm.

Das war die eine, die weltanschauliche Seite. Die Anpassung an die Realitäten war die andere. Auf wirtschaftlichem Gebiet formulierte das Programm den Satz: »Freiheit soweit wie möglich, Planung soweit wie nötig« – er könnte von Karl Schiller stammen. Am 30. Juni 1960 begradigte Herbert Wehner auch die militärpolitische Front: »Die Sozialdemokratische Partei Deutschlands«, so erklärte er in einer denkwürdigen Bundestagsrede, »geht davon aus, daß das europäische und atlantische Vertragssystem, dem die Bundesrepublik angehört, Grundlage und Rahmen für alle Bemühungen der deutschen Außen- und Wieder-

»Dem seiner ist viel schöner«, beklagt sich Ollenhauer beim ramponierten SPD-Engel Karl Marx. – Karikatur von 1959, dem Jahr des Godesberger Parteitags.

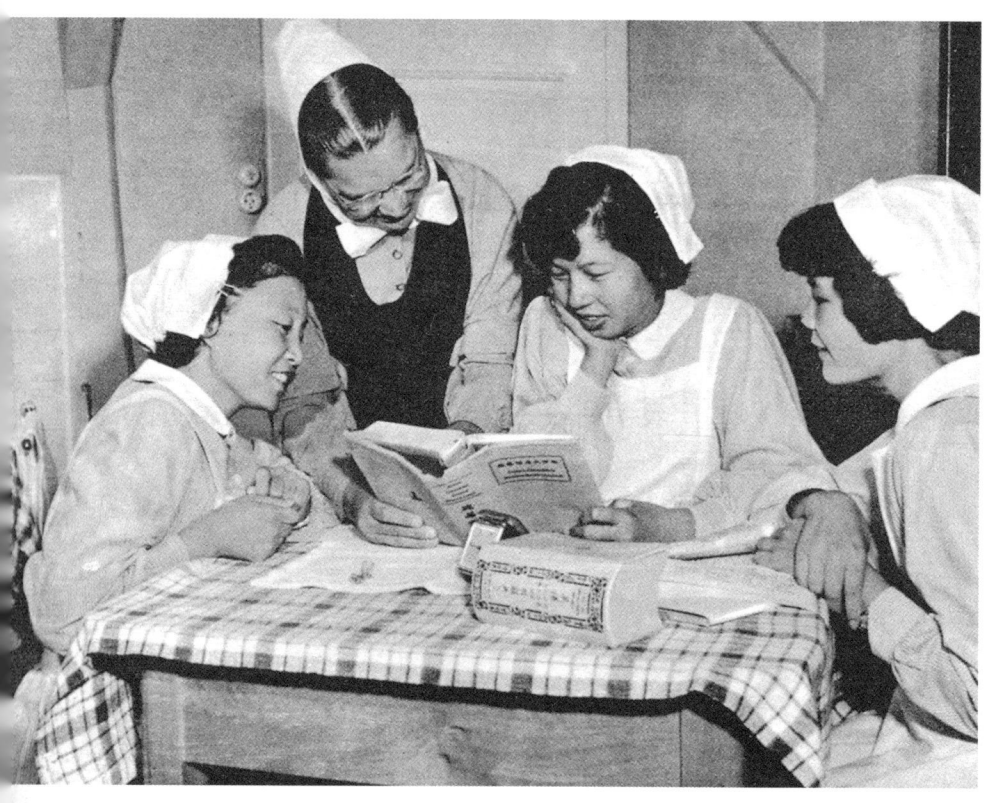

Nach den Orgien des Nationalismus im Dritten Reich, nach rassistischer Selbstüberhebung nun eine Öffnung nach außen. Mit großem Eifer und Idealismus verschrieb sich die Bonner Republik der Sache der Völkerverständigung. Junge Menschen leisteten Aufbauarbeit im zerstörten Europa, halfen dem Staat Israel. Im Gegenzug wurden Ausländer ins Land geholt, zum Studium, zur Ausbildung, zum kulturellen Austausch. *Oben:* Bundeskanzler Adenauer bei der Eröffnung eines Studentinnenwohnheims in Köln. *Links:* Junge Chinesinnen werden in einem Wuppertaler Krankenhaus zu Pflegerinnen ausgebildet. *Rechte Seite oben:* Ein Schwede, ein Deutscher, eine Italienerin und eine Schweizerin als Studenten an der Universität von Dallas (Texas). *Unten:* Jugendliche aus der Bundesrepublik in einem israelischen Kibbuz.

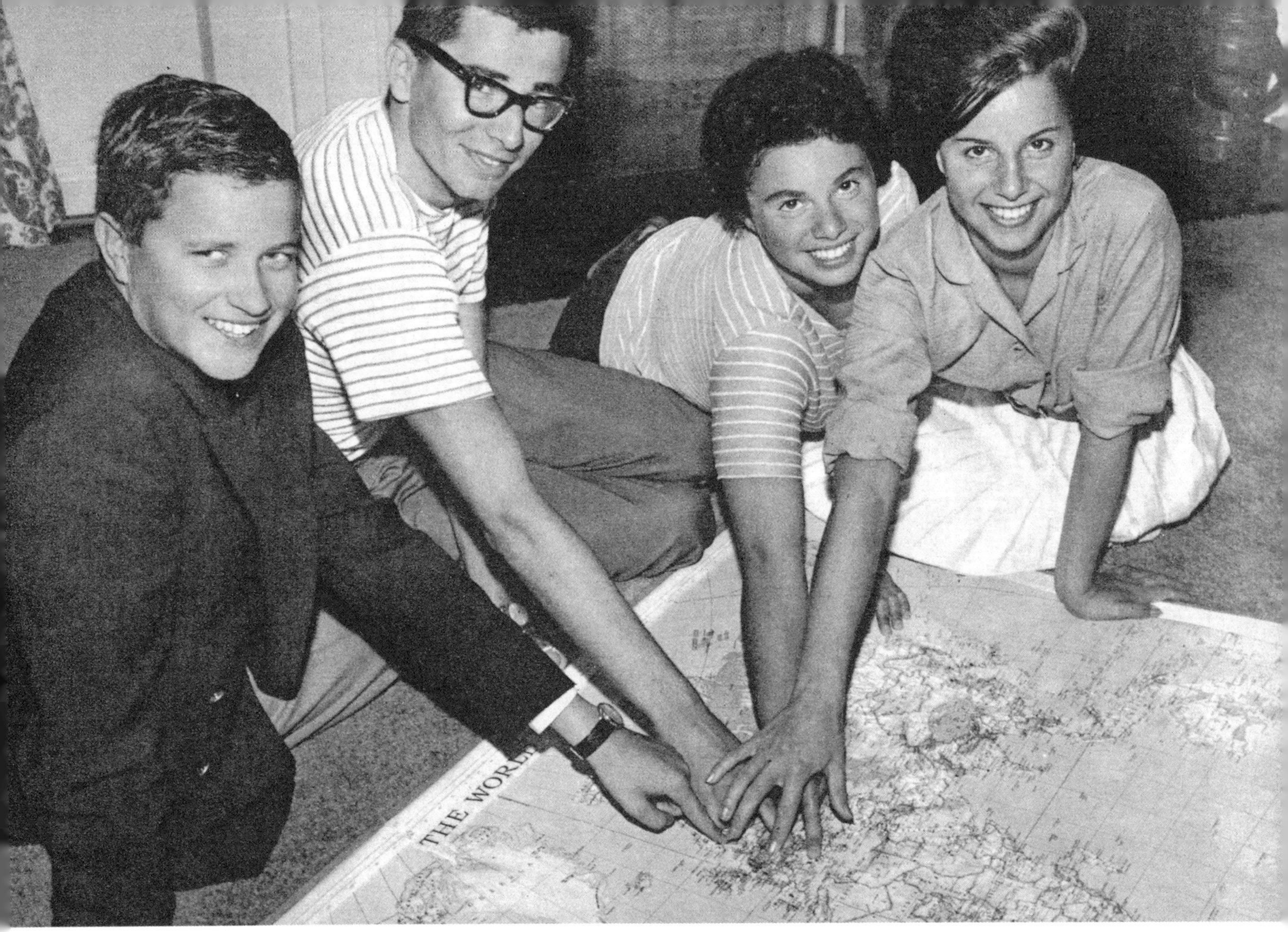

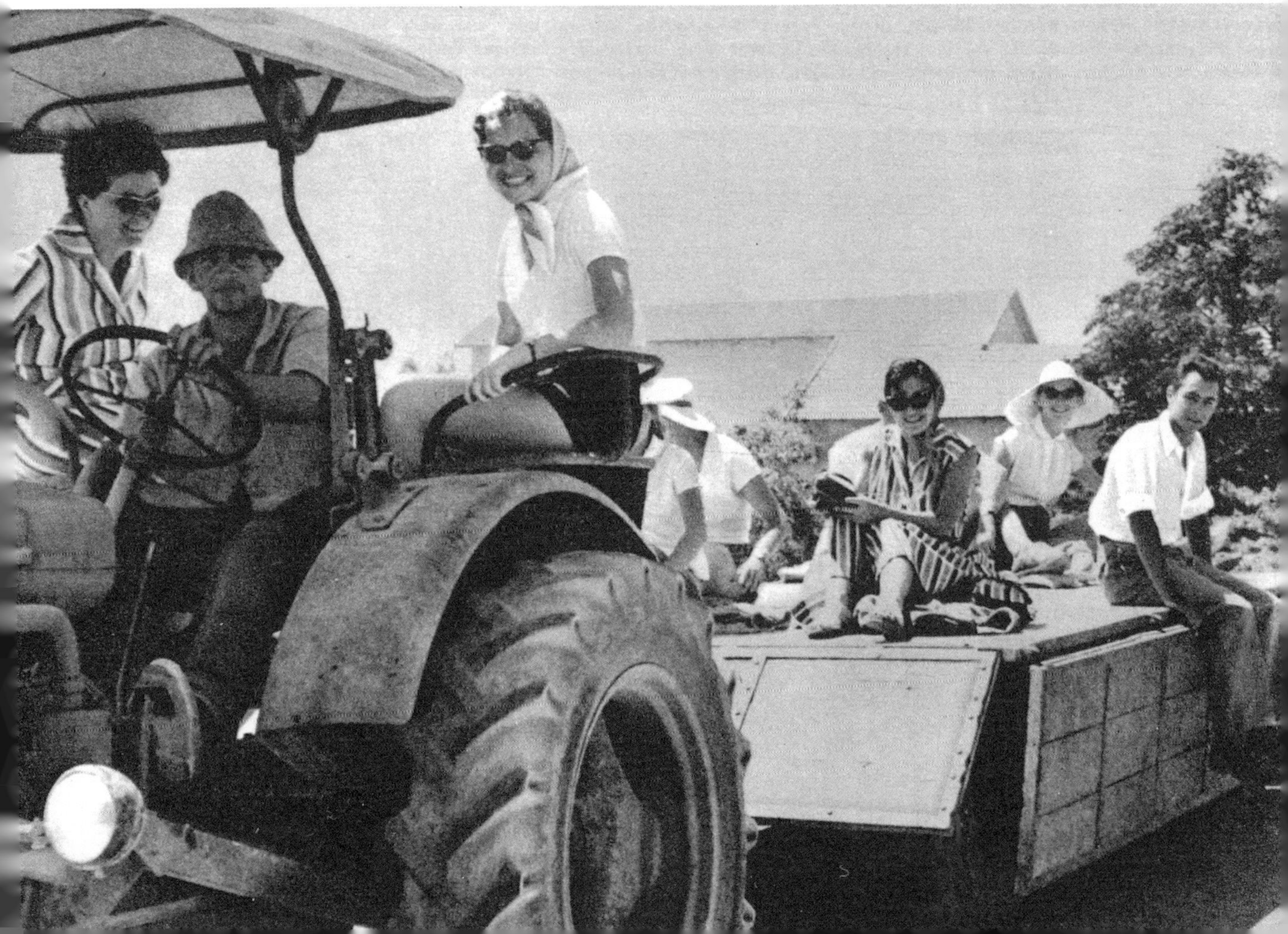

vereinigungspolitik ist.« Es war die schmerzlich-resignierte Aufgabe von Überzeugungen, die an der machtpolitischen Wirklichkeit der fünfziger Jahre gescheitert waren, und zugleich einer der letzten Triumphe Konrad Adenauers über die SPD.

Die Last der Vergangenheit: Adolf Eichmann

Im Mai 1960 gab es eine Weltsensation. Ein israelisches Kommando entführte Adolf Eichmann in Argentinien und brachte ihn nach Israel, um ihn dort abzuurteilen. Eichmanns Name war ein Symbol für die Massenvernichtung der Juden im Dritten Reich, keiner der hauptverantwortlichen Willensträger des Holocaust, statt dessen der Motor in der Vollzugsmaschine, ein Exekutor von vorbildlosem Ausmaß. Doch zuvor ein Blick zurück. Die Vergangenheitsbewältigung kam in Deutschland ausgesprochen mühselig in Gang – im Ostteil gar nicht. Für tiefgreifende Bewußtseinsüberprüfung eigneten sich die fünfziger Jahre anscheinend schlecht. Die Bundesbürger fanden im geschäftigen Wohlstandstreiben Vergessen. Dazu kam, daß der militante Sowjetkommunismus und seine brutalen Aktionen vielen das Gefühl vermittelten, wir seien historisch quitt: unser Unrecht (1941–1945), euer Unrecht (1945 bis heute). Punkt. Daß fremdes Unrecht eigenes nicht ausgleicht, diese Wahrheit wurde einstweilen verdrängt.

Gegenüber den Juden freilich verhielt es sich etwas anders. Die materielle Entschädigung wurde schon frühzeitig als angemessen betrachtet. Doch die innere Aufarbeitung der Vergangenheit kam auch hier lange nicht und dann nur zögernd voran. Zunächst einmal hätte sie im Schulunterricht beginnen müssen, aber dazu wären Pädagogen nötig gewesen, die unbequeme Fragen an die eigene Generation nicht scheuten. Die Courage dazu fehlte den meisten Geschichtslehrern, und sie fehlte auch den meisten Eltern der gleichen Altersstufen. Umfrageergebnisse der frühen Bundesrepublik wirken noch heute erschreckend. 1957 war eine Mehrheit der Meinung, es sei für Deutschland besser, keine Juden im Lande zu haben. Das war, genau genommen, immer noch

eine Rechtfertigung des Antisemitismus, der doch unersetzliche Kulturverluste für Deutschland mit sich gebracht hatte, vom Unrecht selber, vom Verbrechen, vom millionenfachen Mord gar nicht zu reden.

Es waren dann typischerweise gerade die Jungen, die Nichtmitschuldigen, die die Kollektivscham-These von Theodor Heuss ernst nahmen und mit praktischer Wiedergutmachung begannen. Schon im Hochsommer 1950 hatten deutsche und französische Jugendliche als Freiwillige in dem Dorf Chaudenay bei Dijon am Wiederaufbau eines Kinderheimes gearbeitet. Unter der burgundischen Augustsonne karrten sie Sand und Steine und bauten Häuser auf, welche SS-Einheiten sechs Jahre zuvor bei einer Vergeltungsaktion gegen Partisanenüberfälle in Schutt und Asche gelegt hatten. Diese Ferienfron war der Beginn der »Aktion Sühnezeichen«.

Falsch, sagen die Chronisten. »Sühnezeichen« wurde erst 1958 geschaffen, nachdem der Magdeburger Präses Kreyssig auf der Synode der Evangelischen Kirche Deutschlands in Spandau einen von 87 Synodalen unterzeichneten Gründungsaufruf verlesen hatte. Schon richtig, erwidert der Dabeigewesene von 1950, formal haben die Chronisten recht. Nur inhaltlich ist das, was 1958 entstand, bereits vorweggenommen worden. Es hatte die Sache schon gegeben, ehe das Wort dafür gefunden war. »Im Anfang war die Tat«, sagt Faust. Die Initiative der EKD schuf also nichts von Grund auf Neues, lenkte lediglich individuelle Gedanken und Ansätze in die Bahnen der Organisation. Die Kirche, im Bewußtsein unausgeräumter Schuld, fing die Quellen privaten Sühnewillens auf und leitete sie ins Strombett eines einheitlichen, vereinsmäßig abgestützten Hilfsdienstes. »Des zum Zeichen«, heißt es auf etwas altfränkische Art im Gründungsaufruf, »bitten wir die Völker, die Gewalt von uns erlitten haben, daß sie uns erlauben, ... in ihrem Land etwas Gutes zu tun, ein Dorf, eine Siedlung, eine Kirche, ein Krankenhaus oder was sie sonst Gemeinnütziges wollen, als Versöhnungszeichen zu errichten.«

Es ist aber gar nicht so leicht, Gutes tun zu wollen. Man müsse, hat Albert Schweitzer einmal gesagt, darauf gefaßt sein, daß dem Gutwilligen nicht Steine aus dem Wege geräumt, sondern welche darauf gerollt werden. Im eigenen Land waren

Stimmen zu hören, die von »Liebedienerei«, gar von »Nestbeschmutzung« redeten, als ob Unrechtstaten durch Totschweigen aus der Welt zu schaffen seien. Auch die Völker, die unter dem Deutschland Hitlers besonders gelitten hatten und an die ja hier beim praktischen Wiedergutmachen gedacht war, nahmen die Aktion Sühnezeichen keineswegs begeistert auf. Unter dünnvernarbten Wunden wehrten sich Gefühle des Stolzes, der Ressentiments – in Holland, Norwegen, Frankreich, Griechenland, ganz zu schweigen vom Osten. Dort kam noch das politische Moment der heftigen Agitation gegen die Bundesrepublik hinzu. Man wollte sich den »Buhmann Bonn« nicht nehmen lassen. Sichtbare Beweise für die Gesinnung eines »anderen Deutschland« hätten das Klischee vom revanchistischen Militarismus am Rhein beschädigt und unglaubwürdig gemacht.

Doch der Versöhnungswille überwand den Widerstand jenseits der bundesdeutschen Grenzpfähle. In einer der schwierigsten Regionen der Vergangenheitsbewältigung ging es an. Ein 13köpfiger Vortrupp der Humanität errichtete 1959 Ferienbungalows für holländische Arbeiter in Ouddrop. Danach wurde unweit von Narvik das Wirtschaftsgebäude eines Heimes für geistig Behinderte gebaut. Auch Griechenland, Frankreich, Belgien, England – Ausbau einer Begegnungsstätte in Coventry – gaben dem christlichen Werben aus Deutschland nach. 1963 öffnete sich auch die Sowjetunion der Aktion Sühnezeichen (Chruschtschow: »Eine edle Sache, der Unterstützung wert«) und dann – Israel. Dies war eine psychologische Hürde besonderer Art. Doch mit der Zeit wurde der jüdische Staat neben Frankreich zum Schwerpunkt der Sühnezeichen-Aktivität.

Als im Herbst 1974 ein Resümee von mehr als 15jähriger offizieller Arbeit gezogen wurde, hatten 5000 Jugendliche beiderlei Geschlechts in längeren Einsätzen bis zu achtzehn Monaten für ein Taschengeld und außerdem jährlich 400 bis 600 Freiwillige in kurzzeitigem Wechsel der guten Sache gedient. Sie hatten Kirchen und Kindertagesstätten, Zisternen und Fertighäuser gebaut, in einstigen Vernichtungslagern sich pflegerisch betätigt oder sozialpädagogische Arbeit getan. Gesinnungsfreunde aus der DDR durften mit ihren bundesdeutschen Altersgenossen natürlich nicht zusammenarbeiten. Dies hätte ja im anderen Teil Deutschlands die Anerkennung einer Mitschuld an den Verbrechen der NS-Zeit zur Voraussetzung gehabt; die aber wurde rundheraus geleugnet. Dafür gab es in der DDR selber ein Betätigungsfeld mit Symbolcharakter. Junge Engländer halfen bei Aufbauarbeiten in Dresden zum Dank für deutsches Engagement in Coventry. Ehemalige Bombenflieger, die das barocke Kleinod zertrümmert hatten, halfen mit Spenden.

Als das zarte Pflänzchen Sühnezeichen eben zu keimen begonnen hatte, kam der Fall Eichmann auf; in die Bewußtseinslandschaft nicht nur der Deutschen fiel Frost. Das war im Frühjahr 1960. An seinem Schreibtisch im Reichssicherheitshauptamt in Berlin war Eichmann der leitende Technokrat für die »Endlösung der Judenfrage« gewesen. Der organisierte die Abtransporte aus dem besetzten Europa und aus dem Reich in die Vernichtungslager, stellte die Weichen, war das Bindeglied zwischen den ideologisch-politischen Entscheidungen und der Massentötung in Polen. Seine Vorgesetzten Himmler, Heydrich, Kaltenbrunner lebten nicht mehr oder waren verschollen, wie Heinrich Müller, der »Gestapo-Müller«; die Israelis hielten sich an den Obersturmbannführer als an ein lebendes Sinnbild der »Endlösung«, auch wenn Eichmann weder dem Rang noch erst recht der Persönlichkeit nach etwas anderes gewesen war als ein kleiner Funktionär der Diktatur. Weit davon entfernt, die Juden zu hassen, nicht einmal abstoßend oder bösartig von Charakter, hatte er nur als ein gehorsames Werkzeug getan, was ihm befohlen worden war.

Hannah Arendt hält es in ihrem Buch »Eichmann in Jerusalem« (1964) für unwahrscheinlich, daß er unter normalen Zeitverhältnissen je in einem Prozeß als Angeklagter erschienen wäre. Vielmehr wäre er wohl auf irgendeinem subalternen bürokratischen Posten ergraut und nach vierzig Jahren Aktenstaub mit einem Dankschreiben eines Staatssekretärs für organisatorisch talentvolle Arbeit in den verdienten Ruhestand getreten. Wenn der Ankläger im Eichmannprozeß, Gideon Hausner, mit Pathos ausrief, der Mann dort im kugelsicheren Glaskasten sei ein »perverser Sadist«, so konnte keine Charakterisierung verfehlter sein. Das Irritierende und im Grunde viel Beunruhigendere ist ja, daß Eichmann »schrecklich und erschreckend normal« war (Arendt) und daß es viele andere gibt, die in der gleichen Lage das gleiche tun würden – wohingegen der Sadist immer eine Ausnahme bleibt.

Jede Auseinandersetzung mit den Naziverbrechen muß außerdem mit der Tatsache fertig werden, daß Ungezählte an größeren und kleineren Schalthebeln der Ausrottungspolitik gesessen haben und dennoch von sich behaupteten wie Eichmann: »An meinen Händen klebt kein Blut.« Eichmann ist keine Individualität, sondern ein Typus. Mit ihm kam etwas Neues in die Weltanschauungskämpfe und in die Kriminalgeschichte. Er ist der Schreibtischtäter, der seine Opfer selten oder überhaupt nicht sieht und nur noch per Fernschreiber und Telefon zum Mörder wird. Von acht bis fünf im Büro, mit Mittagspause; Briefe, fernmündliche Gespräche, Aktenschränke, Kollegen, die das gleiche tun – das ist die Welt, in der das Verbrechen technisiert worden ist und zur technischen Routine wurde. Von der »Banalität des Bösen« hat Hannah Arendt gesprochen.

Er, Eichmann, blieb immer der dienstbare, devote Untertan, der sogar noch den israelischen Vernehmungsoffizier Berliner Herkunft, Hauptmann Avner (Werner) Less, in der dritten Person anredete (»Wenn es Herrn Hauptmann recht ist ...«). Nur die moderne Technik ließ zu, daß ein Mensch so bescheidenen Zuschnitts so überdimensionale Wirkungen ausüben konnte. Das Bewußtsein, in welchem Ausmaß er Schicksale dirigierte, aus der Ferne lenkte, fehlte Eichmann gänzlich, überhaupt jedes Unrechtsbewußtsein. Es ging ja alles so sauber, geordnet zu und war obendrein durch höhere Befehle gedeckt ...

Fünfzehn Jahre später in Jerusalem sperrte Eichmann sich nicht gegen die Einsicht, mitschuldig zu sein; er wußte genau, was ihm bevorstand und zeigte sich dennoch kooperativ sowohl gegenüber dem vernehmenden Offizier (3 564 Blatt gesprochener Erinnerungen auf Tonband) als auch im Prozeß selber. Das Verfahren hatte trotz des tödlichen Ausgangs, der jedem Beobachter von vornherein klar war, nichts mit einem Schauprozeß à la Stalin zu tun. Obwohl der Ankläger mit feuriger Zunge die Leiden der Opfer beschwor, und obwohl immer wieder Zeugen im Gerichtssaal schluchzend zusammenbrachen, führte der Vorsitzende Mosche Landau aus Danzig besonnen, überlegen und beherrscht Regie. Im Wogen der Leidenschaften blieb er korrekt gegenüber dem Angeklagten und verbindlich zu seinem Verteidiger Dr. Servatius aus Köln.

Liest man Golda Meirs Erinnerungen, so war der Prozeß ein Akt jüdisch-israelischer Geschichtsbewältigung. Man wollte und mußte noch einmal wissen, aufzeichnen, verarbeiten, wie es gewesen war. Es war ein nationales Ereignis, an dem ganz Israel ergriffen teilnahm. »Der Prozeß beherrschte alles«, schrieb die damalige Außenministerin Golda Meir. »Mit Rache hatte das nichts zu tun.«

Als die Gallup-Institute 1961 in mehreren Ländern, darunter in der Bundesrepublik, Umfragen veranstalteten, zum Beispiel, ob das israelische Gericht, ein internationales oder ein deutsches am geeignetsten sei, plädierte die Mehrheit westdeutscher Befragter für ein internationales Gremium. Auf die andere Frage, ob Eichmann freigelassen werden solle, entgegneten nur vier von hundert Bundesbürgern mit »ja«, ein Prozentsatz, der im internationalen Durchschnitt lag.

Nicht lange nach der Hinrichtung Eichmanns durch Erhängen am 31. Mai 1962 begann in Frankfurt der Auschwitz-Prozeß. Von 1963 an, dem letzten Amtsjahr Adenauers, bis 1965 wurden die Ungeheuerlichkeiten in der größten Todesfabrik des Hitler-Reiches verhandelt. Es war ein spätes, um so erschütterndes Aufrechnen und Abrechnen, wenn auch nur mit Handlangern; die Hauptverantwortlichen hatten entweder Selbstmord begangen oder waren, wie der Lagerkommandant Rudolf Höß, hingerichtet worden. Daß das Mammutverfahren erst achtzehn Jahre nach dem Krieg zustande kam, lag an der Geschichtsverdrängung der Adenauer-Zeit. Erst 1958 war die strafrechtliche Aufarbeitung der NS-Zeit behördlicherseits richtig in Gang gekommen: durch die Gründung der »Zentralen Stelle der Landesjustizverwaltungen« in Ludwigsburg unter Oberstaatsanwalt Rückerl. Von da an hat er ein Vierteljahrhundert bis zur Pensionierung seine Arbeitskraft in den tristen Dienst der juristischen Vergangenheitsbewältigung gestellt.

Oben: Adolf Eichmann, Symbol des Schreibtischtäters, im kugelsicheren Glaskasten während seines Prozesses in Jerusalem 1961. Israelische Geheimagenten hatten ihn in Argentinien aufgespürt und nach Israel verschleppt. Bereitwillig gab er Auskunft über die Mordmaschinerie des NS-Staates, in der er nur ein kleines Rädchen gewesen war, ein Bürokrat mit Schreibtisch und Telefon wie viele andere auch, und doch – oder vielmehr gerade dadurch – Mittäter an der millionenfachen Ermordung europäischer Juden.

Unten: Der letzte Kommandant des Vernichtungslagers Auschwitz, Karl Richard Baer (links im Bild), nach seiner Verhaftung im Dezember 1960. Die deutsche Justiz tat sich schwer mit der Klärung und Bestrafung der Naziverbrechen. Viel kam zusammen: Teils hielt man sich für nicht zuständig, teils waltete eine Scheu davor, den inneren Frieden der Bundesrepublik durch allzu beharrliches »Bewältigen der Vergangenheit« zu stören, teils standen formaljuristische Hindernisse aller Art im Wege (so galt z. B. nach wie vor eine Verjährungsfrist von 15 Jahren für Totschlag). Erst 1958 wurde die »Zentrale Stelle der Landesjustizverwaltungen« eingerichtet, die den Gerichten Ermittlungsergebnisse über die nationalsozialistischen Tötungsverbrechen zur Verfügung stellte. Danach vergingen oft noch Jahre bis zur Prozeßeröffnung; die Verhandlung gegen die Wachmannschaft des Lagers Maidanek z. B. begann erst 1975, und bis heute werden der Öffentlichkeit immer wieder Greise präsentiert, die sich für ihre vor mehr als 40 Jahren begangenen Morde in den Ghettos und Vernichtungsstätten im Osten zu verantworten haben.

Der Mauerbau – Ulbrichts Notbremse

Die große Uhr auf dem S-Bahnsteig des Westberliner Bahnhofs Zoo zeigt ein Uhr zehn, nachts. Aus einem vom Ostsektor kommenden Zug steigt der 52jährige Spezialmonteur Wolfgang Müller aus Haldensleben bei Magdeburg und fragt einen Polizisten nach dem Weg zum Notaufnahmelager Marienfelde. Es ist der 17 520. Flüchtling des Monats August 1961, und dies, obwohl erst der dreizehnte Tag begonnen hat. Das läuft auf die Vierzigtausend zu, nachdem schon der Juli einen dramatischen Anstieg der Abwanderung auf 30 415 gebracht hatte. Als der große Zeiger um einen Minutenstrich weitergesprungen ist, beginnt im Fernschreibraum der Ostberliner Nachrichten-Agentur ADN der Ticker geräuschvoll loszuhämmern. Überschrift der Eilmeldung: »Erklärung der Staaten des Warschauer Paktes.« Die entscheidenden Sätze:

»Die Regierungen der Warschauer Vertragsstaaten wenden sich an die Volkskammer und an die Regierung der DDR, an alle Werktätigen der DDR mit dem Vorschlag, an der Westberliner Grenze eine solche Ordnung einzuführen, durch die der Wühltätigkeit gegen die Länder des sozialistischen Lagers zuverlässig der Weg verlegt und rings um das ganze Gebiet Westberlins, einschließlich seiner Grenze mit dem demokratischen Berlin, eine verläßliche Bewachung und eine wirksame Kontrolle gewährleistet wird . . .«

Was gemeint ist, wird Minuten später im Schein der nächtlichen Beleuchtung an der 46 Kilometer langen Sektorengrenze in Umrissen klar. Panzerspähwagen der Volksarmee fahren auf, Postenketten formieren sich, Spitzhacken mißhandeln das Pflaster, Stacheldraht wird ausgerollt. Soldaten, Polizisten, Betriebskampfgruppen, Arbeitskolonnen beenden die frühsonntägliche Ruhe der mäßig warmen Augustnacht durch aufgeregte und lärmende Betriebsamkeit. Die S-Bahn-Verbindung von Ost- nach Westberlin ist unterbrochen.

Dann beginnt auch der Apparat auf westlicher Seite zu spielen. Polizeiposten geben Alarm. Der Chef der Schutzpolizei, Erich Duensing, benachrichtigt den Stellvertreter des Regierenden Bürgermeisters Brandt, Amrehn, denn Willy Brandt reist gerade im Schlafwagen zu einer Wahlkampfveranstaltung nach Kiel. Auch die Schutzmächte

Westberlins sind nicht da, sind alle im Urlaub: ihre Stellvertreter weisen Duensing an, die Bereitschaftspolizei aus den Betten zu holen.

Um vier Uhr morgens klettert auch der 85jährige Bundeskanzler müde aus den Federn, durch Staatssekretär Globke alarmiert. Zur selben Stunde bricht der Regierende Bürgermeister in Hannover seine Reise ab und nimmt in Langenhagen die erste planmäßige Maschine nach Berlin. Als die Sonne aufsteigt, ist der längste Tag der deutschen Nachkriegszeit schon vom Schicksal randgefüllt: Mindestens tausend DDR-Bewohner haben für diesen Tag ihre Flucht geplant, ihre Zelte abgebrochen, alles aufgegeben und werden erst unterwegs oder kurz davor gewahr, daß ihnen die Flucht versperrt ist und nun das Spießrutenlaufen des verhinderten »Republikflüchtlings« beginnt – an tausend Stellen. Bei genauem Zusehen stellt sich zudem heraus, daß nur der Osten den Tag mit zielbewußten Taten ausfüllt; der Westen rotiert ziel- und planlos. Das zeigt sich schon am Vormittag in einer Sitzung der Westberliner Stadtkommandanten mit Bürgermeister Brandt.

Der Regierende Bürgermeister: »Was heute nacht geschehen ist, ist ein Bruch bestehender Viermächte-Abkommen über den freien Verkehr in ganz Berlin. Durch einen Verwaltungsakt hat die Sowjetunion Berlin gespalten«.

Die Generale schweigen.

Brandt: »Sie müssen etwas tun!«

Der stellvertretende britische Stadtkommandant, Gesandter McDermott, fragt: »Ist dies die Ansicht des gesamten Senats?«

Brandt: »Ja.«

Die Generale schweigen.

Brandt, erregt: »Sie haben sich heute nacht von Ulbricht in den Hintern treten lassen!«

Die Generale sind indigniert. Dann wird aber doch sachlich beraten, was zu tun sei. Getan wird aber nichts. Washington vor allem ist erleichtert darüber, daß »nur« Ostberlin abgeschnürt und nichts Schlimmeres geschehen ist. Die Erklärung, die Außenminister Dean Rusk der Presse übergibt, ist so etwas wie eine amtliche Sprachregelung westalliierten Verhaltens in dem nicht gänzlich unerwarteten Konflikt; sie lautet:

»Die zur Verfügung stehenden Informationen deuten darauf hin, daß die bisher getroffenen

Maßnahmen gegen die Einwohner Ostberlins und Ostdeutschlands gerichtet sind und nicht gegen die Position der Alliierten in Westberlin oder den Zugang dorthin.«

Obwohl Willy Brandt nach Bekanntwerden des Statements aus Washington vor Mitarbeitern stöhnt: »Kennedy haut uns in die Pfanne«, wird er an der hiermit festgelegten Position nichts mehr ändern. Wo die gesamtdeutschen menschlichen Interessen mit den kühlen Überlegungen im Weißen Haus kollidieren, hat die Staatsräson Vorrang. Die aber lautet: den Besitzstand wahren; was jenseits davon geschieht, ist nicht zu ändern. Es ist die Moral vom 17. Juni 1953, die Moral von Ungarn 1956, es wird die Moral von Prag sein. Der westliche Machtbereich ist nicht berührt, es handelt sich um interne Auseinandersetzungen des Ostblocks mit seinen Bevölkerungen. Folglich begnügen wir uns mit wachsamer Passivität.

Und so wurde der Mauerbau zu einem Bestandteil des europäischen Status quo – bis heute. Wie kam es eigentlich dazu? Dazu ein längerer Blick in die Krisen-Chronik:

Die Fluchtbewegung der unterdrückten DDR-Bevölkerung warf sämtliche Fünfjahrespläne um. Als die Staatliche Plankommission der DDR dem SED-Chef Ulbricht im Februar 1961 die Fluchtbilanz des Vorjahres vorlegte, war ihm klar, daß es so nicht weitergehen könne. Zweihunderttausend Bewohner des ersten deutschen Arbeiter- und Bauernstaates hatten 1960 mit den Füßen abgestimmt. Die Recherchen der Plankommission hatten ergeben, daß jeder fünfte Flüchtling Facharbeiter, die Mehrheit der Durchgebrannten jung und leistungsfähig war: 49 Prozent jünger als 25 Jahre, weitere 23 Prozent unter 45.

Auf einer Konferenz der Warschauer-Pakt-Staaten im Kreml am 29. März 1961 konnte Ulbricht schon mit neuen besorgniserregenden Zahlen für Januar und Februar aufwarten. 30 273 Einwohner waren dem Paradies des Sozialismus entlaufen, davon 21 112 über Westberlin. Natürlich hätte der Aufseher der siebzehn Millionen nie so vulgär von »entlaufen« oder »abgehauen« gesprochen. »Die Monopolkapitalisten in der Bundesrepublik werben unsere besten Produktivkräfte ab. Eine Schlüsselrolle bei dieser gesteuerten Sabotage des sozialistischen Aufbaus spielt Westberlin, das Zentrum des kalten Krieges.« So etwa dürfte er

formuliert haben. Man wahrte verbal die Formen und verstand sich. Hellhörig wurden die Spitzengenossen aus den Ostblockländern erst, als Ulbricht feststellte, daß der Aderlaß Rückwirkungen auf die Lieferfähigkeit der DDR haben würde; sie könne ihre Verpflichtungen gegenüber dem COMECON (östliches Gegenstück zur EG) nicht einhalten. Als aber die Gipfelpartner erfuhren, wie Ulbricht sich die internationale Planerfüllung vorstellte, nämlich durch rigorose Trennung der beiden Hälften Berlins, fürchteten sie das Schlimmste für das sozialistische Renommee. Bei der Abstimmung unterlag Ulbricht mit 1:5 bei Enthaltung Chruschtschows. Die von der SED gewünschten Sperrmaßnahmen mußten unterbleiben.

Chruschtschows Zögern hatte seinen Grund vor allem darin, daß er nichts unternehmen wollte, ehe er nicht den neuen amerikanischen Präsidenten Kennedy auf seine Haltung gegenüber Berlin getestet hatte. Im Prinzip dachte der Kreml-Herr nicht anders als Ulbricht, sonst hätte er nicht im November 1958 sein Berlin-Ultimatum (»Freie Stadt Westberlin«) auf den Tisch gelegt. Der Widerstand des Westens gegen eine Beeinträchtigung seiner verbrieften Rechte hatte dann bewirkt, daß seine Drohgebärden immer schwächer wurden und der angekündigte Abschluß eines Friedensvertrages mit der DDR unterblieb. Aber die Berlinfrage war für ihn weiter aktuell.

Beim sehr unterkühlten Tête-à-tête der beiden Supermächtigen in Wien im Juni 1961 drohte Chruschtschow erneut mit dem separaten Friedensvertrag, einschließlich aller Folgen daraus für Westberlin; er werde im Dezember unterzeichnet. Kennedy ließ wissen, daß ein Angriff auf die Zugangswege nach Westberlin nicht hingenommen werde. Freilich würden die USA, so fügte er hinzu, die Sowjetunion nicht hindern, im eigenen Machtbereich zu tun, was ihr notwendig dünke.

Damit hatte der neue Präsident den geduldeten Spielraum der sowjetischen Deutschlandpolitik, den Grad der westlichen Toleranz kenntlich gemacht. Um dieselbe Zeit hielt Ulbricht sich öffentlich noch an die Zwangsdevise vom März: stillhalten. Dabei griff er bewußt zur Lüge, um die Fluchtwelle nicht über alle Ufer treten zu lassen. Am 15. Juni kam es in diesem Zusammenhang zu einem Frage- und Antwortspiel, das später einige

Berühmtheit erlangte. Auf einer Pressekonferenz fragte die Korrespondentin Annemarie Doherr von der »Frankfurter Rundschau« den SED-Vorsitzenden: »Bedeutet die Bildung einer ›Freien Stadt‹ Ihrer Meinung nach, daß die Staatsgrenze am Brandenburger Tor errichtet wird? Und sind Sie entschlossen, dieser Tatsache mit allen Konsequenzen Rechnung zu tragen?«

Ungerührt erwiderte Ulbricht: »Ich verstehe Ihre Frage so, daß es Leute gibt, die wünschen, daß wir die Bauarbeiter der Hauptstadt der DDR dazu mobilisieren, eine Mauer aufzurichten. Mir ist nicht bekannt, daß solch eine Absicht besteht. Die Bauarbeiter unserer Hauptstadt beschäftigen sich hauptsächlich mit Wohnungsbau, und ihre Arbeitskraft wird voll dafür eingesetzt. Niemand hat die Absicht, eine Mauer zu errichten.« Es war schon paradox, daß ausgerechnet von amerikanischer Seite die Anregung kam, genau dies zu tun. Ende Juli sagte Senator Fulbright in einem Fernsehinterview: »Ich verstehe nicht, weshalb die Ostdeutschen nicht einfach ihre Grenze schließen, denn ich glaube, sie haben ein Recht dazu. Wir haben nicht das Recht, von ihnen zu verlangen, daß Flüchtlinge herauskommen dürfen.« Spätestens hier mußte der Ostblock, der das Signal nicht überhört hatte, wissen, daß eine westliche Reaktion über Deklamationen nicht hinausreichen würde. Schon im Herbst 1958 hatte Rudolf Augstein im SPIEGEL in die Zukunft geschaut: »Die Sowjets werden versuchen, Ulbrichts Grenzen um Berlin herum zuzustopfen und den Lebensstandard zu heben . . . Ohnedies dürfen wir uns nicht in der Hoffnung wiegen, daß Berlin unter den jetzigen Umständen noch lange als Fluchtbrücke dienen könnte. Es ist technisch möglich, Berlin hermetischer abzuschließen als die viele hundert Kilometer lange Zonengrenze.«

Das zu realisieren, was hier vorausgesagt war, wurde nun tatsächlich um die Wende Juli/August 1961 zur Marschroute des Warschauer Paktes. Chruschtschow hatte soeben noch einen zusätzlichen amerikanischen Blankoscheck erhalten. In Kennedys neuerlicher Beistandsversicherung für Westberlin fehlte jeder Hinweis auf eine fortbestehende Viermächte-Verantwortung für die ganze Stadt. Der sowjetische Machthaber wäre noch zufriedener gewesen, hätte er von einer Bemerkung des Präsidenten vom 31. Juli gegenüber seinem Berater Walt Rostow gewußt: »Die NATO kann ich nur zum Einschreiten bringen, wenn Chruschtschow etwas mit Westberlin anzustellen versucht, aber nicht, wenn er nur in Ostberlin etwas unternimmt.« Die einzige Sorge dabei: Wie würde die DDR-Bevölkerung reagieren? Der amerikanische Geheimdienst deutete gegenüber dem Präsidenten an, daß mit einer Explosion gerechnet werden müsse, sobald die Berliner Grenzen geschlossen werden würden.

Auch in Moskau grübelte die Führung über dieses Problem und nahm es ernst. Die Sowjetarmee in den »westlichen Militärbezirken« (so Chruschtschows Formulierung im Fernsehen) wurde verstärkt, ein alter Haudegen, Marschall Konjew, 63 Jahre alt, aus dem Ruhestand geholt und anstelle von Armeegeneral Jakubowski an die Spitze der zwanzig sowjetischen Divisionen in der DDR gestellt. Außenpolitisch leidlich abgesichert, militärisch gepanzert im Sinne des Wortes, ging der Herrscher aller Reußen daran, seinem treuesten Vasallen unter die Arme zu greifen. Seit Jahresbeginn 1961 waren 150 000 DDR-Bürger geflüchtet. Das gelobte Land der Werktätigen verlor im ideologischen Schlagabtausch mit dem degenerierten Monopolkapitalismus eine Runde nach der anderen. Noch ein Jahrzehnt in diesem Stil, und die Wiedervereinigung fände in Westdeutschland statt. Am 3. August 1961 saßen die Partner des Warschauer Pakts erneut in Moskau beisammen. Ulbricht wiederholte sein Klagelied. Wieder hörten die Genossen, wahrscheinlich mit Augurenlächeln, nicht etwa die Lebensbedingungen trieben die Menschen fort, nein, der Klassenfeind werbe sie ab. Ob die Konferenzteilnehmer obendrein Ulbrichts Behauptung geglaubt haben, zwei Bundeswehr-Divisionen seien in Zivil nach Westberlin geflogen worden, die Bundeswehr stünde an den Grenzen zum Losschlagen bereit, darf bezweifelt werden. Aber die Wirtschaftsinteressen wogen nun ernstlich stärker als Imagefragen. Alle Partnerstaaten gaben Ulbricht grünes Licht für »Maßnahmen zur Sperrung der Sektorengrenze in Berlin«.

Flüchtlinge warten im Lager Marienfelde auf ihre Registrierung. Die »Abstimmung mit den Füßen« gerade gutausgebildeter, beweglicher und entscheidungsfreudiger Kräfte bedeutete einen unerträglichen Aderlaß für die DDR.

Die Baugenehmigung für die Mauer lag vor. Bald würden die Bauarbeiter »der Hauptstadt der DDR« Lebenswichtigeres zu tun bekommen, als sich »hauptsächlich mit Wohnungsbau« zu befassen. Nicht sehr instinktsicher verkündete der Bundesminister für gesamtdeutsche Fragen, Ernst Lemmer, zur gleichen Zeit im Fernsehen: »Ich kann meinen Hörerinnen und Hörern in der Zone die Versicherung geben: Der Weg von Berlin nach Berlin bleibt offen.«

Als der Ahnungslose dies am 6. August von sich gab, war schon das folgende Wochende von Ulbricht zum »Tag X« bestimmt. Überraschungsaktionen müssen seit Hitlers Zeiten immer am Wochenende passieren; dann sind Gegenmaßnahmen der Feindseite nicht so leicht zu koordinieren. Und dies ist der Countdown von Sonntag zu Sonntag, vom 6. zum 13. August:

6. August: Vier Divisionen der Volksarmee werden nach Berlin in Marsch gesetzt. Westberliner Industriebetriebe, die das Ausbleiben bestellter Leerwagen bei der Reichsbahn reklamieren, werden »für kurze Zeit« um Geduld gebeten. »Wir haben leider in diesen Tagen einen Engpaß an Lokomotiv-Kapazität...« 2305 Flüchtlinge ersuchen in Westberlin um Asyl.

7. August: Ulbricht informiert den Ministerrat über die Moskauer Beschlüsse. Die Politbüro-Mitglieder wissen schon seit dem 5. August genau Bescheid. Staatssicherheitschef Mielke instruiert seine Hauptabteilungsleiter und ermahnt sie unter Androhung standrechtlicher Exekution zum Schweigen selbst gegenüber den Abteilungsleitern. Nicht einmal Befehlshaber der Wehrbezirke und die Kommandeure der nach Berlin beorderten Divisionen werden über den Grund der Verlegung aufgeklärt. Konjew trifft in der DDR ein.

8. August: Westlichen Beobachtern entgeht nicht, daß sich irgendein Unheil zusammenbraut. Die Geheimdienste melden starke Truppenbewegungen in der ganzen DDR, vor allem im Raum Berlin. Der NATO-Rat beschließt engere Konsultationen. Westberlin-Marienfelde registriert 1741 Flüchtlinge.

9. August: Das Politbüro der SED tagt ganztägig auf Ulbrichts Landsitz in der Schorfheide, nicht weit von den Ruinen der ehemaligen Göring-Prunkvilla Karinhall. Im Haus des Staatsratsvorsitzenden wohnt der Sowjetmarschall. 1926 DDR-

Die Situation am Brandenburger Tor in den Nachmittagsstunden des 13. August 1961. Unter dem Schutz gepanzerter Fahrzeuge werden die ersten Sperren gegen den Westsektor errichtet.

Bewohner melden sich als Flüchtlinge in West-Berlin.

10. August: Erneute Sitzung des Politbüros, diesmal im SSD-Ministerium in Berlin-Lichtenberg. Ulbricht gibt den »Tag X« bekannt, nachdem er den Termin bisher auch vor dem engsten Gremium geheimgehalten hatte. Pionier-Einheiten in der Gegend Halle-Merseburg verladen Betonpfähle und Stacheldraht in Richtung Berlin. Die Moskauer Nachrichtenagentur TASS meldet die Ernennung Konjews zum Oberbefehlshaber der »zeitweilig in der DDR stationierten sowjetischen

Streitkräfte«. Der Marschall gibt in Potsdam einen Empfang für die Westberliner Stadtkommandanten. Bei Delikatessen aller Art kommen die Gäste unvermeidlich auf die Truppenbewegungen zu sprechen. Der Eroberer Schlesiens, Sachsens und der Tschechoslowakei beruhigt die Fragesteller: »Was immer in absehbarer Zeit geschehen mag, es wird sich nicht gegen Westberlin richten!«

11. August: Als alle Weichen gestellt sind, holt sich die DDR-Exekutive wenigstens formell eine Pauschalerlaubnis der Volkskammer, nachdem der stellvertretende Ministerpräsident Stoph ausführlich über die alarmierende Fluchtbewegung referiert hat. Beflissen beauftragt das Parlament den Ministerrat, »alle Maßnahmen durchzuführen, die sich ... als notwendig erweisen«.

Chruschtschow beteuert auf einer sowjetisch-rumänischen Freundschaftskundgebung im Kremlpalast, die Sowjetunion habe es »nicht auf Westberlin und die Lebensweise seiner Bevölkerung abgesehen«. Die Berliner Flüchtlingszahl des Tages: 1573.

12. August: Ulbricht unterzeichnet die Einsatzbefehle für die Volksarmee. Die Sowjettruppen werden in Gefechtsbereitschaft versetzt. Die Polizeikontrollen auf den Ostberliner S-Bahn-Grenzstationen nach Westberlin werden verschärft. Ein Westberliner Polizeiposten am Grenzübergang Düppel-Kleinmachnow im Südwesten der Stadt erfährt vertraulich, daß der Übergang in der Nacht gesperrt wird. Beim Bundesnachrichtendienst in München-Pullach flattert eine Meldung

Links: In den ersten Tagen des Mauerbaues gelang noch mehreren hundert Menschen die Flucht in den Westen, darunter auch Angehörigen der Nationalen Volksarmee. Mit fortschreitender Perfektionierung der Sperrmaßnahmen versiegte der dünne Strom von Flüchtlingen indes fast ganz. *Oben:* Hilflose Mahnung gegen die gemauerte Willkür – ein Gedenkstein an der Bernauerstraße.

mit genauen Einzelheiten über die bevorstehenden Sperrmaßnahmen auf den Schreibtisch des zuständigen Referenten. Der Referent ist im Urlaub. Die Meldung bleibt liegen...

Bevor die Falle zuschnappt, schlüpfen noch einmal 2400 Flüchtlinge heraus. Und dann geht es auf Mitternacht, und der westliche Teil der 3,4-Millionen-Stadt begibt sich allmählich zur Ruhe. Im Osten aber wird es lebendig...

Für die Bevölkerung beider Teile Deutschlands war es der größte Schock der Nachkriegszeit. Zwar hatten Sachkenner im Westen und aufmerksame Zeitgenossen dergleichen kommen sehen. Aber in Westberlin entstand eine schwere Vertrauenskrise gegenüber den USA. Die Berliner fühlten sich im Stich gelassen. Das änderte sich erst nach dem 19. September, als General Clay im Auftrag Kennedys als »Sonderbotschafter« nach Berlin kam.

»Die auf das Herz der DDR gerichtete Lanzenspitze ist umgebogen«, triumphierte der Ostberliner Chefkommentator Karl-Eduard von Schnitzler und log sich damit aus der eklatanten moralischen Niederlage des SED-Regimes heraus.

Doch auch mit Niederlagen kann man Politik treiben. Die seither vergangenen Jahrzehnte beweisen es. Die Empörung im Westen täuschte nicht über unsere Ratlosigkeit hinweg. Jeder Berlin-Besucher wurde an die »Mauer der Schande« geführt, aber sie wankte nicht. Steine sind dickfellig, Beton schämt sich nicht.

Wenn dann Flüchtlinge an der Mauer verbluteten, schäumte die Wut jedesmal über. Günter Litfin war der erste, am 24. August. Viele andere folgten. Dieter Wohlfahrt, Peter Fechter, bekränzte Opfer. Es gab die traurigen Bilder aus der Bernauer Straße, wo Bewohner aus den Grenzhäusern sprangen, zum Teil aufs Pflaster und in den Tod. Die Tränen ohnmächtiger Verzweiflung von Helfern und Anwohnern waren ihr Nekrolog.

Bände ließen sich füllen mit Schilderungen von der Findigkeit der Unterdrückten, in die Bundesrepublik zu gelangen. Sie gruben Tunnels und kamen mit Lokomotiven, sie flogen unter dem Radarschirm hindurch und seilten sich an Hauswänden ab, sie sprangen von Fahrgastschiffen und paddelten in die Ostsee hinaus. Die Verwegensten – oder Ahnungslosesten? – wählten die gefährlichste Route der Flucht, quer durch die Grenzbefestigung, suchten die Direttissima zum Gipfelkreuz der Freiheit.

Das alles füllte und füllt unzählbare Zeitungsspalten, verändert aber nicht die Wirklichkeit. Das häßlichste Bauwerk Deutschlands steht noch ehern, und auch an den tausenddreihundertdreiundneunzig Kilometern Zonengrenze hat es der fehlgesteuerte Einfallsreichtum der östlichen Grenzbewacher zu tödlicher Perfektion gebracht.

Das Kanzler-Denkmal wankt

Die Errichtung der Berliner Mauer fiel mitten in den Wahlkampf zum vierten Bundestag. Die Teilung Deutschlands war nun radikal und aller Welt sichtbar. Im Sinne der erklärten Absichten Adenauers – Wiedervereinigung durch Westbindung und Politik der Stärke – war der 13. August 1961 auch seine Niederlage, nicht nur diejenige Ulbrichts. Aber dieser Tatbestand regte nicht mehr sonderlich auf; die Schlachten waren längst geschlagen, die Mauer war eigentlich nur noch der I-Punkt in dem seit vielen Jahren offenkundigen und kaum mehr umkehrbaren Spaltungsprozeß, kein Wahlkampfthema mehr. Oder doch?

Ja, einen Grund gab es, der weniger das Ereignis Mauerbau betraf als das Verhalten dazu. Die Berliner nahmen dem alten Kanzler übel, daß er nicht sofort seinen Wahlkampf abgebrochen und den Eingemauerten beider Seiten durch Anwesenheit seine Sympathie bekundet hatte. Nein, er war seelenruhig am nächsten Tag nach Regensburg gefahren und hatte die Niederbayern gegen die SPD aufgewiegelt mit dem Vorwurf, sie würde, wäre sie an der Regierung, »Deutschland den Russen ausliefern«. Es war nicht allein seine alte Abneigung gegen Berlin, Adenauer spürte auch, daß die Mauer nicht gerade einen Triumph und eine Bestätigung für seine Politik und für seine langjährigen Voraussagen darstellte. Natürlich nutzte sein Widersacher Willy Brandt die enttäuschende Verweigerung des Kanzlers weidlich aus. Denn er war als Regierender Bürgermeister von

An der Mauer gilt Schießbefehl. Der tödlich getroffene Flüchtling Peter Fechter wird von Vopos und NVA-Soldaten abtransportiert.

Quer durch Berlin zieht sich die Mauer. Die Teilung Deutschlands ist im wahrsten Sinne des Wortes zementiert. Das Gedicht eines Schülers von 1961 klagt das monströse Bauwerk und seine Urheber an:

graues gestein, schlecht gemauert und schief,
grausam trennend,
stacheldraht und glasscherben bespickt:
die mauer.
drüben: schergen, gewehre, wachtürme.
hüben: kreuze, kränze, gaffer.
symbol des friedens – für jene,
zeichen erbärmlich gescheiterter macht – für uns.
gescheiterte macht.

graues gestein, schlecht gemauert und schief,
grausam trennend,
stacheldraht und glasscherben bespickt:
die mauer.
gesprengte häuser, dürres gras und leere.
autobusse, neugierige und sensation.
ernste und dumm lachende gesichter von vopos,
kameras klicken und surren.
sensation.

graues gestein, schlecht gemauert und schief,
grausam trennend,
stacheldraht und glasscherben bespickt:
die mauer.
gelber, brüchiger, bröckelnder mörtel
fordert empörung. wut
muß da kommen,
wenn man davorsteht und machtlos ist.
empörung und wut.

Berlin durch den 13. August in die Rolle eines Mitbetroffenen, eines Opfers der kommunistischen Inhumanität geraten und konnte als Kanzlerkandidat der SPD alle Berliner Unmutsgefühle in sich bündeln. Wie sehr Adenauer seine Gleichgültigkeit politisch schadete, zeigten Umfragen wenige Wochen vor der Wahl. 47 Prozent der Befragten meinten, der Kanzler habe sich in der Berlin-Krise »nicht richtig« verhalten, nur 31 Prozent waren vom Gegenteil überzeugt.

Kanzlerkandidat Brandt: Selbstverständlich war dies übrigens nicht. Noch führte Ollenhauer die SPD, und bisher war der Vorsitzende automatisch auch immer der Kandidat für den Kanzlerposten gewesen. Nur hatte Ollenhauer zwei verlorene Wahlen auf seinem politischen Konto. Dies hinderte die traditionsbewußte Partei nicht, ihn im Vorsitz zu bestätigen, doch für die erneute Auseinandersetzung mit dem rüstigen Greis schien ein anderes Aushängeschild nötig, ein Mann mit Ausstrahlung, der dem Charisma Adenauers gewachsen war. Stets hatte die SPD weniger eine Persönlichkeit als ein Programm nach vorn gerückt. Lange warb dagegen schon die Union mit dem Porträt des Patriarchen aus Köln, klug erfassend, daß dem Volk Personen näher stehen als Leitlinien; daß die Massenseele Politik verkörpert sehen will. Hier fand die Sozialdemokratie endlich Anschluß an eine Urtatsache, mit der geschickte Demagogen von jeher gearbeitet haben und die das Prinzip aller Märchen, Romane, Theaterstücke, nicht zuletzt populärer Geschichtsschreibung bildet: Menschen, Menschen, nicht Sachen...

So hob die SPD Willy Brandt auf den Schild, 1960 auf dem Parteitag in Hannover. Als Regierender Bürgermeister von Berlin, seit 1957, war er ganz automatisch ins Getriebe der großen Politik geraten, weit über den Rahmen eines Oberhauptes einer Zweimillionenstadt hinaus. Berlins Schicksal und Lage machten seinen kommunalen Chef zwangsläufig zum Außenpolitiker. Er empfing Gäste aus aller Welt, er mußte viel reisen, repräsentieren, für seine bedrohte Insel werben. Er stand immerfort im scharfen Berliner Ostwind, wuchs, gewann Profil, wie es einem »normalen« Kommunalpolitiker nicht abverlangt wird. Günstige Voraussetzungen für öffentliche Wirkung brachte er obendrein von sich aus mit: Intelligenz,

Vier führende Persönlichkeiten der SPD in den frühen sechziger Jahren, hier versammelt zu einer Kranzniederlegung am Grabe des ersten Nachkriegsvorsitzenden Kurt Schumacher (August 1962): Carlo Schmid (1. von links), Herbert Wehner (2. von links), Willy Brandt (3. von links), Erich Ollenhauer (5. von links). Zwischen Brandt und Ollenhauer der Bundesminister Ernst Lemmer, rechts außen die Schwester Kurt Schumachers.

291

eine gute Rednergabe, eine jugendliche Erscheinung mit einer Art Männlichkeit, die etwas an Kennedy erinnerte, dazu eine schöne Norwegerin als Frau – die sein Ansehen bei großen Auftritten nur erhöhen konnte. Besonders in Amerika gehört ja die »ansehnliche« Gemahlin fast unabdingbar zum Erfolg eines Politikers. Willy Brandt war dort geschätzt, auch spricht er gut Englisch. Nebenbei gehört er zu den wenigen Deutschen, die geläufig Norwegisch können; ein Gewinn seiner Emigrationszeit während der Hitler-Jahre.

Kurz, in das provinzielle Image der SPD geriet ein eleganter, weltläufiger Zug, obwohl Brandt aus »kleinen« Verhältnissen kommt. Seine Wahlkampfreisen trugen etwas in die Versammlungssäle, was man mit Fluidum, Anziehungskraft umschreiben kann und womit bisher Adenauer allein das Feld beherrscht hatte, seit es Kurt Schumacher nicht mehr gab. Die Auseinandersetzungen gewannen wieder Farbe, Lebendigkeit. Eine personelle Alternative wurde erstmals seit langem gegenüber dem alten Kanzler sichtbar.

Mit dem achtundvierzigjährigen Brandt erhoffte sich die SPD einen Aufschwung weit über ein Drittel der Wählerstimmen hinaus, wie er seit 1919 nicht mehr gelungen war. Und wenn es aus eigener Kraft zum Regieren nicht reichen sollte, so war ja noch die FDP da ... Die Freien Demokraten hatten während der ganzen auslaufenden Legislaturperiode mit in der Opposition gesessen. Sie wollten gern wieder mitregieren. Durch die erbitterten Podiumsschlachten der vergangenen Jahre, in denen der eigenwillige Thomas Dehler seinen vaterländischen Groll gegen den früher verehrten Kanzler geschleudert hatte, war aber ein tiefer Graben zwischen der Union und den Liberalen aufgerissen worden. Der FDP fiel daher eine Wahlaussage zugunsten der Union sehr schwer, obwohl die Partei unter der Leitung des rechtsliberalen Erich Mende (seit 1960) immer noch eher den Konservativen zuneigte als den Sozialdemokraten.

Sie zogen am selben Strick und mußten ihn dennoch fahren lassen: Wirtschaftsminister Ludwig Erhard und der FDP-Vorsitzende Erich Mende im Gespräch. Der rundliche Architekt des Wirtschaftswunders erhob nach der Wahl 1961 Anspruch auf den Kanzlerposten. Mende hatte mit der Parole »ohne Adenauer« seine Partei zum besten Ergebnis ihrer Geschichte geführt. Adenauer brachte beide dazu, den Widerstand gegen eine von ihm geführte Koalitionsregierung aufzugeben.

Mende versuchte dem Dilemma durch eine Doppelstrategie zu entgehen. »Für die CDU – aber ohne Adenauer«; diese Devise wurde ausgegeben. Damit setzten sich die Liberalen zwar von der Person ihres Widersachers ab, ohne sich zugleich auf eine andersgerichtete Koalition festzulegen. Verbreiteten Verdruß über Adenauer ausnutzend, hofften sie auf diese Weise, ihre Verluste von 1957 wieder auszugleichen.

Das Echo auf die Wahlaussage übertraf die höchsten Erwartungen der Freien Demokraten. Mit 12,8 Prozent der Stimmen schnitten sie sogar besser ab als 1949. Es blieb das beste Wahlergebnis bis heute. Die Unionsparteien konnten erwartungsgemäß an den strahlenden Sieg von 1957 nicht anknüpfen, doch standen sie mit 45,3 Prozent immerhin recht gut da – so gut wie 1953. Freilich waren sie zum Regieren nun wieder auf Mithilfe angewiesen. Die Sozialdemokraten unter dem jungen Kämpfer Brandt erreichten 36,2 Prozent. Nur noch neun Prozent trennten sie von den CDU/CSU-Schwesterparteien auf der Rechten. Natürlich bedeutete dieser Abstand, daß die SPD erst recht einen Koalitionspartner benötigte, wenn sie den Kanzler stellen wollte. Beim ersten Anlauf schon ins Palais Schaumburg zu gelangen, dies hatte Willy Brandt sicher auch im geheimen nicht erwartet. Die Haltung der Liberalen ließ ein Zusammengehen nicht erhoffen. Aber auch bei jenen und im Lager der Union war nach der Wahl zunächst höchst umstritten, wer mit wem koalieren könnte oder sollte. Adenauer dachte nämlich gar nicht daran, sich selber auf Mendes Altar zum Opfer zu bringen, nur um den Freien Demokraten die Freude des Wiedermitregierens zu ermöglichen. Er hatte Erhards Anspruch auf die Nachfolge bisher erfolgreich getrotzt; erst recht war er nicht gewillt, dem siegreichen Aufsteiger zuliebe das Feld zu räumen. Mende aber stand bei seinen Wählern im Wort: nicht mehr mit Adenauer! Bei dieser Frontlage bewies der 85jährige mit dem lederhäutigen Sioux-Gesicht wieder einmal seine unübertreffliche taktische Begabung und Erfahrung. Sie wollen nicht? Dann muß man sie dividieren ...

»Nach zweimonatigen Verhandlungen mußte sich selbst der widerstrebende FDP-Vorsitzende davon überzeugen, daß an Adenauer kein Weg vorbei führte. Unmerklich erst, dann für alle sichtbar war

Das Fernsehen gewann in den fünfziger Jahren seine Kunden vor allem durch Unterhaltungs- und Familiensendungen. *Oben:* Wolf Schmidt, Verfasser und Hauptdarsteller der Serie »Familie Hesselbach«, im Kreise seiner hessisch babbelnden Anverwandten. *Links:* Als Leihgabe aus Amerika kam die »Perry-Como-Schau«. *Unten:* Kölschen Humor brachte Willy Millowitsch, Erbe und Leiter einer Kölner Lokalbühne, hier im Duett mit seiner Schwester Lucie. *Rechte Seite oben:* Die Kamera auf dem Holzgestell, die Sprecherin (Irene Koss) vorm geblümten Vorhang, so wurde 1953 die Programmansage aufgenommen. *Unten:* Das Team der »Familie Schölermann«. 111mal konnte das Fernsehpublikum an den Freuden und Leiden der deutschen Musterfamilie teilnehmen.

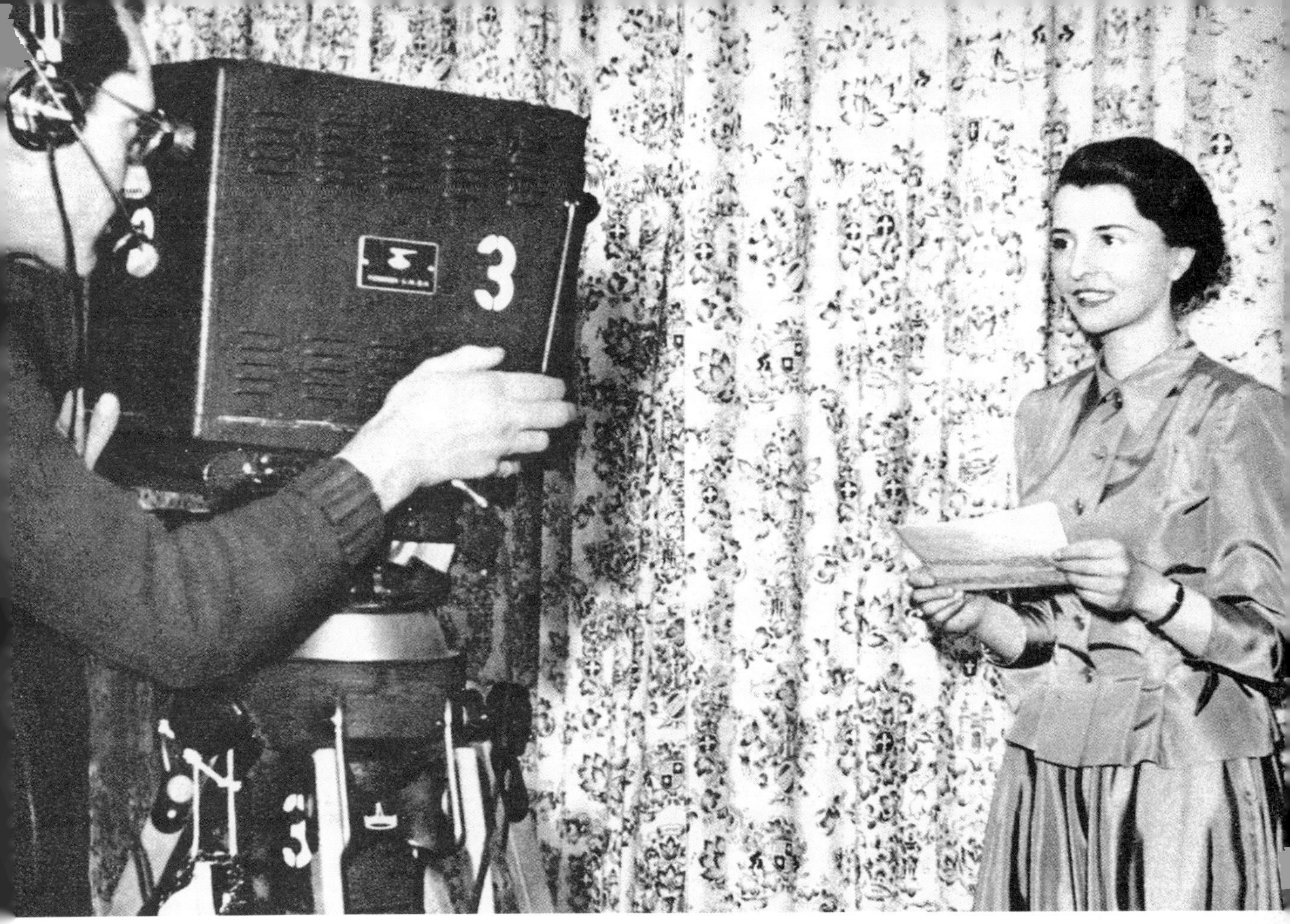
3

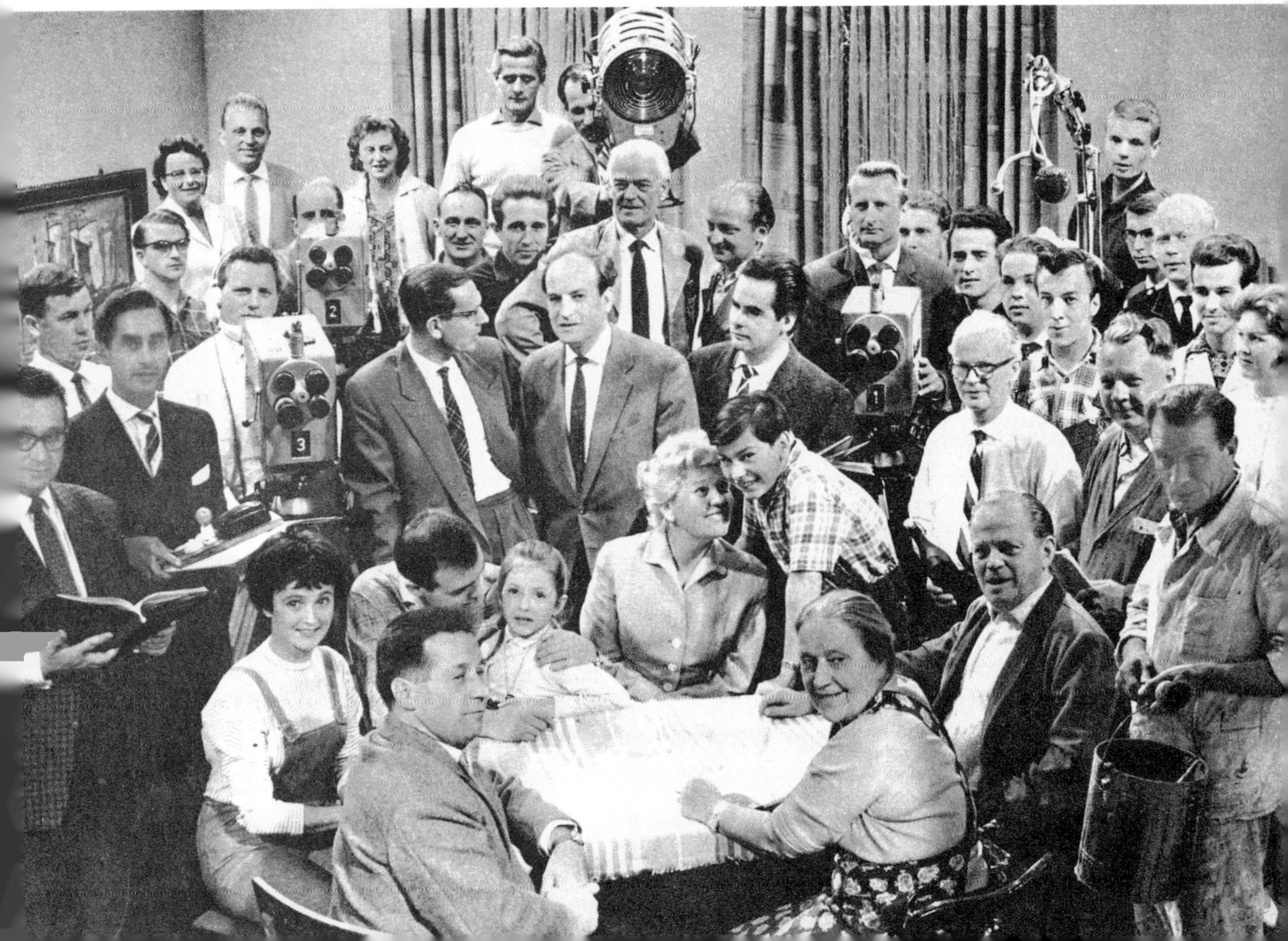
2
3
1

Hinter dem Fahnenträger Fritz Tiedemann zieht die gesamt-
deutsche Mannschaft zu den Olympischen Spielen 1960 ins
Stadion von Rom ein. Wie schon bei den Wettbewerben von
Melbourne 1956 (und später noch einmal in Tokio 1964) war es
den Funktionären gelungen, Sportler aus beiden Teilen
Deutschlands gemeinsam auftreten zu lassen. Herausragender
Athlet war dabei der Sprinter Armin Hary, dem es gelang, in
eine amerikanische Domäne, den ersten Platz im 100-m-Lauf,
einzubrechen. Zwanzig Jahre später strauchelte das Sportidol.
Wegen Betrugs im Immobilienhandel wurde er zu einer
Gefängnisstrafe verurteilt.

297

ein Freier Demokrat nach dem anderen umgefallen. Der alte Kanzler, der auch der neue sein würde, hatte sie nicht zuletzt mit der Drohung in die Ecke getrieben, notfalls auch mit der SPD zu koalieren« (Ulrich Frank-Planitz). Das einzige, was die Freien Demokraten erreichten, war die Zusage Adenauers, in der Mitte der Legislaturperiode, Ende 1963, zurückzutreten. Erich Mende selbst versuchte das Gesicht zu wahren, so gut es ging. Er weigerte sich, in einem neuen Kabinett Adenauer Minister zu werden. Zugleich mußte er aber dessen Politik, die seine FDP schließlich mittrug, nach außen verteidigen. Um diesen Balanceakt war er nicht zu beneiden. Schlimmer noch: der Vorwurf, »umgefallen« zu sein, haftete lange und schmerzlich an der FDP. Sie hat ihren Wahlerfolg 1961 teuer bezahlt. Adenauer hingegen hatte aller Welt noch einmal gezeigt, aus welch hartem Holz er geschnitzt war. In Bonn bestätigte sich erneut das schon gängige »Bonn-Mot«: Es bleibt alles beim Alten.

Versöhnung mit Frankreich

Eine originelle Karikatur setzte der Zeichner Flora im Sommer 1962 auf die Titelseite der ZEIT: stilisiert sieht man die Kathedrale von Reims. Die beiden Türme sind gekrönt von den gegeneinander gerichteten Profilen von de Gaulle und Adenauer. Die Türme reichen sich die Hand. Darunter steht: »Das Wunder von Reims.«
War's ein Wunder? Das vielleicht nicht, aber ein großer Augenblick in der Geschichte war es gewiß. In der Krönungskirche der französischen Könige, dem traditionsreichen Ort, nahmen zwei ungekrönte Herrscher an einem Hochamt teil und begruben die deutsch-französische »Erbfeindschaft«.
Natürlich war viel Vorarbeit geleistet worden; die Montanunion insbesondere bildete einen Grundstein institutioneller Annäherung, sachlicher Zusammenarbeit, auf dem solche Zeremonie ihr festes Fundament hatte. Erst hatte es Taten gegeben, jetzt folgten Worte: eine Schrittfolge, der zu trauen war. Zu den Taten gehörte außerdem die Gründung der Europäischen Wirtschafts-Gemeinschaft (EWG, heute: EG). Sie gehörte bereits zum gesicherten Bestand europäischer Zusam-

menarbeit, als General de Gaulle den Kanzler auf seiner Rundreise durch Frankreich 1962 mit Gesten und Auftritten, die zu inszenieren er Meister war, feierte und ehrte. Der Gegenbesuch im selben Jahr wurde zum Triumphzug für »Charlemagne«. Gebärdenreich ließ er das »große deutsche Volk« hochleben und schmeichelte ihm. Der geschichtsbewußte Zeremonienmeister, halb Monarch ohne Krone, halb Volkstribun, aber ungeteiltes Symbol Frankreichs, tauchte seine begeisterten Zuhörer und Zuschauer in das Wortgepränge großer Visionen, mit einem Pathos, das den nüchtern gewordenen Deutschen für Augenblicke ungemein wohl zu tun schien.
Wer nun glaubte, bei diesem feierlichen Begräbnis einer jahrhundertealten Feindschaft, bei den Plebisziten der Versöhnung Europa mit Händen greifen zu können, wer eine gerade Linie zu ziehen geneigt war von Schuman zu de Gaulle, der irrte. Der nüchterne Pragmatiker aus dem Elysée-Palast verwischte bei seiner Deutschlandtournee allenfalls äußerlich ein wenig die nationalen Grenzen. In Wahrheit war er sorgsam darauf bedacht, daß Europa ein Europa der Vaterländer blieb. Im Sinne der Kontinuität französischer Geschichte wollte er Frankreich als Nation keinesfalls aufgeben. Im Gegenteil brachte er den europäischen Führungsanspruch Frankreichs in seiner Person unverhohlen zur Geltung. Das alles konnte Adenauer nicht verborgen bleiben. Dennoch war der 86jährige stolz, noch mitgestaltend dabeizusein. Die Erfolge seiner Politik waren größer, als der Kölner Oberbürgermeister und Zeuge bitterster Feindschaft je zu hoffen gewagt hatte. Aussöhnung mit Frankreich war sein Lebenswunsch, und ihn sah er erfüllt.
1962 wurde vereinbart, »praktische Maßnahmen zu verstärken, die bereits auf zahlreichen Gebieten bestehen«. Im Januar 1963 unterzeichneten de Gaulle und Adenauer in Paris einen »Vertrag über Freundschaft und Zusammenarbeit«. Der Hausherr des Elysée verstand es wiederum, wie nur er dies konnte, den Augenblick »historisch« zu machen. »Mit weit geöffneten Armen ging der

Deutsch-französischer Händedruck. Im Staatspräsidenten de Gaulle fand Adenauer einen Partner, der sein langgehegtes politisches Ziel, die Aussöhnung der »Erbfeinde«, in große, sinnfällige Gesten umzusetzen wußte.

General auf den Kanzler zu, umarmte ihn und küßte ihn auf beide Wangen. Sekundenlang hielten sich die beiden alten Männer umschlungen. Sie waren, stellvertretend für viele Millionen, am Ende einer Wegstrecke angelangt, an der die Toten aus vier Jahrhunderten lagen, gestorben für eine Sache, die nicht die ihre gewesen ist« (Frank-Planitz).

Eine herbe Enttäuschung für die Initiatoren war die Präambel, die der Bundestag dem Vertrag voranstellte. Sie nämlich hob ihn aus der intim gedachten Zweiseitigkeit heraus und »legte ihn an die atlantische Kette«. Dennoch hat sich der Vertrag bewährt. Der langjährige französische Botschafter in Bonn, François Seydoux, äußerte erfreut, wie nützlich er doch im deutsch-französischen Alltag »Tag für Tag« geworden war und daß er bei allen Hindernissen und Verstimmungen das Instrument gewesen sei, diese zu überwinden. »Es gibt weder in Paris noch in Bonn eine Regierung, die sich nicht auf ihn beziehen oder die seinen Wert in Frage stellen würde.«

»Ich gehe nicht frohen Herzens«

Mitten über den Konsultationen zum deutsch-französischen Vertrag, Besuchen und Gegenbesuchen erlebte Adenauer die größte innenpolitische Krise seiner Kanzlerzeit, die SPIEGEL-Affäre. Am 10. Oktober 1962 war in dem Hamburger Nachrichten-Magazin eine Titelgeschichte über die militärischen Schwächen der NATO, vor allem der Bundeswehr, erschienen: »Bedingt abwehrbereit«, ein Artikel, worin nach Ansicht der Bundesanwaltschaft und des Verteidigungsministerums Tatsachen mitgeteilt waren, die der Geheimhaltung unterlagen.

Die Durchsuchung der Redaktionsräume, die Verhaftung von sechs Journalisten, Adenauers voreilige Äußerung im Bundestag: »ein Abgrund an Landesverrat« – die ganze Affäre spaltete die öffentliche Meinung und die politischen Repräsentanten wie kein inneres Ereignis zuvor. Verteidigungsminister Strauß verwickelte sich in Widersprüche, Innenminister Höcherl mußte zugeben, daß die Verhaftung des Artikelverfassers Conrad Ahlers im spanischen Malaga »etwas außerhalb der Legalität« verlaufen sei; seine Beamten könn-

Verteidigungsminister Strauß in der Fragestunde des Bundestages zur SPIEGEL-Affäre. Seine unwahren Angaben veranlaßten die FDP, ihre Minister aus dem Kabinett Adenauer zurückzuziehen. Eine Reihe namhafter Schriftsteller und Publizisten veröffentlichten einen Aufruf für den verhafteten Spiegel-Herausgeber Rudolf Augstein: »Die Unterzeichneten drücken Herrn Rudolf Augstein ihre Achtung aus und sind mit ihm solidarisch. In einer Zeit, die den Krieg als Mittel der Politik unbrauchbar gemacht hat, halten sie die Unterrichtung der Öffentlichkeit über sogenannte militärische Geheimnisse für eine sittliche Pflicht, die sie jederzeit erfüllen würden. Die Unterzeichneten bedauern es, daß die Politik des Verteidigungsministers der Bundesrepublik sie zu einem so scharfen Konflikt mit den Anschauungen der staatlichen Macht zwingt. Sie fordern diesen politisch, gesellschaftlich und persönlich diskreditierten Minister auf, jetzt endlich zurückzutreten.«

Die Kaiser-Wilhelm-Gedächtniskirche in Berlin um 1960.

Die Ära Adenauer im Spiegel von Briefmarken.

ten »nicht den ganzen Tag mit dem Grundgesetz unter dem Arm herumlaufen«. Damit stiftete Höcherl zwei geflügelte Worte auf einmal, aber das war auch die einzige erheiternde Note in dem Trauerspiel. Justizminister Stammberger (FDP) fühlte sich übergangen, und die FDP zog ihre fünf Minister aus dem Kabinett zurück. Damit war aus der SPIEGEL-Affäre eine Regierungskrise geworden.

In der folgenden Verwirrung im Regierungslager tat sich zum erstenmal die Möglichkeit einer großen Koalition auf. Adenauer zeigte sich zu einem solchen Bündnis bereit, Wehner förderte es in den eigenen Reihen. Der Widerstand in der SPD-Fraktion nach so langen Jahren der Konfrontation war aber trotz der Kurskorrektur vom Jahr 1960 noch zu groß. So sah sich Adenauer erneut auf Verhandlungen mit der FDP verwiesen. Sie ließ sich die Zusage des Kanzlers, 1963 zurückzutreten, bestätigen und forderte obendrein die Entlassung von Strauß. Als Strauß zurückgetreten war, wurde die vierte Kanzlerschaft nach einer Kabinettsumbildung fortgesetzt, aber ihr Ende war nun abzusehen. Viel später, im Mai 1965, endete die SPIEGEL-Affäre mit einem Sieg des Magazins. Das Bundesverfassungsgericht lehnte die Eröffnung des Verfahrens gegen Augstein und Ahlers ab und bescheinigte damit den verantwortlichen Ministern, Beamten, Militärs und Staatsanwälten nachträglich, daß sie die Presseleute zu Unrecht des Landesverrats verdächtigt hatten.

In dem alten Reizspiel Macht gegen Presse, das auch in parlamentarischen Demokratien dauernd im Gang ist und in dem die Presse und die anderen Medien oft genug ihrerseits mit Mitteln »etwas außerhalb der Legalität« arbeiten, hatte die Unionsregierung eine Niederlage erlitten. Beachtenswert über die eigentliche Affäre hinaus: das Erstarken einer geistig-politischen Strömung, die aus den Gleisen der eher konservativen Denkart, der restaurativen Gesellschaft, hinüberlenkte in eine andere innenpolitische Klimazone. Die intellektuelle Linkstendenz der späteren sechziger Jahre kündigte sich an.

Der Rücktritt des Patriarchen zum Herbst 1963 war ein Jahr zuvor beschlossene Sache. Wer sollte ihm nachfolgen? Die Mehrheit der Fraktion neigte Erhard zu, dem Mann, der nächst Adenauer, und anfangs vielleicht mehr als er, zum Erfolg der Union beigetragen hatte. In demoskopischen Umfragen lag der Architekt des Wirtschaftswunders vor der Konkurrenz, wenngleich mit sinkenden Prozentzahlen. Adenauer traute dem langjährigen Kampfgefährten nicht zu, das Format zum Kanzler zu haben.

Manche Kränkung, sogar öffentlich, war dem menschenfreundlichen Paladin des alten Kanzlers von dessen Seite widerfahren. Der Wirtschaftsminister schwieg dazu mit der – späteren – Begründung: »Ich konnte gegen Adenauer aus menschlichen und politischen Gründen nicht auftreten. Er war schließlich ein sehr alter Mann. Was mich so traurig machte, war, daß Adenauer das offenbar für Schwäche hielt.«

Am 22. April 1963 wurde Erhard von der CDU/CSU-Bundestagsfraktion zum Kanzlerkandidaten nominiert. Die Adenauer-Ära ging für alle sichtbar in die letzte Runde. Äußerlich gab es hier noch ein spektakuläres Ereignis, den Besuch Kennedys im Juni 1963.

Die Menge jubelte wie bei Charles de Gaulle, als der jugendliche Präsident im offenen Wagen neben dem doppelt so alten deutschen Staatsmann erschien. Es gab geradezu frenetische Begeisterung vor dem Schöneberger Rathaus, als der Präsident seine mühsam gelernten deutschen Worte rief: »Ich bin ein Berliner!«

Die Vertrauenskrise in Berlin war vergessen, die Beistandszusicherungen wurden erneuert, die atlantische Allianz wurde per Akklamation bestätig. Dennoch konnte schärferen Beobachtern nicht entgehen, daß die Zeit des harmonischen Einvernehmens zwischen Bonn und Washington, verkörpert in Adenauer und Dulles, vorüber war. Die Kennedy-Administration, vom Konfrontationskurs und der »Roll-back«-Mentalität der Eisenhower-Zeit abgekommen, war auf Ausgleich mit der Sowjetunion bedacht als Konsequenz der militärischen Patt-Situation. Der Zusammenstoß der Supermächte in der Kubakrise vom Herbst 1962 war nur der dröhnende Schlußakkord einer beendeten Geschichtsphase gewesen. Längst verhandelten Washington und Moskau schon über ein Ende des Wettrüstens und der Atomwaffenversuche.

In diesem Prozeß des Umdenkens mußte Konrad Adenauer dem amerikanischen Präsidenten als ein sperriges Fossil des kalten Krieges erscheinen;

Fortsetzung S. 306

303

»Ich bin ein Berliner«

Präsident Kennedy in Berlin, 26. Juni 1962

»Liebe Berliner und Berlinerinnen!
Ich bin stolz, heute in Ihre Stadt zu kommen, als Gast Ihres hervorragenden Regierenden Bürgermeisters, der in allen Teilen der Welt als Symbol für den Kampf- und Widerstandsgeist West-Berlins gilt.

Ich bin stolz, auf dieser Reise die Bundesrepublik Deutschland zusammen mit Ihrem hervorragenden Herrn Bundeskanzler besucht zu haben, der während so langer Zeit die Politik der Bundesregierung bestimmt hat nach den Richtlinien der Demokratie, der Freiheit und des Fortschritts.

Ich bin stolz darauf, heute in Ihre Stadt in der Gesellschaft eines amerikanischen Mitbürgers gekommen zu sein, General Clay, der hier in der Zeit der schwersten Krise tätig war, durch die diese Stadt gegangen ist, und der wieder nach Berlin kommen wird, wenn es notwendig werden sollte. Vor zweitausend Jahren war der stolzeste Satz, den ein Mensch sagen konnte, der: Ich bin ein Bürger Roms. Heute ist der stolzeste Satz, den jemand in der freien Welt sagen kann: Ick bin een Berliner. (Der Dolmetscher übersetzte: Ich bin ein Berliner.) Ich bin dem Dolmetscher dankbar, daß er mein Deutsch noch besser übersetzt hat.

Wenn es in der Welt Menschen geben sollte, die nicht verstehen oder nicht zu verstehen vorgeben, worum es heute in der Auseinandersetzung zwischen der freien Welt und dem Kommunismus geht, dann können wir ihnen nur sagen, sie sollen nach Berlin kommen. Es gibt Leute, die sagen, dem Kommunismus gehöre die Zukunft. Sie sollen nach Berlin kommen. Und es gibt wieder andere in Europa und in anderen Teilen der Welt, die behaupten, man könne mit den Kommunisten zusammenarbeiten. Auch sie sollen nach Berlin kommen.

Und es gibt auch einige wenige, die sagen, es treffe zwar zu, daß der Kommunismus ein böses und ein schlechtes System sei, aber er gestatte es ihnen, wirtschaftlichen Fortschritt zu erreichen. Aber laßt auch sie nach Berlin kommen.

Ein Leben in Freiheit ist nicht leicht, und die Demokratie ist nicht vollkommen. Aber wir hatten es nie nötig, eine Mauer aufzubauen, um unsere Leute bei uns zu halten und sie daran zu hindern, woanders hinzugehen. Ich möchte Ihnen im Namen der Bevölkerung der Vereinigten Staaten, die viele tausend Kilometer von Ihnen entfernt lebt, auf der anderen Seite des Atlantiks, sagen, daß meine amerikanischen Mitbürger stolz, sehr stolz darauf sind, mit Ihnen zusammen selbst aus der Entfernung die Geschichte der letzten 18 Jahre teilen zu können. Denn ich weiß nicht, daß jemals eine Stadt 18 Jahre lang belagert wurde und dennoch lebt in ungebro-

chener Vitalität, mit unerschütterlicher Hoffnung, mit der gleichen Stärke und mit der gleichen Entschlossenheit wie heute West-Berlin.

Die Mauer ist die abscheulichste und stärkste Demonstration für das Versagen des kommunistischen Systems. Die ganze Welt sieht dieses Eingeständnis des Versagens. Wir sind darüber keineswegs glücklich; denn, wie Ihr Regierender Bürgermeister gesagt hat, die Mauer schlägt nicht nur der Geschichte ins Gesicht, sie schlägt der Menschlichkeit ins Gesicht.

Durch die Mauer werden Familien getrennt, der Mann von der Frau, der Bruder von der Schwester, und Menschen werden mit Gewalt auseinandergehalten, die zusammen leben wollen.

Was von Berlin gilt, gilt von Deutschland: Ein echter Friede in Europa kann nicht gewährleistet werden, solange jedem vierten Deutschen das Grundrecht einer freien Wahl vorenthalten wird.

In 18 Jahren des Friedens und der erprobten Verläßlichkeit hat diese Generation der Deutschen sich das Recht verdient, frei zu sein, einschließlich des Rechtes, die Familien und die Nation in dauerhaftem Frieden wiedervereinigt zu sehen, in gutem Willen gegen jedermann.

Sie leben auf einer verteidigten Insel der Freiheit. Aber Ihr Leben ist mit dem des Festlandes verbunden, und deshalb fordere ich Sie zum Schluß auf, den Blick über die Gefahren des Heute hinweg auf die Hoffnung des Morgen zu richten, über die Freiheit dieser Stadt Berlin und über die Freiheit Ihres Landes hinweg auf den Vormarsch der Freiheit überall in der Welt, über die Mauer hinweg auf den Tag des Friedens mit Gerechtigkeit.

Die Freiheit ist unteilbar, und wenn auch nur einer versklavt ist, dann sind nicht alle frei. Aber wenn der Tag gekommen sein wird, an dem alle die Freiheit haben und Ihre Stadt und Ihr Land wieder vereint sind, wenn Europa geeint ist und Bestandteil eines friedvollen und zu höchsten Hoffnungen berechtigten Erdteiles, dann, wenn dieser Tag gekommen sein wird, können Sie mit Befriedigung von sich sagen, daß die Berliner und diese Stadt Berlin 20 Jahre die Front gehalten haben.

Alle freien Menschen, wo immer sie leben mögen, sind Bürger dieser Stadt West-Berlin, und deshalb bin ich als freier Mann stolz darauf, sagen zu können: Ich bin ein Berliner.«

Im Juni 1963 besuchte US-Präsident Kennedy die Bundesrepublik. Das Bild zeigt ihn bei der Erwiderung auf die Begrüßungsansprache des Bundeskanzlers auf dem Flughafen Köln-Wahn. Unvergeßlich blieb sein Auftritt in Berlin, wo er die »Vitalität, Stärke und Entschlossenheit« der Bevölkerung beschwor und der begeisterten Menge den späterhin vielzitierten Satz zurief: »Ich bin ein Berliner!«

umgekehrt nährte der Kanzler in sich Mißtrauen gegen den jungen Mann im Weißen Haus, obwohl auch er seit einem Jahr, seit Juni 1962, sich um ein erträgliches Verhältnis zur Sowjetunion bemühte. (Das, was wir jeweils einen neuen Kurs nennen, reicht ja meistens in seinen frühesten Ansätzen in die Zeit der Präsidenten-Vorgänger zurück.) Die beiden Staatsmänner kamen sich nicht recht nahe; Zukunft und Stagnation schienen hier etwas gezwungen mit »shake hands« und »keep smiling« Einigkeit zu demonstrieren. Keiner ahnte, daß dem umjubelten Besucher, der Amerikas Zukunft für weitere fünf Amtsjahre in Pacht zu haben schien, nur noch fünf Wochen mehr gegeben sein würden als dem uralten Herrn im Palais Schaumburg.

Es kam der 15. Oktober 1963. Stehend hörte Adenauer über eine halbe Stunde die Würdigung des Bundestagspräsidenten Gerstenmaier. Dieser erinnerte an den 15. September 1949: »Damals standen Sie auf und traten vor das Haus. Heute steht der Deutsche Bundestag vor Ihnen auf ... um für das deutsche Volk dankbar zu bekunden: Konrad Adenauer hat sich um das Vaterland verdient gemacht.« Auch die Sozialdemokraten erhoben sich. Der Scheidende dankte, sagte wenig später bei einem Empfang: »Ich gehe nicht frohen Herzens.«

Er blieb Vorsitzender der CDU, wurde sogar im Februar des folgenden Jahres wiedergewählt und legte den Vorsitz erst neunzigjährig nieder. Die letzte Lebenszeit seit dem Rücktritt vom Kanzlerposten war vor allem den Memoiren gewidmet.

Die Summe heißt Zwiespalt

Am 17. August 1786 schrieb Graf Mirabeau aus Berlin an den Abbé Perigord: »Es herrscht Totenstille, aber keine Trauer; man zeigt sich benommen ohne Kummer. Man sieht in kein Gesicht, das nicht den Ausdruck von Erleichterung, von Hoffnung trüge ... Ist das das Ende einer beinahe ein halbes Jahrhundert währenden Regierung, die so reich war an Großtaten? Alle Welt wünschte das Ende herbei – alle Welt beglückwünschte sich.« An diesem Tag war Friedrich der Große gestorben.

1891 registrierte der Schriftsteller und Diplomat Harry Keßler, durchaus kein Bismarck-Gegner, daß die nunmehr ein Jahr zurückliegende Entlassung »vom deutschen Volk gleichgültiger hingenommen worden war, als erwartet werden konnte; weitere Kreise, vielleicht die Mehrzahl, empfanden sie im Augenblick wie eine Befreiung aus unerträglichem Druck«. Abermals gute siebzig Jahre später, zum Ende der Ära Adenauer, »hätten diejenigen, die noch zu Adenauer hielten ..., in der kleinen Pfarrkirche von Rhöndorf Platz gehabt« (Horst Osterheld).

Ein geschichtliches Gesetz scheint hier regelmäßig wirksam geworden zu sein: daß diejenigen, die man lange gefeiert hat und denen man viel verdankt, zuletzt zur Last wurden. Muß das so sein? Bei starken Naturen ist es wohl unvermeidlich. Die drei Genannten hatten, jedesmal unter ganz verschiedenen Umständen, Aufstieg oder Wiederaufstieg begründet in einer Weise, daß die Zeitgenossen aus dem Staunen nicht herauskamen; aber der Aktenschrank der Geschichte enthält auch Ordner mit ihren Irrtümern, Versäumnissen, Ungerechtigkeiten, Ordner mit der Aufschrift »auf Kosten von ...« Es sind Lebensbereiche zu kurz gekommen, unterdrückt, vernachlässigt worden. Das Urteil der Zeitgenossen kann nicht gerecht sein. Erst der geschichtliche Abstand wägt, mit Hilfe besserer Aktenkenntnis, genauer. Natürlich muß man bedenken, daß Folgeentwicklungen in solch Urteil miteinbezogen werden, spätere Ereignisse, für die der Kritisierte nicht verantwortlich war. Friedrich dem Großen und Bismarck kreidete die Nachwelt an, daß ihre Staaten zwanzig beziehungsweise dreißig Jahre nachdem sie die politische Bühne verlassen hatten, am Boden lagen. Waren sie haftbar für ihre Nachfolger, die das Erbe nicht meisterten? So betrachtet hat wieder das Urteil aus der Nähe die größere Unbefangenheit, weil es noch nicht vom Nachher befangen ist.

Bei Konrad Adenauer freilich war das Nachher in einem entscheidenden Bereich schon zu Amtszeiten entschieden. Die Wiedervereinigung hatte er mit seinem propagierten Mittel der westlichen Allianz und des militärischen Druckes nicht erreicht; sie war ferner denn je: Hier war er gescheitert.

Paul Sethe hat für Adenauers Denkweise, für sein Rezept, zur Wiedervereinigung zu gelangen, den

Hinweis beigesteuert, daß er ja aus der wilhelminischen Zeit stamme und von ihr weltanschaulich geprägt worden sei, und das im Sinne einer Überbewertung des Militärischen. »Der Verzicht auf das Königsrecht der schöpferischen Diplomatie zugunsten des militärischen Denkens war eine überpersönliche Erscheinung«, habe also auch für diesen Prototyp des Zivilisten gegolten. Auch ohne den vehementen ideologischen Druck von Osten her, dem er mit dem verfehlten Mittel militärischen Gegendrucks beikommen wollte, ist schwer vorstellbar, wie Adenauer eine schon 1948 weit fortgeschrittene deutsche Zweistaatlichkeit hätte rückgängig machen sollen. Die Bereitschaft und der Wille wären erforderlich gewesen, die Lage in der Mitte nach beiden Seiten auszuspielen. Adenauer besaß indes eine tiefe Abneigung gegen alle »Schaukelpolitik«. »Bismarck war ein Artist, ein verwegener Spieler, der mit vielen Bällen auf einmal jonglierte. Adenauer trug einen einzigen in festen Händen, immer in der gleichen Richtung.« (Golo Mann).

Die Richtung war der Westen. Dorthin trug er seinen Ball, wie wir uns erinnern, schon als es für ihn noch gar nichts zu jonglieren gegeben hatte. Insofern war die politische Lage von 1949 wie geschaffen für die Verwirklichung seines Weltbildes. Schon 1946 hatte er zu Jakob Kaiser gesagt, Berlin dürfe nie mehr die Hauptstadt Deutschlands werden; diese müsse »zwischen Rebenhügeln liegen und nicht zwischen Kartoffeläckern«. Und im selben Jahr: »Wer Berlin zur neuen Hauptstadt macht, schafft geistig ein neues Preußen.« Ein Parteifreund Adenauers äußerte einmal: »Östlich von Hamm hört das Herz des Kanzlers auf zu schlagen.«

Keineswegs nur die Gegner Adenauers haben ihm also mangelnden Einsatzwillen für ein Gesamtdeutschland vorgeworfen; seine eigenen Äußerungen zeigen, daß ihm der Bismarckische Nationalstaat nichts mehr bedeutete.

Auf der einen Seite, der östlichen, hatte Adenauer den Verzicht in Kauf genommen oder zumindest nicht beharrlich und unter Opfern versucht, Verlorenes wiederzugewinnen. Die Integration in den Westen dagegen hatte er mit vollem Einsatz und ganzem Herzen betrieben; und sie ist ihm nur zum Teil gelungen. So fehlt Adenauers Lebensweg nicht der tragische Zug.

Es war eine Ironie des Datums. In demselben Frühjahr 1958, als »das letzte Gefecht« im Bundestag – um die Atombewaffnung – eine Politik krönte, die sichtbar in die Sackgasse führte, war im Westen der Mann wieder an die Macht gekommen, der den Weg der europäischen Träume mit seinem »Halt!« versperrte. De Gaulle hatte seinem späten Freund aus Köln trotz allem noch große Stunden geschenkt, aber es gilt, um nochmals Golo Mann zu zitieren: »Als die Begegnung der beiden Politiker stattfand, war es für ›Europa‹ zu spät, weil die Nationen schon wieder zu Kräften gekommen waren und sich nicht mehr fürchteten wie zehn Jahre früher. Die Föderation hätte in einem Schwung gemacht werden müssen, der Montanunion folgend, in der Ära Adenauer-Schuman-de Gasperi; die Preisgabe der Verteidigungsgemeinschaft 1954 läutete das Ende ein. Oder: Die europäischen Nationen eignen sich für einen Bundesstaat nun einmal nicht. Wer es versucht hat, ist regelmäßig gescheitert. Und da man noch nie so nahe daran war wie diesmal und wieder nichts daraus wurde, so wird wohl auch nichts mehr daraus werden . . .«

Die großen Linien der Außenpolitik in den ersten vierzehn Jahren der Bundesrepublik Deutschland blieben im großen ganzen für die weitere staatliche Geschichte des westlichen Landesteils verbindlich. Anders die Innenpolitik. Hier hat sich das Gesicht der westdeutschen Demokratie stark verändert. Um Klima und Stimmung zu erfassen, ist es nützlich, möglichst zeitgenössische Urteile zu hören. Da ist eine Edition hilfreich, die kurz nach dem Ausscheiden des ersten Kanzlers unter dem Titel »Die Ära Adenauer« erschien. Zwölf Autoren boten »Einsichten und Ausblicke«, von Carlo Schmid bis zu Mathias Walden, von Thilo Koch bis zu Friedrich Heer, alle in trauter publizistischer Eintracht mit Ulrike Meinhof. Sosehr die Außenpolitik bei den Zwölfen Gegenstand gemischter Urteile ist: auf dem Acker der Innenpolitik finden sie allesamt Unkraut.

Werner Richter erkennt um die Wende zum Jahr 1964 an der Bundesrepublik, »so groß ihre politischen und wirtschaftlichen Fortschritte sind, noch kein eigentliches Gesicht. Im Geistigen zeigt sie eine seltsame Leere.« Warum das so ist, sieht Walden, nachfolgend Chefkommentator des Senders Freies Berlin, zum Teil in der Person des

Regierungschefs begründet: »Die Seele seines Volkes mit Idealen zu durchglühen, die Bürger nicht nur produzieren und konsumieren, sondern nach Höherem streben zu lassen, war ihm nicht gegeben.« Wiederkehrend, nicht nur in diesem Beitrag, wird betont, daß in Stilfragen der Demokratie deutliche Mängel herrschten. Zum Beispiel: Adenauer habe zu den meisten Institutionen nur ein taktisches Verhältnis gewonnen. »Er versuchte manche von ihnen zu manipulieren, wenn ihre Autonomie seine Kreise störte« (Proebst). Augstein hält es geradezu »für seine schlimmste Eigenschaft, daß er intellektuell unfähig war, anders als taktisch zu reagieren, unfähig zu einer offenen Aussprache im kleinsten wie im größten Kreis«. Wenn man Adenauers taktische Meisterschaft von der negativen Seite sieht, wofür im allgemeinen entschiedene Neigung besteht, so mag es an diesem Charakterzug liegen, daß er »kein Team und keine Schule bildete, keinen Nachfolger erzog und manchen von denen zerbrach, die ihm selbstlos gedient hatten« (Proebst). Das erinnert fatal an Bismarck. Zieht man die Bilanz der Bilanz, so spricht Thilo Koch für die überwiegende Mehrheit: »Es waren immer gemischte Gefühle, zwiespältige Gedanken, mit denen ich den täglichen politischen Kram während all der Jahre der Ära Adenauer kommentierte ... Es kann, glaube ich, kein ganzes Ja, kein ganzes Nein zu dieser Epoche jüngster deutscher Vergangenheit geben. Ein Nein wäre weltfremd, ein Ja leichtfertig.«

So heißt die Summe Zwiespalt, wenn man von der einzigen Frau in der Männerrunde der resümierenden Autoren absieht. Für Ulrike Meinhof war die Adenauer-Zeit insgesamt nur »eine trübe Zeit«. Positives findet sie nicht. Wenn der Leser sich einen Moment von der Belastung des Namens durch den späteren Terrorismus befreit, so bleibt festzuhalten, daß der Kanzler, der beim Amtsantritt fast so alt war wie Bismarck bei der Entlassung, der Jugend anscheinend am wenigsten zu sagen hatte.

Zuletzt das »biologische Wunder«. Peter Ahrweilers »Kleine Komödie« in Hamburg brachte einmal ein auf Adenauer bezogenes Kabarett-Programm mit – in Abwandlung eines Waschmittel-Slogans – dem Titel: »Der strahlendste Greis meines Lebens.« In der Tat hat es einen so jungen alten Staatsmann in Deutschland nie gegeben und in der übrigen Welt kaum. Die für Alterserscheinungen anfälligsten Sinnesorgane, Auge und Ohr, ließen bis zuletzt nicht nach in ihrer Leistungsfähigkeit. Hoch in den Achtzigern hielt der Kanzler zwölfstündige Debatten im Bundestag ohne sichtbare Ermüdung durch. Dabei ist es für einen leitenden Politiker solchen Alters noch ein Streß eigener Art, sich Ermüdungserscheinungen, auf die jeder andere bei vergleichbaren Strapazen Anspruch hat, nicht anmerken zu lassen; so mancher würde sonst mitleidlos denken: Es ist ja sein freier Wille, warum tut er es denn? Adenauer hat das sogar einmal ausgesprochen: »Man darf Bundeskanzler sein, man darf alle möglichen Scherereien auf seinem Buckel haben, aber ein Recht auf Grippe hat man nicht ... Und wenn ich nun Grippe habe, dann heißt es in gewissen Kreisen: Er ist fertig.«

Dem Bild dieser unverwüstlichen Natur fügt der Historiker Golo Mann noch eine eindrucksvolle Nuance bei. Er hatte, nach dem ersten Band der Lebenserinnerungen, auch den zweiten in der ZEIT rezensiert, im Herbst 1966. Daraufhin schrieb ihm der Autor aus Röhndorf einen Brief und bedankte sich. Die Anregungen würden nicht ohne Einfluß auf den dritten Band bleiben, den er nun in Angriff nehme. »Vielleicht darf ich Sie«, schrieb der fast 91jährige, »wenn dieser 3. Band in mir Form annimmt, um einen Austausch unserer Ansichten über diesen oder jenen Punkt bitten.«

Noch seien seine Gedanken nicht ausgereift ... Auch wer Adenauers Politik außen und innen kritisch gegenübersteht, wird solchem Selbstverständnis vom Bleiben und Dauern, einem in solche Altersschichten hineinragenden Reflexionsvermögen, seine Bewunderung nicht versagen. Jedoch, der Vertrag mit der Ewigkeit wurde um keine weitere Legislaturperiode verlängert. Am 19. April 1967, kein halbes Jahr nach jenen ergreifenden Zeilen, nachdem er sich doch das Recht auf eine Grippe genommen hatte, versagte der Organismus dem unverbrauchten Geist den Dienst.

Am 15. Oktober 1963 verabschiedete der Bundestag den Kanzler. Stehend hörte Adenauer die Laudatio des Bundestagspräsidenten Gerstenmaier: »Der geschichtliche Rang dieser Stunde wird, wie mir scheint, schon daran deutlich, daß Sie in hundert Jahren sturmbewegter deutscher Geschichte der einzige sind, der nach langer Regierungszeit unbesiegt und im Frieden von einem vergleichbaren Stuhle steigt und gelassen auf den Sitz zurückkehrt, von dem Sie hier am 15. September 1949 aufgestanden sind . . .«

Der 87jährige erwiderte: ». . . Meine Damen und Herren, es sind für mich bewegte Tage, und ich möchte danken. Ich möchte Ihnen danken, Herr Präsident, für Ihre Worte; ich möchte denjenigen Mitgliedern dieses Hauses, die mit mir gearbeitet haben, dafür danken, daß sie die ganzen vierzehn Jahre hindurch mit mir gearbeitet haben, und ich möchte auch der Opposition dafür danken, daß sie da war und die Pflicht einer parlamentarischen Opposition erfüllt hat . . .« Bei einem Empfang danach sagte er: »Ich gehe nicht frohen Herzens.«

Von Erhard zu Brandt

Das Ende der Nachkriegszeit

Als Konrad Adenauer in Pension ging, wurde in den vielen Würdigungen seiner Amtszeit nicht nur auf die Person eingegangen. Allenthalben schwang das Empfinden mit, daß eine Phase der deutschen Geschichte, die eigentliche Nachkriegszeit, abgeschlossen sei. Die junge Bundesrepublik Deutschland hatte ihre erste Zäsur. Hier im Mikrokosmos eines Einzelstaates darf also gelten, was bei globalen Vorgängen so schwer ist: schon im Dabeisein und Miterleben eine Wende zu erkennen. Hier im Kleinen brauchen die historischen Übergänge auch nicht nachträglich konstruiert zu werden, es ist ohnehin alles übersichtlicher. Hier duldet die Geschichte, was sie im Großen verweigert: sie schafft einen Einschnitt, und wir dürfen ihn schon an Ort und Stelle so nennen. Die Ära Adenauer, das war Neuaufbau aus dem Nichts gewesen. Mit der Wiederaufbereitung der Trümmer waren schwere Sozialprobleme einhergegangen. Nun war eine Wegkreuzung erreicht, aus dem Aufbau sollte die Festigung werden. Hier galt es zusätzlich, manches nachzuholen, was bei der stürmischen Beschäftigung mit dem Allernotwendigsten vernachlässigt worden war; Bildung und Kultur zum Beispiel – wobei sich fragen läßt, ob dies nicht auch zum Nötigsten gehört. Die Mehrheit hatte es leider nicht so gesehen.
Der Blick wendete sich um so mehr nach innen, als die Außenpolitik wenig Möglichkeiten bot. Die deutsche Frage war im ausweglosen Patt erstarrt. Im Westen, der anderen deutschen Himmelsrichtung, hatte die Integration erschöpft auf halbem Wege haltgemacht, wenn auch nicht so entmutigt wie die Deutschlandpolitik. So stand es, als Ludwig Erhard in das Palais Schaumburg einzog und das schwierige Erbe übernahm.

Der reiche Massa Erhard

Es bedeutete einen Glücksfall der deutschen Nachkriegsgeschichte, daß der richtige Mann zur richtigen Zeit am richtigen Platz gestanden hat. Ludwig Erhards großer Wirtschaftserfolg beruhte auf gründlichen Studien der Nationalökonomie, aber nicht zuletzt auch auf seinem Lebensoptimismus, dem Vertrauen zu schöpferischem Eigennutz, der Einsicht in die Erwerbsnatur des Menschen. Wie sehr mußte solches Grundbedürfnis der Besitzfreude und des Schaffensdranges unter Habenichtsen erwachsen, wenn man sie nur von der Kette der Zwangsbewirtschaftung ließ! Diese Erkenntnis genau zeitgerecht in die Tat umgesetzt zu haben, bleibt Erhards großes Verdienst.

Als Wirtschaftsminister unter Adenauer hatte Ludwig Erhard entscheidende Impulse für den Wiederaufbau Deutschlands gegeben. Als Kanzler und Nachfolger Adenauers blieb er eher glücklos.

Erhard war das personifizierte Erfolgserlebnis der Nation, der halben. Keine regierende Partei der Welt hätte ihn in der Nachfolgefrage übergehen können, auch wenn der große Vorgänger noch so vernehmlich an seinen notwendigen Qualitäten für das hohe Amt zweifelte. Nun, man würde sehen. Eins stand außer Zweifel, Erhards joviale Menschenfreundlichkeit, der Charakter, die Integrität. Erhard zögerte nicht, das humane Kapital zum Programm zu erheben. Einen neuen Führungsstil wollte er kreieren: Diskussion, Teamwork, Fairneß.

Gerade diese proklamierte Absicht wurde um so erwartungsvoller begrüßt, als Adenauer ein gewisses menschliches Defizit hinterlassen hatte. Nicht ohne Befähigung zur Liebenswürdigkeit und echten Freundschaft, von ausgeprägtem Familiensinn, besaß Adenauer dennoch Härte und Nüchternheit im Umgang, er war autoritär, taktierte nicht immer fein, scheute vor persönlichen Verunglimpfungen politischer Gegner nicht zurück. Das menschliche Begleitgepäck aller großen Staatsmänner scheint etwas untergewichtig zu sein; vielleicht wären sie sonst keine geworden. Erhard schleppte schwer an dem seinen – und scheiterte.

So wohltuend seine Liberalität und Toleranz in der Amtsführung und Richtlinienbestimmung auf die Umgebung wirkte, so nachteilig machte sich alsbald bemerkbar, daß er die Zügel schleifen ließ. Wie eine Schulklasse über Tisch und Bänke geht, wenn es dem Lehrer an Autorität mangelt, so zeigte sich das Bundeskabinett bald ähnlich eigenwillig und pluralistisch. Die unsichtbarstrenge Kabinettslinie Adenauers wurde mißachtet, die Ressortminister gestatteten sich störende, oft konträre Extratouren, die Kabinettsdebatten uferten aus, die Entscheidungen ließen auf sich warten.

Der weiche, zerfließende Führungsstil, dieses politische Amabile der Erhardschen Kanzlerschaft, mußte auch in der Partei zum Verlust von Zusammenhalt führen. Erhard war kein Parteipolitiker, er begriff sich als »Volkskanzler«, möglichst über jedem Parteigezänk stehend. Nun sind unsere Demokratien aber allesamt auf Parteien als tragende und bewegende Kräfte gegründet – vielleicht nicht mehr auf Dauer, aber klare Alternativen sind noch nicht in Sicht. Erhard brauchte die Partei, besaß indes keine starke Basis in ihr, keine

Hausmacht. Adenauer hatte Regierungsgeschäfte und Parteivorsitz in seiner Hand vereinigt. Jetzt war er nur noch CDU-Chef, beherrschte damit aber weiterhin einen beträchtlichen Teil des Kräftepotentials, auf dem Erhards Amt beruhte. Und da er zum Widersacher seines einstigen Wirtschaftsministers geworden war, konnte man die Zweiteilung nicht als glücklich bezeichnen. Wo Erhard die Hauptstütze hätte finden müssen, in der Partei, da fand er sie nicht hinreichend; im Gegenteil, Widerstände formierten sich. Sie trugen zum Teil prominente Namen: Strauß zum Beispiel, Gerstenmaier, Barzel. Wenn Erhard trotz seiner Abneigung gegen Parteien zum Nachfolger Adenauers auch im CDU-Vorsitz wurde (1966), so lag darin ein Teil Machtkonkurrenz gerade gegen Barzel, den Fraktionsvorsitzenden der CDU/CSU in Bonn.

Der einst monolithische Block der Union zeigte erste Risse. Man könnte auch sagen, es waren Verschleißerscheinungen der Macht, Ermüdungstendenzen in der Kreativität der Volkspartei. Sollten die bisherigen Konstellationen überlebt sein und neue Weg eingeschlagen werden müssen? So wurde nun schon öffentlich gefragt. Bundespräsident Lübke machte kein Hehl aus seiner Befürwortung einer großen Koalition, womit er freilich Erhard kränkte, der das bisherige Mitte-rechts-Bündnis vorzog.

Das Echo der Dritten Welt auf die Reisen des Staatsoberhauptes und die Bereitschaft der Bundesregierung unter Erhard, die Zusagen Lübkes einzulösen, ist in einer bezaubernden Karikatur aufbewahrt, die damals im »Simplicissimus« abgebildet war. Exoten aller Art streben zum Bundeshaus in Bonn, Südseeinsulaner im Kanu auf dem Rhein, ein Fremdling im fliegenden Koffer, ein Inder auf einem Nagelbrett flußabwärts herantreibend, Schwarze auf einem Esel und zu Fuß. Ein Kamelreiter aus dem Nahen Osten fragt den Polizisten in der Bildmitte: »Wo wohnen hier der reiche Massa Erhard?«

Das wirtschaftliche Ansehen Deutschlands und seines leitenden Wundermannes, die überhöhten Erwartungen der Armen, die Begehrlichkeit – der Zeichenstift hält das alles fest. Mit liebenswürdigem Strich fängt er die Philosophie der materiellen Befriedigung ein, die als Programm dahinterstand. Andere haben das gleiche Programm mit weit weniger Sympathie betrachtet. Bissig nannte Augstein die Bundesrepublik einen gepanzerten Konsumverein. Erhards Schwäche war die Einseitigkeit. Er erkannte nicht, daß das Erfolgsrezept der ersten Stunde nicht zum ewig gültigen Dogma erhoben werden durfte; daß das »Wohlstand-für-alle«-Evangelium für die Konsolidierungsphase der Bundesrepublik nicht mehr ausreichte. Andere Bedürfnisse waren wach geworden, die es zu befriedigen galt. Auf diesem Gebiet geschah auch jetzt nicht viel. Um das zu beweisen, genügt schon eine Impression von wenigen Sätzen aus einem Aufsatz des FDP-Politikers Karl-Hermann Flach aus der Erhard-Kanzlerzeit:

»In Bonn gibt es keine Begegnung zwischen Geist, Kunst und Politik. Es fehlen die literarisch-politischen Zirkel, die Salons, wo bei einer Flasche Wein oder einigen Kognaks gescheit parliert, geistvoll diskutiert und gelegentlich auch Politik gemacht wird. Es gibt hier keine Orte, an denen die geistigen und künstlerischen Strömungen des Landes ineinanderlaufen und mit der Politik zusammenfließen. Bonn hat eine eigene Form der politischen Kleinbürgerlichkeit entwickelt.«

Als die Deutschen dieses Landesteils wieder gesättigt, gekleidet, eingerichtet und in Europa herumgekommen waren, ohne jedesmal gleich einzumarschieren, erinnerte sich eine zunehmende Zahl kritischer Mitbürger der Binsenwahrheit, daß der Mensch nicht vom Brot allein lebe. Aber offenbar sollte er es auch fernerhin; ein anderes Konzept war nicht da. So meldete sich zunehmend intellektuelle Kritik. Die Autoren – Schriftsteller, Journalisten, Wissenschaftler – standen überwiegend links; der traditionelle deutsche Geistesschwerpunkt hatte sich verlagert, worin ein weiterer bemerkenswerter Unterschied zwischen Bonn und Weimar sichtbar wurde – und bis heute besteht. Der Standort der Kritiker machte es vielen im Establishment schwer, die Kritik ernst zu nehmen: was von links kam, war verdächtig. Und so meldete sich auch der Kanzler verurteilend zu Wort: »Neuerdings ist es ja Mode, daß die Dichter unter die Sozialpolitiker und Sozialkritiker gegangen sind. Wenn sie das tun, dann ist das natürlich ihr gutes demokratisches Recht. Dann müssen sie sich aber auch gefallen lassen, so angesprochen zu werden, wie sie es verdienen, nämlich als Banausen und als Nichts-

könner... Da hört der Dichter auf, da fängt der ganz kleine Pinscher an.«

Es darf bezweifelt werden, daß Erhard gemerkt hat, welche enthüllenden Äußerungen ihm da entschlüpft waren. Hier schimmert bei dem ökonomisch so modern denkenden Politiker plötzlich das Unterfutter obrigkeitlicher Anschauungen durch, die einfach den Anschluß an die neue Zeit nicht gefunden hatten und voraussehbar auch nicht mehr finden würden. Den Schriftstellern war – mit Recht – vorgeworfen worden, daß sie in der Vergangenheit, am ärgsten 1914, weltfremd aufs falsche Pferd gesetzt und sich mit Zielen identifiziert hatten, die Verrat an ihrem sittlichen Auftrag gewesen waren. Daraus hatten sie offensichtlich gelernt und nach 1945 ein wacheres Verantwortungsgefühl für den Staat, in dem sie leben, entwickelt. Und nun wollte der leitende Staatsmann sie auf das veraltete Rollenbild zurückstoßen, wonach ein Dichter eben nur zu dichten und den Staat den Politikern zu überlassen habe. Die Pinscherrede hat nicht nur den Karikaturisten Einfälle beschert, sie hat Erhard viele Sympathien gekostet. In der robusten Wahl-Arithmetik, die mit großen Volksmassen rechnet, fielen allerdings quengelnde Schreibtisch-Banausen nicht ins Gewicht. Noch einmal bewährte sich die Wahllokomotive Erhard mit eindrucksvollen Prozentzahlen. Sein Wahlsieg von 1965 war eindeutig und übertraf sogar die letzte Adenauer-Wahl von 1961. Jene 45,3 Prozent wurden auf 47,6 verbessert.

Noch immer blieb die SPD, trotz Godesberg, unter der Vierzig-Prozent-Marke, die sie hypnotisierte; sie war krank und zerrissen von ihrer Daueropposition. Für Willy Brandt, den Regierenden Bürgermeister von Berlin und SPD-Vorsitzenden seit 1964 in der Nachfolge Ollenhauers, war es der dunkelste Tag. Er hatte die zweite Niederlage als Kanzlerkandidat der Sozialdemokraten eingesteckt. Die düstere Stimmung wurde auch nicht von dem Bewußtsein aufgehellt, das bisher beste Wahlergebnis seit Bestehen der SPD erzielt zu haben, außerdem drei Punkte mehr als 1961. Nur die Solidarität der Partei, eine Eigenschaft, die die Sozialdemokraten seit hundert Jahren besonders groß geschrieben haben, hielt Brandt davon ab, einen endgültigen Verzicht auszusprechen. Die Partei blieb selbst nach der zwei-

Fortsetzung S. 316

313

Linke Seite: Abbrucharbeiten im alten Berliner Hansaviertel. *Oben:* Neubausiedlung in Berlin-Britz von 1956/57.

Die zweite Zerstörung der Städte

Was der Krieg stehengelassen hatte, vernichtete Krämergeist und fehlgeleiteter Modernisierungswille: Die Bautätigkeit, einmal in Gang, rückte nach dem Wiederaufbau den alten historischen Stadtvierteln zu Leibe. Zeugen gewachsener Wohnkultur verschwanden; an ihre Stelle trat das gesichtslose Einheitsquartier.

Jahr für Jahr, Monat für Monat und Tag für Tag sinken über dem Wiederaufbau Häuser und Baugruppen, Platzanlagen und Straßenräume in den Schutt, die von einer bestimmten Periode der deutschen Geschichte Zeugnis ablegen und die deshalb auch dann von hohem historischem Reiz wären, wenn sie keinerlei ästhetische Vorzüge besäßen.

Von überallher hämmert und klopft es, allerorten sinken Gesimse und Kapitelle in den Staub, wohin man nur blickt, hauchen Karyatiden und Amoretten unter puristischen Schlägen ihr Leben aus: Bald wird kein Balkon in Deutschland von einem Atlas noch getragen, nirgendwo mehr werden Putten von Fahrstuhlschächten ins Straßengewühl grüßen.

Ganze Stadtviertel, die den Krieg nur mäßig beschädigt überstanden, sind so erst in den letzten Jahren zerstört worden, vernichtet in ihrem historischen Charakter und in ihrer architektonischen Einheitlichkeit. Nun erst, da diese Häuser aller gliedernden, rhythmisierenden und schmückenden Zutat beraubt sind und sich glatt und kahl wie Bauten von heute präsentieren, wird deutlich, daß auch dieses späte neunzehnte Jahrhundert noch ein gewinnendes Augenmaß für Fassadengliederung durch Ornamentik, keine Fähigkeit aber zur proportionalen Gliederung der Baumaße als solcher und zur Ausgewogenheit der Maßverhältnisse besaß.

So sinken denn ganze Stadtviertel heute dahin. Das mittelalterliche und barocke Deutschland ist, in seinen großstädtischen Teilen, während des Krieges zerstört worden. Das Deutschland des 19. Jahrhunderts, des späten zumal, hat staunenswerterweise in Frankfurt wie in Düsseldorf und Berlin den Krieg zumindest in einzelnen Stadtvierteln überstanden: Bis gestern ließ sich da noch der Geist jener Zeiten ablesen, zeugten die Hauswände und Straßenfluchten von dem erst langsamen und dann immer schnelleren Hinüberwachsen des nachmärzlichen Deutschlands in die wilhelminische Großmacht mit Repräsentationsgelüsten auch in der Beletage und mit imperialem Anspruch auch im Treppenhaus.

Die Fassaden spiegelten das wider in ihren immer weiter ausholenden Bewegungen, ihrem Zuhilferufen der figürlichen an Stelle der linearen Ornamentik, mit ihrem Hinüberwechseln aus biedermeierlicher Bescheidenheit in das Prunken mit Materialien. Die Fassaden machten zu einem guten Teil auch die Lokalfarbe der deutschen Städte aus: Das norddeutsche Mietshaus bewahrte bis an die Schwelle des Weltkrieges heran noch Einflüsse des Englischen und Niederländischen, das Berliner Haus mit seinem »Berliner Zimmer« setzte sich im Wilhelminischen unverkennbar vom Märkisch-Brandenburgisch-Preußischen ab, das Münchener Zinshaus war südlich in den Proportionen und mediterran nicht nur in Innenhof und Arkaden, sondern auch im Grundriß der Wohnungen, weil zugeschnitten auf einen Menschenschlag mit anderen Lebensgewohnheiten.

Heute ist in den Straßen der Großstädte kein Unterschied mehr kenntlich: Die renovierten und gereinigten Fassaden gleichen einander in München wie in Wilhelmshaven und in Köln: Wohnquartiere, die nichts mehr ausstrahlen vom Geist ihres Ursprungs.

Wolf Jobst Siedler, Die gemordete Stadt. München–Berlin 1964

315

ten Niederlage hinter ihrem in aller Welt populären Chef und stellte sich mit ihm auf weitere vier Jahre Opposition ein, da die Freien Demokraten erneut in eine Koalition mit der CDU/CSU eintraten. Keiner ahnte, daß die Kräfteverhältnisse und Konstellationen schon nach gut einem Jahr umgeworfen sein und neu formiert werden würden.

Oder-Neiße im Widerstreit

Im Potsdamer Abkommen vom 2. August 1945 steht im Hinblick auf die deutschen Ostprovinzen jenseits von Oder und Görlitzer Neiße, daß sie bis zur endgültigen Festlegung der Westgrenze Polens »unter die Verwaltung des polnischen Staates kommen«. Weiter bekräftigten die Häupter der drei Regierungen (Sowjetunion, USA, Großbritannien), »daß die endgültige Festlegung der Westgrenze Polens bis zur Friedenskonferenz zurückgestellt werden soll«.

Diese Friedenskonferenz hat es bis heute nicht gegeben. Sie ist auch nicht mehr zu erwarten. Längst haben die Weltmächte mit jedem der beiden Teile Deutschlands im eigenen Machtraum ihren Frieden gemacht, und wenn dereinst beide Teile Deutschlands wieder zueinanderfinden sollten, dann hat eine »Friedenskonferenz« keinen Sinn mehr; sie sollte ja den Krieg beenden und nicht die Teilung.

So besteht also hinsichtlich der Ostgrenzen ein völkerrechtlich kaum mehr klärbarer, jedenfalls ungeklärter Zustand. Während der ganzen Ära Adenauer und auch unter Erhard und Kiesinger leiteten die Bundesregierungen daraus ihren Standpunkt ab, daß die deutschen Grenzen von 1937 (bevor Hitlers Annexionen begannen) völkerrechtlich noch immer gültig seien. Die Bundesrepublik dürfe gar keinen Verzicht auf jene Gebiete aussprechen, solange ein Friedensvertrag mit dem gesamten Deutschland ausstehe. Demgegenüber hatte die DDR schon 1950 feierlich die Oder-Neiße-Linie anerkannt, obwohl sie sich ausdrücklich nicht als Rechtsnachfolger des Deutschen Reiches betrachtet.

Dem Rechtsvorbehalt der Bundesregierungen gegenüber standen aber sichtbare Tatsachen im Raum. Die polnische »Verwaltung« hatte schon seit 1945 anstelle der geflüchteten und vertriebe-

nen deutschen Bewohner Millionen Polen angesiedelt, zum großen Teil solche aus den polnischen Ostprovinzen, die die Sowjetunion sich einverleibt hatte. Polnische Aussiedler hatten also in den deutschen Provinzen eine neue Heimat gefunden. Aus dem vorher rein deutschen Land wurde ein nahezu rein polnisches. 1960 lebten in den ehemals deutschen Gebieten jenseits von Oder und Neiße 8 850 000 Einwohner (Vergleichszahl 1939: 9 620 000). Ein Drittel der polnischen Neubürger war schon dort geboren.

Wie so oft lagen in dieser Sache das Recht und die Politik miteinander im Streit. Das Recht sagte: diese Regionen sind deutsch bis zu endgültiger Regelung. Die Politik dachte: Die Regelung ist endgültig, weil die geschaffenen Tatsachen nicht widerrufen werden können. Sollte man alle Polen irgendwann wieder aus dem Lande treiben und damit das Karussell des Unrechts erneut in Gang setzen? Laut sagen durfte die Politik dies freilich nicht, weil sie dem Wähler immerfort versichert hatte, es bleibe beim Rechtsvorbehalt. Aber niemand konnte den Rechtsvorbehalt ernst nehmen. Kein Abkommen der Welt würde an den geschichtlichen Umschichtungen noch etwas ändern können. Friedlich ging es nicht – und unfriedlich, also mit Gewalt, erst recht nicht. Diese Möglichkeit schied in den Überlegungen ohnehin als ungangbar und absurd aus. So mußte der Rechtsvorbehalt also vor den Tatsachen kapitulieren.

Genau in diesem Sinne hatte Carlo Schmid schon 1956 auf einer deutsch-französischen Konferenz in Bad Neuenahr eine vielbeachtete Rede gehalten: »Niemand von uns kann als Recht anerkennen, was nach 1945 dort im Osten geschehen ist. Wir können nicht anerkennen, daß es Recht ist, daß man ... acht Millionen Menschen aus ihrer alten Heimat verjagt und daß man diese Gebiete abschneidet von dem Mutterland ... dieser Gebiete: Deutschland. Das war nicht Recht. Auf der anderen Seite aber läßt sich doch nicht bestreiten, daß hier Fakten geschaffen worden sind und daß ... man versuchen muß, damit fertig zu werden. Ich glaube nicht, daß es ein gutes Fertigwerden wäre, wenn man diesen Fakten gegenüber so tut, als würden sie einmal von selber verschwinden oder als könnte man sie durch irgendeinen Zauber verändern ... Das ist ein Land, in dem die

Steine Deutsch sprechen, aber in diesem Land leben keine Deutschen mehr. Ich muß sagen, auch aus moralischen Gründen könnte ich es nicht verantworten, mich daran zu beteiligen, die Polen, die nun dort sitzen, aus diesem Land wegzujagen, wie man einmal die Deutschen weggejagt hat, denn das sind auch Menschen. Man muß mit dieser schmerzlichen Sache auf eine vernünftige, daß heißt, auf eine politische Weise fertig werden... Hier ist ein Tabu, ein böses Tabu, und es muß durchbrochen werden...«

Carlo Schmid mit seiner Zivilcourage rührte an das Tabu, aber er durchbrach es nicht. Das militante antikommunistische Klima im Lande – 1956, im Jahr des sowjetischen Einmarsches in Ungarn – ließ das gar nicht zu. Aber wie von Schmid betont: Fakten sind hartnäckig, und durch Verschweigen schafft man sie nicht aus der Welt. Während die offizielle Politik das heiße Eisen weiterhin unberührt ließ, faßte es als nächster die Evangelische Kirche an, kurz nach Erhards Wahlsieg 1965.

In einer Denkschrift mit dem Titel »Die Lage der Vertriebenen und das Verhältnis des deutschen Volkes zu seinen östlichen Nachbarn« rief sie nun als die große Institution, die sie war, ein entsprechend großes Echo hervor. Kernthese: Das Erbe einer bösen Vergangenheit verpflichte das deutsche Volk, »in der Zukunft das Lebensrecht des polnischen Volkes zu respektieren und ihm den Raum zu lassen, dessen es zu seiner Entfaltung bedarf«. Nicht mit ausdrücklichen Worten, aber doch deutlich genug wurde den Verantwortlichen und Nichtverantwortlichen in der Bundesrepublik Deutschland nahegelegt, auf die verlorenen Provinzen zu verzichten. Das Ganze geschah in behutsamem, abgewogenem Ton, zugleich mit jener Gewissensfreiheit, die sich auf Luther beruft und die auf Verbandsinteressen und Wähler keine Rücksicht zu nehmen braucht. Wohl dem Gemeinwesen, das inmitten der wuchernden Interessengruppen unabhängige Geister besitzt, die allein an der Sache sich orientieren, an Recht und Gerechtigkeitsgefühl, Logik und Geschichte. Sonst würde die Gemeinschaft am Kastenwesen ersticken.

Das Schicksal dieser Denkschrift? Gewaltiger Wirbel, aber keine Bewegung in der Sache selber. Das hatte mehrere Gründe. Zunächst einmal reagierten die eigentlich Betroffenen – jene, die ihre Heimat verloren hatten – in geballter Emotion bis hin zu erschreckendem Nationalismus. Vom zweiten einmal abgesehen, war das erste nicht unbegreiflich. Kaum mehr vorstellbare Leiden lagen hinter den Vertriebenen und Flüchtlingen. Nun sollten sie noch denen, die ihnen Unrecht getan, Lebensrecht an der eigenen Heimaterde zuerkennen? So viel Entsagung war den wenigsten abzuverlangen. Dabei wäre zu dem Zeitpunkt, 1965, nur der geringere Teil der früheren Ostbewohner noch zurückgekehrt, wenn sie plötzlich die Möglichkeit dazu bekommen hätten; das ergaben Umfragen. Sie waren schon viel zu eng in die neuen Lebensverhältnisse, ja, in materielles Wohlergehen, hineinverwoben, genossen zum Teil weit mehr Komfort als früher daheim. Man errechnete sogar klipp und klar, daß die westdeutsche Wirtschaft zusammenbrechen müßte, wenn ihr plötzlich Millionen Menschen entzogen würden.

Da nun aber Gefühle und Vernunft oft genug zweigleisig verlaufen in ein und demselben Menschen, so änderten die nüchternen Tatsachen nicht das mindeste an den Empfindungen. Die Empfindungen sprachen: nein; da hatten die Tatsachen dann nichts zu melden. Ein Beobachter der Szene, der Publizist Eberhard Stammler, kommentierte die Reaktionen auf die Denkschrift mit den Worten: »Wollte man den Gesamteindruck auf einen Nenner bringen, dann findet man eine Schicht unseres Volkes, die noch immer krank ist. Sie krankt am Schmerz über ihr Geschick, sie leidet daran, daß sie keine Antwort findet auf ihr Warum, und sie bäumt sich dagegen auf, daß ihr ihre Welt zerstört wird.« In diesem Zusammenhang heißt »die Welt zerstören« zumeist einfach: Zerstörung einer Illusion, der Illusion, die Heimat sei irgendwo noch immer verfügbar.

Neben der privaten, persönlichen Abwehr bekam die Denkschrift auch die amtliche zu spüren. Selbst wenn viele Politiker nicht anders dachten als die Verfasser des Memorandums, sich hinter vorgehaltener Hand auch so äußerten, hieß die offizielle Devise in Bonn: Ablehnung. Das hatte, wie immer bei Politikern in einer Demokratie, viel mit der Furcht vor dem nächsten Wahltermin zu tun. Es hatte auch mit dem erwähnten Rechtsvorbehalt zu tun.

Fortsetzung S. 320

317

Anklage gegen die Väter

Materiell blieb die Wohlstandsgesellschaft ihren Kindern nichts schuldig, aber viel in geistiger, moralischer Hinsicht. Aus der Sammlung »Primanerprosa – Primanerlyrik« von 1965 stammen die folgenden Gedichte gegen die Sattheit, Selbstzufriedenheit und Gleichgültigkeit der Eltern. Es sprechen jungen Menschen der Geburtsjahrgänge 1942 bis 1948, dieselben, die später ihren Protest in die Seminare der Universitäten trugen.

An meinen Vater
(den Generaldirektor)

Meine Fahne
ist schwarz
vom Aschenbrand.
Meine Fahne
ist rot
vom Blut im Sand.
Meine Fahne
ist golden
vom Gold dafür.
Und diese Fahne
die verdank ich dir.

aufstieg einer europäischen nation

es soll vorgekommen sein,
daß ein ganzes volk
– der name tut nichts zur sache –
erst hinterher merkte wie sehr
es betrogen und manche merkten's
noch nicht einmal dann.
doch nach einigen jahren verzicht
auf soldaten und salami
meinten alle, man habe
nunmehr wahrhaftig genug opfer
gebracht und außerdem hätten's
die andern ja auch schlimm
getrieben, man wolle denen
– wer damit gemeint ist, ist klar –
also denen wolle man nun endlich
zeigen, daß man auch noch da sei – und wie.

Gedanken beim Anhören einer Rundfunkrede

: vor dem Fenster singen die Spatzen :

friedlich
friedliche Worte
friedliche Lügen
friedliche Brüder und
friedliche Schwestern
friedliche Kriege

: vor dem Fenster singen die Spatzen :

niemals
niemals besser
niemals rot
niemals handeln
niemals nachgeben
niemals niemals

: vor dem Fenster singen die Spatzen :

sogenannte
sogenannte DDR
sogenannte Zonen
sogenannte Wirklichkeit
sogenannte Feinde
sogenannte Menschen

: vor dem Fenster singen die Spatzen :

plus
plus einig + stark + gerechte Sache +
plus du sollst nicht doch du darfst +
plus Lebensstandard ist höher als +
plus Dichter + Denker + Chrom +
plus Scherge + Gefahr aus dem Osten +
plus hingegen jedoch aber hier:

plus + plus + plus . . .

: vor dem Fenster
            sangen
               die Spatzen :

Vorwurf

Uns stellt ihr
euch
als Helden dar.
Jeder von euch will
in den Krisenjahren
ein Widerständler gewesen sein.
Im stillen Kämmerlein
so viele Jahre durch.

Ein Stein des Anstoßes für die junge Generation: der üppig zur Schau getragene Wohlstand.

So frag ich
mich,
wer war es, der
gejubelt, der ja gesagt
und zugestimmt?

Ihr!
Ihr alle,
angefangen bei euch,
die ihr doppelt mir
an Alter heut' überlegen.
Alle seid ihr schuldig,
nicht nur
wenige;
nicht bloß
einige.

Alle!

jugend

es gibt menschen die haben nur unser bestes im auge
besonders gewerkschaftsfunktionäre und
junge pastoren
doch wir haben kein interesse
an der suche nach dem verlorenen
paradies

das in bernsteingefaßter erinnerung
der ahnen verankert
uns narrt
unsere fragen werden stumm gestellt
und schweigen ist auch die antwort
wir träumen noch manchmal
von zukunft und glück
doch nur verschämt und still
in der ecke
ansonsten begnügen wir uns
mit antiseptischem lärmgürtel und
glanzpapierner reklame
wir gehn mit der zeit
und manchmal geht die zeit
auch mit uns
doch freude kennen nur toren
und die gibt es selten
wir verleihen braungebrannt auf tennisplätzen
dem wohlstand einen gesunden schimmer von
frischer natürlichkeit
doch täuschen wir niemals uns selbst
so oft wir es auch mit whisky und
gaby versuchen
so schwanken wir im föhnwind der zeit
bis wir an einem nicht fernen abend
im stadium der reife zerfallen

A. Schmid (Hrsg., Primanerlyrik – Primanerprosa. 1965

Doch sprach maßgeblich noch etwas anderes mit, und daran hatten die Ostblockstaaten schuld. Sie forderten seit längerem von der Bundesrepublik: Anerkennung der bestehenden Grenzen in Europa, summarisch und pauschal. Wenn nun die Bundesregierung ein Signal des Einverständnisses mit dem Grundton der Denkschrift gegeben hätte, dann wäre in Moskau, Ostberlin und überall sonst auch ein Einverständnis mit der Existenz der DDR daraus abgeleitet worden. »Bestehende Grenzen« hieß ja: sowohl die Oder-Neiße-Linie als auch die innerdeutsche Grenze. Wer die erste hinnahm, duldete damit indirekt auch die zweite, geriet in gefährliche Nähe zur kommunistischen Zwei-Staaten-Theorie, und dazu wollte sich in Bonn keiner verstehen.

Damals war noch die Hallstein-Doktrin von 1955 in Kraft, jener außenpolitische Grundsatz der Bundesrepublik, den der Staatsrechtslehrer und Staatssekretär im Auswärtigen Amt, Walter Hallstein, formuliert hatte. Die Hallstein-Doktrin besagte, die Bundesrepublik vertrete Deutschland völkerrechtlich, als Nachfolgestaat des Deutschen Reiches, allein und ausschließlich. Infolgedessen betrachte die Bundesregierung die Aufnahme diplomatischer Beziehungen zur DDR durch dritte Staaten als unfreundlichen Akt. Ausgenommen davon war nur die Sowjetunion als Siegermacht des Zweiten Weltkrieges und Mitunterzeichner des Potsdamer Abkommens, woraus sich die Mitverantwortung für Fragen ganz Deutschlands ableite. Angesichts der Hallstein-Doktrin konnte die Bundesregierung schwerlich Zugeständnisse machen, die – wenn auch nur auf einem Umweg – nach einer Anerkennung der DDR aussahen. Der Umweg »Oder-Neiße-Linie« hätte zuletzt nach Ostberlin geführt, jedenfalls wäre die Hinnahme der polnischen De-facto-Westgrenze in Ostberlin triumphierend so ausgelegt worden.

Dies also war 1965 und in den Jahren danach der wesentliche Beweggrund, daß die umstrittene Denkschrift der Evangelischen Kirche ein Ruf ins Leere war und nichts bewegen konnte. Doch mahnend stand auch Golo Manns Forderung und Gewissensappell aus der ersten Hälfte der sechziger Jahre im Raum: »Mit den Polen Frieden machen!« Irgendwann mußte die Stunde kommen, da Staatsräson einerseits und Einsicht in die

Tatsachen andererseits in Einklang zu bringen waren. Irgendwann mußte – Kommunismus hin, Kommunismus her – auch den Polen gegenüber Schuld anerkannt werden. Was sie uns getan hatten, war eine Folge unseres Tuns. Ursache und Wirkung durften in ihrer Beziehung zueinander nicht vergessen werden; man konnte nicht allein auf die Wirkung – Wegnahme der Heimat – starren und die Ursache zu alledem aus dem Gedächtnis verdrängen. Die Geschichte ist ein unerbittlicher Gläubiger. Lange kann sie geduldig warten, aber irgendwann müssen ausstehende Rechnungen beglichen werden.

Kiesingers große Koalition

Nachdem Ludwig Erhard dem unversöhnten Altkanzler in Rhöndorf gezeigt hatte, daß er Wahlen eindrucksvoll gewinnen konnte, dauerte es nur noch ein gutes Jahr, bis er regierungsunfähig geworden war: ein stiller Triumph Adenauers, der es ja schon immer gewußt hatte . . . Woran lag es? Es lag an vielem, aber in der Hauptsache an einem Umstand, der Thema eines Lustspiels sein konnte: an einem Wirtschaftsprofessor, der mit dem Geld nicht umzugehen verstand. Seit er selber für den Etat letztlich verantwortlich zeichnete, entwickelte die Brundesrepublik Deutschland sich mehr als zuvor zu einer Gefälligkeitsdemokratie, in der, wer am lautesten forderte, am meisten bekam. Da sie alle sich an Lautstärke übertrumpften, bekamen sie – fast – alle mehr aus dem großen Topf, als drin war. Und so glitt der Staat aus der Hochkonjunktur ab in die Rezession. Natürlich wurde Erhard abermals ein Opfer seiner Gutherzigkeit, die die Erfordernisse des Staatshaushalts mit dem Gruppenegoismus nicht in Einklang bringen konnte. Die Maßhalteappelle des Kanzlers verfehlten ihren Zweck, zumal er selber mit dem Haushalt nicht Maß hielt. Seine Politik machte es möglich, daß der Etat sich zwischen 1960 und 1965 mehr als verdoppelte. Ein kleiner Abschnitt Finanzpolitik mag veranschaulichen, wie es zur akuten Krise der Regierung Erhard kam.

Seit Anfang der sechziger Jahre stiegen die Masseneinkommen außerordentlich. Prozentual noch stärker erhöhten sich allerdings die Steuern. Der

Staat nahm weit mehr ein – und gab wieder aus –, als dem Bruttosozialprodukt angemessen war. Er schnitt sich aus dem volkswirtschaftlichen Kuchen Jahr für Jahr ein größeres Stück heraus. Die Ausgabenflut der öffentlichen Hand wird sichtbar, wenn man als Beispiel nur die Subventionen des Jahres 1965 nennt: 23 Milliarden Mark. Davon entfielen allein auf die Landwirtschaft mit ihrer schlagkräftigen Lobby vier Milliarden. (Zum Vergleich: Wissenschaft und Forschung, ohne schlagkräftige Lobby, mußten sich mit 1,5 Milliarden begnügen.) Der Ausdruck vom »Gefälligkeitsstaat« kam auf, die Fiskalpolitik des Staates (und der Länder) wurde böse kritisiert. Daran änderten auch Steuersenkungen nichts, die den Bürgern ab 1965 zugute kamen. Die massierten Ausgaben des Staates führten schließlich zu einer Überhitzung der Konjunktur, wozu die Wahlgeschenke von 1965 nicht wenig beitrugen. Der Preisauftrieb, von dem der damalige ZEIT-Wirtschaftsredakteur Dieter Stolze 1965 noch zurückhaltend schrieb, er werde »in manchen Kreisen als das wirtschaftliche Hauptproblem der Bundesrepublik betrachtet«, wurde bald zum Hauptproblem aller. Die Konjunktur überschlug sich, die Inflation, stets ein Zeichen für mehr Nachfrage als Angebot, für mehr Bedarf als Deckung, führte in den konjunkturellen Rückschlag, in die erste große Rezession der Bundesrepublik. Die Wachstumsrate des Bruttosozialprodukts ging von 1964 an in eine steile Abstiegskurve über, die 1967 bei Null ankam, ein Zustand, dem »die an unentwegtes Wirtschaftswachstum gewöhnte, prosperitätssüchtige Bundesrepublik fassungs- und hilflos ausgeliefert war« (Jürgen Tern).

Das Schicksal des zweiten Kabinetts Erhard entschied sich nicht erst auf dem Tiefpunkt der Konjunktur. Ein Teil seiner Mannschaft verließ den Kapitän schon vorher. Die FDP, mit 9,5 Prozent der Wählerstimmen (1965) gegenüber dem Rekordergebnis von 12,8 Prozent (1961) deutlich geschwächt, daher krisenanfällig und image-empfindlich, fürchtete in der Wirtschaftsflaute um die Wähler und damit um die Existenz. Diese Furcht erhielt Nahrung aus der Wahlniederlage der CDU in Nordrhein-Westfalen im Juli 1966. Ihr Prozentanteil ging von 46,4 auf 42,8 Prozent zurück, die SPD steigerte sich von 43,3 auf 49,5 Prozent und wurde damit stärkste Partei und Fraktion im

Landtag. Die Liberalen konnten sich zwar leicht verbessern, aber die Warnzeichen waren nicht zu übersehen. Koalitionsniederlagen vor der Bonner Haustür wirken auch noch anders als Schlappen irgendwo sonst im Land. Den unmittelbaren Anlaß für den Zerfall der Bonner Allianz lieferte der Haushalt 1967. Bei der Beratung brachen über die Frage, ob der Etat durch Steuererhöhungen ausgeglichen werden solle, unüberbrückbare Gegensätze auf. Die FDP-Fraktion zog ihre vier Minister am 26. Oktober 1966 aus dem Kabinett zurück.

Ohne die FDP konnte Erhard nicht regieren, mit der SPD wollte er nicht regieren. Ein Minderheitskabinett? Das kann sich nur halten, wenn die Parlamentsmehrheit es toleriert, weil es keine bessere Lösung gibt. So hatte Heinrich Brüning von 1930 bis 1932 sich halten können. Anders jetzt. Die Union verfügte über 245 Sitze, SPD und FDP über 202 und 49, zusammen also über die Mehrheit. Und diese Mehrheit war nicht, wie zur späteren Weimarer Zeit, durch unüberwindliche Gegensätze neutralisiert. Die Sozialdemokraten nach Godesberg und die Liberalen nach Adenauer hätten durchaus zusammengehen können. Die SPD drängte überdies geradezu neurotisch zur Macht, nachdem sie seit 1930 wenn überhaupt, nur noch in Landesregierungen gesessen hatte.

Der Gefahr, entmachtet zu werden, wollten die Christlichen Demokraten entgehen, indem sie die Flucht nach vorn antraten und unter Opferung ihres Erfolgssymbols Erhard, von dem die Fortune gewichen war, mit der SPD ins Gespräch zu kommen suchten. Schon Ende 1962 war Herbert Wehner zum Abschluß mit der Union bereit gewesen. Die zweite Chance, vier Jahre später, ließ er nun nicht mehr aus der Hand. Daß mit Adenauer nicht zu regieren sei, mit einem Mann, der eine Herrschaft der SPD für »den Untergang Deutschlands« zu halten behauptet hatte – diese Einstellung vieler Sozialdemokraten mochte 1962 noch verständlich gewesen sein. 1966 waren solche Skrupel dem veränderten Klima der Innenpolitik gewichen.

Allerdings brauchte die CDU/CSU für das große, unabsehbare Wagnis einen Mann, dessen Person Aussicht bot, die ungleichen Partner beieinanderhalten zu können. Ihn fand man in der Landes-

Das Kabinett der Großen Koalition von CDU und SPD löste im Dezember 1966 die Regierung Erhard ab. Erste Reihe von links: Lücke, Höcherl, Strobel, Bundespräsident Lübke, Kiesinger, Brandt, Leber.

Zweite Reihe: Heck, Schmid, Dollinger, Schmücker, v. Hassel, Schiller, Katzer, Schröder. Dritte Reihe: Wehner, Heinemann, Wischnewski, Lauritzen, Strauß, Stoltenberg.

hauptstadt Stuttgart. Dort hatte Ministerpräsident Kurt Georg Kiesinger 1958 bis 1960 vorgemacht, was jetzt in Bonn versucht werden sollte. Er kannte sich also mit den Schwierigkeiten oder auch schöpferischen Anregungen des schwarz-roten Farbkontrastes hinreichend aus. Die Bonner Szene war dem Schwaben ebenfalls vertraut. Er hatte sich im Bundestag in den Jahren 1954 bis 1958 als außenpolitischer Sprecher der Union einen Namen gemacht – einer Außenpolitik freilich, die gar nicht so ganz im Sinne der SPD gewesen war; aber im Moment waren alle Beteiligten bereit, über vieles hinwegzusehen.

So wurden die beiden großen Parteien handelseinig. Die Freien Demokraten gingen zum zweitenmal in der Geschichte der Bundesrepublik in die Opposition. Nur, das Zahlenverhältnis beider Kräftegruppen im Bundestag war diesmal recht mißgestaltet. 447 Abgeordneten der Regierungsparteien standen ganze 49 Parlamentarier gegenüber, die deren Arbeit öffentlich kontrollierten und kritisierten. Die Volksvertreterpflicht, allenthalben präsent und auf allen Gebieten sachkundig zu sein, stellte an die kleine Fraktion in den folgenden drei Jahren große physische und intellektuelle Anforderungen; ihnen zu genügen, war eine Leistung, die im Schatten des öffentlichen Interesses lag, aber darum nicht unbeachtlich war.

»Weg vom Fenster«, nicht nur einstweilen, sondern auf Dauer, war auch Ludwig Erhard, nunmehr Altbundeskanzler. Bitter dürfte für ihn gewesen sein, daß Konrad Adenauer den Abstieg noch ein halbes Jahr vor seinem Tod voller Genugtuung miterlebt und seine früheren Warnungen, Erhard habe nicht das Zeug zum Kanzler, bestätigt gesehen hat. Und doch galt bei Erhard in besonderem Maße die etwas altertümlich klingende Traditionsfloskel, er habe »sich um das Vaterland verdient gemacht«.

Zuletzt allerdings hatte er das Staatsschiff in enge Klippen manövriert. Erste Aufgabe der großen Koalition war folglich, es wieder frei zu bekommen. Daneben erhielt die Ostpolitik neue Perspektiven. Was jedoch mehr als alles andere in Erinnerung blieb, ist die Studentenrebellion. Zur gleichen Zeit entfaltete sich auf der weltanschaulichen Gegenseite in Gestalt der NPD ein Neonationalismus. Bei allem ist auch nicht zu vergessen, daß Kiesingers Lebensgang einen Schatten warf, der schon vor dem ersten Arbeitstag im Palais Schaumburg auf ihm gelastet und seine Kanzlerschaft bis zuletzt begleitet hat. Unmittelbar vor der Wahl Kiesingers zum Bundeskanzler veröffentlichte Günter Grass einen offenen Brief in der »Frankfurter Allgemeinen Zeitung«, in dem er an Kiesingers Einsicht appellierte, das Amt nicht anzutreten, obwohl er natürlich wußte, daß die Parteiinteressen – gerade der SPD, die sonst in bezug auf die NS-Vergangenheit von Politikern sehr empfindlich reagierte – längst auf Kiesinger festgelegt waren. Der Autor der »Blechtrommel« schrieb unter anderem:

»... Sie, Herr Kiesinger, sind 1933 als erwachsener Mann in die NSDAP eingetreten, erst die Kapitulation vermochte Sie von Ihrer Mitgliedschaft zu entbinden. Erlauben Sie mir die folgende Fiktion: Wenn Sie mein Vater wären, würde ich Sie bitten, mir Ihren folgenreichen Entschluß aus dem Jahr 1933 zu erklären. Ich wäre in der Lage, ihn zu verstehen, denn die Mehrzahl aller Väter meiner Generation verlor die besten Jahre im Zeichen solcher Fehlentscheidungen. Wenn aber Sie, der fiktive Vater, mich, den fiktiven Sohn fragten: ›Ich soll Bundeskanzler werden. Politik interessiert mich leidenschaftlich. Ich habe immer schon außenpolitische Ambitionen gehabt. In meinem Land Baden-Württemberg war ich erfolgreich. Die Leute mögen mich. Soll ich Ja sagen?‹, dann – hieße die Antwort des fiktiven Sohnes: ›Gerade weil Dich Politik leidenschaftlich interessiert, weil Du außenpolitische Ambitionen hast, mußt Du Nein sagen. Denn eigentlich müßtest du wissen, daß in diesem Land mit seiner immer noch nicht abgetragenen Hypothek, in diesem geteilten Land ohne Friedensvertrag, das Amt des Bundeskanzlers niemals von einem Mann wahrgenommen werden darf, der schon einmal wider alle Vernunft handelte und dem Verbrechen diente, während andere daran zugrunde gingen, weil sie der Vernunft folgten und dem Verbrechen Widerstand boten. ... Wie soll die Jugend in diesem Land jener Partei von vorgestern, die heute als NPD auferstehen kann, mit Argumenten begegnen können, wenn Sie das Amt des Bundeskanzlers mit Ihrer immer noch schwerwiegenden Vergangenheit belasten? Wie sollen wir der gefolterten, ermordeten Widerstandskämpfer, wie sollen wir der Toten von

Auschwitz und Treblinka gedenken, wenn Sie, der Mitläufer von damals, es wagen, heute hier die Richtlinien der Politik zu bestimmen...?«

Er wagte es, vielleicht aus dem Gefühl, er habe sich inzwischen zwei Jahrzehnte demokratisch ausgewiesen und damit den Fehltritt der frühen Jahre abgegolten. Vielleicht hat ihn auch die kühle Erwägung (mit)bestimmt, daß ihm die vergangenheitsbewußte SPD nicht gefährlich werden könne, weil die Machträson ihr einen Maulkorb anlegte. Und so begab sich das für die Öffentlichkeit leicht irritierende Schauspiel, einen Kanzler mit NS-Hintergrund und einen Vizekanzler, der vor den Nazis geflohen war, in derselben Regierung vereint zu sehen.

Vizekanzler Willy Brandt, eigentlich kein Anhänger der großen Koalition, unterwarf sich Wehners Strategie, auf dem Wege über die halbe Macht vielleicht bald die ganze zu erlangen. Als Außenminister – der erste Sozialdemokrat im Auswärtigen Amt seit Hermann Müller 1919/20 und der zweite überhaupt – konnte er zudem seine weltweiten freundschaftlichen Kontakte aus den neun Berliner Jahren als Regierender Bürgermeister vertiefen und für Berlin manches tun.

Mit Kiesinger und Brandt besaß die Zweckehe der beiden großen Parteien zwei profilierte Persönlichkeiten an der Spitze, beide mit starker Ausstrahlung auf die Bevölkerung, schon weil sie gut aussahen und hervorragende Redner waren. »Häuptling Silberzunge« nannte man Kiesinger wegen seiner charmanten Eloquenz. Die große Koalition bot noch weitere personelle Leckerbissen. Als Justizminister trat Heinemann ihr bei, jener zeitige Adenauer-Abtrünnige, der mit einer eigenen Partei neutralistischer Tendenz kein Glück gehabt hatte und schließlich zur SPD gestoßen war, ein kompromißloser Gewissensdemokrat mit dem Lebenshintergrund der Bekennenden Kirche im Dritten Reich. Im Kabinett Kiesinger setzte sich der Tatchrist aus Westfalen erfolgreich für die große Strafrechtsreform ein, auch für die Verbesserung des Unehelichen-Rechts.

Kiesingers delikateste Ressortbesetzung trug einen Doppelnamen: Schiller-Strauß. Einzeln sind sie aus dieser Epoche beinahe gar nicht in Erinnerung; sie traten wie siamesische Zwillinge auf. Nicht nur in physischer Zweisamkeit nahm die Öffentlichkeit sie vor Mikrophon und Kamera

wahr; sie argumentierten auch noch in verblüffender Eintracht.

Das ging natürlich nur, weil der Wirtschaftsprofessor Karl Schiller eigentlich ein versehentlich in die SPD geratener Neoliberalist war, ein Marktwirtschaftler eines lediglich zeitgemäßeren Stils. »Aufgeklärte Marktwirtschaft« heißt bezeichnenderweise ein Buchtitel Schillers, dessen Arsenal eingängiger Begriffsbildungen den ökonomischen Sprachschatz der sechziger Jahre bereichert hat, zum Beispiel mit der »konzertierten Aktion«.

Nun also leitete der amtserfahrene frühere Wirtschaftssenator von Hamburg und Berlin das Bundesministerium für Wirtschaft, und Strauß, der vormalige Verteidigungsminister, die Vielzweckwaffe der Union, regierte das Bundesministerium für Finanzen.

Hauptaufgabe des ministeriellen »Plisch-und-Plum«-Zweigespanns war, Investitionen anzuregen, die Arbeitslosigkeit zu überwinden, das Bruttosozialprodukt wieder in die Wachstumszone zu heben. Der normale Haushalt gewährte kaum Spielraum für Konjunkturspritzen, weil er schon auf Jahre hinaus mit festen Ausgabeposten vorausfixiert war. Eine flexible Anpassung an die akute Notlage gelang nur über kreditfinanzierte Eventualhaushalte. Nur durch Verschuldung ließen sich Mittel zur Ankurbelung der Konjunktur gewinnen. Die Methode war nicht neu. Sie entstammte dem Ideenvorrat des berühmten englischen Wirtschaftstheoretikers J. M. Keynes (1883–1946).

Schiller und Strauß hatten mit dem Rezept der Defizit-Finanzierung (deficit spending) Erfolg. Mit antizyklischer Konjunkturpolitik leitete die Regierung einen »Aufschwung nach Maß« (Schiller) ein. Niedrige Tarifabschlüsse, da die Gewerkschaften sich zurückhielten, halfen ihr dabei ebenso wie die Zunahme der Exportmöglichkeiten. »Der Regierung Kiesinger«, so heißt es in einer Bundesrepublik-Chronik von 1974 zurückschauend, »gelang es beinahe mühelos, der Rezession Herr zu werden, so viele Worte auch darum gemacht wurden.«

Um nicht ähnliche Rückschläge erneut zu erleben, verbesserte die Regierung die Steuerungsmechanismen der Wirtschaft. Dazu gehörte die »konzertierte Aktion«. Hinter dem Schlagwort formierte sich die Zusammenarbeit zwischen Regierung,

Bundesbank und autonomen Tarifpartnern. In Abständen diskutierten Minister, Beamte, Gewerkschaftler, Unternehmensvertreter über Lohnleitlinien und Globalsteuerung, über Stabilität und Wachstum. Die konzertierte Aktion verstand sich nicht als eine beliebige Notstandskonferenz von Fall zu Fall; das Stabilitätsgesetz vom 8. Juni 1967 machte das Gremium zur Institution. Im selben Gesetz wurde die mittelfristige Finanzplanung verankert, und zwar über jeweils fünf Jahre, gleichermaßen für Bund und Länder verbindlich. Dadurch sollten Fehlprojektionen vermieden werden, wie sie bei der Kurzfristigkeit des Jahresbudgets sich einschleichen können. Ein reinblütiger Marktwirtschaftler wie Erhard mochte in der angepaßten Marktwirtschaft Dirigismus sehen. Aber die international stark verflochtene Industriegesellschaft der sechziger Jahre kam eben mit der »einfachen« Marktwirtschaft der fünfziger nicht mehr zurecht. Die Finanzpolitik, bis 1966 noch vornehmlich Haushalts- und Steuerpolitik, wurde zur Konjunkturpolitik ausgeweitet; die Wirtschaftspolitik diente nicht mehr lediglich als Garant des freien Wettbewerbs und als Überwachungsorgan der Spielregeln, sondern als Steuerungsinstrument mit Vorsorgewirkung.

Der Nutzen dieser Maßnahmen ist längst unter Beweis gestellt, obwohl das Gezeitengesetz von Konjunkturen und Krisen auch mit dem heute viel besseren Einblick in die Mechanismen des Ablaufs nicht völlig außer Kraft zu setzen ist.

»Wandel durch Annäherung«

Der 13. August 1961 war ein Wendepunkt in der deutschen Nachkriegsgeschichte gewesen. »Adenauers Politik der Stärke fand in der Berliner Mauer ihr Grabmal ... Der Plan, die Russen aus Deutschland herauszudrohen, hatte sich endgültig als Illusion erwiesen. Die große Erpressung war gescheitert. Auf beiden Seiten der Betonwand brach eine neue Ära an. Im Osten begann die Konsolidierung, im Westen die Ernüchterung« (Jaenecke).

Mit dem Westen kann der Autor nur die Bundesrepublik Deutschland meinen. In der westlichen Führungsmacht, in Amerika, jedenfalls hatte die Ernüchterung schon Jahre früher eingesetzt. Nun teilte sie sich dem deutschen Bündnispartner mit. Die Partei, die sich lange am heftigsten gegen Adenauers Deutschlandpolitik gewehrt, zuletzt aber doch noch außenpolitisch ihren Frieden mit ihr gemacht hatte, die SPD also nahm als erste die Anregungen auf, nachdem sie in den Vereinigten Staaten bereits in das Stadium konkreter Politik übergegangen waren. Im Sommer 1963 sagte der Berliner Bürgermeister Brandt in der Evangelischen Akademie Tutzing, es werde die Zeit einer schmerzhaften Selbstüberprüfung kommen, »weil wir uns allesamt der Wirklichkeit zu stellen haben«. Brandt glaubte an keine andere Möglichkeit der Wiedervereinigung mehr als durch »den nicht erlahmenden Versuch, die Erstarrung der Fronten zwischen Ost und West aufzubrechen«. Brandt hatte einen deutschen Kennan entdeckt, der genau wie das amerikanische Original erst vehement gegen den Kommunismus agitiert hatte, aber intellektuell ebenso elastisch war, um unter veränderter Weltlage umdenken zu können. Dieser deutsche Kennan hieß Egon Bahr. In den fünfziger Jahren hatte er als Rundfunkjournalist im RIAS Berlin Frontstadtgeist gepredigt. In der Tutzinger Akademie verdeutlichte Bahr die Worte Brandts:

»Wenn es richtig ist, daß die Zone dem sowjetischen Einflußbereich nicht entrissen werden kann, dann ergibt sich daraus, daß jede Politik zum direkten Sturz des Regimes drüben aussichtslos ist. Diese Folgerung bedeutet, daß Veränderungen nur ausgehend von dem dort herrschenden verhaßten Regime erreichbar sind ... Die Mauer war ein Zeichen der Angst und des Selbsterhaltungstriebes des kommunistischen Regimes. Die Frage ist, ob es nicht Möglichkeiten gibt, diese Sorgen dem Regime graduell so weit zu nehmen, daß auch die Auflockerung der Grenzen und der Mauer praktikabel wird, weil das Risiko erträglich ist. Das ist eine Politik, die man auf die Formel bringen könnte: Wandel durch Annäherung.«

Bahr, der die Gabe hat, immer ohne Umschweife und ganz knapp Wesentliches zu sagen, formulierte damals reichlich unpopulär. Die Mauer war zwei Jahre alt, fortwährend empörte sich die Öffentlichkeit über Brutalitäten der Grenzer. Der Konfrontationskurs der Bundesrepublik war unverändert, international abgestützt durch die Hallstein-Doktrin.

Eine ganze Weile konnte die DDR so unter Quarantäne gehalten werden. Viele Entwicklungsländer scheuten sich, auch nur Handelsbeziehungen mit der zweiten deutschen Republik anzubahnen, aus Furcht, die für Entwicklungshilfe weit wichtigere Bundesrepublik würde ihr Füllhorn schließen. Mit Reisen auf dem fliegenden Teppich zum reichen Massa Erhard war es dann nichts mehr.

Doch mit reiner Defensivpolitik war der Weltengang nicht aufzuhalten. Als Willy Brandt 1966 ins Auswärtige Amt einzog und Egon Bahr als Planungschef mitbrachte, war er entschlossen, die Hallstein-Doktrin zu begraben, obwohl Kiesinger die Parole ausgab: »Auch diese Bundesregierung betrachtet sich als die einzige deutsche Regierung, die berechtigt ist, für das ganze deutsche Volk zu sprechen.« Der Außenminister suchte demgegenüber eine Öffnung nach Osten, die natürlich logisch in diplomatische Beziehungen zu den Ostblockstaaten zu münden hätte. Damit aber wäre die elf Jahre verwendete außenpolitische Isolierungswaffe stumpf geworden, wäre nicht mehr anwendbar. Als Brandt daranging, die Politik des tüchtigen und vielseitigen Außenministers Schröder (CDU), der vergebens auf den Kanzlerposten gehofft hatte, fortzusetzen im Sinne von Bahrs und seinen eigenen Vorstellungen, da war trotz aller Hallsteinschen Eindämmungsstrategie doch wenigstens in einem Punkt bereits eine Auflockerung der starren Fronten erreicht worden: in der Mauer war ein kleines Loch. 1963 und in den folgenden Jahren hatten der Westberliner Senat und die DDR über Passierscheine für Besuche von Westberlinern im Ostsektor verhandelt und Abschlüsse erreicht. Erstmals zu Weihnachten 1963 waren nach über zwei Jahren Bewohner der Westsektoren wieder zu Verwandten in den Berliner Osten gefahren. »Ungeachtet der unterschiedlichen politischen und rechtlichen Standpunkte ließen sich beide Seiten davon leiten, daß es möglich sein sollte, dieses humanitäre Anliegen zu verwirklichen.« So steht es im ersten Passierschein-Abkommen vom 17. Dezember 1963.

Nach diesen Anfängen auf kleinster Ebene stießen die Sozialdemokraten als der außenpolitische Initiator der großen Koalition das Tor zum Osten ein Stück weiter auf. Diplomatische Beziehungen zu Rumänien wurden hergestellt, am 31. Januar 1967, zwei Monate nach dem Kanzlerwechsel. Mit dem Parteichef Ceausescu, der seit 1965 am Ruder war, ließ sich am ehesten ins Geschäft kommen, einmal wegen seiner bald zutage getretenen außenpolitischen Selbständigkeitsbestrebungen, zum anderen, weil das deutsch-rumänische Verhältnis aus dem Krieg – Rumänien hatte am Ostfeldzug teilgenommen – weniger belastet war. Hier entfielen mögliche gegenseitige Aufrechnungen von Greueltaten; in Rumänien lebte überdies noch die größte zusammenhängende Volksgruppe deutscher Herkunft.

Nach dem erfolgreichen Abschluß mit Bukarest auf dem Wege fortzufahren, wäre koalitionspolitisch nicht so schwer gewesen. Die SPD war nicht Juniorpartner der Union, sondern gleichgewichtiger Teilhaber der Firma Kiesinger-Brandt. Der Kanzler mußte seine Richtlinien-Kompetenz, die das Grundgesetz ihm einräumte, in der Verfassungswirklichkeit jener Jahre mit dem Vizekanzler teilen. Seine Herrschaft war auf Kompromiß und Ausgleich gestellt, er selber nach dem hübschen Wort eines Regierungssprechers, ein »wandelnder Vermittlungsausschuß« zwischen den divergierenden Interessen der beiden Fraktionen.

Dennoch gelangte die Ostpolitik über Rumänien nicht hinaus. Das hatte zwei Gründe: daß Ulbricht in Moskau Alarm schlug und daß der hoffnungsvolle Prager Frühling in dem Frosteinbruch vom August 1968 einfror, womit die Auflockerungspolitik einen harten emotionalen Rückschlag erfuhr. Die konkretere Sperrfunktion übte freilich nicht Prag, sondern Ostberlin. Noch immer wahrte Ulbricht trotz seiner schweren moralischen Niederlagen von 1953 und 1961 seine Machtautorität nach innen und außen. Für Moskau war er die Gewähr für die sichere Westgrenze zum kapitalistischen Ausland hin. Solange die Bundesrepublik die DDR nicht anerkannte und international zu isolieren suchte, erschien der harte Apparatschik unentbehrlich. Und Ulbricht brachte es fertig, eine Einheitsfront gegen das weitere diplomatische Vordringen der Bundesrepublik in Osteuropa aufzubauen.

Die Warschauer-Pakt-Staaten versammelten sich am Gründungsort, und der SED-Chef trat als Anti-Hallstein auf: Erst wenn die Bundesrepublik die DDR anerkannt habe, sei der Weg für die allseitige Aufnahme der diplomatischen Beziehungen frei. Am 10. Februar 1967, nur zehn Tage nach dem nun allerdings unwiderruflichen Schritt, den Ceausescu gewagt hatte, verpflichtete Ulbricht mit Moskauer Rückendeckung alle übrigen Sowjet-Satelliten auf seine Doktrin.

Damit hielt er den europäischen Uhrzeiger für weitere Jahre an, weil die Bundesrepublik solche Selbstüberwindung noch nicht fertigbrachte. Eine Anerkennung der DDR: möglicherweise wäre das unter einem Kanzler Brandt schon jetzt gegangen. Unter einem Kanzler Kiesinger, der auf seine Partei und die noch konservativere CSU Rücksicht zu nehmen hatte, ging es nicht. Und dann, wie gesagt, verstimmte der Einmarsch der Warschauer-Pakt-Staaten in die ČSSR auch diejenigen gründlich, die sich sonst vielleicht dazu verstanden hätten, den Sklavenaufseher Ulbricht als Bestandteil des »real existierenden Sozialismus« hinzunehmen und anzuerkennen.

Die außerparlamentarische Opposition

Schah und Schahbanu reisen durch die Bundesrepublik Deutschland und besuchen auch Berlin. Sie sind hierzulande, trotz der Schönheit der Kaiserin, nicht populär. Vielen erscheint der Monarch, besonders in der jungen Generation, als der Inbegriff des Autokraten, als Symbol fortschrittsfeindlicher Herrschaftsverkrustung und repressiver Diktatur, deren in der Tat sehr aktiver Geheimdienst die persischen Studenten selbst in der fernen Bundesrepublik überwacht. Mitten in die gärende Unruhe der Jugend, die seit einiger Zeit in den westlichen Demokratien zunimmt, gerät also dieser unglückliche Staatsbesuch. Die Demonstrationen, die die Majestäten begleiten, sind in Westberlin am aggressivsten. Vor der Deutschen Oper in der Bismarckstraße in Charlottenburg wird der Germanistik-Student Benno Ohnesorg, ein harmloses Mitglied der evangelischen Studentengemeinde, das Zufallsopfer einer Polizeikugel. Der Tod des Studenten am 2. Juni 1967 verursacht unter der akademischen Jugend ungeheure Aufregung. Sie erhält neuen Zündstoff, als der schuldige Polizist Kurras im November freigesprochen, und erreicht ihren Höhepunkt, als der Studentenführer Rudi Dutschke am Gründonnerstag 1968 von einem verhetzten

Jugendlichen niedergeschossen und schwer verletzt wird.

Demonstrationen in allen westdeutschen Großstädten, Pflastersteine gegen die Polizei, die hart zurückschlägt, auch da, wo sie eindeutig stärker ist, Blockade-Aktionen gegen die Springer-Presse, die in wilder Agitation eine antistudentische Pogromstimmung schürt – all das beherrscht ein Jahr und länger die Schlagzeilen, die Tagesschau und das persönliche Erleben. Die verschiedenen Bewegungen der antiautoritären jungen Intelligenz verstehen sich alle zusammen als Apo – Außerparlamentarische Opposition. Woher kommt sie eigentlich? Woraus ist ist entstanden? Hans Karl Rupp faßt als gemeinsame Ursache zusammen: »Tiefgreifende Legitimitätskrise der westlichen Demokratien.« Das ist der Generalnenner eines zivilisatorischen Unbehagens.

In der Mitte der sechziger Jahre verwunderte sich die amerikanische Überflußgesellschaft, wie ein Teil ihrer Jugend sich vom Götzen Wohlstand abkehrte und das freie Leben bedürfnislosen Nichtstuns wählte. Geschäftigkeit, Gewinn, Karriere, Sicherheit – die Monotonie des elterlichen Lebensstils taten sie von sich wie ein Kleidungsstück und suchten sich auch wirklich Kostümierungen, die ihre Außenseiterrolle betonten. Hippies hießen diese Protestler gegen Leistungsdruck und Materialismus, gegen Kälte und Ungeborgenheit.

Als die Welle des Antipragmatismus und Nonkonformismus Westdeutschland erreichte, löste sie lebhafte Bewegung aus, weil die seelische Temperatur ähnlich war. Der gleiche Tanz ums goldene Kalb, mit dem Brandzeichen »Deutsche Mark«, die dampfende Energie eines von Natur fleißigen, durch Katastrophen besitzneurotischen Volkes, dessen Jugend ebenfalls unter seelischem Vitaminmangel litt.

Lange Zeit war studentische Kritik an unzureichenden Studienbedingungen und veralteten Lehrinhalten, an den Herrschaftsmechanismen des bürgerlichen Staates wie an der Unterdrückung der Befreiungsbewegungen in der Dritten Welt nur im engen Zirkel der Universität geäußert worden und dementsprechend ohne Widerhall geblieben. Als die Studenten sich 1966/67 zum erstenmal mit witzigen, provokanten Aktionen direkt an die Öffentlichkeit wandten, schlugen die Staatsorgane, angefeuert von einer hysterischen Presse, brutal zurück. Die Prügel, die hier ausgeteilt wurden, sollten in verhängnisvoller Weise das Verhältnis einer ganzen Jugendgeneration zu ihrem Staat bestimmen.

Mochte der Ausbruch aus dem kalten Management des Erfolgsstrebens in Amerika vielleicht erstaunlich sein – man fragt: warum erst jetzt? Der Aufwärtstrend hatte doch seit 1933 keine Bruchstellen gehabt – so war er in Deutschland ganz zeittypisch. Hier wuchs eine Generation heran, die die Ernüchterung ihrer Eltern und Großeltern nicht teilte. Die erste Generation hatte sich aus Gründen, die hier nicht näher zu erläutern sind, überwiegend mit dem Rausch des Nationalsozialismus identifiziert und war aufs schlimmste ernüchtert worden.

Ihre Söhne und Töchter hatten das Dritte Reich zum größten Teil in Hitlerjugend, Arbeitsdienst, Pflichtjahr, Militär passiv miterlebt. Mir ihren Eltern teilten sie die Skepsis derer, die in den Mahlstrom der Geschichte geraten und darin betäubend herumgeschleudert worden waren. Die Folge: Abkehr von allen Heilsideen und Leitbildern, damit sich deren Goldanstrich nicht hinterher wieder als Doublé erweisen könnte; Vergessen, Verdrängen, Eintauchen in zweckbestimmtes Jetzt und Heute. So gingen die Älteren und die Jüngeren an den Wiederaufbau und leisteten Enormes.

Dann folgte die dritte Generation, die sich nicht mehr bewußt an Bomben, Flucht, Hungern und Hamstern erinnerte, sondern im Erfolgsklima der Nach-Währungsreformzeit aufwuchs. Erhards wohlgemeintes Wort von der »formierten Gesellschaft« bedeutete für sie beklagenswerte Erstarrung, Spezialistentum, Konsumzwang. Ihr Land: »ein ökonomisches Zweckgebilde in staatlicher Verkleidung« (Tern). Sie entdeckten einen Sinn hinter Oscar Wildes Paradox, daß die Karriere eine Angelegenheit gescheiterter Existenzen sei. Sie suchten wieder nach phantasieanregenden und glückverheißenden Idealbildern, nach Führern und Idolen. Meistens fanden sie sie im exotischen Bereich, wo der messianische Heilsglaube heute am stärksten verankert ist, und im Marxismus. Ferne Gestalten leuchteten in die Tristesse, die mit wundervollen Utopien ausstaffiert wurde: Ho Tschi-Minh und Mao, Fidel Castro und »Che« Guevara. Daß das allesamt hartgesottene Berufsrevolutionäre waren, für die Menschenleben nur Mittel zur Verwirklichung von Ideen bedeuteten, zählte nicht. Sie waren Antikapitalisten, das war ihr Gütezeichen, ihr Adelsbrief. Kapitalismus und Imperialismus als Aktionsgemeinschaft sind keine linke Erfindung. Auch die seriöse Geschichtsschreibung unseres bürgerlichen Kulturraumes spricht vom späten 19. Jahrhundert und dem frühen zwanzigsten als einem Zeitalter des Imperialismus, in dem nicht zufällig die Industrialisierung ihre erste Blütezeit erlebte. Und jetzt standen sie erneut einträchtig beieinander, etwa, indem amerikanische Firmen an der Napalmherstellung für Vietnam gut verdienten und die Dividende des Grauens unter fröhliche Aktionäre verteilt wurde. Man muß nicht ein Hippie oder Apo-Mann sein, um Geschäfte mit den Brandwunden vietnamesischer Kinder abstoßend und widerlich zu finden.

Der Vietnam-Krieg, dessen Sinnlosigkeit heute Gemeinwissen jedes Zeitungslesers ist, wurde damals nur von einer Minderheit bekämpft, hauptsächlich eben von dieser Hippie- und Apo-Minderheit, bei der so viel richtig Gefühltes mit so vielem Unausgegorenen und Konfusen in Eintracht lebte. Man sollte über den Irrtümern das Richtige nicht vergessen – was leicht geschieht, weil die Eiferer teils durch die Ungeduld angetrieben, teils durch eine verstörte Öffentlichkeit und deren Meinungsmonopole verteufelt und damit radikalisiert wurden.

Darüber vergaß die saturierte Großelterngeneration, daß sie selber einmal gegen die Einengungen und die Spießbürgermoral ihrer damaligen, der wilhelminischen Gesellschaft protestiert hatte. Freilich, in der Jugendbewegung des frühen zwanzigsten Jahrhunderts ging alles noch weit gesitteter zur; zwei Weltkriege haben die Umfangsformen ruiniert. Die Antriebe sind beidemal ähnlich, nur die Umdrehungszahlen sind schneller geworden, entsprechend dem beschleunigten Lebenstempo, dem rascheren Verbrauch von Ideen und Moden, der größeren Ereignisdichte des täglich ins Wohnzimmer flimmernden Globalgeschehens.

Zum Antipragmatismus trat der Veränderungswille, der auf vollkommene Demokratisierung zielte, auf den Abbau von Hierarchien und Autorität, die ja oft genug wirklich versteinert und zopfig waren. Wie sehr, das merkten wir zum Teil erst, als die Zöpfe abgeschnitten waren – zu selbstverständlich hatten wir damit gelebt. Einige Zeit, bevor Ungeduld, Frustration und Realitätsferne sich in den ersten Krawallen Luft machten,

war der aus Wien stammende israelische Journalist Amos Elon durch beide Teile Deutschlands gereist. Seine Beobachtungen veröffentlichte er 1966 in dem Buch »In einem heimgesuchten Land«. Darin steht sehr Kritisches über die westdeutschen Universitäten, zum Beispiel:
»Jene Lehre, die die Politiker 1948 aus der Vergangenheit gezogen hatten und die sie in einer weisen neuen Verfassung zum Ausdruck brachten, jene Lehre zogen die Universitäten nicht. Nach 1945 kehrten sie zu dem traditionellen Ausgangspunkt zurück, von dem aus wenige Jahre vorher ein ominöser Weg unter idealistischer Verklärung in den Nationalsozialismus geführt hatte. Der hierarchische Aufbau der deutschen Universität hat seinerzeit ihre totale Unterwerfung unter die Nazis erleichtert. Auch heute ist sie eine straff reglementierte, streng hierarchisch gegliederte Organisation. Professoren regieren wie kleine Götter. Assistenten und Dozenten, die in anderen Ländern zu unabhängigen Leistungen gelangen können, sind kraft dieses Systems in vielen Fällen weiter nichts als gehobene Laufburschen, Ghostwriter und Zettelkastenmacher für den allmächtigen Herrn Professor. Teamwork – unerläßlich in der modernen Wissenschaft – wird dadurch ungemein erschwert.
... Ein Rektor wird hier nicht mit ›Herr Professor‹ angesprochen, sondern mit ›Magnifizenz‹ und darüber hinaus in der dritten Person: ›Wenn Magnifizenz wünschen, werde ich Magnifizenz dieses Buch überlassen.‹«
Reformbedürftiges entdeckte nicht nur der Gast aus Israel. Ein gutes halbes Jahr nach Erscheinen des Buches erklärte der ASTA-Vorsitzende an der Westberliner FU, der Elon durchaus nicht gelesen haben mußte: »Die Studentschaft der Freien Universität ist angetreten zum Kampf gegen traditionelle und unfunktionale Autorität, gegen verfestigte Herrschaftsstrukturen.« Die Studentenzeitschrift derselben Hochschule beschwerte sich, daß die deutsche Universität (allgemein gesehen, nicht nur in Berlin) sich »mit altväterlichem Getue, mit lateinischen Sinnsprüchen und akademischen Feierstunden ständig ihrer eigenen Würde versichert«, und fügte an: »Ihre studentischen Benutzer indessen haben andere Sorgen.«
Es ist nicht der Ort, die Gegenrechnung aufzumachen, der unvergeßlichen Leistungen eines Universitätssystems zu gedenken, das sich mit dem Namen Humboldt programmatisch verbindet und Deutschland einmal zur ersten Wissenschaftsnation gemacht hatte. Mit den ehrwürdigen Leistungen haben sich, weil keine Gesellschaftseinrichtung lupenrein ist und bleibt, vor allem im 20. Jahrhundert viele Verirrungen ungut vermischt, und vieles wurde zu recht als erstarrt und überaltert, anachronistisch kritisiert. Eine Studentengeneration, die aufbrach, mit der Demokratisierung ernst zu machen, konnte nicht vor den Toren der Alma mater umkehren; im Gegenteil, von dort war sie zum Teil stimuliert, dort fing sie an. Wer heute die vor-reformierte, vertraute Universität alten Stils, noch der fünfziger Jahre, suchen wollte, fände sie nicht mehr. Sie hat ihr Gesicht total verändert. Zum besseren? Die Universität »ist in einer Weise politisiert, daß sie nur noch begrenzt die Möglichkeit findet, die Funktion der Vermittlung von Wissen und der Förderung der Forschung im traditionellen Sinne wahrzunehmen«. Die Worte Kurt Sontheimers lassen fragen, ob hier nicht eine Operation gelungen und der Patient dabei entschlafen ist. Demokratisierung ist offenbar ein Schlüssel, der nicht in alle Löcher paßt. In der Universität stimmen die Proportionen nicht mehr zwischen sinnvoller, notwendiger Reform und der Vernichtung von Herkommen und Substanz. Nun bildeten die akademischen Institutionen nur einen Angriffspunkt der radikalen Weltverbesserer. Ganz allgemein haben sie in der Gesellschaft eine Menge in Bewegung gebracht, haben gelüftet, entstaubt, liberalisiert, enttabuisiert. Das veranlaßte einen kritischen Sympathisanten, Horst Krüger, 1971, »am Ende der Studenten-Demonstrationen«, zu einer Bestandsaufnahme dessen, was erreicht worden war und, »was bleiben sollte«.
Der Schriftsteller im unruhigen Frankfurt entdeckte in unserer Gesellschaft »eine Fülle emanzipatorischer Akte«, die ohne die turbulenten Jahre nicht in Gang gekommen wären: mehr Demokratie in den gesellschaftlichen Gruppen, von den Kirchen bis zur Presse, von der Justiz bis zum Theater. Auch sei es nicht mehr skandalös, ein Einzelgänger und Außenseiter zu sein, ob vorbestraft, farbig, langhaarig, homosexuell. Er fand einen Geist der Liberalität, »der neu ist in unserer Sozialgeschichte«. Verdummungstechniken der

Aus dem Adenauer-Fotoalbum. *Oben links:* der spätere Bundeskanzler als Firmling. *Oben rechts:* Mit seiner Verlobten

Emma Weyer. Das Paar heiratete 1904. *Unten:* Als Präsident des Staatsrates im Preußischen Herrenhaus um 1931.

Oben: Der gläubige Katholik ging regelmäßig zur Messe und feierte alle kirchlichen Feste. *Links:* Im Feriendomizil Cadenabbia. Der Pepitahut und die Bocciakugeln gehörten immer dazu. *Unten:* Zum Ehrenhäuptling der »Vereinigten Stämme« der amerikanischen Indianer ernannt, mußte er Federschmuck aufsetzen und einen Zug aus der Friedenspfeife tun.

Massenpresse seien angeprangert worden (genützt hat es nichts), und als Wertvollstes registrierte Krüger bei den Aufrührern »die Grundhaltung moralischer Sensibilität«. Das vor allem, schrieb er, sollte nicht verlorengehen, nachdem der traumlose Alltag eines offenbar doch maßlos unterschätzten Kapitalismus wieder eingezogen sei und das Karussell des Kommerz wieder brav rotierte – oder nach wie vor. »Indem sie das Unmögliche wollten, brachten sie ein Stück Unruhe, Verunsicherung, Bewegung in diese Republik ein, ohne die eine Gesellschaft nicht wirklich voranschreiten kann.« Albert Schweitzer hat es mal ganz ähnlich gesagt: »Nur das Erstreben des reinen Ideals bringt Fortschritt.«

Die Gesamtbeurteilung der Studentenunruhen – die in Frankreich sogar, was hier ausblieb, auf die Arbeiterschaft übergriffen und sich zur Staatskrise ausweiteten –, diese Gesamtbeurteilung kann nur zwiespältig sein. Zu grell mischen sich Konstruktives und Destruktives, Vernunft und Unvernunft. Vollends, wo die Unvernunft in einem Teil der bald zu Fraktionen aufgesplitterten Bewegung schließlich in die anarchische Gewalt überging, hört das Verständnis auf. Aber das ist eine andere Geschichte.

NPD: eine Partei für nationalen Nachholbedarf

Wenn physikalische Gesetze sich auf die Politik übertragen ließen, müßte die NPD eine Folge der Studentenrevolte gewesen sein; ein gewaltsam verstärkter Pendelschlag zur einen Seite greift notwendig auch zur anderen Seite aus. Und doch waren die Nationaldemokraten keine Reaktion auf die heftigen Linkstendenzen der rebellischen Jugend, sondern eine eigenständige Parallelerscheinung. Genau genommen ging sie sogar zeitlich voraus. Auf eine Formel gebracht: Wenn die Apo ein ideelles Vakuum ausgefüllt hat, so war das nationale Vakuum Ursache für das Anwachsen der NPD. Beide fanden ganz unterschiedliche Ansatzpunkte ihres Aufbegehrens.

Es begann damit, daß die »Nationaldemokratische Partei Deutschlands« bei den Kommunalwahlen im Norden und Süden der Bundesrepublik im Frühjahr 1966 stellenweise die Zehn-Prozent-Grenze übersprang. Besorgt fragte »Le Monde« in Paris, ob »die ersten Beulen einer neuen braunen Pest« aufgebrochen seien. Zu diesem Zeitpunkt waren eineinhalb Jahre seit der Gründung der NPD vergangen. Anfänglich scheinbar nur ein weiteres Glied in der Kette erfolglosen rechtsradikalen Splitterdaseins, stieg die Partei mit einemmal ins öffentliche Bewußtsein hinauf und weckte im Ausland traumatische Erinnerungen. Das war ganz unrealistisch, aber zunächst: Warum nationales Vakuum?

»Eine gewisse Verdrossenheit und nationale Unruhe«, konstatierte der FDP-Vorsitzende Erich Mende, in dessen untadeligem demokratischen Haushalt eine nationale Heimweh-Ecke übriggeblieben war. Bei bundesdeutschen Festanlässen trug er sein Ritterkreuz blinkend zur Schau. Mende fand außerdem, bei der Bewältigung der Vergangenheit sei offenbar zu sehr Schwarzweißmalerei getrieben und zu wenig zur Objektivität des deutschen Geschichtsbildes getan worden. Die Argumente lassen sich zu zwei Häufchen sortieren: NS-Vergangenheit und Teilungs-Gegenwart. Natürlich konnte ein demokratischer Nachfolgestaat der Diktatur, um Versöhnung, Wiedergutmachung und übernationale Zusammenschlüsse bemüht, nicht mit Fingern auf die Kriegsverbrechen der Gegenseite weisen. Und die Gegenseite selber redete sich immer damit heraus, daß das allenfalls Wirkungen nationalsozialistischer Ursachen waren, mit anderen Worten: Dresden eine Folge von Auschwitz. Die NPD wollte Gleichheit vor dem Gesetz. Weil »kein einziger Kriegsverbrecher auf der Seite unserer ehemaligen Gegner zur Rechenschaft gezogen worden« war, verlangte sie Generalamnestie für alle deutschen NS-Täter und forderte, mit den Kriegsverbrecherprozessen Schluß zu machen. Die Partei wendete sich gegen die Anschauung einer deutschen Alleinschuld am Zweiten Weltkrieg, womit sie die Erkenntnisse der Geschichtswissenschaft ignorierte. Aber vielen klang der Revisionsversuch ganz angenehm.

Auf dem Felde der aktuellen Politik konnten die Nationaldemokraten sich die gesamtdeutschen Verlustgefühle zunutze machen. Die Wiedervereinigungspolitik war gescheitert, die Westalliierten dachten gar nicht daran, dafür aktiv zu werden, weil die Spaltung Deutschlands für sie viel

Der Kanzler am Rosenbeet.

Staatsbegräbnis für Konrad Adenauer, 1967.

bequemer und ungefährlicher war. Was über die deutschen Frustrationen am ehesten hätte hinweghelfen können: ein vereinigtes Europa – das war fern am Horizont verschwunden. So gab es schon einige Resonanz, wenn eine Partei bei solcher Stimmung auf die nationale Pauke schlug.

Aber nur einige; großes Echo war nicht zu erwarten. Das Vokabular erwies sich als völlig abgegriffen und verbraucht. Das war das Dilemma dieser Partei für nationalen Nachholbedarf unter Fritz Thielen und – seit dessen Sturz im November 1967 – unter Adolf von Thadden. Nach der Katastrophe der nationalen Übersteigerung ließ sich das vaterländische Gedankengut einfach nicht mehr mit Aussicht auf wirklichen Erfolg reaktivieren. Trotz der verbreiteten »Unfähigkeit zu trauern« (Mitscherlich), spürte das Gewissen der großen Mehrheit auch, daß sich Auschwitz eben doch nicht durch Dresden kompensieren ließ. So furchtbar beides, so sinnbildhaft für die Leiden beider Seiten: Begangene Morde werden nicht durch erlittene Morde aus der Welt geschafft. Wer nach dem Zweiten Weltkrieg nationale Töne anschlug, fand eine ganz andere Ausgangslage vor als nach dem Ersten. Das nationale Gesinnungspotential, damals hochaktiv und durch das Unrecht von Versailles erhitzt, war an Erschöpfung gestorben, unter Trümmern erschlagen, deren Masse keine neue Dolchstoßlegende aufkommen ließ. Vor allem aber: Hitlers fruchtbarster Nährboden, die Verarmung, die Massenarbeitslosigkeit, trug nicht mehr. Die große Masse, und nur sie zählt für Demagogen, war diesmal in Lohn und Brot. Die kurzfristige, schnell aufgefangene Rezession hielt keinerlei Vergleich mit der Weltwirtschaftskrise aus. All das bewirkte, daß die NPD nicht mehr als beunruhigende Anfangserfolge errang: Bei den Landtagswahlen 1966 in Hessen gewann sie 7,9 Prozent der Stimmen, in Bayern 7,4; 1967 in Niedersachsen 7 Prozent, in Bremen 8,9, in Rheinland-Pfalz 6,9, in Schleswig-Holstein 5,8. Höhepunkt 1968 in Baden-Württemberg: 9,8 Prozent! Die Fünfprozentklausel bei der Bundestagswahl 1969 wurde schon nicht mehr erreicht. Nacheinander verloren die Nationaldemokraten die Regionalbastionen in den Landtagen, dann wurde es still um sie.

Anders als die KPD starb die NPD einen legitimen Wählertod und schuf nicht Märtyrer vor dem Hintergrund des Verfassungsverbots. Es war nicht nur politische Klugheit, daß das Bundesverfassungsgericht diesmal nicht bemüht wurde; es ging auch nicht so leicht, weil die NPD immer wieder ihre Treue zum Grundgesetz unterstrich. Das demokratische Feigenblatt schützte sie nicht davor, aus dem Paradies der verheißungsvollen Prozentzahlen vertrieben zu werden. Die Zeit nationaler Parteien ist bei uns für die gegenwärtigen Generationen vorbei.

Machtwechsel

Im März 1969 wählte die Bundesversammlung in Berlin Justizminister Gustav Heinemann zum Bundespräsidenten. Im dritten Wahlgang schaffte er es mit dem knappen Ergebnis von 512:506 Stimmen gegen den Unions-Kandidaten Gerhard Schröder. Seit Friedrich Eberts Tod 1925 waren vierundvierzig Jahre vergangen, und erstmals gab es wieder ein sozialdemokratisches Staatsoberhaupt in Deutschland. Die drei tragenden Parteien der Bundesrepublik hatten sich in der Besetzung des höchsten Amtes abgelöst. Nach dem Freien Demokraten Heuss war der CDU-Mann Lübke gefolgt. Und nun also Heinemann, SPD. Machtmäßig ist das Staatsoberhaupt der Bundesrepublik sehr eingeengt, ist vorwiegend auf repräsentative Funktionen beschränkt. Daran gemessen war Heinemanns Kommentar zu seiner Wahl geradezu provozierend: »Es hat sich jetzt«, sagte er in einem Interview mit Reinhard Appel, »ein Stück Machtwechsel vollzogen, und zwar nach den Regeln einer parlamentarischen Demokratie. Man hat oft, und ich glaube aus gutem Grunde, gesagt, daß eine solche Demokratie ihre Bewährungsprobe erst dann bestanden habe, wenn eben nach ihren Regeln auch einmal ein Machtwechsel zustande gekommen sei. Das ist hier nicht in breiter Front der Fall, das wird sich erst bei der Bundestagswahl ergeben, aber immerhin doch in einem beachtlichen Stück.«

Das Interview löste großen Wirbel aus: weil gerade der CDU-Abtrünnige von Machtwechsel sprach, weil er sein unparteiisches Amt in Machtkategorien einordnete und vorwitzig das Ergebnis der kommenden Bundestagswahl im Sinne einer SPD-Herrschaft vorwegzunehmen schien.

Bevor der Nachweis zu erbringen ist, daß (und wie) die Voraussage sich erfüllt hat, muß die Person Heinemann ins Licht gerückt werden; mehr ins Licht gerückt, denn einiges wurde schon gesagt.

Wo Heuss die landesväterliche Seite jovialer Gemütlichkeit herausgekehrt oder als »Philosoph auf dem Thron« mit Altersweisheit gefunkelt hatte, wo Lübke vom Ideal sittenstrenger Ordnung und patriarchialischer Hausväterlichkeit erfüllt gewesen war – da predigte Heinemann Bürgermut. Er wollte das Hoheitlich-Obrigkeitliche am Staat auf das unvermeidliche Maß ordnenden Zusammenhalts reduzieren: »Ich liebe nicht den Staat, ich liebe meine Frau.« Selbstverantwortung des Bürgers, Mitdenken, Kritik am Gemeinwesen, wo es Versäumnisse gibt – darin zu bestärken wurde er nicht müde. Die Freiheit des einzelnen war ihm nicht nur eine Frage der Gegenwart; er wollte in den Geschichtsbüchern neue Akzente setzen. Er fand, daß die Unterdrückten darin immer zu kurz kämen, und zeigte sich »geradezu erbost, wie unzulänglich wir der Freiheitsbewegung in unserer Geschichte gedenken«. Ob Bauernkriege, Wartburgfest, Hambacher Fest, ob Erhebungen aus nackter Verzweiflung: hierfür, fand er, hätten die Historiker sich bisher viel zu wenig interessiert. Und wirklich, aus Heinemanns Anstoß ist viel aufhellende Arbeit erwachsen. Minderheiten, Zukurzgekommene, Behinderte fanden bei Heinemann immer ein offenes Ohr.

Das moralische Ansehen, das der dritte Bundespräsident sich auch bei vielen von denen erwarb, die vor Amtsantritt verärgert gewesen waren, ließ ihn bei Staatsbesuchen gerade dorthin reisen, wo viel böse Erinnerung an Deutschland lebendig waren; nach Holland, Dänemark, Norwegen, Luxemburg, Belgien. In England fand er das Eis weit mehr geschmolzen als seinerzeit Heuss. »Das Aushängeschild eines anständigen Deutschen«, lobte ihn der »Daily Telegraph«. Seine erfolgreichen Auslandsbesuche machten ihn zufrieden, weil er eine Reihe der »nervösen Punkte« aus der Vergangenheit bereinigen half, soweit das Einzelpersonen möglich ist. Der einstige Rechtsanwalt und Bergwerksdirektor mit dem juristischen und volkswirtschaftlichen Doktortitel verstand sich als schlichter »Bürgerpräsident«, gegen Pomp, gegen »Gedöns«, mit weit offenen Türen für alle aus dem Volk, die etwas auf dem Herzen hatten. Er konnte lange geduldig zuhören, aber auch knapp unterbrechen, wenn jemand längst Bekanntes wiederholte. »Das weiß ich alles schon«, konnte der Bundespräsident mitunter das Wort abschneiden.

Als Gustav Heinemann sein übel vermerktes »Machtwechsel«-Interview gab, da wußte er auch schon, daß sich auf der Bonner Szene eine linksliberale Koalition vorbereitete. Dafür bürgte der Name Walter Scheel. Der hatte 1956 zu den »Jungtürken« im Düsseldorfer Landtag gehört, welche die Koalition von CDU, FDP und Zentrum gesprengt und Ministerpräsident Arnold durch konstruktives Mißtrauensvotum gestürzt hatten. Die neue Regierung Steinhoff vereinigte SPD, FDP und Zentrum. Die CDU saß in der Opposition. (Das gleiche Manöver wurde noch einmal Ende 1966 praktiziert.) Seit 1968 führte Scheel, der das linksliberale Erbe der FDP verkörperte, die FDP als Parteivorsitzender. Er vor allem ermöglichte die Wahl Heinemanns dadurch, daß er die Freien Demokraten in langen parteiinternen Diskussionen auf den SPD-Kandidaten und gegen den CDU-Kandidaten festzulegen vermocht hatte. Im jetzt beginnenden Wahlkampf für den 6. Bundestag zielte er logischerweise auf ein linksliberales Bündnis, sofern es rechnerisch und programmatisch möglich sein würde.

Rechnerisch: Nur einmal, 1957, hatte die Union die absolute Mehrheit der Wählerstimmen erreicht. Die Zeiten waren mit großer Wahrscheinlichkeit vorbei. Es gab keinen Adenauer mehr, und die SPD hatte ihre Regierungsfähigkeit unter Beweis gestellt, überdies ihre Linkslastigkeit marxistischer Prägung verloren. So konnte nach arithmetischer Logik mit einer mindestens relativen, vielleicht sogar absoluten Mehrheit von SPD und FDP gerechnet werden.

Programmatisch: Da standen diese beiden Parteien einander näher als die Partner der großen Koalition, Kiesinger war nicht unbeweglich, war lernfähig, und wäre in der Deutschlandpolitik mit Brandt zusammen ein Stück weiter ins diplomatische Unbekannte vorgestoßen. Aber große Teile der CDU und ganz besonders der CSU machten nicht mit. Strauß bremste ihn.

Das Koalitionsklima hatte sich nach euphorischen Anfängen verschlechtert, es ging nichts mehr.

Alle großen Probleme wurden ausgeklammert, vertagt. Heinemanns »Machtwechsel«-Äußerung war nichts als der Ausdruck einer koalitionspolitischen Patt-Situation, bei der jeder auf die erlösende Wahl wartete. Sie würde die Fronten klären.

Im Wahlkampf agitierten die großen Parteien, obwohl in der Regierung vereint, ungehemmt gegeneinander. »Herr Brandt kann Deutschland nicht führen«, verkündete ein CSU-Plakat und diskreditierte damit den Außenminister, mit dem Strauß noch zusammen im Kabinett saß. Die SPD wiederum trieb Starkult mit ihrer Primadonna Schiller und ließ den Wähler wissen, Kiesinger und Strauß hätten in den letzten Monaten »nichts für die Stabilität der Preise getan«. Die Union habe »restlos versagt«.

Am Abend des 28. September 1969 und in der Nacht erlebt Bonn Wechselduschen von Siegeszuversicht und Niedergeschlagenheit in beiden Lagern. Zuerst sagen die Hochrechnungen, bei denen es noch recht an der Vorhersagegenauigkeit fehlt, eine absolute Mehrheit der CDU/CSU voraus. Siegesgewiß tritt Kiesinger vor die Journalisten. Schiller stellt wenig später öffentlich fest, daß die SPD die einzige Partei sei, die zugenommen habe. Hans-Dietrich Genscher erklärt für die FDP, für sie sei angesichts des Wahlergebnisses Zurückhaltung ratsam; die anderen Parteien müßten erst einmal ihre Positionen klären. Mit 5,8 Prozent steht die FDP schlechter da als je zuvor in der Geschichte der Bundesrepublik Deutschland.

Dennoch reichen die 5,8 Prozent für eine linksliberale Allianz, weil die SPD mit 42,7 Prozent die magische Hürde genommen hat und beide zusammen mit 48,5 Prozent die zurückgefallene Union (46,1) deutlich übertroffen haben. Der Fünf-Mandate-Vorsprung ist bedenklich knapp, aber auch in anderen westlichen Demokratien wird neuerdings mit hauchdünnen Mehrheiten regiert, weil im Zeichen der bedrängenden sozialen und wirtschaftlichen Probleme keine Partei Zaubermittel anzubieten hat und Erdrutsche bei Wahlen selten geworden sind.

Wer ist Wahlsieger? Der trotz Verlusten die meisten Stimmen auf sich vereinigt oder der als einziger Zuwachsraten verzeichnet? In dieser dramatischen Nacht ist Wahlsieger, wer am schnellsten zupackt. Ehe Kiesinger aus der Siegesillusion auf die nüchterne Erde der Prozente und Mandate zurückgefunden hat, haben die Parteichefs von SPD und FDP beschlossen, künftig zusammenzugehen. Der Kanzler ist endgültig zum Übergangskanzler geworden wie Erhard, wenngleich mit besserer Bilanz. Die Dreijahresbilanz zählt nicht nur nach Indexzahlen und Studienplätzen, sondern mehr noch nach Bewußtseinsveränderungen. Es ist etwas in Bewegung gekommen. 75 Prozent der Bundesbürger wollen die Brandtsche Außenpolitik fortgesetzt sehen. Brandt nimmt also einen demoskopisch abgestützten Wählerauftrag mit, der den verfassungsmäßigen der 42,7 Prozent bei weitem übertrifft.

Ausblick

Parlamentarische Demokratien beruhen auf dem Wechsel der Macht. Die tragenden Parteien stehen einander regierend und opponierend gegenüber. Keine von ihnen hat das Recht, sich mit »dem Staat« gleichzusetzen und anderen die Regierungsfähigkeit abzusprechen, ja, sie als Verhängnis für das Land zu verketzern – vorausgesetzt, diese Parteien bekennen sich zur Grundordnung der Republik. Westdeutschland hatte in einem Punkt Glück: Aus dem Verhängnis der Weimarer Demokratie und ihrer Selbstzerfleischung war von Anbeginn der Wille abgeleitet, aller Radikalität zu wehren, die grundsätzlichen Staatsgegner durch Gesetze in die Schranken zu weisen. Diese Einmütigkeit hat sich bis heute bewährt. So gesehen, war der Machtwechsel von 1969 ein Stück Demokratie. Es war sogar ein Vorgang, der unsere Demokratie erst eigentlich mündig gemacht hat. Sie bewies, daß sie imstande war, Regierung und Opposition im Rahmen der Spielregeln zu vertauschen.

Jedem Bürger in der Demokratie bleibt unbenommen, zu welcher Partei er sich weltanschaulich bekennt, welche er mit seinem Stimmzettel unterstützt. Aber er muß sich zu jener Reife erziehen, die in alten Demokratien entwickelt ist: einzusehen, daß Regierungsverantwortung über eine gewisse Zeit hinaus zu Ermüdung, Verschleiß, Verfilzung von Interessen (»Vetternwirtschaft«) und Machtmißbrauch führt. In einer gesunden Demokratie muß, wer länger geführt hat, die Regierungsbank einmal wieder von der Gegenseite aus betrachten; das gehört zu seiner notwendigen Erneuerung. Und die berufsmäßigen Kritiker und Neinsager der Opposition müssen beweisen dürfen, daß sie besser machen können, was sie bemängeln. Das klassische Modell und Vorbild für diesen legalen und kontrollierten Machtwechsel lieferten die Engländer 1945. Kaum war der Krieg zu Ende, wählten sie ihren Kriegsheros Winston Churchill ab und setzten den farblosen Clement Attlee an seine Stelle, das heißt, wählten mehrheitlich die Labour Party statt der bisher dominierenden Konservativen. »Old Winnie« war nichts vorzuwerfen, im Gegenteil, er hatte den Krieg für England gewonnen. Nun aber meinte dieses nüchterne Volk mit seinem vorzüglichen Blick für Realitäten, daß für den Frieden ein anderer geeignet sei. Über diese Lektion in Politik sollte man häufiger einmal nachdenken.

Wer Balance und Austausch für Wesensmerkmale eines gesunden Gemeinwesens hält – vom Stadtrat bis zur Bundesregierung –, mußte den Umschwung in Bonn 1969 für nützlich und notwendig halten. Die Union hatte zunächst siebzehn Jahre lang, von 1949 bis 1966, vorherrschend, tonangebend regiert, danach drei Jahre die Macht geteilt, aber weiter unter der Firmenmarke CDU, indem sie den Kanzler stellte. Diese drei Jahre von 1966 bis 1969 hatten einerseits, nach gedeihlichen Anfängen und guten Leistungen, zu Leerlauf und Reibung, zu einem Macht-Patt geführt, andererseits die SPD zunehmend ministrabel gemacht. Sie hatte bewiesen, sogar auf dem anspruchsvollen Außenministerposten sowie in der Wirtschaft, zwei klassischen Ministerien, daß sie zu hinreichend staatstragender Fähigkeit herangewachsen war. (Daß die SPD in noch viel schwierigeren Verhältnissen, 1918 und danach, schon einmal Regierungschefs gestellt hatte, 1928–1930 nochmals, sei hier nicht vergessen). Es lag in der Logik der Dinge, daß die halbe Macht zur ganzen ausgeweitet werden mußte, wenn dafür eine Chance bestand. Willy Brandt, wie gezeigt, ergriff sie, noch bevor die Wahlnacht zu Ende war.

Durch seine von breiter Zustimmung abgestützte Außenpolitik im Kabinett Kiesinger besaß er jetzt auch das Mandat, sperrige Türen aufzustoßen, Bewegung in die Erstarrung zu bringen, die auf dem Felde der Ostpolitik herrschte. Jedes Pendel schwingt naturgesetzlich zurück, wenn es bis zum äußersten Punkt gelangt ist. Übertragen auf die Politik, hatte die innerdeutsche Verhärtung mit dem Mauerbau ihr extremes Ausmaß erreicht, allen gegenteiligen Absichten auf unserer Seite zum Trotz. Ganz langsam wurde eine Gegenbewegung sichtbar, erst mit dem Passierscheinabkommen 1963 unter Erhard, dann mit den diplomatischen Beziehungen zu Rumänien, 1967 unter Kiesinger.

Mit diesem Sachstand, aber mit allerlei programmatischen Erklärungen im Gepäck, zog Willy Brandt ins Palais Schaumburg ein. Ermutigend und mahnend, auf dem Wege fortzufahren, war auch eine Erklärung des Bundespräsidenten Heinemann. Vier Wochen vor dem Umschwung in Bonn hatte er aus Anlaß des 30. Jahrestages des Kriegsbeginns 1939 gesagt, gegenüber Polen stehe noch aus, was im Westen gegenüber dem »Erbfeind« Frankreich zu unserer Befriedigung erreicht worden sei. Er erinnerte daran, daß Polen das erste Opfer des Hitler-Krieges gewesen war. Dafür hatten die Polen sich furchtbar gerächt. Aber: »Wie schwer auch das Los unserer Landsleute gewesen ist, die 1945 das Opfer des Verlustes ihrer Heimat jenseits von Oder und Neiße bringen mußten, so kann doch nichts daran vorbeiführen, daß es zwischen Polen und uns nicht so bleiben kann, wie es ist. Auch hier gilt es, die

alten Gräben endlich zuzuschütten, so fest, daß niemand mehr einbrechen kann. Dafür müssen die entscheidenden Voraussetzungen geschaffen werden . . . Wir müssen einen neuen Anfang zwischen uns und unseren östlichen Nachbarn, zumal mit Polen, setzen.«

Auf der Linie schritt Brandt nun ohne Fesseln der Rücksichtnahme auf die Unionsparteien fort. Sein Außenminister war Walter Scheel (FDP). Beiden gelang in den Jahren 1970 bis 1972 eine Reihe von Vertragsabschlüssen, die alle zum Inhalt haben, bestehende Grenzen zu respektieren, auf Gewalt zu verzichten und gutnachbarliche Beziehungen zu entwickeln. Es begann mit dem Moskauer Vertrag vom August 1970, dem im Dezember der Warschauer Vertrag folgte. Zwei Jahre später schlossen Bonn und Ostberlin den Grundlagenvertrag. Dazwischen kam im September 1971 das Viermächteabkommen über Berlin zustande, welches die Verbindungen zwischen den Lebensordnungen der Bundesrepublik und dem Westteil Berlins garantiert – bei formeller Nichtzugehörigkeit Westberlins zur westdeutschen Republik.

Die Anerkennung der bestehenden Grenzen schloß zweierlei ein: Die Oder-Neiße-Linie war damit, ungeachtet völkerrechtlicher Vorbehalte, die im Grunde tote Buchstaben geworden sind, als Faktum anerkannt. Willy Brandt fand den Mut, die Macht der Tatsachen anzuerkennen. Und: Der Grundlagenvertrag ignorierte nicht länger die Existenz der DDR. Zweistaatlichkeit, ob man sie wahrhaben wollte oder nicht, ob man DDR mit Anführungszeichen schrieb oder ohne, war ein Faktum, und die Regierung Brandt stellte sich dieser Tatsache. Damit wurde zugleich die Hallstein-Doktrin offiziell begraben. Sie hatte sich schon längere Zeit als praktisch unwirksam erwiesen. Mehr und mehr Staaten der Dritten Welt, angefangen mit Kambodscha 1969, hatten sich einfach darüber hinweggesetzt. Auch in diesem Fall konnte Bonn die Wirklichkeit nicht aufhalten und leugnen, sondern tat gut daran, unhaltbar gewordene Fronten zu verkürzen.

Das alles kostete nicht nur nach außen Verzicht, Aufgabe von Ansprüchen, Abschiednehmen von Illusionen; es war auch nach innen nur schwer durchzusetzen. Im Bundestag wiederholten sich bei den Ratifizierungsdebatten die fünfziger Jahre, diesmal mit umgekehrter Frontstellung: die

SPD legte Vertragstexte vor, die Union schleuderte ihr erbittertes Nein entgegen. Jedesmal spielte die kleine Koalition ihre knappe Mehrheit an Mandaten aus und brachte die Ratifizierungsgesetze erfolgreich durch die Abstimmungen.

Schlußpunkt dieser Entwicklung, die historisch nicht dadurch aufzuhalten war, daß man sich ihr verweigerte: Beide deutschen Staaten traten den Vereinten Nationen bei. Am 18. September 1973, mehr als achtundzwanzig Jahre nach Kriegsende, vierundzwanzig Jahre nach den beiderseitigen Republikgründungen auf deutschem Boden, wurden die Bundesrepublik und die DDR per Akklamation Mitglieder der Völkerorganisation.

Einer, der diesen »DDR-Sieg« über alle Widerstände hinweg sich zum großen Teil anrechnen konnte, war sieben Monate vor dem Auftreten der DDR-Delegation im Glaspalast am East River gestorben: Walter Ulbricht. Gefeiert worden wäre er für den Erfolg ohnehin nicht mehr, denn politisch hatte ihn der Tod schon zu Lebzeiten ereilt. Am 3. Mai 1971 war er durch Erich Honecker in der Parteiführung abgelöst worden. Für die innerdeutsche Entspannung brauchte Moskau – nicht mehr unter Chruschtschow, sondern unter Breschnew – einen weniger unpopulären, durch die Vergangenheit nicht so vorbelasteten Mann. So kassierte Honecker die Lorbeeren der DDR-Aufwertung.

Verzicht und Entäußerung pflegt man normalerweise nicht als politische Erfolgstaten anzusehen. Doch bewirkten die besonderen deutschen Verhältnisse, daß gerade die Verträge der frühen siebziger Jahre als Meilensteine anzusehen sind. Sie stellten eine Parallele zu Adenauers Westbindungen dar. Beides zusammen erst rundet das Bild Deutschlands nach 1945. Erst damit war die Neuorientierung unseres Landesteils in einer grundlegend veränderten europäischen Mächtelandschaft beendet. Naturgemäß wurde Brandts Verzichtspolitik im Ausland mehr gewürdigt als im Innern. Seine Fluchtheimat von 1933, Norwegen, ehrte ihn dafür mit dem Friedensnobelpreis. Die berühmte Versöhnungsgeste im vernichteten Warschauer Ghetto, das Bild vom knienden Kanzler ging um die Welt – Ausdruck der Haltung eines Mannes, der sich keinen Schuldanteil zuzurechnen brauchte, sich aber mitverantwortlich fühlte für das, was im deutschen Namen geschehen war.

Damit könnte der »Ausblick« schließen. Betrachtungen der weiteren Regierung Brandt, derjenigen seines sozialdemokratischen Nachfolgers Schmidt, vollends des Machtwechsels hin zu Helmut Kohl fallen aus dem Rahmen des gesetzten Themas und eingegrenzten Blickfeldes. Auch kommt hinzu, daß der Abstand nicht ausreicht, um alles mittlerweile Geschehene schon »historisch« einzuordnen. Wo die Geschichte noch Präsens ist, tritt der Historiker zurück und überläßt das Feld dem Journalisten, dem »Tagesschriftsteller«.

Angemessen erscheint aber, zuletzt noch einmal in unser anderes Deutschland zu schauen, das so viel teurer für den verlorenen Krieg aller Deutschen hat bezahlen müssen. Unter Honekkers weniger rigorosem Herrschaftskurs wurden die Lebensverhältnisse erträglicher. Auch die Bewußtseinslage hatte sich durch den Zwang zur Anpassung, zum Bleibenmüssen, bereits geändert. Man arrangierte sich. Den weltanschaulich verlorenen Boden konnte die DDR-Führung allerdings nicht zurückgewinnen. Die Mehrheit wurde politisch gleichgültig, der rosigen Zukunftsprognosen ohnehin überdrüssig; zu oft war man enttäuscht worden, und von einem Fünfjahrplan zum anderen bleiben die Parolen hinter den Tatsachen zurück. Das schwerfällige bürokratische Plansystem bedingt so viele Reibungsverluste, daß aller Fleiß sie nicht ausgleichen kann. Stets hinkt die sozialistische Wirtschaft um Längen hinter der kapitalistisch-marktwirtschaftlichen her. Das ist chronisch. Unverdrossen aber wirbt die Einheitspartei um die Jugend, um jede Generation neu. Resignierend gibt sie die Älteren auf und überläßt sie weithin ihrem Privatleben. In den Freiräumen der Politik, die größer geworden sind, entstand die »Nischengesellschaft« (Günter Gaus). Die Abende gehören dem Westfernsehen. Elektronisch ist Deutschland eins.

Konrad Adenauer, erster Kanzler der zweiten deutschen Republik, der Mann, der einer ganzen Epoche seinen Stempel aufdrückte.

Chronik

POLITIK

KULTUR – WISSENSCHAFT – SPORT

1945 7. 5. Die Gesamtkapitulation der deutschen Wehrmacht wird im Hauptquartier von General Eisenhower in Reims von Generaloberst Jodl und Generaladmiral von Friedeburg sowie General Oxenius (für die Luftwaffe) unterzeichnet.

8./9. 5. Um 00.16 Uhr wird der Akt der Kapitulation in der militärtechnischen Schule in Berlin-Karlshorst vor Marschall Schukow und dem britischen Luftmarschall Tedder durch Generalfeldmarschall Keitel, Generaladmiral von Friedeburg und Generaloberst Stumpff wiederholt.

1. 7. Gemäß der endgültigen Einteilung der Besatzungszonen Deutschlands räumen die Westmächte Sachsen, Thüringen und die westlichen Teile Mecklenburgs. Sowjetische Truppen marschieren in Schwerin, Halle, Leipzig, Weimar, Erfurt und Plauen ein.

1.–4. 7. Einmarsch britischer und amerikanischer Truppen in die von den Sowjets geräumten Westsektoren Berlins. Auch ein Detachement französischer Truppen rückt in Berlin ein.

7. 7. Die Vertreter der USA (Clay), Großbritanniens (Weeks) und der UdSSR (Schukow) kommen überein, eine interalliierte Militärkommandantur Groß-Berlin einzurichten.

14. 7. In der sowjetisch besetzten Zone wird die »Einheitsfront der antifaschistisch-demokratischen Kräfte« gegründet.

3. 9. Beginn der Bodenreform in der Ostzone.

17. 9. In der Aula des Lüneburger Johanneums beginnt der Prozeß gegen den Kommandanten und das Wachpersonal des Konzentrationslagers Bergen-Belsen.

27. 5. Mit der 6. Symphonie (Pastorale) von Beethoven bringt der Hamburger Rundfunk erstmals wieder ein eigenes Konzert.

25. 8. Nachdem der VfL Oldenburg bereits zweimal gegen Mannschaften der Besatzungsarmee gespielt hat, tritt mit der Reserve-Fußballmannschaft des HSV gegen die Royal Air Force aus Stade erstmals eine Hamburger Mannschaft gegen ein Team der »Besatzer« an. Vor 6000 Zuschauern gewinnen die Hamburger.

1. 9. Die Universität Göttingen nimmt den Lehrbetrieb an allen Fakultäten wieder auf.

5. 9. In Heidelberg erscheint die »Rhein-Neckar-Zeitung« unter deutscher Leitung zweimal wöchentlich mit einer Auflage von 200 000 Exemplaren.

1. 10. In der US-Zone beginnt ein neues Schuljahr. Die Volksschulen nehmen ihren Betrieb wieder auf.

6. 10. Von der US-Militärregierung lizenziert, erscheint die »Süddeutsche Zeitung« in München zum erstenmal.

17. 10. Die Universität Tübingen in der französischen Zone nimmt den Lehrbetrieb wieder auf.

4. 11. Die erste komplette Spielrunde der neugeschaffenen süddeutschen Fußball-Oberliga bringt den VfB Stuttgart durch einen 3 : 1-Sieg über den Karlsruher FV an die Tabellenspitze.

12. 11. An der Berliner Universität beginnen die Vorlesungen. 4000 Studenten haben sich immatrikulieren lassen.

21. 11. Auf Grund einer Anordnung des US-Hauptquartiers wird RIAS Berlin als Institution des United States Information Service (USIS) errichtet.

26. 11. Im Verlag Kähler und Amelang erscheinen die ersten neuen Bücher seit Kriegsende. Verfasser ist der Ex-Justizminister und derzeitige Dekan der juristischen

Nach Unterzeichnung der Kapitulation in Berlin-Karlshorst. Von links nach rechts: Generaloberst Stumpff, Generalfeldmarschall Keitel, Generaladmiral von Friedeburg.

26. 6. Die Konferenz von San Francisco ist beendet. Die Vertreter der USA, der Sowjetunion, Großbritanniens, Frankreichs, Chinas und 45 anderer Nationen unterzeichnen die Charta der Vereinten Nationen.

4. 7. Österreich wird in den Grenzen von 1937 wiederhergestellt. Der »Anschluß« von 1938 ist damit ungültig. Österreich wird vorläufig in vier Besatzungszonen, Wien in vier Sektoren geteilt.

17. 7. – 2. 8. Potsdamer Konferenz zwischen Stalin, Truman und Churchill, der nach dem Wahlsieg der Labour Party am 29. 7. von Attlee abgelöst wird. Ergebnis: das »Potsdamer Abkommen«; der »Rat der Außenminister«; der Friedensvertrag mit Deutschland wird bis zur Einsetzung einer deutschen Zentralregierung vertagt.

2. 8. Unterzeichnung des »Potsdamer Abkommens«. Politische Grundsätze: völlige Abrüstung und Entmilitarisierung Deutschlands, Entnazifizierung, Verurteilung von Kriegsverbrechern, Demokratisierung, Neuaufbau einer dezentralisierten deutschen Verwaltung. Wirtschaftliche Grundsätze: Industriekontrolle und Demontage, Behandlung Deutschlands als wirtschaftliche Einheit.

6. 8. Abwurf der ersten amerikanischen Atombombe auf Hiroshima. 80 Prozent der Stadt werden vernichtet, nach der endgültigen Zählung gibt es über 90000 Tote.

9. 8. Beim Abwurf der zweiten Atombombe auf Nagasaki kommen über 60000 Menschen ums Leben.

2. 9. Um 2.40 MEZ wird die bedingungslose Kapitulation Japans an Bord des amerikanischen Schlachtschiffes »Missouri« in der Bucht von Tokio unterzeichnet. Dieser Akt bildet den formalen Abschluß des Zweiten Weltkrieges.

345

5. 10. Der ehemalige Reichstagsabgeordnete Kurt Schumacher beruft eine Konferenz der sozialdemokratischen Organisationen der westlichen Besatzungszonen nach Wenningsen bei Hannover.

20. 11. Im Gerichtsgebäude in Nürnberg beginnt der Prozeß gegen die Hauptkriegsverbrecher unter Vorsitz des britischen Richters Lawrence mit der Verlesung der Anklageschrift. Alle anwesenden zwanzig Angeklagten erklären sich für »nicht schuldig«.

Fakultät der Universität Heidelberg, Gustav Radbruch.

21. 12. Das gesamte Rundfunkwesen in der sowjetischen Zone wird der Deutschen Zentralverwaltung für Volksbildung unterstellt.

23. 12. Radio Bremen, ein Sender der amerikanischen Militärregierung, nimmt den Betrieb auf.

Literatur

E. Wiechert, »Der Totenwald«.

Th. Mann, Aufsätze und Rundfunkansprachen.

Theater

G. Weisenborn, »Die Illegalen«.

1946 10. 1. Die Konferenz der Sozialdemokraten der drei Länder der US-Zone in Frankfurt nimmt eine Entschließung an, die sich gegen die Vereinigung mit den Kommunisten ausspricht. Die SPD der britischen Zone hatte eine ähnliche Entschließung schon am 4. 1. angenommen.

24. 2. Verhandlungen zwischen den sozialdemokratischen Führern der westlichen und östlichen Zonen Deutschlands, Schumacher und Grotewohl, sind gescheitert.

21./22. 4. Unter dem Druck der SMAD vereinigen sich in Ost-Berlin SPD und KPD. Auf dem Gründungsparteitag der SED (Sozialistische Einheitspartei Deutschlands) werden Wilhelm Pieck (KPD) und Otto Grotewohl (SPD) einstimmig zu Vorsitzenden der neuen Partei gewählt.

9.–11. 5. In Hannover findet der Parteitag der Sozialdemokraten Westdeutschlands mit 609 Delegierten aus den Westzonen und Berlin statt. Der einstimmig zum Vorsitzenden gewählte Kurt Schumacher erklärt, im Fall einer Abtrennung des Rheinlandes werde die deutsche Arbeiterschaft die Arbeit einstellen.

20. 5. Im Gebäude des Amtsgerichts Fürstenfeldbruck wird das erste Spruchkammer-Urteil auf Grund des Gesetzes zur Befreiung von Nationalsozialismus und Militarismus verkündet.

30. 6. In den Ländern der amerikanischen Besatzungszone finden die Wahlen zu den Verfassunggebenden Landesversammlungen statt. Ergebnisse: Bayern CSU 58,3%, SPD 28,8%, Hessen SPD 44,3%, CDU 37,3%, Württemberg-Baden CDU 40,9%, SPD 32,3%.

5. 9. Die beiden angelsächsischen Militärgouverneure, Lucius D. Clay und Sir Brian Robertson, vereinbaren die wirtschaftliche Zusammenarbeit der britischen und amerikanischen Besatzungszone.

6. 9. US-Außenminister J. F. Byrnes leitet mit seiner Rede in Stuttgart die Neuorientierung der westlichen Besatzungspolitik ein.

1. 10. Im Nürnberger Prozeß gegen die Hauptkriegsverbrecher wird das Urteil gefällt.

3. 1. Wiedereröffnung der Rheinisch-Westfälischen Hochschule (TH) in Aachen.

12. 1. Im Haus der Deutschen Kunst wird die erste Nachkriegsausstellung mit Gemälden aus dem bayerischen Staatsbesitz eröffnet.

29. 1. Wiedereröffnung der Berliner Universität im sowjetischen Sektor der Stadt.

10. 2. Der Münchner Trabrenn- und Zuchtverein nimmt seine Rennveranstaltungen in Riem wieder auf.

2. 4. In Hamburg erscheint zweimal wöchentlich die Zeitung »Die Welt«, die »die Bevölkerung der britischen Zone über Ereignisse in der Welt und innerhalb Deutschlands unterrichten soll«.

9. 4. Die von der britischen Militärregierung in »Technische Universität« umbenannte Berliner Technische Hochschule nimmt unter dem Rektorat von Professor Walter Kucharski ihren Lehrbetrieb auf.

23. 4. Anstelle der kommunistischen »Deutschen Volkszeitung« und der sozialdemokratischen Zeitung »Das Volk« wird in Berlin das »Neue Deutschland« als Organ der Einheitspartei SED gegründet.

16. 6. Zum erstenmal seit Kriegsende wird wieder das über 200 km führende traditionelle Radrennen »Rund um Berlin« durchgeführt.

19. 7. In Kaiserslautern nimmt ein neuer Sender »Südwestfunk« den Betrieb auf.

3. 8. Auf dem Platz des Hamburger SV am Rothenbaum gewinnt der Herausforderer Hein ten Hoff die Deutsche Schwergewichtsmeisterschaft im Berufsboxen durch einen Punktsieg nach 12 Runden über den Titelverteidiger Walter Neusel.

25. 8. In Frankfurt finden die ersten Deutschen Meisterschaften der Leichtathleten nach dem Krieg statt.

4. 9. Gründung des Sozialistischen Deutschen Studentenbundes (SDS) in den Harvestehuder Lichtspielen in Hamburg. Kurt Schumacher hält die Gründungsrede.

14. 10. In Frankfurt am Main wird der Hochschulring »christlich-demokratischer Studenten« gegründet, der der CDU organisatorisch angegliedert ist.

19.–27. 10. Während der »Europäischen Woche« in Köln wird das Römisch-Germanische Museum wiedereröffnet.

27. 10. Auf der Rundstraße um die Theresienwiese in

Aufseherinnen des KZ Bergen-Belsen.

Die erste Nachkriegsimmatrikulation an der
Berliner Universität.

Spruchkammerverhandlung, hier gegen Parteimitglied Nr. 2
der NSDAP, Hermann Esser, und die Frau, die ihn verborgen
hielt.

21. 10. Bei den französischen Wahlen zur Verfassunggebenden Nationalversammlung erhalten die Kommunisten die meisten Stimmen. Ministerpräsident wird General de Gaulle, während des Krieges Führer der »freien Franzosen« und Chef der vorläufigen Regierung.

24. 10. Die Charta der Vereinten Nationen tritt in Kraft.

4. 11. Die Satzung der UNESCO (United Nations Educational, Scientific and Cultural Organization – Organisation der UN für Erziehung, Wissenschaft und Kultur) tritt in Kraft.

In London wird die erste Vollversammlung der Vereinten Nationen in Anwesenheit von 51 Staaten eröffnet. Der belgische Delegierte Henri Spaak wird zum Präsidenten gewählt.

24. 1. Einstimmiger Beschluß der Vollversammlung der Vereinten Nationen über die Errichtung einer internationalen Atomkommission zur Kontrolle und friedlichen Entwicklung der Atomenergie.

10. 2. In der Sowjetunion wird der Oberste Sowjet neu gewählt. Die Einheitsliste der Kommunisten und Parteilosen erhält 99,18 Prozent der Stimmen. Der neue Oberste Sowjet ändert die Verfassung: Der Rat der Volkskommissare wird in Ministerrat umbenannt, die Volkskommissare werden Minister.

5. 3. In einer Rede in Fulton (USA) warnt Churchill zum erstenmal öffentlich vor der kommunistischen Gefahr. Er schlägt ein Militärbündnis zwischen den USA und Großbritannien vor.

6. 3. Frankreich und Vietnam schließen einen Vertrag, in dem Vietnam die Autonomie (Selbstverwaltung) im Rahmen der Französischen Union erhält. Außerdem wird ein Waffenstillstand abgeschlossen.

25. 4. – 16. 5. In Paris findet eine Außenministerkonferenz der vier Großmächte statt, um die Friedensverträge mit den ehemaligen Gegnern vorzubereiten. Der Außenminister der USA schlägt vor, daß Deutschland 25 Jahre lang (sowjetischer Vorschlag 40 Jahre) besetzt und entwaffnet bleibt. Da man sich nicht einigen kann, wird die Konferenz unterbrochen.

14. 6. Eine von der UN eingesetzte Kommission zur Kontrolle der Atomkernenergie tritt zusammen. Die USA legen einen Kontrollplan vor, die Sowjetunion, die noch keine Atomwaffen besitzt, empfiehlt dagegen ein grundsätzliches Verbot.

30. 6./24. 7. Auf das Bikini-Atoll im Stillen Ozean werden zu Versuchszwecken zwei Atombomben abgeworfen.

29. 7. – 15. 10. Pariser Friedenskonferenz, auf der die Verträge mit Deutschlands ehemaligen Verbündeten vorbereitet und am 10. 2. 1947 unterzeichnet werden.

11. 8. Der Sonderbeauftragte der USA in China, General Marshall, erklärt, daß es ihm nicht gelungen sei, den Frieden zwischen Tschiang-Kai-schek und Mao Tse-

4. 10. In Bremen trifft eine Sendung mit rund 300 000 amerikanischen Liebesgabenpaketen für die amerikanische und britische Besatzungszone ein. Damit sind aus den USA bisher 1,6 Millionen Sendungen angekommen.

16. 10. Die Todesurteile für die Hauptkriegsverbrecher werden an Ribbentrop, Keitel, Rosenberg, Kaltenbrunner, Frank, Frick, Streicher, Sauckel, Jodl und Seyß-Inquart vollstreckt. Hermann Göring hat sich am Vorabend mit Gift das Leben genommen. Die zu Gefängnisstrafen verurteilten Angeklagten Heß, Funk, Raeder, Schirach, Speer, Neurath und Dönitz sollen in das Strafgefängnis Berlin-Spandau überführt werden.

29. 10. Auf Befehl des Kontrollrats findet in den vier Besatzungszonen Deutschlands eine Volkszählung statt: die Gesamtbevölkerung beträgt 65,9 Millionen, davon sind, bedingt durch die Kriegsfolgen, nur 29,3 Millionen Männer, aber 36,6 Millionen Frauen.

2. 12. Der amerikanische Außenminister Byrnes und der britische Außenminister Bevin unterzeichnen in New York ein Abkommen über die wirtschaftliche Vereinigung der US- und der britischen Besatzungszone Deutschlands.

München wird der »Große Preis von Bayern« mit Rennen für Solo- und Beiwagenmaschinen von 250 bis 1000 ccm ausgetragen.

14. 11. Dem deutschen Dichter Hermann Hesse, 1877 in Calw geboren, seit 1923 Schweizer Bürger, wird der Nobelpreis für Literatur verliehen.

18. 11. Die Kultusministerien der amerikanischen und britischen Zone kommen überein, an sämtlichen Volks-, Mittel-, Berufs- und Höheren Schulen die alte Notenordnung von 1–5 wieder einzuführen. Zeugnisse werden künftig nur noch am 1. 2. und am 1. 7. gegeben.

Literatur

E. Kogon, »Der SS-Staat«.
Th. Plievier, »Stalingrad«.
E. M. Remarque, »Arc de Triomphe«.
E. Langgässer, »Das unauslöschliche Siegel«.
Rowohlts Rotationsromane (rororo).

Theater/Oper

B. Blacher, »Die Flut«.
C. Zuckmayer, »Des Teufels General«.

Film

W. Staudte, »Die Mörder sind unter uns«.
G. Lamprecht, »Irgendwo in Berlin«.

1947 1. 1. Das Doppelzonenabkommen tritt in Kraft. Die Wirtschaftsverwaltung der britischen und amerikanischen Besatzungszone wird dem Wirtschaftsamt der Bizone in Minden übertragen.

1.–3. 2. Der Zonenausschuß der CDU für die britische Zone tagt in Ahlen. In seiner programmatischen Erklärung, dem »Ahlener Programm«, heißt es: »Das kapitalistische Wirtschaftssystem ist den staatlichen und sozialen Lebensinteressen des deutschen Volkes nicht gerecht geworden.«

25. 2. Der alliierte Kontrollrat beschließt mit Gesetz Nr. 46 die »Liquidierung des preußischen Staates«.

20. 4. In den Ländern der britischen Zone werden die ersten Landtage gewählt. Ergebnisse: Niedersachsen SPD 43,4% der Stimmen vor der CDU mit 19,9%; Nordrhein-Westfalen CDU 37,6%, SPD 32%; Schleswig-Holstein SPD 43,8% der Stimmen vor der CDU mit 34,1%.

22.–24. 4. In Bielefeld findet der erste Bundeskongreß des DGB in der britischen Zone statt, an dem auch Vertreter aus der amerikanischen und sowjetischen Besatzungszone teilnehmen. Zum Vorsitzenden des DGB in der britischen Zone wird Hans Böckler, Köln, gewählt.

29. 5. In Berlin wird das Abkommen über die Errichtung des Zweizonenwirtschaftsrats für die

1. 1. Der neugegründeten Atlas-Film GmbH wird das Auswertungsrecht für alliierte Filme in der britischen Zone übertragen.

9.–10. 1. Auf einer Lehrertagung in Detmold, an der über 100 Vertreter aus der amerikanischen, britischen und sowjetischen Zone teilnehmen, wird der Allgemeine Lehrer- und Lehrerinnenverband gegründet.

7. 2. Bei der Eröffnung der ersten deutschen Buchausstellung aller vier Besatzungszonen in Bielefeld hält der Dichter Manfred Hausmann den Festvortrag über »Die dreifache Natur des Buches«.

27. 4. Die britische Militärregierung erläßt eine Verordnung, nach der alle kulturell tätigen Deutschen politische Unbedenklichkeitsbescheinigungen benötigen. Personen, die bis zum 31. 7. keine Bescheinigung haben, dürfen nicht mehr auf kulturellem Gebiet arbeiten.

30. 5. Die in Hamburg versammelten Zeitungsverleger der britischen Zone gründen den Deutschen Pressedienst (DPD). Die Generallizenz für alle Ressorts wird von der britischen Militärregierung zum 1. 7. erteilt. Damit geht die Verantwortung für den führenden Nachrichtendienst der britischen Zone in deutsche Hände über.

2. 8. Nach neunjähriger Unterbrechung hat auf dem Heiligengeistfeld der große »Hamburger Dom« wieder begonnen. Über 400 Schausteller haben ihre Buden, Karussells und Achterbahnen aufgebaut.

»Die letzte Auffangstellung.« Karikatur auf den Nürnberger Prozeß.

Wilhelm Borchert und Hildegard Knef in »Die Mörder sind unter uns«.

tung herzustellen. Die USA schränken ihre Hilfslieferungen für Nationalchina ein. Der Bürgerkrieg breitet sich weiter aus.

24. 8. Großbritannien setzt in Indien eine Übergangsregierung ein, die die Selbständigkeit des Landes vorbereiten soll. Pandit Nehru, ein Schüler Gandhis, wird stellvertretender Ministerpräsident.

1. 9. In einer Volksabstimmung entscheidet sich die Bevölkerung Griechenlands für die Wiederherstellung der Monarchie. Der König kehrt zurück. Gleichzeitig flammen wieder Kämpfe zwischen Regierungstruppen und kommunistischen Partisanen auf.

5. 9. Italien schließt mit Österreich ein Abkommen über Südtirol. Die Deutschen dieses Gebietes sollen gleichberechtigt sein und das Recht auf Selbstverwaltung erhalten.

19. 9. In einer Rede in Zürich schlägt Churchill vor, einen europäischen Staatenbund zu gründen.

10. 2. In Paris werden Friedensverträge zwischen den Alliierten und Italien, Ungarn, Bulgarien, Rumänien, Finnland unterzeichnet.

10. 3. – 24. 4. Die Außenminister treffen sich zu einer Konferenz in Moskau, um über den Friedensvertrag mit Deutschland und den Staatsvertrag mit Österreich zu verhandeln. In den wichtigsten Fragen – Grenzen Deutschlands, Art und Menge der Reparationen, politische und wirtschaftliche Einheit – wird keine Einigung erzielt. Die USA und Großbritannien stimmen der wirtschaftlichen Angliederung des Saargebietes an Frankreich zu. Es wird beschlossen, alle Kriegsgefangenen bis Ende 1948 zu entlassen.

12. 3. Der Präsident der USA, Truman, verkündet in einer Rede in Fulton, daß die USA allen Staaten helfen wollen, die durch den Kommunismus oder die Sowjetunion bedroht sind (Truman-Doktrin). Als erste Länder sollen Griechenland und die Türkei wirtschaftliche Hilfe erhalten.

5. 6. In seiner vielbeachteten Rede in der Harvard-Universität kündigt der amerikanische Außenminister George Marshall ein Wiederaufbauprogramm für Europa an. Er erklärt: »Die Wahrheit ist es, daß die Bedürfnisse Europas für die nächsten drei oder vier Jahre an ausländischen Nahrungsmitteln und anderen lebenswichtigen Produkten, in der Hauptsache aus Amerika, um vieles größer sind als die gegenwärtige Fähigkeit Europas, dafür zu bezahlen. Europa muß

Länder der amerikanischen und britischen Zone veröffentlicht. Als Sitz des Wirtschaftsrates ist Frankfurt am Main vorgesehen.

5.–7. 6. Bayerns Ministerpräsident Hans Ehard lädt die Ministerpräsidenten aller deutschen Länder zu einer Konferenz nach München. Die fünf Länderchefs der sowjetischen Zone wollen als Punkt 1 der Tagesordnung die »Bildung einer deutschen Zentralverwaltung« diskutieren. Da die Minister der Westzonen ablehnen, reisen die Regierungschefs der Ostzone sofort ab.

25. 6. Mit 89 Stimmen gegen die 17 der SED wählt die Berliner Stadtverordnetenversammlung den sozialdemokratischen Professor Ernst Reuter zum Oberbürgermeister von Berlin.

16. 7. Neue Direktive der US-Regierung an General Clay, die die Direktive JCS 1067 an General Eisenhower von 1945 ablöst. Nach den neuen Richtlinien soll die amerikanische Militärregierung die Wirtschaftseinheit mit den anderen Zonen fördern und die Errichtung einer deutschen Demokratie unterstützen.

24. 7. In der Sitzung des am 25. Juni konstituierten Wirtschaftsrates für die Bizone werden die Direktoren der fünf Hauptabteilungen Wirtschaft, Ernährung, Finanzen, Verkehr und Post gewählt. Alle Gewählten gehören der CDU an. Damit ist die erste Vorentscheidung über das zukünftige Wirtschaftssystem Westdeutschlands gefallen.

31. 7. Infolge der anhaltenden Trockenheit treten in den Kartoffelanbaugebieten der Westzonen verstärkt Kartoffelkäfer auf. In allen bayerischen Gemeinden ist ein Kartoffelkäfersuchdienst eingerichtet worden, an dem sich Schulkinder und Erwachsene beteiligen.

18. 8. Gustaf Gründgens, der neue Leiter der Städtischen Bühnen in Düsseldorf, beginnt mit der Probenarbeit für die Spielzeit 1947/48.

14. 9. Die Fußball-Oberligen West und Nord nehmen den Spielbetrieb auf.

28. 9. In seinem ersten Boxkampf seit dem 2. Juli 1939, als er in Stuttgart Adolf Heuser k.o. schlug, gewinnt Ex-Weltmeister Max Schmeling vor 35 000 Zuschauern in Frankfurt in der 7. Runde gegen den jungen Werner Vollmer.

12. 10. Titelverteidiger Hein ten Hoff schlägt im Kampf um die deutsche Schwergewichtsmeisterschaft im Berufsboxen seinen Herausforderer Walter Neusel in Hamburg in der 7. Runde k.o.

19. 10. Vor 80 000 Zuschauern endet die deutsche Straßenmeisterschaft der Radamateure in Berlin nach 125 Kilometern mit einem Sieg des deutschen Fliegermeisters Georg Voggenreiter aus Nürnberg.

20. 11. In Basel stirbt, erst 26jährig, der Dichter Wolfgang Borchert.

14. 12. Führende Fußballfunktionäre der drei Westzonen und Berlins beschließen in Stuttgart für 1948 die Durchführung einer »Deutschen Fußballmeisterschaft« nach dem Pokalsystem.

Literatur

Th. Mann, »Doktor Faustus«.

H. Mann, »Ein Zeitalter wird besichtigt«.

G. Weisenborn, »Memorial«.

Theater/Oper

W. Borchert, »Draußen vor der Tür«.

C. Goetz, »Das Haus in Montevideo«.

F. Dürrenmatt, »Es steht geschrieben«.

Film

K. Maetzig, »Ehe im Schatten«.

J. v. Baky, »Und über uns der Himmel«.

H. Braun, »Zwischen Gestern und Morgen«.

1948 12. 2. Am 11. 2. wird der nach Berlin fahrende britische Militärzug an der Zonengrenze bei Marienborn aufgehalten. Einen Tag später werden der aus Berlin kommende britische Militärzug und der nach Berlin fahrende amerikanische Zug gezwungen, die Fahrt ohne deutsche Reisende fortzusetzen. An den Grenzen der sowjetischen Besatzungszone zu den westlichen Zonen werden Straßensperren errichtet und in den Grenzwäldern Schneisen abgeholzt.

20. 3. Aus Protest gegen die Londoner Konferenz verläßt Marschall Sokolowski den Alliierten Kontrollrat und legt damit jede Vier-Mächte-Politik in Deutschland lahm.

14. 4. Nachdem Präsident Truman das Auslandshilfegesetz am 3. 4. unterzeichnet hat, einigen sich die drei Militärgouverneure der deutschen

22. 2. In Krefeld gewinnen die Titelverteidiger Ria Baran und Paul Falk aus Düsseldorf die deutsche Eiskunstlaufmeisterschaft im Paarlaufen.

25. 2. Gründungsversammlung der »Max-Planck-Gesellschaft zur Förderung der Wissenschaften« in Göttingen.

6. 3. Die in Köln wieder ins Leben gerufene »Studienstiftung des deutschen Volkes« knüpft an die Tradition der 1928 gegründeten und 1933 aufgelösten gleichnamigen Stiftung an. Sie wird von den Kultusministerien der Länder in der Doppelzone, den kommunalen Spitzenverbänden und von privaten Stiftungen getragen und will begabten, mittellosen jungen Menschen das Studium ermöglichen.

23. 4. Eine Versammlung von über 1000 Studenten im »Hotel Esplanade« in West-Berlin fordert eine neue, freiheitliche Universität.

Münchener Ministerpräsidentenkonferenz 1947. Von links nach rechts: Louise Schröder, Wilhelm Hoegner, Hans Ehard.

Ernst Reuter, Oberbürgermeister von Berlin.

deshalb eine wesentliche zusätzliche Hilfe erhalten.«

12.7. – 22.9. Europäische Wirtschaftskonferenz über den Marshall-Plan in Paris. 16 Nationen sind vertreten; acht europäische Staaten lehnen ihre Beteiligung ab.

15.8. Großbritannien beendet seine Kolonialherrschaft in Indien. Zwei neue, unabhängige Staaten entstehen: Indien und Pakistan. Sie bleiben Mitglieder des Commonwealth.

15. – 30.8. Auf einer Panamerikanischen Konferenz schließen die amerikanischen Staaten den Vertrag von Rio de Janeiro. Sie versprechen sich darin gegenseitige Hilfe für den Fall eines Angriffs.

16.8. Die Aufständischen in Griechenland, die vor allem im Norden des Landes größere Gebiete beherrschen, rufen die Republik aus und bilden später eine Gegenregierung.

30.9. Delegierte der kommunistischen Parteien des Ostblocks sowie Frankreichs und Italiens, kommen in Warschau zu einer Konferenz zusammen. Sie beschließen, ein kommunistisches Informationsbüro (Kominform) zu gründen, um ihre politische Zusammenarbeit zu verstärken.

1.1. Eine zwischen Belgien, den Niederlanden und Luxemburg vereinbarte Zollunion (Benelux-Union) tritt in Kraft.

4.2. Die Sowjetunion schließt einen Freundschafts- und Beistandspakt mit Rumänien ab. Ihm folgen ähnliche Verträge mit Ungarn (18.2.), Bulgarien (18.3.) und Finnland (6.4.). Vorausgegangen sind bereits Verträge mit der Tschechoslowakei (1943), Jugoslawien und Polen (1945). Diese Staaten schließen auch untereinander Bündnisse ab. Sie bilden den sogenannten Ostblock, dem nur Finnland nicht angehört.

20.2. In Prag kommt es zum politischen Umsturz. Zehn Minister treten zurück. Gottwald bildet eine überwiegend kommunistische Regierung.

23.2. – 6.3. Vertreter der USA, Großbritanniens, Frankreichs und der Benelux-Staaten treffen sich in London zu einer Sechs-Mächte-Konferenz über

Westzonen, Clay, Robertson und Koenig, auf ein gemeinsames Programm für die Teilnahme der drei Zonen am europäischen Wiederaufbau (Marshall-Plan).

23. 6. Die Währungsreform in der Ostzone soll auch für ganz Berlin gelten. Die drei Kommandanten der Westsektoren Berlins lehnen die östliche Währungsumstellung ab und führen die DM-Währung in West-Berlin ein.

24. 6. Auf Anordnung der SMAD wird um 06.00 Uhr der gesamte Interzonenverkehr von und nach Berlin eingestellt. Beginn der »Blockade«, die erst am 12. 5. 1949 wieder aufgehoben wird.

26. 6. Als Antwort auf die »Blockade« richten die Westalliierten die »Luftbrücke« zur Versorgung der Westberliner Bevölkerung ein.

3. 7. In der sowjetischen Zone beginnt die Aufstellung der »Kasernierten Volkspolizei«.

10.–23. 8. Tagung des vorbereitenden deutschen Verfassungsausschusses in Schloß Herrenchiemsee.

1. 9. In Bonn konstituiert sich der „Parlamentarische Rat". Er besteht aus 65 von den Landtagen der elf westdeutschen Länder gewählten Abgeordneten und hat die Aufgabe, das Grundgesetz auszuarbeiten. Präsident wird Konrad Adenauer (CDU).

6. 9. Die Sitzung der Berliner Stadtverordneten kann nicht eröffnet werden, weil kommunistische Demonstranten das im Ostsektor gelegene Stadthaus umstellen und zum Teil besetzen. Daraufhin beruft der Vorsitzende, Otto Suhr, die Stadtverordnetenversammlung nach West-Berlin ein, die Abgeordneten der SED erscheinen nicht zur Sitzung.

22. 10. Der Deutsche Volksrat der sowjetischen Besatzungszone billigt einstimmig einen Verfassungsentwurf für die »Deutsche Demokratische Republik«.

30. 11. Die Stadtverordneten in Ost-Berlin erklären den Magistrat der Stadt für abgesetzt und bilden einen »provisorischen demokratischen Magistrat«, den der sowjetische Stadtkommandant als »einzig rechtmäßiges Stadtverwaltungsorgan« anerkennt. Damit ist die verwaltungsmäßige Spaltung Berlins vollzogen.

9. 5. Der 26jährige Dortmunder Rudi Pepper zerstört den k.o.-Nimbus des »Hufschmieds vom Rhein«, Dietrich Hucks, den er in der Berliner Waldbühne nach zehn Runden überlegen auspunktet.

8. 8. Vor 70 000 Zuschauern im Kölner Stadion gewinnt der 1. FC Nürnberg die erste deutsche Nachkriegs-Fußballmeisterschaft durch ein 2 : 1 über den 1. FC. Kaiserslautern.

14. 8. Der Verwaltungsrat des Nordwestdeutschen Rundfunks beschließt auf seiner Sitzung in Rolandseck am Rhein die Einrichtung eines Versuchsbetriebes für Fernsehen.

15. 8. In Stuttgart wird für den 1. September das Erscheinen einer deutschen Ausgabe der amerikanischen Monatsschrift »The Reader's Digest« unter dem Titel »Das Beste aus Reader's Digest« angekündigt.

11. 9. Als Zentralorgan der SPD erscheint das Wochenblatt, das »Neue Vorwärts«.

19. 9. In Essen wird der Student Wolfgang Unzicker mit 23 Jahren der jüngste Deutsche Meister der Schachgeschichte.

26. 9. Im Düsseldorfer Schwergewichtskampf der Berufsboxer unterliegt der Osnabrücker Wilson Kohlbrecher durch technischen k.o. in der 9. Runde gegen Walter Neusel.

19. 11. Durch 20 international gewählte deutsche Schriftsteller wird in Göttingen die Konstituierung des »PEN-Zentrums Deutschland« vollzogen.

1. 12. Bayerns Kultusminister Alois Hundhammer erklärt im Landtag, daß er die Ergebnisse der Wahlen zum Allgemeinen Studentenausschuß (ASTA) von TH und Universität München nicht anerkenne. Hundhammer am Vorabend der Landtagssitzung zum ASTA-Vorsitzenden: »Diese revolutionäre Jugend geht darauf aus, den Staat zu erschüttern.«

4. 12. Die Freie Universität Berlin wird im Titania-Palast feierlich eröffnet.

Literatur
Th. W. Adorno/M. Horkheimer, »Dialektik der Aufklärung«.

Theater/Oper
B. Brecht, »Herr Puntila und sein Knecht Matti«.
F. Dürrenmatt, »Romulus der Große«.

Film
E. Engel, »Affäre Blum«.
R. A. Stemmle/G. Neumann, »Berliner Ballade«.

1949 18.–19. 3. Auf seiner Tagung in Berlin nimmt der sowjetzonale Deutsche Volksrat den Verfassungsentwurf für die »Deutsche Demokratische Republik« an.

4. 5. Die vier alliierten Großmächte unterzeichnen in New York das Jessup-Malik-Abkommen über die Beendigung der Blockade von Berlin;

1. 2. Vier britische Hersteller von Rundfunkgeräten und die niederländische Firma Philips schließen einen Vertrag über die Standardisierung der von ihnen hergestellten Fernsehempfangsgeräte.

13. 2. In Isny im Allgäu finden die ersten deutschen Nordischen Skimeisterschaften nach dem Krieg statt. Mit 78 und 83 Metern (Schanzenrekord) wird der 22jäh-

Errichtung von Grenzsperren an der Grenze der sowjetischen Zone.

Verfassungskonvent in Herrenchiemsee. Staatsminister Pfeiffer (Bayern) hält die Eröffnungsansprache.

Bayerns Kultusminister Alois Hundhammer mit Studenten.

Deutschland. Sie empfehlen die wirtschaftliche Eingliederung Westdeutschlands in Westeuropa und die Errichtung einer internationalen Ruhrkontrolle.

17. 3. Großbritannien, Frankreich und die Benelux-Staaten unterzeichnen den Brüsseler Pakt (Westeuropäische Union). Sie vereinbaren, ihre wirtschaftlichen, sozialen und kulturellen Beziehungen zu festigen, und versprechen sich gegenseitigen Beistand für den Fall eines deutschen Angriffs.

16. 4. In Paris wird ein Abkommen über die Organisation für europäische wirtschaftliche Zusammenarbeit unterzeichnet (OEEC, Organization for European Economic Cooperation). Mitglieder sind alle am Marshall-Plan beteiligten Staaten.

15. 5. Das britische Mandat über Palästina erlischt. In Tel Aviv wird der souveräne Staat Israel ausgerufen. Ben Gurion ist Ministerpräsident. Die Gegensätze zwischen Arabern und Juden führen zum offenen Krieg.

19. 6. Griechische Regierungstruppen beginnen eine Offensive gegen die kommunistischen Verbände im Grammosgebirge. Das Hauptquartier der Aufständischen muß nach Albanien verlegt werden.

27. 6. Das Kominform verurteilt die Politik des jugoslawischen Staatschefs Tito. Er will mit seinem Land einen eigenen Weg zum Sozialismus gehen (Titoismus). Jugoslawien sucht in der Folgezeit wirtschaftlichen Anschluß an den Westen.

17. 9. Jüdische Extremisten ermorden den Grafen Folke Bernadotte, Friedensvermittler der Vereinten Nationen.

2. 11. Bei den Präsidentschaftswahlen der USA siegt der Kandidat der Demokratischen Partei, Truman. Er tritt seine zweite Amtsperiode an.

12. 11. Im Tokioter Kriegsverbrecherprozeß werden die Urteile verkündet. Der ehemalige Ministerpräsident Tojo und sechs weitere Angeklagte werden zum Tod verurteilt.

---

7. 1. In Palästina tritt Waffenruhe ein. Auf Anordnung der UN werden in den folgenden Monaten Waffenstillstandsverträge zwischen Israel einerseits, Ägypten, Libanon, Transjordanien und Syrien andererseits geschlossen. Am 3. 4. wird eine Demarkationslinie vereinbart, durch die das Gebiet Israels vergrößert wird. Ein Küstenstreifen bei Gaza, der an Israel fallen sollte,

alle Einschränkungen werden aufgehoben.

8. 5. Das Grundgesetz für die Bundesrepublik Deutschland wird vom Plenum des Parlamentarischen Rates in Bonn mit 53 zu 12 Stimmen in dritter Lesung angenommen.

12. 5. Der Parlamentarische Rat entscheidet in geheimer Abstimmung mit 33 gegen 29 Stimmen, die sich für Frankfurt einsetzen, die Stadt Bonn zur vorläufigen Hauptstadt der Bundesrepublik zu machen.

23. 5. In einem feierlichen Staatsakt in Bonn wird das Grundgesetz für die Bundesrepublik Deutschland verkündet und in Kraft gesetzt.

14. 8. Die erste deutsche Bundestagswahl gewinnt die CDU mit 31% der abgegebenen Stimmen vor der SPD mit 29,2%. Die FDP erhält 11,9%, die KPD 5,7%, die Bayernpartei 4,2% und die Deutsche Partei 4% aller abgegebenen gültigen Stimmen.

12. 9. Die Bundesversammlung tritt zur Wahl des ersten Bundespräsidenten zusammen. Professor Theodor Heuss (FDP) wird mit 460 Stimmen vor Dr. Kurt Schumacher (SPD) mit 312 Stimmen im zweiten Wahlgang gewählt.

15. 9. Der Deutsche Bundestag wählt mit einer Stimme Mehrheit den Vorsitzenden der CDU, Konrad Adenauer, zum ersten Bundeskanzler.

21. 9. Die drei Hohen Kommissare setzen das Besatzungsstatut für Westdeutschland in Kraft und verkünden das Ende der Militärregierungen sowie die Übernahme der Geschäfte durch die Hohe Kommission.

7. 10. In Ost-Berlin tagt der Deutsche Volksrat, der die Deutsche Demokratische Republik proklamiert und beschließt, eine Regierung zu bilden. Wilhelm Pieck wird Präsident der Republik, Otto Grotewohl Ministerpräsident.

10. 10. Die Sowjetunion überträgt die Verwaltungsfunktionen, die bisher von der sowjetischen Militäradministration ausgeübt wurden, auf die Regierung der DDR und löst die SMAD auf. Statt dessen wird eine sowjetische Kontrollkommission geschaffen.

13. 10. Auf dem westdeutschen Gewerkschaftskongreß in München einigen sich die 487 Delegierten, die bisher selbständigen 16 Arbeitnehmerorganisationen Westdeutschlands zum »Deutschen Gewerkschaftsbund« mit Sitz in Düsseldorf zusammenzuschließen.

24. 11. Das in Bonn von den alliierten Hochkommissaren François-Poncet, Robertson und McCloy sowie von Bundeskanzler Adenauer unterzeichnete »Petersberger Abkommen« gewährt der Bundesrepublik wirtschaftliche Erleichterungen und Demontagestop für 18 größere Werke.

rige Toni Brutscher Meister im Skispringen. Deutscher Skimeister in der Nordischen Kombination wird der frühere Hirschberger Günther Meergans.

19. 3. Höhepunkt der ersten deutschen Hallen-Schwimmeisterschaften in Braunschweig ist über 200 Meter Brust der Herren der Europarekord des Münchners Herbert Klein in 3:35,9 Minuten.

17. 4. Als erstes der von der Hauptverwaltung Eisenbahnen geplanten Kinounternehmen werden die Bahnhof-Lichtspiele in Stuttgart eröffnet.

20./21. 4. Die Kultusminister der elf westdeutschen Länder beschließen auf ihrer Tagung in Kempfenhausen am Starnberger See die Einführung der »Selbstkontrolle der deutschen Filmindustrie«.

20. 5. Auf der technischen Exportmesse in Hannover stellen die Borgward-Werke Bremen den ersten vollkommen neukonstruierten deutschen Personenkraftwagen nach Kriegsende, den »Hansa 1500«, vor.

1. 7. Das Volkswagenwerk bringt zwei neue Modelle auf den Markt und senkt den Preis für das Standardmodell von 5300 auf 4800 D-Mark; das Exportmodell kostet 5450 DM. Gleichzeitig werden die Stundenlöhne der Arbeiter (bisher 1,46 DM Durchschnittslohn) um drei bis sieben Pfennige erhöht.

25. 7. Wie schon einmal gegen Dieter Hucks läuft der Kölner Peter Müller (»de Aap«) auch dem schwer angeschlagenen Erlanger Hans Stretz deckungslos in einen Fangschuß und verliert damit den Titel eines Deutschen Meisters im Mittelgewicht der Berufsboxer.

1. 9. Die Nachrichtenagenturen dpd, Dena und Südena schließen sich zur »Deutschen Presseagentur« (dpa) zusammen. Die dpa erklärt, sie sei von politischen Parteien, finanziellen oder wirtschaftlichen Interessen, der Bundesregierung und den Besatzungsmächten unabhängig.

25. 9. In Bonn wird das »Nationale Olympische Komitee« (NOK) wiedergegründet.

4. 12. Das ostzonale Volksbildungsministerium entläßt Professor Ferdinand Sauerbruch aus seinen Ämtern als Direktor der Chirurgischen Abteilung der Berliner Charité und Ordinarius an der Humboldt-Universität.

Literatur

C. W. Ceram, »Götter, Gräber und Gelehrte«.
B. Brecht, »Kalendergeschichten«.
E. Jünger, Strahlungen«.
M. Heidegger, »Holzwege«.

Theater/Oper

H. v. Hofmannsthal, »Das Bergwerk von Falun«.
W. Egk, »Abraxas«.

Film

A. M. Rabenalt, »Das Mädchen Christine«.
H. Braun, »Nachtwache«.
A. Braun, »Mädchen hinter Gittern«.

Die Fraktion der CSU bei der Abstimmung im Parlamentarischen Rat.

Der erste Lastwagen passiert die Zonengrenze nach Aufhebung der Berliner Blockade.

Borgward-Nachkriegsmodell Hansa 1500.

bleibt von ägyptischen Truppen besetzt. Etwa 750000 arabische Flüchtlinge sind obdachlos.

9. 1. Rotchinesische Truppen überschreiten den Jangtse, besetzen am 31. 1. Peking, am 23. 2. Nanking und am 25. 5. Schanghai. Peking wird die Hauptstadt der Kommunisten.

20. 1. Präsident Truman verkündet sein Regierungsprogramm. Als vierter Punkt werden großzügige wirtschaftliche und technische Hilfeleistungen für unterentwickelte Gebiete angekündigt.

25. 1. Die osteuropäischen Staaten bilden einen Rat für gegenseitige Wirtschaftshilfe.

4. 4. In Anwesenheit von Präsident Truman unterzeichnen die Außenminister der zwölf Signatarstaaten (Belgien, Dänemark, Frankreich, Großbritannien, Island, Italien, Kanada, Luxemburg, Niederlande, Norwegen, Portugal und USA) den Atlantikpakt (NATO = North Atlantic Treaty Organization).

3. 8. Durch Hinterlegung der Ratifikationsurkunden seiner zehn Gründungsmitglieder wird der Europarat geschaffen. Laut Statut ist die Mitgliederzahl der Beratenden Versammlung auf 87 festgesetzt. Davon erhalten Großbritannien, Frankreich und Italien je 18 Sitze, Belgien, die Niederlande und Schweden je 6, Dänemark, Norwegen und Irland je 4 und Luxemburg 3 Sitze.

12. 8. Die Genfer Konventionen des Roten Kreuzes werden ergänzt: revidiert werden die Abkommen zum Schutz der Soldaten und Kriegsgefangenen. Eine neue Konvention zum »Schutz der Zivilpersonen in Kriegszeiten« kommt hinzu.

23. 9. Präsident Truman erklärt, die USA hätten Beweise, daß in der Sowjetunion eine Atombombenexplosion erfolgt sei.

1. 10. Vor dem Kaiserpalast in Peking verkündet der Vorsitzende der KP Chinas Mao Tse-tung die Gründung der Volksrepublik China und die Bildung der Zentralen Volksregierung.

7. 12. Auf einem Kongreß in London gründen die Gewerkschaften, die aus dem kommunistischen Weltgewerkschaftsbund in Paris ausgetreten sind, den »Internationalen Bund freier Gewerkschaften«. Der Niederländer J. H. Oldenbroek wird Generalsekretär, Brüssel Sitz der Organisation.

30. 12. Bao Dai und der französische Hohe Kommisaar für Indochina unterzeichnen ein Abkommen, das Vietnam Souveränität in innenpolitischen Angelegenheiten gewahrt, Verteidigung und Außenpolitik bleiben unter französischer Verantwortung.

1950 14. 1. Die Alliierte Hohe Kommission hebt den Lizenzzwang für politische Parteien im Bundesgebiet auf. Daraufhin entstehen etwa 30 neue Parteien, die bei mindestens einer Landtagswahl kandidieren.

8. 2. Die Provisorische Volkskammer der DDR nimmt das Gesetz über die Bildung des Ministeriums für Staatssicherheit einstimmig an.

1. 3. Die deutsche Bundesregierung verfügt die Aufhebung aller Rationierungsmaßnahmen mit Ausnahme von Zucker.

27. 3. Der Bundestag lehnt gegen die Stimmen der FDP, der DP und der CDU die Wiedereinführung der Todesstrafe ab. Am 28. 3. nimmt er das erste Wohnungsbaugesetz an: 1,8 Millionen Wohnungen sollen im Zeitraum von sechs Jahren geschaffen werden.

28. 4. In seinem Aufruf zum 1. Mai 1950 fordert der Bundesvorstand des Deutschen Gewerkschaftsbundes (DGB) das »uneingeschränkte Mitbestimmungsrecht der Gewerkschaften in der gesamten Wirtschaft und Verwaltung sowie die Überführung der Grundstoff-Industrien in Gemeineigentum«.

15. 6. Der Bundestag billigt in dritter Lesung den Gesetzentwurf über den Beitritt zum Europarat mit 220 gegen 152 Stimmen bei 9 Enthaltungen.

30. 8. Die Ministerpräsidenten der elf westdeutschen Länder und der Oberbürgermeister von West-Berlin fordern auf einer Konferenz in Königstein die Aufstellung einer rund 10 000 Mann starken Bereitschaftspolizei, nachdem Adenauer schon am 2. 6. in Washington um die Genehmigung zur Schaffung einer Bundespolizei in Stärke von 25 000 Mann als Gegengewicht gegen die Volkspolizei der DDR nachgesucht hatte.

19. 9. Die Bundesregierung beschließt Maßnahmen zur Entfernung von Anhängern rechts- und linksradikaler Organisationen aus dem Bundesdienst.

9. 10. Bundesinnenminister Gustav Heinemann tritt zurück. Er betont, daß er im Gegensatz zum Bundeskanzler auf dem Standpunkt stehe, die Bundesrepublik solle weder eine Beteiligung an der westeuropäischen Verteidigung anbieten noch darum nachsuchen.

15. 10. Die allgemeinen Wahlen in der DDR haben folgendes Ergebnis: Bei einer Wahlbeteiligung von 98,5 % sind 12 097 105 von den 12 144 597 abgegebenen Stimmen für die Kandidaten der Nationalen Front, 34 060 dagegen.

18. 3. In Nürnberg wird die erste deutsche Spielwarenfachmesse der Nachkriegszeit beendet, die von rund 350 Firmen beschickt wurde.

19. 3. Auf dem Genfer Autosalon stellen die Bremer Goliath-Werke ihren neuen Personenwagen mit Zweitaktmotor (700 ccm/25 PS) vor, der eine Spitzengeschwindigkeit von 102 km/h erreicht.

28. 4. Im Namen der »Aktionsgruppe Heidelberg« übergibt der Sozialwissenschaftler Alfred Weber der Presse eine Erklärung, die sich gegen die zunehmenden Schändungen jüdischer Friedhöfe richtet und eine sachliche Aufklärung der Schuljugend über das Schicksal der Juden fordert.

2. 5. Die SABA-Werke bringen ein 3-Röhren-UKW-Zusatzgerät für Vollnetzanschluß auf den Markt.

6. 5. In Köln wird die erste deutsche Foto- und Kino-Ausstellung der Nachkriegszeit eröffnet.

7. 5. Mehr als 100 000 Besucher besichtigen am »Volkstag« die Technische Messe in Hannover.

1. 10. Die Vorsitzenden von 17 Fußballvereinen der 1. Liga Süd lehnen in Bad Cannstatt mit 15 Stimmen die Bildung einer Bundesliga und die Einführung des Vollprofis ab.

24. 10. Unter dem Beifall von 450 000 Berlinern weiht der frühere amerikanische Militärgouverneur in Deutschland, General Lucius D. Clay, die »Weltfriedensglocke« im Turm des Schöneberger Rathauses ein.

22. 11. Deutschlands Fußball-Nationalmannschaft gewinnt ihr erstes Nachkriegsländerspiel im Stuttgarter Neckarstadion durch ein Elfmetertor des Verteidigers Burdenski von Werder Bremen mit 1 : 0 (1 : 0) Toren.

12. 12. Im Hodler-Saal des Rathauses von Hannover wird um 12.00 Uhr der Deutsche Sportbund (DSB) von 84 stimmberechtigten Delegierten einstimmig gegründet. Mit 64 Stimmen wird Willy Daume, Dortmund, vom Deutschen Handballbund als erster Präsident dieser obersten Sportbehörde der Bundesrepublik gewählt.

26. 12. Das Volkswagenwerk stellte in diesem Jahr 90 558 (1949: 46 594) Fahrzeuge her, von denen 29 048 (1949: 7170) Einheiten exportiert wurden.

Literatur

H. Broch, »Die Schuldlosen«.

N. Hartmann, »Philosophie der Natur«.

C. G. Jung, »Gestaltungen des Unbewußten«.

Film

G. C. Klaren, »Semmelweis – Retter der Mütter«.

G. Neumann, »Herrliche Zeiten«.

C. Goetz, »Frauenarzt Dr. Prätorius«.

H. Deppe, »Schwarzwaldmädel«.

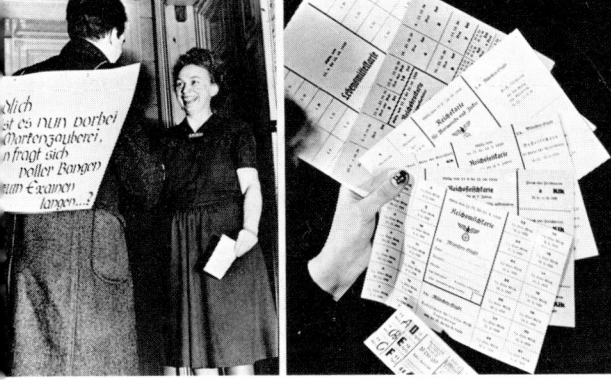

Die Bevölkerung feiert die Aufhebung der Rationierung.

Der Wohnungsbau wird angekurbelt.

Ferienglück mit UKW-Empfänger

1. 3. Das Zentrale Kriminalgericht in London verurteilt den 38jährigen Atomspion Dr. Klaus Fuchs zu 14 Jahren Zuchthaus.

9. 5. Der französische Außenminister Schuman schlägt vor, die deutsche und die französische Kohle- und Stahlproduktion zu vereinigen (Schuman-Plan). Andere Länder könnten sich anschließen.

6. 6. In der Warschauer Deklaration der Regierung der DDR und der Polnischen Republik vereinbaren die Vertragschließenden, die »zwischen den beiden Staaten bestehende unantastbare Friedens- und Freundschaftsgrenze an der Oder und Lausitzer Neiße zu markieren«.

25. 6. Truppen der Volksrepublik Nordkorea dringen über den 38. Breitengrad nach Südkorea vor und beginnen den »Koreakrieg«. Der südkoreanische Staatspräsident Syngman Rhee bittet Amerika um Hilfe.

27. 6. Präsident Truman befiehlt amerikanischen See- und Luftstreitkräften unter dem Oberbefehl von General Douglas MacArthur, Südkorea Schutz und Unterstützung zu gewähren.

12. – 23. 9. Die drei Außenminister der Westmächte beraten in New York über die Aufstellung einer europäischen Armee. Sie erklären, daß sie nur die Bundesregierung als deutsche Regierung anerkennen und die Bundesrepublik und West-Berlin gegen jeden Angriff verteidigen werden. Am 21. 10. protestierten die Außenminister der Ostblockstaaten gegen diese Beschlüsse.

15. 9. Truppen der Vereinten Nationen landen im Rükken der Nordkoreaner bei Inchon, Pohang und Yongdok. Sie treten an der gesamten Front des Brückenkopfs zum Angriff an.

19. 9. In Paris wird das Abkommen über die Europäische Zahlungsunion (EPU) von Vertretern der 18 Mitgliedsstaaten der Organisation für die wirtschaftliche Zusammenarbeit Europas (OEEC) unterzeichnet.

19. 9. Streitkräfte der Vereinten Nationen erobern die südkoreanische Hauptstadt Seoul zurück. Am 29. 9. übergibt General MacArthur die Stadt dem Präsidenten Syngman Rhee.

26. 10. Frankreichs Ministerpräsident Pleven schlägt vor, eine europäische Armee zu bilden. Deutsche Truppen sollen daran teilnehmen.

27. 10. Chinesische Truppen marschieren in Tibet ein.

3. 11. In Korea zwingt eine Gegenoffensive nordkoreanischer und chinesischer Streitkräfte die Truppen der Vereinten Nationen zum Rückzug.

18. – 19. 12. Der Atlantikrat beschließt, eine europäische Armee aufzustellen. Oberbefehlshaber wird der amerikanische General Eisenhower. Eine deutsche Beteiligung ist vorgesehen.

1951 9. 1. Vertreter der Alliierten Hohen Kommission nehmen mit der Bundesregierung Gespräche über die Verteidigungsfrage auf. Teilnehmer von deutscher Seite sind der Beauftragte für die Unterbringung der Besatzungstruppen, Theodor Blank, die Generäle Hans Speidel, Adolf Heusinger, Ernst Ostermann und Graf Johann Adolf von Kielmannsegg.

24. 1. Der Bundestag verabschiedet das Wohnungsbau-Prämiengesetz, das »vor allem auch kleinen Einkommensempfängern größere Möglichkeiten zum Erwerb von Eigenheimen und Wohnungseigentum« bieten soll.

21. 2. Der zweite Senat des Landesverwaltungsgerichts Rheinland-Pfalz in Koblenz entscheidet, daß eine Mitgliedschaft in der KPD »mit der besonderen Treuepflicht eines im öffentlichen Dienst Stehenden unvereinbar ist«.

26. 6. Die Bundesregierung verbietet die FDJ wegen deren »Tätigkeit gegen die verfassungsmäßige Ordnung der BRD«.

15. 7. Zur Unterbindung des illegalen Güterverkehrs in die sowjetische Besatzungszone erläßt die Bundesregierung verschärfte Kontrollbestimmungen und erklärt einen bis zu 10 Kilometer tiefen Geländestreifen an der Zonengrenze zum Zonengrenzbezirk.

30. 8. Der Ministerrat der DDR beschließt die Einführung einer Straßenbenutzungsgebühr für Kraftfahrzeuge, die nicht in der DDR oder im sowjetischen Sektor von Berlin zugelassen sind.

12. 9. Anläßlich des »Nationalen Gedenktages des deutschen Volkes« stiftet Bundespräsident Theodor Heuss einen »Verdienstorden der Bundesrepublik Deutschland«.

28. 9. In Karlsruhe wird das Bundesverfassungsgericht in Anwesenheit von Bundespräsident Heuss und Bundeskanzler Adenauer eröffnet.

7. 10. Der Staatspräsident der DDR, Wilhelm Pieck, verkündet anläßlich der Verleihung der Nationalpreise in der Berliner Staatsoper eine Amnestie für 20 000 politische Häftlinge.

1. 11. Die Volkskammer der DDR beschließt einstimmig das Gesetz über den Fünfjahresplan zur Weiterentwicklung der Volkswirtschaft.

16. 11. Die Bundesregierung beschließt, beim Bundesverfassungsgericht Klage gegen die SRP und KPD wegen Verstoßes gegen die demokratische Grundordnung nach Artikel 21 des Grundgesetzes zu erheben.

9. 12. In der Volksabstimmung über den Südweststaat bejahen 1 748 406 Abstimmungsberechtigte die Frage nach der Vereinigung der drei südwestdeutschen Länder; 758 534 Wähler verlangen die Wiederherstellung der alten Länder.

6. 1. Auf der Jahresmitgliederversammlung des Nationalen Olympischen Komitees (NOK) in Frankfurt wird Karl Ritter von Halt zum neuen Präsidenten des NOK gewählt.

28. 1. In L'Alpe d'Huez gewinnen Anderl Ostler und Lorenz Nieberl im Zweierbob die erste Nachkriegsweltmeisterschaft im Bobsport für Deutschland.

25. 2. Die Deutschen Meister und Europameister im Eiskunstlaufen der Paare, Ria Baran und Paul Falk aus Düsseldorf, werden in Mailand Weltmeister im Paarlaufen.

1. 5. In Anwesenheit des US-Landeskommissars für Bayern, Professor George N. Shuster, wird in München der neue 135 kW starke Mittelwellensender der Radiostation »Freies Europa« eingeweiht.

3. 7. Vor mehr als 1000 geladenen Gästen eröffnet der Bundesminister für Wohnungsbau Eberhard Wildermuth in Hannover die »Constructa 1951«, die erste deutsche Bauausstellung seit 20 Jahren.

10. 7. Auf seiner 44. Vollversammlung beschließt der Internationale Luftfahrtverband, die Bundesrepublik und Österreich als vollberechtigte Mitglieder aufzunehmen.

16. 9. In der Frankfurter Paulskirche überreicht Bundespräsident Heuss den Friedenspreis des deutschen Buchhandels in Höhe von 10000 DM an Albert Schweitzer.

23. 9. Durch einen klaren Punktsieg über den Briten Jack Gardner wird Hein ten Hoff in der Berliner Waldbühne Europameister im Schwergewichtsboxen.

24. 11. An der Freien Universität Berlin wird das »Osteuropa-Institut« eröffnet.

3. 12. Als Nachfolger des verstorbenen Marschalls von Frankreich, Philippe Pétain, wird Albert Schweitzer zum Ordentlichen Mitglied der Französischen Akademie für Moralische und Politische Wissenschaften gewählt.

11. 12. Der Bayerische Landtag beschließt mit 95 gegen 90 Stimmen, das von Kultusminister Alois Hundhammer 1947 wieder eingeführte körperliche Züchtigungsrecht an den bayerischen Volksschulen nicht aufzuheben.

Literatur

H. Gollwitzer, »Und führen, wohin du nicht willst.«.

E. v. Salomon, »Der Fragebogen«.

Th. W. Adorno, »Minima Moralia«.

Th. Mann, »Der Erwählte«.

Theater/Oper

B. Brecht, »Verhör des Lukullus«.

M. Frisch, »Graf Öderland«.

Film

W. Staudte, »Der Untertan«.

H. Deppe, »Grün ist die Heide«.

Von der Presse belagert: der Beauftragte für die Unterbringung der Besatzungstruppen, Theodor Blank (vorn links).

14. – 18. 1. Kommunistische Vietminh-Truppen unternehmen in Vietnam eine Offensive mit dem Ziel, Hanoi in ihre Hand zu bringen. Die Franzosen können sich behaupten.

12. 3. Streitkräfte der Vereinten Nationen unternehmen in Korea eine Gegenoffensive. Die Nordkoreaner treten den Rückzug an und räumen Seoul, das am 14. 3. von den Truppen der Vereinten Nationen besetzt wird.

18. – 28. 3. Die gegnerischen Streitkräfte beziehen in Korea wieder Stellungen nördlich bzw. südlich des 38. Breitengrades.

18. 4. Die Außenminister von Belgien, der Bundesrepublik Deutschland, Frankreich, Italien, Luxemburg und der Niederlande unterzeichnen in Paris den Vertrag über die Gründung der Europäischen Gemeinschaft für Kohle und Stahl (Schuman-Plan).

21. – 30. 5. In Korea gehen die Truppen der Vereinten Nationen wieder zum Angriff über. Am 24. 5. überschreiten sie erneut den 38. Breitengrad und dringen nach Norden vor.

25. 5. Der neue persische Ministerpräsident Mossadegh (seit 28. 4.) erklärt auf einer Pressekonferenz zur Begründung der Enteignung der Anglo-Iranischen Ölgesellschaft, Persien benötige die Einkünfte aus seinem Ölbesitz für die Verbesserung des Lebensstandards seiner Bevölkerung.

9. 7. Großbritannien und Frankreich beenden formell den Kriegszustand mit Deutschland. Ägypten und Indien waren vorausgegangen, die USA folgen am 18. 10., danach die übrigen ehemaligen Gegner Deutschlands mit Ausnahme der Ostblockstaaten.

10. 7. In Korea beginnen Waffenstillstandsverhandlungen.

8. 9. Der Friedensvertrag zwischen Japan und seinen Gegnern im Zweiten Weltkrieg wird in San Francisco unterzeichnet; anschließend der Sicherheitsvertrag zwischen Japan und den USA.

25. 9. Die persische Regierung ordnet die Ausweisung aller britischen Angestellten der Anglo-Iranischen Ölgesellschaft an. Zwei Tage später besetzen persische Truppen die Erdöl-Raffinerie in Abadan.

25. 10. Die am 23. 8. wegen angeblicher Neutralitätsverletzungen abgebrochenen Waffenstillstandsverhandlungen in Korea werden in Panmunjon wieder aufgenommen. Am 27. 11. einigen sich die Parteien, die bestehende Frontlinie als endgültige Waffenstillstandslinie zu akzeptieren.

26. 10. Premierminister Clement R. Attlee erklärt den Rücktritt seiner Regierung. Am gleichen Tag ernennt König Georg VI. Winston Churchill zum neuen Premier.

Meisterpaar Ria Baran/Paul Falk.

1952 11. 1. Der deutsche Bundestag ratifiziert in dritter Lesung den Vertrag über die Gründung der Europäischen Gemeinschaft für Kohle und Stahl.

19. 1. Der Sicherheitsbeauftragte der Bundesregierung, Theodor Blank, gibt in einer Rundfunkansprache die geplante Aufstellung deutscher Kontingente im Rahmen der europäischen Verteidigung bekannt: 12 Divisionen mit 300 000 bis 400 000 Soldaten, taktische Luftwaffe und Küsteneinheiten.

31. 1. Auf Anordnung des Bundesverfassungsgerichts wird eine Polizeiaktion gegen die SRP- und KPD-Büros durchgeführt, um Beweismaterial für das Verfahren gegen die beiden Parteien sicherzustellen.

7./8. 2. Wehrdebatte im Bundestag. Mit 204 gegen 156 Stimmen wird die grundsätzliche Bereitschaft zur Teilnahme an der Europäischen Verteidigungsgemeinschaft ausgesprochen.

2. 5. Auf Vorschlag von Bundeskanzler Adenauer erklärt Bundespräsident Heuss die dritte Strope des Deutschlandliedes zur Nationalhymne.

4. 5. Im Schöneberger Rathaus bekommen 32 Berliner »Trümmerfrauen« und 17 »Trümmermänner« das ihnen von Bundespräsident Heuss verliehene »Verdienstkreuz am Bande« überreicht.

16. 5. Der Bundestag nimmt das Gesetz über den Lastenausgleich an.

26. 5. In Bonn wird der »Vertrag über die Beziehungen zwischen der Bundesrepublik und den Drei Mächten« (Deutschlandvertrag, Generalvertrag) von Bundeskanzler Adenauer, dem französischen Außenminister Robert Schuman, US-Außenminister Dean Acheson und dem britischen Außenminister Anthony Eden unterzeichnet. Damit ist das Besatzungsstatut aufgehoben; die Alliierte Hohe Kommission wird aufgelöst.

19. 7. Das Betriebsverfassungsgesetz wird vom 1. Deutschen Bundestag verabschiedet.

20. 8. Der Vorsitzende der SPD, Kurt Schumacher, stirbt im Alter von 57 Jahren in Bonn.

24.–28. 9. In Dortmund findet der erste Parteitag der SPD nach dem Tod ihres Vorsitzenden Kurt Schumacher statt. Zu seinem Nachfolger wird Erich Ollenhauer gewählt.

2. 10. Mit 151 gegen 146 Stimmen bei zwei Enthaltungen lehnt der Bundestag die von der DP und der Bayernpartei geforderte Wiedereinführung der Todesstrafe bei Mord und Menschenraub ab.

28. 10. Das Bundesverfassungsgericht spricht das Verbot der SRP aus; ihre Bundestags- und Landtagsmandate werden eingezogen.

2. 2. In Anwesenheit von Bundespräsident Heuss und Nordrhein-Westfalens Ministerpräsident Arnold wird die Dortmunder Westfalenhalle, Europas größte Sporthalle, eröffnet.

14. 2. Vor 30000 Zuschauern findet im Osloer Bislett-Stadion die Eröffnungszeremonie der VI. Olympischen Winterspiele statt. Deutschland ist mit 62 Sportlern vertreten.

15. 2. Am zweiten Tag der VI. Olympischen Winterspiele (14. – 24. 2.) gewinnen Anderl Ostler und Lorenz Nieberl in Oslo mit dem Zweierbob »Deutschland I« die erste Goldmedaille für die Bundesrepublik.

24. 2. In der inoffiziellen Nationenwertung der VI. Olympischen Winterspiele nimmt Deutschland mit drei Goldmedaillen (Ostler im Zweier- und Viererbob, Baran/Falk im Paarlauf) zwei Silber- und zwei Bronzemedaillen den 5. Platz ein.

8. 6. Im Titelkampf um die Deutsche Meisterschaft im Mittelgewicht der Berufsboxer gegen Heinz Stretz aus Erlangen schlägt der Kölner Peter Müller den Hamburger Ringrichter Max Pippow mit einer schweren Rechten besinnungslos.

15. 6. Mit dem neu entwickelten Sportwagen vom Typ SL 300 gewinnt Mercedes-Benz das 24-Stunden-Rennen von Le Mans.

19. 6. In Helsinki werden die XV. Olympischen Spiele eröffnet. Deutschland gewinnt zwar keine Goldmedaille, liegt aber mit 7 Silber und 17 Bronzemedaillen in der inoffiziellen Länderwertung am Schluß der Spiele auf dem 5. Platz.

24. 9. Der Religionsphilosoph Romano Guardini erhält in der Frankfurter Paulskirche den Friedenspreis des deutschen Buchhandels.

8. 10. Auf der Versuchsstrecke in der Fühlinger Heide bei Köln wird erstmals das Modell (1:2,5) eines »erdgebundenen Luftfahrzeugs« vorgeführt.

23. 11. Karl Kling und Hermann Lang belegen auf ihrem Mercedes-Benz 300 SL die beiden ersten Plätze der mexikanischen »Carrera Panamericana«.

25. 12. An diesem ersten Weihnachtsfeiertag beginnt der NWDR im Bundesgebiet mit der Ausstrahlung eines regelmäßigen Fernsehprogramms.

Literatur

P. Bamm, »Die unsichtbare Flagge«.
R. Jungk, »Die Zukunft hat schon begonnen«.
I. Scholl, »Die weiße Rose«.
F. Dürrenmatt, »Der Richter und sein Henker«.

Theater

F. Dürrenmatt, »Die Ehe des Herrn Mississippi«.
H. W. Henze, »Der Landarzt«.
P. Hindemith, »Cardillac«.

Film

E. Pommer, »Nachts auf den Straßen«.
A. M. Rabenalt, »Alraune«.

Peter Müller, »de Aap«, schlägt Ringrichter Pippow k. o.

Karl Kling und Hans Klenk, Sieger der Carrera Panamericana 1952.

In einem ehemaligen Flakbunker auf dem Heiligengeistfeld in Hamburg begann der NWDR mit dem Sendebetrieb.

8. 2. Nach dem Tod König Georgs VI. von Großbritannien am 6. 2. wird seine Tochter Prinzessin Elisabeth als Elisabeth II. zur Königin proklamiert.

18. – 19. 2. Konferenz der Außenminister der drei Westmächte mit Bundeskanzler Adenauer in London. Es wird über den Generalvertrag und den deutschen Verteidigungsbeitrag verhandelt. Die endgültige Festsetzung des deutschen Beitrags erfolgt am 26. 2. in Lissabon: die Bundesrepublik wird 850 Millionen DM monatlich zur Verteidigung Europas beitragen.

10. 3. Die sowjetische Regierung richtet ihre Deutschlandnote an die drei Westmächte, in der sie vorschlägt, »unverzüglich die Frage eines Friedensvertrages mit Deutschland zu erwägen«.

27. 5. In Paris wird der Vertrag über die Gründung der Europäischen Verteidigungsgemeinschaft zwischen Frankreich, Italien, Belgien, den Niederlanden, Luxemburg und der Bundesrepublik Deutschland geschlossen.

31. 5. Eröffnung des Wolga-Don-Kanals, der den billigen Massentransport von Gütern in die Industriegebiete der Ukraine ermöglicht und das letzte Glied im Wasserstraßennetz zwischen Schwarzem und Kaspischem Meer und dem hohen Norden bildet.

23. 7. General Nagib führt einen Staatsstreich durch. Ägyptens König Faruk muß abdanken.

25. 7. Der Vertrag über die Montan-Union tritt in Kraft. Jean Monnet (Frankreich) wird Präsident der Hohen Behörde. Sie hat ihren Sitz in Luxemburg. Das Ruhrstatut und alle Beschränkungen der deutschen Stahlproduktion werden aufgehoben.

10. 9. Bundeskanzler Adenauer und der israelische Außenminister Moshe Sharett unterzeichnen in Luxemburg das deutsch-israelische Wiedergutmachungsabkommen. Die Bundesrepublik verpflichtet sich, Israel zur »Wiedergutmachung der während der nationalsozialistischen Gewaltherrschaft den Juden zugefügten Schäden und der gegen sie begangenen Verbrechen« 3,450 Milliarden DM im Laufe von 12 Jahren zu zahlen.

3. 10. Die erste britische Atombombe wird auf den Montebello-Inseln vor der Westküste Australiens zur Explosion gebracht.

5. – 14. 10. Auf dem 19. Kommunistischen Parteikongreß verkündet der sowjetische Parteisekretär Malenkow den außenpolitischen Grundsatz der Koexistenz: Kapitalistische und sozialistische Staaten sollen friedlich nebeneinander leben.

1. 11. Auf dem Eniwetok-Atoll im Stillen Ozean explodiert die erste Wasserstoffbombe.

4. 11. General Dwight D. Eisenhower wird zum neuen Präsidenten der USA gewählt.

1953 19. 3. Der EVG-Vertrag wird vom Bundestag mit 224 gegen 166 Stimmen bei zwei Enthaltungen angenommen.

16. 6. Arbeiter von den Baustellen der Stalin-Allee in Ost-Berlin legen die Arbeit nieder und marschieren zum »Haus der Ministerien« in der Leipziger Straße, um gegen Normenerhöhungen zu demonstrieren. Sie finden spontan Zulauf aus der Bevölkerung, so daß im Laufe des Tages Tausende auf den Straßen nicht nur die Abschaffung der Normen, sondern den Rücktritt der Regierung verlangen.

17. 6. Die Unruhen und Arbeitsniederlegungen greifen auf mehr als 250 Orte der DDR über, hauptsächlich auf Großstädte und industrielle Zentren. Die Ausweitung der Demonstrationen veranlaßt den Militärkommandanten des sowjetischen Sektors von Berlin, General Dibrowa, in den Mittagsstunden den Ausnahmezustand zu verhängen. Das Eingreifen sowjetischer Truppen führt schließlich überall zur Niederlage der Streikenden.

6. 9. Die zweite Bundestagswahl endet mit einem überwältigenden Sieg der CDU/CSU: Bei 45,2% der Stimmen und 244 von 487 Mandaten gelingt es ihr als erster Partei in der deutschen Geschichte bei einer regulären Wahl, die absolute Mehrheit an Mandaten zu gewinnen.

14. 9. Um die Durchführung des »Neuen Kurses« sicherzustellen, beschließt der Ministerrat der DDR Änderungen des Volkswirtschaftsplanes, die eine erhöhte Produktion von Konsumgütern zum Ziel haben.

25. 9. In der Sowjetzone trifft der erste Transport deutscher Kriegsgefangener aus der UdSSR ein. Bis zum 1. 10. kehren 3554 Kriegsgefangene in die DDR und BRD zurück.

6. 10. Der zweite deutsche Bundestag tritt in Bonn zu seiner konstituierenden Sitzung zusammen und wählt Hermann Ehlers (CDU) wieder zu seinem Präsidenten. Am 9. 10. wird Konrad Adenauer mit 305 gegen 148 Stimmen bei 14 Enthaltungen erneut zum Bundeskanzler gewählt.

23. 10. Das Bundesverfassungsgericht verbietet die »Sozialistische Reichspartei« (SRP) als verfassungswidrig.

17. 11. Im BASF-Werk Ludwigshafen verhindert Werkmeister Richard Berger die Explosion eines Autoklaven. Der Beinah-Unfall hat dennoch katastrophale Folgen: im und um das Gerät hat sich Dioxin festgesetzt; bei Aufräumarbeiten erkranken Dutzende von Arbeitern an Chlorakne – der Krankheit, die 23 Jahre später die Bewohner von Seveso ereilen wird.

17. 1. In Anwesenheit von Bundespräsident Theodor Heuss wird das »Institut für Europäische Geschichte« in Mainz eingeweiht.

22. 2. Bei der Einweihung des internationalen Studentenhauses der Johann-Wolfgang-Goethe-Universität in Frankfurt erklärt Bundespräsident Heuss, er beobachte mit Sorge den »Anmarsch der restaurativen Burschenherrlichkeit«.

3. 5. Bundespräsident Heuss eröffnet die erste Sendung des Kurzwellensenders »Deutsche Welle«, der »die Wiedergabe der gegenwärtigen sozialen und wirtschaftlichen Entwicklung Deutschlands« zum Ziel hat.

4. 7. Die Deutsch-Österreichische Himalaya-Expedition bezwingt den 8125 Meter hohen Nanga Parbat.

19. 7. Im Hof des ehemaligen Reichskriegsministeriums in der Berliner Bendlerstraße wird am Vortag des neunten Jahrestags des Attentatsversuchs auf Hitler ein Denkmal zu Ehren der deutschen Widerstandskämpfer enthüllt.

3. 9. Der Ratsvorsitzende der EKD und Bischof von Berlin-Brandenburg D. Dr. Otto Dibelius erklärt, daß die Einheit der evangelischen Kirche in Deutschland in den vergangenen fünf Jahren nie ernsthaft in Frage gestellt war.

25. 9. Bundeswirtschaftsminister Dr. Ludwig Erhard übernimmt in einer Feierstunde in Berlin die Physikalisch-Technische Reichsanstalt in die Verwaltung des Bundes.

30. 10. Das Nobelkomitee des norwegischen Parlaments vergibt den Friedenspreis für 1952 an Albert Schweitzer und den des Jahres 1953 an den Amerikaner George C. Marshall.

4. 11. Die schwedische Akademie der Wissenschaften verleiht den Nobelpreis für Chemie an den 72jährigen Freiburger Professor Dr. Hermann Staudinger, den Schöpfer der »makromolekularen Chemie«.

15. 11. Der Dortmunder Europameister aller Klassen, Heinz Neuhaus, verliert erstmals einen Profikampf durch k.o., als er sich gegen den 29jährigen Kubaner Nino Valdez in der 4. Runde nicht mehr rechtzeitig vom Ringboden erheben kann.

31. 12. Im Laufe des Jahres hat sich die Zahl der ortsfesten Filmtheater im Bundesgebiet auf 5117 erhöht. 680 Millionen Eintrittskarten wurden verkauft; das bedeutet pro Kopf 13,2 Kinobesuche.

Literatur

G. Weisenborn, »Der lautlose Aufstand«.

H. Böll, »Und sagte kein einziges Wort«.

W. Koeppen, »Das Treibhaus«.

Theater/Oper

C. Orff, »Trionfi«.

M. Frisch, »Don Juan oder Die Liebe zur Geometrie«.

Film

H. Braun, »Königliche Hoheit«.

H. Ertl, »Nanga Parbat«.

Restauration alter Burschenherrlichkeit: Studentenkommers mit Schläger und Bierseidel.

Kinolandschaft der fünfziger Jahre: Erhöhte Eintrittspreise für das Bürgerkriegs-Epos »Vom Winde verweht«.

12. 1. In Bordeaux beginnt der Prozeß gegen 21 ehemalige Angehörige der SS-Division »Das Reich«, die beschuldigt werden, 1944 mehr als 600 Einwohner des Dorfes Oradour-sur-Glane ermordet zu haben.

14. 1. Die jugoslawische Nationalversammlung billigt eine neue Verfassung; Marschall Tito wird mit 568 gegen eine Stimme zum ersten Präsidenten der Bundesrepublik Jugoslawien gewählt.

5. 3. Tod des Vorsitzenden des Ministerrates der UdSSR, Josef W. Stalin. Sein Nachfolger wird Georgij M. Malenkow. Die Ministerien für Staatssicherheit und Innere Angelegenheiten werden unter Berija vereinigt; die Leitung der Ministerien für Krieg und Auswärtige Angelegenheiten übernehmen Bulganin und Molotow.

25. 4. Zwischen den EVG-Staaten, Großbritannien und den USA wird in Paris ein Abkommen über die Höhe des deutschen Verteidigungsbeitrags im NATO-Jahr 1953/54 getroffen. Deutschland soll bis zum 30. 6. 1954 monatlich 950 Millionen DM zahlen.

2. 6. Königin Elisabeth II. von Großbritannien wird in der Londoner Westminster Abtei in Anwesenheit von Vertretern der Commonwealth-Länder und der Kolonien feierlich gekrönt.

10. 7. Der stellvertretende sowjetische Ministerpräsident und Innenminister Berija wird verhaftet, seiner Ämter enthoben und aus der KPD ausgeschlossen.

27. 7. In Panmunjom wird das Waffenstillstandsabkommen unterzeichnet. Ende des Korea-Krieges.

8. 8. Der sowjetische Ministerpräsident Malenkow verkündet, daß die Wirtschaftspolitik geändert wird. Die Schwerindustrie soll eingeschränkt, die Verbrauchsgütererzeugung erweitert werden.

20. 8. Die Regierung der UdSSR gibt die erste Explosion einer Wasserstoffbombe in der Sowjetunion bekannt.

23. 8. Nach dem mißlungenen Staatsstreich in Teheran kehrt der Schah nach Persien zurück. Ministerpräsident Mossadegh wird verhaftet. Der neue Ministerpräsident, General Zahedi, erklärt, die Verstaatlichung der Erdölindustrie sei unabänderlich.

7. 9. Nikita Chruschtschow wird erster Sekretär der Kommunistischen Partei der Sowjetunion.

8. 12. Die Westmächte stimmen dem russischen Vorschlag einer Vier-Mächte-Konferenz in Berlin zu, die am 4. 1. 1954 im Gebäude des Alliierten Kontrollrats beginnen soll. Sie erklären ihre Bereitschaft, über eine spätere Fünf-Mächte-Konferenz zu verhandeln.

24. 12. In Moskau wird bekanntgegeben, daß der ehemalige Innenminister Berija und weitere sechs Angeklagte vom Obersten Gericht unter Vorsitz von Marschall Konjew wegen Hochverrats zum Tode verurteilt und hingerichtet worden sind.

25. 12. Vietminh-Truppen dringen durch Laos zur Grenze von Siam vor. Das französisch beherrschte Indochina ist geteilt.

1954 26. 2. Mit 334 gegen 144 Stimmen billigt der Bundestag das Gesetz zur Ergänzung des Grundgesetzes, das die ausschließliche Gesetzgebung in Fragen der Verteidigung, der Wehrpflicht und des Schutzes der Zivilbevölkerung dem Bund überträgt.

25. 3. Die Sowjetregierung verkündet die Souveränität der Deutschen Demokratischen Republik. Am 27. 3. erklärt die Regierung der DDR dazu, als »souveräner Staat« sei die DDR »jederzeit zu Verhandlungen mit Vertretern Westdeutschlands bereit«.

14. 6. In Bad Neuenahr konstituiert sich das aus 126 prominenten Persönlichkeiten bestehende Kuratorium »Unteilbares Deutschland, die Volksbewegung für die Wiedervereinigung Deutschlands«.

16. 7. Das Bundesverfassungsgericht entscheidet, daß die kommunistische Jugendorganisation FDJ gegen das Grundgesetz verstößt. Damit wird das FDJ-Verbot von 1951 in letzter Instanz rechtskräftig.

17. 7. Mit 871 von 987 Stimmen wählt die Bundesversammlung in Berlin Professor Theodor Heuss auf weitere fünf Jahre zum Präsidenten der Bundesrepublik.

23. 7. Otto John, Präsident des Bundesamtes für Verfassungsschutz, verschwindet am 20. 7. aus seinem Berliner Hotel und gibt drei Tage später im DDR-Rundfunk eine Erklärung ab: Er habe Verbindungen mit den Deutschen im Osten aufgenommen, »weil ihm in der Bundesrepublik die Grundlage für eine politische Aktivität entzogen worden sei«.

4.–9. 10. In Frankfurt findet der 3. Ordentliche Bundeskongreß des DGB statt. Er verabschiedet eine Entschließung, in der jeder Wehrbeitrag der Bundesrepublik abgelehnt wird, solange nicht alle Verhandlungsmöglichkeiten für eine Verständigung der Völker und die Wiederherstellung der Einheit Deutschlands ausgeschöpft sind.

17. 10. In der DDR werden Wahlen zur Volkskammer veranstaltet. Bei einer Wahlbeteiligung von 98,41% stimmen 99,46 für die Liste der Nationalen Front.

16. 11. Der CDU-Abgeordnete Dr. Eugen Gerstenmaier wird im dritten Wahlgang zum Präsidenten des Deutschen Bundestages als Nachfolger für den am 29. 10. verstorbenen Hermann Ehlers gewählt.

2. 2. Sämtliche Fraktionen des Landtages von Nordrhein-Westfalen mit Ausnahme der kommunistischen Abgeordneten stimmen in erster Lesung dem Regierungsentwurf über die Errichtung eines »Westdeutschen Rundfunks Köln« zu.

19. 2. Im Osloer Bislet-Stadion gewinnt die Kölnerin Gundi Busch die Weltmeisterschaft im Eiskunstlauf der Frauen.

27. 3. Das Alliierte Sicherheitsamt in Koblenz erteilt der einst größten Werft Europas, Blohm & Voss in Hamburg, die Genehmigung zum Neubau von Küsten-, Binnen- und Hafenfahrzeugen. Bisher durfte die Werft nur Schwimmdocks bauen.

25. 5. Die »Deutsche AG für Luftverkehrsbedarf« (Luftag) wird durch Beschluß ihres Aufsichtsrates in »Deutsche Lufthansa Aktiengesellschaft« umgetauft.

15. 6. Vertreter von 25 europäischen Ländern beschließen in Basel die Gründung der Europäischen Fußball-Union (UEFA) im Rahmen der FIFA.

4. 7. Durch 3:2 über Ungarn in Bern wird Deutschland Nachfolger Uruguays als Fußball-Weltmeister.

Beim großen Automobil-Preis von Frankreich in Reims gibt Daimler-Benz mit seinen Mercedes-Silberpfeilen ein sensationelles Debüt: die von Juan Manuel Fangio und Karl Kling gesteuerten Wagen belegen die ersten beiden Plätze.

19. 7. Bei der Entgegennahme der Ehrendoktorwürde der Technischen Universität Berlin lobt Bundeskanzler Adenauer die »maßvolle und kluge politische Haltung« der Studenten.

3. 11. Den Nobelpreis für Physik 1954 erhalten die beiden Deutschen Prof. Dr. Max Born und Dr. Walter Bothe.

Literatur

Th. Mann, »Die Bekenntnisse des Hochstaplers Felix Krull«.

H. Hartung, »Ich denke oft an Piroschka«.

J. Seidel, »Das unverwesliche Erbe«.

M. Frisch, »Stiller«.

Theater/Oper

W. Egk, »Irische Legende«.

A. Schönberg, »Moses und Aaron«.

Film

H. Käutner, »Die letzte Brücke«.

A. Weidenmann, »Canaris«.

H. Käutner, »Des Teufels General«.

Verfassungsschutz-Präsident Otto John (Mitte) in einem Ostberliner Café.

Debüt der Silberpfeile: Mercedes 2,5-Liter-Formelrennwagen von 1954.

Charles Regnier, O. E. Hasse und Barbara Rütting in »Canaris«.

25. 1. – 18. 2. Konferenz der Außenminister Bidault (Frankreich), Eden (Großbritannien), Molotow (UdSSR) und Dulles (USA).

3. 3. Durch Vermittlung eines von den Briten gefangengenommenen Führers der Mau-Mau-Bewegung wird versucht, die Unruhen in der Kolonie Kenia zu beenden. Die Mau-Mau sind Neger vom Stamme der Kikuyu, die seit 1952 gegen die britische Kolonialherrschaft kämpfen.

7. 5. Nach 57tägiger Belagerung erobern Vietminh das im Norden Indochinas gelegene Dien Bien Phu, das am 21. 11. 1953 von Fallschirmtruppen der Französischen Union besetzt und zu einer Festung ausgebaut worden war.

18. 6. In Guatemala beginnt ein Aufstand. Der Präsident des Landes, der als kommunistenfreundlich gilt, hatte den Landbesitz der amerikanischen United Fruit Company enteignet. Er wird zum Rücktritt gezwungen und durch den Führer des Aufstandes ersetzt. Dieser hebt die Enteignung wieder auf.

21. 7. Die am 26. 4. in Genf eröffnete Ostasienkonferenz wird beendet, nachdem die Vorsitzenden der Konferenz, der britische Außenminister Eden und der sowjetische Außenminister Molotow, Einigung bei den vertretenen Nationen über die Waffenstillstandsabkommen für Vietnam, Laos und Kambodscha erzielen konnten.

30. 8. Die französische Nationalversammlung, die seit dem 28. 8. über den EVG-Vertrag berät, nimmt mit 319 gegen 264 Stimmen einen Antrag an, die Debatte über den Vertrag fristlos zu vertagen. Der Beschluß kommt einer Ablehnung der Ratifikation des Vertrages gleich.

1. 11. Mit zahlreichen Brandstiftungen und Überfällen auf Europäer beginnt in Algerien ein Aufstand.

14. 11. Der ägyptische Revolutionsrat setzt den Staatspräsidenten General Nagib ab und läßt ihn verhaften. Nasser übernimmt als Ministerpräsident die gesamte Regierungsgewalt.

3. 12. Der Senat spricht einen Tadel gegen Senator McCarthy, den Vorsitzenden einer Kommission zur Untersuchung amerikafeindlicher Umtriebe, aus. McCarthy hatte angesehene Amerikaner beschuldigt, an einer kommunistischen Verschwörung beteiligt zu sein.

20. – 30. 12. Debatte über die Ratifizierung der Pariser Verträge in der französischen Nationalversammlung. Am 24. 12. werden die Vorlagen über die Wiederherstellung der Souveränität der Bundesrepublik und das Saarabkommen angenommen; am 27. 12. wird die Vorlage über die Gründung der WEU verabschiedet; am 30. 12. billigt die Versammlung die Aufnahme der BRD in den Brüsseler Pakt.

1955 11. 1. Das neugewählte Berliner Abgeordnetenhaus wählt Dr. Otto Suhr zum Regierenden Bürgermeister von Berlin und den zweiten Vorsitzenden der Berliner SPD, Willy Brandt, zum
neuen Präsidenten des Abgeordnetenhauses.
29. 1. Unter dem Motto »Rettet Einheit, Freiheit, Frieden! Gegen Kommunismus und Nationalismus!« findet in der Frankfurter Paulskirche
eine Kundgebung für die Wiedervereinigung
Deutschlands statt. Es sprechen u. a. Alfred Weber, Helmut Gollwitzer, Gustav Heinemann,
Erich Ollenhauer.
24.–27. 2. Zweite und dritte Lesung der Ratifizierungsgesetze zu den Pariser Verträgen im
Bundestag. Nach 36stündiger Debatte werden
sämtliche Verträge in zweiter Lesung gebilligt.
Am 27. 2. tragen die Fraktionsvorsitzenden noch
einmal ihre Standpunkte vor; anschließend werden die Gesetze in dritter Lesung ratifiziert.
12. 4. Der Ministerrat der DDR gibt bekannt,
daß in den letzten Tagen 521 Agenten amerikanischer und britischer Geheimdienste, der Organisation Gehlen und verschiedener Westberliner
Hilfsorganisationen der genannten Geheimdienste verhaftet wurden.
5. 5. Mit dem Inkrafttreten des Deutschlandvertrages und des Truppenstationierungsvertrages
ist die volle Souveränität der Bundesrepublik
hergestellt.
22.–23. 9. In einer zweitägigen Sitzung billigt der
Bundestag einstimmig die Moskauer Vereinbarung über die Aufnahme diplomatischer Beziehungen zwischen der BRD und der Sowjetunion.
21. 10. Der Bundesminister für besondere Aufgaben, Franz Josef Strauß, wird zum Bundesminister für Atomfragen ernannt.
23. 10. Die Bevölkerung des Saargebietes lehnt
in einer Volksabstimmung mit Zweidrittelmehrheit das Saarstatut vom 23. 10.1954 ab.
10. 11. Bundespräsident Heuss unterzeichnet die
Ernennungsurkunde für Adolf Heusinger und
Hans Speidel, die damit Generale der Streitkräfte der Bundesrepublik sind.
21. 12. Die Bundesregierung beschließt eine Verordnung über die Einführung neuer Nummern-
schilder für Kraftfahrzeuge.

4. 1. Die Kölner Fordwerke stellen ihren neuen Personenwagen, den Taunus 15 M, vor.
14. 1. Urwalddoktor Albert Schweitzer feiert seinen 80.
Geburtstag.
12. 1. Der Veit-Harlan-Film »Verrat an Deutschland«,
dcr den Spionagefall Dr. Sorge behandelt, wird von der
Freiwilligen Selbstkontrolle der Filmwirtschaft nicht
freigegeben und daher von den Filmtheatern aus dem
Spielplan genommen.
25. 1. Im Lübecker Bildfälscher-Prozeß werden die
beiden Hauptangeklagten, Lothar Malskat und Dietrich
Fey, zu Gefängnisstrafen verurteilt.
31. 1. Die seit dem 18. 10. 1945 erscheinende amerikanische »Neue Zeitung« stellt ihr Erscheinen ein.
1. 2. In Hamburg läuft das 2500 BRT große und 90
Meter lange Seebäderschiff »Wappen von Hamburg«
vom Stapel.
1. 4. Nach zehnjähriger Flugpause nimmt die Deutsche
Lufthansa um 7.40 Uhr ihren Liniendienst mit dem Flug
Hamburg – Düsseldorf – Frankfurt – München wieder
auf.
9. 4. In Rottach-Egern stellen die Bayerischen Moto-
renwerke der Presse ihr neues Motorcoupé »Isetta« vor.
1. 6. Mit einer viermotorigen Super-Constellation eröffnet die Deutsche Lufthansa den regelmäßigen Passa-
gierverkehr Deutschland – USA.
20. 6. Das Berliner Verwaltungsgericht entscheidet,
eine »5« im Fach Deutsch sei so schwerwiegend, daß sie
die Nichtversetzung eines Schülers rechtfertige.
1. 8. Gustaf Gründgens, seit 1947 Generalintendant in
Düsseldorf, wird Generalintendant und künstlerischer
Leiter des Deutschen Schauspielhauses in Hamburg.
6. 8. In Wolfsburg läuft der einmillionste Volkswagen
vom Band.
Literatur
»Das Tagebuch der Anne Frank«.
W. Keller, »Und die Bibel hat doch recht«.
H. E. Holthusen, »Der unbehauste Mensch«.
H. H. Kirst, »Null-acht-fünfzehn«.
Theater/Oper
C. Zuckmayer, »Das kalte Licht«.
R. Liebermann, »Schule der Frauen«.
Film
L. Benedek, »Kinder, Mütter und ein General«.
H. Käutner, »Himmel ohne Sterne«.

1956 2. 1. Mit der Einberufung der ersten 1000 Freiwil-
ligen beginnt der Aufbau der westdeutschen
Streitkräfte.
18. 1. Die Volkskammer der DDR beschließt das
»Gesetz über die Schaffung der Nationalen
Volksarmee und des Ministeriums für Nationale
Verteidigung der DDR«.
17.–19. 3. Während einer Klausurtagung in Bad

26. 1. Die Deutsche Atom-Kommission konstituiert
sich in Bonn. Der Bundesminister für Atomfragen,
Franz Josef Strauß, wird zu ihrem Vorsitzenden bestimmt.
26. 1. – 5. 2. In Cortina d'Ampezzo finden die VII.
Olympischen Winterspiele statt. Star der Olympiade ist
der Österreicher Toni Sailer, der drei Goldmedaillen,
im Riesenslalom, im Abfahrtslauf und im Slalom,

Rollte ab 1955 über die Straßen: Motorcoupé »Isetta« von BMW.

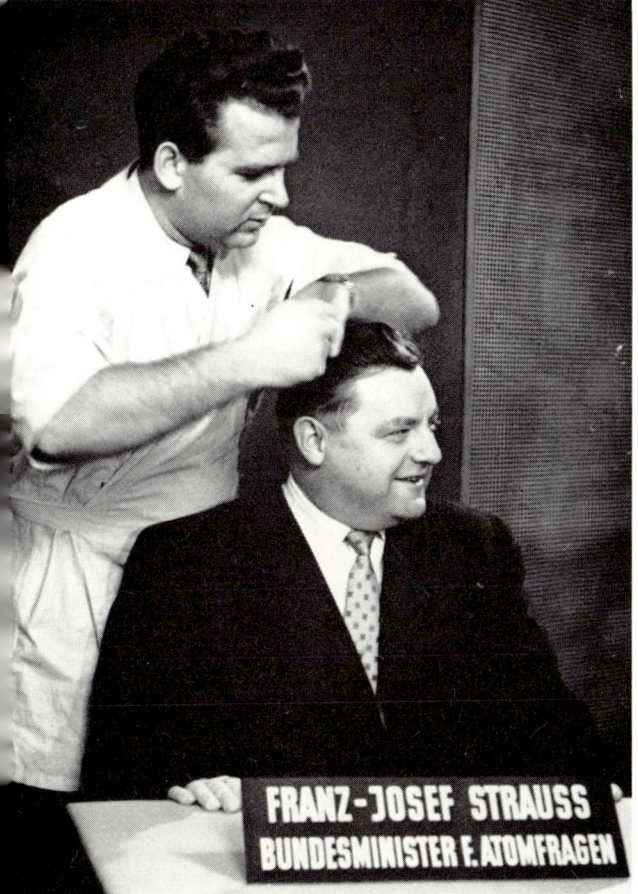

Atomminister Strauß wird für einen Fernsehauftritt präpariert.

24. 1. In Britisch-Kenia wird den Mau-Mau Straffreiheit versprochen. Der Aufstand geht zu Ende.

8. 2. Rücktritt des sowjetischen Ministerpräsidenten Malenkow. Auf Empfehlung von Chruschtschow wird der bisherige Verteidigungsminister Bulganin zu seinem Nachfolger ernannt.

24. 2. Die Türkei und der Irak unterzeichnen in Bagdad ein Verteidigungsbündnis (Bagdadpakt). Am 30. 3. schließt sich Großbritannien dem Vertrag an, später Pakistan und der Iran.

5. 4. Der britische Premierminister Winston Churchill tritt zurück. Zu seinem Nachfolger wird der bisherige Außenminister, Sir Anthony Eden, ernannt. Neuer Außenminister wird Harold Macmillan.

19. – 24. 4. In Bandung auf Java (Indonesien) versammeln sich Delegierte aus 29 asiatischen und afrikanischen Ländern zur ersten Weltkonferenz der farbigen Völker.

11. – 14. 5. Die in Warschau versammelten Vertreter der acht Ostblockstaaten Albanien, Bulgarien, Ungarn, Polen, Rumänien, Sowjetunion, Tschechoslowakei und der DDR unterzeichnen am 14. 5. den Warschauer Pakt »über Freundschaft, Zusammenarbeit und gegenseitigen Beistand«.

18. – 23. 7. Genfer Gipfelkonferenz zwischen Eisenhower, Dulles (USA), Bulganin, Chruschtschow, Molotow (UdSSR), Eden, Macmillan (Großbritannien), Faure, Pinay (Frankreich).

9. – 13. 9. In Moskau finden Verhandlungen zwischen einer Regierungsdelegation der BRD unter Führung von Bundeskanzler Adenauer und einer sowjetischen Regierungsdelegation unter Führung von Ministerpräsident Bulganin statt. Adenauer kann die Zusage gewinnen, daß alle in der Sowjetunion zurückgehaltenen Kriegsgefangenen entlassen werden; dafür stimmt die Bundesregierung der sofortigen Aufnahme diplomatischer Beziehungen zwischen beiden Staaten zu.

16. 9. Argentiniens Armee erhebt sich gegen die Diktatur des Präsidenten Perón.

23. 10. Kaiser Bao Dai von Vietnam wird durch eine Volksabstimmung abgesetzt. Das Land wird Republik.

26. 10. Die letzten Besatzungstruppen haben Österreich verlassen.

27. 10. – 16. 11. Genfer Außenministerkonferenz. Der Versuch eines politischen Ausgleichs im Ost-West-Konflikt verläuft ergebnislos.

8. 1. Die Regierung der UdSSR übermittelt der Bundesregierung das Agrément für den ersten Botschafter der Bundesrepublik in Moskau, Wilhelm Haas.

15. 2. Nach langen erfolglosen Verhandlungen mit den Niederlanden hebt Indonesien endgültig die Union der beiden Staaten auf. Das Land wird souverän.

25. 2. Auf dem XX. Parteitag der Kommunistischen Partei wendet sich Chruschtschow gegen den Stalinkult.

Wimpfen gibt der Bundesvorstand der FDP die Lösung der Regierungskoalition mit der CDU bekannt.

29. 6. Nach Verhandlungen, die seit dem 14. 3. laufen, wird in Bonn eine Einigung über die Weiterzahlung von Stationierungskosten für die alliierten Truppen in der Bundesrepublik erzielt.

7. 7. Nach achtzehnstündiger Debatte beschließt der Bundestag das Gesetz über die Einführung der allgemeinen Wehrpflicht mit 269 gegen 166 Stimmen bei 20 Stimmenthaltungen. Am 20. 7. billigt der Bundesrat gegen die Stimmen der Länder Bayern, Bremen, Hessen und Nordrhein-Westfalen das Gesetz, das nach Unterzeichnung durch Bundespräsident Heuss am 25. 7. in Kraft tritt.

17. 8. Das Bundesverfassungsgericht verkündet das Urteil, in dem die KPD für verfassungswidrig erklärt und aufgelöst wird.

16. 10. Kabinettsumbildung in Bonn: die Bundesminister Theodor Blank, Waldemar Kraft, Fritz Neumayer und Hermann Schäfer werden von ihren Ämtern entbunden; der Minister für Angelegenheiten des Bundesrates, Hans Joachim von Merkatz, wird gleichzeitig Justizminister; der bisherige Minister für das Post- und Fernmeldewesen, Siegfried Balke, wird Atomminister; der bisherige Minister für Atomfragen, Franz Josef Strauß, wird Verteidigungsminister. Am 14. 11. wird der CDU-Abgeordnete Ernst Lemmer zum Bundesminister für das Post- und Fernmeldewesen ernannt.

29. 11. Alle Parteien des Bundestags stimmen den Verträgen über die Rückgliederung des Saargebiets, die Moselkanalisation und den Rheinseitenkanal in erster Lesung zu.

gewinnt. Gesamtdeutschland bringt es auf zwei Medaillen: Ossi Reichert holt die Goldmedaille im Riesenslalom der Frauen, Harry Glaß gewinnt die Bronzemedaille im Spezial-Sprunglauf der Männer.

10. 6. in Stockholm eröffnet König Gustav Adolf VI. die Olympischen Reiterspiele 1956.

17. 6. Mit den Siegen im »Preis der Nationen« und durch Hans-Günther Winkler im Einzel-Jagdspringen gewinnt Deutschland die beiden begehrtesten Goldmedaillen der Reiter-Olympiade.

20. 11. Der Deutsche Presserat wird aus je fünf Vertretern des Deutschen Zeitungsverleger-Verbandes und des Deutschen Journalisten-Verbandes gebildet. Er soll die Pressefreiheit schützen, für ungehinderten Zugang zu Nachrichtenquellen sorgen und Mißstände im Pressewesen beseitigen.

22. 11. – 8. 12. XVI. Olympische Sommerspiele in Melbourne, bei denen die gesamtdeutsche Mannschaft vier Goldmedaillen, zehn Silber- und sechs Bronzemedaillen gewinnt.

Literatur

E. Bloch, »Das Prinzip Hoffnung«.

Revidierter Luther-Text des Neuen Testaments.

»Die Großen Deutschen«.

Theater/Oper

M. Braun, »Die Troerinnen«.

F. Dürrenmatt, »Der Besuch der alten Dame«.

M. Frisch, »Biedermann und die Brandstifter« (Hörspielfassung).

Film

H. Käutner, »Der Hauptmann von Köpenick«.

B. Grzimek, »Kein Platz für wilde Tiere«.

1957 1. 1. In der Bundesrepublik tritt die Rentenreform in Kraft. Mit einem Staatsakt in Anwesenheit von Bundeskanzler Adenauer wird in Saarbrücken die Eingliederung des Saargebiets als 10. Bundesland in die Bundesrepublik Deutschland vollzogen.

26. 3. Das Bundesverfassungsgericht entscheidet, daß das 1933 zwischen dem Deutschen Reich und dem Vatikan geschlossene Konkordat geltendes Recht ist; daß jedoch die im Grundgesetz der BRD verankerte Zuständigkeit der Länder für die Gestaltung ihrer Schulverhältnisse nicht durch das Konkordat beeinträchtigt werde.

1. 4. Einberufung der ersten Wehrpflichtigen zu Heereseinheiten der Bundeswehr.

12. 4. 18 deutsche Atomwissenschaftler, unter ihnen die vier Nobelpreisträger Max von Laue, Werner Heisenberg, Otto Hahn und Max Born,

9. 3. Das oberste Gericht der DDR verurteilt Wolfgang Harich zu 10 Jahren Zuchthaus.

4. 5. Als erste deutsche Bühne nach dem Krieg gibt die Hamburger Staatsoper ein Gastspiel in Oslo.

13. 5. Anläßlich der Eröffnung des Sommersemesters verleiht die Freie Universität Berlin die Ehrendoktorwürde an Frau Professor Lise Meitner.

18. 5. Mit der Aufführung der Oper »Oberon« von Carl Maria von Weber wird nach zweijähriger Bauzeit das neue Kölner Theater eröffnet.

28. 5. Die Industriegewerkschaft Metall fordert die 5-Tage-Woche an den Schulen, weil »eine Ausnutzung des verlängerten freien Wochenendes durch die Familie praktisch vom 6-Tage-Unterricht blockiert« werde.

2. 6. Im Kursbuchschlüssel der neuen deutschen Kursbücher erscheint bei der Zeichenerklärung der verschiedenen Zuggattungen erstmals das Zeichen »TEE« als Abkürzung von »Trans-Europ-Express«.

Der Philosoph Ernst Bloch veröffentlichte 1956 »Das Prinzip Hoffnung«.

Demonstration gegen das KPD-Verbot.

9. 3. Die britische Regierung verbannt den Führer der griechischen Unabhängigkeitsbewegung auf Zypern, Erzbischof Makarios, nach den Seychellen.

17. 4. Das Kommunistische Informationsbüro (Kominform) stellt seine Tätigkeit ein.

28. – 29. 6. In Posen (Polen) streiken Stahlarbeiter gegen hohe Arbeitsnormen und Lebenshaltungskosten. Aus Demonstrationen entwickeln sich Straßenkämpfe. Der Aufstand wird von Militäreinheiten niedergeworfen.

19. 7. Nehru, Nasser und Tito treffen sich auf der dalmatinischen Insel Brioni. Sie bekennen sich zur Politik der Koexistenz.

26. 7. Ägypten verstaatlicht den Suezkanal. Mit den Kanalgebühren will Nasser den Bau des Assuan-Dammes finanzieren.

23. 10. Nach Studentendemonstrationen bricht in Budapest die erste umfassende Revolution in einem kommunistischen Satellitenstaat aus.

24. 10. Trotz Eingreifens der Roten Armee kann der ungarische Aufstand nicht unterdrückt werden. Imre Nagy, der schon 1953 als Vertreter des »neuen Kurses« Ministerpräsident war, bildet eine neue Regierung und verkündet weitere Demokratisierungsmaßnahmen.

29. 10. Israel nutzt die Suezkanalkrise aus, Ägypten auf der Sinai-Halbinsel anzugreifen.

31. 10. Britische und französische Luftstreitkräfte beginnen mit der Bombardierung von Flugplätzen und militärischen Zielen in Ägypten. Truppen landen in Port Said.

4. – 11. 11. Der verzweifelte Widerstand des ungarischen Volkes wird von der Übermacht der russischen Truppen gebrochen.

6. 11. Unter dem Druck der Vereinten Nationen willigen Großbritannien und Frankreich in den ägyptischen Waffenstillstand ein.

---

9. 1. Als Folge des Suezkanalkonflikts erklärt der britische Premierminister Sir Anthony Eden seinen Rücktritt. Zu seinem Nachfolger wird der bisherige Schatzkanzler Harold Macmillan ernannt.

25. 3. Belgien, die Bundesrepublik Deutschland, Frankreich, Italien, Luxemburg und die Niederlande unterzeichnen in Rom die Verträge über die Gründung der Europäischen Wirtschaftsgemeinschaft (EWG – Gemeinsamer Markt) und der Europäischen Atomgemeinschaft (EURATOM).

29. 4. In Straßburg einigen sich die Mitgliedsstaaten des Europarates über die Konvention zur friedlichen Beilegung von Streitigkeiten innerhalb des Europarates.

6. 3. Die ehemalige britische Kolonie Goldküste wird souverän und erhält den Namen Ghana. Der neue Staat bleibt Mitglied des Commonwealth.

15. 5. Im Pazifik explodiert die erste britische Wasserstoffbombe.

369

veröffentlichen in Göttingen eine Erklärung, in der sie sich für den Verzicht der BRD auf den Besitz von Atomwaffen aussprechen und jede Beteiligung an der Herstellung, Erprobung und den Einsatz von Atombomben verweigern.

18. 5. Die Gesamtdeutsche Volkspartei (GVP) wird durch Beschluß eines außerordentlichen Parteitages aufgelöst. Der Vorsitzende Gustav Heinemann tritt der SPD bei und empfiehlt seinen bisherigen Anhängern, die SPD zu unterstützen.

15. 9. Bundestagswahlen. Bei einer Wahlbeteiligung von 88,2% kann die CDU ihre absolute Mehrheit im Bundestag von 50,1% auf 54,4% der Sitze vergrößern und erstmalig mit 50,2% auch die absolute Mehrheit der Stimmen erringen.

3. 10. Das Westberliner Abgeordnetenhaus wählt seinen bisherigen Präsidenten Willy Brandt (SPD), als Nachfolger des verstorbenen Otto Suhr zum Regierenden Bürgermeister von Berlin.

22. 10. Der Bundestag wählt Konrad Adenauer mit 274 von 475 Stimmen bei 192 Gegenstimmen und 9 Enthaltungen zum drittenmal zum Bundeskanzler.

23. 7. Die erste Allweg-Eisenbahn der Welt wird auf einer 1,8 km langen Versuchsstrecke in Köln-Fühlingen der Öffentlichkeit vorgeführt.

1. 8. Im Volkswagenwerk läuft eine neue Bauserie von »Käfern« an, die sich von ihren Vorgängern durch die nahezu um das Doppelte vergrößerte Heckscheibe deutlich unterscheidet.

21. 9. Die als Segelschulschiff dienende Viermastbark »Pamir« sinkt in einem Hurrikan 600 Seemeilen südwestlich der Azoren. Nur sechs Besatzungsmitglieder überleben die Katastrophe.

1. 11. In ihrer Frankfurter Wohnung wird die Edelprostituierte Rosemarie Nitribitt ermordet aufgefunden.

Literatur

M. Frisch, »Homo Faber«.

R. R. Hofstätter, »Gruppendynamik«.

Theater/Oper

W. Egk, »Der Revisor«.

P. Hindemith, »Harmonie der Welt«.

H. H. Jahun, »Thomas Chatterton«.

Film

K. Wolf, »Lissy«.

1958 7. 3. Politiker, Wissenschaftler, Künstler und Vertreter der Kirche gründen den Arbeitsausschuß »Kampf dem Atomtod«. Sie protestieren gegen die Aufrüstung der Bundeswehr mit Atomwaffen.

25. 3. Der Bundestag befürwortet die Ausrüstung der Bundeswehr mit modernsten Waffen. Zugleich fordert er Bemühungen um eine allgemeine und kontrollierte Abrüstung und um die deutsche Wiedervereinigung.

25. 4. Die Bundesregierung und die sowjetische Regierung unterzeichnen einen Handelsvertrag. Am 8. 4. war bereits die Rückführung deutscher Staatsbürger aus der Sowjetunion vereinbart worden.

13. 6. Der Bundestag lehnt einen Antrag der SPD ab, in dem eine Volksbefragung über die Ausrüstung der Bundeswehr mit Atomwaffen vorgesehen war.

10.–16. 7. Auf dem V. Parteitag der SED wird beschlossen, den Lebensstandard in der DDR so zu erhöhen, daß er bis 1961 den der Bundesrepublik übertrifft. Landwirtschaft und Kleinindustrie sollen sich stärker als bisher zu Produktionsgenossenschaften zusammenschließen.

30. 7. Das Bundesverfassungsgericht erklärt, daß die Volksabstimmungen über die Ausrüstung der Bundeswehr mit Atomwaffen, die in Hamburg,

25. 1. Schließung des privaten Fernsehsenders Tele-Saar in Saarbrücken.

28. 2. Nobelpreisträger Werner Heisenberg präsentiert seine »Weltformel«.

6. 3. Erste Fernsehübertragung aus der DDR in die Bundesrepublik.

9. 4. In München wird die Herz-Lungen-Maschine vorgestellt.

18. 5. Schalke 04 wird mit einem 3:0-Sieg über den HSV Deutscher Fußballmeister.

21. 5. »Lex Soraya« verstärkt den Ehrenschutz ausländischer Staatsoberhäupter (um die Indiskretionen in der Presse über die Trennung des Schahs von Persien von seiner Gattin einzudämmen).

8. – 29. 6. In Schweden findet die 6. Fußballweltmeisterschaft statt. Der Weltmeister von 1954, Deutschland, erreicht mit einem 2:2-Unentschieden gegen die Tschechoslowakei, einem 3:1-Sieg über Argentinien und einem weiteren 2:2-Unentschieden gegen Nordirland das Viertelfinale. Ein 1:0-Sieg über Jugoslawien bringt den Einzug ins Semifinale, wo er am 24. 6. in Göteborg mit 1:3 gegen Schweden scheitert. Das Endspiel wird dann von Brasilien und Schweden bestritten (5:2). Deutschland belegt nach einer Niederlage gegen Frankreich (3:6) den 4. Platz.

7. 9. Armin Hary läuft als erster Mensch die 100 Meter unter 10,0 sec. Der Weltrekord wird jedoch wegen zu großen Gefälles der Bahn nicht anerkannt.

Rätselhafter Mord: Rosemarie Nitribitt.

5. 7. Die stellvertretenden sowjetischen Ministerpräsidenten Malenkow und Molotow sowie andere Minister werden abgesetzt.

2. 9. Der Gouverneur von Arkansas (USA) verweigert Negerkindern den Zutritt zu einer öffentlichen Schule in Little Rock. Eisenhower setzt Truppen ein, um die Rechte der Neger zu schützen.

2. 10. Der polnische Außenminister Adam Rapacki legt den Vereinten Nationen den nach ihm benannten Plan vor, in Mitteleuropa eine atomwaffenfreie Zone zu schaffen. Sie soll aus beiden Teilen Deutschlands, der Tschechoslowakei und Polen bestehen.

16. – 19. 12. In Paris beschließen die Regierungschefs der Nordantlantikpakt-Staaten, daß ihre Truppen mit Atom- und Raketenwaffen ausgerüstet werden sollen. Jeder Staat kann jedoch selbst entscheiden, ob er diese Waffen auf seinem Gebiet stationieren will. Die Regierungschefs erklären, daß sie zu neuen Abrüstungsverhandlungen mit der Sowjetunion bereit sind.

17. 12. Das US-Oberkommando der Luftwaffe gibt bekannt, daß auf dem Raketenversuchsgelände von Cape Canaveral eine interkontinentale ballistische Rakete vom Typ »Atlas« abgeschossen wurde.

Persiens Kaiserpaar: Lieblingsthema der deutschen Regenbogenpresse.

1. 1. Die Verträge über den Gemeinsamen Markt und die Europäische Atomgemeinschaft treten in Kraft.

2. 1. Der Rebellenführer Fidel Castro stürzt die Regierung Battista und wird am 18. 2. Ministerpräsident von Kuba.

1. 2. Ägypten und Syrien schließen sich zur Vereinigten Arabischen Republik zusammen. Präsident wird Gamal Abdel Nasser. Am 8. 3. verbindet sich der Jemen mit dem neuen Staat zu den Vereinigten Arabischen Staaten.

19. 2. Ein Vertrag zwischen Großbritannien, Griechenland und der Türkei beendet den Streit um Zypern. Erzbischof Makarios kehrt zurück.

10. 3. In der tibetanischen Hauptstadt Lhasa beginnt ein Aufstand gegen die rotchinesische Besatzung. Der Dalai-Lama flieht und trifft am 31. 3. in Indien ein. Der Aufstand wird erst nach mehreren Wochen niedergeschlagen.

19. 3. In Straßburg tritt zum erstenmal die gemeinsame Versammlung der drei Europäischen Gemeinschaften (Montanunion, Gemeinsamer Markt, Euratom) als Europäisches Parlament zusammen.

27. 3. Der sowjetische Ministerpräsident Bulganin tritt zurück. Nachfolger wird Parteisekretär Chruschtschow, der damit die Führung von Partei und Staat in einer Hand vereinigt.

9. 5. Im Libanon beginnt ein Aufstand gegen Staatspräsident Chamoun.

Bremen und einigen hessischen Städten vorgesehen waren, verfassungswidrig sind.

16. 11. Bei Wahlen zur Volkskammer der DDR werden 99,87% der Stimmen für die Einheitsliste der Parteien abgegeben. Otto Grotewohl wird erneut Ministerpräsident und bildet die Regierung.

27. 11. Die sowjetische Regierung kündigt den Viermächtestatus Berlins und fordert von den Westmächten den Abzug ihrer Truppen. West-Berlin solle den Status einer entmilitarisierten, freien Stadt mit eigener Regierung erhalten.

28. 11. Das Kuratorium »Unteilbares Deutschland« erläßt den Aufruf: »Macht das Tor auf!«

29. 12. Die Deutsche Mark wird frei konvertierbar. Inkrafttreten der EWG.

31. 12. Die Westmächte erklären sich zu Verhandlungen über Berlin bereit, fordern aber erneut, daß die internationalen Abmachungen eingehalten werden. Über Berlin könne nur im Zusammenhang mit der Wiedervereinigung Deutschlands verhandelt werden.

1. 10. Ankunft des Rockstars Elvis Presley als amerikanischer Soldat in Bremerhaven.

26. 10. Der Auftritt des Rocksängers Bill Haley im Berliner Sportpalast endet in Tumulten und Prügeleien. 22 sogenannte »Halbstarke« werden festgenommen.

14. 12. Springreiter Fritz Thiedemann wird zum »Sportler des Jahres« gewählt.

Literatur

G. Gaiser, »Schlußball«.

G. Mann, »Deutsche Geschichte im 19. und 20. Jahrhundert«.

K. Mehnert, »Der Sowjetmensch«.

H. Schelsky, »Die skeptische Generation«.

Theater/Oper

W. Egk, »Das Zauberbett«.

H. W. Henze, »Undine«.

M. Frisch, »Biedermann und die Brandstifter«.

Film

K. Hoffmann, »Wir Wunderkinder«.

R. Thiele, »Das Mädchen Rosemarie«.

F. P. Wirth, »Helden«.

F. Wisbar, »Hunde, wollt ihr ewig leben«.

1959 10. 1. Die Regierung der Sowjetunion veröffentlicht den Entwurf eines Friedensvertrages mit Deutschland.

5. 3. Der sowjetische Ministerpräsident Chruschtschow erklärt in einer Rede beim Besuch der Leipziger Messe, daß die Frist für eine Regelung der Berlin-Frage über den 27. Mai hinaus verlängert werden könne. Wenn die Westmächte einen Friedensvertrag mit den beiden deutschen Staaten ablehnten, werde die Sowjetunion den Vertrag allein mit der DDR abschließen.

11. 5.–20. 6. und 30. 7.–5. 8. Zur Vorbereitung einer Gipfelkonferenz beraten in Genf die Außenminister der USA, Großbritanniens, Frankreichs und der Sowjetunion über die europäische Sicherheit, die Wiedervereinigung Deutschlands und die Stellung Berlins. Vertreter der Bundesrepublik und der DDR nehmen als Berater teil.

1. 7. In Berlin wählt die Bundesversammlung den bisherigen Bundesminister für Landwirtschaft, Heinrich Lübke, zum Bundespräsidenten.

5. 7. Das Saarland wird entsprechend einer deutsch-französischen Vereinbarung wirtschaftlich der Bundesrepublik angegliedert. Die Zollgrenze zwischen der Bundesrepublik und dem Saarland wird an die französisch-saarländische Grenze verlegt.

3. 8. Unterzeichnung der Zusatzvereinbarungen zum NATO-Truppenstatut. Mit Inkrafttreten dieser Vereinbarung tritt die Bundesrepublik dem NATO-Truppenstatut bei.

20. 1. Konrad Adenauer wird mit dem »Orden wider den tierischen Ernst« ausgezeichnet.

27. 1. Die Aktion »Macht das Tor auf!« beginnt mit dem Verkauf von Abzeichen mit dem Brandenburger Tor.

6. 2. Innerhalb eines Jahres haben 901 Ärzte die DDR verlassen.

14. 2. Der Deutsche Ausschuß für das Erziehungs- und Bildungswesen legt den »Rahmenplan zur Umgestaltung und Vereinheitlichung des allgemeinbildenden öffentlichen Schulwesens« vor.

28. 6. Eintracht Frankfurt wird mit einem 5:3 über Kickers Offenbach Deutscher Fußballmeister.

28. 6. Nach einer 2:3-Niederlage gegen Portugal (Hinspiel 0:2) scheidet die DDR aus dem Fußball-Europapokal der Nationen aus.

4. 7. Gustav »Bubi« Scholz verteidigt seinen Europameister-Titel im Mittelgewicht erfolgreich gegen den Hamburger »Buttje« Wohlers.

16. 7. Die neue »Bremen«, Deutschlands größtes und schnellstes Passagierschiff, trifft auf ihrer Jungfernfahrt in New York ein.

3. 8. »Gorch Fock«, das neue Segelschulschiff der Bundesmarine, läuft zur ersten Fahrt aus.

16. 8. Rudi Altig wird Weltmeister im Verfolgungsradrennen.

4. 9. Der Raketen-Wissenschaftler Wernher von Braun erhält das Große Verdienstkreuz.

5. 9. »Das teuerste und schönste Fußballspiel des Jahres« nennt die Presse die Begegnung zwischen dem HSV und Real Madrid (2:3) in Hamburg.

2. 11. In den deutschen Weinbaugebieten wird die Lese des »Jahrhundertweins« beendet.

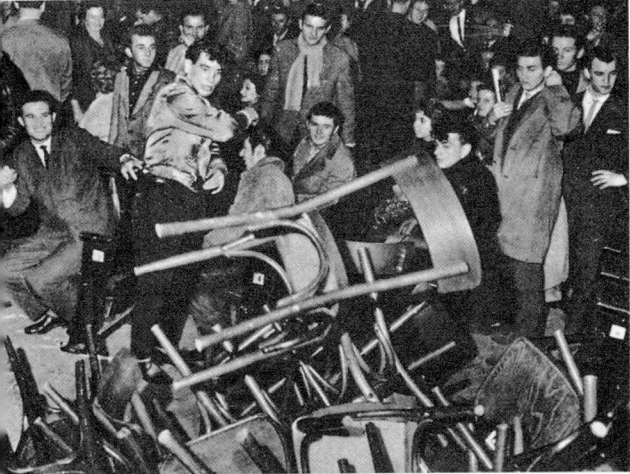

Krawall beim Bill-Haley-Konzert im Berliner Sportpalast.

13. 5. In Algerien erheben sich französische Offiziere und Zivilisten gegen die Pariser Regierung. Neugebildete Wohlfahrtsausschüsse fordern den engen Zusammenschluß Algeriens mit dem Mutterland.
1. 6. De Gaulle wird von der französischen Nationalversammlung zum Ministerpräsidenten gewählt.
14. 7. Bei einem Staatsstreich der irakischen Armee werden König Feisal, Kronprinz Abdul Illah und Ministerpräsident Nuri es Said getötet.
15. 7. Die Vorgänge im Libanon und im Irak veranlassen die USA und Großbritannien zum Eingreifen. Amerikanische Truppen landen im Libanon und britische in Jordanien.
29. 8. Das kommunistische Zentralkomitee der Volksrepublik China beschließt, die landwirtschaftlichen Produktionsgenossenschaften in Volkskommunen zusammenzufassen.

Box-Idol der fünfziger Jahre Gustav »Bubi« Scholz mit Ehefrau Helga.

8. 1. De Gaulle wird Staatspräsident in Frankreich.
10. 1. Sowjetischer Entwurf eines deutschen Friedensvertrages.
15. 4. Rücktritt des todkranken amerikanischen Außenministers John Foster Dulles. Christian Herter wird Nachfolger.
20. – 21. 7. In Stockholm beschließen Vertreter von Großbritannien, Schweden, Dänemark, Norwegen, Österreich, der Schweiz und Portugal, eine Freihandelszone vorzubereiten, in der die Zölle zwischen ihren Ländern allmählich abgeschafft werden.
13. 9. Erste sowjetische Rakete erreicht den Mond.
15. – 27. 9. Besuch Chruschtschows in den Vereinigten Staaten. Amerikanisch-sowjetisches Übereinkommen von Camp David.
7. 10 Luna III überträgt die ersten Bilder von der Mondrückseite.
20. 11. Gründungskonvention der Europäischen Freihandels-Assoziation (EFTA) in Stockholm paraphiert.
1. 12. Das Antarktis-Abkommen für die ausschließlich friedliche Nutzung der Antarktis wird unterzeichnet.

10. 8. Der DGB-Vorsitzende Richter kündigt als nächstes Ziel der Gewerkschaften die Fünf-Tage-Woche mit einer vierzigstündigen Arbeitszeit an.
26. 9. Schweigemarsch der Ruhr-Bergarbeiter nach Bonn. 6000 Arbeiter protestieren gegen die Absatzkrise im Kohlenbergbau und ihre Folgen.
9. 10. Die erste Volksaktie PREUSSAG.
28. 10. Die Bundesregierung beschließt polizeiliches Einschreiten gegen das Zeigen der DDR-Flagge.
13.–15. 11. Die SPD verabschiedet das Godesberger Programm auf einem außerordentlichen Parteitag.
28. 12. Das Bundesverwaltungsamt wird als Bundesbehörde mit Sitz in Köln errichtet. Verwaltungsaufgaben des Bundes können diesem Amt durch Gesetz oder Erlaß übertragen werden.

24. 11. Felix Wankel präsentiert in Neckarsulm seinen Kreiskolbenmotor.
3. 12. Beginn der Tournee des Hamburger Schauspielhauses unter Gründgens in der Sowjetunion.
Literatur
G. Grass, »Die Blechtrommel«.
U. Johnson, »Mutmaßungen über Jakob«.
H. Böll, »Billard um halb zehn«.
Theater/Oper
G. Klebe, »Die tödlichen Wünsche«.
C. Orff, »Oedipus der Tyrann«.
Film
W. Staudte, »Rosen für den Staatsanwalt«.
B. Wicki, »Die Brücke«.
H. Käutner, »Der Rest ist Schweigen«.
A. Weidenmann, »Buddenbrooks«.

1960 13. 1. Verabschiedung des Notstandsgesetzentwurfs durch die Bundesregierung.
28. 1. Erich Mende wird auf dem FDP-Parteitag in Frankfurt als Nachfolger von Reinhold Maier zum Bundesvorsitzenden der FDP gewählt.
17. 3. Wehner erklärt im »Vorwärts«, der Deutschlandplan der SPD gehöre der Vergangenheit an.
14. 4. Die DDR bezeichnet Enteignung und Kollektivierung der Bauern als abgeschlossen.
27.–29. 4. CDU-Parteitag in Karlsruhe. Adenauer wird mit 427 von 441 abgegebenen Stimmen erneut zum Parteivorsitzenden gewählt.
23. 6. Das Gesetz über den Abbau der Wohnungszwangswirtschaft beseitigt die Wohnraumbewirtschaftung und den Mieterschutz zunächst in den »weißen Kreisen«; es führt ein »soziales Mietrecht« mit neuen Kündigungsfristen ein. Damit ist der letzte große staatliche Bewirtschaftungsbereich in die soziale Marktwirtschaft eingegliedert.
29. 6. Der Bundestag billigt Privatisierung des Volkswagenwerkes.
8. 9. Erlaß der DDR, wonach Bundesbürger für einen Besuch in Ost-Berlin eine Aufenthaltsgenehmigung benötigen.
13. 9. Die DDR erklärt die bundesrepublikanischen Pässe der West-Berliner für ungültig.
28. 10. Verhaftung des SPD-Bundestagsabgeordneten Alfred Frenzel (u. a. Mitglied des Verteidigungsausschusses) wegen Verdachts der Spionage für den tschechischen Geheimdienst.
17. 12. Die deutsche Friedensunion (DFU) gründet sich. Ziele: Gegen atomare Aufrüstung der Bundeswehr, für Entspannung und militärische Neutralisierung beider deutscher Staaten.

18. – 28. 2. Bei den Olympischen Winterspielen, die in Squaw Valley (USA) ausgetragen werden, gewinnt die gesamtdeutsche Mannschaft 4 Goldmedaillen (durch Heidi Biebl, Helga Haase, Helmut Recknagel und Georg Thoma) sowie 2 Silbermedaillen und 1 Bronzemedaille.
21. 3. Einführung des Numerus clausus an der Medizinischen Fakultät der Universität München.
28. 4. Die DDR-Regierung verbietet den Gebrauch des Begriffs »Deutschland« auf Landkarten und Atlanten.
21. 6. Weltrekord des Sprinters Armin Hary in Zürich: 100 m in 10,0 sec.
23. 6. Der HSV wird mit einem 3:2-Sieg über den 1. FC Köln Deutscher Fußballmeister.
23. 7. Gründung der Thyssen-Stiftung für die wissenschaftliche Forschung.
18. 8. Erster Auftritt der Beatles (noch mit kurzen Haaren) in Hamburg.
25. 8. – 11. 9. In Rom finden die XVII. Olympischen Sommerspiele statt. Die Sportler aus der BRD und der DDR gewinnen 12 Gold- (u. a. durch den Sprinter Armin Hary, die Kunstspringerin Ingrid Krämer und den Ringer Wilfried Dietrich) sowie 19 Silber- und 11 Bronzemedaillen.
25. 9. Das »Maschinengewehr Gottes«, der amerikanische Evangelist Billy Graham, predigt vor 20000 Berlinern.
31. 10. Die SPD bricht die Beziehungen zu ihrem Studentenverband SDS ab.
Literatur
A. Andersch, »Die Rote«.
Theater/Oper
H. W. Henze, »Prinz von Homburg«.
Film
K. Hoffmann, »Das Spukschloß im Spessart«.
W. Neuss, »Wir Kellerkinder«.

Klein und leicht: Der NSU-Wankel-Kreiskolbenmotor.

Ingrid Krämer gewann die Goldmedaille im Turmspringen bei den Olympischen Spielen in Rom.

1.1. Atomgesetz vom 23.12.1959 zur friedlichen Nutzung der Kernenergie tritt in Kraft.

20.1. 20.2. Kongo-Konferenz in Brüssel.

24.1. Barrikadenaufstand in Algerien.

13.2. Erster französischer Kernwaffenversuch in der Sahara.

15.3. Eröffnungssitzung der Zehn-Mächte-Abrüstungskonferenz in Genf.

1.5. Abschuß eines US-Aufklärungsflugzeuges über dem Territorium der Sowjetunion (U-2-Affäre).

16. – 17.5. Chruschtschow lehnt den für den 16. Mai angesetzten Beginn der Gipfelkonferenz ab. Statt dessen fordert er die Abhaltung einer Präliminarkonferenz und eine öffentliche Entschuldigung der USA bezüglich des U-2-Vorfalls. Die sowjetischen Forderungen führen zum Scheitern der Konferenz.

6.6. Entführung des ehemaligen SS-Obersturmbannführers Eichmann aus Argentinien nach Israel.

30.6. Proklamation der Unabhängigkeit der Republik Kongo.

11.7. Abfall der kongolesischen Provinz Katanga unter der Führung von Moise Tschombé.

15.7. Wiedergutmachungsabkommen der Bundesrepublik mit Frankreich wird unterzeichnet.

8.11. Präsidentschaftswahl in den USA. Sieg des Demokraten John F. Kennedy über Richard Nixon.

14.12. In Paris wird beschlossen, die OEEC in die OECD umzuwandeln, die zur Koordination der Wirtschaftspolitik der Mitgliedstaaten beitragen und sich der Entwicklungspolitik widmen soll.

1961 7.–8. 3. 20 000 Bauern demonstrieren in Dortmund gegen die Agrarpolitik der Bundesregierung.

1.–3. 4. Ostermärsche der Atomwaffengegner.

15. 4. Fusion des BHE (Block der Heimatvertriebenen und Entrechteten) und der DP (Deutsche Partei) zur Gesamtdeutschen Partei.

5. 5. Verabschiedung des Gesetzes über die Finanzierungshilfe für Entwicklungsländer.

31. 5. Die Gesetze zur Lohnfortzahlung im Krankheitsfall und zur Förderung der Vermögensbildung der Arbeitnehmer werden vom Bundestag verabschiedet.

4. 6. Die Sowjetunion fordert in einem Memorandum zur Deutschlandfrage die Umwandlung West-Berlins in eine entmilitarisierte Freie Stadt.

12. 7. Das Gesetz zur Förderung der Vermögensbildung für Arbeitnehmer (312-DM-Gesetz) wird verkündet.

12.–13. 8. Abschnürung Ost-Berlins von West-Berlin durch Stacheldrahtsperren, wenige Tage darauf durch den Bau einer Mauer.

17. 9. Wahlen zum Vierten Deutschen Bundestag. CDU/CSU verliert absolute Mehrheit. Die SPD überschreitet die 35%-Marke, den größten Zuwachs erzielt die FDP.

30. 10. Bundesaußenminister von Brentano tritt zurück. Die Gesamtdeutsche Partei zerfällt wieder aufgrund der schlechten Wahlergebnisse in BHE und DP.

2. 11. Bildung einer Regierungskoalition zwischen CDU/CSU und FDP.

7. 11. Adenauer wird erneut zum Bundeskanzler gewählt.

14. 11. Das vierte Kabinett Adenauer setzt sich aus 15 CDU/CSU- und 5 FDP-Ministern zusammen. Zum erstenmal wird eine Frau (Elisabeth Schwarzhaupt) Bundesminister.

28. 2. Das Bundesverfassungsgericht erklärt die »Deutschland-Fernseh-GmbH« für verfassungswidrig.

12. 3. 4 junge Bergsteiger, Toni Hiebeler, Anderl Mannhardt, Anton Kinshofer und Walter Amberger besteigen die Eiger-Nordwand erstmals im Winter.

1. 4. Die Hannover-Messe, in diesem Jahr endgültig die größte ihrer Art in der Welt, wird eröffnet.

6. 6. Der Staatsvertrag über das bundeseinheitliche Zweite Deutsche Fernsehprogramm mit Sitz in Mainz wird unterzeichnet.

26. 6. Der 1. FC Nürnberg wird mit einem 3:0-Sieg über Borussia Dortmund Deutscher Fußballmeister.

24. 9. Eröffnung der Deutschen Oper in Berlin.

22. 10. Nach Siegen über Nordirland (4:3 und 2:1) und Griechenland (3:0) qualifiziert sich Deutschland mit einem 2:1-Erfolg über Griechenland endgültig für die 7. Fußballweltmeisterschaft, die 1962 in Chile ausgetragen werden soll.

6. 11. Unvereinbarkeitsbeschluß der SPD: Mitglieder der Partei dürfen nicht gleichzeitig Mitglieder des Studentenverbandes SDS sein.

14. 11. In der DDR werden Stalin-Straßen umbenannt und Denkmäler des Diktators entfernt.

17. 12. Einweihung der neuen Kaiser-Wilhelm-Gedächtniskirche in Berlin.

Literatur

G. Grass, »Katz und Maus«.

K. Jaspers, »Die Atombombe und die Zukunft des Menschen«.

R. Dahrendorf, »Freiheit und Gesellschaft«.

Theater/Oper

M. Frisch, »Andorra«.

S. Lenz, »Zeit der Schuldlosen«.

F. Dürrenmatt, »Die Ehe des Herrn Mississippi«.

Film

H. Vesely, »Das Brot der frühen Jahre«.

B. Wicki, »Das Wunder des Malachias«.

A. Vohrer, »Die toten Augen von London«.

1962 24. 1. Die Volkskammer der DDR verabschiedet das Gesetz zur Einführung der allgemeinen Wehrpflicht.

17. 2. Flutkatastrophe in Norddeutschland.

21. 3. Appell Ludwig Erhards an die Bundesbürger, angesichts der ernsten Lage maßzuhalten.

21. 6. Beginn der »Schwabinger Krawalle« in München.

28. 6. Der Bundestag verweist den Bericht des Untersuchungsausschusses zur Klärung der Vorwürfe gegen Strauß in der FIBAG-Affäre an den Ausschuß zurück.

1. 7. Bundessozialhilfegesetz in Kraft.

24. 7. Beschluß des DGB, bei Gefährdung der Demokratie und der Unabhängigkeit des DGB den Generalstreik auszurufen.

1. 1. Der Deutschlandfunk, eine bundesrechtliche Rundfunkanstalt, eröffnet ihr Sendeprogramm.

28. 2. Eine Gruppe von Jungfilmern veröffentlicht das »Oberhausener Manifest«. Darin heißt es: »Der alte Film ist tot. Wir glauben an den neuen.«

20. 3. »U1«, das erste nach dem Krieg in Deutschland gebaute U-Boot, wird in Dienst gestellt. Hersteller ist die Howaldts-Werke-AG in Kiel.

12. 5. Der 1. FC Köln wird Deutscher Fußballmeister 1962.

30. 5. – 17. 6. Bei der 7. Fußballweltmeisterschaft in Chile spielt Deutschland in der Gruppe 2 gegen Italien (0:0), die Schweiz (2:1) und Chile (2:0) und scheitert im Viertelfinale am 10. 6. an Jugoslawien (0:1). Das Endspiel wird zwischen Brasilien und der Tschechoslowakei ausgetragen (3:1).

In den Baracken von »Telesibirsk« (Eschborn bei Frankfurt) begann der Sendebetrieb des Zweiten Deutschen Fernsehens.

8. 1. Volksabstimmung in Frankreich und Algerien erbringt große Mehrheit für die Politik de Gaulles.

11. 4. Der Erste Sekretär des ZK der Polnischen Arbeiterpartei, Wladyslaw Gomulka, fordert die Aufgabe der Hallstein-Doktrin und die Anerkennung der Oder-Neiße-Linie als Voraussetzung für die Aufnahme diplomatischer Beziehungen zur Bundesrepublik.

12. 4. Erster bemannter Raumflug mit dem russischen Astronauten Gagarin.

17. – 20. 4. Invasionsversuch auf Kuba durch Exilkubaner (»Unternehmen Schweinebucht«).

22. 4. – 3. 5. Generalsputsch in Algier scheitert.

9. 7. Die EWG und Griechenland unterzeichnen ein Assoziierungsabkommen.

31. 7. Aufnahmeantrag Großbritanniens in die EWG angekündigt.

3. – 5. 8. Auf einer Tagung der Ersten Sekretäre der ZKs der Warschauer Pakt-Staaten wird die Forderung nach einem Friedensvertrag mit Deutschland – oder zumindest mit der DDR – bekräftigt.

17. – 31. 10. XXII. Parteikongreß der KPdSU in Moskau. Aufhebung des Berlin-Ultimatums; Verkündigung eines Zwanzig-Jahres-Plans. Neue Angriffe Chruschtschows auf Stalin, dessen Persönlichkeitskult und Säuberungen; Rehabilitierung der Opfer, u. a. der Marschälle Tuchatschewski und Blücher (erschossen 1937); Entfernung der Leiche Stalins aus dem Lenin-Mausoleum.

27. – 28. 10. Konfrontation amerikanischer und sowjetischer Panzer in Berlin am »Checkpoint Charly«.

29. 10. Die Sowjetunion bringt eine 60-Megatonnen-Wasserstoffbombe zur Explosion.

10. 11. Umbenennung Stalingrads (1589–1925 Zarizyn) in Wolgograd.

15. 12. Der ehemalige SS-Obersturmbannführer Adolf Eichmann wird in Israel zum Tod verurteilt.

Der Hamburger Stadtteil Wilhelmsburg, von der Sturmflut unter Wasser gesetzt.

1. 1. Lateinamerikanische Freihandelszone in Wirksamkeit (Argentinien, Brasilien, Chile, Ecuador, Kolumbien, Mexiko, Paraguay, Peru, Uruguay; LAFTA-Vertrag); 12. 6. 1964 Beitritt von Venezuela.

3. 3. Staatsstreich in Burma; neues Ziel: sozialistische Wirtschaft.

18. 3. Waffenstillstandsabkommen zwischen Frankreich und der algerischen Exilregierung. Ende des Algerienkrieges.

8. 9. Indisch-chinesischer Grenzkonflikt; chinesischer Angriff an der westlichen (Ladakh) und der östlichen (Nord-Assam) Grenze.

11. 10. Eröffnung des Zweiten Vatikanischen Konzils; Zulassung von nichtkatholischen Beobachtern und von Gästen.

22. 10. – 21. 11. Kubakrise. Wegen der Errichtung

22.–27. 10. Der 6. Bundeskongreß des DGB in Hannover fordert eigene deutsche Friedensinitiativen, lehnt Atomrüstung ab, fordert umfassende Mitbestimmung und spricht sich gegen Notstandsgesetze aus.

26. 10. Durchsuchung der Redaktionsräume des »Spiegel« mit anschließender Verhaftung des Herausgebers Augstein und mehrerer Spiegel-Redakteure.

19. 11. Wegen der »Spiegel-Affäre« erklären die FDP-Bundesminister ihren Rücktritt aus der Bundesregierung.

9. 12. Ulbricht erklärt in Leipzig, daß die wirtschaftlichen Aufgaben nun den Vorrang vor dem politischen Kampf um die Ziele in der Deutschland- und Berlinfrage haben.

11. 12. Einigung auf eine CDU/CSU/FDP-Regierungskoalition. Alleinregierung der CSU in Bayern unter Alfons Goppel.

18. 12. Die Bundesregierung verhängt ein Exportverbot für Stahlröhren in die Sowjetunion.

4. 6. Vera Brühne wird nach einem Indizienprozeß wegen Mordes an ihrem Geliebten Dr. Otto Praun und seiner Haushälterin Elfriede Kloo zu lebenslanger Zuchthausstrafe verurteilt.

23. 7. Beim ersten deutschen Weltmeisterschaftsboxkampf verliert der Europa- und Deutsche Meister »Bubi« Scholz nach Punkten gegen den amtierenden Weltmeister im Halbschwergewicht Harold Johnson.

6. 10. Der Beirat des DFB (Deutscher Fußball-Bund) beschließt für 1963/64 die Gründung einer Fußball-Bundesliga, die aus 16 Vereinen bestehen soll.

Literatur

U. Johnson, »Das dritte Buch über Achim«.

K. Mehnert, »Moskau und Peking«.

A. Kluge, »Lebensläufe«.

Theater/Oper

M. Walser, »Eiche und Angora«.

F. Dürrenmatt, »Die Physiker«.

Film

R. Thiele, »Das schwarz-weiß-rote Himmelbett«.

H. Reinl, »Der Schatz im Silbersee«.

1963 8. 1. Das Bundesurlaubsgesetz als einheitliche Mindesturlaubsregelung gewährleistet, daß jedem Arbeitnehmer jährlich 18 Werktage bezahlten Urlaubs zustehen.

22. 1. Adenauer und de Gaulle unterzeichnen in Paris den Vertrag über deutsch-französische Zusammenarbeit (Elysée-Vertrag).

29. 4.–10. 5. Metallarbeiterstreik in Baden-Württemberg. Aussperrung. Größte Streikbewegung der Nachkriegszeit.

16. 5. Der Bundestag ratifiziert den deutsch-französischen Vertrag.

11. 6. Bundespräsident Lübke proklamiert den 17. Juni zum Nationalen Gedenktag des deutschen Volkes.

24. 6. Gründung des Deutschen Entwicklungsdienstes (DED) durch Bundespräsident Lübke in Anwesenheit von Präsident Kennedy.

26. 6. Kennedy besucht als erstes westliches Staatsoberhaupt seit 1945 Berlin.

4.–5. 7. Erstes Arbeitstreffen französischer und deutscher Regierungsmitglieder nach Abschluß des deutsch-französischen Vertrags. Schaffung eines Deutsch-Französischen Jugendwerks wird vereinbart.

19. 8. Beitritt der Bundesrepublik zum Moskauer Atomstoppabkommen trotz erheblicher Bedenken Adenauers.

11. 10. Adenauer überreicht dem Bundespräsidenten sein Rücktrittsgesuch.

15. 10. Abschiedsrede des Bundestagspräsidenten Eugen Gerstenmaier auf den scheidenden Bundeskanzler Adenauer.

28. 3. Marika Kilius und Hans-Jürgen Bäumler werden in Cortina d'Ampezzo Weltmeister im Eiskunstlauf der Paare.

1. 4. Das Zweite Deutsche Fernsehen nimmt die Ausstrahlung von Sendungen auf

30. 4. Die Fehmarnsundbrücke, ein Kernstück der Vogelfluglinie zwischen Europa und Skandinavien wird dem Verkehr übergeben.

9. 6. Die Mannschaft der Bundesrepublik Deutschland verliert das Finalspiel der letzten Feldhandball-Weltmeisterschaft gegen die DDR mit 7 : 14 Toren.

29. 6. Borussia Dortmund wird mit 3 : 1 Toren gegen den 1. FC Köln Deutscher Fußballmeister.

25. 7. Im Forschungszentrum von Jülich in Nordrhein-Westfalen wird ein Kernforschungsreaktor mit einer Leistung von 5000 kW in Betrieb genommen.

1. 8. Der Kurzwellensender Deutsche Welle mit Sendeprogramm in 18 Sprachen beginnt mit der Ausstrahlung.

24. 8. Zu den acht Spielen des ersten Austragungstages der neu gegründeten Fußball-Bundesliga kommen 282000 Zuschauer.

15. 10. Die Berliner Philharmonie mit 2000 Plätzen wird eröffnet.

3. 11. Mit einem 3 : 3-Unentschieden in Budapest gegen Ungarn (Hinspiel 1 : 2) scheidet die Fußballmannschaft der DDR aus dem Wettbewerb um den Europa-Nationalpokal 1964 aus.

12. 12. Die »Schatzsuche« im Toplitzsee (Salzkammergut) nach Gold und Dokumenten der SS wird ergebnislos abgebrochen.

Literatur

H. Böll, »Ansichten eines Clowns«.

Vera Brühne, zu lebenslangem Zuchthaus verurteilt.

sowjetischer Raketenbasen 24. 10. Verhängung einer Sperre für alle mit Angriffswaffen nach Kuba fahrenden Schiffe durch die USA; 28. 10. Nachgeben der UdSSR: Rückkehr ihrer auf der Fahrt nach Kuba befindlichen Schiffe; Entfernung aller Abschußbasen, Abtransport aller Raketen und des Personals aus Kuba. Ergebnis: Keine Änderung der zwischen Osten und Westen bestehenden Machtverteilung; kein Angriff der USA gegen Kuba, wenn es sich selbst ruhig verhält; Durchsetzung der Monroe-Doktrin.

21. 11. Waffenstillstand im indisch-chinesischen Grenzkonflikt; Rückzug der Chinesen.

Karikatur auf die Spiegelaffäre.

Die Berliner Philharmonie, erbaut nach Plänen von Hans Scharoun.

22. 1. Freundschaftsvertrag Bundesrepublik Deutschland-Frankreich über die deutsch-französische Zusammenarbeit, in Paris unterzeichnet; am 2. 7. in Kraft.

7. 4. Neue Verfassung in Jugoslawien, »Sozialistische Bundesrepublik Jugoslawien«, Tito Präsident auf Lebenszeit (30. 6. gewählt).

23. – 26. 5. Gipfelkonferenz der Staats- und Regierungschefs der souveränen afrikanischen Staaten in Addis Abeba: Charta der Organisation der Afrikanischen Einheit (OUA); Mitgliedschaft aller unabhängigen Staaten Afrikas außer der Südafrikanischen Union; 17. bis 21. 7. 1964 2. Gipfelkonferenz in Kairo; Beschluß über die Einrichtung eines Generalsekretariates.

3. 6. Papst Johannes XXIII. gestorben; Nachfolger Paul VI. (Giovanni Battista Montini).

20. 7. Abbruch der am 5. 7. in Moskau begonnenen Verhandlungen über die Generallinie des Weltkommunismus durch die Chinesen. In der Folge weitere heftige Angriffe gegen die sowjetische Politik und Chrustschow persönlich; deren Zurückweisung 14. 2. 1964. Gleichzeitig Anspielungen auf eine Revision der sowjetisch-chinesischen Grenze und Betonung von Chinas führender Stellung unter den farbigen Völkern Asiens und Afrikas.

5. 8. Moskauer Abkommen über ein Verbot von Kernwaffenversuchen in der Atmosphäre und unter Wasser von den USA, der UdSSR und Großbritannien unterzeichnet; 10. 10. in Kraft; Beitritt von 103 anderen Staaten; von Frankreich und der Chinesischen Volksrepublik abgelehnt.

1. – 2. 11. Militärputsch in Vietnam; Ermordung Diems; Fortsetzung des Kampfes gegen die Vietcong. In der Folge wechselnde Regierungen, seit Juni 1965

16. 10. Der Bundestag wählt Ludwig Erhard zum neuen Bundeskanzler.

17. 12. Beauftragte des Berliner Senats und der DDR unterzeichnen ein Protokoll zur Ausgabe von Passierscheinen an West-Berliner.

G. Grass, »Hundejahre«.

E. Strittmatter, »Ole Bienkopp«.

C. Wolf, »Der geteilte Himmel«.

Theater/Oper

R. Hochhuth, »Der Stellvertreter«.

Film

H. Reinl, »Winnetou I«.

1964 14. 2. Gemäß Gesetz vom 14. 8. 1963 konstituiert sich in Bonn der Sachverständigenrat. Er begutachtet jährlich die gesamtwirtschaftliche Entwicklung, kann aber auch aus besonderem Anlaß Stellungnahmen veröffentlichen. Anders als die zahlreichen Beiräte von Ministerien ist er unabhängig von der Bundesregierung; die 5 Mitglieder (»Weisen«) beruft der Bundespräsident.

16. 2. Ein außerordentlicher Parteitag der SPD wählt Willy Brandt zum Vorsitzenden der SPD und Kanzlerkandidaten.

28.–30. 3. Fast 100 000 Teilnehmer des Ostermarsches demonstrieren für eine atomwaffenfreie Zone in Mitteleuropa.

1. 7. Heinrich Lübke zum zweitenmal Bundespräsident.

1. 9. Antikriegstag unter der zentralen DGB-Losung »Den nächsten Krieg gewinnt der Tod!« gegen Atomrüstung der BRD.

10. 9. Der millionste Gastarbeiter trifft mit einem Sonderzug in Köln ein.

24. 9. Ungeachtet politischer und juristischer Meinungsunterschiede schließen die Unterhändler Wendt und Korber ein 2. Passierscheinabkommen für die Dauer von 1 Jahr ab.

3. 11. Der Wehrbeauftragte Admiral a. D. Heye tritt zurück.

28. 11. Aus DRP, DP und DNVP gründet der nationalkonservative Bremer Betonfabrikant Thielen (zunächst CDU, dann DP) die NPD (Nationaldemokratische Partei Deutschlands) als rechtsextreme Sammelpartei für »nationale Deutsche aller Stände, Konfessionen, Landsmannschaften und Weltanschauungen« sowie für alle politisch, wirtschaftlich und sozial Unzufriedenen. Sie erstrebt »eine von fremden Interessen unabhängige deutsche Politik« gegen den »Monopolanspruch der Bonner Parteien«.

29. 1. – 9. 2. Bei den Olympischen Winterspielen in Innsbruck gewinnt die deutsche Mannschaft 3 Goldmedaillen (durch Ortrun Enderlein, Thomas Köhler, Manfred Schnelldorfer) sowie je 3 Silber- und Bronzemedaillen.

13. 2. In Wiesbaden wird der siebenjährige Timo Rinnelt entführt und von den Eltern ein Lösegeld erpreßt.

12. 3. Robert Havemann, Professor für physikalische Chemie in Berlin, wird von der SED ausgeschlossen.

9. 5. Der 1. FC Köln wird Deutscher Fußballmeister 1964.

4. 6. Nach dem Bund-Länder-Verwaltungsabkommen zur Förderung von Wissenschaft und Forschung erstreben Bund und Länder gemeinsam den Ausbau der Universitäten/Hochschulen; sie tragen je zur Hälfte den Zuschußbedarf der Deutschen Forschungsgemeinschaft und der Max-Planck-Gesellschaft sowie die Mittel für das Honnefer Modell zur Unterstützung bedürftiger Studierender.

13. 6. Das erste atomgetriebene Frachtschiff Europas, die »Otto Hahn«, läuft in Kiel vom Stapel.

10. – 24. 10. In Tokio finden die XVIII. Olympischen Sommerspiele statt. Die deutsche Mannschaft gewinnt 10 Goldmedaillen (u. a. im Zehnkampf durch Willi Hohldorf, im Kunstspringen durch Ingrid Engel-Krämer, im Dressur-Reiten durch Neckermann/Klinke/Boldt und im Jagdspringen durch Winkler/Schridde/Jarasinski) sowie 22 Silber- und 18 Bronzemedaillen.

28. 10. Hamburger Abkommen der Bundesländer zur Vereinheitlichung auf dem Gebiet des Schulwesens.

Literatur

H. M. Enzensberger, »Politik und Verbrechen«.

H. Böll, »Entfernung von der Truppe«.

M. Frisch, »Mein Name sei Gantenbein«.

Theater/Oper

M. Walser, »Überlebensgroß Herr Krott«.

P. Weiss, »Die Verfolgung und Ermordung Jean Paul Marats«.

H. Kipphardt, »In der Sache J. Robert Oppenheimer«.

Film

K. Wolf, »Der geteilte Himmel«.

A. Vohrer, »Unter Geiern«.

Dieter Borsche und Günter Tabor in Hochhuths »Stellvertreter«.

Der millionste Gastarbeiter, Armando Sá Rodriguez aus Portugal, wird mit einem Moped beschenkt.

unter General Nguyen Cao Ky, um die Neutralisierung des Landes zu verhindern. Fortdauer des Krieges gegen die Vietcong und Nord-Vietnam; militärische Hilfe der USA.

22. 11. Präsident der USA John F. Kennedy in Dallas (Texas) ermordet; Nachfolger Lyndon B. Johnson (1964 wiedergewählt).

4. – 6. 1. Besuch des Papstes Paul VI. im Heiligen Land (Pilgerfahrt).

18. 1. Sansibar Volksrepublik; Sturz des Sultans; 27. 4. Zusammenschluß von Tanganyika und Sansibar (mit Pemba) zur Vereinigten Republik Tansania.

21. 3. Freundschaftsvertrag zwischen der UdSSR und Jemen.

14. 4. Staatsstreich in Brasilien: General Castello Branco neuer Staatspräsident, gegen kommunistische Infiltration.

27. 5. Der indische Premierminister Jawaharlal Nehru gestorben; Nachfolger Lal Bahadur Shastrie, gestorben Jan. 1966; Nachfolgerin Indira Gandhi, Tochter Nehrus.

1. 6. Abkommen über die Assoziierung von 18 afrikanischen Staaten mit der EWG in Kraft (20. 7. 1963 in Yaoundé unterzeichnet).

15. 7. Anastas J. Mikojan, Staatsoberhaupt der UdSSR (Nachfolger von Leonid J. Breschnew, seit 7. 5. 1960), zurückgetreten 9. 12. 1965.

1. 10. Afghanistan konstitutionelle Monarchie (statt des bisherigen Absolutismus).

13. – 14. 10. Entlassung Nikita S. Chruschtschows aus seinen Ämtern. Nachfolger: als Erster Sekretär des Zentralkomitees der sowjetrussischen KP Leonid I. Breschnew, als Ministerpräsident Alexej N. Kossygin.

16. 10. Erste Atombombe in der Volksrepublik China gezündet; 14. 5. 1965 die zweite.

16. 10. Bildung einer Vereinigten Politischen Führung von der Vereinigten Arabischen Republik (Ägypten) und Irak.

2. 11. König Saud von Saudiarabien (seit 1953) entthront; Nachfolger König Faisal.

1965 16. 1. Der Interzonenhandel wird durch das Bundesverfassungsgericht als »Binnenhandel besonderer Art« festgestellt.

12. 2. Die Bundesregierung beschließt, keine Waffen in Spannungsgebiete zu liefern.

25. 3. Der Bundestag verabschiedet auf Grund eines Kompromisses zwischen CDU/CSU und SPD das »Gesetz über die Berechnung strafrechtlicher Verjährungsfristen«. Es bestimmt, daß die 20jährige Verjährungsfrist für die Verfolgung von Verbrechen, die mit lebenslangem Zuchthaus bedroht sind, nicht mit dem 8. 5. 1945 (Kapitulation) beginnt, sondern bis 31. 12. 1949 (Gründungsjahr der Bundesrepublik) geruht hat.

24. 6. Der Entwurf der »Notstandsgesetze« scheitert im Bundestag an der erforderlichen Zweidrittelmehrheit.

30. 6. Der Deutsche Bundestag billigt die Eingliederung der deutschen Landwirtschaft in den Gemeinsamen Markt.

19. 8. Der Frankfurter »Auschwitz-Prozeß«, der als bisher größtes Strafverfahren die deutsche Öffentlichkeit mit den Gewaltverbrechen der vielfach verdrängten NS-Vergangenheit konfrontiert, endet: 6 ehemalige SS-Angehörige werden lebenslang, 11 Angeklagte zeitlich begrenzt zu Zuchthaus verurteilt, 3 freigesprochen.

19. 9. Bei den Bundestagswahlen erzielen CDU und SPD leichte Gewinne, die FDP schrumpft von 12,8 auf 9,5 Prozent, die DFU erhält 1,3 Prozent.

16. 10. Der Rat der EKD veröffentlicht die Denkschrift »Die Lage der Vertriebenen und das Verhältnis des deutschen Volkes zu seinen östlichen Nachbarn«. Sie kritisiert die bisherige Ostpolitik und fordert neben der Aussöhnung mit den osteuropäischen Nachbarvölkern eine politische Lösung der Oder-Neiße-Grenzfrage.

26. 10. Zweites Kabinett Erhard aus einer CDU/CSU- und FDP-Koalition.

25. 11. Drittes Passierscheinabkommen.

27. 2. In Leipzig wird die 800-Jahre-Jubiläumsmesse eröffnet.

15. 5. Werder Bremen wird Deutscher Fußballmeister 1965.

18. 5. Vorlesungsstreik am Otto-Suhr-Institut der Freien Universität Berlin, nachdem der Rektor eine Veranstaltung mit dem seit 1960 mit Redeverbot an der FU belegten Publizisten Erich Kuby verboten hatte.

23. 6. Anläßlich der Internationalen Verkehrsausstellung verkehrt der schnellste lokomotivbespannte Reisezug der Eisenbahngeschichte auf der Strecke München–Augsburg mit einer Geschwindigkeit bis über 200 km/h.

28. 6. Bekanntgabe der Verlobung von Kronprinzessin Beatrix der Niederlande mit dem deutschen Diplomaten Claus von Amsberg.

30. 6. Die erste neugegründete Universität wird in Bochum eröffnet.

1. 7. Demonstration in 120 Städten der Bundesrepublik gegen den Bildungsnotstand.

15. 7. Gründung des »Deutschen Bildungsrates«.

8. 10. In Madrid beschließt das Internationale Olympische Komitee (IOC) für die Olympischen Spiele 1968 die Teilnahme von zwei getrennten deutschen Mannschaften.

14. 11. Nach einem Unentschieden gegen Schweden (1:1) und zwei Siegen gegen Schweden (2:1) und Zypern (5:0) qualifiziert sich Deutschland mit einem 6:0-Sieg in der zypriotischen Hauptstadt Famagusta für die 8. Fußballweltmeisterschaft, die 1966 in England ausgetragen werden soll.

Literatur

R. Dahrendorf, »Gesellschaft und Demokratie in Deutschland«.

W. Biermann, »Die Drahtharfe«.

H. Fichte, »Das Waisenhaus«.

H. Kant, »Die Aula«.

Theater/Oper

P. Weiss, »Die Ermittlung«.

P. Hacks, »Moritz Tassow«.

Film

V. Schlöndorff, »Der junge Törless«.

U. Schamoni, »Es«.

J. M. Straub, »Nicht versöhnt«.

1966 25. 3. Die Regierung Erhard übermittelt fast allen Staaten (ohne DDR) eine Friedensnote zur Abrüstung, Friedenssicherung und Entspannung. Sie schlägt darin vor, das Risiko eines Atomkrieges weltweit zu mindern, z. B. durch Verzicht auf Kernwaffen, ihre Produktion und ihre Weiterverbreitung, und sie bietet an, förmliche Gewaltverzichtserklärungen mit den osteuropäischen Staaten auszutauschen sowie militärische Beobachter bei Manövern.

7. 4. Abzug von 15 000 Mann US-Spezialtruppen

14. 2. Die Universität Düsseldorf wird eröffnet.

10. 3. In Amsterdam wird Kronprinzessin Beatrix der Niederlande mit Claus von Amsberg getraut.

1. 4. Die Akademie der Wissenschaften in Ost-Berlin schließt Professor Robert Havemann aus.

1. 4. Letzter Schuljahresbeginn zur Osterzeit. Ab 1967 beginnt das neue Schuljahr an den allgemeinbildenden Schulen jeweils am 1. August.

26. 4. Die Austragung der Olympischen Spiele 1972 wird vom IOC an München vergeben.

5. 5. Mit einem Sieg von 2:1 über Liverpool gewinnt

Verlobung 1965: Kronprinzessin Beatrix der Niederlande und Claus von Amsberg.

1. 1. Der Gemeinsame Arabische Markt in Kraft (Irak, Jordanien, Kuwait, Syrien, VAR [Ägypten]); offen für die übrigen arabischen Staaten.

12. 5. Israel und die Bundesrepublik geben die Aufnahme diplomatischer Beziehungen bekannt. Daraufhin brechen die arabischen Staaten, von Libyen, Marokko und Tunesien abgesehen, die Beziehungen zur BRD ab.

19. 6. Staatsstreich der Armee in Algerien; Staatspräsident Ben Bella gestürzt.

17. 7. Lateinamerikanisches Parlament von 11 Staaten (Argentinien, Bolivien, Brasilien, Chile, Ecuador, Guatemala, Kolumbien, Panama, Peru, Uruguay, Venezuela) in Lima (Peru) gegründet, das jährlich einmal tagen soll; Ziel: Förderung der Einheit und Wohlfahrt Südamerikas.

6. – 23. 9. Krieg zwischen Indien und Pakistan wegen der Teilung von Kaschmir (seit dem Waffenstillstand vom Jan. 1949); beigelegt durch Vermittlung der UNO.

25. 10. Staatsstreich der Armee im Kongo; Staatspräsident Kasavubu gestürzt.

11. 11. Rhodesien (bis Okt. 1964 Südrhodesien) erklärt sich für selbständig.

Szene aus dem Film »Es«.

10. 1. Friedenskonferenz zwischen Indien und Pakistan beschließt Beilegung der Streitfragen um Kaschmir ohne Waffengewalt.

6. 3. Parlamentswahlen in Österreich bringen der konservativen ÖVP die absolute Mehrheit.

11. 3. Staatsstreich in Indonesien bringt Armeegeneral Suharto an die Macht; schränkt den Einfluß Sukarnos ein.

22. 3. Staatsstreich im Kongo. Staatspräsident Mobutu entmachtet das kongolesische Parlament in Leopoldville.

aus Deutschland, durch den Vietnamkrieg bedingt, wo 235 000 Mann im Einsatz stehen.

19. 7. Das Bundesverfassungsgesetz erklärt die staatliche Parteifinanzierung seit 1959 für verfassungswidrig, räumt jedoch ein, daß die »notwendigen Kosten eines angemessenen Wahlkampfes« erstattet werden könnten.

25. 8. Verteidigungsminister v. Hassel versetzt den Generalinspekteur der Bundeswehr Trettner und den Inspekteur der Luftwaffe Panitzki auf ihren Wunsch in den einstweiligen Ruhestand. Trettner hatte am Gewerkschaftserlaß vom 1. 8. 1966, der Soldaten gestattet, einer Gewerkschaft beizutreten und für sie tätig zu werden, Kritik geübt, Panitzki an der Beschaffung und Technik des »Starfighter«.

27. 10. Die FDP-Fraktion entscheidet mehrheitlich, die Regierungskoalition mit der CDU/CSU zu beenden; die 4 FDP-Minister Mende, Dahlgrün, Bucher und Scheel treten daher zurück.

26. 11. Eine Verhandlungskommission von CDU/CSU und SPD einigt sich, eine »Große Koalition« unter Kiesinger als Bundeskanzler und Brandt als Vizekanzler zu bilden.

1. 12. Der Bundestag wählt Kiesinger (CDU) mit 340 gegen 109 Stimmen bei 23 Enthaltungen und 1 ungültigen Stimme zum Bundeskanzler. Das Kabinett der »Großen Koalition« besteht aus 10 CDU/CSU- und 9 SPD-Ministern. Erstmals ist damit die SPD an einer Bundesregierung beteiligt.

Borussia Dortmund als erste deutsche Mannschaft den Europapokal.

26. 5. Beginn der Bauarbeiten für die Universität Dortmund.

28. 5. Der TSV 1860 München wird Deutscher Fußballmeister 1966.

21. 6. Die Universität von Konstanz wird eingeweiht.

22. 6. Teach-in mit anschließendem Sit-in an der FU Berlin gegen die Verschlechterung der Studienbedingungen in der juristischen und medizinischen Fakultät.

30. 7. Im Wembley-Stadion in London trifft Deutschland zum Endspiel um die Fußballweltmeisterschaft auf den Favoriten England. Das Spiel endet nach Verlängerung 4:2 für England.

28. 8. Auf dem Nürburgring wird Rudi Altig Straßenweltmeister der Radprofis.

10. 9. Herausforderer Karl Mildenberger unterliegt in Frankfurt beim Weltmeisterschaftsboxkampf gegen den Titelverteidiger Cassius Clay.

19. 12. Die Saalebrücke bei Hof, ein Teilstück der Autobahn Berlin–München, wird dem Verkehr übergeben.

Literatur

M. Walser, »Das Einhorn«.

H. Böll, »Ende einer Dienstfahrt«.

Theater/Oper

G. Grass, »Die Plebejer proben den Aufstand«.

M. Sperr, »Jagdszenen aus Niederbayern«.

P. Dessau, »Herr Puntila und sein Knecht Matti«.

Film

A. Kluge, »Abschied von gestern«.

H. Reinl, »Die Nibelungen«.

1967 31. 1. Die Bundesrepublik und Rumänien kommen beim Besuch des rumänischen Außenministers Manescu in Bonn überein, diplomatische Beziehungen aufzunehmen. Sie bedeuten faktisch das Ende der Hallstein-Doktrin.

14. 2. Erstmals treffen sich Vertreter des Staates, der Tarifparteien und der Wissenschaft zur – vom Wirtschaftsminister Schiller angeregten – Konzertierten Aktion. Sie soll ihr Handeln in der Wirtschafts- und Sozialpolitik abstimmen helfen.

23. 2. Das 1. konjunkturpolitische Investitionsprogramm des Bundes wird zur Kreditfinanzierung von Haushaltskürzungen verabschiedet. Es sichert vordringliche Investitionen vor allem im Verkehrs-, Post-, Bildungs- und Forschungswesen.

6. 4. »Volksentscheid« über die neue »sozialistische« Verfassung der »DDR« ergibt 94,45 % Ja-Stimmen.

13. 4. DDR-Regierung erläßt Reiseverbot für »Minister und leitende Beamte der Bundesrepublik Deutschland durch das Gebiet der DDR«.

14. 5. Neuer Weltrekord im Zehnkampf mit 8319 Punkten von Kurt Bendlin aufgestellt.

30. 5. Der im Februar 1964 entführte Timo Rinnelt wird tot in einem Wiesbadener Keller aufgefunden.

31. 5. Mit einem 1:0-Sieg gewinnt der FC Bayern München den Europacup der Pokalsieger.

1. 6. Die Entführung und Ermordung Timo Rinnelts wird von Klaus Lehnert gestanden.

3. 6. Eintracht Braunschweig wird Deutscher Fußballmeister 1967.

20. 6. Die Bundeszentrale für gesundheitliche Aufklärung wird in Köln errichtet.

7. 7. Wilhelm Bungert spielt als erster deutscher Tennisspieler seit 1937 im Finale in Wimbledon, unterliegt aber dem Australier John Newcombe.

11. 8. Die deutsche Bundesmarine läßt ihren ersten in den USA gebauten Lenkwaffenzerstörer auslaufen.

25. 8. ARD und ZDF beginnen mit der Ausstrahlung des Fernsehprogramms in Farbe.

29. 10. Ein 1:0-Erfolg über Ungarn nützt den Fußballern der DDR nichts mehr, nachdem sie bei den Ausscheidungsspielen zur Fußball-Europameisterschaft je

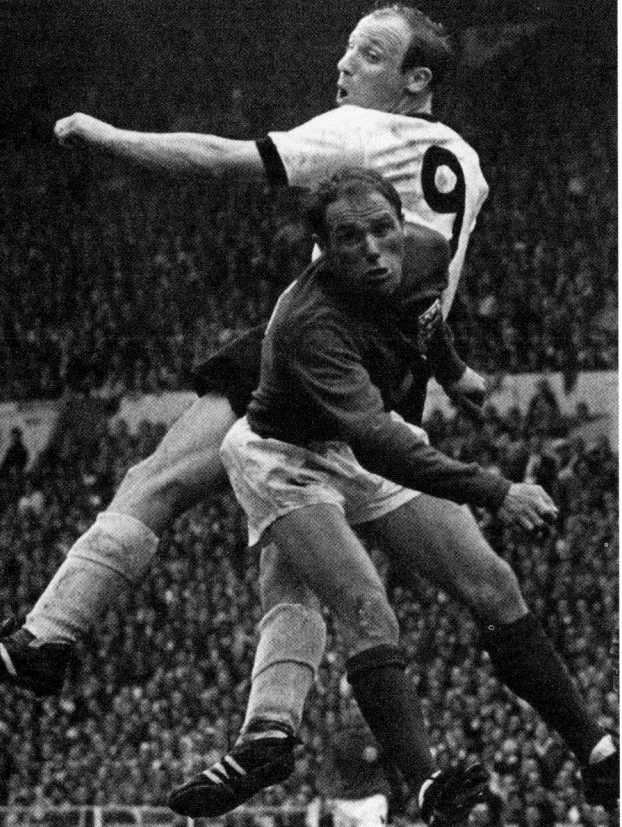

Szene aus dem Weltmeisterschaftsfinale 1966: Uwe Seeler und Ray Wilson.

Ramponiert, aber stolz auf seine kämpferische Leistung: Karl Mildenberger nach der Begegnung mit Cassius Clay.

29. 3. Austrittserklärung de Gaulles an die NATO und ihre atlantische Militärorganisation. NATO-Kommandostellen sollen bis zum 1. 4. 1967 aus Frankreich verlegt werden.

31. 3. Parlamentswahlen in Großbritannien bringen Wilson und seiner Labour Party den Sieg.

12. 5. Israelische Regierung erkennt in einer Note an Polen die Oder-Neiße-Linie als endgültige Grenze zwischen Polen und Deutschland an.

7. 6. NATO-Oberkommando beschließt Verlegung seines Operationsstabes für Mitteleuropa nach Belgien und Holland.

6. 9. Hendrik Verwoerd, Ministerpräsident der südafrikanischen Republik, wird im Parlamentsgebäude von einem weißen Gegner der Rassentrennung ermordet. Sein Nachfolger Balthazar J. Vorster setzt die Politik der Rassentrennung fort.

25. 10. Konferenz von Manila. US-Präsident Johnson zum Abzug der US-Truppen aus Südvietnam sechs Monate nach Beendigung der Kämpfe und der nordvietnamesischen Einmischung in Südvietnam bereit.

28. 12. Rotchinesen zünden ihre fünfte Atombombe.

Jan. Die »Kulturrevolution« in China breitet sich aus. »Rote Garden« erobern das Rathaus in Peking. Die Rotchinesische Armee greift zugunsten der Mao-Anhänger in die Machtkämpfe ein.

12. 3. In Indonesien setzt der Volkskongreß Präsident Sukarno ab und ernennt General Suharto zum Nachfolger.

12. 3. In Frankreich erreichen die Gaullisten wieder die absolute Mehrheit.

21. 4. Staatsstreich in Griechenland durch die Armee. Georgios Papadopoulos wird unter der Militärdiktatur griechischer Ministerpräsident.

9. 5. die NATO-Verteidigungsminister (ohne Frankreich) einigen sich in Paris auf Doktrin der flexiblen Abwehr ohne Vergeltung mit Nuklearschlag.

22. 5. Ägypten sperrt den Golf von Akaba für israelische Schiffe und für Transporte strategischer Güter nach Israel. Am 28. 5. droht Nasser mit der Sperrung des Suezkanals bei einer westlichen Intervention im Nahost-Konflikt.

30. 5. Bürgerkrieg in Nigeria wegen der Unabhängigkeitsbestrebungen von Biafra.

Dem Regierenden Bürgermeister von Berlin, Klaus Schütz, wird am 26. 4. die Durchreise verweigert.

19. 4. Konrad Adenauer stirbt im Alter von 91 Jahren.

11. 5. Der Ministerratsvorsitzende der DDR, Willi Stoph, erklärt sich in einem Brief an Bundeskanzler Kiesinger zu Verhandlungen über eine Normalisierung der Beziehungen zwischen beiden deutschen Staaten bereit.

27. 5.:–4. 6. Der Staatsbesuch des Schahs Reza Pahlewi löst in der Bundesrepublik Proteste und Kundgebungen gegen die innenpolitischen Verhältnisse im Iran aus. In West-Berlin ereignen sich am 2. 6. schwere Zusammenstöße zwischen Demonstranten, schahtreuen Personen (»Jubelperser«) und Polizei; dabei trifft der Kriminalobermeister Kurras den Studenten Ohnesorg tödlich.

14. 6. Das Gesetz zur Förderung der Stabilität und des Wachstums der Wirtschaft (Stabilitätsgesetz) tritt in Kraft. Erstmals verfügt damit die Bundesregierung über ein umfassendes konjunkturpolitisches Instrumentarium, das ihr erleichtern soll, die gesamtwirtschaftlichen Hauptziele im Rahmen der marktwirtschaftlichen Ordnung zu konzertieren: Preisstabilität, Vollbeschäftigung, Außenhandelsgleichgewicht und angemessenes Wachstum.

einen Sieg und ein Unentschieden, aber zwei Niederlagen kassiert haben. Die DDR wird nur Gruppenzweiter und scheidet damit aus.

5. 11. Der Diskusweltrekord der Frauen wird von Liesel Westermann auf 61,26 m verbessert.

9. 11. Bei der Rektoratsfeier der Hamburger Universität, zu der die Professoren im traditionellen Ornat erscheinen, tragen Studentenvertreter ein Transparent in den Saal: »Unter den Talaren der Muff von tausend Jahren.«

1. 12. Das vom Bundestag beschlossene Filmförderungsgesetz sieht Maßnahmen für wirtschaftliche Hilfe des guten deutschen Films vor.

17. 12. Nach einem 6:0 über Albanien, einem 3:1-Sieg und einer 0:1-Niederlage gegen Jugoslawien bedeutet das 0:0 gegen Albanien in Tirana das Aus für die Fußballspieler der Bundesrepublik bei den Ausscheidungsspielen zur Europameisterschaft 1968.

Literatur

H. M. Enzensberger, »Deutschland, Deutschland unter anderem«.

K. Mehnert, »Der deutsche Standort«.

Theater/Oper

M. Walser, »Der Abstecher«, »Zimmerschlacht«.

R. Hochhuth, »Die Soldaten«.

M. Frisch, »Biografie«.

Film

G. Moorse, »Kuckucksjahre«.

U. Schamoni, »Alle Jahre wieder«.

M. Spils, »Zur Sache Schätzchen«.

O. Kolle, »Das Wunder der Liebe«.

1968 1. 1. Die wettbewerbsneutrale Mehrwertsteuer wird in der Bundesrepublik eingeführt, um die Umsatzsteuer in der EWG zu harmonisieren.

31. 1. Die Bundesrepublik nimmt die diplomatischen Beziehungen zu Jugoslawien wieder auf; sie waren 1957 aufgrund der Hallstein-Doktrin abgebrochen worden.

2. 4. Andreas Baader, Gudrun Ensslin, Thorwald Proll und Horst Söhnlein werden wegen Kaufhausbrandstiftung in Frankfurt/Main festgenommen.

11.–17. 4. Nach dem Berliner Attentat des 23jährigen Anstreichers Bachmann auf den Studenten- und SDS-Führer Dutschke, der schwer verletzt wird, kommt es während der Ostertage in zahlreichen Städten zu Protestkundgebungen; in München werden während Demonstrationen gegen die »Springer-Presse« der Fotoreporter Frings und der Student Schreck tödlich verletzt.

15. 5. Das Kohlegesetz sieht Maßnahmen zur Anpassung und Gesundung des deutschen Steinkohlenbergbaus vor.

30. 5. Der Bundestag verabschiedet mit 384 ge-

6. 2. Zwischen den Häfen von Bremen und Hamburg und dem Binnenland verkehren Container-Schnellgüterzüge.

6. 2. – 18. 2. Bei den Olympischen Winterspielen in Grenoble bleiben den deutschen Sportlern durchschlagende Erfolge versagt. Die Mannschaft der Bundesrepublik bringt je 2 Gold- und Silbermedaillen und 3 Bronzemedaillen nach Hause, die der DDR 1 Goldmedaille und je 2 Silberne und Bronzene.

25. 5. Der 1. FC Nürnberg wird Deutscher Fußballmeister 1968.

27. 5. In Alsdorf beginnt der Prozeß gegen sieben leitende Angestellte der Stolberger Chemiewerke Grünenthal wegen der Folgen, die das von der Firma hergestellte Schlafmittel »Contergan« auslöste. Während der Schwangerschaft eingenommen, verursachte das Medikament schwere körperliche Schäden bei den Kindern. Zu Prozeßbeginn sind in der Bundesrepublik 2625 betroffene Kinder bekannt.

7. 7. In Bayern entscheiden sich bei einer Volksabstimmung 74,8 Prozent für die einheitliche Volksschule.

24. 7. Liesel Westermann stellt einen neuen Weltrekord im Diskuswerfen von 62,54 m auf.

Mehrwertsteuer-Plakataktion.

30. 5. Ägyptisch-Jordanisches Verteidigungsabkommen, das den Ring der arabischen Front um Israel schließt.

5. – 10. 6. Israels Sechstagekrieg. Israel besetzt nach der Niederlage der Araberstaaten die Sinai-Halbinsel, den Gaza-Streifen, Jordanien westlich des Jordans und Alt-Jerusalem.

25. 7. Blutige Rassenunruhen in sieben Städten der USA.

6. 9. De Gaulle tritt in Polen für die Anerkennung der Oder-Neiße-Grenze ein.

10. 10. Internationaler Weltraumvertrag sichert das Weltall allen Staaten und internationalen Organisationen als »province of mankind« zur freien Nutzung zu. Die satellitengestützte Erkundung hoheitsfreier Regionen der Erdoberfläche unterliegt keinen Beschränkungen.

15. 11. Auf Zypern liefern sich griechische und türkische Zyprer blutige Kämpfe, durch welche sich die Beziehungen zwischen Griechenland und Türkei verschlechtern.

Aktenberge im Contergan-Prozeß.

Jan. Tet-Offensive: Großoffensive der Vietcong gegen Südvietnam dringt bis Saigon vor und besetzt die alte Kaiserstadt Hue. USA erhöhen ihre Truppenstärke auf 510000 Mann.

Liberalisierung in der ČSSR: Antonin Novotny wird durch Alexander Dubcek (* 1921) als erster Sekretär des ZK ersetzt. Novotny tritt im März zurück, Nachfolger als Staatspräsident wird Svoboda.

8. 3. Studentendemonstrationen in Warschau und anderen Städten Polens gegen die Regierung.

4. 4. US-Negerführer Pastor Martin Luther King wird ermordet.

14. 5. Schwere Studentenunruhen in Paris unter Führung von Cohn-Bendit u. a. Am 16. 5. räumt die Polizei die von Studenten besetzte Pariser Universität. Generalstreik der Gewerkschaften.

6. 6. US-Senator Robert Kennedy wird in Los Angeles/Kalifornien ermordet.

27. 6. In der ČSSR warnen 70 Künstler und Intellektuelle im »Aufruf der 2000 Worte« vor einem Nachlassen im Demokratisierungsprozeß.

30. 6. Parlamentswahlen in Frankreich bringen absolute Mehrheit der Gaullisten.

gen 100 Stimmen (1 CDU, 53 SPD, 46 FDP) die Notstandsverfassung. Mit ihrem Inkrafttreten am 28. 6.1968 erlöschen die alliierten Sicherheitsvorbehalte nach dem Deutschlandvertrag.

11.–12. 6. Die DDR führt die Paß- und Visapflicht für Transitreisen zwischen West-Berlin und der Bundesrepublik sowie eine Steuerausgleichsabgabe für den Transportverkehr ein.

24. 7. Das Parteiengesetz regelt Status, Struktur und Aufgaben der politischen Parteien, die in der Bundesrepublik – erstmals in Deutschland – verfassungsrechtlich verankert sind.

3. 8. Die Bundesrepublik und die ČSSR vereinbaren, Handelsvertretungen zu errichten.

4. 9. Die Bundesregierung beschließt erstmals eine mehrjährige Finanzplanung bis 1972 aufgrund einer gesamtwirtschaftlichen Zielprojektion.

22. 9. Mit der Gründung der DKP entsteht erstmals seit 1956 in der Bundesrepublik wieder eine legale kommunistische Partei; sie will die »sozialistische Gesellschafts- und Staatsordnung« im Rahmen des Grundgesetzes verwirklichen.

27. 11. Gründung der Ruhrkohle AG; sie soll die Arbeitsplätze im Bergbau sichern und die Wettbewerbsfähigkeit der Kohle stärken.

15. 9. In Berlin wird die Neue Nationalgalerie, das letzte Bauwerk des Architekten Mies van der Rohe, eröffnet.

4. 10. Frankfurt/M. übergibt die erste Untergrundbahnstrecke ihrer Bestimmung.

12. – 27. 10. Bei den XIX. Olympischen Sommerspielen, die in Mexico City ausgetragen werden, gewinnt die Mannschaft der Bundesrepublik 5 Goldmedaillen, 11 Silber- und 10 Bronzemedaillen. Die Sportler aus der DDR sind erfolgreicher. Sie erringen 9 Goldmedaillen, 9 Silberne und 7 Bronzemedaillen.

16. 12. Die Universität Dortmund öffnet ihre Pforten.

Literatur

S. Lenz, »Deutschstunde«.

Bergmann u. a., »Rebellion der Studenten«.

Theater/Oper

T. Dorst, »Toller«.

P. Weiss, »Vietnam-Diskurs«.

P. Handke, »Kaspar«.

Film

A. Kluge, »Die Artisten unter der Zirkuskuppel: ratlos«.

W. Herzog, »Lebenszeichen«.

J. M. Straub, »Chronik der Anna Magdalena Bach«.

R. Siodmak, »Kampf um Rom«.

1969 31. 1. Bundestagspräsident Gerstenmaier (CDU) tritt wegen seiner umstrittenen Rolle in seinem Wiedergutmachungsfall unter dem Druck der öffentlichen Meinung, des Parlaments und seiner Fraktion zurück. Zu seinem Nachfolger wird der bisherige Vertriebenenminister v. Hassel (CDU) gewählt.

5. 3. Die Bundesversammlung tritt zum viertenmal in West-Berlin zusammen. Der Kandidat der SPD, Justizminister Heinemann, wird zum Nachfolger des Bundespräsidenten Lübke (CDU/CSU) gewählt; dieser hatte sich bereit erklärt, vorzeitig zum 30. 6. zurückzutreten.

28. 9. Wahlen zum 6. Bundestag: Die CDU/CSU bleibt stärkste Partei, die SPD überspringt erstmals die 40%-Hürde, die FDP verliert Mandate, die NPD bleibt deutlich unter der 5%-Klausel. Kanzlerkandidat Brandt (SPD) und Scheel (FDP), der Mende im Parteivorsitz abgelöst und die Wende von der national- zur linksliberalen Orientierung eingeleitet hatte, vereinbaren eine sozialliberale Regierungskoalition.

21. 10. Der Bundestag wählt Brandt (SPD) mit den Stimmen der FDP (251 von 249 erforderlichen) zum Bundeskanzler. Erstmals seit 39 Jahren und nach 20 Jahren ununterbrochener CDU/CSU-Herrschaft steht wieder ein Sozialdemokrat an der Regierungsspitze.

7. 6. Bayern München wird Deutscher Fußballmeister 1969.

1. 9. Das Hochschulbauförderungsgesetz legt Grundsätze für die Kooperation zwischen Bund und Ländern bei der Gemeinschaftsaufgabe »Ausbau und Neubau von wissenschaftlichen Hochschulen« fest.

10. 9. Die Evangelische Kirche Deutschlands verliert ihre Zuständigkeit für die DDR, somit ist die evangelische Kirche in zwei deutsche Teile gespalten.

22. 10. Mit einem 3:2-Sieg gegen Schottland qualifiziert sich die Mannschaft der Bundesrepublik für die 9. Fußballweltmeisterschaft, die 1970 in Mexiko ausgetragen werden soll. Vorangegangen waren Spiele gegen Österreich (2:0, 1:0), Zypern (1:0, 12:0) und Schottland (1:1).

17. 11. Eröffnung der Universität Bielefeld.

Literatur

G. Grass, »Örtlich betäubt«.

A. Speer, »Erinnerungen«.

M. Bieler, »Maria Morzek«.

Theater/Oper

F. Dürrenmatt, »Play Strindberg«.

B. Blacher, »Tausend Taler«.

Film

P. Fleischmann, »Jagdszenen aus Niederbayern«.

R. W. Fassbinder, »Katzelmacher«, »Liebe ist kälter als der Tod«.

P. Zadek, »Ich bin ein Elefant, Madame«.

Der scheidende (Heinrich Lübke, links) und der neugewählte Bundespräsident (Gustav Heinemann).

Willy Brandt, Kanzlerkandidat der SPD, in der Wahlnacht 1969.

1. 7. In der EWG tritt der Gemeinsame Zolltarif in Kraft: Die Binnenzölle für gewerbliche Waren und für fast alle Agrarprodukte sind abgeschafft (Zollunion). Zugleich werden die ersten Zölle im Rahmen der »Kennedy-Runde« gesenkt.

20. 8. Einfall der Sowjets in die ČSSR: Truppen der UdSSR, der DDR, Polens und Bulgariens marschieren in die ČSSR ein.

22. 8. Ende des »Prager Frühlings«. Außerordentlicher Parteitag der Kommunistischen Partei der ČSSR (KPC) an geheimem Ort in Prag. Freie Rundfunksender rufen zu passivem Widerstand auf und erbitten Hilfe des Westens.

18. 9. In Mexiko-City wird Militär gegen linksradikale Studenten eingesetzt. Die blutigen Unruhen halten Wochen an.

3. 10. Vor der UNO-Vollversammlung beansprucht der sowjetische Außenminister Gromyko für die UdSSR ein Interventionsrecht in den Ostblockstaaten (Breschnew-Doktrin).

21. 12. Das US-Raumschiff »Apollo 8« startet zum ersten bemannten Flug um den Mond. Am 23. 12. verlassen die Astronauten als erste Menschen das Schwerefeld der Erde.

27. 4. Charles de Gaulle tritt wegen eines negativen Votums zu seinem Referendum als Staatspräsident zurück. De Gaulle zieht sich nach seinem Heimatort Colombey zurück und verbringt seinen Lebensabend dort in Einsamkeit. Sein Nachfolger wird Georges Pompidou (* 1911).

21. 7. Mit »Apollo 11« landet der erste Mensch auf dem Mond. Die Expedition bringt Mondsteine zur Untersuchung des Mondgestirns mit zur Erde. – USA beschließen ein langfristiges Programm zum Umweltschutz mit jährlich steigendem Milliardenaufwand.

1. 10. In Schweden wählt der Parteikongreß der Sozialdemokraten Olof Palme zum Parteivorsitzenden, der als Nachfolger von Tage Erlander Ministerpräsident wird.

28. 11. Unterzeichnung des Atomsperrvertrages in Moskau; keine Kernwaffen für die Bundesrepublik.

12. 12. »Mailänder Blutbad« durch einen terroristischen Bombenanschlag der Linken.

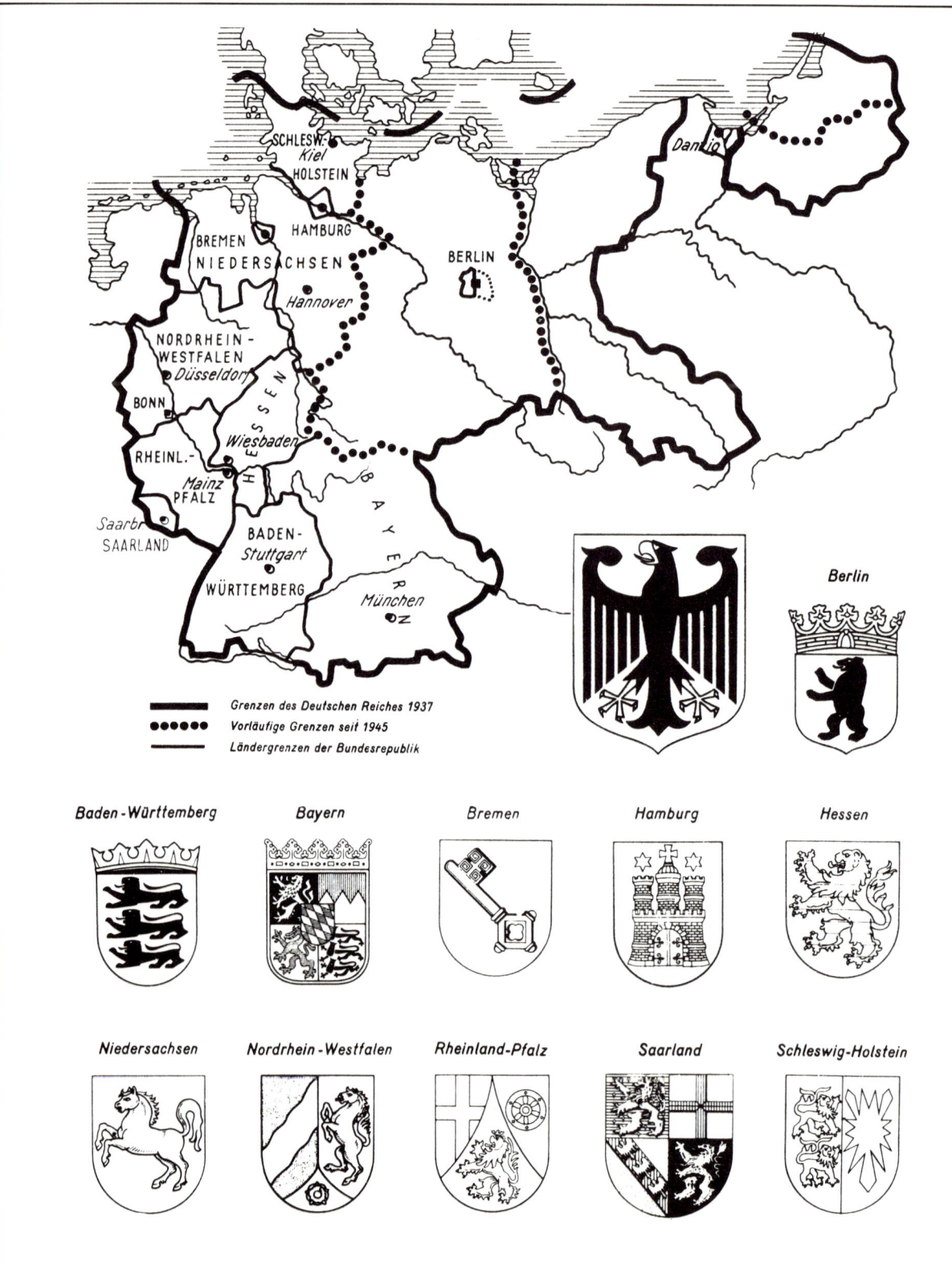

Grenzen des Deutschen Reiches 1937

●●●●●● Vorläufige Grenzen seit 1945

Ländergrenzen der Bundesrepublik

Berlin

Baden-Württemberg **Bayern** **Bremen** **Hamburg** **Hessen**

Niedersachsen **Nordrhein-Westfalen** **Rheinland-Pfalz** **Saarland** **Schleswig-Holstein**

390

Vom Reich zur Bundesrepublik

Links: Die Bundesrepublik und die Länder: Die Anerkennung der Oder-Neiße-Grenze erfolgt erst 1970

Unten: Flüchtlingsbewegungen aus der DDR von 1949 bis 1961

Rechts oben: Europa nach dem II. Weltkrieg

Rechts unten: Die Besatzungszonen 1945

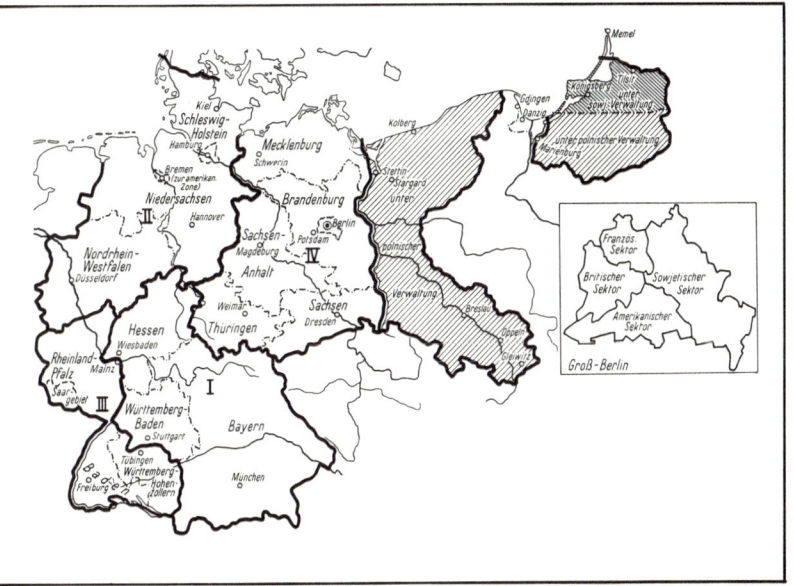

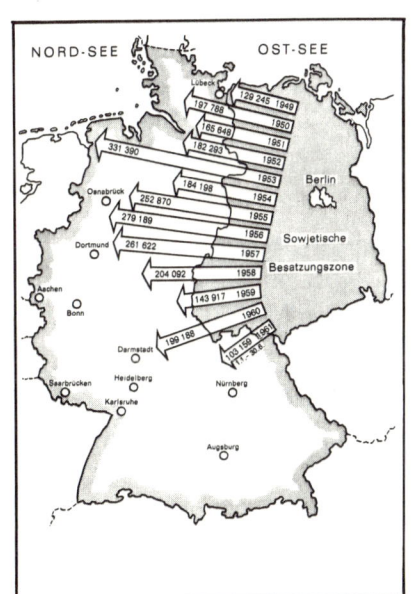

Register

Literaturverzeichnis

Adenauer, Konrad: Briefe 1947–1949. Herausgegeben von Rudolf Morsey und Hans-Peter Schwarz. Berlin 1984.

Ders.: Erinnerungen. 4 Bde. Stuttgart 1965–1968 (2. Aufl. 1978)

Ders.: Reden 1917–1967. Eine Auswahl. Herausgegeben von Hans-Peter Schwarz. Stuttgart 1975 (=Adenauer: Reden).

Albrecht, Norbert/Husemann, Ralf: Deutschland. Die Geschichte der Bundesrepublik. Zürich, München 1979.

Baring, Arnulf: Außenpolitik in Adenauers Kanzlerdemokratie. Bonns Beitrag zur Europäischen Verteidigungsgemeinschaft. München, Wien 1969.

Bracher, Karl-Dietrich: Europa in der Krise. Innengeschichte und Weltpolitik seit 1917. Frankfurt/M., Berlin, Wien 1979.

Brandt, Willy: Begegnungen und Einsichten. Die Jahre 1960–1975. Hamburg 1976.

Brentano, Heinrich von: Deutschland, Europa und die Welt. Reden zur deutschen Außenpolitik. Bonn, Wien, Zürich 1962.

Bucerius, Gerd: Der Adenauer. Subjektive Beobachtungen eines unbequemen Weggenossen. Hamburg 1976.

Verhandlungen des Deutschen Bundestages. Stenographische Berichte. Bonn 1949–1957.

30 Jahre Deutscher Bundestag. Dokumentation, Statistik, Daten. Bearbeitet von Peter Schindler. Herausgegeben vom Deutschen Bundestag. Bonn 1979.

CheSchahShit. Die sechziger Jahre zwischen Cocktail und Molotow. Berlin 1984.

Clay, Lucius D.: Entscheidung in Deutschland. Frankfurt/M. 1950.

Dahrendorf, Ralf: Gesellschaft und Demokratie in Deutschland. München 1968. (1965).

DDR-Handbuch. Herausgegeben vom Bundesministerium für innerdeutsche Beziehungen. 2., überarbeitete und erweiterte Auflage. Köln 1979.

Deuerlein, Ernst (Hrsg.): DDR. 1945 bis 1970. Geschichte und Bestandsaufnahme. München 1971.

Ders.: Deutschland 1963 bis 1970. Hannover 1972.

Dokumente zur Berlin-Frage 1944–1966. Herausgegeben vom Forschungsinstitut der Deutschen Gesellschaft für Auswärtige Politik, Bonn, in Zusammenarbeit mit dem Senat von Berlin. München 1967.

Dokumente zur parteipolitischen Entwicklung in Deutschland seit 1945. 9 Bände. Berlin 1962–1971.

Dollinger, Hans (Hrsg.): Deutschland unter den Besatzungsmächten (1945 bis 1949). Seine Geschichte in Texten, Bildern und Dokumenten. München 1967.

Ders. (Hrsg.): Die Bundesrepublik in der Ära Adenauer (1949 bis 1963). Ihre Geschichte in Texten, Bildern und Dokumenten. München 1966.

Dönhoff, Marion Gräfin: Die Bundesrepublik in der Ära Adenauer. Reinbek 1963.

Eckardt, Felix von: Ein unordentliches Leben. Lebenserinnerungen. Düsseldorf, Wien 1967.

Engelmann, Bernd: Wie wir wurden, was wir sind. Von der bedingungslosen Kapitulation bis zur unbedingten Wiederbewaffnung. München 1980.

Erhard, Ludwig: Deutsche Wirtschaftspolitik. Der Weg der Sozialen Marktwirtschaft. Düsseldorf, Wien, Frankfurt/M. 1962.

Eschenburg, Theodor: Staat und Gesellschaft in Deutschland. Stuttgart 1956.

Frank-Planitz, Ulrich: Konrad Adenauer. Eine Bographie in Bild und Wort. 2. Auflage, Bergisch Gladbach 1975.

Gerstenmaier, Eugen: Streit und Friede hat seine Zeit. Ein Lebensbericht. Frankfurt/M., Berlin, Wien 1981.

Geschichte der Bundesrepublik Deutschland. Stuttgart, Wiesbaden 1981ff. Band 1: Eschenburg, Theodor: Jahre der Besatzung 1945–1949. Band 2: Schwarz, Hans-Peter: Die Ära Adenauer 1949–1957. Ders.: Die Ära Adenauer 1957–1963.

Grewe, Wilhelm G.: Deutsche Außenpolitik der Nachkriegszeit. Stuttgart 1960.

Grosser, Alfred: Die Bonner Demokratie. Deutschland von draußen gesehen. Düsseldorf 1960.

Ders.: Geschichte Deutschlands seit 1945. Eine Bilanz. 9. Auflage, München 1981 (1974).

Gruber, Frank/Richter, Gerhard: Die Gründerjahre der Bundesrepublik. Hamburg 1981.

Dies.: Die Schwarzmarktzeit. Deutschland zwischen 1945 und 1948. Hamburg 1979.

Henkels, Walter: 99 Bonner Köpfe. Düsseldorf, Wien 1963.

Hillgruber, Andreas: Deutsche Geschichte 1945–1972. Die »deutsche Frage« in der Weltpolitik. Frankfurt/M., Berlin, Wien 1974.

Jacobsen, Hans-Adolf/Stenzel, Otto: Deutschland und die Welt. Zur Außenpolitik der Bundesrepublik 1949–1963. München 1964.

Jäckel, Eberhard (Hrsg.): Die deutsche Frage, 1952–1956. Notenwechsel und Konferenzdokumente der vier Mächte. Frankfurt/M., Berlin 1957.

Jaenecke, Heinrich: Die deutsche Teilung. Von der Potsdamer Konferenz bis zum Grundvertrag. Frankfurt/M. 1979.

Kaltefleiter, Werner: Wirtschaft und Politik in Deutschland. Konjunktur als Bestimmungsfaktor des Parteiensystems. 2. Auflage, Köln, Opladen 1968 (1966).

Kalter Krieg und Capri-Sonne. Die fünfziger Jahre. Berlin 1981.

Koch, Thilo: Deutschland war teilbar. Die fünfziger Jahre. Stuttgart 1972.

Kohl, Helmut (Hrsg.): Konrad Adenauer 1876/1976. Stuttgart, Zürich 1976.

Laqueur, Walter: Europa aus der Asche. Geschichte seit 1945. München, Zürich, Wien 1970.

Lattmann, Dieter (Hrsg.): Die Literatur der Bundesrepublik Deutschland. Autoren, Werke, Themen, Tendenzen seit 1945. München, Zürich 1973.

Löwenthal, Richard/Schwarz, Hans-Peter (Hrsg.): Die zweite Republik. 25 Jahre Bundesrepublik Deutschland – eine Bilanz. 3. Auflage, Stuttgart 1979 (1974). (= Die zweite Republik).

Maier, Reinhold: Erinnerungen, 1948–1953. Tübingen 1966.

Monnet, Jean: Erinnerungen eines Europäers. München, Wien 1978 (1976).

Müller-Armack, Alfred: Auf dem Weg nach Europa. Erinnerungen und Ausblicke. Tübingen, Stuttgart 1971.

Nolte, Ernst: Deutschland und der kalte Krieg. München, Zürich 1974.

Osterheld, Horst: Konrad Adenauer. Ein Charakterbild. 4. Auflage, Bonn 1974 (1973).

Pikart, Eberhard: Theodor Heuss und Konrad Adenauer. Die Rolle des Bundespräsidenten in der Kanzlerdemokratie. Stuttgart, Zürich 1976.

Pirker, Theo: Die SPD nach Hitler. Die Geschichte der Sozialdemokratischen Partei Deutschlands 1945–1964. München 1965.

Poppinga, Anneliese: Konrad Adenauer. Geschichtsverständnis, Weltanschauung und politische Praxis. Stuttgart 1975.

Pross, Harry (Hrsg.): Deutsche Presse seit 1945. Bern, München, Wien 1965.

Richter, Hans Werner (Hrsg.): Bestandsaufnahme. Eine deutsche Bilanz 1962. München, Wien, Basel 1962.

Schelsky, Helmut (Hrsg.): Auf der Suche nach der Wirklichkeit. Düsseldorf, Köln 1965.

Schieder, Theodor (Hrsg.): Handbuch der europäischen Geschichte. Band VII: Europa im Zeitalter der Weltmächte. Stuttgart 1979.

Schmid, Carlo: Erinnerungen. Bern, München, Wien 1979.

Seydoux, François: Beiderseits des Rheins. Erinnerungen eines französischen Diplomaten. Frankfurt/M. 1975.

Sontheimer, Kurt: Grundzüge des politischen Systems der Bundesrepublik Deutschland. 5. Auflage, München 1976 (1971).

Spaak, Paul-Henri: Memoiren eines Europäers. Hamburg 1969.

Vogelsang, Thilo: Das geteilte Deutschland. München 1978.

Wagenbach, Klaus (Hrsg.): Vaterland, Muttersprache. Deutsche Schriftsteller und ihr Staat seit 1945. Berlin 1979.

Widermuth, Rosemarie (Hrsg.): Heute und die 30 Jahre davor. Erzählungen, Gedichte und Kommentare zu unserer Zeit (Deutschland seit 1949). München 1978.

Zentner, Kurt: Aufstieg aus dem Nichts. 2 Bände. Köln, Berlin 1954.

Ders.: Das sechste Jahrzehnt des XX. Jahrhunderts. 2 Bände. Offenburg 1961.

Ders.: Die ersten fünfzig Jahre des XX. Jahrhunderts. 3 Bände. Offenburg 1950.

Zum Thema Zeitgeschichte

Weitere lieferbare Bücher von Christian Zentner.

Illustrierte Geschichte des Ersten Weltkriegs

400 Seiten mit rund 450 Abbildungen (Fotos, Dokumente), 32 Seiten Farbbilder.
16 Seiten Atlasteil. Salesta.

Die gültige Dokumentation über den Ersten Weltkrieg in Texten, Bildern und Fakten.
Ursachen, Verlauf und Folgen der blutigen Auseinandersetzung werden in diesem Band
ausführlich dargestellt.

Illustrierte Geschichte des Dritten Reiches
Illustrierte Geschichte des Zweiten Weltkriegs

Neubearbeitete Ausgaben. Je 400 Seiten mit rund 400 z. T. farbigen Abbildungen,
Karten und Dokumenten. Gebunden.

Die präzisen Lese- und Nachschlagewerke über die Zeit von 1933 bis 1945.

Kurt Zentner

Illustrierte Geschichte des Widerstandes in Deutschland und Europa 1933—1945

Durchgesehene Neuauflage von Christian Zentner.
Sonderausgabe. 608 Seiten mit rund 600 Fotos, Karten und Dokumenten. Paperback.

Das Buch informiert, in welchen Zusammenhängen der Widerstand in Deutschland
und Europa zu sehen ist. Ein notwendiges Buch für alle, die sich umfassend und nachhaltig
mit diesem Thema beschäftigen wollen.

Südwest Verlag